JN091688

島根県古代文化センター研究論集第33集

伊勢と出雲

島根県古代文化センター

序

伊勢神宮・出雲大社がある伊勢と出雲は、ともに国家の成り立ちにおいて重要な位置を占める地域とされ、歴史的に「神々の聖地」として特別視されてきました。こうした地域像はどのように生まれ、広まり、今日に引き継がれたのでしょうか。このテーマを追究するため、島根県古代文化センターでは令和二～四年度までの三年間、「出雲と伊勢」と題した研究事業を進めてまいりました。そして令和五年十～十二月には、島根県立古代出雲歴史博物館で企画展「伊勢と出雲」を開催し、研究成果の一端を情報発信したところです。

本書は、研究事業の成果をまとめた論文集であり、古墳時代から明治時代に至る約一五〇〇年間を対象として、考古資料や神話、祭祀儀礼や遷宮の記録、民俗資料や神道思想書など、様々な素材を扱う一三本の論文を掲載しました。多角的な視点から伊勢・出雲それぞれの地域の特性を描き出し、さらに両地域を総合的に比較研究した内容となっております。本書を通じて伊勢と出雲という個性豊かな二つの地域の歴史文化に対する理解が深まり、さらに関心が高まることを期待いたします。

最後になりましたが、この研究事業を進めるにあたり格別のご指導、ご協力をいただきました関係の皆様に厚く御礼申し上げます。

令和六年三月

島根県教育委員会
教育長　野津建二

島根県古代文化センター研究論集　第33集

『伊勢と出雲』目次

研究事業の経過と概要

一、研究体制

本書は島根県古代文化センターが令和二〜五年度に実施したテーマ研究事業「出雲と伊勢」の成果をまとめた論文集である。

研究事業の実施体制は次のとおり。

※所属・職名は事業最終年度の令和五年度のものを記載した。

［客員研究員］

○藤森　馨（国士舘大学文学部教授）
○榎村寛之（斎宮歴史博物館主査）
○穂積裕昌（三重県埋蔵文化財センター所長）
○塩川哲朗（皇學館大学研究開発推進センター神道研究所准教授）

［研究指導者］

○川尻秋生（早稲田大学文学学術院教授）

［研究協力者］

○赤澤秀則（松江市立鹿島歴史民俗資料館館長）
○大高広和（九州国立博物館主任研究員）
○菊地照夫（法政大学兼任講師）
○小嶋　篤（九州歴史資料館技術主査）
○坂江　渉（ひょうご歴史研究室研究コーディネーター）
○高橋明裕（立命館大学文学部非常勤講師）
○船杉力修（島根大学法文学部教授）
○古市　晃（神戸大学人文学研究科教授）
○中野知幸（羽咋市歴史民俗資料館学芸員）
○中村　弘（兵庫県立考古博物館長補佐）
○森田喜久男（淑徳大学人文学部教授）
○吉松大志（宮内庁書陵部主任研究官　※令和三年度まで島根県古代文化センター主任研究員）

［研究スタッフ］

○品川知彦（島根県立古代出雲歴史博物館学芸部長）
○岡　宏三（同　専門学芸員）
○久保田一郎（同　専門学芸員）
○松尾充晶（同　専門学芸員　※主担当）
○濱田恒志（同　専門学芸員）
○平石　充（島根県古代文化センター主席研究員）
○橋本　剛（同　主任研究員）
○田村　亨（同　主任研究員）

二、検討会の内容

令和二〜四年度に計六回の検討会を開催し、研究発表・討議・関連地巡見などを実施した。各回の内容は以下のとおり。

［第一回］令和二年九月十日（木）・十一日（金）

・松尾充晶「杵築大社成立の歴史的背景」
・吉松大志「神郡研究の現状と課題」
・穂積裕昌「伊勢神宮成立に関する考古学的研究〜神郡（多気郡・度会郡）を探る〜」
・榎村寛之「古事記、日本書紀と伊勢、出雲」
・巡見調査（大寺薬師・出雲大社ほか）

［第二回］令和三年二月五日（金）
・松尾充晶「考古資料からみた安房神郡の成立過程」
・川尻秋生「東国の神郡」
・塩川哲朗「外宮御饌殿祭祀の位置付け」
・平石　充「杵築大社と熊野大社」
※リモートのため巡見無し

［第三回］令和三年九月十三日（月）
・松尾充晶「山陰の海上交通と地域首長」
・中野知幸「気多神宮の成立・展開」
・穂積裕昌「考古資料からみた古代志摩地域の特質」
・榎村寛之「県造と伊勢大神・プレ斎宮」
※リモートのため巡見無し

［第四回］令和四年三月二十三日（水）・二十四日（木）
・濱田恒志「出雲の仏像・神像にみる「地域性」の問題」
・久保田一郎「貢納物からみた出雲と隠岐」
・橋本　剛「平安初期の出雲と伊勢」
・藤森　馨「伊勢両宮構造の意義」
・岡　宏三「杵築門前町の構造」
・舩杉力修「岡報告へのコメント　外宮門前町の形成過程」
・巡見調査（美保神社・佛谷寺・朝酌矢田Ⅱ遺跡ほか）

［第五回］令和四年十月一日（土）・二日（日）
・松尾充晶「古代出雲における仏教の展開」
・穂積裕昌「古代伊勢における仏教の展開」
・平石　充「出雲・杵築大神の在地奉斎体制」
・塩川哲朗「伊勢と出雲の祭祀構造」
・田村　亨「中世杵築大社の造営・儀礼」
・品川知彦「近代初頭の伊勢の神道思想　―浦田長民を中心に―」
・巡見調査（本宮山・内神社・御井神社・長浜神社・奉納山ほか）

［第六回］令和五年三月十二日（日）・十三日（月）
・岡　宏三「寛文度出雲大社造営と伊勢」
・田村　亨「中世杵築大社の造営・儀礼　補論」
・藤森　馨「北島国造家文書調査の成果から」
・平石　充「伊勢と出雲の祭祀構造」
・榎村寛之「神話の出雲と歴史の伊勢　再考」
・松尾充晶「畿外有力神の成立過程」
・巡見調査（大庭国造館跡・宿禰岩・山代原古墳・安来市立歴史資料館・足立美術館・黄泉比良坂伝承地・立石神社ほか）

三、展覧会の開催

研究事業の成果をふまえた企画展を開催した。

展覧会名　「企画展　伊勢と出雲」
主　催　島根県立古代出雲歴史博物館／島根県古代文化センター
会　期　令和五年十月十三日～十二月十日
（五九日間／うち休館日四日）
観覧者数　二一五二六人（目標数一五〇〇〇人）
展示構成　序章　神話が語る、鎮座の由来／第一章　聖地の黎明／第二章　古代祭祀の世界／第三章　造営と遷宮／第四章　信仰と参詣文化／第五章　伊勢と出雲を結ぶ人
展示図録　「企画展　伊勢と出雲」
A四判フルカラー、一六二ページ、ハーベスト出版

研究論文

神郡研究の現状と課題

吉松大志

はじめに

神郡とは、特定の大神社を奉斎するために設けられた特別郡であるが、その成立や性格をめぐっては古来議論が続けられている。現代歴史学における神郡研究は、岩橋小彌太氏・梅田義彦氏・田中卓氏・平野博之氏らを先駆として始められ、伊勢神郡を中心に神郡の定義や神戸との関係が検討された。その後、高嶋弘志氏や有富由紀子氏らによって、国家的神祇祭祀体制との関係や軍事的機能から神郡を捉え直す視点が提示され、また神郡郡司に焦点を当てた早川万年氏や津田勉氏らの考察により、行政支配の観点からも神郡の特質が議論されるようになってきた。

このように神郡研究は多面的かつ詳細に議論が深まってきたのであるが、一方で論点が拡散し、問題の所在が不明確になりつつある。こうした現状を踏まえ、根本祐樹氏が二〇〇五年にそれまでの研究史を整理し、論点整理を行って今後の課題を提示している。その後、二〇一〇年代に入り、既往の研究や岡田莊司氏による国家・天皇の祭祀体系論を踏まえ、再び神郡研究は活況を呈してきた。そこで、本稿では根本氏の整理以降に公表された神郡研究の傾向について、特にその成立過程に着目して整理し、現在の研究の方向性がもつ課題について検討してみたい(1)。

一、近年の古代史学・神道史学による神郡研究

一―一、小林宣彦氏の研究

小林氏は、班幣制以前の大和政権の神事を、神郡を軸に論究した［小林二〇一二］と、出雲神郡（出雲国意宇郡）の成立過程の検討から、古代の祭祀制度を論じた［小林二〇一五］を相次いで発表した。両者の論旨のうち、神郡に関わる部分をまとめると以下の通りとなる。

まず、神郡が畿外にのみ存在する点に関して、「神郡の本質は、大和政権による祭祀を、人的・経済的にバックアップするためのものであ」り、「大和政権による祭祀を畿外で安定的に行う場として神郡が位置付けられた」とする。逆に言えば、畿内に存する国家的祭祀対象は、物理的距離から政権による人的・経済的サポートが比較的容易であったために、神郡という形をとらなかった、ということになろう。各神郡の意味については、［高嶋弘志一九八三］をうけ、安房、宗像、鹿島、香取の四神郡は政権の領域拡大や防衛のため、多気、度会、意宇、名草の四神郡は天皇祖先神祭祀や出雲の神を政権が重視したために設けられたと二種に分けて解釈する。特に出雲は「出雲の神々に対する国家祭祀が、出雲国造によって行われ、その人的・経済的支援の拠点として、国家によって設置された郡」であり、国家に祟りなす出雲神・杵築大社がその対象となったとする。

そして、「神郡とは、畿内政権から出発した大和政権が、中央集権的な制度を作り上げる過渡期に存在したもの」であり、班幣祭祀が成立すると神郡での祭祀の重要性は低下し、伊勢以外の神郡は前代の遺制となっていくとする。出雲の神々についても、官社制が導入されるとその特殊性は低下するとされ、神郡の意義は薄れていく。また、神郡郡司の連任特例は、伝統的に特定の氏族が郡政を担っていたためと評価している。

小林説の特徴は、神郡の意義について、人的・経済的支援を重視している点である。これは班幣祭祀という中央からの祭祀料頒布と入れ替わるように、神郡の重要性が低下するという見解からも裏付けられる。また、各神郡の設置目的を政治・軍事的理由と王権祭祀的理由に分けて捉えた点も新鮮である。ただ、祟りなす出雲神・杵築大社に対する出雲国造の祭祀のための神郡を、天皇祖先神祭祀のための多気・度会・名草神郡と同じくくりにしてしまってよいか、疑問なしとしない。また、人的・経済的支援を重視する見方は、杵築大社のお膝元である出雲郡ではなく意宇郡が神郡となっている点と齟齬しないか、依然問題として残っているのではなかろうか。

一—二、小倉慈司氏の研究

続いて小倉氏の研究［小倉二〇一三］を紹介する。小倉氏は岡田莊司氏の「神祟」論に基づき、孝徳朝の地方神祇体制として神郡の性格を整理・検討している。まず小倉氏は、これまでの研究が明らかにしてきた神郡の特徴を五点にまとめ、自身の見解を付している。

①「神郡にはそれぞれ（中略）対応する有力神社が存在する。これらの神社における神祇職と神郡郡司とは同族である場合もあるが、そうでない場合もある」。これに対し小倉氏は、神郡の設定は神社そのものというより、その奉斎に関わってのものと述べる。出雲郡杵築大社と神郡意宇郡という出雲国の例を挙げてこの点を説明している。

②「神郡はいずれも畿外に存在する」。小倉氏は、神郡の性格を考える上でこの点はきわめて重要だと評価する。

③「伊勢の神郡は郡内の民戸の大部分が神戸であって、他の神郡とは異なり、伊勢神郡の事例をもって他の神郡に敷衍させることはできない。神郡と神戸は異なる」。小倉氏は、こうした先行研究を評価した上で、神戸は人の支配、神郡は土地の支配とする［平野一九八五］・［有富一九九一］などの説を不当とする。

④「神郡は評制施行の最初期段階に設置された」。これに対し小倉氏は、「この他（筆者注：常陸国鹿島郡・伊勢国度会郡・同多気郡以外）の神郡の立評時期は不明であるが、特に遅れて設置されたと考えられる点はなく、いずれも孝徳朝に設置されたと考えておきたい」と述べられている。こうした「孝徳朝八神郡」説は、近年の神郡研究の潮流と言える。これに対する私見は章を改めて述べたい。

⑤「神郡の郡司には三等親の連任が認められていた。史料上、確認される（伊勢以外の）神郡に関する具体的規定はこれのみである」。この点について、「有力神社の所在郡においては、近親者が郡領に任じられるべき事情があり、そのような例外措置が重ねられた結果、神郡の特例と見なされるに至った」とする［早川一九九九］を小倉氏は支持する。神郡は評制最初期段階に「一定の目的をもって」設置されたもので、後の郡司連任特例とも関わりをもつものである、というのが小倉氏の見方である。

ついで、小倉氏は『師守記』貞治三年（一三六四）五月十三日条に引用される「古答」に注目する。この「古答」は天平年間頃の律注釈書と考えられるが、そこに

大社者伊勢神宮也、大倭・住吉・紀伊・出雲・胸形等之属為二中社一、自余為二小社一。

とある。これは、律本文に「大社」「中社」「小社」の語句があり、それに対する注釈文と思われる。中社として掲げられた神社のうち、紀伊・出雲・宗像という畿外の神社にはいずれも神郡が設置されていることが指摘できる。神郡所在神社のうち安房・鹿島・香取がみえないが、それについて小倉氏は理由は不明とする。ともかく、「畿外の大・中社、もしくは中社に準じる神社に神郡が設置された」とし、これまで知られていなかった史料を用いて神郡の設置基準について新たな視角を提示している。

そして、神郡の成立・展開過程については、孝徳朝に以前より王権祭祀を行ってきた神社に対し、それを支える人的集団をまず神郡として編成したものであり、王権が国土を一律支配するという意識のもと、前代の王権祭祀を受け継ぎながら、最新の行政制度を適用したのが神郡である、とする。

そして「七〜八世紀を通じて地方行政制度の施行が進展していくに従い、神郡として特別な扱いをする必要性は薄れていく」と述べている。

小倉氏の「神郡」観は、王権祭祀が必要な畿外神に対する奉斎を目的とした最新行政制度を適用したものという、国家の地方行政的視点を強く打ち出したものである。孝徳朝に全国的に評制が開始されたのだから、王権にとって重要な地域がまず神評として優先的に立評された、いうことになる。行政的視点を重視すれば、孝徳朝からすでに多くの神郡が設置されたという見方になるのは当然であろう。

一―三、岡田莊司氏の研究

近年の神道史学研究の潮流をなしているのは、岡田氏の祭祀論・神話論であり、現在の研究者は少なからずその影響を受けている。その岡田氏が、七世紀後半期の神祇祭祀・神話構想の中に神郡を位置づけた［岡田二〇一六］・［岡田二〇一八］の要旨を紹介する。

岡田氏は早川氏などの成果［早川万年一九九九］をもとに、神郡の行政的な特徴を踏まえつつ、各神郡と記・紀神話の関係を分析したうえで、神話体系に基づき畿外に八神郡と神郡神社が配置されたと述べる。さらに、「国土領域統治に関係した神々、天神・国神は神郡神社に配置され、さらに天社・地（国）社に祀られ」るなど、神殿造営は神郡設定と連動して進められたとする。こうした天社・地（国）社というシステムは官社制に先行して存在していたという。

そして神郡は畿外遠隔地の国家領域の設定を目的としたものであるとし、「畿内に神郡を置かなかったのは、郡内に複数の有力神祇を抱え、郡内の神祇行政に対立が出てくることを未然に防ぐ意図もあった」と、神郡の畿内外の差異を領域性と有力神の数に求めた点が、これまでの研究になかった新たな視角である。

また岡田氏は王権の神話構想や列島の祭祀的支配に広く目配りしており、神郡でない地域にも言及があるのが特徴である。特に、のちに神宮司が設定されるも神郡が置かれることがなかった北陸の気比・気多地域も重要な日本海ルートとして注意を向けており、継承すべき視点であろう。

神郡の成立については、［小倉二〇一三］に賛意を示し、伊勢・鹿島以外の神郡の立評時期も孝徳朝とする。特に伊勢の二神郡はほぼ全戸が神戸であり、大化前代から祭料の貢納など神宮祭祀に携わる側面を強調する。ただ神郡全体を見渡してみれば、神郡の神郡たる所以は、経済面よりも在地勢力優遇［薗田一九六七］にあるといい、神郡郡司は神社奉仕の伝統により、三等親の連任という神社行政上の優遇が与えられたとする。そして、「孝徳朝に構想された辺境・境界の東西ルートを強く意識した畿外神郡祭祀は、天武朝に入ると、大和を中心とする班幣祭祀による畿内官社体制へ縮小」と展開過程を位置づける。神郡祭祀構想はわずか三十年ほどで軌道修正を迫られることになったという。

岡田説の特徴は、孝徳朝の国家領域構想と、神社・神祇行政に力点を置いて神郡設定を解釈している点である。神話体系に基づいた天社・国（地）社制が七世紀後半から存在し、それが列島支配に敷衍されていくという壮大な構想は、長年神道史学を牽引してきた岡田氏にしか打ち出せないものであろう。神郡以外の地域の国家祭祀的位置づけにも目配りされている点も見逃せない。

一―四、川畑勝久氏の研究

最後に、近年発表された川畑氏の著書［川畑二〇二二］を取り上げる。三部構成のうちの第一部を「神郡論」に充て、「神郡研究史序説」「八神郡の降臨神話―七世紀の神祇政策の起点―」「八神郡の祭祀と神戸」の三章で構成されている。

まず、神郡研究史を概観したうえで、八神郡の祭祀的意義を神郡奉斎神の「降臨伝承」から検討する。記・紀の誓約神話、天岩戸神話、国譲り神話において、神郡奉斎神の降臨がみられるが、これはヤマト王権の列島経営・軍事平定の思想的基盤として神話化されたものとする。そして降臨神を各地の氏族に奉斎させることで地域祭祀の安定を図り、それら大化前代の畿外の祭祀拠点が神郡につながると述べる。

また風土記や『古語拾遺』の神話を分析し、記・紀と同様の降臨神話が在地にもみられることから、共通した天地の思想があり、神郡には在地の天神地祇の調和を図る目的もあったという。そして旧辞段階から降臨神話は存在し、天の概念や体系的な神話編纂が最初に結実したのが孝徳朝頃であり、列島統一のために王権と降臨神話を共有する祭祀拠点＝神郡を設けた、と結論づけている。

続いて八神郡の内実について、神戸の分布状況や氏族の動向などから検討する。このうち意宇郡については、三種の神戸を神賀詞奏上時の入朝者への経済的基盤とする点が斬新である。また安房郡については、淡水門の交通・軍事的重要性、鰒や鰹の供御料地化とそれに伴う安房大神への御食都神性の付与を指摘し、天穂日命を祖先神とする安房国造が同族の東国国造とともに、安房大神を奉ずる祭祀空間が形成されたとする。

川畑氏は、降臨神話という視点から神郡設定の意味を捉え直しており、これまでにない手法と言える。さらに、大化前代の王権の列島支配過程に関する先行研究と融合を図り、説得力を持たせている。章のタイトルからも、神郡＝八神郡と考えていることは明白で、論の前提となっている。ただ、天からの降臨神話自体は神郡に限ったものではなく、他地域の降臨神話と神郡を舞台とした降臨神話にどのような違いがあるのか気になるところである。また、「八神郡」のうち安房郡については、『古語拾遺』から忌部氏の伝承に基づく安房社の創建伝承や御食神たる安房大神の奉斎が指摘されるが、降臨神話との関係は、東国国造が国譲り神話で天から降臨した天穂日命を祖先神とした点のみであり、「降臨神話」でくくることは難しいのではないかという印象を受けた。

以上、近年の神郡研究について、代表的な四氏の成果を紹介してきた。それぞれ切り口は異なるが、それらの傾向をまとめると以下のようになる。

まず各氏に共通するのは、孝徳朝に「八神郡」が成立する、という点である。その前提のうえで、それぞれの立場から成立背景を分析し、王権の神祇祭祀・神話・神社構想が存在したことが指摘される。また、神郡は王権による交通・領域支配を体現した制度である、という認識も共有されている。この点は先行研究でもすでに言及されているが、笹生衛氏の一連の「神郡考古学」研究の成果を背景に、さらに強調されてきている印象を受ける。また、神郡制度の衰退についても、班幣制・地方行政制度が整備されたことにより重要性が低下したとされ、神郡の「賞味期限」は短かったと考えられている。

一方、神郡を設定する意味、神郡の本質という点については、神郡神奉斎のための「経済的基盤」や「人的集団編成」、また三等連親の連任特例から「奉斎集団（郡司）優遇」、また「降臨神話」などに求める見解があり一致を見ない。その特例も「伝統的な奉斎氏族優遇策」という祭祀的側面を重視する派と「郡領任用時の例外措置」という地方行政的側面を重視する派に分かれている。両者は相反するわけではなく、コインの裏表のような両面性をもつ規定であり、各氏の積み重ねてきた研究スタイルによって、どちらを強調するかが異なるだけとも思われる。また、神郡が畿外のみに設置されている点について、王権からの「物理的な距離」を解決する、「王権の国土支配」を具現化する存在である、といった見解の一方で、「畿内には置けなかった」というこれまでにない視点も提示されている。

神郡の捉え方について共通点・相違点をまとめてきたが、いずれも歴史学・神道史学の第一人者たちの見解であり、異論を差し挟む余地はないかと思われるものの、筆者は、各氏が想定する七世紀後半の国家・王権祭祀構想に、「神郡」の成立が引き摺られているのではないか、との危惧を抱いている。そこで、改めて神郡についての史料を整理し、「孝徳朝八神郡」の是非について愚見を述べていきたい。

二、「孝徳朝神郡」と「養老八神郡」

二―一、孝徳朝神郡を示す史料

［史料一］『皇太神宮儀式帳』一　初二神郡度会多気飯野三箇郡一本記行事事

一条（延暦二十三年（八〇四）撰進）

一　初二神郡度会多気飯野三箇郡一本記行事

右従二纒向珠城朝庭一以来、至二于難波長柄豊前宮御宇天万豊日天皇御世一、有爾鳥墓村造二神庤一弖、為二雑神政行一仕奉支。而難波朝庭天下立評給時仁、以二十郷一分弖、度会乃山田原立二屯倉一弖、新家連阿久多督領、磯連牟良助督仕奉支。以二十郷一分、竹村立二屯倉一、麻続連広背督領、磯部真夜手助督仕奉支。同朝庭御時仁、初二太神宮司所一レ称、神庤司中臣香積連須気仕奉支。是人時仁、度会山田原造二御厨一弖、改二神庤止云名一弖号二御厨一、即号二太神宮司一支。近江大津朝庭天命開別天皇御代仁、以二甲子年一、小乙中久米勝麻呂仁、多気郡四箇郷申割弖、立二飯野高宮村屯倉一弖、評督領仕奉支。即為二公郡一之。

右元三箇郡摂二一處一、太神宮供奉支。所割分由顕如レ件。

［史料二］『常陸国風土記』香島郡郡名起源

古老曰、難波長柄豊前大朝馭宇天皇之世、己酉年、大乙下中臣子、大乙下中臣部兎子等、請二惣領高向大夫一、割二下総国海上国造部内、軽野以南一里、那賀国造部内、寒田以北五里一、別置二神郡一。其処所レ有天之大神社・坂戸社・沼尾社、合三処、惣称二香島天之大神一。因名レ郡焉。（中略）神戸六十五烟。〔本八戸。難波天皇之世、加二奉五十戸一。飛鳥浄見原大朝加二奉九戸一、合六十七戸。庚寅年、編戸減二二戸一、令レ定二六十五戸一。〕淡海大津朝、初遣二使人一、造二神之宮一。自レ爾已来、修理不レ絶。

史料一では、難波朝廷＝孝徳朝における天下立評時に、度会評と竹（多気）評に屯倉＝評家を設定し、督領・助督の評官人を定めたことが述べられている。一つ書きには「神郡」がみえるものの、本文中に「神郡」もしくは「神評」の語句がみえないことからこれを神郡設定と同一視することを疑問視する意見もあるが、後段の近江大津朝庭＝天智朝に多気評の四郷を割いて飯野評を立てたとする部分に「即ち公郡と為す」とあることから、もとの多気評が公郡でない＝神郡であることは明らかで、度会評とともに成立時から神郡であったとみなしてよいであろう。

史料二も、孝徳朝の神郡成立を伝える古老伝で、その経緯は史料一とよく似ている。さらに史料二では「別けて神郡を置く」とこのときに神郡を設定したことが明記される。「香島天之大神」にちなんで郡名が付けられていることからも、香島大神への奉斎が神郡設定の目的であったことは揺らがない。

このように、度会・多気・香島郡については、孝徳朝において神郡として設定されたことに異論の余地はない。ただし、他の五神郡については孝徳朝に設置されたことを明記する史料はなく、それらが神郡と明言されるのは、養老七年（七二三）の三等親郡司連任許可規定まで下る（後掲史料三）。では、今や通説と化している孝徳朝八神郡はどのように導き出されているのか。

史料一・二で、孝徳朝における神郡設定が明記される度会・多気・鹿島郡は、「八神郡」として列記される養老七年制（史料三）にも見えている。ここから、他の五郡も孝徳朝から神郡であったのではないか、という推論がなされる。そして、五郡＝香取・安房・名草・出雲・宗像は、度会・多気・鹿島郡とともに、大化前代から王権祭祀や神祇構想、国家的領域支配において要地であることが示され、孝徳朝からすでに八神郡が揃って成立していた、と解釈されているのである。

これら「八神郡」が大化前代からさまざまな意味で要地であることは、これまでの先行研究の蓄積からも、疑い得ない事実であろう。しかし、それは「八神郡」に限られたものなのであろうか。また、官社制や班幣制といった律令的神祇体制の施行により、神郡という制度は意義を低下させるとされるが、仮にその推定が妥当だとするならば、なぜ養老七年に至って「八神郡」の三等親連任許可規定が定められたのであろうか。そして、意義が低下している時期の「八神郡」を遡及させて、孝徳朝の神郡を復原するという作業は、果たして正しいのだろうか。孝徳朝における神郡の成立を考える際に、「八神郡」という前提をまず取り払う必要があるのではないだろうか。

二―二、郡司連任例外規定を示す史料

近年の神郡成立史の前提となっている「八神郡」は、次の史料にみえる。

[史料三]『令集解』選叙令7同司主典条令釈所引養老七年（七二三）十一月十六日太政官処分

釈云、養老七年十一月十六日太政官処分、伊勢国渡相郡・竹郡・安房国安房郡・出雲国意宇郡・筑前国宗形郡・常陸国鹿嶋郡・下総国香取郡・紀伊国名草郡、合八神郡、聴レ連二任三等以上親一也。

この規定は、養老選叙令7同司主典条「凡同司主典以上、不レ得レ用二三等以上親一。」の令釈に引用される太政官処分であり、取意文と見受けられる。同じ官司の主典以上の官人には、三等親以上の親族を同時に任じられないという令文規定に対し、養老七年に至り、度会郡以下合わせて「八神郡」に対し、三等親以上の親族を同時に郡司に任じられること（連任）を特別に許可したのである。この太政官処分には、四等官のうちの適用範囲が明記されていないが、『続日本紀』同日条（後掲史料七）から、少領以上であった可能性が大きい。

さて、この養老七年制には、その前提となる単行法令が複数発せられていることがすでに指摘されている。煩雑になるが、一つずつ丁寧に見ていきたい。

[史料四]『続日本紀』文武天皇二年（六九八）三月己巳（九日）条

詔、筑前国宗形・出雲国意宇二郡司、並聴レ連二任三等已上親一。

宗像郡・意宇郡の二郡司に対し、三等親以上の親族の連任を許可した詔である。注目すべきは本詔の発布年次＝文武天皇二年で、大宝令施行前の特例法なのである。つまり、養老選叙令7同司主典条と同様の一般官司における三等親連任禁止規定が、飛鳥浄御原令段階ですでに存在していたことを本詔は示している。そして、こうした特例規定は、大宝令には反映されなかったのである。

[史料五]『続日本紀』文武天皇四年（七〇〇）二月乙酉（五日）条

上総国司、請三安房郡大少領連二任父子兄弟一。許レ之。

本条も、大宝令施行前である。そして、上総国司が連任許可を朝廷に申請し、それが許可されている点が特徴である。このたびの安房郡司（評司）任官における優遇措置が、朝廷側の発議ではないことは重視すべきであろう。さらにその対象が大少領（評督・助督か）において「父子兄弟」の連任であることも見逃せない。三等親よりも狭い範囲の申請となっていることは、先の宗像・意宇郡の三等親連任規定を単純に援用したのではなく、上総国司が安房郡大少領の任官予定者の実態に沿って行ったものと解される。

[史料六]『続日本紀』慶雲元年（七〇四）正月戊申（二十二日）条

伊勢国多気・度会二郡少領已上者、聴レ連二任三等已上親一。

大宝令制下に入り、伊勢の神郡二郡においても大少領の三親等連任が許可されている。先述の通り、度会・多気郡は孝徳朝に「神郡」となっているのであるが、郡司の三親等連任という優遇措置は五〇年ほど経って定められている。このことから、孝徳朝「神郡」の成立条件に郡司連任規定は含まれていないことが明白である。

[史料七]『続日本紀』養老七年（七二三）十一月丁丑（十六日）条

下総国香取郡、常陸国鹿嶋郡、紀伊国名草郡等少領已上、聴レ連二任三等已上親一。

史料三と同日の記事である。両者を見比べると、史料七で連任を許可された郡は、史料四〜六で許可された郡を除いた三郡であることが分かる。養老七年に至り、これまでの単行法を整理し「八神郡」の特例規定として改め

て太政官が発令したのが史料三、ということになる。細かいことだが、史料五で父子兄弟の連任を許可された安房郡大少領は、この段階に至り三等親まで連任可能な範囲が広がったことになる。太政官では、養老七年に至り、選叙令7同司主典条の郡司における例外範囲を検討し、先行法も包括する枠組みとして「八神郡」を設定し、それらに限って三等親連任を許可したのである。こうした制度の流れを鑑みれば、養老七年を大きく遡る孝徳朝にすでに「八神郡」が固定的に定められたとは考えがたいことは明らかである。

二―三、養老七年制の背景

さて、史料四～六は、大宝令施行前後の比較的近い時期の記事であり、各郡の大少領の任用に当たって個別の対応が行われたものと推測される。それらの背景については別稿に譲り、本稿ではそれらの約二〇年後の養老七年に至りなぜ「八神郡」が定められたのかを考えてみたい。結論を先に述べれば、聖武天皇の即位を翌神亀元年（七二四）二月に控えていたからである。

聖武は文武を父、藤原宮子を母に持ち、よく知られているように早くから即位が待ち望まれていた。しかし幼少かつ病弱であったことを主な理由として先延ばしされ、祖母元明・伯母元正が文武の後の皇位を嗣いだ。そして満を持して神亀元年二月、二十四歳にして即位するのである。

しかし非皇族の母を持ち、成人したとはいえ若年の聖武の威光は大きいとは言えなかった。そこで政権は権威づけのためにさまざまな策を打ち出す。その一環として実行されたのが、出雲国造神賀詞奏上と紀伊国行幸である［篠川二〇〇〇］。

出雲国造神賀詞は、出雲側の解釈に基づく国譲り神話をもとにした天皇の長寿と国家の弥栄を言祝ぐ祝詞であり、出雲国造が国内の祝や諸郡司らとともに上京し、大極殿に出御した天皇の前で奏上する儀礼である。神賀詞奏上のイデオロギー的意味については古来議論があるが、天皇の正統性を保証するための儀礼であることに異論はないであろう。その奏上契機については、天皇の代替わり時、国造の代替わり時、また遷都の際と言われるが、要するに「天皇と出雲国造との関係が更新された時」とまとめることができる。天皇の即位との関係で言えば、基本的に即位後数年以内に神賀詞奏上が行われるのであるが、唯一この聖武の時のみ、即位前、それも元正から皇位を譲られるわずか数日前に、出雲国造出雲臣広島により神賀詞が奏上されているのである(2)。

そして即位直後の神亀元年十月、聖武は紀伊国に行幸する。この行幸の意味についても国見や大嘗会御禊予行など諸説あるが、王権神話の舞台に自ら降り立つことで神聖性を身にまとうことを意図したものと解したい。そしてこの行幸において、名草郡大領の紀直摩祖が紀伊国造に任ぜられているのである（『続日本紀』十月壬寅条）。この任国造について、田中氏や川畑氏は、『儀式』巻十に出雲国造とともに紀伊国造が任ぜられる際の太政官曹司での儀式次第がみえていることから、この神亀元年十月の紀摩祖任国造時に、紀伊国造の神賀詞も奏上されたと推定している［田中一九九九］［川畑二〇二二］。

紀伊国造の神賀詞奏上については、他に徴証がないため判断は難しいが、行幸中に紀直摩祖が聖武の即位を言祝ぐ儀式を行っていても不思議はない。ともかく、聖武にとっての紀伊国行幸は単なる行幸ではなく、自らの神聖性・正統性を高める重要な儀礼の一つであったと考えられる。

とすると、即位三ヶ月前の養老七年十一月に、紀伊国名草郡の大少領の連任優遇措置や、紀伊・出雲を含めた「八神郡」が定められたのは偶然とは考えがたい。列島の領域的・神祇祭祀的要地を神郡として定め、地域豪族に対し優遇措置を与えるこの政策は、若き聖武による国家支配の正当性を支える神祇構想に基づいたものであったと評することができるのではないだろうか。

養老七年制をこのように評価することが妥当であるならば、「八神郡」による国家的神祇構想は決して孝徳朝から存在したのではなく、聖武即位に伴って作り出されたものということになる。それでは孝徳朝にはそうした構想はなかったのであろうか。いや決してそうではなく、孝徳朝には国家形成と関わる神祇祭祀・神話構想があったことは間違いない。しかしそれは「八神郡」を前提とする必然性は全くないのではないか。八郡よりもっと多くの「神郡」が設定されていた可能性は十分想定できるのではないだろうか。近年の研究動向を通覧すると、「八神郡」に引っ張られて大化前代の神祇祭祀・神話構想を組み立てているように感じられる。極論すれば、「八神郡」は大少領の三等親連任を許可された郡にすぎない。孝徳朝の「神郡」と養老期の「神郡」とは、字句は同じでも、全く別物と考えた方がよいのである。

例えば、大化前代の王権の領域支配や交通ルート上要地を「神郡」としたと考えるならば、気比神社のある越前国敦賀郡や、気多神社の所在する越前国（能登国）羽咋郡といった、北陸地方にも「神郡」があってしかるべきである。『延喜式』によると、香取神宮司・鹿島神宮司と並んで気比神宮司も従八位官に准ぜられており、また気多神宮司は少初位官に准ぜられている(3)。また、すでに触れたように、岡田氏は気比・気多地域は日本海側の重要なルートであると指摘しており、「越の国」は大化前代において北方辺境地域との境界であった。こうしたことを踏まえると、敦賀郡や射水郡が「神郡」となっても全く不思議ではない。

また神話構想との関係で言えば、熱田神社のある尾張国愛智郡も忘れてはならない。熱田神社が記・紀の神話や伝承で重要な役割を果たすことは言を俟たない。確かに当社が「熱田神宮」として有力化するのは中世以降であるが、古代において仮に神郡神となっても他に劣ることはない。この点、早川氏がすでに非神郡と鎮座神社の例として気比神社や熱田神社を取り上げ検討を加えている［早川一九九九］が、こうした成果は近年顧みられることは少ないように感じられる。

さらに、「八神郡」がすべて畿外であることから、孝徳朝神郡も畿外に設定されたことが自明かのように扱われているが、この点についても再考の余地があろう。それには、そもそも「神郡」とは何か、孝徳朝になぜ公郡とは別に「神郡」という特別郡を設定する必要があったのかを根本から問い直す必要があるだろう。大関邦男氏の「神郡の特質をむやみに律令制以前の遺制にむすびつけてはならず、あくまで律令制祭祀の構造の中に位置づけられなくてはならない」［大関一九九六］という提言を、我々はもう一度肝に銘じる必要があるだろう。

おわりに

本稿では、主にここ十年ほどの神郡研究を紹介し、その成果と課題について愚見を述べてきた。改めて「神郡」とは何かを問う結果となってしまったが、それに対する有効なアプローチは、やはり地域史に根ざした研究ということになろう。最後に、出雲の神郡成立史について展望を述べ、瑣末な論を閉じたいと思う。

養老七年制における出雲国の神郡は意宇郡であるが、神郡神は当時の意宇郡ではなく出雲郡に所在する杵築大社に祀られる「出雲大汝神」であることは大方の承認が得られている。この齟齬をどのように解釈するか、古来研究者は頭を悩ませてきた。近年この点に関して平石充氏が研究を深め、新たな視点を提示している［平石二〇一三］。

平石氏は、養老八神郡について、各神郡神の神戸の所在を検討し、出雲の特異性を抽出している。つまり、神郡神戸について、七世紀に遡りうる本源的な神戸が、伊勢・出雲を除き神郡内にのみ存在しており、神評と神戸の設置、神社造営に深い関連があることを指摘する。ただし出雲の熊野神・杵築神祭祀を支える出雲神戸は、大化前代の部民制的な貢納奉仕関係を基礎とし、それを統轄したのは出雲国造出雲臣であったこと、それに対し伊勢神郡は一体性を有する地域首長権は確立されていないと両者の違いを述べる。そして熊野神・杵築神の祀社は「出雲大神宮」と呼称され、出雲神戸は造営財源と位置づけられ、出雲神戸の分布が意宇郡を超えていることから、斉明朝の於友評が現在の意宇郡より広かった可能性（＝大於友評）を指摘したのである。

[史料八]『出雲国風土記』意宇郡出雲神戸

出雲神戸。郡家南西二里廿歩。伊弉奈枳乃麻奈子坐熊野加武呂乃命、与下五百津鉏々猶所取々而所造二天下一大穴持命上、二所大神等依奉。故、云二神戸一。〔他郡等神戸且如レ之。〕

[史料九]『日本書紀』斉明天皇五年(六五九)是歳条

是歳、命二出雲国造一〈闕レ名〉、修二厳神之宮一。狐噛二断於友郡役丁所レ執葛末一而去。又狗噛二置死人手臂於言屋社一。〈言屋、此云二伊浮瑯一。天子崩兆。〉

史料八は、『出雲国風土記』にみえる意宇郡の出雲神戸の説明であるが、この神戸は熊野神・杵築神の「二所大神等」奉斎のための財源であり、他郡等の神戸＝秋鹿・楯縫・出雲・神門郡の神戸里(郷)も同様の財源とされる。さらに、史料九の斉明朝の「神の宮」＝杵築大社造営命令記事において、於友郡の役丁の徴発が確認できることから、もとは杵築大社は「於友評」内に存在し、神戸も評内に散在していたが、その後於友評が分割されたために、『出雲国風土記』にみえるように複数郡に出雲神戸が存在する状態になったと考えたのである。

平石氏の説は、神郡が意宇郡である理由と出雲国内の出雲神戸が散在する理由を整合的に解釈できる点で魅力的である。しかし、出雲国の神郡は常に意宇郡(評)のみという前提にとらわれなければ、別の解釈も可能である。つまり、大於友評とその分割という想定をせずとも、後の意宇・秋鹿・楯縫・出雲・神門郡につながる評が、それぞれ神評として複数立評されたと想定することも可能なのではないだろうか。

[史料一〇]『出雲国風土記』楯縫郡郡名起源

所三以号二楯縫一者、神魂命詔、吾十足天日栖宮之縦横御量、千尋栲紲持而、百結八十結々下而、此天御量持而、所造二天下一大神之宮造奉詔而、御子、天御鳥命楯部為而、天降給之。尓時、退下来坐而、大神宮御装束楯造始給所、是也。仍、至レ今、楯・桙造而、奉二於皇神等一。故、云二楯縫一。

史料一〇では、『日本書紀』の表現を用いつつ、所造天下大神＝杵築大社への楯・桙の貢納奉仕が郡名起源として語られている。そして「今に至るまで」とあるように、これは単なる説話ではなく、『出雲国風土記』編纂当時に現実に行われていた奉斎記事でもある。こうした奉仕の前提として、杵築大社の財政基盤としての七世紀後半における神評「楯縫評」の成立を想定できないであろうか。

このように、「八神郡」を前提とせずに七世紀後半の「神郡」を考えることで、さまざまな可能性が開けてくるのである。「八神郡」という枠組みにとらわれず、国家形成期の王権の列島支配を支える神祇祭祀・神話構想がどのように構築され、「神郡」の成立につながるのか、その形成過程を考古学的・文献史学はじめ諸分野協業して検証していく必要があるだろう(4)。本稿が新たな神郡研究に向かう踏み台になれば幸いである。

註

(1) 孝徳朝以降の評制段階の「神郡」や、郡制施行以降を含めた神郡制全体について、「神郡(評)」と表現する論者が多いが、本稿では煩雑を避け、いずれの時期を指す場合でも「神郡」と略した。

(2)『続日本紀』神亀元年正月戊子条。

(3)『延喜式』臨時祭95神宮司季禄条。

(4) 神郡研究の新たな試みとして、三舟隆之氏の研究[三舟隆之二〇一五]がある。三舟氏は古代寺院史研究の第一人者であり、その視点から各神郡の成立と古代寺院の消長を整理している。この中で、神郡内に七世紀末〜八世紀初頭の初期寺院が存在する香取郡・名草郡はいずれも奉斎氏族の勢力が限定的であること、龍角寺出土文字瓦などから、香取評は七世紀後半の中頃に成立したこと、神郡で初期の寺院が希薄なのは奉斎神社が一族の同族的結束を強化するため寺院が不要であったと推定されること、出雲国も「七世紀代に遡るような寺院遺跡は見当たらず」造寺活動は地域性が強く後進的であることなど、重要な指摘がなされている。文字史料に現れない神郡を「発見」する一助としても注目される。

参考文献

・有富由紀子「神郡についての基礎的考察」『史論』四四、一九九一年
・岩橋小彌太「神戸、神郡」『神道史叢説』吉川弘文館、一九七一年
・梅田義彦「神郡行政の特性とその変遷」『神道の思想　第二巻　神祇制度篇』雄山閣出版、一九七四年、初出一九六〇年
・岡田莊司「古代神祇祭祀体系の基本構想―天社・国（地）社祭祀制―」『古代天皇と神祇の祭祀体系』吉川弘文館、二〇二二年、初出二〇一六年
・岡田莊司「天武朝前期における新嘗祭祀と伊勢斎王」岡田莊司編『古代文学と隣接諸学七　古代の信仰・祭祀』竹林舎、二〇一八年
・大関邦男「神郡と出雲国造」『出雲古代史研究』六、一九九六年
・川畑勝久『古代祭祀の伝承と基盤』塙書房、二〇二二年
・小倉慈司「律令制成立期の神社政策―神郡（評）を中心に―」『古代律令国家と神祇行政』同成社、二〇二一年、初出二〇一三年
・小林宣彦「古代の神事構造と神郡の成立」『律令国家の祭祀と災異』吉川弘文館、二〇一九年、初出二〇一二年
・小林宣彦「律令制の成立と祭祀―出雲神郡の成立を中心に―」同右書、初出二〇一五年
・篠川賢一「律令制下の紀伊国造」『日本常民文化紀要』二一、二〇〇〇年
・薗田香融「岩橋千塚と紀国造」『日本古代の貴族と地方豪族』塙書房、一九九二年、初出一九六七年
・高嶋弘志「神郡の成立とその歴史的意義」佐伯有清編『日本古代政治史論考』一九八三年
・田中卓「伊勢神郡の成立」『田中卓著作集四　神宮の創始と発展』国書刊行会、一九八五年、初出一九五九年
・田中卓「二国造の制と日本国家の成立」『古代文化』五一―二、一九九九年
・津田勉「大領の「神主」兼帯と神郡の成立」『國學院雑誌』一〇四―一二、二〇〇三年
・根本祐樹「古代神郡研究における現状と課題」『神道研究集録』一九、二〇〇五年
・早川万年「神郡・神郡司に関する基礎的考察―鹿島の場合に注目しつつ―」井上辰雄編『古代東国と常陸国風土記』雄山閣出版、一九九九年
・平石充「神郡神戸と出雲大神宮・於友評」『古代文化研究』二一、二〇一三年
・平野邦雄「神郡と神戸」『大化前代政治過程の研究』吉川弘文館、一九八五年
・平野博之「神郡―その成立期を中心として―」『九州史学』一一、一九五九年
・三舟隆之「神郡の成立と古代寺院」『古代氏族と地方寺院』同成社、二〇二〇年、初出二〇一五年

志摩の海産物貢納と王権・伊勢神宮―神宮を支えた志摩の位相―

穂積裕昌

はじめに

伊勢神宮が倭王権もしくは大王家の祭祀場として成立し、アマテラスを祀る宮として整備されるに至るには、王権と在地との関係性、祭祀や経営に関与した集団や氏族、奉斎形態などの検討が不可欠となる［穂積二〇一三］。伊勢神宮には、それを支える経済基盤として、渡会・多気の二神郡が付けられたことが知られるが、それ以外にも諸国におかれた神戸や志摩国が負担したものも存在した。本稿では志摩に焦点を据えて、これら負担の起源と展開について考えていきたい。

一、問題の所在と研究史

一―一　問題の所在

律令制下の志摩国は、調をはじめとする各種租税として朝廷に海産物を貢納したほか、延喜式の記載から内廷に贄を送っていたことが知られている。飛鳥・藤原・平城の宮都出土の木簡には志摩から貢納された海産物が記され、近年の詳細な分析から、調以外に贄も相当数が宮都へ送られたことが判明しつつある。ただし、志摩国の贄は、延喜式に記載された志摩国から送られる贄の品目との共通性をもとに、研究上の手続きを経て志摩国の贄だと認識されるようになったが、他国から貢納される贄と異なって、「贄」と明記された木簡は現在のところ1点も出土していない。

一方、『皇太神宮儀式帳』（以下、内宮儀式帳）及び『止由気宮儀式帳』（以下、外宮儀式帳）(1)によると、志摩は、伊勢神宮へも贄として海産物を送っていた。

これら志摩と朝廷、また志摩と伊勢神宮の関係性はいつ頃から形成されるのか。従来の研究は、朝廷へ貢納される調や庸・中男作物・贄などと、伊勢神宮に貢納される贄とは別々に論じられ、志摩が全体として、朝廷・天皇家と伊勢神宮に対して、どのような負担体系となっていたのかがあまり注意を払われていなかったように見受けられる。また、それぞれの起源や展開も、史・資料不足という側面はあるにせよ、あまり追及されてこなかったように思う。

そこで、本稿では、古墳時代以来の志摩の特質を伊勢との対比を念頭にして考古学的な側面を含めて確認することにより、朝廷・伊勢神宮と志摩の関係を把握するとともに、朝廷や伊勢神宮に志摩が記産物を負担することの起源やその形態（地域的な分担などがあったのかなど）について考えていきたい。

最初に、議論の前提となる郡郷の比定と、宮都出土の志摩国関係木簡に贄が含まれると考えられるに至った経緯を確認しておく。

一―二　志摩国の成立と郡郷の確認

志摩は、和銅五年の平城宮木簡「志摩国志摩郡手節里」として登場するが、他に年紀欠の「嶋国嶋郡」や「志麻国島郡」の木簡があり(2)、当初は志摩国志摩（嶋・島）郡だけの一国一郡制だった。『続日本紀』では、養老三年四月以降に一国二郡制（志摩郡から改称された答志郡と佐芸郡、佐芸郡は後に英虞郡と改称)となる。

『倭名類聚抄』(以下、倭名抄)高山寺本では、答志郡には答志・和具・伊可(石鏡)・伊椎(伊雑)の四郷(東急本は駅家・神戸を加えた六郷)が、英虞郡には甲加・名錐(魚切・波切)・船越・道浮(道潟の誤記とされる、以下、「道潟」を採用)・芳草・二色(=丹敷、現在の錦か)の六郷(東急本では余部・神戸を加えた八郷)が属していた[名古屋市博一九九二]。古代志摩国は後世よりも相当広域で、現在の尾鷲市域までが志摩国に包含されていたと考えられている[平凡社一九八三]。志摩国の郡郷比定の問題点は別稿[穂積二〇二四]で述べたので、ここでは議論の前提として、具体的な比定だけを示しておく。

まずは答志郡から。

答志郷　答志島北西部の桃取や東端部の答志、それに大筑海島、神島などの島嶼部に比定する。

和具郷　答志島南東部の和具を中心に、対岸の菅島や坂手島などに比定する。

石可郷　鳥羽市石鏡を中心に、西方の生浦湾周辺を含めた範囲に比定する。贄遺跡のある安楽島を含むか。伊勢湾と太平洋の分岐点となる。

伊椎(雑)郷　志摩市磯部町の伊雑宮がある平地と的矢湾、入口に渡鹿野島が浮かぶ伊雑ノ浦を含む範囲に比定する。

神戸郷　神亀六(七二九)年『志摩国輸庸帳』に「神戸参所」伊勢大神宮課丁一四一とあり、これが神戸郷の中心とみられる。宮都からの関連木簡の出土はないが、奈良時代には伊勢神宮への貢納を担う神戸郷は存在したのであろう。鎌倉時代初期成立とされる『神宮雑例集』に伊勢神宮の神戸として「国崎本神戸」があり、現在も伊勢神宮へ鮑の貢納を続ける鳥羽市国崎を中心に、南側の相差も含めた地に比定する。

駅家郷　加茂川流域の鳥羽市船津町に比定されており、安楽島とも交通至便である。現在の近鉄線に沿って、鳥羽から伊雑に向かう内陸部を弧状に設定されたのだろう。今のところ宮都出土の関連木簡はない。

次に英虞郡。

甲加郷　現在の志摩市阿児町甲賀が遺称地で、旧阿児町域を安乗岬から太平洋側に沿って志島までと、旧阿児町立神から旧浜島町にかけての英虞湾北東岸及び北岸を含んだ範囲として考えたい。

名錐(魚切)郷　現在の志摩市大王町波切が遺称地で、泊・鳶ヶ巣の両前方後円墳のある旧大王町畔名から波切を経て先志摩半島に至る、志摩市の旧大王町から旧志摩町に比定する。

船越郷　五ヶ所湾に面した南伊勢町(旧南勢町)船越がその遺称地で、五ヶ所湾を取り囲む沿岸一帯に比定する。

道潟郷　「倭名抄」の郷名は道浮だが、浮は潟の誤記とされる。平城宮木簡に「志摩国志摩郡道後里」の木簡があり、これが道潟にあたる可能性があるとされる。その場合、南伊勢町(旧南島町)贄湾の最奥部に「道方」の地名が残り、ここが道潟の故地とみられる[平凡社一九八三]。

芳草郷　南伊勢町(旧南島町)方座浦に遺称地があり、当地とみられるが、今のところ有力遺跡に乏しい。宮都出土の木簡に関係地名がなく、奈良時代以前はまだ開発があまり進んでいなかったことを予測させる。

二色郷　「記紀」神武東征説話中で神武が上陸する熊野荒坂津(=「丹敷浦」)の候補地のひとつで、現在の大紀町錦(旧紀勢町)がその遺称地とみられる。錦湾を含む周辺の海岸部に中心域が比定できる。

神戸郷　前述の『神宮雑例集』に伊勢神宮神戸として「鵜倉神戸」と「慥柄神戸」があり、ともに遺称地から旧南島町域の度会郡南伊勢町内に比定されている。ただし、この両者は道潟と方草に挟まれた地で、鵜倉・慥柄を神戸郷とすると、南伊勢町の旧南島町域の狭い範囲に東から道潟・神戸・芳草と重なることとなる(特に道潟と神戸は狭い範囲に隣接)。奈良時代木簡の出土はなく、奈良時代にはまだ郷として設定されていなかった可能性がある。『倭名抄』への追筆年代、あるいは「神戸郷」が道潟郷や芳草郷と重なりながら神宮関連の部分だけを抽出して設定されていた可能性などが問題となる。

余部郷　現在の尾鷲市周辺に比定する見方もあるが［平凡社一九八三］、同名の郷が他国にもあり、人口の少ない地を集めた山谷険しい地とする新野直吉説が妥当で［新野一九六〇］、郡内の「阻険」ないしは「地遠」の地、すなわち海岸部から離れた山間部の孤立的集落をまとめて「餘戸」と一括したとみられる。奈良時代の木簡は未確認である。

一―三　志摩国から貢納される贄

志摩国は、国司は膳氏系の高橋氏が世襲する特殊な小国で、これは志摩国が朝廷に御贄を貢納する「御食国」として特別の役割を担ったことに由来するとされ［狩野一九七〇］、志摩国は律令制下、都に納められる調・庸・中男作物・贄のいずれもが海藻類や魚貝など海産物だけで占められる唯一の国であった。

ところが、志摩国から送られた宮都出土の木簡には、「贄」と明記された木簡は一点もない。にもかかわらず、志摩国から贄が送られていると考えられたのは、平安時代の延喜式に志摩国の贄が記されていることに加えて、左記のような研究史上の経緯による。

宮都出土の志摩国木簡には、①木簡＝地名（国・郡・里もしくは郷）＋人名＋品目、②木簡＝地名（国郡未記載）＋品目、③木簡＝品目のみ、の類型が指摘されている［市二〇一六］。

このうち①木簡は、「御調」「調」と明記されたものが多く、形式的にも調木簡の様式に沿うので、志摩国の調の木簡とされてきた［三重県二〇〇二など］。③木簡は、延喜内膳式の志摩国の旬料御贄の品目（各種鰒が中心）との名前の共通性から、志摩国の贄木簡とされてきた［渡辺一九九六、樋口二〇〇三］。問題は②木簡で、人名記載がなく、郷名のみが記載された書式形式から、志摩国の贄木簡とする説［渡辺一九九六］と、各種海藻など調品目との共通性から調木簡とする説［樋口二〇〇三］、奈良時代は贄だったが平安時代の延喜式段階には調として扱われたとする説［市二〇一六］の3説が提起されてきた。筆者は市説を妥当とみるが、奈良時代だけを問題とするなら、結果的に奈良時代だけは贄と考える渡辺氏と市氏は同意見となる。

一方、伊勢神宮に対しては、内外宮の三節祭（六月・十二月の月次祭と九月の神嘗祭）に朝夕御饌として「鮮蚫螺等御贄」（＝活け鮑・栄螺等の御贄）が、外宮で毎日朝夕アマテラスらに日々の食事を奉る日別朝夕大御饌にも御贄（品目記載なし）が送られていた［神道大系編纂会一九七九］。志摩国神戸とは、前述のように鎌倉時代の『神宮雑例集』に「国崎本神戸」として記され、現在も神宮への鰒貢納を担う鳥羽市国崎とみられる。

そして、調と贄の関係は、左記文献の記載が以前から注目されてきた。

［文献1　『日本書紀』巻三十　持統天皇］

（六年）五月の乙丑の朔庚午に、阿胡行宮に御しし時に、贄進りし者紀伊国の牟婁郡の人阿古志海部河瀬麻呂等、兄弟三戸に、十年の調役・雑徭服す。復、挾杪八人に、今年の調役を免す。

持統六（六九二）年、中納言三輪高市麻呂の反対を押し切り、持統は伊勢・志摩に行幸する。文献1は、その持統が行幸から藤原京へ戻った後、阿胡行宮滞在時に持統へ贄を奉献した紀伊国牟婁郡の人・阿古志海部河瀬麻呂等の調や雑徭を免除したことを記したものである。

阿胡行宮が後に国府が置かれた英虞郡を指すのか、『万葉集』に「アミノ浜」と記された故地とされる鳥羽周辺（答志郡）を指すのかは不明だが、注目されるのは船を運航する挾杪八人も当年の調が免ぜられるなど、贄の貢納が調の免除に繋がっていることである。この記事については、勝浦令子氏［勝浦一九七七］、長田博子氏［長田一九八七］、森浩一氏［森一九九二］らによって取り上げられ、検討が加えられているが、ここで贄と調は、贄を納めれば調は免除されるという、納入のうえでの互換性があるものとして取り扱われていた。

大化前代の貢納のうち、調は本来「ミツキ」であり、贄とも性格が重なるとの指摘があるが［東野一九七八］、文献1は『日本書紀』が撰述される七世紀前後の貢納のあり方が一定程度は反映したものだろう。贄は基本的には地域や集団を単位とした貢納形態だがここでは河瀬麻呂らの調・雑徭の免除を認めている。挟杪は、労役と調との互換である。

二、志摩の海産物生産

本稿では、「海人」を「漁業や海産物の生産に従事する人」(≒漁撈民)と限定的に用いず、海上交通・輸送や軍事なども含めた「広く海で活躍した人たち」を含意している。海産物生産従事者に限定する際は、女性が海女、男性が海士である。記述に漁撈民の性差を必要とする際は、それぞれ「海女」「海士」とし、漁撈以外の活動を含む場合は海人を用いる。

二―一、志摩の海人拠点と海産物生産

具体的な遺跡と出土遺物、それに宮都出土の木簡に記された魚貝品目から、志摩の海人の具体的な姿を郡郷別に確認しよう。

答志郷　答志島の先にある大築海島の大築海貝塚では、鮑・栄螺・貽貝(＝貽貝)、レイシ、ナガニシ(ニシ貝)などを含む貝層から縄文晩期から古墳時代の土器、鉄製釣針・鹿角製刀子柄・翼状逆刺付固定銛・土錘、サメやイルカ、タイ、マグロ等の魚骨が出土した［立教大学一九六六］。海人族の拠点のひとつとみられる［野村二〇一二］。

このうち翼状逆刺付固定銛は、久保禎子氏が提起した銛先に平行四辺形の逆刺を片側4個前後対にして交互に削り出した鹿角製の銛である［久保二〇〇二］。久保氏は、志摩半島の大築海貝塚・白浜遺跡・塚越貝塚、渥美半島の保美遺跡・欠山遺跡・瓜郷遺跡、それに伊勢湾最奥部の朝日遺跡・高蔵遺跡での出土を指摘し、その後、伊勢湾西岸の松阪市西肥留遺跡でも確認された［三重埋文二〇〇八］。こうした銛が外洋に面した志摩半島や渥美半島だけでなく、伊勢湾内でも出土したことは、大型回遊魚が湾内へも遊弋し、それを狙う専業性の高い海人の活動が伊勢湾内へも及んでいたことを示唆していよう。

木簡では、藤原・平城宮木簡に「志麻国嶋郡塔志里戸主大伴部嶋(以下不明)」「島直□麻呂」「大伴部□人」などの人名が残り、平城宮木簡には手節里(答志郷)から調として海藻根や堅魚が、贄もしくは庸として塩、贄(地名+品目の②木簡)として奈弖米・名止毛・加自米(以上海藻)・貽貝腊・貽貝鮓・多比荒腊・多比鮨が送られた。

和具郷　鳥羽湾口の答志島に所在するおばたけ遺跡は、古墳時代前期から奈良時代に属する拠点遺跡で、三重県埋蔵文化財センターの調査区では奈良時代の倉庫を含む掘立柱建物や竪穴建物があり、円面硯・鉄製刀子・土錘・紡錘車のほか、貝類では栄螺、イワガキ、レイシ、スガイ、マツバガイ、アサリが出土した(3)。倉庫や円面硯の存在から、海産物を集めて保管し、当地で木簡を記した可能性が指摘されている［三重埋文二〇〇六］。また、鳥羽市教育委員会の調査区では、古墳時代前期から奈良時代の遺構・遺物があり、貝類として鰒と栄螺も出土し、特に栄螺が多かったとの所見が記されている［鳥羽市教委一九七二］。

木簡では、藤原宮木簡に「和具里人嶋直百□(以下不明)」があり、平城宮木簡には大伴部禰麻呂、大□(供ヵ)□□美などがある。また、調として海藻・海藻根・名乃利毛・堅魚が、贄(地名+品目)として奈弖米・名乗菜・伊祇須・撫滑海藻・貽貝腊・鯛荒腊が都に送られた。

伊可郷　弥生時代後期から古墳時代の白浜貝塚では、鹿角製の漁具(ヤス・固定銛・翼状逆刺付固定銛・回転式離頭銛・釣針等)や刀子、弓筈、針、刀装具を含む各種未成品、青銅製固定銛、瀬戸内型を含む石錘など実に多彩な漁撈具(一部狩猟具・武器)が、土器や貝類、魚骨ともに出土した。貝には鮑、栄螺、貽貝など、魚骨にはタイやマグロ、カツオ、サメなど外洋生息の大型魚類も多く、専業性の強い漁民の存在が窺える［本浦遺跡群調査委員会一九八九］。

一方、鳥羽市安楽島の贄遺跡は、伊可郷か和具郷のどちらに帰属するか不明だが、和同開珎8、神功開寶1・隆平永寶2の皇朝銭をはじめ、「美濃」

刻印須恵器、銙帯（巡方7・丸鞆10・鉸具2・蛇尾2）、大刀金具等の注目すべき出土品がある。多数の焼土跡と製塩土器、工字形を含む土錘も多数出土し、製塩や網漁も窺える［鳥羽市教委一九七五・一九八七］。答志・和具・石可の諸郷と海上交通至便で駅家郷も近く、海陸路の結節点の役割も期待できる。以上のことから、贄遺跡は志摩の各地から集めた海産物（各種鰒をはじめとする魚貝類で構成）を調整する志摩国直営の施設（発送拠点）だった可能性を考慮すべきかと思われる。

木簡では、平城宮木簡には、調として赤乃利が、贄（地名＋品目）として割鰒（「麻生割鰒と記載、割鰒は生鰒のこと、麻生は生浦湾付近）・末滑海藻・赤乃利・田比荒腊・多比荒腊・鯛荒腊・多比鮨・都焉荒腊があり、赤乃利は調と贄に共通した品目である。また、調木簡の人名に大伴部が確認できる。

伊椎郷　伊雑ノ浦沿いに小海遺跡［近藤一九七六］やオウミ貝塚［磯部町一九七九］などの製塩遺跡が多数点在するほか、的矢湾沿いには、鎌田古墳群や船戸古墳群などの後期群集墳が所在する［関西大学一九九二］。伊雑宮周辺は志摩国で最も広い平地があり、的矢湾に浮かぶ渡鹿野島は天然の防波堤の役目をなし、江戸時代は太平洋海運の風待港として栄え、最奥部に至るまで全体で格好の停泊適地として機能していた。

木簡では、平城宮木簡には調として海藻が、また贄（地名＋品目）として多比鮨・鯛荒腊・近代（コノシロ）鮨・鈴□（鱸〈スズキ〉か）味腊がある。現時点では貝類記載の木簡はない。調木簡の人名には、大伴部小咋がある。

甲加郷　英虞湾岸となる志摩市阿児町立神の立神高岡製塩遺跡が調査されており［三重埋文二〇〇六］、鎌倉時代に入るものではあるが、製塩炉が確認されている。

木簡では、確実に甲加郷といえる藤原・平城宮木簡はないが、和銅六年六月四日付の志摩郡目加里戸主嶋直大市戸□麻呂が御調海藻廿斤を貢納したとする「目加里」が甲加里の誤記とすれば一点のみだが存在する。

名錐郷　英虞湾最奥部にあって、太平洋も至近の旧大王町船越の塚越貝塚では、翼状逆刺付固定銛を含む鹿角製モリや鉄製モリ、未製品を含む鹿角製等装具、土錘等の漁具、それに鰒・栄螺などの貝類が出土し、古墳時代の漁撈活動の一端が判明している［関西大学一九九二］。東の太平洋と西の英虞湾の距離は現状で五〇〇m、地名「船越」は舟を陸に上げて超えさせる船越に由来するとみられ、先志摩半島の海産物蒐集の拠点地と推定される。

また、太平洋に面した先志摩半島南側の旧志摩町越賀に所在する阿津里貝塚では、立教大学の調査で鹿角製のヤスをはじめ、岩礁性の鰒・栄螺などのほかシオフキやハマグリ、アサリなどの貝類や、ベラ、マダイ、クロダイ、サメ、カジキマグロ、カツオ、フグなどの各種魚骨が出土している［立教大学一九六六］。また、志摩市教育委員会の試掘調査では、弥生時代後期から平安時代の土器や骨角器、鹿角、獣骨のほか、鰒や栄螺、ボウシュウボラ（別名ホラ貝）、ハマグリ、レイシ、マガキガイ（別名チャンバラガイ、牡蠣とは別種）、バテイラ、アマオブネなど多種の貝類[4]が出土した［志摩市教委二〇一〇］。ボウシュウボラは、通名のホラ貝として現在も志摩でよく食される大型の巻貝で、一般的に大きいものは栄螺よりも大きく育つ。

英虞湾に面した先志摩半島北側の志摩町御座の地蔵貝塚では、鹿角製装具大刀を副葬した海岸埋葬があり［竹内ほか二〇〇六］、海人の族長の墓とみられる。

木簡では、藤原宮木簡に魚切里人「大伴部□□」が送った尓支米がある他、平城宮木簡には「大伴部国麻呂」戸の同部得嶋から調として耽羅鰒が、また贄（地名＋木簡）として滑海藻・布乃利・荒伊委之・近代（ノコシロ）味腊・久恵荒腊がある。

船越郷　五ヶ所湾西岸の礫浦には、浅間山古墳や、宮山古墳・日和山古墳で構成される礫浦古墳群がある。このうち宮山古墳では、大型鉄製釣針や双龍文環頭大刀、銅鋺など注目すべき副葬品が出土している［関西大学一九九二］。鉄製釣針は、三河湾に浮かぶ愛知県日間賀島の北地古墳群出土品［愛知県二〇〇五］とも共通し、海人集団を統括した族長の墓とみられている。

木簡では、藤原宮木簡には、物品名は不明だが、「〔船越ヵ〕里人大伴部〔利ヵ〕□　□」や舟踰里人證□居□小□の人名、平城宮木簡では、調として海松・海鼠・熬海鼠が、贄？（地名＋品目）として堅□（カツオ）・海松・牟津荒腊がある。

道潟郷　南伊勢町アララ遺跡で土錘等の出土はあるが、本格的な発掘調査がないこともあって、明確な海人関連集落は未確認である。

一方、木簡では、平城宮木簡に「志摩国志摩郡道後里」の木簡があり、贄（地名＋品目）木簡にも「道後郷堅魚」がある。

二色郷　錦湾に面する大紀町名古遺跡や大叶越・九十九折叶越遺跡、ユルベ遺跡などで土錘が採集されているほか、名古遺跡で韓式系土器、大叶越・九十九折叶越遺跡で初期須恵器、大叶越・九十九折叶越古墳群で三角縁神獣鏡や子持勾玉、ユルベ遺跡で海獣葡萄鏡など、注目すべき遺物が採集されている［岡田二〇〇二］。

木簡では、平城宮木簡に贄（地名＋品目）として、堅魚・多比楚割・多比鱐・益魚腊がある。

二―二、志摩の漁撈活動の特色

宮都出土の木簡に記された品目は、志摩国の海産物生産の一端を示すものである。

まず、特筆すべきことは、各種の海藻・海苔類の多様さである。海藻はともかく、赤乃利や布乃利などの海苔類は、質の良いものを採るには海苔が貼りつく藻場となるための磯岩が必要である。このてんで志摩の海岸線は、リアス式海岸特有の岩礁が多く、海苔の生育には絶好の環境であったと思われる。

岩礁が多いことは、岩礁に棲む貝類、すなわち鰒・サザエなどにも絶好の棲家となる。しかも、木簡に記された各種海藻類は、そのまま鰒などの餌となる。志摩の鰒の品質は、これら海藻の豊富さ・質の良さによって支えられていたといってもよい。海藻・海苔・鰒は連動したものとして、志摩の海産物生産を支えた存在だった。

木簡に残る人名は、「嶋」と「大伴部」が中心である。このうち、大伴部は、景行紀五三年に天皇に白蛤を膾にして供献し、膳臣の氏名と膳大伴部を賜ったとする磐鹿六雁の記載に由来するとされ、膳（高橋）氏と関わる部とみられている［市二〇一六など］。高橋氏が歴代国守を務めたとする志摩国に相応しい集団名といえよう。一方、嶋氏は、「国造本紀」では出雲臣遠祖とされるが、地元の海人を率いる族長的存在だったのであろう。

魚類では、カツオ・タイの多さが目立つ。特にカツオは、答志・和具・船越・道潟・二色の各郷で確認できる。延喜式では志摩国の庸として「鮑、堅魚、鯛楚割」と記されており、カツオは志摩の特産品としても認知されていた。白浜遺跡などで出土した釣針や翼状逆刺付固定銛に代表される骨角器は、こうした外洋性大型回遊魚の漁撈とも親和性のあるものであり、志摩出土の弥生後期から古墳時代の漁具は、律令期志摩の海人の先駆けをなすものといえるだろう。ただし、神亀六（七二九）年の『志摩国輸庸帳』では、「神戸参所」伊勢大神宮課丁一四一が貢納したのは延喜式に志摩国の庸として記された品目ではなく、塩だった。

貝類をみると、大築海貝塚（答志）、おばたけ遺跡（和具）、白浜遺跡（伊可）、塚越遺跡・阿津里貝塚（名錐）のいずれも鰒・栄螺の出土があり、貽貝も多い。貽貝は二枚貝（ムール貝の一種）で、志摩国関係木簡にしばしばみられる「貽貝腊」とは豊富にとれる貽貝を煮詰めて干貝としたものであろう。実際の貝の出土事例とも照応する。

また、ニシは角のないサザエに似た巻貝で、志摩半島の郷土食「ニシ汁」の主要素材であることを野村史隆氏が報告している［野村二〇一一］。朝廷や神宮に送られた「螺」には、栄螺（サザエ）だけでなく、ニシ、それにボウシュウボラも含まれていた可能性がある。

二―三、志摩の鰒の問題

一方、不審なのは、鰒である。志摩の鰒は、『延喜式』によると内膳式の旬料御贄とし、鮮鰒・味漬鰒・腸漬鰒・蒸鰒・玉貫鰒・御取鰒・夏鰒の7種、調として御取鰒、雑鰒の二種、庸としても鮑があった。また、『延喜式』で志摩の中男作物は「雑魚腊」となっているが、天平八年七月十日付の平城宮木簡に「志摩国中男作物鰒腸五斤」とあることから、奈良時代には中男作物として鮑も存在した［虎尾編二〇一七］。

さらに、伊勢神宮に対しては、内宮と外宮で行われる三節祭（六月と十二月の月次祭と九月の神嘗祭）の朝夕御饌として志摩国神戸から「鮮蚫螺等御贄」（＝活け鮑・栄螺等の御贄）が送られていた。この神戸は、前述のように鳥羽市国崎だったとみられる。

ところが、地名が明記された志摩国の鰒は、宮都出土の木簡では実はほとんど見られない（麻生割鰒・名錐郷調の耽羅鰒、地名不詳の中男作物の鰒腸のみ）。前述のように、③木簡に記載された鰒の品目は、『延喜式』の記載から旬料御贄として志摩から内膳へ送られた鰒の品目と共通することから、③木簡に記載された各種鰒が志摩の鰒と判断されたが、当該木簡群自体は内膳司ではなく、衛府や図書寮、縫殿寮との関わりが提起されている［渡辺二〇一〇］。奈良時代に宮都へ送られた鰒には、内膳司へ直送されたものも存在しただろうから、志摩国から平城京へ送られた鰒は相当多いだろう。まだ知られていない未見の木簡が、まだ多く存在するとみられる。

さて、樋口知志氏は、この志摩の贄木簡とみられる③木簡について、地名を記した木簡が全く出土していない英虞郡甲加郷（前述のように和銅6年の「目加里」が甲加とすれば1点は存在）が上質の鰒の特産地であり、かつ国府所在の郷であるとして、当地（甲加郷）で獲った鰒が贄として貢納されたのではないかと指摘した。甲加郷は、一般的な税である調の負担を負わず、代わりに上質の鰒が贄として、都へ送られたとみたわけである。これに対して渡辺晃宏氏は、③木簡の鰒は地名を記載せずとも出所の明らかな特別な鰒だったとしたうえで、神宮へ鰒を貢納することで名高い国崎周辺の鰒だったとみた。

両氏の説は、『延喜式』段階の旬料御贄に相当する贄は、ともに志摩国のなかでも特定地域から送られたとするもので、このあり方は後の御厨における送贄形態と共通する。確かに志摩国には、後述のように「志摩国御厨」が存在したとする延喜内膳式の記載がある。こうした「御厨」は、平安初期以降に成立すると考えられることが多いが、両氏の見方はその先駆形態的なものが存在したとみることと調和的である。

二説のうち渡辺説は、国崎が神宮へ貢納する志摩鰒の産地として知られ、それが都へも贄として貢納されたとみるものである。鰒の好む岩礁があるということでは過去も現在も条件は同じであり、現在鮑漁が盛んで海女も多い国崎（とその南の相差）は古代でも鰒の好漁場であったとみられる。しかし、神宮神戸が置かれた神戸郷が国崎でよいとすれば、国崎はあくまで神戸として神宮に対する貢納を負ったのであり、朝廷に対する贄の負担は国崎以外の地が負ったと考えたい。「国崎」地名を記した宮都出土の木簡が皆無なのは、当地が伊勢神宮への神戸として、当地が調も含めて宮都への租税負担を免除されていたことに由来するのではなかろうか。だとすると、この神戸のあり方は、後の御厨に近い。

一方、樋口説は、確かにある時期の国府は甲加郷にあった可能性が高く（『倭名抄』記載、「国府」地名の残存、志摩国分寺の存在など）、当地が朝廷への贄貢納のうえで重要な地であったとこは確かだろう。しかし、甲加郷の地が志摩の他の地と比べて、鰒の漁場として特別優越するわけではない。確かに、甲加郷に含まれる安乗は鮑の好漁場であるが［高橋一九九三］、こうした地は前述の国崎や、現在でも最も海女数が多い（＝鮑の生息数も多い）鳥羽市相差、それに立派な鮑貝殻が出土している大築海貝塚のある答志郷や、おばたけ遺跡（鳥羽市和具・答志島）のある和具郷、白浜遺跡（鳥羽市石鏡）のある石可郷、阿津里貝塚（志摩市越賀）のある名錐郷など、志摩は上質の鰒が獲れる好条件の漁場が他にも点在しており、志摩全域で高品質の鮑が獲れたとみられる。つまり、甲加郷だけが特別高品質の鰒が獲れたわけではない。

さらに問題は、調や庸、中男作物でも志摩からの貢納物として鰒が明記されているにも関わらず、木簡として出土する志摩の鰒関係木簡は、タイやカツオなどの魚類を記した木簡に比べ、旬料御贄との共通性が指摘された品目だけ記した各種鰒を除くと、驚くほど少ないことである。鰒を貢納したことが記された地名は、割鰒を送った麻生（伊可郷）と耽羅鰒を送った名錐が確認されるだけである。

こうしてみれば、贄を負担した地を甲加郡の特定地だけとみると、志摩の他地の鰒は②木簡の贄だけでなく、調も含めて多くの行方が全く不明となるのである。このことは、国崎からとみられる神宮へ送られる鰒を除き、都へ送られる贄の鰒は、志摩全域で獲れたものをしかるべき加工地（後の厨的な場所）に持ち込んで加工・調整し、都へ送っていたことを示すのではなかろうか。だとすれば、それだけ志摩という地域が、王権への従属性の強い地域だったことを示すものと思われる。

二―四、志摩国御厨

以上のように考えた場合、注目されるのは内膳式の諸国貢進御贄の条に記された「志摩国御厨」である。この条は、九月から明年五月まで旬料御贄として志摩国御厨から鮮鰒・螺、それに雑魚を供することが規定された条で、これに関わって「御厨」がみえる。『類聚三代格』延喜二（九〇二）年三月三十一日付太政官符の「応レ停二-止臨時御厨并諸院諸宮王臣勢家厨一事」の記載内容から、志摩及び筑摩（近江国）・網曳（和泉国）・江□（河内国）の各御厨は、延喜二年以前から設置されていたことが窺われている［苅米一九九三］。この場合の志摩国御厨とは、いうまでもなく神宮のための機関ではなく、内膳司によるものである。

ここで注意されるのは、苅米氏が注目した『台記』久寿元（一一五四）年五月二十三日に、大神宮伊雑御厨と、内膳司畔乗御厨が争論したとする記事である。畔乗は現在の志摩市安乗で、かつては英虞郡甲加郷に属したとみられ、国府が置かれた国府地区に隣接する。年代的に隔たりがあり、また志摩一円ではなくごく狭い範囲だけを覆うだけだったとみられるが、機能的には延喜式の「志摩国御厨」の後継的な機能を担ったのであろう。さすれば、先行する奈良時代の公的調整施設も、安乗をその域内に含み、国府も置かれた甲加郡に存在したことが想定される。

延喜主税寮式志摩国厨条には、志摩国の御贄を獲る潜女三十人と歩女一名、仕庁八人に伊勢国正税から粮料や雑用料、潜女衣服料を支出する規定がある。この収受形態は、調などの税制上の措置ではなく、贄を確保するためのいわば労働対価である。つまり、延喜式の頃には、地域・集団による税負担から、御厨の経営で贄が確保される状態に変容していた。そして、こうした状況は、さらに遡る。天平六（七三四）年の「尾張国正税帳」には、志摩の潜女に正税を割いて食料を支給し、貢進物の調達にあたらせた記事があり、これが文献上志摩の潜女の初見とみられる［東野一九七八］。この記事から志摩では、鰒採取が女性（潜女）の役割であったことが窺える。

このように、志摩の贄は歴史的にも重要視されてきた。鳥羽市贄遺跡の存在や、品目だけ記された鰒木簡が志摩からの貢納物とすると、「御厨」という中世的な経営となる以前から、高品質の鰒を選別・調整して御贄として都に送る、内膳の意を受けた志摩国直営の加工施設が、古くから志摩にあったと考えることは、あながち荒唐無稽のものとは言えないだろう。

三、贄の起源説話と伊勢・志摩

こうした朝廷へ貢納される志摩の贄の起源は、「嶋速贄」として、サルタヒコの説話に関わって『古事記』に記載がある。また、前述のように、持統紀には、持統の伊勢・志摩行幸で滞在していた阿胡行宮に紀伊国牟婁郡の海部が贄を届ける記事がある。さらに、贄と直接関わる記事ではないが、神功紀には、伊勢・志摩の神に関わる記載がある。

これらは、いずれも伊勢・志摩両国にまたがって関わる記述であり、奈良時代以前の両国の関係を考えるうえで重要な論点を含む。これらは、どのような背景をもとに成立したのか。

三—一、嶋速贄の起源説話

『古事記』上巻の天孫降臨段に記されたサルタヒコをめぐる物語は、伊勢との関係性を示すとともに、その末尾に嶋速贄についての起源について記している。

[文献2 『古事記』上巻]

故、其の猿田毘古神、阿耶訶に坐し時、漁為て、ひらぶ貝に其の手を咋ひ合さえて、海塩に沈み溺れき。故、其の、底に沈み居る時の名は、底度久御魂と謂ひ、其の、海水のつぶたつ時の名は、都夫多都御魂と謂ひ、其の、あわさく時の名は、阿和佐久御魂と謂ふ。是に、猿田毘古神を送りて還り到りて、乃ち悉く鰭の広物・鰭の狭物を追ひ聚めて、問ひて言はく、「汝は、天つ神御子に仕へ奉らむや」といふ時に、諸の魚皆「仕へ奉らむ」と白す中に、海鼠・白さず。爾くして、天宇受売命、海鼠に謂ひて云はく、「此の口や、答へぬ口」といひて、紐小刀を以て其の口を析きき。故、今に海鼠の口は、析けたるぞ。是を以て、御世に、島の速贄を献る時に、猿女君等に給ふぞ。

文献2は、『古事記』の天孫降臨に続く部分で、書紀にはない記載を含む。ここでサルタヒコは、「御前に仕へ奉らむ」とニニギに同行を願う。

一方、『日本書紀』巻二の神代下第五段・第一の一書では、サルタヒコは天神御子（ニニギ）に筑紫日向高千穂槵触峯への降臨を指示し、自身は伊勢狭長田五十鈴河上への向かうと伝える。『古事記』では、そのサルタヒコが漁をしていた時、比良夫貝に手を挟まれ溺れ死んだ場所が「阿耶訶」とされる。当地は、「内宮儀式帳」で倭姫命の伊勢鎮坐の行く手を阻む「悪神」が拠ったとされる「阿坂」（あざか）と同じで、伊勢国一志郡の地とされる。『古事記』では、天孫降臨時におけるサルタヒコは天つ神御子に同道を願い、特に自身の降る先の明記はないが、最期がアザカとすると、『日本書紀』の一書を介して、サルタヒコと伊勢との関係性が示されたともいえる。そして、この後に、「島之速贄」がサルタヒコの後裔とされる猿女君にも給されることが記される。ちなみに本説話中にでてくる海鼠とはナマコのことで、前述のように英虞郡船越郷から平城宮へ送られた調の品目のなかに海鼠・熬海鼠がある。

「速贄」とは、初物[本居一九六八]、あるいは通常の贄の貢納時期よりも早い時期に供される贄のことする意見[東野一九七八など]と、高速輸送で実現した鮮度の良い贄とする意見があるが[市二〇一六など]、本説話の舞台である一志郡は、陸路で大和から伊勢へ入ろうとすると最初に至る郡にあたり、近年では古墳時代前期にヤマトから大量に出土する東海系土器のひとつS字甕の故地とも目されている。古くからヤマトと伊勢の交流窓口のような存在だった。

この説話については、比良夫貝をシャコ貝と解して、天孫降臨とも関わって日向以南の南島の物語が入っているとみる向きもあるが[谷川一九七二、木下二〇〇〇など]、志摩国が納める租税のすべてを海産物としている実態や、贄として特別な鰒を供出する地ということを考えた場合、伊勢・志摩の贄貢納の伝統を伝えるものとみてよかろう。

ちなみに比良夫貝について、アザカが面する伊勢湾では、手を挟むほどの大きな貝としては伊勢湾の海底一〇mほどに生息するタイラギ貝がある。タイラギ貝は、大きなものは全長四〇～五〇cmに及び、海底の砂に半身を沈め、残る半を砂から出て口を半開きし、あたかも砂上に上半身を突き出すように存在する[5]。サルタヒコの説話自体は歴史的事実を直接反映するものではなかろうが、貝に手を挟まれて溺れ死んだとする物語の筋立て自体は、シャコ貝が棲む南方に求めずとも、伊勢湾でも十分説明がつくものである[6]。

そして、当地は伊勢平野まで東伝した遠賀川文化が伊勢で最初に拠点を築いた松阪市中ノ庄遺跡が存在する[三重県教委一九七二]。岡田登氏が一志郡三渡川河口（現在もアサリ等の貝類を採取する漁民が存在）に「アザカ潟」を想定したように[岡田二〇〇五]、『古事記』のサルタヒコ伝承は伊勢・志摩、とりわけ志摩の海産物生産を手中とした、倭王権の経済基盤のひとつが志摩におかれたことを示す記事といえる。そして、このアザカ潟から至近の松阪市西肥留遺跡で志摩の海人との関連が深い翼状逆刺付固定銛が出土したことは［三重埋文二〇〇八］、一志郡と志摩の密接な関係を示すものともいえる。

『日本書紀』雄略一七年には、土師連の祖吾笥が天皇の朝夕の御膳を盛る清器を奉るため、私の民部を贄土師部として差し出した中に「伊勢国藤形村」がある。この藤形も、アザカと同じ一志郡で、その北端にあたる。食品ではないが、天皇の贄に関わる物品として、一志郡が指定されているわけである。

以上を勘案すると、『古事記』サルタヒコ伝承は、大化前代には一志郡が志摩から海路持ち込まれた海産物の受け入れ主体となり、一志郡を介して王権へ搬出されていた事実があったのかもしれない。

サルタヒコは、天孫降臨の先駆けとして「伊勢狭長田五十鈴河上」（紀・第一の一書）へ降った。その五十鈴河上とは、『日本書紀』垂仁二五年に記された、アマテラスが最終的に鎮座した地である。つまり、伊勢とは、高天原に始まり、出雲・日向・イワレヒコの東征を介してヤマトへと至る、記紀神話の帰結する地として観念されていたとみてよかろう。

三―二、神功紀の「尾田吾田節淡郡」

『日本書紀』巻第九の神功皇后段では、夫である仲哀の死をめぐり、その死に関わった神を特定しようとする神功が、自ら神主となって斎宮に入り、神の神託を得るべく神懸かりする姿が描かれる。この過程で出現する神は複数あるが、その最初が伊勢の折五十鈴宮に坐す神・撞賢木厳之御魂天疎向津媛命、次いで尾田の吾田節の淡郡に居す神である。

［文献3　『日本書紀』巻第九　神功皇后摂政前紀仲哀天皇］

九年の春二月に、足仲彦天皇、筑紫の橿日宮に崩ります。時に皇后、天皇の、神の教えに従はずして早く崩りまししことを傷みたまひて、以為さく、祟れる神を知りて、財宝国を求めむと欲す。是を以ちて、群臣と百寮に命せて、罪を解へ過を改めて、更に斎宮を小山田邑にせて造らしめたまふ。三月の壬申の朔に、皇后、吉日を選ひて斎宮に入り、親ら神主と為りたまひ、則ち武内宿禰に命せて琴撫かしめ、中臣烏賊津使主を喚して審神者としたまふ。因りて千繒高繒を以ちて琴頭尾に置き、請して曰さく、「先日に、天皇に教へたまひしは誰神ぞ。願はくは其の名を知らむ」とまをしたまふ。七日七夜に逮りて、乃ち答へて曰はく、「神風の伊勢国の、百伝ふ度逢県の、拆五十鈴宮に居す神、名は撞賢木厳之御魂天疎向津媛命なり」とのたまふ。亦問ひまをさく、「是の神を除きて復神有すや」とまをしたまふ。答へて曰はく、「幡荻穂に出し吾や、尾田の吾田節の淡郡に居す神有り」とのたまふ。（以下略）

五十鈴宮とはアマテラスを祀る内宮を指し、撞賢木厳之御魂天疎向津媛命とはアマテラスの荒魂と考えられている［坂本他一九九四］。一方、尾田吾田節淡郡については、「延喜式」神名帳に志摩国の式内社として、志摩国答志郡に「粟嶋坐伊射波神社」「同嶋坐神乎多乃神子神社」（「同嶋」とは粟嶋のこと）の二社が記載されているのが参考となる。このうち、岡田登氏によると、「乎多」とは「オダ」で、神功紀の「尾田」に照応し、志摩市磯部町恵利原にある小字「小田折」「小田坂」「小田」が遺称地とされる。また、「吾」はアゴで英虞（郡）のこと、「田節」は「タフシ」で答志（郡）のこと、「淡」は粟で粟嶋に照応する［岡田一九九七］。つまり、ここに記された神名は、志摩国内の地名や古社に適合する。

前掲の文献1に引いた持統六年の伊勢志摩行幸では、引用部よりも前段に「過ぐるところの神郡および伊賀・伊勢・志摩の国造等に官位を賜い」と記されており、伊賀・伊勢・志摩はそれぞれ独立した国として扱われている。神功紀の「尾田の吾田節の淡郡に居す神」は、「拆五十鈴宮に居す神」などと並列的に記されており、その後の記事には表筒男・中筒男・底筒男など住吉に由来する神など幾柱かの神名が続く。

平安初期成立の「内宮儀式帳」では、伊雑宮は皇大神宮（内宮）の別宮と位置づけられているが、『日本書紀』の段階（八世紀前葉）ではそれぞれ独立した神名として扱われているのである。つまり、平安初期段階に別宮として整理される以前には、伊雑神は志摩の地域勢力が奉祭する神として、神宮（つまり伊勢）とは切り離された神として、独立して扱われていたのではなかろうか。

そして、この記事に出てくる神名の多くは、宗形（宗像）や住吉など海との関係性が強く、海人が奉斎していた神が主体だった。神宮も、律令期でも外宮禰宜の渡会氏をはじめ、内宮禰宜の荒木田氏も含め在地系の神官は磯部（石部・伊勢部）との復姓をもつ者が多く［岡田米一九七四］、初期祭祀に関わった在地有力者が海を勢力基盤としていたことが窺われる。

伊雑宮がある伊椎郷は答志郡に属し、国府が置かれた英虞郡甲加郷に隣接する郷である。後述のように、伊椎郷には首長墳と目されるほどの有力な古墳はないが、逢坂峠を越えると伊勢神宮内宮に至近で、内湾の伊雑ノ浦は浪穏やかな停泊適地で、水・陸運の拠点と目される。志摩のほぼ中央に位置し、伊雑宮周辺は志摩国内では珍しく水稲の耕作適地もあることから、答志郡衙を当地に比定する意見もある［岡田一九九七］。

もうひとつ、注意すべきこととして、「尾田吾田節淡郡」に出てくる「淡郡」である。これは、粟嶋の「粟」に照応されてきたことは前述の通りだが、このアワは、志摩と同じ太平洋側にあって、志摩国司・高橋（膳）氏との関係性の深さが説かれてきた房総半島の安房にも通じる。こうした海の関係を重視すると、式内粟嶋坐伊射波神社を伊雑宮ではなく、論社である同じ答志郡の鳥羽市安楽島（あらしま、この場合はアワ嶋→アラ嶋の転訛が想定されている）にある伊射波神社（通称「加布良古神社」）は、太平洋を望む断崖の上に立地しており、海との関係性だけならより照応性が強い。今のところ、安楽島の伊射波神社は伊雑宮と異なって古い遺物の報告がなく、立地以外にアドバンテージはないが、引き続き注視はしておきたい。

三―三、高橋（膳）氏と志摩に関する憶測

前述のように、志摩国は膳臣から改名した高橋氏が世襲的に国司を務めた国で、途中他氏に変更された期間もあるものの、高橋氏は基本的には徐目の対象からも外れ、氏人の推挙により志摩国司を歴任した。こうした志摩と高橋（膳）氏の関係は、贄貢納も含めて大化前代からの伝統とされることが多い。

高橋（膳）氏の家記である『高橋氏文』や、『日本書紀』景行五三年の磐鹿六雁の説話をはじめとする関係記事、あるいは『新撰姓氏録』の系譜記事には、東国と膳氏、あるいは若狭と膳氏の関りを示す記載はあるものの、志摩と高橋氏の関係を直接的に伝える文献はほとんど見いだせない。そのため、従来の高橋（膳）氏に関する研究は、東国や若狭と膳氏の関係性をめぐる議論が中心で、志摩との関係は国司の専任などごくわずかの事実が触れられる程度だった。しかし、朝廷や伊勢神宮に運ぶ租税（調や庸、中男作物など）や贄の輸送は志摩国司、すなわち高橋氏がその責を負っており、高橋（膳）氏―志摩国―朝廷（＝内廷・内膳）には強固な関係性が成立していたとみてよかろう。

高橋（膳）氏については、「高橋氏文」についての基本的な整理を行った早川万年氏［早川一九九二］をはじめ、吉村四郎氏［吉村一九五七］、後藤四郎氏［後藤一九五九］、狩野久氏［狩野一九七〇］、佐藤信氏［佐藤一九九三］、板垣俊一氏［板垣一九九五］、川尻秋生氏［川尻一九九五］ら多くの研究史がある。また、昭和五三年に確認された、埼玉稲荷山古墳の鉄剣銘文の系譜中にも、後述するように膳氏に関する情報が含まれているとみる見解がある。

以下、これら研究史に導かれて、高橋（膳）氏に関する基本的な情報を抜粋し、確認する。まずは記紀の記載から。

一　**孝元七年**　孝元の皇子・大彦命が阿倍臣・膳臣・阿閉臣ら七氏の祖（『古事記』では大毘古命の子・建沼河別命が阿倍氏等の祖、次の比古伊那許士別命が膳臣の祖）

二　**景行五三年**　膳臣の遠祖・磐鹿六雁が景行の東国行幸に従った際、淡

水門で得た白蛤を膾に作り、その功で膳大伴部と膳の姓を賜る

三　履中三年　磐余市磯池での遊宴で、膳臣余磯が献上した酒に桜花が浮び、余磯、若桜部臣の姓を賜う

四　雄略二年　膳臣長野、宍人部となる

五　雄略八年　膳臣斑鳩、朝鮮半島で高句麗軍と交戦、新羅を救う

六　安閑元年　内膳卿膳臣大麻呂、真珠貢納の件で上総国伊甚国造を糾問

七　欽明六年　膳臣巴提便、百済で息子を殺した鬼を退治

八　欽明三一年　膳臣傾子、越の国へ派遣され、日本へ漂着した高句麗使を饗応

九　崇峻即位前紀　膳臣賀拕夫（傾子と同人か）、蘇我馬子に同心して物部守屋討伐に参加

十　推古十八年　膳臣大伴、任那の客を荘馬の長として迎える

十一　斉明二年　膳部葉積、大使として高句麗へ派遣される

十二　天武十一年　天武、壬申の乱の功臣・膳臣摩漏の病に草壁・高市を派遣

十三　天武一三年　朝臣を賜った氏のなかに膳臣が含まれる

次に記紀以外の文献を確認しておく。

十四　『高橋氏文』　六雁命の子孫を膳職の長として上総・淡路の長に定め、また若狭も六雁命の子孫等に賜る

十五　『国造本紀』　允恭天皇の御世、膳臣祖佐白米命児荒礪命を若狭国造に定める（荒礪命は履中三年の膳臣余磯に照応）

十六　『新撰姓氏録』左京皇別上　天武十二（六八三）年、膳臣に高橋朝臣の氏姓を賜う

十七　『新撰姓氏録』左京皇別上　大彦命―（彦背）大稲輿（腰）命と続いた系譜の後に、阿倍朝臣・布勢朝臣・完人朝臣・許曽倍朝臣・阿閉朝臣・名張臣・佐々貴山公・高橋朝臣・竹田臣・膳大伴部など。

十八　『新撰姓氏録』右京皇別上　彦背立大稲輿命の後に阿閉臣、大稲輿命男彦屋田心命の後に伊賀臣（彦背大稲輿命は『古事記』比古伊那許士別命に照応）

一九　「埼玉稲荷山古墳鉄剣銘」　乎獲居臣の系譜として、上祖・意冨比垝（オホヒコ）以下、「其児多加利足尼（タカリのスクネ）其児名弖已加利獲居（テヨカリワケ）其児名多加披次獲居（タカヒ［ハ］シワケ）其児名多沙鬼獲居（タサキワケ）其児名半弖比（ハテヒ）其児名加差披余（カサヒ［ハ］ヨ）其児名乎獲居臣（ヲワケの臣）」の系譜が存在。

以上のうち、**一・十三・十五・十六・十七・十八・十九**は主に氏族系譜に関わるもの、**二・三・四・六・十四**は内膳職を含む内廷での任務に関わるもの、**五・七・八・九・十・十一・十二**が外交・軍事に関わるものである。つまり、高橋（膳）氏は、すでに多くの指摘があるように、天皇に関わる膳職を含む内廷での側近的な任務とともに、半島との関りをもつ外交・軍事に関わることを司った氏族だった。そして、このことは、同じ大彦命後裔氏族で、その職掌に外交・軍事をもち、一方で「饗」に関わって内廷での存在感をもつ阿倍氏に通じる。

ただ、安房や若狭に関する記事は、いずれも伝説的な説話に関わるものが中心で、**六**の上総国伊甚国造に関する記事や**十四**『高橋氏文』、**十五**『国造本紀』の上総・淡路・若狭と膳氏との関りを示す記載も、直接当該地での権益を保証するものではない。内膳司を争った安曇氏への対抗上、競合する淡路や若狭の先取権を確保するための主張という側面も強く、にわかにはそのまま従い難い。若狭は天平宝字年間に二度高橋朝臣が国司を務めたが、安曇氏にも国司在任者がおり、淡路に至っては高橋氏の明確な国司在任がない。若狭や淡路には、現実に国守を歴任した志摩国ほどの親和性はなかったのではなかろうか（ただし、**十八**には阿倍朝臣同氏として、大彦命孫伊波我牟都加利命の後として若狭との関連も説かれる若櫻部朝臣がみえる）。

かかる意味で興味深い史料が、昭和五三年に確認された**十九**埼玉稲荷山古墳出土の鉄剣に金象嵌された銘文である。ここでは、上祖とされるオホヒコから始まり、オワケ臣に至る八代の系譜が刻まれている。従前より記紀や『新撰姓氏録』記載の神人名等とも対比のうえ、大彦命後裔氏族である阿倍

氏や膳臣との関係性が指摘されてきた。また、系譜中の多加披次獲居（タカヒ［ハ］シワケ）が膳臣改名後の高橋氏に、多沙鬼獲居（タサキワケ）が大彦命後裔七氏のひとつ佐々貴臣との関連も指摘されている［溝口一九八二］。この場合、膳臣から高橋朝臣への改名は天武十二年とする『新撰姓氏録』の記事があるが、義江明子氏は稲荷山鉄剣の系譜（竪系図）が父子関係の連記ではなく、地位継承次第タイプの系譜であることを指摘のうえ、系譜中の「スクネ」や「ワケ」の尊称をもつものは「地名＋尊称」であった可能性を指摘した。この説に従うと、「タカヒ［ハ］シ」も地名となる。

ここで参考となるのが、増田一裕氏が指摘した奈良時代末の阿保氏の改姓記事（『続日本紀』桓武天皇延暦三年一一月二一日条）である。武蔵介従五位上建部朝臣人上らの始祖息速別皇子は伊賀国阿保村に住み、允恭朝に出仕して阿保君の名を賜い、雄略朝には武威優れたることから建部君を賜ったが、延暦に至って元の姓である阿保朝臣への旧称復帰を願い出て許されている。このことを参照して増田氏は、膳氏の支族のなかにも古くから「タカハシ」が存在し、それが天武十二年に高橋の姓を賜うということに繋がるのではないかと考えた。そのうえで、「タカハシ」地名について、大和国添上郡の高橋（奈良県榛原市菟田野町）などを候補とする［増田一九九七］。

阿倍氏は、現在奈良県桜井市となっている大和国十市郡阿を本拠とし、膳臣も桜井市に膳夫の地名を残し、両者の大和での拠点は近接していた。しかし、桜井市阿倍が阿倍氏の本拠とみた場合、その奥津城となる阿倍丘陵所在の大型古墳はコロコロ山古墳を嚆矢として、以降、文殊院東古墳・谷首古墳・艸墓古墳・文殊院西古墳と続くが、六世紀後葉以前に有力墳は認められず、増田氏［増田一九九七］や加藤健吉氏［加藤二〇二二］は、阿倍氏は本来伊賀が本貫で、六世紀以降、大和十市郡に進出してきたことを提起した。ちなみに加藤氏は、出仕先の大和と出身地の双方に本貫・拠点をもつことを二ヶ所の本貫地という含意で、これを「両貫制」と呼称している。

この考え方を援用すれば、膳氏についても、同様の見方が可能となる。膳氏の大和における拠点（出仕先）は、「タカハシ」地名が残る添上郡や（『延喜式』神名帳大和国添上郡条に高橋神社、『東大寺要録』の「高橋川一井三池、右為レ漑二櫟本庄田一穿也」など、以上［佐伯一九八一］）、「膳夫」地名のある十市郡、それに雄略八年に高句麗との交戦で名前を残す膳臣斑鳩に関連する平群郡が候補となるが、では、大和進出以前に本貫とした地はあるのだろうか。

このことについて、増田氏は、**十五**に示した荒礪命の若狭国造記事の存在から、五世紀代における膳氏関連の首長墓を大和に見いだせない以上、その候補となるのは若狭しかないと指摘した。確かに若狭には、朝鮮半島系遺物が出土した若狭町十善の森古墳など、外交にも活躍した膳臣の事績を考えると、その奥津城として相応しい前方後円墳の系列が存在するのは事実である［石部一九八七］。しかし、それを繋ぐ文献は、**十四・十五**の伝説的な系譜記事しかなく、地域と氏族の関係に実態が伴っていないことは否めない。これとて、安曇氏との対抗上、膳氏の主張が入り込んだ余地があるのは前述の通りである。

一方、同じ系譜記事でも、同時代性を含み現実の歴史を多少なりとも反映している可能性が高い**十九**の埼玉稲荷山古墳鉄剣銘には、前述のように阿倍氏や膳氏の事績をもつ人物が含まれているとする意見は多い。その上祖である大彦命の後裔氏族は、孝元紀に記された阿倍臣・膳臣・阿閉氏・伊賀臣・狭々城山君などがあり、**十七・十八**『新撰姓氏録』で繋がる名張臣、膳大伴部など近江から伊賀・伊勢の近畿東縁部に地縁をもつ者が多い［増田一九九七］。志摩国司は奈良時代の称徳朝のみ道鏡政権下の崇仏施策で贄の停止が図られ、志摩国司も高橋氏を離れて、伊勢国多気郡の敢氏が務めた。この敢氏も、磯部のひとつ敢石（礒）部で、出身母体は阿閉氏とみられ（阿閉氏との関係が深い伊賀国阿拝郡に所在する伊賀国一宮は敢国神社）、内膳に関わる高橋（膳）氏とも関係があったとみられる。

そして、前述の義江氏の指摘のように、稲荷山古鉄剣銘でワケ（獲居）尊称をもつものが「地名＋尊称」だとすれば、乎獲居臣（ヲワケの臣）も、「乎」地名＋ワケ尊称であった可能性が浮上する。「乎」については、和田萃氏が指摘したように、「オホワケ」と対になる名だから、兄オホワケが早世したため弟ヲワケがカサヒ［八］ヨの後の族長を継いだとみる見方もあるが［和田二〇一〇］、義江氏のように地名の可能性を探れば、前節でみた神功紀の「尾田の吾田節の淡郡」、すなわち同嶋坐神乎多乃神子神社に含まれる「乎」がある志摩国をその候補とみることも一案だろう。ちなみに岡田登氏は、同神社を志摩市恵利原の佐見長神社に比定し、同社と小字「小田」の間に位置する正月殿遺跡を答志郡衙に比定する［岡田一九九七］。

志摩が鰒を代表とする海産物豊かな国であったとしても、広域移動を厭わない、自由度の高い海人を組織化して必要な貢納物を整え、都へ送るシステムがなければ、定量的かつ定期的な貢納は覚束ない。当然これには伊勢の磯部も関与したであろうが、志摩からの海産物貢納システムの構築には相当強力な、言い換えれば中央集権を体現するような存在が必要だったろう。これを、後の国司専任との関係性も含め、高橋（膳）氏が早い段階から志摩に関与していたとは考えられないだろうか。

倭王権への志摩の海産物の貢納は大化前代からの伝統とされることが多いが［狩野一九七〇など］、膳臣が志摩の海人から贄を収受するようその編成に関与したのか、あるいは阿倍氏と伊賀の関係と同様、志摩の海人を率いる集団が膳氏の基盤となる有力支族（あるいはその前身氏族）として、海産物貢納という王権への奉仕を背景に、志摩から大和に進出したとみる可能性はないのか。

稲荷山古墳出土鉄剣の保持者が、大和へ出仕経験のある武蔵の豪族の子弟か、倭王権を構成する豪族で武蔵へ派遣された人物とみるか、あるいは乎獲居臣本人か、乎獲居臣のもとへの出仕者かは筆者には判断がつかないが、阿倍氏や膳氏ら大彦命後裔氏族と何らかの関係をもった人物と考えると、その周辺に志摩ゆかりの人物が含まれていたとみることも考えられうることであろう。

次章では、以上のような視点を踏まえながら、志摩の古墳時代をみていこう。

四、古墳時代志摩の位相

四―一、志摩の古墳と出土遺物

志摩にも多くの古墳が点在する。このうち、伊勢との対比を念頭に、まずは議論となり得る志摩の古墳と出土遺物について概観しておく。

これまで、志摩半島で最も築造時期が遡る古墳は、鳥羽市石鏡の白浜遺跡背後の丘陵に位置し、家形埴輪が出土した大吉北古墳か［本浦遺跡一九八九］、本州島最古級の横穴式石室をもつ志摩市志島のおじょか古墳［阿児町一九六八、関西大学一九九二］、あるいは画文帯神獣鏡が出土していた志摩市波切の塚原古墳［関西大学一九九二］が候補だった。こうしたなか、皇學館大学考古学研究会による測量調査で、志摩市浜島町迫子に所在する鉄砲塚古墳が、前期に遡る志摩最古の前方後円墳だった可能性が指摘された［皇學館大学考古学研究会二〇〇二］。

鉄砲塚古墳では、近傍で二重口縁壺の破片も採集されており、これが古墳に伴うものとすると、おじょか古墳以前の志摩最古となる首長墳の可能性がある。全長三〇m、後円部長二一mと報告されており、今後、さらなる詳細の解明が待たれる。鉄砲塚古墳のある英虞湾北岸域では鉄砲塚古墳に続く古墳が横穴式石室の時代まで確認されておらず、古墳築造の空白期があるが、志摩市浜島の目戸山七号墳は、半壊状態ながら右片袖をもつ畿内型の大型横穴式石室を有し、六世紀後半より再び造墓が活発化する。

志摩市志島に所在する志島古墳群は、本州最古級の横穴式石室墳・おじょか古墳（一一号墳）をはじめ、全一三基で構成される（消滅墳含む）。このうち、五世紀中葉に築造されたおじょか古墳は群構成の契機となる古墳で、墳丘は崩れ墳形不明だが、円筒埴輪も伴い、前方後円墳だった可能性が高い。石室は、短くハ字形に開く羨道から一段低い玄室へ入る構造で、玄室は奥壁に向かって逆台形状を呈し、玄室・羨道とも割石積みである。北部九州の宗像や肥前に分布する石室との類似が指摘されており［宮原二〇二〇など］、肥前・肥後を含む北部九州から海伝いに一気に伝播してきたとみられ

図１　南伊勢・志摩の関連遺跡等

る。三角板鋲留短甲・鉄刀14・鉄剣3・長頸鏃56・鉄鉾（基部錫装具）1・鉄斧（有肩鉄斧含）5、半球形飾金具3、鉤状鉄製品（石室石材の間に挟み込んで使用）5、珠文鏡1・方格T字鏡1・「埴製枕」（ついたて形埴輪類似）1等が出土した。武器副葬の顕著さが目立つとともに、船舶の修繕に用いたのか鉄製工具も目立つ。三好元樹氏によると、このうち短甲と「埴製枕」が近畿中央部と、有肩鉄斧と方格T字鏡が九州と、錫装鉾と鉤状鉄製品が大伽耶中心とした朝鮮半島南部との類縁性を示すとする［三好二〇一六］。

上村古墳（10号墳、墳形不明）では、各種玉類・珠文鏡1・金製鈴・金銅装馬具（透十字文心葉形鏡板・雲珠・辻金具・鞍金具）・大刀（金糸付き含む）・承盤付銅鋺・金銅製剣菱形飾金具（帯冠や冠帽の立飾か）など注目すべき出土品がある［宮原二〇一六a］。この出土品に関して宮原氏は、剣菱形飾金具は帯冠か冠帽の立飾であった可能性があり、類例として奈良県藤ノ木古墳のほか、千葉県城山1号墳や稲荷塚古墳など東国に出土例の多いこと、銅鋺の出土が上村古墳を含む南伊勢・志摩に多いこととこの出土傾向が銅鋺出土古墳の多い関東の状況と共通すること、それに上村古墳の馬具が金銅装で、鉄製や部分金銅装の多い南伊勢の古墳よりも階層的に上位に属することを指摘した。

このほか、すでに消滅した三号墳からは五鈴鏡、一二号墳から変形五獣鏡が出土している［関西大学一九九二］。

おじょか古墳に続く首長墳は、志島地区に隣接する志摩市大王町畔名に所在する海を見下ろす後期前方後円墳の泊古墳と鳶ヶ巣古墳で、ともに六世紀前半代の築造と考えられている［三好二〇一八］。このうち、泊古墳（全長三二．四m）は円筒埴輪も出土しており、副葬品である銀装三葉文楕円形杏葉（六世紀中葉）は、熊本県大坊古墳出土品等との共通性が指摘されている［宮原二〇一六b］。鳶ヶ巣古墳（全長三〇m）は、副葬品は知られていないが、泊古墳と相前後する築造とみられる。三方が海に囲まれた岬状に突き出した台地突端に築造されており、海との強い関わりが窺われる。

志摩市大王町波切に所在する塚原古墳では、埼玉稲荷山古墳出土鏡などと同型となる画文帯神獣鏡一面が出土している。かつては古墳時代中期と考えられたこともあったが、伴出したとされる須恵器はＴＫ43号窯式で、六世紀中葉以降の築造が考えられるに至った［志摩市二〇一八］。中国南朝から伝来した画文帯神獣鏡は、その副葬年代が五世紀後半から六世紀後半の長期にわたることが指摘されており［初村二〇一八］、本例はその新しい事例に当たる。

英虞湾に面した志摩市御座の地蔵貝塚では、鹿角製装具大刀を副葬した海岸埋葬がある［関西大学一九九二］。海岸への埋葬人骨は、他に鳥羽市白浜遺跡（伊可郷）や志摩市西殿遺跡（甲加郷）に事例があり、人骨そのものは旧大王町船越の塚越遺跡［関西大学一九九二］にもあることから、ここでも埋葬が伴っていた可能性がある。鹿角製装具大刀は和歌山県田辺市の磯間岩陰などでも出土している［田辺市教委ほか二〇二二］。これら、海岸の砂浜や岩陰への遺体埋葬は、墳丘を伴う古墳という墓制を採用しなかった海人集団によるものとみられ、紀伊から志摩半島に広く点在する。

五ヶ所湾西岸の礫浦には、全長二五ｍと復元される小さな前方後円墳・浅間山古墳や、宮山古墳・日和山古墳を中心とした礫浦古墳群があり、このうち宮山古墳から大型鉄製釣針や双龍文環頭大刀、銅鋺など注目すべき副葬品が出土している［関西大学一九九二］。鉄製釣針は三河湾に浮かぶ愛知県日間賀島の北地古墳群出土品［愛知県二〇〇五］と共通し、本墳被葬者が海人を統括しうる人物だったことを示唆する。一方で、双龍文環頭大刀や志島古墳群の上村古墳・塚穴古墳の出土品とも共通する銅鋺の存在は、本墳被葬者の活躍が在地に終わらず、広域に及んでいたことを示すものであろう。

鳥羽市和具のおばたけ遺跡背後の丘陵には、麓に蟹穴古墳、頂部に志摩屈指の横穴式石室墳の岩屋山古墳があるほか、対岸の菅島や坂手島にも後期群集墳がある［関西大学一九九二］。

四—二、志摩の古墳の特質

英虞湾北岸に築造された鉄砲塚古墳が前期に遡る前方後円墳とした場合、同時期の前方後円墳が他に志摩国内には存在しないことから、鉄砲塚古墳の被葬者が志摩を統括する首長だったとみられる。この系譜は、現在の知見による限りいったん途切れるが、古墳時代前期の段階で、「志摩」というひとつのまとまりが形成されつつあった状況が窺える。しかし、円筒埴輪はないようであり、柳ヶ坪系の二重口縁土器片が採集されていることから［皇學館大学考古学研究会二〇〇二］、前方後円墳という墳丘は採用しつつも、在地性の強い被葬者像が示唆される。

この状況が大きく変化し、志摩に新たな時代の到来を思わせるのが、おじょか古墳を契機とする志島古墳群の形成であり、おじょか古墳に続く首長墳とみられる畦名の泊古墳と鳶ヶ巣古墳の築造である。志島は甲加郡、畦名は名錐郡であるが、両地区は隣接した地区で、市後浜を挟んで相対し、墳丘から互いに視認可能な位置にある。

おじょか古墳は、九州系とされる石室形態のみならず、副葬品においても近畿だけでなく、朝鮮半島南部と九州との類縁性をもつものが存在することは注目される。おじょか古墳に続く上村古墳や塚穴古墳も、副葬品に金銅製品を多く含むことから階層的に上位に位置する人物が被葬者に想定されるとともに、宮原氏が指摘したように関東の古墳に多い出土品を有することも特筆される。畦名に所在する泊古墳の出土品も、九州の古墳と共通性の高い副葬品をもつなど、被葬者がもつ広域性の一端が窺えるものである。

そして、泊古墳、鳶ヶ巣古墳の墳形が前方後円墳であり、おじょか古墳もその可能性があることは、五世紀後半から六世紀の南伊勢では前方後円墳が古墳群のなかで必ずしも優位性を示さない状況とは一線を画す。つまり、南伊勢（特に伊勢神宮が形成される度会郡とそれを支えた多気郡）と志摩では、古墳を築造した階層構成に差があったことが指摘しうる。すなわち、南伊勢では、五世紀前葉に飯高郡に築造された松阪市宝塚一号墳と二号墳以降、首長墳クラスの築造は南の多気郡に移り、大型の帆立貝形古墳が地域を代表する被葬者の墳形となる。そして、六世紀以降、松阪市天王山古墳群や明和町斎宮池古墳群など群中に小型前方後円墳を含む古墳群は存在するものの［明和町二〇〇五］、群中の盟主墳といいえるほどではなく、それに代わるものは比較的大型の円墳や方墳となる［穂積二〇一三］。

一方、志摩では、六世紀代前半代まで地域を代表する盟主墳は前方後円墳が担っていた。このことは、六世紀代に入ると円墳ないしは方墳が盟主墳となる伊勢との違いである。六世紀以降の南伊勢が、墳形とその規模で被葬者の地位などを表示することがなくなり、倭王権に対してより従属性を強めた一方、志摩は一定の独立性を保持した地域だったのではなかろうか。このことは、志摩の主体となる住民が、農業生産を基盤とせず、海を基盤とした広域移動を厭わない海人が主体であったことも関係していよう。

そして、地域の盟主的古墳が前方後円墳から円墳に変った以降も、志摩の有力墳は引き続き金銅装馬具や飾金具付冠など優秀な副葬品を保持し、南伊勢の有力墳と比しても劣勢とはいえない階層性を保っていた。

注目すべきは、志摩の古墳副葬品がもつ広域性である。志島古墳群を構成する古墳や、畦名の泊古墳などでは、王権所在地の近畿のみならず、朝鮮半島南部や肥前・肥後を含む北部九州と共通する馬具や冠をもつ。宮原氏が指摘したように、銅鋺を含めてこれら副葬品は、東国での出土例と相通じるものが多いことも特筆される。

かつて坂本和俊氏は、塚原古墳と埼玉稲荷山古墳に同型の画文帯神獣鏡が出土していることも踏まえ、同鏡配布者に膳氏を想定する説を提起したが［坂本二〇〇二］、近畿との関係性も維持しつつ、朝鮮半島から北部九州、さらには東国との接点を示す志摩の古墳副葬品がもつ広域性は、これら副葬品の志摩への将来を推し進めた首長層の性格を考えるうえで、重要な論点と思われる。その直接的契機を考えた時、王権への海産物貢納のための海人の組織化と、伊勢の磯部（伊勢部・石部・敢石（礒）部）との関係性の構築、王権所在地へのルート確保は大きな課題だった。

そして、大王家の祭祀場として伊勢が候補となり、実行へと移されたのも、「アマテラス」という擬人化された神（「天」と親和性をもつ神でもある）を祀るという王権思想的な整備とともに、山海の幸はすべからく大王に供されるとする「食国」思想のもと、大和からみて東の朝日が昇る地である伊勢と、その後背に位置する志摩の豊饒な海産物を王権に帰属させる、壮大な物語が必要だった。垂仁二五年の倭姫命の伊勢鎮座、その先駆けをなす古事記のサルタヒコ伝承は、かかる意味で重要であった。「島之速贄」と称される前提は、すでに古墳時代に淵源があったとみてよかろう。

ところで、アマテラスに朝夕の御饌を供する日毎朝夕大御饌は、外宮御饌殿で行われるが、この外宮の前山ともいうべき高倉山に築造されたのが高倉山古墳である。後世の盗掘のため副葬品の多くが散逸していたが、水晶製三輪玉の出土があり、後に神宮神宝に位置づけられる玉纏大刀の前身的な飾大刀が副葬されていたようだ。高倉山古墳では、玄室長九．七ｍ、石室幅三・三ｍ、高さ四・一ｍ、羨道長八・八ｍ［岩中二〇〇五］という全国でも屈指の巨大な横穴式石室が構築されている。この石室は、長大な玄室、断面が弧を描く玄室天井、短い羨道、退化した両袖などの特徴などから「高倉山型」の石室とされ(7)、この影響を受けた横穴式石室は南伊勢を中心に一定の分布域をもつ。ただ、その中でも最も実に「高倉山型」を範として構築されたとみられる石室が、多気郡明和町にある小金三号墳と、志摩市志島にある塚穴古墳の石室である。小金三号墳を含む小金古墳群や上村池古墳群・斎宮池古墳群は、宝塚古墳群に続く南伊勢の首長墳とみられる明和町高塚一号墳から至近の位置にあり、高塚一号墳被葬者を輩出した多気郡有力勢力の系譜を引いた一族の墓域とみられる。小金3号墳自体は、首長墳の系列には入らない小規模な古墳だが、ここに典型的な高倉山型が存在すること自体、当地と高倉山古墳被葬者との深い関係性（その出身氏族であったり、推戴した有力勢力であった可能性）が示唆される。

一方、志島の塚穴古墳に典型的な高倉山型石室をみることは、志摩の最有力ともいえる志島（後に志摩国府が置かれる甲加郡でもある）勢力と、伊勢神宮の整備に関わった勢力の密接な関係が窺える。つまり、志摩は、海産物貢納を通じた倭王権そのものと、倭王権の祭祀場として整備される伊勢神宮という、二重の関係性が認められるのである。

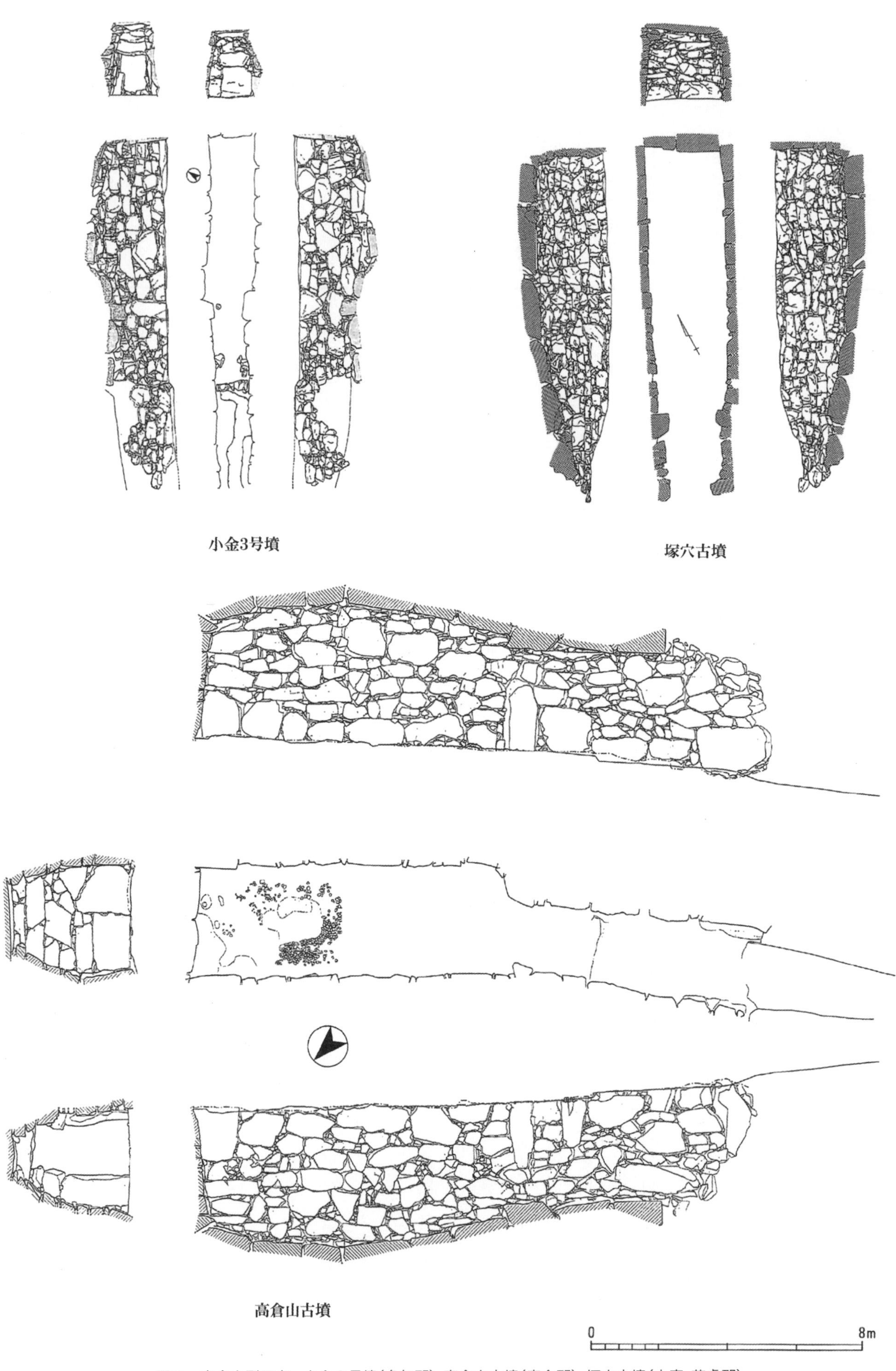

図２　高倉山型石室　小金３号墳（多気郡）、高倉山古墳（度会郡）、塚穴古墳（志摩・英虞郡）

かかる意味で志摩は、倭王権そのものへの接続性と、大王家祭祀場である伊勢（神宮）とも接続性を有する地域として位置付けられた。

五、古代海上交通上における志摩

古代における志摩の位相を考えるうえで、その立地は重要である。倭王権からみれば、王権所在地の外縁ではあるがその末端の志摩半島であり、大王家の祭祀場が置かれた伊勢のさらに外側に位置する。一方で、紀伊国の熊野とともに熊野灘に面し、古来より海の難所ではあったものの、東国と西国を繋ぐ太平洋海上交通上の結節点の位置にあった。

このため、志摩という地域自体が、地域内だけの一元的な、あるいは王権と志摩だけの二元的な関係だけで完結せず、東国や西国、王権との接続点でもある伊勢など他地域との関係性の中で、海上交通や物流、文化伝播、それに伴う港湾の問題などを考える必要がある。古墳副葬品については既述したが、別の側面からも確認しておこう。

五―一、関係文献の整理

隣接する伊勢と熊野との関係性も念頭に、海路に関わる志摩の関係文献を確認する。この問題については、すでに示した持統天皇の伊勢志摩行幸で贄を献上した阿古志海部河瀬麻呂の記事［文献1］、サルタヒコに関わる「嶋之速贄」の起源伝承［文献2］、神功紀の「尾田吾田節淡郡」の記事［文献3］の他にも、いくつか関係記事がある。

［文献4　『日本書紀』巻一〇　応神天皇］

（五年）冬十月に、伊豆国に科せて船を造らしむる。長さ十丈。船既に成りぬ。試に海に浮く。便ち軽く浮びて疾く行くこと馳るが如し。故、其の船を名けて枯野と曰ふ。

［文献5　『日本書紀』巻二十六　斉明天皇］

（六年一二月）是歳、百済の為に、将に新羅を伐たむと欲して、乃ち駿河国に勅して船を造らしむ。已に訖りて、続麻郊に挽き至る時に、其の船、夜中に故も無くして、艫舳相反れり。衆終に敗れむことを知りぬ。

［文献6　『続日本紀』大宝二年冬十月］

甲辰、太上天皇、参河国に幸したまふ。

［文献7　『万葉集』］

二年壬寅、太上天皇、参河国に幸せる時の歌（中略）ますらおの　さつ矢手挟み　立ち向ひ　射る円方は　見るにさやけし（巻一・六一）

［文献8　『伊勢国風土記』逸文］

風土記に云はく、的形の浦の地形、的に似たり。因りて名と爲せり。今は巳に跡絶えて江湖と成れり。天皇、濱邊に行幸して歌ひたまひしく、ますらおの　獵矢たばさみ　向ひ立ち　射るや的形　濱のさやけさ

［文献9　『万葉集』］

①島隠れ　わがこぎ来れば　ともしかも　大和へ上る　眞熊野の船（巻六・九四四、山部赤人）

②御食つ国　志摩の海人ならし　眞熊野の　小船に乗りて　沖辺こぐ見ゆ（巻六・一〇三三、大伴家持）

③浦廻こぐ　熊野船つき　めずらしく　かけて思わぬ　月も日もなし（巻一二・三一七二、作者不詳）

文献4は、伊豆国（東国）に船を造らせたとする記事で、それを倭王権の外港たる難波津や徳勒津（紀伊国）に回航しようとすると、必ず志摩を経由することとなる。熊野灘に面した志摩から熊野に至る海路は複雑なリアス式海岸で、ここを通行するには凪風や潮、浪、岩礁の知識・情報や緊急時の退避先などが必要で、沿岸地域の協力が不可欠だった。当該地域には、熊野市有馬の仮称「有馬潟」をはじめ、太平洋東西交通を支える大小の港津（集落遺跡＋停泊適地となる帯状潟や胃袋状潟、もしくは入江で構成）がネットワークのように存在し、ルートの安定性を支えていた［穂積二〇〇〇・二〇〇一］。

文献5は、半島情勢緊迫化に伴い、倭王権が駿河国に造らせた船を回航させた記事である。文献4では伊豆、文献5では駿河と現在の静岡県域は造船用木材が豊富だったようだ。駿河は、白村江での日本水軍主将・庵原君の本拠であり、記事も庵原氏膝下で造船されたとの含意があるのであろう。さすれば後の白村江敗戦との照応性はより高くなる。

ただし、本稿の関心は、駿河から伊勢湾を回航するに際し、渥美半島の伊良虞から最短となる志摩の鳥羽ではなく、伊勢湾を内陸へ入り込んだ続麻郊（麻続郊の誤記とされ、斎宮のある祓川河口部に比定）に「挽き至った」とされるところにある。麻続郊（オミノ）とすると、明和町中海（ナコミ）が中麻続（ナカオミ）からの転化とされ、ここが遺称地となる［岡田一九九〇］。伊勢神宮の初期祭祀でもある神衣祭に関与した服部氏・麻続氏のうち、麻続氏の本拠と目される地である。難波津まで回航するには馴らし航海も必要で、波荒い伊勢湾口の直行ルートを避け、浪穏やかな内湾の海路を選択したのであろう。そして、麻続郊は、文献6〜8に照応させると、倭王権の東の外港だったと目される的潟（＝円方・的形）の東岸に位置し、この寄港目的地が的潟だった可能性がある［穂積二〇〇六］。

文献6・7・8は、持統三河行幸との関わりで共通する歴史的事実を核とした記事である。文献6は、崩御三か月前の持統太上天皇が三河へ行幸する『続日本紀』の記事、文献7はその際の乗船の情景を詠んだ歌で、そこが「円方」（＝的潟）であることが示される。文献8は、それに関連した『伊勢国風土記』逸文の記事である。伊勢にとって、持統の三河行幸は大きな出来事だったのであろう。持統の乗船地とは、倭王権の外港である。つまり、倭王権が東国へ海路向かうには、志摩国を経由せず、その手前の伊勢国多気郡が乗船地だった。そして、的潟は、東国へ至るルートだけでなく、伊勢と志摩の海上交通でも重要拠点だったとみられる。

文献9は、『万葉集』中で「熊野船」が詠み込まれた三首である。このうち、大伴家持作歌の②は、熊野船を運航しているのが志摩海人で、志摩と熊野の関係の深さも示す。そして、「御食つ国」と詠まれていることから、この海人とは志摩の漁民だったのであろう。一方、山部赤人作歌の①は、前後から播磨で詠まれた歌であり、熊野船が瀬戸内海を航行している。熊野船とは、「熊野で造られた船」だけでなく、その運行に熊野海人が関与したことを含意していたるのかもしれない［穂積二〇〇八］。

五―二、文化伝播回廊としての海路

ここに挙げた文献4から文献9は、東西海上交通における志摩の位相を反映するとともに、海人を介して伊勢や熊野とも深い関係をもっていたことを示している。前節までにみた文献1「紀伊国牟婁郡人」による海路の贄貢納、文献2「嶋之速贄」における贄貢納、文献3から窺える伊勢と志摩の相対的独立性なども、文献4以下と相反するものではない。交通路的にも、志摩の海産物は伊勢を介せずして宮都に運搬することは不可能であり、鮮鰒と記された活けの貝類を運上するには、海路一気に都と最短となる伊勢の港津（どこが適地かは都の場所により変わる）まで運び、そこから陸路を取るのが時間的には最適解である。駅家制が未確立の奈良朝以前においてはなおさらであろう。

そして、志摩の重要性は、伊勢湾を介した都と志摩という南北軸の関係性だけでなく、海路を介した東国・西国への東西軸の展開をもつことである。このことについては、すでに前章で古墳副葬品の位置づけを図りながら詳述したが、他にも志摩を介する海路の重要性を示すいくつかの論点がある。弥生時代開始期における稲作伝播ルートの問題をはじめ、いくつか確認しておきたい。

従来、北部九州に成立した弥生文化は、弥生時代前期のうちに太平洋岸は東海地方の伊勢・尾張まで伝播したことが知られ、そのルートは近畿から近江及び伊賀の陸路を経由して伝播してきたと説かれてきた。伊勢への伝播の場合、伊賀に所在する名張市平尾山遺跡で弥生時代前期の土器が採集されており（ただし新段階）、唐古・鍵遺跡のある大和から伊賀を介した伊勢へのルートが想定されたわけである。

しかし、伊勢湾西岸の初期弥生集落は、前期でも古い段階の段による区画をもつ壺が三重県松阪市中ノ庄遺跡［三重県教委一九七二］や津市納所遺跡［三重県教委一九八〇］で出土したのをはじめ、弥生時代前期の水田・畠が確認された松阪市筋違遺跡［三重埋文二〇一四］など伊勢の前期弥生集落の多くはいずれも海岸に近い低地部に集中している。さらに、和歌山県御坊市堅田遺跡の弥生前期集落では、東海系土器も出土したことが明らかとなり［御坊市教委二〇〇二］、その経由ルートとして志摩から熊野灘を経て、紀伊半島を廻る海路が俄かに注目されることとなった。こうしたなか、志摩においても、志摩市志摩町和具の城山南海岸遺跡で弥生時代前期の壺や甕が出土し(8)、海岸伝いの伝播経路という推定を補強するものとなった。

つまり、遠賀川系の初期弥生文化は、東伝において海路が主要な伝播経路であることは明らかであり、伊勢湾西岸及び尾張地域への農耕文化の伝播も、陸路よりも海路が主体であったとみられる。

次に注目できるのが、韓式系土器の出土である。志摩における韓式系土器は、鳥羽市大築海貝塚（答志郷）、志摩市塚越貝塚（名錐郷）、大紀町名古遺跡での出土が確認されている。伊勢と比べると質量ともに少ないが、志摩では古墳時代集落の正式の発掘調査がほとんど行われていない現状にあり、そのなかで海人が活動していたと目される遺跡での韓式系土器の確認は重要である。こうした状況は、集落における活発な漁撈活動が確認されている和歌山県西庄遺跡の状況とも重なるもので［和歌山県埋文二〇〇三］、当地での海運や漁撈に渡来系集団も一定関与していたことが示唆される［穂積二〇〇八］。

さらに、熊野灘沿岸の紀北町道瀬では、海岸線の内側に小さな潟湖痕跡を伴う砂堆があり、この砂堆上に道瀬遺跡がある。二度の発掘調査の結果、弥生時代から古墳時代の土器や、さらに鎌倉時代の製塩炉など各時代の遺物が多数出土している。このうち古墳時代では、五世紀後半以降の須恵器類と共に関東の鬼高式系の坏が出土している［三重埋文二〇〇〇］。鬼高式系の土器は、道瀬遺跡以外でも、伊勢湾西岸域の伊勢市高ノ御前遺跡［三重埋文一九九七］や津市鬼が塩屋遺跡［山中二〇〇三］でも出土しており、いずれも海浜部に立地する。断片的な資料ながら、潟港が海洋地域の交流拠点であったことを示すもので、伊勢・志摩・熊野と関東の海路の繋がりがあった［穂積二〇〇八］。

このように、古墳時代から古代にかけての志摩の位相は、すでに初期弥生文化の伝播経路のなかに準備され、展開してきたことがわかる。豊饒の海を基盤とした活発な海産物生産と広域にわたる海人の行動、そして、これら海人を組織化し、王権へ吸い上げるための収奪体制、これらは決して在地側からのみで生まれるものではない。

志摩国が御食つ国として位置づけられ、王権と伊勢神宮に対して海産物としての贄を貢納するに至る前史には、在地（志摩）と伊勢（神宮）、それに（倭）王権との相克があったことが窺えるのである。

おわりに

小論では、律令制下に「御食つ国」として位置づけられ、王権と伊勢神宮に贄貢納を担った志摩に焦点をあて、海産物貢納に至る歴史的経緯を志摩の海人の活動と古墳文化、宮都出土の木簡などを素材として読み解くとともに、「記紀」などに残された関係記事がどのような背景のもと記されてきたのかについて、若干の考察を加えた。

志摩の古代史には、志摩国司を伝統的に選任するに至った高橋（膳）氏の存在があるにもかかわらず、同じ高橋氏と深い関係をもつとされる安房や若狭と比べると、研究史的に志摩が言及されることは少なかったと認識している。これは、『高橋氏文』などの基本文献に志摩がほとんど記載されていないことが大きいが、このことは同じ内膳に関わった安曇氏との対抗上、歴史的経緯の存在をあえて「主張」する必要があった安房・若狭と、すでに国司専任という現実の事実を政治的にも獲得し、「あえて」主張する必要すらなかった志摩との違いとみてよかろう。

こうした視点で、宮都出土の木簡を含む志摩に関わる考古資料を再吟味するとともに、これまでも研究史的に多くが言及されてきた『古事記』サルタヒコ伝承の「嶋之速贄」や、神功紀「尾田吾田節淡郡」についても、その歴史的意味を再検討して提示した。

もとより未熟な考察であり、基本的な部分で誤認していることも多いと危惧するが、少しでも王権と伊勢神宮を後背から支えた海の国・志摩の実態解明に向けて注意喚起を図るため、いくつかの論点整理を行って今回提示した。引き続きご教示・ご叱正を仰ぐ次第である。

註

(1) テキスト関係の文献は、特にことわらない限り、参考文献にテキスト関係として一括した。
(2) 以下、志摩国関連の木簡は、[三重県二〇〇二]と[渡辺一九九六]を参照した。個々の木簡の出土情報は、両文献が引用註として引く報告書・概報を参照されたい。
(3) 報告書に貝類同定の記載はないが、伊勢・志摩の貝類に詳しい元三重県総合博物館学芸員(現・三重県埋蔵文化財センター)の中野環氏に報告書掲載の貝類写真から同定して頂いた。
(4) 志摩市調査分の貝類同定は、報告書掲載の貝類写真から中野環氏に同定して頂いた。
(5) 中野環氏のご教示による。
(6) このことについて、宣長は志摩の海辺の人から聞いたとして、『古事記傳』に比良夫貝を月日貝とする説を載せる。同時に、「多比良岐と云貝あり」として、タイラギ貝と比良夫(ヒラブ)貝の音韻の近接性についても指摘している。本居一九六八年文献参照。
(7) 「高倉山型」石室の名称は[竹内英昭二〇〇八]によるが、ここで挙げた簡潔な把握は[石井二〇一〇]に拠る。
(8) 遺跡地図では縄文時代の出土が記されているのみだが、弥生時代前期の遺物も採集されている。石井智大氏のご教示による。

参考文献

(テキスト関係)
・青木和夫他校注『新日本古典文学大系　続日本紀』一　岩波書店、一九八九年
・黒板勝美編『国史大系　第七巻　古事記・舊事本紀・神道五部書』吉川弘文館、一九三六年)
・黒板勝美編『国史大系　類聚三代格　前篇(新訂増補　普及版)』吉川弘文館、一九七四年
・小島憲之他校柱『新編日本古典文学全集　万葉集』①・③　小学館、一九九四年・一九九五年
・小島憲之他校注『新編日本古典文学全集　日本書紀』①・②・③　小学館、一九九四年・一九九六年・一九九八年
・佐伯有清『新撰姓氏録の研究　本文篇』吉川弘文館、一九六二年
・神道大系編纂会『神道大系神宮編一　皇太神宮儀式帳・止由氣宮儀式帳・太神宮諸雑事記』、一九七九年・『神道大系神宮編二　神宮雑例集・皇代記付年代記・皇太神宮年中行事・小朝熊社神鏡沙汰文』、一九八〇年
・増補「史料大成」刊行会『増補史料大成』第二四巻(台記二)　臨川書店、一九六五年
・名古屋市博物館『倭名類聚抄』、一九九二年
・山口佳紀・神野志隆光校注『新編日本古典文学全集　古事記』小学館、一九九七年
※以上のほか、『高橋氏文』は早川一九九二年文献、『新撰姓氏録』は佐伯一九八一―一九八二・一九八三年文献を参照

(その他)
・阿児町教育委員会『志摩・おじょか古墳発掘調査概要―三重県志摩郡阿児町大字志島―』、一九六八年
・石井智大「小金3号墳の横穴式石室の位置づけ」『小金・高塚・斎宮池古墳群発掘調査報告』三重県埋蔵文化財センター、二〇一〇年
・石部正志「若狭の主要古墳と膳氏」森浩一編『考古学と地域文化』(同志社大学考古学シリーズⅢ)、一九八七年
・磯部町教育委員会『おうみ製塩址調査報告書』、一九七九年
・板垣俊一「古代王権祭祀の食膳をめぐる膳氏の伝承　膳氏の歴史と『高橋氏文』」『県立新潟女子短期大学研究紀要』三二、一九九五年
・市大樹「税制と物産」『三重県史　通史編　原始・古代』三重県、二〇一六年
・岩名淳之「高倉山古墳」『三重県史　資料編　考古1』三重県、二〇〇五年
・榎村寛之「『神宮儀式帳』に見える贄史料について」及び「神宮の贄について」『律令天皇制祭祀の研究』塙書房、一九九六年
・岡田登「麻績神社」『式内社調査報告第六巻東海道1』皇學館大学出版部、一九九〇年
・岡田登「奈良・平安時代」『磯部町史下巻』磯部町、一九九七年
・岡田登「原子・古代・中世をたどる」『紀勢町史』紀勢町、二〇〇一年
・岡田登「伊勢朝日郎の誅伐と宝塚古墳群」『神道史研究』五三―二、二〇〇五年
・岡田米夫「伊勢神宮と磯部族の関係」『神道宗教』七三、一九七四年
・勝浦令子「律令制下贄貢納の変遷」『日本歴史』第三五二号、一九七七年
・加藤謙吉「阿倍氏の出身地に関する一つの憶測」『古代の地方豪族と王権・両貫制』岩田書院、二〇二二年
・狩野久「御饌国と膳氏―志摩と若狭―」『古代の日本5　近畿』角川書店、一九七〇年

・苅米一志「内膳司御厨の展開について」『延喜式研究』第八号、一九九三年
・川尻秋生「古代安房国の特質―安房大神と膳神―」『延喜式研究』第一〇号、一九九五年
・関西大学考古学研究室『紀伊半島の文化史的研究考古学編』、一九九二年
・鬼頭清明「御贄に関する一考察」『続律令国家と古代の社会』竹内理三博士古稀記念会編　吉川弘文館、一九七八年
・木下尚子「海人伝承考」『文学部論叢』六九　熊本大学、二〇〇〇年
・久保禎子「伊勢湾における鹿角製固定銛の分布と傾向」『川から海へ1―人が動く・モノが運ばれる―』一宮市博物館、二〇〇二年
・熊田亮介「度会神主について」『国史談話会雑誌』二三、一九八二年
・皇學館大学考古学研究会『志摩国の古墳』、二〇〇二年
・後藤四郎「内膳奉職についてー高橋安曇二氏の関係について」『書陵部紀要』一一、一九五九年
・小林泰文「高橋・安曇二氏と内膳奉職―神護景雲二年二月十八日勅の解釈―」『日本古代史論輯』桜楓社、一九八八年
・御坊市教育委員会『堅田遺跡ー弥生時代前期集落の調査ー』、二〇〇二年
・近藤義郎『小海』磯部町教育委員会、一九七六年
・佐伯有清『新撰姓氏録の研究』考證篇第一・考證篇第二・考證篇第六　吉川弘文館、一九八一年・一九八二年・一九八三年
・坂本和俊「考古学からみた稲荷山古墳の出自」『稲荷山古墳の鉄剣を見直す』学生社、二〇〇一年
・坂本太郎「安曇氏と内膳司」『坂本太郎著作集』第七巻　吉川弘文館、一九七五年
・坂本太郎・家永三郎・井上光貞・大野晋『日本書紀(2)』岩波文庫、一九九四年
・佐藤信「古代安房国とその木簡」『日本律令制論集』上巻　笹山晴生先生還暦記念会編　吉川弘文館、一九九三年
・篠川賢「鉄刀名の世界」『古代を考える　雄略天皇とその時代』吉川弘文館、一九八八年
・志摩市教育委員会『阿津里貝塚試掘調査報告』、二〇一〇年
・志摩市教育委員会『平成23～28年度志摩市内遺跡発掘調査報告』、二〇一八年
・白木一好「贄貢納の諸形態」『講座神道第一巻　神々の誕生と展開』桜楓社、一九九一年
・高橋龍三郎「海女と鮫と突きん棒漁」『民俗文化』第五号　近畿大学民俗学研究所、一九九三年
・竹内英昭「伊勢湾地域の横穴式石室の構造と展開」『東海の古墳風景』（季刊考古学・別冊一六）雄山閣、二〇〇八年
・竹内正弘・伊藤裕偉「先志摩半島の考古資料―志摩市立御座小学校所蔵資料を中心に―」『三重県史研究』21　三重県、二〇〇六年
・田辺市教育委員会・科学研究費磯間岩陰遺跡研究班『磯間岩陰遺跡の研究　考古報告篇』二〇二一年
・谷川建一「シャコ貝幻想」『季刊・歴史と文学』二一、一九七二年
・東野治之「志摩国の御調と調制の成立」『日本史研究』一九二、一九七八年
・鳥羽市教育委員会『おばたけ遺跡発掘調査報告ー第4次ー』、一九七二年
・鳥羽市教育委員会『鳥羽　贄遺跡』、一九七五年
・鳥羽市教育委員会『鳥羽　贄遺跡第2次発掘調査報告』、一九八七年
・虎尾俊哉編『訳注日本史料　延喜式中』集英社、二〇〇七年、同下、二〇一七年
・直木孝次郎「贄に関する二、三の考察　古代税制史の一側面」『律令国家と古代の社会』竹内理三博士古稀記念会編　吉川弘文館、一九六九年
・長田博子「日本古代の贄について―その歴史と宗教性―」『お茶の水史学』三〇、一九八七年
・新野直吉「余戸論」『史林』巻四三―五号、一九六〇年
・野村史隆「伊勢志摩の海人族―大築海（ツクミ）貝塚・阿津里貝塚を中心―」『伊勢民俗』第四〇号　伊勢民俗学会、二〇一一年
・初村武寛『錆情報に基づく戦後復興消滅古墳副葬品配列の復元研究』公益法人元興寺文化財研究所、二〇一八年
・早川万年「高橋氏文成立の背景」『日本歴史』第五三二号、一九九二年
・樋口知志「律令制下の贄について」上・下『東北大学附属図書館研究年報』二一（上）、一九八八年・二二（下）、一九八九年
・樋口知志「「二条大路木簡」と古代の食料品貢進制度」『木簡研究』第一三号、一九九一年
・樋口知志「荷札木簡から見た末端文書行政の実態」『古代の陶硯を巡る諸問題』奈良文化財研究所、二〇〇三年
・平凡社『三重県の地名』、一九八三年
・穂積裕昌「紀伊半島東岸部の古代港と海上交通―記紀熊野関連説話成立の前提―」『Ｍｉｅ　ｈｉｓｔｏｒｙ』一一　三重歴史文化研究会、二〇〇一年
・穂積裕昌「志摩の古代港」『伊勢湾考古』一五　知多古文化研究会、二〇〇〇年
・穂積裕昌「海洋地域の社会と祭祀海上交通と神島神宝をめぐる諸問題―」『季刊考古学』九六、二〇〇六年
・穂積裕昌「伊勢・志摩・熊野と海人の考古学」『海人たちの世界』中日出版社、二〇〇八年
・穂積裕昌『伊勢神宮の考古学』雄山閣、二〇一三年
・穂積裕昌「第四章補説」『増補版　伊勢神宮の考古学』雄山閣、二〇二三年
・穂積裕昌「古代志摩国の原像」『古代学と遺跡学―坂靖さん追悼論文集―』、二〇二四年
・増田一裕「大化前代における阿倍氏の動向と大彦系譜の問題点」『古代学評論』第五号　古代を考える會、一九九七年
・溝口睦子『日本古代氏族系譜の成立』学習院、一九八二年
・宮原佑治「志島上村古墳の研究―志摩における後期古墳の研究（1）」『専修気宇古楽』

第一五号　専修大学考古学会、二〇一六年ａ
・宮原佑治「畔名泊り古墳の研究―志摩における後期古墳の研究（2）」『Mie history』vol.二三　三重歴史文化研究会、二〇一六年ｂ
・宮原佑治「伊勢湾西岸域における横穴式石室の展開」『横穴式石室の研究』同成社、二〇二〇年
・三重県「第三部別編木簡」『三重県史資料編古代(上)』、二〇〇二年
・三重県教育委員会『中ノ庄遺跡発掘調査報告』、一九七二年
・三重県教育委員会『納所遺跡―遺構と遺物―』、一九八〇年
・三重県埋蔵文化財センター『西殿遺跡発掘調査報告』、一九九一年
・三重県埋蔵文化財センター『高ノ御前遺跡発掘調査報告』一九九七年
・三重県埋蔵文化財センター『道瀬遺跡（第2次）発掘調査報告』、二〇〇〇年
・三重県埋蔵文化財センター『おばたけ遺跡（第5次）発掘調査報告』、二〇〇六年
・三重県埋蔵文化財センター『西肥留遺跡発掘調査報告（第1・2・3・5次）』、二〇〇八年
・三重県埋蔵文化財センター『立神高岡製塩遺跡』、二〇〇六年
・三重県埋蔵文化財センター『筋違遺跡（第2・3次）発掘調査報告』、二〇一四年
・三好元樹「第5章　総括」『おじょか古墳（志島古墳群11号墳）発掘調査報告―金属製品編―』志摩市教育委員会、二〇一六年
・三好元樹「おじょか古墳と古墳時代の志摩」『おじょか古墳発掘50周年記念シンポジウム　おじょか古墳と5世紀の倭』（記録集）　志摩市教育委員会、二〇一八年
・明和町『明和町史　考古編』、二〇〇五年
・本浦遺跡群調査委員会『白浜遺跡発掘調査報告』、一九八九年
・本居宣長（大野晋編）『本居宣長全集　第一〇集』筑摩書房、一九六八年（宣長の『古事記傳』は一七九八年）
・森浩一「海人文化の舞台」『海と列島文化　第8巻　伊勢と熊野の海』小学館、一九九二年
・山中章『三重大学構内遺跡群第3次発掘調査―鬼が塩屋遺跡第1次発掘調査―現地説明会資料』三重大学人文学部考古学研究室、二〇〇三年
・立教大学博物館講座「大築海貝塚の発掘調査」・「阿津里貝塚の発掘」『Mouseion』一二、一九六六年
・義江明子「鉄剣銘「上祖」考　氏族系譜よりみた王統譜形成への一視角」『国立歴史民俗博物館研究報告』第一五二号、二〇〇九年
・吉村茂樹「國司制度に於ける志摩守の特殊性」『国司制度崩壊に関する研究』東京大学出版会、一九五七年
・和歌山県文化財センター『西庄遺跡』、二〇〇三年
・和田萃「稲荷山古墳の鉄剣銘文を読み解く」『新・古代史検証日本国の誕生3　ヤマト国家の成立　雄略朝と継体朝の政権』文英堂、二〇一〇年
・渡辺晃宏「志摩国の贄と二条大路木簡」『続日本紀研究』三〇〇、一九九六年
・渡辺晃弘「天皇の台所に仕えた特別な国」『平城京１３００年全検証　奈良の都を木簡からよみ解く』柏書房、二〇一〇年
・和田年弥「高倉山古墳」『伊勢市史　第6巻　考古編』伊勢市、二〇一一年

出雲、隠岐の海産物貢納に関連する問題

久保田一郎

はじめに

古代文化センターの研究事業では、「出雲と伊勢」と同じ期間に「古代隠岐の形成と特質」が並行していた。筆者は、後者を担当していたこともあり、「伊勢と出雲」に加わるに際して、「伊勢―志摩」の関係と「出雲―隠岐」の関係を比較してみたい、という思いがあった。

志摩も隠岐も小規模であるが一国として成立しており、抱えている郡の数は少なく、主たる貢納物は海産物であることも共通する。一九六〇年代ごろから都城で多量の木簡の出土が続いたが、主に海産物に括りつけて使われる荷札の性質上、海産物貢納国のものが多くなる。

研究史的に「御食つ国」とされること、さらに隣国に国家的な神社があるという点で、隠岐と志摩は共通点があると思われ、これらが関心の一つの起点となった。

一、目的意識―出雲・隠岐関係についての予想と修正―

しかし、隠岐について検討を進めるに従い、多くの点で筆者が当初思い込んでいた隠岐イメージを修正しなければならなくなった。出土土器、墓制の検討からは、隠岐が伝統的に交流していた地域として伯耆、因幡など中国地方東部があがってきた。先行研究でも指摘されていた点であるが、六世紀代の隠岐の古墳から出土する須恵器は畿内、鳥取県域と共通する点が顕著であり、出雲からの須恵器の流入が大きな流れとなるのは七世紀半ば以後である(1)。隠岐への耳環の搬入経路に関する先行研究では、搬入元となる地域の候補として東は中海周辺地域、西は出雲市南部の沿海地域があげられた。玉類の搬入経路に関する先行研究では、搬入された玉の産地として、出雲のほかに九州、朝鮮半島方面があがった(2)。これらの先行研究が「上部構造」的な要素に集中し、日常生活レベルの交流ルートの検討が十分でないと思われたため、テーマ研究「古代隠岐」では土師器、煮炊き具といった日常生活の道具類についても検討を行い、隠岐と生活用具レベルでの共通性が認められるのは伯耆西部・米子市域であるという見通しをもつに至った（百塚第二、第七遺跡など）(3)。

隠岐―西伯耆関係の深さに比べて、隠岐―出雲関係が希薄に見えるのは、地形的要因もあるかもしれない。島根半島の両端には各々ランドマークになる伯耆大山、三瓶山がある。一方、出雲中心部との間には北山山系が挟まっている。屏風状の長大な山塊が、隠岐からみて交通障壁と映っていた可能性があろう。土器型式の類似など、出土遺物等から隠岐と出雲が密接な関係であると思われるのは、七世紀後半から律令制の時期、すなわち公的な交通ルート（駅路、『出雲国風土記』の「隠岐道」）が機能している時期だけではなかろうか。地元の考古学関係者の言葉では「大井（窯跡群産）の輪状摘みの時期」という言い方になる。なお、隠岐国分寺・国分尼寺の瓦当文様は上淀廃寺からの影響がつとに指摘されており(4)、律令制の時期も西伯耆―隠岐という交流ルートは継続していたと思われる。以上のように、多くの点で「隠岐・出雲」というセット関係は想定しにくく、有効でもないと思われる。

出雲・隠岐間の関係が「薄い」のに対し、志摩は地理的には山越えの交通路で結ばれている。また、『皇大神宮儀式帳』にみられるように、祭祀、献上行為を通じて神宮とのつよいつながりを有する。「年中行事幷月記事」のうち、「六月例」における志摩神戸の贄献上などから関係の深さがうかがわれる。それは律令制祭祀以前から在地社会に根付いていた祭祀圏、祭祀体系に由来するのであろう。一方で志摩から貢納する贄を採取する潜女の衣類、食料を伊勢国正税から支出する関係もあり、両国の関係の深さを示している（『延喜式』主税上）。

ひるがえって隠岐と出雲のかかわりは、律令制以前に遡る深いものではない。隠岐の場合、飢餓で他地域からの融通を受けるといった事例も少ない。

また、出雲と伊勢を対比的に取り上げる見方は古代以来の観念ではなく、報告書で各氏がふれるように主には近世国学の影響による。片や「顕」片や「幽」の世界をつかさどる、対になる二大神とする認識は、近世の国学が形成したところが大きい。古代にさかのぼれば、出雲大社は伊勢と対になる同格の存在ではなかったであろう。熊野・杵築大社の神社機能を支える神戸は出雲国内に設置されるが、隠岐には確認できない。神社の祭神も共通しない。

結局、平凡な手法で隠岐と出雲の海産物（水産物）貢納をそれぞれに検討し、「類似点が少ない」という結果を見出すにとどまり、伊勢、志摩を視野に含める段階には到達できなかった。

二、部民制段階と律令制段階の海産物貢納
―隠岐の場合―

東野治之氏は、藤原宮出土の無姓者木簡に注目し、律令的な個別人身賦課へ移行する以前の段階では、個人ではなく部集団として海産物を貢納していたことを明らかにした。隠岐国の木簡も分析され、無姓の者は「海部」や「石部」に属していた者だと推定した(5)。

部民制段階の貢納について考えるには、史料に残る人名の姓を検討する必要がある。隠岐も出雲もこの点では好条件を持っていて、隠岐国は平城京から木簡が多数出土しており、隠岐在住者の氏姓にかんする情報が豊富にある。天平期の郡稲帳・正税帳の署名部分から、支配層の氏姓も若干名分が判明する。出雲では「大税賑給歴名帳」に出雲郡、神門郡の人名が多数記されており、石母田正以来の長い研究史がある(6)。『出雲国風土記』「出雲国計会帳」からもある程度の人名を抽出でき、これらの史料群の時期が近接しているのも僥倖といえる。

上記の史料から抽出される出雲、隠岐の姓（別図）のうち、私部、蝮部、海部、日下部、勝部、土師部、壬生部、大伴部、物部、額田部が両国で共通する。相違するものは、吉備部、出雲部など地域の名を冠する部、神奴部など祭祀関連の姓が出雲にあって隠岐にはみられない。一方、阿曇部、磯部、凡海部は出雲にみられず隠岐に分布する。海部は両方に分布するが、隠岐国には「海部郡」が存在し、海部郡郡司の姓に海部直があって海部直―海部という階層構造が確認できる点は隠岐の特徴といってよい。海部集団の存在も、海産物貢納が大和政権との関係の主要部分であったことも、隠岐が出雲よりも明瞭な形で表れている。出雲の方は、海民と関連しそうな姓が突出する状況ではなく、海民系の姓の種類も隠岐のように多様ではない。部民制段階の大和政権との関係で、海産物貢納が突出していなかったことをうかがわせる。

ただ、隠岐では平城京出土の荷札から地名として「周吉郡山部郷」が判明し、古く山部集団も分布していた痕跡がある。部民制段階に、海産物貢納以外の形で大和政権とかかわっていた人々もいたことが推測される。その山部郷でも、律令制段階では海産物を納めるようになっている点から、律令税制下の隠岐は部民制段階よりもいっそう海産物に徹底した状態になっている。税物が、賦役令の文面通りの「郷土所出」ではない事例である。

若狭国では、七～八世紀に大型の製塩土器を用いての大規模な製塩がにわかに導入されることが知られており、中央の需要に応じたものであるこ

とが狩野久氏によってつとに指摘されている(7)。内陸地域が塩を納めている事例もある。このような隠岐、若狭の状況から、海産物貢納（とくに調雑物）の品目については、中央側の強制や取捨選択が作用していたことが推測される。

若狭は「御食国」と称されるが、大量生産される塩については天皇だけでなく官人、役夫層の大量消費に応じたものと思われ、その傾向も隠岐と共通する。隠岐が大量に海産物を貢納することを期待されたという市大樹氏の指摘がある(8)。

なお、想像の域になるが貢納される海藻についている塩分も海産物収取の目的だったかもしれない。山村の民俗例で、行商の魚が貴重だった理由として、魚本体以上に、付着している塩分が貴重だったとする宮本常一の報告がある(9)。賦役令から『延喜式』段階まで、税の品目は陸棲動物について淡白、海産物に著しく偏っていることは周知の事実であるが、つとに指摘される仏教的禁忌に加え、塩を摂取する一手段としての性格ももっているため、品目が海産物に偏っているのかもしれない。大和は内陸のため外から塩を搬入しなければならない。国家機構が整備され大量の人間を「食わせる」ことが問題になるにつれ(10)、塩分を確保することの重要性が増したと考えられる。

三、贄貢納　―制度面から―

賦役令調絹絁条には調庸の賦課品目と数量の規定があり、正規には絹、布等の繊維製品を納め、海藻等の食品・いわゆる「調雑物」を納めるのも可、としている。一九六〇年代以降の都城の発掘調査で、この「調雑物」に該当する海産物の荷札木簡が大量出土し、報告されるようになった。一方、「調雑物」と共通する海産物でありながら「贄」として貢納された荷札も出土し、木簡にみえる「贄」と「調」の関係如何を意識した研究が相次いで登場した(11)。

直木孝次郎氏をはじめ多くの研究蓄積があるが、多種類の水産物を含む点で共通点の多い「調雑物」との関係は、どの研究でも強く意識され、言及されてきた。石上英一氏が、律令税制の調の源流が大化前代のミツキに求められるとした(12)のを受け、先行研究の諸説は、〝律令国家の税体系整備が進むなかで、広義のミツギモノが「調」や「贄」に分化、整備されていった〟という道筋を描く点ではおおむね共通する。

先に触れた東野治之氏の研究では、古く部集団として海産物を貢納していた隠岐の海部が、律令的な個別人身賦課へ移行していく過程を、無姓者木簡に注目して明らかにしている。別の論文では、未分化なミツギモノの収納機関が「膳職」一か所であった状態から、内廷用・外廷用の食品を扱う機関が分立していく過程を検討している(13)。荷札そのものを精細に分析した東野氏、俣野好治氏の諸研究では、木簡書式が整備されていく過程が扱われ(14)、現生ワカメに当たるものの表記が「軍布」から「海藻」へ移行していくことが明らかにされた。市大樹氏は隠岐国木簡を扱い、評制下は国名表記のない荷札が一般的であったが、郡郷里制下で国名表記が一般化し、品目表記が厳密になり、賦役令の用字にそろえる等、書式の整備が進展することを指摘した(15)。賦課単位の問題、さらに収納機関、用途、書式など論点は多岐にわたるが、未整備の状態から整備が進んだ状態への流れを描く点で共通する。

木簡史料は同時代の実物である点で強力な史料だが、主に飛鳥、奈良時代の状況を示すものであり、遺存状態、調査による出土の有無など偶然的要因に左右される。

平安初期成立の『延喜式』では、諸国の調庸含む各種税負担に加え、貢納すべき贄の品目と定数を精細に規定しており、木簡の情報がない範囲もカバーする。

このような限界はあるが、木簡ではかなわない網羅性をもつ点で強力な史料であるため、勝浦令子、鬼頭清明、樋口知志各氏が『延喜式』の宮内省・大膳職・内膳司の記載を用いて精細な検討を加えている(16)。比較的新

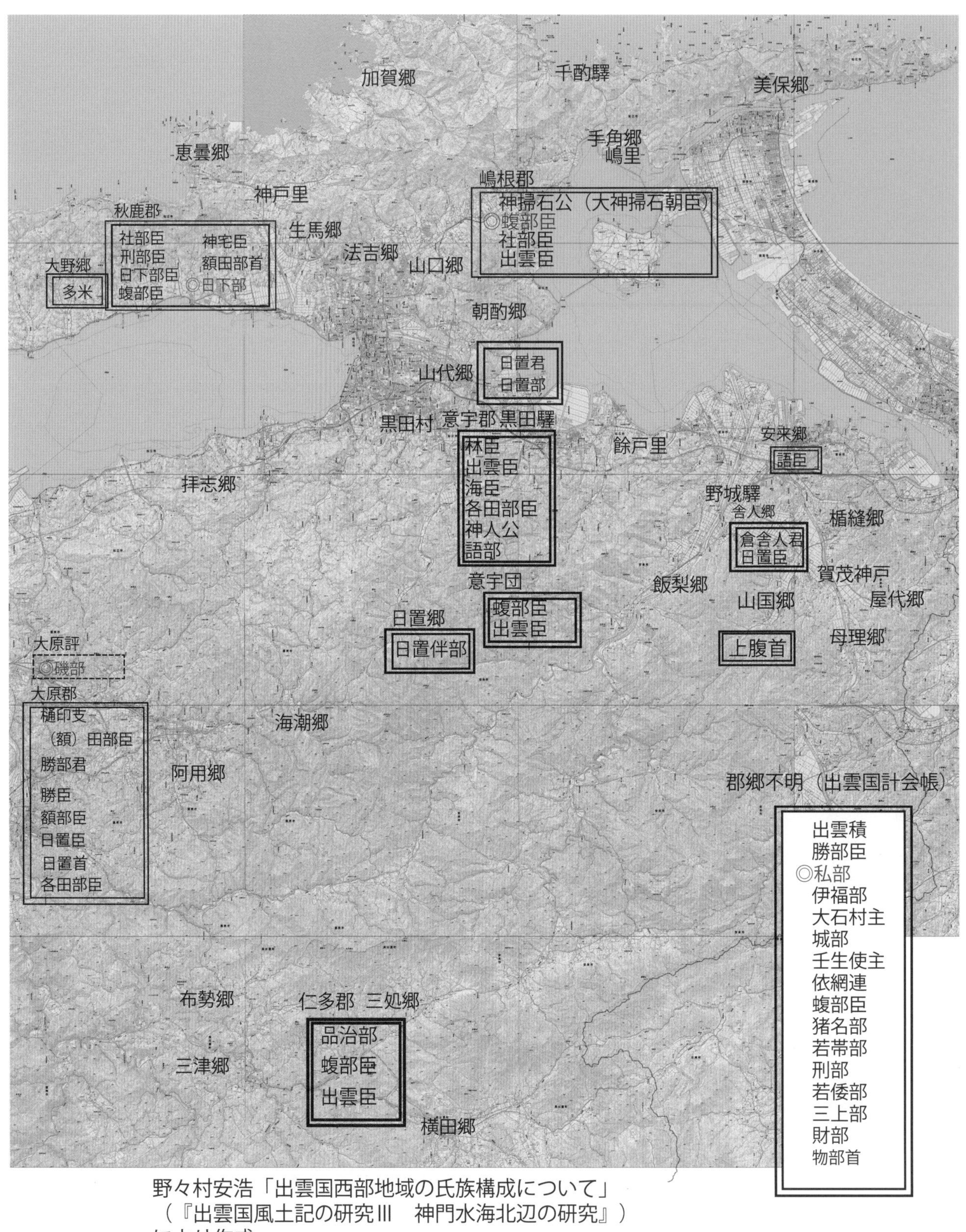

野々村安浩「出雲国西部地域の氏族構成について」
（『出雲国風土記の研究Ⅲ　神門水海北辺の研究』）
により作成

◎　隠岐にも同じ姓が分布する。（カバネが異なれば異姓とする）

●　他地域名が含まれる姓

（一重枠）「天平十一年出雲国大税賑給歴名帳」（上掲論文）から判明

（破線枠）木簡から判明

（二重枠）それ以外から判明（「出雲国計会帳」、『出雲国風土記』など）

出雲部の姓の分布（全体）

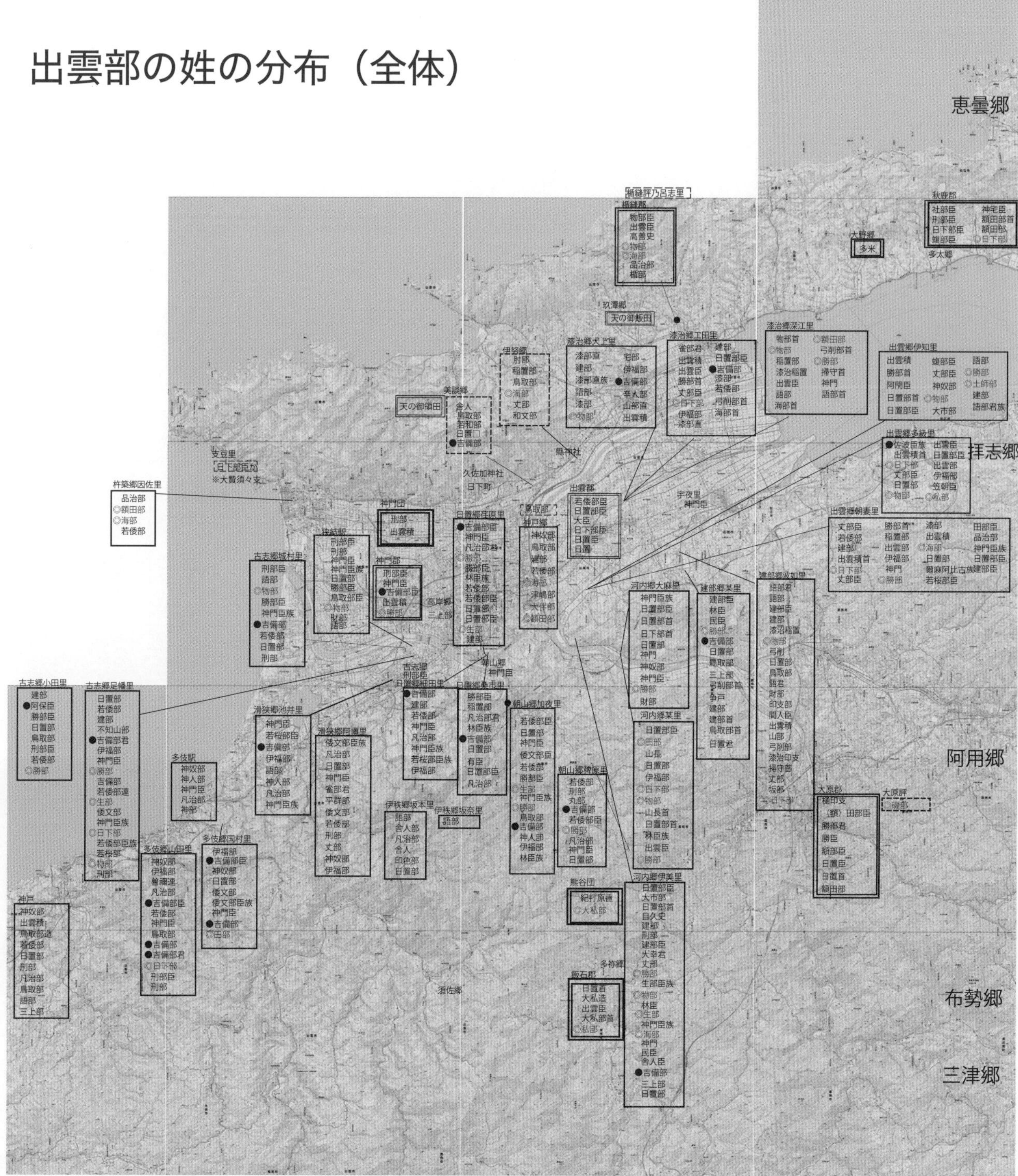

野々村安浩「出雲国西部地域の氏族構成について」
（『出雲国風土記の研究Ⅲ　神門水海北辺の研究』）
により作成

◎　隠岐にも同じ姓が分布する。（カバネが異なれば異姓とする）

●　他地域名が含まれる姓

（実線枠）「天平十一年出雲国大税賑給歴名帳」（上掲論文）から判明

（破線枠）木簡から判明

（二重線枠）それ以外から判明（「出雲国計会帳」、『出雲国風土記』など）

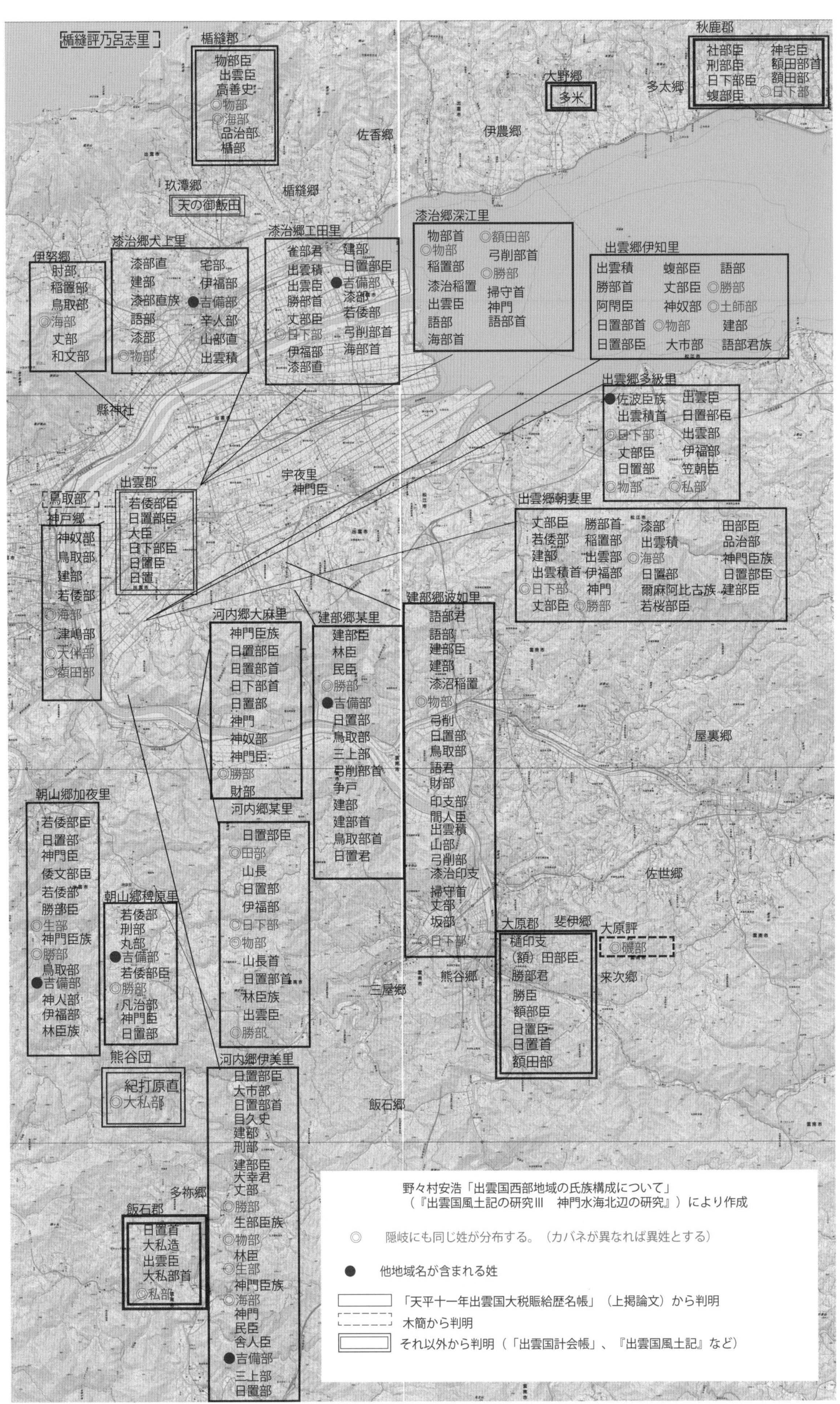

楯縫評乃呂志里
楯縫郡
物部臣
出雲臣
高善史
◎物部
◎海部
品治部
楯部
秋鹿郡
社部臣
刑部臣
日下部臣
蝮部臣
神宅臣
額田部首
額田部
◎日下部
大野郷
多米
多太郷
伊農郷
佐香郷
玖潭郷
天の御飯田
楯縫郷
漆治郷深江里
物部首
◎物部
稲置部
漆治稲置
出雲臣
語部
海部首
◎額田部
弓削部首
◎勝部
掃守首
神門
語部首
出雲郷伊知里
出雲積
勝部首
阿閇臣
日置部首
日置部臣
蝮部臣
丈部臣
神奴部
◎物部
大市部
語部
◎勝部
◎土師部
建部
語部君族
漆治郷工田里
雀部君
出雲積
出雲臣
勝部首
丈部臣
◎日下部
伊福部
漆部直
建部
日置部臣
●吉備部
漆部
若倭部
弓削部首
海部首
漆治郷犬上里
漆部直
建部
漆部直族
語部
漆部
◎物部
宅部
伊福部
●吉備部
辛人部
山部直
出雲積
伊努郷
財部
稲置部
鳥取部
◎海部
丈部
和文部
縣神社
出雲郷多紀里
●佐波臣族
出雲積首
◎日下部
丈部臣
日置部
◎物部
出雲臣
日置部臣
出雲部
伊福部
笠朝臣
◎私部
宇夜里
神門臣
出雲郡
若倭部臣
日置部臣
大臣
日下部臣
日置臣
日置
鳥取部
神戸郷
神奴部
鳥取部
建部
若倭部
◎海部
津嶋部
◎大伴部
◎額田部
出雲郷朝妻里
丈部臣
若倭部
建部
出雲積首
◎日下部
丈部臣
勝部首
稲置部
出雲部
伊福部
神門
◎勝部
漆部
出雲積
◎海部
日置部
爾麻阿比古族
若桜部臣
田部臣
品治部
神門臣族
日置部臣
建部臣
建部郷波如里
語部君
語部
建部臣
建部
漆沼稲置
◎物部
弓削
日置部
鳥取部
語君
財部
印支部
間人臣
出雲積
山部
弓削部
漆治印支
掃守首
丈部
坂部
◎日下部
河内郷大麻里
神門臣族
日置部臣
日置部首
日下部首
日置部
神門
神奴部
神門臣
◎勝部
財部
建部郷某里
建部臣
林臣
民臣
◎勝部
●吉備部
日置部
鳥取部
三上部
弓削部首
争戸
建部
建部首
鳥取部首
日置君
河内郷某里
日置部臣
◎田部
山長
日置部
伊福部
◎日下部
◎物部
山長首
日置部首
林臣族
出雲臣
◎勝部
屋裏郷
佐世郷
朝山郷加夜里
若倭部臣
日置部
神門臣
倭文部臣
若倭部
勝部臣
◎生部
神門臣族
◎勝部
鳥取部
●吉備部
神人部
伊福部
林臣族
朝山郷稗原里
若倭部
刑部
丸部
●吉備部
若倭部臣
◎勝部
凡治部
神門臣
日置部
熊谷団
紀打原直
◎大私部
大原郡
斐伊郷
樋印支
（額）田部臣
勝部君
勝臣
額部臣
日置臣
日置首
額田部
大原評
◎礒部
来次郷
熊谷郷
三屋郷
飯石郷
河内郷伊美里
日置部臣
大市部
日置部首
目久史
建部
刑部
建部臣
大幸君
丈部
◎勝部
生部臣族
◎物部
林臣
◎生部
神門臣族
◎海部
神門
民臣
舎人臣
●吉備部
三上部
日置部
多祢郷
飯石郡
日置首
大私造
出雲臣
大私部首
◎私部
野々村安浩「出雲国西部地域の氏族構成について」
（『出雲国風土記の研究Ⅲ　神門水海北辺の研究』）により作成
◎　隠岐にも同じ姓が分布する。（カバネが異なれば異姓とする）
●　他地域名が含まれる姓
「天平十一年出雲国大税賑給歴名帳」（上掲論文）から判明
木簡から判明
それ以外から判明（「出雲国計会帳」、『出雲国風土記』など）

出雲部の姓の分布（部分）

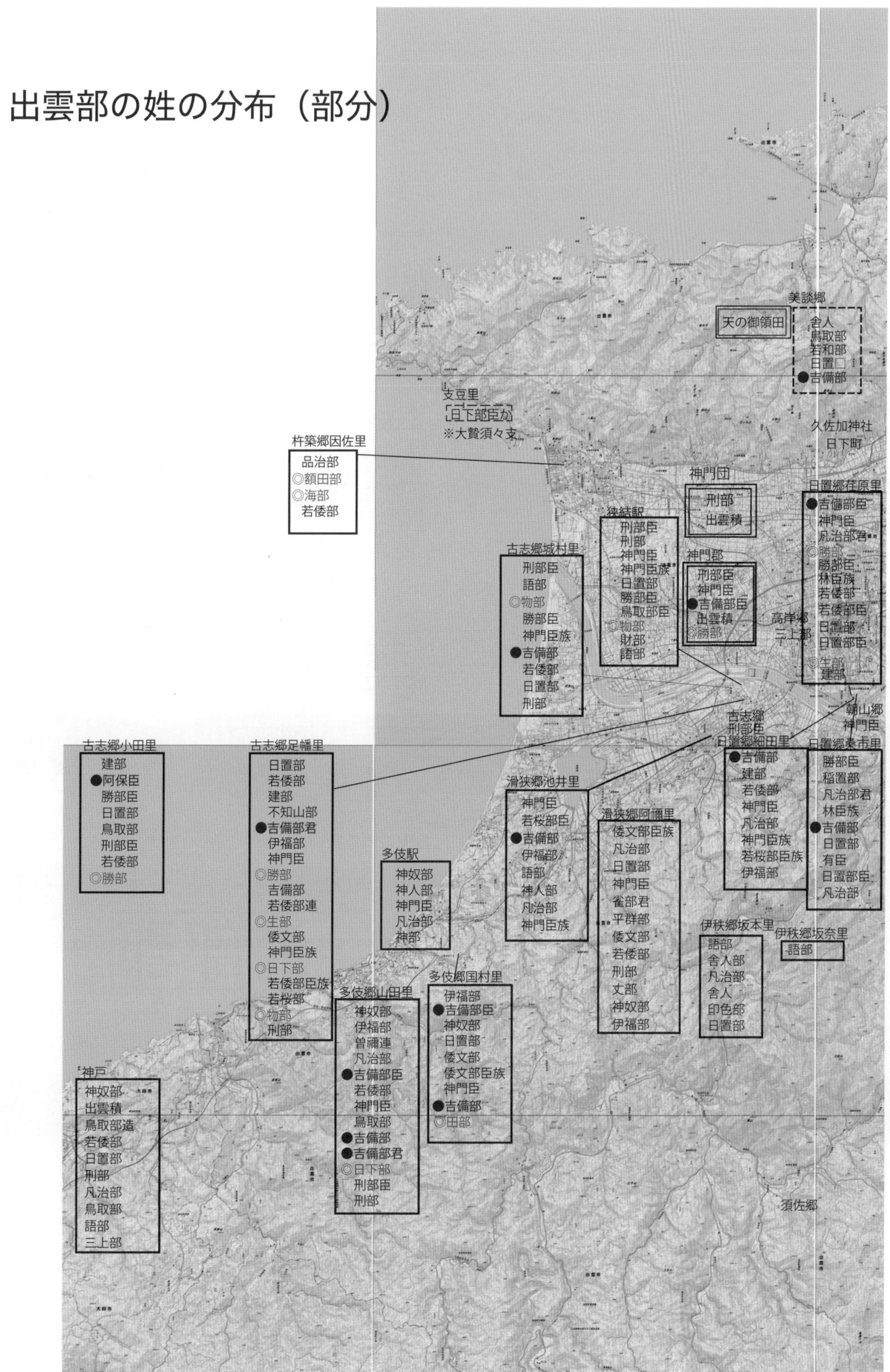
美談郷
天の御領田
舎人
鳥取部
若和部
日置□
●吉備部
支豆里
日下部臣か
※大贄須々支
杵築郷因佐里
品治部
◎額田部
◎海部
若倭部
久佐加神社
日下町
神門団
刑部
出雲積
日置郷荏原里
●吉備部臣
神門臣
凡治部君
◎勝部
勝部臣
林臣族
若倭部
若倭部臣
日置部
日置部臣
◎生部
建部
狭結駅
刑部臣
刑部
神門臣
神門臣族
日置部
勝部臣
鳥取部臣
◎物部
財部
語部
神門郡
刑部臣
神門臣
●吉備部臣
出雲積
◎勝部
高岸郷
三上部
古志郷城村里
刑部臣
語部
◎物部
勝部臣
神門臣族
●吉備部
若倭部
日置部
刑部
古志郷
刑部臣
朝山郷
神門臣
日置郷細田里
●吉備部
建部
若倭部
神門臣
凡治部
神門臣族
若桜部臣族
伊福部
日置郷桑市里
勝部臣
稲置部
凡治部君
林臣族
●吉備部
日置部
有臣
日置部臣
凡治部
古志郷小田里
建部
●阿保臣
勝部臣
日置部
鳥取部
刑部臣
若倭部
◎勝部
古志郷足幡里
日置部
若倭部
建部
不知山部
●吉備部君
伊福部
神門臣
◎勝部
吉備部
若倭部連
◎生部
倭文部
神門臣族
◎日下部
若倭部臣族
若桜部
◎物部
刑部
滑狭郷池井里
神門臣
若桜部臣
●吉備部
伊福部
語部
神人部
凡治部
神門臣族
滑狭郷阿禰里
倭文部臣族
凡治部
日置部
神門臣
雀部君
平群部
倭文部
若倭部
刑部
丈部
神奴部
伊福部
伊秩郷坂本里
語部
舎人部
凡治部
舎人
印色部
日置部
伊秩郷坂奈里
語部
多伎駅
神奴部
神人部
神門臣
凡治部
神部
多伎郷国村里
伊福部
●吉備部臣
神奴部
日置部
倭文部
倭文部臣族
神門臣
●吉備部
◎田部
多伎郷山田里
神奴部
伊福部
曾禰連
凡治部
●吉備部臣
若倭部
神門臣
鳥取部
●吉備部
●吉備部君
◎日下部
刑部臣
刑部
神戸
神奴部
出雲積
鳥取部造
若倭部
日置部
刑部
凡治部
鳥取部
語部
三上部
須佐郷

海部郷
宇受賀
海部郷宇智里
◎勝部黒嶋
宇智里
海部郷□吉里
三□部庭足
志吉里
志気
海部郷志吉里
◎壬生部池田
阿曇部与呂比
海評海里
小宮
諏訪湾
海里
郡山
海部直大伴
阿曇三雄
◎日下部保智萬呂
安曇福雄
海士
海評佐々五十戸
◎勝部由手
佐々里
◎勝部乎坂
佐作郷
海評佐々里
相多
阿田矢
作佐郷治田里
海部直牟都
阿曇部止巳
御宅郷
郡崎
海評三家里
◎日下部赤□
◎日下部日佐良
(神) 宅郷
◎勝部□波
中ノ島
◎墨書「多倍」
御宅郷
◎日下部□□
□部百代
布施
御宅郷弟野里
◎日下部小竹
◎日下部（物）井
布勢郷
□勢郷敷多里
阿曇部広田
布勢郷大浦里
阿曇部知麻呂
阿曇部奈々都
作佐郷大井里
海部直麻呂
◎海部吉万呂
阿曇部真佐
海部直佐原
阿曇部意比
阿曇部□
◎海部意□
◎海部小付
阿□部□呂麻
多井
佐吉郷
大井里
作伎郷大井里
阿□部□呂麻
佐支郷都深里
凡海部弥都麻
前里
阿曇部都祢
安曇部刀祢
崎
佐岐郷久良里
阿□
佐吉郷
◎日下部□乙万呂
◎日下部止々利
◎日下部□□祢
阿曇部□□多
海部郡
海部郡
阿曇部与里比
郡
郡
大江
前野里
崎野
大結郷前野里
服部臣百嶋
知夫郡
◎海部諸石
服部在馬
服部松守
服部美船女

島前の姓の分布
吉松大志「隠岐の古墳・横穴墓と部民」
（『国家形成期の首長権と地域社会構造』）をベースに作成
◎　出雲にも同じ姓が分布する
（カバネが異なれば異姓とみる）
木簡から判明
その他（郡稲帳、正税帳、
墨書土器、国史等文献）
から判明
美多郷
知夫利評三田里
◎石部真佐支
美多郷
◎石部員万呂
美多郷美祢里
◎石部水嶋
美田
西ノ島
宇良郷
宇良郷
◎壬生
宇良郷白浜里
◎額田部小牛
浦郷
由良郷
知夫利評由羅五十戸
加毛□□
由良
由良里
鴨部□
由良郷
◎壬生部
阿曇部赤人
津守部足人
三度（みたべ）
智夫郡
知夫郡□□郷安吉里
◎海部恵得
知夫里島
大井郷
大江
0
(1:150000)
3Km
大結五十戸
鴨部手伊加
大井郷
◎各田部小足

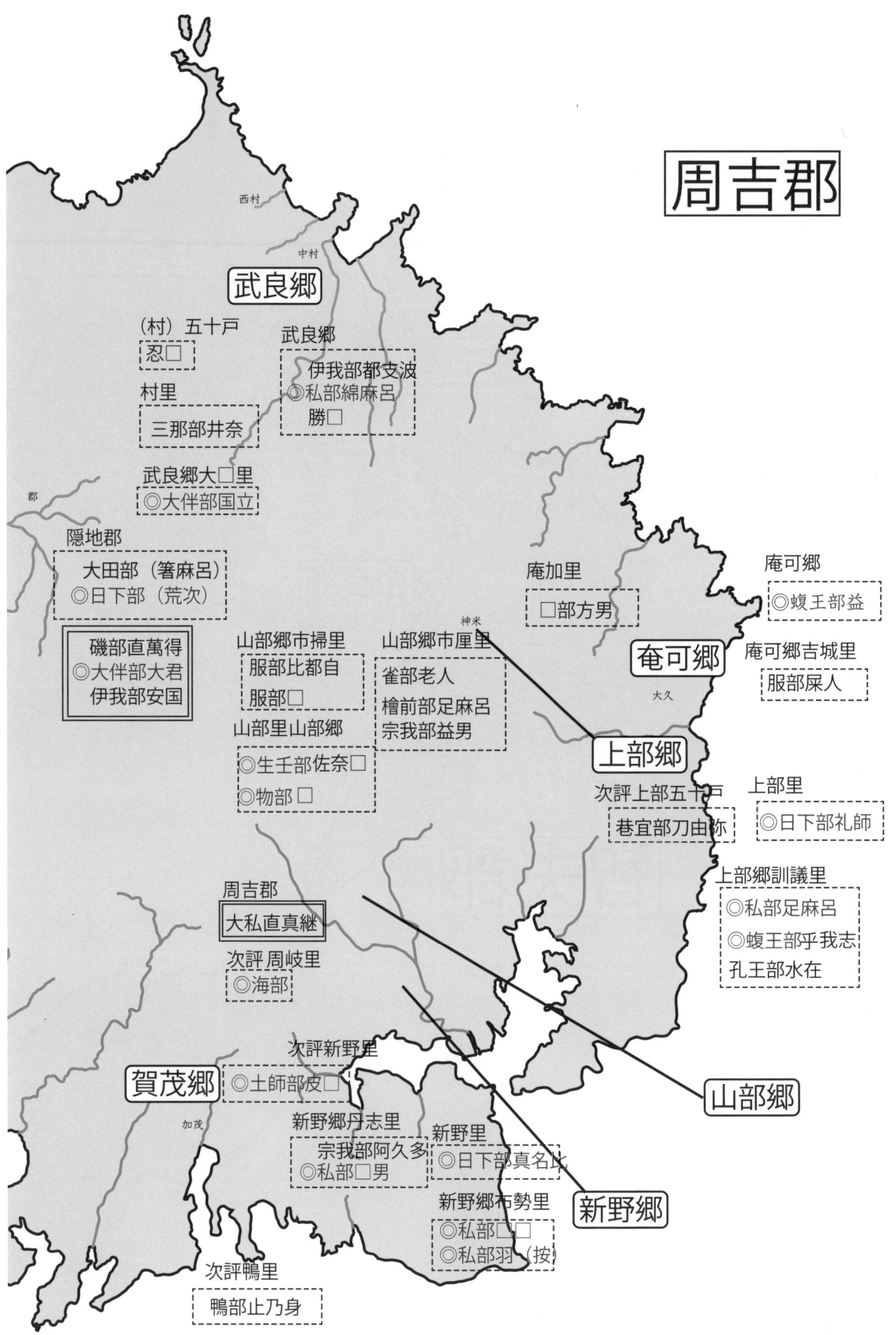

周吉郡
西村
中村
武良郷
(村) 五十戸
忍□
武良郷
伊我部都支波
◎私部綿麻呂
勝□
村里
三那部井奈
武良郷大□里
◎大伴部国立
郡
隠地郡
大田部 (箸麻呂)
◎日下部 (荒次)
磯部直萬得
◎大伴部大君
伊我部安国
山部郷市掃里
服部比都自
服部□
山部郷市厘里
雀部老人
檜前部足麻呂
宗我部益男
山部里山部郷
◎生壬部佐奈□
◎物部 □
庵加里
□部方男
神米
庵可郷
◎蝮王部益
奄可郷
庵可郷吉城里
服部屎人
大久
上部郷
次評上部五十戸
巷宜部刀由弥
上部里
◎日下部礼師
上部郷訓議里
◎私部足麻呂
◎蝮王部乎我志
孔王部水在
周吉郡
大私直真継
次評 周岐里
◎海部
山部郷
次評新野里
◎土師部皮□
賀茂郷
加茂
新野郷丹志里
宗我部阿久多
◎私部□男
新野里
◎日下部真名比
新野郷
新野郷布勢里
◎私部□□
◎私部羽 (按)
次評鴨里
鴨部止乃身

島後の姓の分布

吉松大志「隠岐の古墳・横穴墓と部民」
（『国家形成期の首長権と地域社会構造』）をベースに作成

◎　出雲にも同じ姓が分布する
（カバネが異なれば異姓とみる）

[破線枠]　木簡から判明

[二重線枠]　郡稲帳、正税帳、文献から判明

役道郡

郡司　大領　外従八位上　大伴部大君（天平４正税帳）
　　　少領　外従八位下　礒部直萬得（天平４正税帳）

その他　隠岐国検非違使　大初位下　伊我部安国
（類聚符宣抄天慶 9.3.13 官符、役道郡人か）

重栖川

郡

河内郷

河内郷
◎礒部黒（嶋）
鴨部

余戸郷
◎大私部目代

奈具郷
□棘部小結

那久

奈具郷

□□郷少原里
宗我部福男

□□郷円志里
◎日下部□手

都麻郷
◎石部手□
鴨部久々多利
意伎麻呂

都万

都麻郷

0　(1:187500)　3Km

しい樋口氏の研究の論旨をあげると、

・①各地の代表的な珍味、（料理法を含め）生鮮性、稀少性、高級性を求める
・②料理法も含めて、貢献すること自体に意味が認められる。
・③上の条件を満たせば、貢進形態はこだわらなく、多様である。
・④贄収取の目的は食料品の量的充足をめざすものではないし、財政的要請でもない。
・⑤贄と調の違いは律令制成立当初にはかたまっていなく、次第に形成され、延喜式制は贄と調の違いが際立つようになった段階である。

などの点にまとめられよう。③は「中男作物御贄」といった記載をもつ事例に、的確な説明を与えるものである。ほかの論旨は、「贄と調はどう違うのか」に一貫して固執し、天皇のための食品が、徐々に差別化され、「特別扱い」が強化されてゆく過程を明確に描き出した点で、首肯できる。

論旨②の料理法に注目された点も新鮮であるが、「料理する」奉仕形態に注目した研究はほかに森田喜久男氏の研究がある。

①　山部による「山幸」の貢納→宍人部による調理
②　海部による「海幸」の貢納→膳大伴部による調理
③　①②で料理された食品を大王が食することで国土の支配が完成する、というイデオロ両方が必要になることを指摘している(17)。高橋氏文でも、天皇に奉仕する淵源を説く中で「六獦、令料理天、将供奉」という大后の命令が言及されており、料理することが大王へ奉仕する重要な形の一つであったことを示唆している。

このような視角を意識しながら延喜式に規定される贄をみていく。

料理法、鮮度　アワビについては、かなり広範囲の国で「御取鰒」が認められる。とくに志摩が「旬料」として納める鰒については「味漬」「蒸鰒」「玉貫」「御取」「腸漬」と、幾種類もの料理法があげられている。吉野御厨の「煮凝」のような独特なものも含む。「年料」貢納国でも、越前の鮭は「氷頭」「鮭児」「背腸」など料理法が多岐にわたっている。これらは地域独自に発生、発達した料理法と思われる(18)が、宮廷への献上品という形で中央に知られ、貢納物に取り入れられつつある状況が看取できる。養老賦役令の調雑物としてあがっていた品目で、料理と言えるものが「近江鮒」「堅魚煎汁」程度であった状態に比較すると、料理の種類は増えており、朝廷の料理への関心が高まっていることをうかがわせる。

後述のように「隠岐鰒」や、安房の「東鰒」も登場するが、これら遠隔地域の食品は何らかの処理を加えなければ保存がきかない。平安期の「贄」は、手を加えることが前提になっているものを含んでいることが注意される。

記紀説話で語られる贄は、仁徳即位前紀の「海人の鮮魚」に明瞭なように鮮度を至上とする価値観で一貫している。『延喜式』でも、国によっては「生鮭」を貢納しているところもあり、鮮度は依然として重要な条件でありつづけてはいるが、一方で遠隔地からの処理を加えたと思われる贄も入ってきている。贄の価値基準は、鮮度一辺倒の思想から徐々に変質して、なるべく多くの国が貢納することを重視する方向へとシフトしているように見える。

貢納する範囲　『延喜式』にあがる贄の品目・数量規定は二箇所に現れ、（A）宮内省の「諸国所進御贄」（旬料、節料、正月三節）が内膳司の「諸国貢進御贄」（旬料、節料）に対応する、（B）宮内省の「諸国例貢御贄」の果実の部分は大膳職「諸国貢進菓子」に対応、（C）宮内省の「諸国例貢御贄」の水産物の部分は内膳司「諸国貢進御贄」（年料）に対応する、という対応関係が明らかになっている。

別表は、「諸国貢進御贄」「諸国貢進菓子」に記載される贄品目をベースとして、『延喜式』で贄の貢納国となっている国を網掛けしていくという、単純な方法で作成したものである。

（A）と（C）にあがっている、何らかの形で水産物を貢納する国は四〇カ国にのぼる。また、（B）にあがっている果物、陸棲植物類の貢納国が三三カ国ある。重複して上がっている国も多いが、上記の贄貢納国で五二国がカバーされ、「空白」は二〇国しか残らない。贄の貢納は大部分の令制

国を網羅していることになる。

宮内式には、ほかに宮廷の、特定の行事、祭事に限って使われる贄が規定されている。

正月、五月五日、七月七日、九月九日、大嘗会などでいくつかの国の食品が贄となるが、佐渡鮑、隠岐鰒、東鰒などがあがっている。隠岐、安房、上総は（A）（B）（C）の贄貢納国に入っていなかったが、行事にさいして貢納することで、辺縁国も天皇に服属することを演出する形となっている。隠岐を含め、使用機会が限定された貢納国まで含めると、五四カ国が何らかの名目で食物貢献をしており、空白はもう少し減少する。天皇が国土を支配する演出、という点では100％にかなり近づいたのが『延喜式』の状態だと思われる。

空白が少ないことは、その裏返しとして多くの国が似たようなものを納める結果にもなっている。先に触れた志摩や越前のように、正しい意味での特産物があがっている例もみられるが、海産物のなかでも「稚海藻」は多数の国が納め、稀少性が乏しくなっている。「菓子」関係では「甘葛」貢納国がやたらに多く、これも稀少性が弱くなっている。

法令的には、贄の根拠規定は賦役令諸国貢献物条であると推定されているが、「諸珍異之類」を求める同条の趣旨からみても平安時代の贄は異なる状況に思われる。『延喜式』段階で贄の役割の重点は、天皇が（可能なかぎり）すべての国の食物を食する（支配する）ことへシフトしたとみられる。

四、出雲、隠岐の海産物の使途

四―一、隠岐

隠岐は輸送の観点から、明らかに新鮮な食料を都へ運ぶには向いていない。研究上「御食つ国」とされることもあるが、鮮度・速さが特徴の「志摩の早贄」とは性格が異なる。

荷札木簡からは烏賊、鰒、螺など多くの種類の動物性の品目を貢納していることが知られる。これらは『延喜式』主計上があげる調品目とも共通する。式が規定する調庸輸送の行程は三五日となっており、何らかの料理、処理は必須であろう。ただ、平城宮木簡などにみえる品目は動物性よりも「海藻」（藤原宮木簡で「軍布」）の割合が多く、海藻が主体だったといえる。主として四月に貢納される志摩の（はしりの）ワカメとは異なり、旬であるか否かには無関係に納められる。おそらく貢納時の状態は「ほしワカメ」で、大規模な官僚層の消費を支えるのが主目的だったと市大樹氏はみる。

『延喜式』主計上の段階では、貢納品目のほとんどが海産物となり、さらに地名を冠した「隠岐鰒」という語も現れており、鰒が他の海産物から抜け出して特別な品としての評価を受けつつある様子が看取される。『新猿楽記』ではさらに進んで、（受領「四郎」に付け届けされるところの）隠岐国を代表する産物として登場し、一層「ブランド」化が進んだことを示している。

四―二、出雲

『出雲国風土記』には多くの種類の海産物が列記されている。貝塚の発掘成果と照合すると、日常食しているものを書き上げたものではない可能性がある。出雲大社に近い上長浜貝塚では大量の動物遺体が検出、分析されているが、奈良時代後半に相当する三三～三七層から出土した動物遺体の構成はヤマトシジミが圧倒的である[19]。ヤマトシジミが、当時実際に採取されていた水産物の最も主なものであったに違いないが、『出雲国風土記』はこれに一言も言及しない。『出雲国風土記』に記載する段階で、編者が取捨選択したと考えざるを得ない。

産物記載は風土記撰進命令の「郡内所生」言上の命に応じた記載であり、これらが中央への貢納物の候補となることが考えられる。海産物のうち、スズキは『古事記』の出雲系神話にも貴人への供献食物として登場する。

荷札木簡では、「出雲評支豆支里大贄煮魚　須々支」（『評制下荷札木簡集成』一六六）と「□□（神門カ）評阿尼里知奴大贄」（同一六七）の事例が

別表：『延喜式』贄貢納国・品目一覧表④
使用時期（機会）が決まっている

	六月神今食	正月三節	元日	五月五日節	七月七日節	九月九日節	供御月料	その他	大嘗祭
山城			雑鮮味物	雑鮮味物	雑鮮味物	雑鮮味物			
大和			雑鮮味物	雑鮮味物	雑鮮味物	雑鮮味物			
河内			雑鮮味物	雑鮮味物	雑鮮味物	雑鮮味物			
和泉			雑鮮味物	雑鮮味物	雑鮮味物	雑鮮味物			
摂津			雑鮮味物	雑鮮味物	雑鮮味物	雑鮮味物			
伊賀									
伊勢									
志摩			雑鮮味物	雑鮮味物	雑鮮味物	雑鮮味物			
尾張									
三河		雉						保夜	
遠江									
駿河									
伊豆									
甲斐									
相模									
武蔵									
安房	東鰒	東鰒		東鰒	東鰒	東鰒	安房雑鰒		
上総	東鰒	東鰒		東鰒	東鰒	東鰒	東鰒		
下総									
常陸									
近江			鹿完・猪完	雑鮮味物	雑鮮味物	雑鮮味物			
美濃									
飛騨									
信濃									
上野									
下野									
陸奥									
出羽									
若狭		雑鮮味物							
越前									
加賀									
能登							能登鯖		
越中									
越後									
佐渡									佐渡鰒
丹波									
丹後									
但馬									
因幡									
伯耆									
出雲				出雲鰒					
石見									
隠岐		隠岐鰒		隠岐鰒	隠岐鰒	隠岐鰒	隠岐鰒		隠岐鰒
播磨									
美作									
備前									
備中									
備後									
安芸									
周防									
長門				長門鰒					
紀伊		雑鮮味物							紀伊
淡路	淡路塩	雑鮮味物	鹿完・猪完						
讃岐									
伊予									
阿波				阿波鰒					阿波
土佐								腸漬小鰒	
大宰府調									
大宰府中男作物									
大宰府梁作									
大宰府厨作									
大宰府									
筑前									
筑後									
肥前									
肥後									
豊前									
豊後									
大隅									
薩摩									
壱岐									
対馬									
	内膳	内膳	内膳	内膳	内膳	内膳	内膳	内膳	践祚大嘗祭（供神御雑物）

別表:『延喜式』贄貢納国・品目一覧表③
使用時期(機会)が決まっていない

	小鯛腊	海藻根（まなかし）	水母（くらげ）	煮塩年魚（にしおあゆ）	鯛塩作（たひしおつくり）	白干（しらぼし）	押年魚（おしあゆ）	御取鰒（みとりあわび）	短鰒（みじかあわび）	薄鰒（うすあわび）	陰鰒（かげあわび）	羽割鰒（はわりあわび）	火焼鰒（ほやきあわび）	鮒鮨	鮨鰒（すしあわび）	腸漬鰒（わたづけあわび）	耳腐鰒（くちみみあわび）	内子鮨年魚（こごもりすしあゆ）	鯛醤（たひひしお）	宍醢（ししひしお）	蒜房漬（ひるふさづけ）	腹赤魚（はらか）
山城																						
大和																						
河内																						
和泉																						
摂津																						
伊賀																						
伊勢																						
志摩																						
尾張																						
三河																						
遠江																						
駿河																						
伊豆																						
甲斐																						
相模																						
武蔵																						
安房																						
上総																						
下総																						
常陸																						
近江																						
美濃																						
飛騨																						
信濃																						
上野																						
下野																						
陸奥																						
出羽																						
若狭																						
越前																						
加賀																						
能登																						
越中																						
越後																						
佐渡																						
丹波																						
丹後	小鯛腊																					
但馬																						
因幡																						
伯耆		海藻根																				
出雲																						
石見																						
隠岐																						
播磨																						
美作																						
備前			水母																			
備中				煮塩年魚																		
備後																						
安芸																						
周防																						
長門																						
紀伊																						
淡路																						
讃岐					鯛塩作	白干																
伊予																						
阿波																						
土佐				煮塩年魚			押年魚															
大宰府調								御取鰒	短鰒	薄鰒	陰鰒	羽割鰒	火焼鰒									
大宰府中男作物														鮒鮨	鮨鰒	腸漬鰒	耳腐鰒					
大宰府梁作				煮塩年魚														内子鮨年魚				
大宰府厨作																			鯛醤	宍醢	蒜房漬	
大宰府																						
筑前																						
筑後																						腹赤魚
肥前																						
肥後																						腹赤魚
豊前																						
豊後																						
大隅																						
薩摩																						
壱岐																						
対馬																						

◀……………… 内膳司年料 ………………▶

【凡例】 諸国例貢御贄で
- 水産物など動物のみ
- 菓子（クダモノ）のみ
- 両方

(品名)中男作物での貢進が確認できる品目

別表:『延喜式』贄貢納国・品目一覧表②
使用時期(機会)が決まっていない

	塩塗年魚(しおぬり)	鯛春酢	蠣(かき)	磯蠣(あらがき)	海松(みる)	為伊(いい)	白貝(おう)	蠏蜷(かみな)	雉腊(きじきたい)	稚海藻(わかめ)	鮒(ふな)	鱒(ます)	阿米魚(あめうお)	鮨鮒(すしふな)	火干年魚(ひぼしのあゆ)	姫胡桃子(ひめぐるみ)	楚割鮭(すはやりさけ)	索昆布(なひめ)	細昆布(ほそめ)	広昆布(ひろめ)	生鮭(なまさけ)	山葵(わさび)	毛都久(もずく)	於己(おご)	鮭児(さけのこ)	氷頭(ひず)	背腸(みなわた)
山城																											
大和																											
河内																											
和泉																											
摂津																											
伊賀	塩塗年魚																										
伊勢		鯛春酢	蠣	磯蠣																							
志摩					海松																						
尾張						為伊	白貝	蠏蜷	雉腊																		
三河										稚海藻																	
遠江										稚海藻																	
駿河																											
伊豆																											
甲斐																											
相模																											
武蔵																											
安房																											
上総																											
下総										稚海藻																	
常陸										稚海藻																	
近江											鮒	鱒	阿米魚														
美濃														(鮨鮒)	火干年魚												
飛騨																											
信濃																姫胡桃子	楚割鮭										
上野																											
下野																											
陸奥																		索昆布	細昆布	広昆布							
出羽																											
若狭										稚海藻											生鮭	山葵	毛都久	於己			
越前																					生鮭	山葵			鮭児	氷頭	背腸
加賀																											
能登										稚海藻																	
越中									(雉腊)	稚海藻																	
越後																	楚割鮭								鮭児	氷頭	背腸
佐渡										稚海藻																	
丹波	塩塗年魚																				生鮭						
丹後																					生鮭	山葵				氷頭	背腸
但馬										稚海藻											生鮭	山葵					
因幡										稚海藻											生鮭	山葵					
伯耆										稚海藻																	
出雲																											
石見																											
隠岐																											
播磨																											
美作																											
備前																											
備中																											
備後																											
安芸																											
周防																											
長門										稚海藻																	
紀伊																											
淡路																											
讃岐																											
伊予																											
阿波																											
土佐																											
大宰府調																											
大宰府中男作物																											
大宰府染作																											
大宰府厨作																											
大宰府																											
筑前																											
筑後									雉腊																		
肥前																											
肥後									雉腊																		
豊前																											
豊後																											
大隅																											
薩摩																											
壱岐																											
対馬																											

内膳司年料

別表:『延喜式』贄貢納国・品目一覧表①
使用時期(機会)が決まっていない

	郁子（むべ）	蔔子（あけび）	覆盆子（いちご）	楊梅子（やまもも）	平栗子（ひらぐり）	榛子（はしばみ）	椎子（しいのみ）	花橘子（はなたちばな）	蓮根（はちすのね）	甘葛煎（あまづらいろり）	甘子（かんし）	青梨子（あおなし）	橘子（たちばな）	甘栗子（あまぐり）	搗栗子（かちぐり）	菱子（ひし）	梨子（なし）	干棗（ほしなつめ）	諸成（もろなり）	木連子（いたび）	氷魚（ひお）	鱸魚（すずき）	擁剣（かさめ）	皮菌（かわたけ）	鯛（たひ）	鯵（あじ）	鮨年魚（すしあゆ）
山城	郁子	蔔子	覆盆子	楊梅子	平栗子																氷魚	鱸魚					
大和		蔔子		楊梅子		榛子																					
河内		蔔子	覆盆子	楊梅子		榛子	椎子	花橘子	蓮根																		
和泉				楊梅子																					鯛	鯵	
摂津		蔔子	覆盆子	楊梅子				花橘子															擁剣	皮菌			
伊賀										甘葛煎																	鮨年魚
伊勢							椎子																				鮨年魚
志摩																											
尾張																											
三河																											
遠江										甘葛煎	甘子																
駿河										甘葛煎	甘子																
伊豆										甘葛煎																	
甲斐												青梨子															
相模											甘子		橘子														
武蔵																											
安房																											
上総																											
下総																											
常陸																											
近江	郁子																				氷魚						
美濃																											鮨年魚
飛騨																											
信濃																	梨子	干棗									
上野																											
下野																											
陸奥																											
出羽										甘葛煎																	
若狭																											
越前										甘葛煎																	
加賀										甘葛煎																	
能登										甘葛煎																	
越中										甘葛煎																	
越後										甘葛煎																	
佐渡																											
丹波					平栗子		椎子			甘葛煎				甘栗子	搗栗子	菱子											鮨年魚
丹後										甘葛煎																	
但馬										甘葛煎					搗栗子												鮨年魚
因幡					平栗子		椎子			甘葛煎	甘子						梨子	干棗									
伯耆																											
出雲										甘葛煎																	
石見																											
隠岐																											
播磨							椎子								搗栗子												(鮨年魚)
美作										甘葛煎					搗栗子												鮨年魚
備前										甘葛煎																	
備中										甘葛煎									諸成								
備後																											
安芸																											
周防																											
長門																											
紀伊										甘葛煎																	鮨年魚
淡路																											
讃岐																											
伊予																											
阿波										甘葛煎	甘子																
土佐																											
大宰府調																											
大宰府中男作物																											
大宰府梁作																											鮨年魚
大宰府厨作																											
大宰府																											
筑前																				木連子							
筑後																											
肥前																											
肥後																											
豊前																											
豊後																											
大隅																											
薩摩																											
壱岐																				木連子							
対馬																											

◀……大膳職　諸国貢進菓子……▶◀……

【凡例】　諸国例貢御贄で　■水産物など動物のみ　■菓子（クダモノ）のみ　■両方　　(品名)中男作物での貢進が確認できる品目

あり、スズキ、チヌはともに『出雲国風土記』が記載する産物と共通する。これらが献上品にたえる産物であると地元で認識されていたことは確かであろう。

しかし、問題となるのはこれら『出雲国風土記』記載の産物が、スムーズに中央への貢納物と結びつかないことである。

養老賦役令調絹絁条では、調「雑物」として（海水・淡水ふくめ）多数の水産物があげられるが、鱸（スズキ）、鮪（シビ）、鯔（ナヨシ）、鮭、鱒、鰄（イグヒ）など『出雲国風土記』にあがっている魚の多くが賦役令に見えない。鮒も『出雲国風土記』神門水海に鮒が現れるが、賦役令条文では「近江鮒」とあり、近江限定の貢納品のようである。賦役令ではカツオなど特定の種類を除く「雑魚」は「楚割」「ホシオ」としてあがっており、魚の種類が反映されにくい形態となっていることが関連するのかもしれない。

出雲の海産物荷札のなかで、「大贄」の木簡としては、前出の二点のほか郡里制下の「出雲国嶋根郡副良里伊加大贄廿斤」（『藤原宮木簡』一―一五六）がある。点数が少なく、明確な傾向を抽出しにくいが、評制、郡里制下の比較的古い時期の木簡には「大贄」がみられる。また、いずれの木簡も『出雲国風土記』のあげる海産物と共通する。

『延喜式』では、主計上に記す出雲の調庸品目は（おそらく国衙工房で織成される）絹織物が主体になっている。検討の範囲を交易雑物まで広げれば、『新猿楽記』に出雲特産物としてあらわれてくる「席」（ムシロ）が、延喜民部式の段階で新たに登場しているのが注意される。

海産物は烏賊、鰒が調に、紫菜、海藻が中男作物に入っているのみで、これ以外の『出雲国風土記』記載の産物の多くが姿を消す。また、各々の品目を軸にしてみるとき、鱸は山城国の贄、鱒は近江国の贄、鮭は越前・越後・丹波・丹後・但馬の贄として見える。中央がこれらの産物に無関心であったわけではなく、出雲のものを採用せず比較的近い国や、北の国のものを採用したことがわかる。ほかに、鮒は近江や美濃の中男作物として、鮭は越中、越後の中男作物として貢納されているという事例も見られる。

このような『出雲国風土記』記載の産物と実際の貢納物とギャップが生じるのは、中央によって取捨選択が行われ、出雲の「推し」品目が通らなかった結果とも解釈しうる。輸送日数の長短などが顧慮された可能性があるだろう。

四―三、中央への税物以外の使途

先にあげたわずかな出土木簡の事例では、スズキを「大贄」として朝廷へ貢上したことが知られる。古事記の神話でも、貴人のために現地の人間がスズキを採取、貢納したことが書かれている(20)。スズキが献上品にたえる産物であると地元で認識されていたことは確かであろう。

これらが朝廷には受容されなくても、杵築大社をはじめ祭神への献上品であった可能性は残る。

伊勢神宮では、『皇太神宮儀式帳』などの検討から、神宮で国家がおこなう祭祀行為のほかに、より基層の部分に包括された在地の祭祀が存在したことが指摘されている(21)。

熊野大社については、嶋根郡朝酌郷条に、「朝御餼勘養、夕御餼勘養、吾贄緒之処定」という明確な言葉があり、在地で行われる祭祀、そこで行われていた食物貢献の存在をうかがわせる。祭祀で献上されるのが、『出雲国風土記』に載っている産物なのであろう。それらは朝酌の市で流通にのぼる産物ともおそらく共通するのであろう。

『出雲国風土記』でも、神門郡の吉栗山から社殿の材木を搬送する記事（神門郡山野条）、楯縫郡起源説話にみえる大神宮を装飾する楯の製作、など、杵築大社へ奉仕する在地の祭祀を思わせる断片的な記述が存在する。風土記にあがっている水産物は、そのようなハレの場での使用にたえる品目が選択されて載っている可能性がある。「朝酌の市」のような場の明確な記載が神門郡や出雲郡には確認できない。市での交換を経ず、直接奉仕、貢上する人々（「御埼海子」などか）が祭祀を支えたのかもしれない。

杵築大社と共通するかはわからないが、出雲市青木遺跡ではモモ、スモモ、ナシを甕に入れて供献した土坑（I区SX01）が確認されている(22)。祭祀には、海産物に限定されないざまざまの産物が用いられたことを示す例であるが、ただ、このうち楯縫・出雲・神門郡条に記載された産物とは、スモモのみ一致し、モモ、ナシは記載がない。これを『出雲国風土記』が網羅しているわけでもないようである。

おわりに

以上、多くの推測を重ねる結果となった。それは末尾の部分で顕著であるが、出雲大社の側に『皇太神宮儀式帳』に相当する同時代史料がなく、祭祀の維持、運営の像がよくわからないことも一因である。発掘調査の情報からある程度祭祀の形が推測できる可能性は大きいと思われるが、筆者の力量をこえており、今後の課題としたい。

註

(1) 赤井和代「隠岐島出土の須恵器　資料紹介」『島根考古学会誌』第一九集、島根考古学会、二〇〇二年

(2) 西尾克己・岩橋孝典・井谷朋子「隠岐郡知夫村・高津久横穴墓群について（報告編）」『古代文化研究』第二七号、島根県古代文化センター、二〇一九年
井谷朋子・岩橋孝典・吉松大志・西尾克己「隠岐郡知夫村・高津久横穴墓群について（論考篇）」『古代文化研究』第二八号、島根県古代文化センター、二〇二〇年

(3)『百塚遺跡群Ⅶ』淀江町教育委員会、一九九七年
『百塚遺跡群Ⅷ』淀江町教育委員会、一九九九年
梅村大輔「鳥取県における古墳時代後期土師器甕と隠岐型甕」『古代隠岐の形成と特質』島根県古代文化センター、二〇二四年

(4)『隠岐国分尼寺調査報告』島後教育委員会、一九七一年

(5) 東野治之「藤原宮木簡にみえる無姓者」『日本古代木簡の研究』塙書房、一九八三年／初出一九七八年

(6) 石母田正「天平十一年出雲国大税賑給歴名帳について」『石母田正著作集一　古代社会論Ⅰ』岩波書店、一九八八年、初出一九三八年
野々村安浩「出雲国西部地域の氏族構成について」『出雲国風土記の研究Ⅲ　神門水海北辺の研究』島根県古代文化センター、二〇〇七年
吉松大志「隠岐の古墳・横穴墓と部民」「おわりに　出雲・石見・隠岐の首長権の展開と地域社会構造」『国家形成期の首長権と地域社会構造』島根県古代文化センター、二〇一九年

(7) 狩野久「律令制収奪と人民」『日本古代の国家と都城』東京大学出版会、一九九〇年／初出一九六八年

(8) 市大樹「隠岐国荷札木簡とその周辺」『古代隠岐の形成と特質』島根県古代文化センター、二〇二四年

(9) 宮本常一『塩の道』講談社、一九八五年／初出一九七九年

(10) 佐藤信「古代隠伎国と木簡」『日本古代の宮都と木簡』吉川弘文館、一九九七年／初出一九八三・一九八六年

(11) 直木孝次郎「贄に関する二、三の考察」『飛鳥奈良時代の研究』塙書房、一九七五年／初出一九六九年
東野治之「志摩国の御調と調制の成立」『日本古代木簡の研究』塙書房、一九八三年、初出一九七八年
長山泰孝「贄と調について」『日本古代の国家と宗教』井上薫教授退官記念会編、吉川弘文館、一九八〇年

(12) 石上英一「日本古代に於ける調庸制の特質」『歴史学研究別冊特集　歴史における民族と民主主義』、一九七三年

(13) 東野治之(5)前掲論文および「内廷と外廷―宮内省の性格を中心として―」『長屋王家木簡の研究』塙書房、一九九六年／初出一九八〇年

(14) 内田律雄「軍布をメと訓むこと」『出雲古代史研究』二一号、二〇一一年
俣野好治「木簡にみる八世紀の贄と調」『律令財政と荷札木簡』同成社、二〇一七年／初出一九九九年

(15) 市大樹前掲註(8)論文および「飛鳥藤原出土の評制下荷札木簡」『飛鳥藤原木簡の研究』塙書房、二〇一〇年

(16) 勝浦令子「律令制下贄貢納の変遷」『日本歴史』三五二号、一九七七年
鬼頭清明「荷札木簡と贄」『古代木簡の基礎的研究』塙書房、一九九三年／初出一九七八年
樋口知志「律令制下の贄について（上）（下）」（『東北大学文学部研究年報』一九八八・一九八九年

(17) 森田喜久男「「山海之政」を具現化する部民」『日本古代の王権と山野河海』吉川弘文館、二〇〇九年紀』が養老四年の『日本書紀』を忠実に継承したものではない可能性を指摘している。

(18) 樋口知志(16)前掲論文

(19)『上長浜貝塚』出雲市教育委員会、一九九六年

(20) 内田律雄「「天真魚咋」考」『古代日本海沿岸の漁撈民』私家版、二〇〇七年

(21) 塩川哲朗「古代伊勢神宮祭祀の基本構造」『古代の祭祀構造と伊勢神宮』吉川弘文館、二〇一八年

(22)『青木遺跡Ⅱ』島根県教育委員会、二〇〇六年

参考文献

・今泉隆雄「貢進物付札の諸問題」『古代木簡の研究』吉川弘文館、一九九八年／初出一九七八年
・岡田精司「大化前代の服属儀礼と新嘗」『古代王権の祭祀と神話』塙書房、一九七〇年
・加藤謙吉「隠岐の氏族・部民と畿内政権」『原始・古代の日本海文化』同成社、
・喜田新六「律令制下に於ける物資の融通運用に就いて(上)」『史学雑誌』四九編六号、一九三八年
・喜田新六「調庸雑考」(『齋藤先生古稀記念祝賀論文集』刀江書院、一九三七年
・中村修「伊勢部と磯部」『海民と古代国家形成史論』和泉書院、二〇一三年／初出二〇一〇年
・樋口知志「律令的調制成立の前提」『歴史学研究』五九八、一九八九年
・平石充「文献史料からみた隠岐島前の部民制と横穴墓」『黒木山横穴墓群』島根県西ノ島町教育委員会、二〇一〇年
・平野邦雄『大化前代社会組織の研究』吉川弘文館、一九六九年
・吉松大志「隠岐の古墳・横穴墓と部民」「おわりに 出雲・石見・隠岐の首長権の展開と地域社会構造」『国家形成期の首長権と地域社会構造』島根県古代文化センター、二〇一九年

46～49頁に掲載した地図は、『出雲国風土記ー地図・写本編ー』(島根県古代文化センター、2022年)をもとに加工、作成した。
使用した国土地理院地図は下記一覧のとおりである。

本報告掲載の電子地形図25000(国土地理院)一覧

https://maps.gsi.go.jp/development/ichiran.html

令和元年11月22日調整	瀬崎	令和2年4月13日調整	玉造	令和2年3月2日調整	湯村
令和元年11月22日調整	美保関	令和2年3月23日調整	宍道	令和元年11月22日調整	掛合
令和元年11月22日調整	境港	令和2年3月23日調整	出雲今市	令和2年3月2日調整	道後山
令和2年4月13日調整	加賀	令和2年3月23日調整	大社	令和元年11月22日調整	下横田
令和元年11月22日調整	恵曇	令和元年11月22日調整	井尻	令和2年4月13日調整	阿井町
令和2年3月23日調整	坂浦	令和元年11月22日調整	出雲布部	令和2年4月13日調整	出雲吉田
令和元年12月18日調整	米子	令和元年11月22日調整	上山佐	令和2年4月13日調整	三瓶山東部
令和2年3月23日調整	揖屋	令和2年3月23日調整	木次	令和2年4月13日調整	三瓶山西部
令和元年11月22日調整	松江	令和2年3月23日調整	稗原	令和2年4月13日調整	比婆山
令和2年3月23日調整	秋鹿	令和2年3月23日調整	反辺	令和2年4月13日調整	比婆新市
令和2年3月23日調整	平田	令和2年4月13日調整	田儀	令和2年4月13日調整	頓原
令和元年11月22日調整	日御碕	令和2年4月13日調整	石見大田	令和2年3月23日調整	野萱
令和2年3月23日調整	母里	令和2年4月13日調整	阿毘縁	令和2年3月23日調整	赤名
令和2年4月13日調整	広瀬	令和2年3月2日調整	横田		

熊野大社・杵築大社の奉斎体制

平石　充

はじめに

出雲を代表する古社である熊野大社・杵築大社は、古代出雲において有力な神社であるだけでなく、「天日隅宮」の創始が『日本書紀』（以下『紀』）神代下第九段一書二の神話（いわゆる国譲り神話。また以下第九段一書二とする）の中で語られ、また『令義解』神祇領天神地祇条で、「出雲国造斎神」（熊野大社祭神）が天神、「出雲大汝神」（杵築大社祭神）が地祇の例としてあげられるなど、律令国家からみても重要な神社であったと考えられ、文武二（六九八）年には意宇郡郡司（実際は評司）の三等親以内の連任が許されている（『続日本紀』同年三月己巳条）。これは『令集解』選叙令七同司主典条令釈所引養老七（七二三）年一一月一六日太政官処分で神郡とされる郡にあたり、同史料でも出雲国意宇郡が挙げられている。

神郡（七世紀は神評であるが、以後まとめて神郡と標記する）にはそれに対応する神（神郡神）があり、出雲国意宇郡・伊勢国多気郡以外は神郡神が郡内に存在している。このため、意宇郡とは熊野大社・杵築大社のうち意宇郡内にある熊野大社の神郡との理解もあるが、一氏族の祭神（「出雲国造斎神」）にすぎない熊野大社のみを優遇する必要は無く、後述する出雲神戸がこの二社を含む「二所大神等」に付せられているとされることから［後掲史料1］、神郡意宇郡は熊野大社・杵築大社両社を対象とすると考えられる。神郡としての意宇郡（評）の成立は厳密には不明ながら、斉明五年の於宇郡役丁を用いた「厳神之宮」造営を神郡神に対する社殿造営とみれば（『紀』斉明天皇五年是歳条、［岡田二〇二二B］）、やはり孝徳～斉明朝に神郡形成があったとみるべきであろう。これ以降の神郡神は『出雲国風土記』（以下『出雲』）意宇郡出雲神戸条（133）(1)に「二所大神等」みえる熊野大社・杵築大社とみて、以下二所大神とする。また、それ以前の熊野大社・杵築大社の前身については、『古事記』（以下『記』）垂仁段にみえる出雲大神宮（史料上は「大神宮」であるが仮に出雲を付す）とする(2)。

［史料1　『出雲』意宇郡133］

出雲神戸。郡家南西二里廿歩。伊弉奈枳乃麻奈子坐熊野加武呂乃命、与五百津鉏々猶所取々而所造天下大穴持命、二所大神等依奉。故、云二神戸一。他郡等神戸且如レ之。

神郡の規定の本質については、小倉慈司氏のまとめが要を得ており［小倉二〇二二A］(3)、本論に関わるところでは、伊勢神宮を除くと、制度的には神郡郡司の三等親以内の連任禁止規定の除外が唯一で、また、郡内の戸がすべて神戸に相当することはない。そして「以前より王権祭祀を行ってきた神社に対し、それを支える人的集団を先ず神郡（評）として編成」したものとなる。ただし、その具体層については、笹生衛氏のように神郡神に対する令制以前からの王権による重視をみる見解もあれば（笹生）、常陸国香島郡の領域編成が孝徳朝に行われたことを重視する見解もあり、また、それぞれの奉斎体制形成にかかる、王権の関与をどの程度見込むかなどについても検討すべき余地がある。

出雲大神宮・二所大神に対する奉斎体制を論じるには、多様な情報を含み地域史の観点から考古資料や中世史料から補完しやすい『出雲』を主として用い、八世紀前半の様相を基本としてその前後を検討することになる。

予察も含めその概要を述べれば、まず律令制的な給付としての出雲神戸と、それ以外の各種奉仕体制がある。さらに後者については島根郡朝酌郷の熊野大神に対する朝夕の贄緒之所（『出雲』227）、楯縫郡の所造天下大神之宮への楯部（同446）、所謂所造天下大神宮狭（材か）造山とされる神門郡吉栗山（同694）が、二所大神への奉仕が明記されている事例であり、神門郡条（650）にみえる「神門」も杵築大社に関わるなにかであり(4)、出雲郡・神門郡に分布する特徴的な部である神奴部がこれに関係するとみられる(5)。その他に楯縫郡佐香郷（同452）・出雲郡御埼海子（同626）と同郡御厨家島（同619）なども二所大神との関係を検討するべき事例となろう。こちらはいずれも令制以前の奉仕貢納体制に系譜を持つ可能性が高い。

　本稿ではこれらのうち、令制出雲神戸と楯縫郡の楯部について以下検討を加えることとする。

一、出雲神戸

表1　『出雲国風土記』にみえる神戸

<table>
<tr><td rowspan="3">意宇郡</td><td>賀茂神戸</td><td rowspan="3">里6</td></tr>
<tr><td>出雲神戸</td></tr>
<tr><td>忌部神戸</td></tr>
<tr><td>秋鹿郡</td><td>神戸里</td><td>里</td></tr>
<tr><td>楯縫郡</td><td>神戸里</td><td>里</td></tr>
<tr><td>出雲郡</td><td>神戸郷</td><td>里2</td></tr>
<tr><td>神門郡</td><td>神戸里</td><td>里</td></tr>
</table>

出雲神戸については、熊野・杵築両大社をはじめとする国内諸神全体にかかるものとし、それをと神名火山と結びつけた虎雄俊哉氏の研究［虎尾一九八二］、また、郷里制施行にかかわるサトの分割との関係から論じた関和彦氏の研究［関一九八四］、他の神戸も含め出雲国内の神戸全体を検討した小倉慈司氏の研究［小倉二〇二一B］、また神賀詞奏上や郷里制施行との関係を論じた川畑勝久氏の研究がある［川畑二〇二二］。まず『出雲』における神戸記載は表1のとおりで、意宇郡で賀茂神戸・忌部神戸とあわせ三神戸六里、このほかに秋鹿郡一里・楯縫郡一里・出雲郡神戸郷二里・神門郡一里がある。『新抄格勅符抄』大同元年牒（以下「大同元年牒」）にみえる各神戸戸数は熊野神が二五戸、杵築神が六一戸、鴨神二八戸、忌部神一〇戸であるので、小倉氏も述べるように鴨神が二里、忌部神が一里とすると、意宇郡の出雲神戸は三里からなっていたとみられる(6)。また、天平一一年出雲国大税賑給歴名帳（『大日本古文書　編年文書』（以下『大日古』）二―二〇一頁～二四七頁。また「歴名帳」とする）には、野々村安浩氏の復元案によれば、出雲郡神戸郷の二里のうちの後に記された一里（仮にB里とする）と神門郡神戸里がみえる［野々村二〇〇七］。まず出雲郡例については神門総計記載の直前（正倉院文書　正修三二巻第八紙）がそれにあたり、前欠で鰥の部分を欠き寡の途中からが残るが、戸主一三名（仮に神奴部歳尾と神奴部蔵尾を同一人物とみれば一二名）、戸口二五名が見える（賑給対象者は二五人）。「歴名帳」出雲郡部分は里を単位に記されているので、該当部分は出雲郡神戸郷B里のみで一三戸以上はあったことになる。神門郡の神戸里は「神戸」と記され完存し（同正集三三巻第五紙）、戸主四名と戸口一五名が見える（賑給対象者は一六人）。原島礼二氏は、四戸に対し、想定される賑給対象者を出した戸の割合（七割）を除して、四～六戸と想定している［原島一九六二］。同帳の郷別賑給対象者数は、判明するものとして出雲郡漆治郷六〇人・河内郷一〇一人・出雲郷八八人・杵築郷五九人、神門郡朝山郷四四人・日置郷五七人・滑狭郷四四人・伊秩郷一五人・狭結駅一九人・多伎駅八人と賑給対象者は神門郡に比して出雲郡が多い。出雲郡神戸郷全体を仮にB里の二倍とすると五〇人で一公郷に近い(7)。これに対し神門郡の神戸は狭結駅ならびに余戸から一般郷になったばかりの伊秩郷に近い。駅戸数は小路であった山陰道の駅馬数（五匹）に近かったとみられるので(8)、神門郡出雲神戸は「歴名帳」にみえる五戸程度とみるべきであろう。このように、出雲郡の神戸里は戸数が多いと想定される。

　くわえて、『出雲』全体でみると神戸の方位里程は意宇郡・出雲郡のみに記されており、秋鹿・楯縫・神門郡には方位里程記載がなく、神門郡については神戸の由来の記載も欠ける(9)。後三郡は記載が脱落しているとされてきたが、これが本来の姿とみるべきで、三郡の神戸の戸数が少なかったのではないかと想定される。神戸には数戸からなる小規模な神戸と、神社の経済基盤となりうる数十戸単位の大規模なものがあるとの指摘があるが［佐々田二〇一二］、大規模な出雲神戸は意宇郡と出雲郡に限られ、残る三郡神の戸は小規模で、実質公郷の中に散在するなど、所在地も書きづらい実態であったと考えるべきであろう(10)。このことに対応し『倭名類聚抄』（以下『倭名抄』）でも神戸と思しき記載が見えるのは意宇郡の神戸のみである。

以下意宇郡神戸・出雲郡神戸について、具体的に検討する。

一―一、意宇郡出雲神戸

『出雲』における里程は南西二里二〇歩という里程から、現在の大庭町周辺とみられるが、この里程の示す場所がどこにあたるのかは明らかでない。『出雲』においては、次にあげるいわゆる意宇郡山代郷北新造院が問題となる。

［史料2　『出雲』意宇郡148］

新造院一所。山代郷中。郡家西北四里二百歩。建立厳堂也。無僧。＊日置君目烈之所造。出雲神戸置君鹿麻呂之父。　＊日を加えた

この新造院は現在の来美廃寺（山代郷北新造院跡）に比定されており、これに関して他遺跡に比定する説は見られず、発掘調査の所見も同様である［島根県教育委員会二〇〇二・二〇〇七］。主要伽藍では、七世紀末～八世紀前半に第二基壇の金堂が成立している(11)。問題はこの新造院の建立者で、『出雲』では出雲神戸日置君鹿麻呂の父日置君目烈とされる。同廃寺の出土遺物には七世紀後半代の須恵器が多数含まれており、報告者は造寺集団の一時的居住を示すものとしているが、第一期段下層にも同時代の遺構面があり、寺院に先行する居住者がいたと想定され、これは建立者にかかわるものとみるべきであろう。

この新造院は『出雲』では居住者の所属郷（出雲神戸）と寺院の所在郷（山代郷）が明らかに異なるが、これは日置君がこの寺と全く別なところに居住しているということではなく、遺跡の前身遺構に見たように本来日置君は山代郷に居住していたが、彼らの所属する戸がいずれかの編戸で出雲神戸とされたのであろう。神戸の起源がどの程度遡るかについては明確ではないが、意宇郡出雲神戸は山代郷から分離する形で形成されたと考えるべきである。また、山代郷には大庭鶏塚古墳から山代原古墳（旧名永久宅後古墳）に連続する、古墳時代後期にかけての出雲最大の首長墳が存在していた。旧黒田駅家は『出雲』における黒田駅家の西北二里にあたり、山代郷南新造院（西北二里）と一致し、山代郷（西北三里一二〇歩）とも近い。別稿でも論じたが［平石二〇一七］、山代郷には旧街（ちまた）評家があったとみられ、その時代に風土記が書かれれば「属郡家」とされた郷になる。この地は意宇郡における出雲国造出雲臣の本拠地とみてよい。

以上、意宇郡出雲神戸については、そのものを熊野大社周辺とみて祭祀施設所在地に引き付けて考える見方もあるが［関二〇〇二］、その場所については祭祀施設そのものではなく、奉斎氏族の本拠地・後には評家・郡家となる場所に設定されているとみるべきであろう。

一―二、出雲郡出雲神戸

出雲郡出雲神戸は、出雲郡家からの里程から、現在の出雲市斐川町併川付近と推定される。前述のように一里の賑給歴名が知られ、一三（一二）戸以上からなり、二里合わせれば三〇戸以上はあったとみられる。『出雲』の記述は簡単であるが(12)、出雲国造にとって極めて重要であったことについては、中世のいわゆる大社十二郷の形成からもうかがうことができる。

大社十二郷は、杵築大社境内にあたる杵築郷を除く中世大社領で、国衙からの寄進領、鎌倉幕府からの寄進領、国造出雲氏が自ら開発した所領からなるとされ［井上寛司一九九一］、康元元（一二五六）年杵築大社領注進状（『大社町史　史料編』（以下『町史』）二六〇、以下「注進状」）でその概要を知ることができる。このうち、問題となるのは大田郷（大田保）で、「注進状」には見えない。一方、文永八（一二七一）年の杵築大社三月会相撲

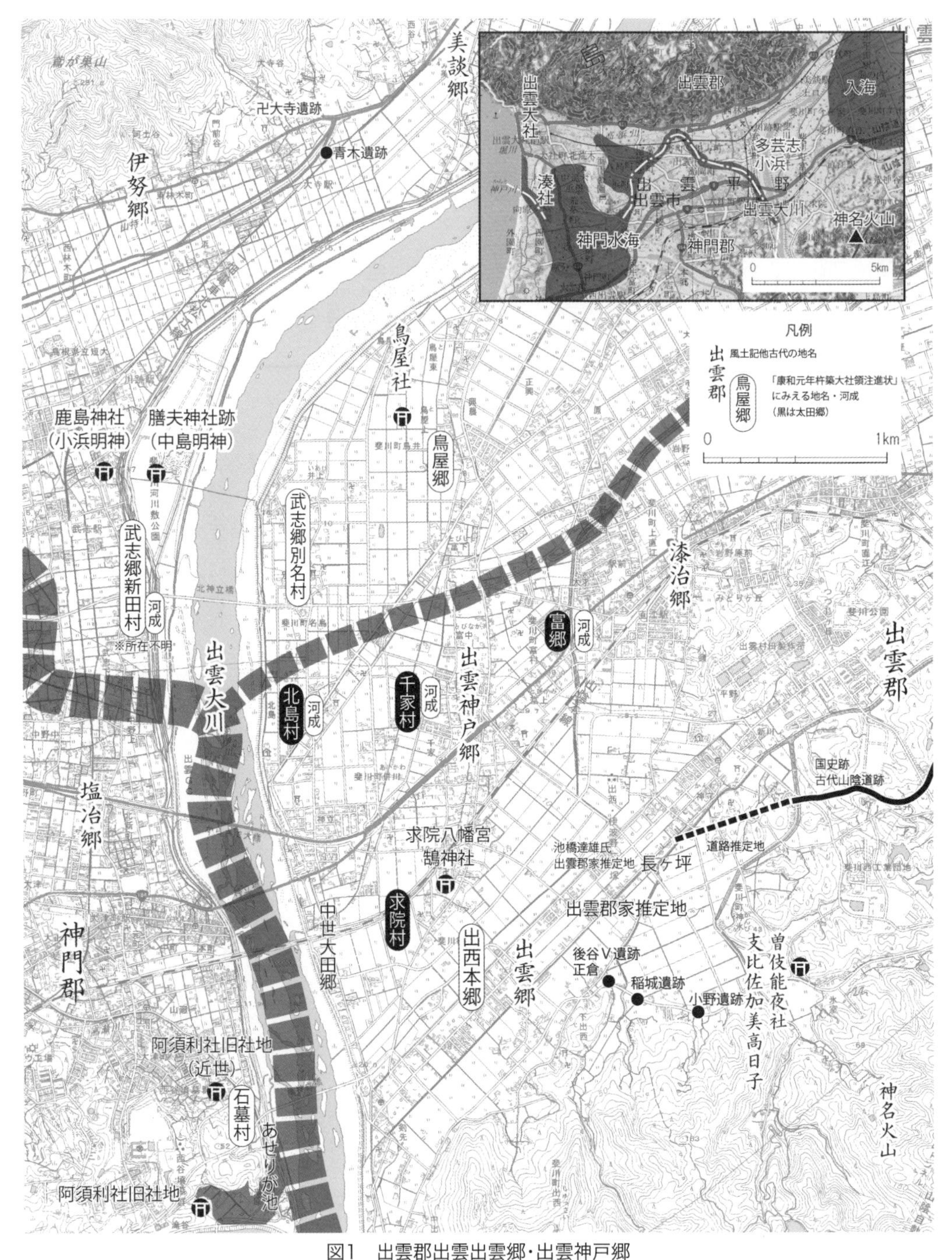

図1　出雲郡出雲出雲郷・出雲神戸郷

結番状（千家家文書）には二十番「杵築大社領」として遥堪郷・武志郷・鳥屋郷・大田郷・出西郷・伊志見郷がみえる（同佐草家文書所収の写しは大田郷を判読不能とする）。「注進状」記載所領と「結番状」の「杵築大社領」を比較すると、前者の定田は二九六町、後者は二八九町とほぼ同一だが、そこに見える中世郡郷をみると「結番状」には大田郷がみえ、「注進状」には大田郷がなく代わりに「結番状」にみえない高浜郷・稲岡郷・求院村・北島村・富郷・千家村・石墓村がみえる。したがって、高浜郷以下の郷村のいずれかが「結番状」の大田郷にあたると想定される。

ここで、代々大社領の寄進が記されている建久二（一一九一）年出雲国在庁官人等解写［史料3］をみると、治暦三（一〇六七）年に内遥堪社領が、永久二（一一一四）年に外遥堪・河午郷（阿午領ヵ）が、久安元年（一一四五）に鳥屋・武志両村が、建久元（一一九〇）年に大田保が寄進されたとみえ（他に佐草自清覚書（『松江市史　史料編三　古代・中世一』中世三二三）によると伊志見郷は安貞二（一二二八）年に幕府から施入されたとされる）、杵築に近いところから東に遷移することからみても、原慶三氏が述べるように、地理的に見て一体となる求院村・北島村・富郷・千家村・石墓村が大田郷（ないし・出西本郷）に当ることになる(13)［原二〇二二］。

［史料3　建久二（一一九〇）年出雲国在庁官人等解］
『松江市史料編三　古代・中世Ⅰ』93

（前略）当社以往者指無二神領一、守章俊御任去治暦三（一〇六七）年二月一日御遷宮、曽祖父国造国経奉懐御体、申二寄内遙勘社領一、民部卿殿御任去永久仁（一一一二）二年六月十八日御遷宮、祖父国造兼宗、申二寄外遙勘河午卿一、治部卿中納言殿御任去久安元（一一四五）年十一月廿四日御遷宮、伯父国造兼忠奉二懐御体一、申寄鳥屋・武志両村、御任去年（一一八九）六月廿九日御遷宮、孝房奉二懐御体一、申二寄大田保一、増二神事威光一云、神領寄進之例者、併国造之奉行也、相伝已以顕然也。
（後略）

この大田郷及び出西本郷とは、地理的に見ると『出雲』における、神戸郷・出雲郷にあたることは言うまでもない（図1）。このうち出雲郷は『出雲』で「属郡家」と見える郡家所在郷にあたる。出西本郷はこの出雲郷が中世的郡郷に変化したものであるが、大田郷はいかなるものであろうか。大田地名は一般的な地名であるが、やはり特定の意味を持っていたと考えられる。古代の大田については、岡田荘司氏が大和国三輪山山麓の大神・大田・大市・大泉などに注目し、ヤマト王権にかかわる起源の古い名称とみて、特に大田については王権の新嘗に用いた稲を作る水田ではなかったかと述べる［岡田二〇一九］。

出雲郡の大田が、大和国の事例同様に当地における新嘗祭相当の祭儀に用いられたものかどうかは現在議論できる状況にはないが、古代の大田地名については石見・播磨・紀伊などで確認でき［平石二〇二一・松尾二〇二二］、いずれもミヤケや古代荘園・神郡の中核部に相当する、地域にそれまでなかった大規模水田の成立を記念して名付けられたとみられる。出雲郡の大田郷は古代史史料では今のところ確認できないが、該当する中世郷村は井上寛司氏も指摘するように「注進状」では最も獲稲の多い八斗代の年貢量の田のみからなり、開発が早くに進み、一三世紀には安定した水田だったことがうかがえる。

また、その北側にあり、康元元年に新田村・別名村が存在している武志郷・鳥屋郷がいずれ後述するようにも古代杵築大社に関連する地名である。従来、井上寛司氏の説などでは、史料3にみえる「当社以往者指無二神領一」から、古代における杵築大社奉祭制度の解体の後、中世に開発された側面が強調されてきたが、むしろ古代からの連続性の上に再生されたとみるべきではないか。

まず、武志は『記』国譲り段に大国主神が天神に対して、「天之御舎」を造営し、水戸神之孫・櫛八玉神を膳夫として「天御饗」を奉った場所としてみえる(14)、多芸志小浜の遺称地名であろう。すでに関和彦・森田喜久男氏が武志町に比定し［関二〇〇一・森田二〇一四］、『出雲風土記抄』『雲陽誌』神門郡武志郷に膳夫大明神（中島明神）・小浜明神がみえることを先行研究として参照し、近世武志郷を多芸志小浜に比定しているが、首肯すべき見解である。また、森田氏は一部ホムチワケ伝承についても言及するが、この点さらに検討しておく。

ホムチワケ（ホムツワケ）伝承（以下、『記』のそれはホムチワケ・『紀』のそれはホムツワケとする）は、『記』『紀』両者に記されている伝承で、『紀』の伝承が鳥取部の始祖伝承を中心とするのに対し、『記』では鵠をとらえたのは山辺大鷹という一般名詞（野生の鷹）ともとれる動物を擬人化した人物で、出雲大神の祟り本牟智和気皇子らの出雲詣でなどがあり、全体として鳥取部の起源より出雲大神宮の創始にかかわる説話となっている。出雲詣部分は以下の通りである。

［史料4　『古事記』垂仁天皇段］

故、到二於出雲一拝二訖大神一、還上之時肥河之中作二黒巣橋一仕二奉仮宮一而坐。爾出雲国造之祖、名岐比佐都美飾二青葉山一而立二其河下一、将献二大御食一之時、其御子詔言「是於河下如二青葉山一者見レ山非レ山。若坐二出雲之石硐之曽宮一葦原色許男大神以伊都玖之祝大庭乎」問賜也。

説話ではこののち、肥長比売と皇子との婚姻譚がつづき、皇子は「引越御船、逃上行也」したことになっている。ここに見える肥河中に作られた仮宮は、そのから肥河の川下を見ると出雲国造の祖が青葉の山に向かって御食を奉る様子が見え、それを本牟智和気王が葦原醜男の石硐之曽宮と述べていることから、杵築大社のある山塊の描写である。肥河（斐伊川・出雲大川）は当時出雲平野を西に折れ、神門水海を経て大社湾に注いでおり、これが川下に見える場所とは、斐川平野の斐伊川の中州になる。

斐伊川西流段階の流路や、古代において東流する流路があったかどうかなどは不明な点が多いが、最新の地質学の研究によれば、斐伊川が大社湾から宍道湖に主流路を変えるいわゆる東流イベントは一三世紀後半段階から漸移的に進行したと考えられており［瀬戸二〇二三］、原慶三氏は前述「注進状」の所領分析から、一三世紀段階に武志郷・鳥屋郷と北島村・千家村・富郷の間に東流する斐伊川支流があったと想定している。この周辺の神社である、出雲市斐川町併川の立虫神社・大津町の雲根神社はともに過去に斐伊川の中州にあったとの伝承を伝えており［石塚二〇〇四・高橋二〇一五］、前述の中島明神の名称などもこの地に中島があったことを示すものである。

これらのことから、『記』のいう肥之河中の仮宮とは、出雲地域の多芸志小浜の天之御舎と同じ場所について記述したものと考えられる。両者は、神話・伝承的には天神ないし皇孫に対し出雲側が用意した宮として語られている点も共通しており、杵築大社の前身である出雲大神宮にかかわって、出雲側が王権側の使者に用意した場所が、『記』の記述の祖型となる地域の情報とみられる。多芸志小浜関連でいえば、この付近は宍道湖・大社湾の平地分水界にあたり、平野北側にある出雲市青木遺跡出土木簡[15]にはこの平地分水界を超えるのに適した場所を指すとみられる「船越田」の小字地名的名称が見える。また、中世末には大社湾から東林木を経由して洗合(松江市国屋町付近)に船が派遣されたことが知られ［長谷川二〇〇三］、斐伊川主流の方向が東西いずれの場合でも、神門水海を含む斐伊川流路を用い一部舟を陸送する形での東西水上交通があった。『記』の「引越御舟」もこの地域の特性を踏まえた表現であるが、『記』編者自体は地域からの情報を間接的に受け取ったまま実像を理解しておらず、まるで峠（多和）を越えたかのような表現となっていると考えられる。

次に鳥屋郷については、現在斐川町に鳥屋として地名が残るほか、一四世紀のものとみられる『出雲大社神郷図』に「土屋社」の付箋がある。これは鳥屋社を指すとみられ、出雲市青木遺跡出土墨書土器に見える「土屋」も鳥屋を示すのであろう。『出雲』では、出雲郡官社（五六〇）に鳥屋社[16]があり、古代からある地名・社名とみられる。この社名につては『肥前国風土記』（以下『肥前』）養父郡鳥樔郷条の、鳥を集めて鳥屋を造ったとの伝承が参考となる。別稿で論じたが［平石二〇一五］、鳥栖郷周辺には隣接する筑後国も含め鳥取部の分布が認められる。次章の部民にもかかわるが、ホムチワケ伝承自体が鳥取部の起源伝承であり、やや東にはなれるが斐川町宇夜が『出雲』健部郷の前身宇夜里、また『新撰姓氏録』右京神別鳥取連条にみえる宇夜江にあたる。中世郷村に見える求院（現在は「ぐい」と読む）村も、鵠（クグヒ、白鳥の古語）にちなむことは確実である。鵠はホムチ（ツ）ワケ伝承・鳥取部の起源伝承の主要なモチーフの一つであるが、菊地照夫氏が指摘するように、天皇の長寿を祈念する出雲国造神賀詞奏上儀礼において、出雲側が用意する玩物でもある［菊地二〇一六B］。『出雲』の山野に見える鳥を見ると、各郡の山野には原則渡鳥は記されておらず、白

表2　出雲神戸の構成氏族

	出雲郡 神戸郷 B里	神門郡 神戸里
鳥取部造		1
神奴部	12(5)	4(2)
鳥取部	10(2)	1
若倭部	5(2)	3
海部	5(2)	
額田部	2(1)	
建部	2	
大伴部	2	
津島部	1	
日置部		4(1)
出雲積		1(1)
三上部		1
語部		1
刑部		1
凡治部		1
若桜部		1

※（　）内は戸主

鵠については、秋鹿郡の入海に秋の記述として鴨などと合わせて記載される（419）(17)。これに対し出雲郡では山野に鵠がみえる（592）。出雲郡東部の入海（宍道湖）周辺は平原が三方に広がり、鶤・鳩・鳧・鴨・鴛鴦などが多く生息する旨が記されているので（608）、これを記載しているようにも見えるが、山野の鳥には上記入海の鳥は見えない。山野の鵠記載は、渡り鳥である鵠が出雲郡では通年飼育されていることを示すとみられ、この飼育にかかわったのが鳥取部、施設が鳥屋となる。また、「歴名帳」の出雲神戸B里の構成員は表二の通りで、鳥取部が二番目に多くこれも鳥屋の地が古代神戸郷だったことを推測させる。このように、中世郷村の鳥屋村・求院村も出雲国造による王権への奉仕の本質にかかわる鵠貢納にかかわる場所とみるべきであろう。

ここで古代出雲神戸には含まれない可能性が高いが、中世石墓村についても触れておきたい(18)。石墓村は「注進状」にみえ中世大社領一二郷の一つであるが、大社に寄進された経緯は史料に見えずよくわからない（出西郷の一部とされたた可能性もある）。また、唯一斐伊川上流部左岸に位置し、近世の石塚村に相当し、近世村域はいわゆるあせりが池を含んでいる。このあせりが池には神門郡風土記社阿須利社（六八三）があり、『出雲風土記抄』はここを『紀』崇神天皇六〇年七月己酉条に見える止屋淵としている。止屋淵やそれのかかわる伝承は、それが地域社会で実際に伝承されていたか否かにかかわらず、『紀』成立後はその場所が検討・特定され、国造由緒の地と考えられるようになった可能性が高い(19)。あせり池を止屋の淵とする言説は今のところ中世以前に確認できないが、上述のように止屋の淵の故地と認識され国造由緒の場所として大社所領化した可能性があるのではないか。

また、石墓（石塚）は石で築かれた墓を意味する。阿須利社はいったん西谷九号墓の上にある中世起源の三谷権現(20)に遷座したこと（西谷九号墓のある山が中世に利用されていたことを示す）などを考えると、貼石を持つ西谷墳墓群が、遺跡の時代とは断絶するものの、何らかの形で再発見・再意識され付された村名である可能性もある。

以上述べてきたように、出雲郡出雲神戸も郡家所在郷やその縁辺にある、出雲国造にかかわる土地、また後に大開発されていく場所に設定されたと考えられる。古代の杵築大社の所在地については、藤原宮出土木簡にみえる出雲評支豆支里（これは宮を杵築いたことに由来する）の存在から、七世紀末段階には現社地周辺にあったことは確実である。それ以前をどのように考えるかについては、出雲大社境内遺跡出土の七世紀後半の須恵器［大社町教育委員会二〇〇四］や前述の天之御舎・黒木巣橋の仮宮の役割を検討する必要があり確定的なことは言えないが、『記』ホムチワケ伝承では、本体について仮宮とは別の北山山塊に想定しており、歴史的事実かどうかは措いてこれが七世紀後半～八世紀初頭における杵築大社前身施設、出雲大神宮のイメージであったと思われる。このような前提に立つと、意宇郡出雲神戸同様、出雲郡出雲神戸も、祭祀拠点の場所やその周辺に設定されたのではなく、奉斎氏族や後の郡家周辺に設定されたとみるべきであろう。

最後に上記の出雲神戸による出雲大神宮・二所大神奉斎体制の起源ならびに実態について簡単にだがふれておきたい。この神戸の構成員については、出雲郡・ならびに神門郡で「歴名帳」から構成氏族を知ることができ、表二の通りである。「歴名帳」にみえる氏族構成については、石母田正氏による先進的な村落（構成氏族が多様）と後進的な村落（構成氏族が特定）及びその中間形態という三区分論がある［石母田一九八八］。ここにみえる両神戸に関しては氏族構成が大きく異なり、出雲郡は神奴部と鳥取部、神門郡では神奴部と日置部が多い。先進・後進の評価は別として、両神戸ともに部民制的な奉仕貢納を想起させる氏族構成で、神門郡神戸に意宇郡出雲神戸にもみえる日置氏（部）が多いことは興味深い。

また、出雲郡神戸郷B里にはカバネを有する者（有カバネ者）が確認できない。「歴名帳」にみえる有カバネ者と無カバネ者・部姓者は、出雲郡の方が神門郡より有カバネ者の割合が高いのであるが、神戸郷B里は例外的と言うことができ、無カバネ・部姓者からなることから、下層民が多いと推定される。神戸と神社の神祇職との関係については小倉氏が整理しており、神戸は祝の母体となっても禰宜・神主等神祇職は別な集団から選出されたとしているが［小倉二〇一八］、出雲神戸にも該当する。

また、二所大神奉斎は観念的にはアメノホヒの子孫である出雲臣によって担われるはずであるが(21)、両神戸には出雲臣は全くみられない。令制下の神戸にあっては、小倉氏の検討が示すように、神戸は神祇職の出身母体とならないが、部民制的な構造に適した氏族構成である出雲郡神戸郷B里に関して言えば、まず令制以前に鳥取部と神奴部による奉仕貢納があったことが想定される。また、神戸郷周辺には『出雲』にみえる鳥屋社、中世求院村があることから、鳥取部・神奴部による奉仕貢納は令制神戸による調庸・神税の供出といったものとは別に、実態としては八世紀にも存続していたのであろう（Ⅱでのべる楯部も同様である）。神奴部による奉仕については今後の課題とするが、鳥取部に関しては、「歴名帳」において鳥取部臣・鳥取部造の存在が確認されている（『大日古』一―二三六・二三八）。八世紀の出雲にあっては〇〇部臣については、出雲臣とカバネ臣を共有する同族（擬制的な者を含む）と認識されていた氏族と考えられる［岸一九八八・平石二〇一八］。実際には鳥取部臣は中央伴造である鳥取連と出雲臣に両属しており、地域首長である出雲臣が伴造部民制を地域的に統合している状況を示すと考えられる。

意宇郡の出雲神戸に関しては出雲郡例のようなその構成を窺える史料を欠くが、史料2にみえるように、この神戸に日置氏、それも寺院建立をなしえるような一つの中心的存在が含まれていたことは間違いない。出雲国における日置氏については、森公章氏が国造制段階において、国造の下の実務担当者に比しているが、（一）でのべた山代郷と出雲神戸との関係性からみてからみて、妥当な見解である［森二〇〇九］。

二、神戸以外の奉仕　―楯縫郡の楯部―

次に、神戸に含まれない地域社会における多様な出雲大神宮・二所大神への奉仕貢納について、楯縫郡を取り上げて検討する。

【史料5『出雲』楯縫郡条】(446)

所三以号二楯縫一者、神魂命詔、吾十足天日栖宮之縦横御量、千尋栲紲持而、百結八十結々下而、此天御量持而、所レ造二天下一大神之宮造奉詔而、御子、天御鳥命楯部為而、天降給之。尒時、退下來坐而、大神宮御装束楯造始給所、是也。仍、至レ今、楯・桙造而、奉二於皇神等一。故、云二楯縫一。

周知のようにここに見えるここにみえる天日栖宮・千尋栲紲・百結八十結などはいずれもアメノホヒ（出雲国造）による出雲大神宮の大穴持奉斎を物語る『紀』第九段一書二と共通し、その主張と深くかかわる地名起源説話である。また、「至今」と現在に至るまで楯・桙を製作しているとみえ、伝承上の事柄ではなく、八世紀前半において実際に楯桙の貢納が行われており、出雲国造の奉事根源の一部を地域社会における二所大神への貢納として実体化した用に記されていると評価できる。従来、この楯・鉾の貢納の実態についてほとんど注意が払われていなかったが、以下の中央忌部氏配下の地方忌部による楯作が検討の手掛かりとなる。

【史料6『日本書紀』神代下第九段一書二】

既以二紀伊國忌部遠祖手置帆負神一、定爲二作笠者一。彦狹知神、爲二作盾者一。天目一箇神、爲二作金者一。天日鷲神、爲二作木綿者一。櫛明玉神、爲二作玉者一。乃使二太玉命一、以弱肩被二太手繦一、而代二御手一、以祭二此神者始起一於此矣。

【史料7『古語拾遺』三天中所生之神】

又、男名曰天太玉命　斎部宿禰祖也。太玉命所率神名曰天日鷲命　阿波国忌部等祖。手置帆負命　讃岐国忌部祖也。彦狹知命　紀伊国忌部祖也。櫛明玉命　出雲国玉作祖也。

［史料8　同七深慮遠謀］

令二手置帆負・彦狭知二神一、以二天御量一、大小斤雑器等之名。伐二大峡・小峡之材一、而造二瑞殿一、古語美豆能美阿良可。兼作二御笠及矛楯一。

［史料9　同一八天富命］

仍、令天富命　天太玉之孫。率二手置帆負・彦狭知二神之孫一、以二斎斧・斎鉏一、始採二山材一、構二立正殿一。所謂都磐根仁宮柱布都之利立。高天乃原爾搏風高之利。皇御孫命乃美豆瑞乃御殿乎造仕奉。故、其裔、今在二紀伊国名草郡御木・麁香二郷一、古語正殿謂二麁香一。採レ材斎部所レ居、謂二之御木一。造レ殿斎部所レ居、謂二麁香一。是其証也。

［史料10　『儀式』巻一祈年祭］

前祭十五日　月次五日　充二忌部八人、鍛工・共作木工各二人一、令レ造二供神調度一。但靫者靫網氏造レ之。神祇官忌部一人監レ造。

［史料11　『延喜式』臨時祭六五祭料楯板条］

凡祈年。月次。神今食。新嘗等祭料楯板。置座木等之類。仰二五畿内諸国神戸百姓一。令採レ進レ之。山城国楯板二百枚。大和国四百枚。置座木一萬二千五百隻。摂津国楯板三百九十枚。置座木一萬二千隻。又河内国楯板二百枚。置座木一萬二千隻。又靫編戸百姓等置座木一千八百卌二隻。和泉国楯板百十一枚。

［史料12　『延喜式』践祚大嘗祭二四神楯戟条］

凡大嘗宮南北門所建二神楯四枚一。各長一丈二尺四寸。上広三尺九寸。中広四尺七寸。下広四尺四寸五分。厚二寸。戟八竿。各長一丈八尺。左右衛門府九月上旬申レ官。令二兵庫寮一依レ様造備。楯丹波国楯縫氏造レ之。戟紀伊国忌部氏造レ之。祭畢便収衛門府一。又朱雀。応天。会昌等門所建大楯六枚。戟十二竿。亦令二同寮一修理。

史料6は先述の『紀』九段一書の二に続く、国譲り後のいわゆる忌部五神の制定で、忌部氏の主張を盛り込んだ伝承とされるが、ここでは紀伊忌部の遠祖手置帆負・彦狭知は笠・盾を作るものとして見える。続いて九世紀初頭の『古語拾遺』（以下『拾遺』）では、史料9が「証」とされ誇るべき忌部の「当時」の実像で、手置帆負・彦狭知はともに宮殿造営にかかわる地方忌部の祖とされ、彼らは二郷にわたって居住していた。「大同元年牒」では紀伊国における鳴神社の忌部神戸は一〇戸であるので、上記紀伊国の忌部とは令制の神戸そのものでないことは明らかである。『倭名抄』名草郡郷名には「忌部　誰戸」があり、こちらが「忌部神戸」と推定されている［栄原一九九四］。麁香郷は『倭名抄』に荒賀とみえ、同郡の心臓部で前章でも述べた紀伊国名草郡の大田の黒田周辺にあたる。もう一つの御木郷が問題で、史料9は名草郡であるが、『日本霊異記』下巻一七話には、宝亀年間の説話に那賀郡弥気里がみえる。これについて栄原氏は『拾遺』は延暦より古い内容を反映しており、宝亀頃には同郷が名草郡から那賀郡に移管されたのではないか、また弥気里はのちに埴埼郷に郷名が変遷したのではないかとする［栄原一九九四］。御木はまさに忌部の職掌にあたる材木の採取に由来すること、またこれらが通常は公郷とされる郷に当たることを念頭におけば、八～九世紀前葉が紀伊忌部の拡大期であったとみるべきで、かつその生業は笠・鉾・楯作りではなく、宮殿造営に遷移していたことになる。

一方、『紀』では紀伊忌部の主要職務とされていた笠・楯（矛）制作は史料8では「兼作」とされ、居地の地名もそれと無関係になっている。史料10・11の『儀式』・『延喜式』臨時祭七二祭料楯板条はともに祈年祭他の祭儀で使用する楯を畿内諸国百姓が準備する規定で、神祇官による神戸統括の事例とされてきた［佐々田二〇〇二］。子細にみると『儀式』段階では忌部氏の関与が明確で、これは史料6にみえるような忌部氏が（紀伊）忌部を通じて楯を用意するとする伝統を踏まえたものであるが、『延喜式』になると忌部氏はみえない。最後の史料12『延喜式』践祚大嘗祭二四神楯戟条は、大嘗祭における矛楯制作に関するものであるが、忌部や紀伊国は見られず、丹波国楯縫氏がそれを担っている。

これらの過程から窺えることは、祭儀にかかわる楯桙は七世紀後半～八世紀前半（『紀』編纂段階）紀伊忌部氏が制作していたが、畿内諸国の神戸を忌部氏が統括する関係や、丹波国楯縫集団に代替され、忌部氏の関与は失なわれていったということである（元から、他の地方忌部に比べ関係が浅かった可能性もある)(22)。

ここで、紀伊忌部以外の楯縫集団を概括しておく［表3］(23)。

まず、楯縫関連史料が多いのは出雲国を除いても山陰地域で、上述丹波楯縫氏のほかに、丹波国田多紀郡に川内多々奴比神社、同氷上郡に楯縫神社が見える。楯縫神社は他に丹後国加佐郡・但馬国養父郡・同気多郡にもみえ(以上神社については『延喜式』神名下)、他に『倭名抄』郷名で伯耆国久米郡に楯縫郷が見える(高山寺本)。これらの事例のうち但馬国気多郡では現在それを継承するとされる楯縫神社(兵庫県豊岡市日高町鶴岡、ただし、中世には春日社であったとみられる［南出一九八四］)にほど近い、但馬国分寺跡出土木簡に「楯縫部毘登『桑人』」がみえ［史料13］、この地に楯縫部とその地方伴造楯縫首がいたことが確認できる。

表3　楯縫関連人名・地名・神社名一覧

1	作盾者	紀伊忌部遠祖彦狭知神	『書紀』	神代下9段一書2
2	楯縫神社	常陸国志太郡	『延喜式』	神名上
3	楯縫(人名か)	根岸遺跡出土木簡	いわき市教育文化事業団2000	
4	川内多多奴比神社	丹波国多紀郡	『延喜式』	神名上
5	楯縫神社	丹波国氷上郡	『延喜式』	神明下
6	楯縫神社	但馬国養父郡	『延喜式』	神明下
7	楯縫神社	但馬国多気郡	『延喜式』	神明下
8	楯縫部毘登桑人	但馬国分出土木簡	但馬国分寺跡発掘調査団 1981	
9	楯縫郷	伯耆国久米郡	『倭名類聚抄』	
10	楯縫郷	出雲国意宇郡	『出雲国風土記』	
11	楯縫郡	出雲国楯縫郡	『出雲国風土記』	
12	楯縫郷	出雲国楯縫郡	『出雲国風土記』	

参考

A	楯許智	正親司行大令史　正七位上	『大日古』	2−413
B	楯原神社	摂津国住吉郡	『延喜式』	神名上
C	石楯尾神社	相模国高座郡	『延喜式』	神名上
D	楯井神社	出雲国意宇郡	『出雲』	意宇郡官社

［史料13　但馬国分寺跡出土木簡］(『木簡研究』三六　一九七頁)

「斗斗」
・頂龍麻呂解　申米借請事　合一斗赤豆五斗

豊カ
・天平神護三年正月八日　六人部『□磐』　『衆
楯縫部毗登「桑人」　衆　□□□」
三四三×四×七　〇一一

これらのうち、上述丹波国楯縫氏は、井上辰雄氏が述べるように『延喜式』神名下同国多紀郡の川内多々奴比神社周辺を本拠とするのであろう［井上辰雄一九八〇］。同じ郡には櫛石窓神社も存在し、こちらは「大同元年牒」に櫛石窓神の神封五戸・丹波国とある。櫛石窓神はこれも『記』天孫降臨段・『古語拾遺』一九建樹神籬段に見える、広い意味での忌部氏にかかわる神である(24)。同氏はこの地域の楯縫氏は忌部氏と共通する職掌、また同祖伝承を持っていたのではないかとする。首肯すべき見解である。特に山陰の楯縫集団は全体として一つのネットワークを形成して設定されているとみられ、これは国造や地方伴造といった地域首長による独自楯縫集団が地域を越えて連携していたと考えるより、中央伴造による設定のほうが想定しやすい。また史料5の百八十縫の楯は、『紀』第九段一書二では白楯とみえるが、史料12で大嘗祭に用いられている楯は黒色をした牛皮を張ったものと考えられるので［小林行雄一九六二］、形態や製作技法は異なる。異なる楯を作る集団をいずれも「楯縫」とする点なども、制作者集団の自立的名乗りとみるより、外部(倭王権)から命名、一括的に管理されたとみるのがふさわしい。

史料10の畿内神戸による楯の政策統括と併せ、史料上直接忌部氏との関係が見えない楯縫集団についても、本来忌部氏が一定の影響力を有していた事例があったのではないか。

ここで、史料5の楯縫郡条を評価するために、『出雲』にみえる忌部氏について触れておきたい。『出雲』における地方神戸相当の存在としては、『出雲』意宇郡にみえる忌部神戸がある。

［史料14　『出雲』意宇郡忌部神戸］(140)

忌部神戸。郡家正西廿一里二百六十歩詞。國造神吉 *詞望、参向朝廷時、御沐之忌玉作。故、云忌部。（下略）　*調を詞に改めた

ここにみえる忌部神戸は、史料6に挙げた『拾遺』三天中所生之神の「出雲玉作」で、菊地照夫氏が述べるように、「大同元年牒」にみえる紀伊国鳴神の神戸で出雲国に置かれた一〇戸にあたる［菊地二〇一六A］。一方、小倉慈司氏が地方忌部の中でも独立性が高く、出雲国造の統率下にあったのではないかと指摘し［小倉二〇二一B］、筆者も別稿で論じたことがあるが［平石二〇一九］、ここに忌部氏や鳴神は全く登場せず(25)、国造神賀詞すなわち出雲国造出雲臣の奉事根源に引きつけた説明しかなされていないことに注意を払うべきであろう。

歴史総体としてみれば、忌部神戸の前身となる出雲の玉湯川流域に存在した玉生産者集団は中央忌部氏の統轄下にあったのは間違いがなく、いわゆる地方忌部に該当する。そして国造の統率下にある地方の部民一般に言えることであるが、地方の部民や伴造は、中央伴造（忌部首）と国造（出雲臣）に両属しているのである。そのうえで、『出雲』では中央伴造との関係を記さないとみられる(26)。

忌部神戸に関しては、中央忌部氏側が『拾遺』の段階まで出雲玉作氏との関係を維持していたため、『拾遺』には意宇郡神戸の記述が残っている。これは、先に紀伊忌部でも宮殿造営に関する忌部が八世紀代を通じて存在したと述べたように、八世紀の忌部氏が宮殿造営や大殿祭（意宇郡忌部神戸が製作する美保伎玉を用いる）にのみ影響力を発し得たためと考えられる。

本節冒頭の史料5『出雲』楯縫郡条には、全く忌部氏はみえず、『紀』第九段一書二との類似から、出雲国造による「大神宮」奉斎の組織であったかのように読み取れる。しかし、ここまで述べてきた忌部関連史料や『出雲』の特性を踏まえると、おそらく楯部設置は、山陰地域全体に及ぶ、忌部氏を介した地方忌部設定であったと推測される。

おわりに

以上二節に渡って熊野大社・杵築大社（二所大神）の奉斎体制について検討してきた。

出雲神戸については、いずれも奉斎神の所在地（神社）周辺にあるのではなく、かつて評家が存在した山代郷から分離する形で隣接し、出雲郡は郡家所在郷である出雲郷に隣接していた。これらは、古代における出雲臣の根拠地（意宇郡）、由緒の地（出雲郡）にあたる。また、これらは令制的な神戸であることは言うまでも無いが、その背景には地域首長（出雲国造出雲臣）による伴造部民制の統括に基づく、出雲大神宮への奉仕があったとみられる。

楯縫郡の楯部も八世紀段階に実態としての楯・鉾の奉納を行っていた集団で、『出雲』には全く触れられていないが、かつて中央忌部氏が関係していた地方忌部に類する集団が前身としてあり、それに対する忌部氏の影響力は下っても九世紀までには失われていったと想定される。両者ともと令制以前の出雲大神宮への奉仕を基盤としており、前者はそれが令制神戸の設定に当たっても影響を与えていると評価できる。八世紀の出雲国における二所大神奉斎はこのような前代からの奉仕の伝統を受け継ぐものなのである。ただし、これらの奉仕は中央伴造に集約される汎列島的な人制・伴造部民制の導入と密接に関連し展開しており、地域首長（出雲国造出雲臣）の独自の運動、またはその祭祀を倭王権が吸収したととらえるべきではない。その意味において、近畿地方以外の有力神に対する祭祀は、それぞれの地域特性を踏まえたうえで、やはり倭王権の列島支配と祭祀の展開のなかで検討するべきものであると言えよう。

註

（1）『出雲国風土記』のテキストについては島根県古代文化センター二〇二三『出雲国風土記　校訂・注釈編』を用い、アラビア数字はその行数を示す。

(2) 同条にはほかに出雲大神がみえ、大神の宮と解すべきであろう。また、熊野大社に関する記述はなく、出雲大神宮が二所大神と同じ実態かどうかは不明だが仮に用いる。

(3) 近年の神郡研究としては、他に［小林二〇一九AB］、［岡田二〇二一A］、［川端二〇二二］など。［根本二〇〇五］も参照。

(4) 通常は文字通り杵築大社の神門のようなものとされるが、内田律雄氏は神門＝神戸とみる（内田二〇〇五）。令制の神戸は存在しているが後述のようにそれを郡名起源とするには足りず、令制以前の神奴部の設定がそれに当たるか。

(5) 神奴部は、他に摂津国住吉郡の神奴意支奈・祝長月等の例（『続日本紀』天平勝宝二（七五〇）年八月辛未条）、紀伊国名草郡人神奴百継等（本姓忌部）があり（同宝亀一〇年（七七九）六月辛亥条）、改姓の対象であり神祇祭祀に関わる下層部民とみられる（カバネを有する地方伴造がみえない）。

(6) 小倉氏は神戸一里あたり八～一〇戸と想定する。

(7) 原島氏は賑給対象者数から各郷の戸数を推定し、郷毎の戸数に多少があったとするが、平均して考えるべきであろう。

(8) 駅戸＝駅馬数とみる説［福島一九七〇］、駅子を駅馬数の六倍とみる説［森田一九八二］がある。

(9) これは脱落の可能性があるが、神門郡記載には他郡からみて異例がおおく、慎重に検討する必要がある。

(10) 佐々田氏は、小規模な神戸は神社の近傍に所在し本源的な神戸である例が一般的としているが、上記三郡の小規模神戸は神郡神所在郡ではなく、この類型には当てはまらない。なぜ、これらの郡に神戸が置かれたのか、またどのような役割を担ったのかについては今後の課題である（楯縫郡出雲神戸については、同郡の楯部の中心であった可能性もある）。

神門郡出雲神戸については、同郡神戸里が郷里製段階で設定されたとする関・小倉氏と［関一九八四・小倉二〇二一B］、郷里製段階以前から分出していたとする川畑氏の見解がある［川畑二〇二二］。この問題は、余戸や駅戸集団の分離と併せて検討する必要があり、例として駅戸集団についても全国で統一的に行政区画として成立したとみる説［永田二〇一三］と、地域によって異なるとする説［原二〇一六・渡辺二〇一七］がある状況である。なお、『出雲』意宇郡野城・黒田・宍道駅、島根郡千酌駅には神亀三年以前の用字についての記述がみられず、同年以前に、駅戸集団が公郷と別に存在した確証はない。神門郡の二駅については記述がある。現状では決しがたいが、公郷から分離していたかどうかは別として、神戸自体はいずれも郷里制以前から存在すると想定する。また、数戸からなる小規模神戸（秋鹿・楯縫・神門郡の出雲神戸を想定）・五戸程度の出雲国内の駅戸集団の場合、それのみが公郷から分離した場合、元の郷は里三のままでも良いのではないか。

(11) 瓦の年代観は措くとして、共伴している須恵器の年代観から来美廃寺の創建は七世紀末～八世紀初頭から大きく動くことはなく、『出雲』の新造院の割注を後世の追記とみる三舟説［三舟二〇〇三］は、すくなくともこの新造院については当たらない。

(12) なお、『出雲』には出雲郡司に出雲臣はみえず、出雲郡出雲郷を出雲臣の本拠地とすることはできないとの理解もあろうかと思うが、同郷の南にある神名火山（『出雲』出雲郡584）には曽支能夜社坐伎比佐加美高日子命社があるとされ、これは史料4の「出雲国造之祖名岐比佐都美」と同一であり［高嶋一九九五］、やはり古代から出雲国造の本拠地であったとみられる。

(13) 原氏は、大田郷を北島村・千家村・求院村とする。

(14) 「天之御舎」の造営主体をどのように見えるかについては本居宣長以来の研究があるが、大国主神が天神に対して造営したとする説が妥当である［加藤義成一九九六・岡田荘司二〇〇五］。

(15) 島根県教育委員会二〇〇六『青木遺跡Ⅱ』八六号木簡

(16) 細川家本では「鳥屎社」であるが、『延喜式』巻一〇神名下には「鳥屋神社」がみえる。同時代史料である前述墨書土器などから「鳥屋社」とみてよいと思われる。

(17) このほか細川家本269法吉坡中にの鴨の下・鮒の上に鵃の文字があり、細川家本では抹消府が付されている。［島根県古代文化センター二〇二三］は本文として採用していないが、蓬左文庫本では本文として残されており、鵠あるいは鵃の可能性がある。細川家本と蓬左文庫本の関係はまだ明らかとはいえないため付記しておく。

(18) 出雲神門郡堺は正西道上の出雲大川とされ［629・726］、渡河点が大津町来原付近（後述の石塚村あせりが池）と想定されていることによる［中村二〇二一］。

(19) 完成した『日本書紀』がその後の社会を拘束していく状況については［吉田二〇一六］など参照。

(20) 石塚一九八三は三谷権現は中世に紀州熊野から勧請されたとの社伝を紹介する。

(21) 『日本書紀』神代下第九段一書二ではアメノホヒによる大己貴の奉斎が、『延喜式』祝詞二九出雲国造神賀条の祝詞では、「伊射那伎乃日真名子。加夫呂伎熊野大神。櫛御気野命。国作坐志大穴持命。二柱神乎始天。百八十六社坐皇神等乎。某甲我弱肩尓太襷取挂天。…」と出雲国造による二所大神奉斎の理念が語られる。

(22) 本論では取り上げないが、桙（戟）についても竿（桙木）が讃岐国忌部制作に遷移した（「今分在讃岐国」）と『古語拾遺』一八天富命にみえる（『延喜式』臨時祭七二桙木条も参照）。

(23) このほか隼人楯（隼人）があるが、忌部氏関係の楯縫とは別と理解し、ここでは検討しない。

(24) このほか井上辰雄氏は、『延喜式』神名下丹波国同郡の佐々婆神社、大比売神社を大宮売神社とみて忌部氏の説話にかかわる祭神をまつる神社とみている（井上辰雄一九八〇）。

(25) 『出雲』意宇郡138賀茂神戸については「坐葛城賀茂社。此神之神戸」と明記されている。

(26) 『出雲』出雲郡健部郷条（517）にみえる宇夜里は、鳥取部連氏の氏族起源伝承（『新撰姓氏録』右京神別）にみえる宇夜江に当たるが、鳥取部関連の記述は全くない。

参考文献

・石塚尊俊一九八三「阿須利神社」『式内社調査報告　二一山陰道四』皇學館大學出版部

・同　二〇〇四「藩政下の西出雲」『出雲平野とその周辺―生成・発展・変貌―』ワン・ライン

・石母田一九八八「天平一一年出雲国大税賑給歴名帳について」『石母田正著作集一　古代社会論Ⅰ』岩波書店（初出一九三八）

・井上辰雄一九八〇「忌部の研究」『古代王権と宗教的部民』柏書房

・井上寛司一九九一「簸川平野の開発と大社祭神の転換」『大社町史　上巻』大社町

・いわき市教育文化事業団二〇〇〇『根岸遺跡』

・内田律雄二〇〇五「『出雲国風土記』の社について（二）」『出雲古代史研究』一五

・岡田荘司二〇〇五「国家祭祀からみた古代の大社と出雲国造」『古代出雲大社の祭儀と神殿』学生社

・同　二〇一九「大嘗・新嘗の祖型　倭の屯田の故地を訪ねて」『大嘗祭と古代の祭祀』吉川弘文館

・同　二〇二二A「古代神祇祭祀体系の基本構想―「天社・国（地）社祭祀制」―」『古代天皇の神祇と祭祀体系』吉川弘文館（初出二〇一六）

・同　二〇二二B「古代杵築大社神殿の創建」（同、初出二〇〇〇）

・小倉慈司二〇一八「神戸の存在形態と神社経済」『古代文学と隣接諸学七　古代の信仰・祭祀』竹林舎

・同　二〇二一A「律令制成立期の神社政策―神郡（評）を中心に―」『古代律令国家と神祇行政』同成社（初出二〇一〇）

・同　二〇二一B「出雲国における神戸」（初出一九九六）

・加藤義成　一九九六「天之御舎と出雲大社の創建」『出雲国風土記論究　下』島根県古代文化センター（初出一九七八）

・川畑勝久二〇二二「神郡論」『古代祭祀の伝承と基盤』塙書房

・岸俊男一九八八「「額田部臣」と倭屯田」『日本古代文物の研究』塙書房（初出一九八五）

・菊地照夫二〇一六A「出雲国忌部神戸をめぐる諸問題」『古代王権の宗教的世界観と出雲』同成社（初出二〇〇一）

・同　二〇一六B「出雲国造神賀詞奏上儀礼の意義」（同　初出一九九五）

・小林宣彦二〇一九A「律令制の成立と祭祀―出雲神郡の成立を中心に―」（『律令国家の祭祀と災異』吉川弘文館（初出二〇一二）

・同　二〇一九B「古代の神事構造と神郡の成立」（同、初出二〇一五）

・小林行雄一九六二『古代の技術』塙書房

・栄原永遠男一九九四「古代における紀北四郡の郷の配置」『紀伊古代史研究』思文閣出版（初出一九九一）

・佐々田悠二〇〇二「律令制祭祀の形成過程―天武朝の意義の再検討―」『史学雑誌』一一一―一二

・同　二〇一一「神祇官の財政基盤―古代神戸の性格と分布―」『延喜式研究』二七

・島根県教育委員会二〇〇二『来美廃寺』

・同　二〇〇七『史跡山代郷北新造院跡』

・関和彦一九八四「余戸論」『風土記と古代社会』塙書房（初出一九八〇）

・同　二〇〇一「国譲りと出雲大社」『新・出雲古代史―『出雲国風土記』再考―』藤原書店

・瀬戸浩二二〇二三「宍道湖に記録された斐伊川東流とたたら製鉄の影響」『出雲古代史研究』三三

・大社町教育委員会　二〇〇四『出雲大社境内遺跡』

・高嶋弘志一九九五「出雲国造の成立と展開」『出雲世界と古代の山陰』名著出版

・髙橋周二〇一五「近世出雲における『出雲国風土記』の伝写と神社の歴史認識―万九千社・立虫神社を中心に―」『古代文化研究』二三

・但馬国分寺跡発掘調査団一九八一『但馬国分寺木簡』日高町教育委員会

・永田英明二〇一三「九世紀山麓駅家の経営―駅家制度のオモテとウラ―」『古代山国の交通と社会』八木書店

・虎尾俊哉一九八二「『出雲国風土記』記載の神戸里について」『古代典籍文書論考』吉川弘文館（初出一九六五）

・中村太一二〇二一「『出雲国風土記』の通道記事とその路線復原―推定復元図作成に関する覚え書き―」『山陰における古代交通の研究』島根県古代文化センター

・根本祐樹二〇〇五「古代神郡研究における現状と課題」（『史学研究集録』一九）

・野々村安浩二〇〇七「出雲西部地域の氏族構成について」『出雲国風土記の研究Ⅲ　神門水海北辺の研究（論考編）』島根県古代文化センター

・長谷川博史二〇一三「毛利元就の山陰支配　史料紹介「譜録　福井十郎兵衛信之」」『島根史学会会報』五〇

・原慶三二〇二一「斐伊川周辺の庄園と流路の変遷」『松江歴史叢書』一四

・原京子二〇一六「日本古代における駅家郷の編成原理とその実態（上）」（『弘前大学国史研究』一四〇）

・原島礼二一九六二「里制の性質に関する一考察」『歴史学研究』二六七

・平石充二〇一五「人制再考」『前方後方墳と東西出雲の成立に関する研究』島根県古代文化センター

・同　二〇一七「出雲国風土記からみる出雲国府の景観」『日本古代の道路と景観―駅家・官衙・寺―』八木書店

・同　二〇一八「地域社会からみた部民制・国造制・ミヤケ制」『歴史学研究』九七六

・同　二〇一九「文献史料からみた八世紀における石製玉類の生産」『古墳時代の玉類の研究』島根県古代文化センター

・平石充二〇二一「「大田」地名から古代の開発を考える」『『播磨国風土記』の古代史』神戸新聞総合出版センター

・福田和憲一九七〇「駅戸に関する二、三の考察」（『信濃』二四五）

・松尾充晶二〇二二「島根県大田市立花横穴墓出土頭椎大刀に関する考察」『古代文化研究』三〇
・南手真助一九八四「楯縫神社」『式内社調査報告一九　山陰道三』皇學館大学出版部
・三舟隆之二〇〇三「山陰の古代寺院の成立と地域的な展開」『日本古代地方寺院の成立』吉川弘文館
・森公章二〇〇九「評司・国造の執務構造」『地方木簡と郡家の機構』同成社（初出二〇〇五）
・森田喜久男二〇一四「国譲り神話と出雲」『古代王権と出雲』同成社（初出二〇〇五）
・森田悌一九八二「古代駅制の考察」『解体期律令政治社会史の研究』国書刊行会
・吉田一彦二〇一六『『日本書紀』の呪縛』集英社
・渡辺晃宏二〇一七「出土文字資料から伊場遺跡群を考える」『日本古代の道路と景観』八木書店

伊勢と出雲の祭祀構造

塩川哲朗

はじめに

伊勢と出雲は異なる歴史と地域の中で発展してきた。神宮（伊勢神宮）は天照大神を奉斎するための組織であるが、出雲では熊野大社と出雲大社（杵築大社）に代表される多様な神々の世界がある。異なる世界を背負った神宮と出雲大社の奉斎神は、神話の中で交わりをみせ、律令期には朝廷儀礼や祭祀として神話伝承が再現された。伊勢と出雲は異なる地域社会と神話世界（現実世界と神々の世界）を持つものの、天皇・朝廷（畿内中枢）を媒介とすると東西の重要神祇に位置付けられ、比較検討が可能である。本稿では、畿内中枢から見た位置付けを軸に、古代における両者の祭りを検討してみたい。

一、出雲の祭祀構造―神賀詞奏上儀礼の構造を中心に―

一―一、律令祭祀制度における位置付け

まず律令祭祀制度における出雲地域の位置付けを確認しておく。

六国史において神階を奉授された出雲の神祇は十六神見える(1)。このうち熊野と杵築の両神は仁寿元年（八五一）九月十六日に従三位を奉授された後、貞観九年（八六七）四月八日に正二位を奉授された。他の出雲の神祇のうち最高位は湯神と佐陀神の従四位下（貞観十三年十一月十日）であったことに比すると、熊野・杵築両神の存在は特出している。出雲国では両神のみが名神大社であった（『延喜神名式』）。なお、六国史の神階奉授において両神の記載は熊野を先とし、熊野を勲七等、杵築を勲八等としている（貞観元年五月二十八日など）。この点は後の述べるように、熊野坐神が出雲国造本来の奉斎神であったことと関係しているのであろう。ただし、熊野・杵築の神といえども神祇官幣の対象社ではなかった。

『延喜神名式』出雲国

出雲国一百八十七座〈大二座 小百八十五座〉

　意宇郡四十八座〈大一座 小四十七座〉

　　熊野坐神社〈名神 大〉（中略）

　出雲郡五十八座〈大一座 小五十七座〉

　　大穴持神社　杵築大社〈名神大〉（以下略）

右の『延喜神名式』出雲国条及び『延喜四時祭式』祈年祭条から、「熊野坐神社」「杵築大社」はどちらも国幣大社であり、案上官幣の対象社ではなかった。延喜式制の祈年祭では、熊野・杵築の両神を始めとする出雲国内の諸神は国司による班幣に預かっていたわけである。出雲国の諸社を国幣対象社とするのは延暦十七年（七九八）(2)以降と想定され、出雲が京より遠隔地にあって往還が困難だったためであろうが、畿外の案上官幣は四十座存在し、そのうち神郡神社は伊勢神宮、鹿島、香取、安房、日前、国懸があった。つまり神郡神社のうち出雲と宗像のみが国幣社の位置付けであった。ただし、杵築大社は「大社」と称され、特別な社号を伴っていたことは注意される(3)。

また、「神祇令」には鎮花祭など大和国の神祇を対象とする祭祀や神衣祭・神嘗祭といった伊勢神宮を対象とする祭祀が規定されていたのに対し、出

雲の諸社を直接対象とする祭祀はない。また、六国史には伊勢神宮を始め宇佐八幡や香椎廟への奉幣記事が散見されるものの、出雲への臨時奉幣の記事は管見の限り見えない。

しかし当然ではあるが、史料に見えないからといって出雲における祭祀がなかったわけではない。『権記』長徳元年（九九五）十月六日条には「熊野・杵築両神、致斎廃務之間」との記述があり、これは後に述べる出雲国造神賀詞奏上儀礼に伴う廃務のことともされるが(4)、古代から十月は出雲の祭祀月であったとの見解もある(5)。

また、長元四年（一〇三一）には杵築社が顛倒し(6)、朝廷は神殿造営を指示して(7)杵築に奉幣使を発遣(8)、杵築明神が改元と天皇御慎みを重くすべしとする託宣を下した事件が起きている(9)。この事件は同年六月十七日の伊勢斎王託宣事件(10)に構造が類似しており、杵築の神への朝廷の畏怖を読み取ることが可能である。伊勢神宮の神の託宣については「伊勢神宮と天皇を結ぶ奈良時代以来の関係の補助線」と評価されており(11)、古代に祖型をもつ天皇と伊勢神宮との密接な関係性の十一世紀における展開と位置付けられる。伊勢に比して扱いに異なる点はあるものの、杵築の神と朝廷との関係性も伊勢と同様に平安初期以前に遡るとも推測されよう。

以上、簡単ではあるが律令祭祀制度上の出雲を概観すると、熊野・杵築両神が出雲を代表する神祇であり、ともに有力な地方神の一つであった。出雲の神々は記紀神話において特筆されていたが、律令祭祀制度上は地方有力神祇の一つと位置付けられる。この点を踏まえると、奈良時代より行われていた出雲国造神賀詞奏上儀礼の特別な存在が浮き彫りとなる。次節からはこの奏上儀礼の構造に焦点を当てて議論を深めていきたい。

一―二、神賀詞奏上儀礼の構造

『延喜臨時祭式』『延喜太政官式』を中心に奏上儀礼を概観すると、まず太政官において国造への補任がなされ、神祇官で負幸物（大刀〈金装横刀一口〉）、禄（糸二十絇、絹十疋、調布二十端、鍬二十口）を賜る。そして出雲に戻って潔斎一年の後、国内の祝部を率いて上京し大極殿前庭で神賀詞を奏上、献物（玉六十八枚〈赤水晶八枚、白水晶十六枚、青石玉四十四枚〉、金銀装横刀一口、鏡一面、倭文二端、白眼の鴾毛の馬一疋、白き鵠二翼、御贄五十舁）を奉る。そして再度出雲において潔斎一年を経て再度神賀詞を奏上する。儀礼の中核である神賀詞奏上は潔斎を終えた後に行われ、さらに同様の儀礼を丁重に再度繰り返すものだった。

『延喜式』の規定では国造補任に伴う儀礼とも解されるが、奈良時代からの実施例を見ると、天皇即位と密接に関係して奏上がなされたと考えられている(12)。神賀詞奏上儀礼の意義については「天皇の御世の長久を招来するために執り行われた斎事の復奏儀礼」と評価されている(13)。神賀詞奏上の初見は霊亀二年（七一六）二月丁巳（十日）出雲臣果安奏上（『続日本紀』）で、この時は中臣人足により奏聞がなされた。奏上の初見の時期からして、記紀神話の成立、及び律令神祇祭祀の形成と連動して奏上儀礼が開始されたことは間違いないだろう(14)。儀礼の初見から『延喜式』制までは変遷があることが想定されており、天皇の出御が確認できるのは天平勝宝二年（七五〇）二月癸亥（四日）弟山の奏上からで、延暦四年（七八五）二月癸未（十八日）国成の奏上から弘仁二年（八一一）三月辛丑（二十七日）・同三年三月癸酉（十五日）旅人の奏上（『日本後紀』）の頃に『延喜式』規定に合致した儀礼へと整備されたと考えられている(15)。ただし、霊亀二年の初見記事に「斎竟奏二神賀詞一」「是日、百官斎焉」とあって、事前に国造による「斎」（潔斎）がなされ、朝廷も祭日として扱っていたことが確認でき、時代による儀礼の整備や奏上（上京）の時期の変化を踏まえても、天皇の治世を口頭で祝福する神賀詞の趣旨と神事構造の基本及びそれらの背景となる世界観には大きな変化はなかったであろう。奏上儀礼の前提となっていた出雲国造の潔斎一年とは、国造による出雲国内諸神への祭祀であったことが「出雲国造神賀詞」（『延喜祝詞式』）から想定できる。

『延喜祝詞式』出雲国造神賀詞

八十日日はあれども、今日の生日の足日に、出雲の国の国造姓名、恐み恐みも申し賜はく、挂けまくも恐き明つ御神と大八島国知ろし食す天皇命の大御世を、手長の大御世と斎ふと〈もし後の斎ひの時には、後の字を加へよ〉して、出雲の国の青垣山の内に、下つ石根に宮柱太知り立て、高天の原に千木高知り坐す伊射那伎の日真名子、かぶろき熊野の大神櫛御気野命、国作り坐しし大穴持命、二柱の神を始めて、百八十六社に坐す皇神たちを、某甲が弱肩に太襷挂けて、いつ幣の緒結び、天のみかひ冠りて、いつの真屋に麁草をいつの席と刈り敷きて、いつへ黒益し、天の瓺わに斎みこもりて、しづ宮に忌み静め仕へ奉りて、朝日の豊栄登りに、いはひの返り事の神賀の吉詞、奏し賜はくと奏す。

高天の神王、高御魂命の、皇御孫の命に天の下大八島国を事避り奉りし時、出雲の臣らが遠つ祖天穂比命を、国体見に遣はしし時に、天の八重雲を押し別けて、天翔り国翔りて、天の下を見廻りて、返り事申し給はく、豊葦原の水穂の国は、昼は五月蝿なす水沸き、夜は火瓮なす光く神あり。石根・木の立ち・青水沫も事問ひて、荒ぶる国あり。然れども鎮め平けて、皇御孫の命に安国と平らけく知ろし坐さしめむと申して、己れ命の児天夷鳥命に布都怒志命を副へて天降し遣はして、荒ぶる神たちを撥ひ平け、国作らしし大神をも媚び鎮めて、大八島国の現事・顕事、事避らしめき。すなわち大穴持命の申し給はく、皇御孫の命の静まり坐さむ大倭の国と申して、己れ命の和魂を八咫の鏡に取り託けて、倭の大物主櫛瓺玉命と名を称へて、大御和の神名備に坐せ、己れ命の御子阿遅須伎高彦根の命の御魂を葛木の鴨の神名備に坐せ、事代主命の御魂を宇奈堤に坐せ、賀夜奈流美命の御魂を飛鳥の神名備に坐せて、皇孫の命の近き守り神と貢り置きて、八百丹杵築宮に静まり坐しき。ここに親神魯伎・神魯美の命の宣りたまはく、「汝天穂比命は、天皇命の手長の大御世を、堅石に常石にいはひ奉り、いかし御世にさきはへ奉れ」と仰せ賜いし次の随に、供斎〈もし後の斎ひの時には、後の字を加へよ〉仕へ奉りて、朝日の豊栄登りに、神の礼白・臣の礼白と、御禱の神宝献らくと奏す。

白玉の大御白髪坐し、赤玉の御あからび坐し、青玉の水江の玉の行き相ひに、明つ御神と大八島国知ろし食す天皇命の手長の大御世を、御横刀広らに誅ち堅め、白御馬の前足の爪・後足の爪踏み立つる事は、大宮の内外の御門の柱を、上つ石根に踏み堅め、下つ石根に踏み凝し、振り立つる耳の弥高に、天の下を知ろし食さむ事の志のため、白鵠の生御調の玩び物と、倭文の大御心もたしに、彼方の古川岸・此方の古川岸に生ひ立てる若水沼間の、弥若えに御若え坐し、すすぎ振るをとみの水の弥をちに御をち坐し、まそひの大御鏡の面を、おしはるかして見そなはす事のごとく、明つ御神の大八島国を、天地日月とともに、安らけく平らけく知ろしめさむ事の志のためと、御禱の神宝を擎げ持ちて、神の礼白・臣の礼白と、恐み恐みも、天つ次の神賀の吉詞白し賜はくと奏す。

神賀詞の冒頭には、「天皇命の大御世を、手長の大御世と斎う〈もし後の斎いの時には、後の字を加えよ〉」ために、「かぶろき熊野の大神櫛御気野命、国作り坐しし大穴持命、二柱の神を始めて、百八十六社に坐す皇神たちを」「しづ宮に忌み静め仕へ奉りて」、「いはいの返り事の神賀の吉詞、奏し賜はく」と神賀詞奏上の趣旨が述べられている。つまり、天皇の御世の繁栄を「斎う」ことが目的であり、そのために熊野大神（櫛御気野命）・大穴持命以下出雲の神々を「忌み静め仕え奉り」、その「いわい」の返り事を奏上するものであった。神賀詞三段目では白玉・赤玉・青玉を始めとする出雲からの献物（「御禱の神宝」）は御世の繁栄・安泰を象徴するものであることが述べられている[16]。神賀詞奏上とは、出雲国造が一年の潔斎中に熊野大神（熊野坐神社）・大穴持命（杵築大社）を始めとする出雲の神々に天皇の御世の繁栄を祈り、その返り事を奏上すると共に、御世繁栄を象徴する祝いの献物を奉るものであったと言える。

神賀詞において天皇御世の繁栄と出雲の神々への祭祀が結びつけられていたことは、出雲の神々への祭祀が御世の安寧をもたらすという認識を背景としている。神賀詞の二段目では大穴持命の和魂[17]と大穴持命の御子神（阿遅須伎高彦根[18]・事代主神[19]・賀夜奈流美命[20]）の御魂は「皇孫の命の近き守り神」と位置付けられており、神賀詞二段落目の末尾には「汝天穂比命は、天皇の大御世を、堅石に常石にいはひ奉り、いかし御世にさきはへ奉れ」とあって、御世繁栄祈願と出雲神祭祀が天つ神（「親神魯伎・神魯美の命」）から国造の祖に命じられている。これらは記紀における大己貴神による国土献上の神話と同調するものであった。

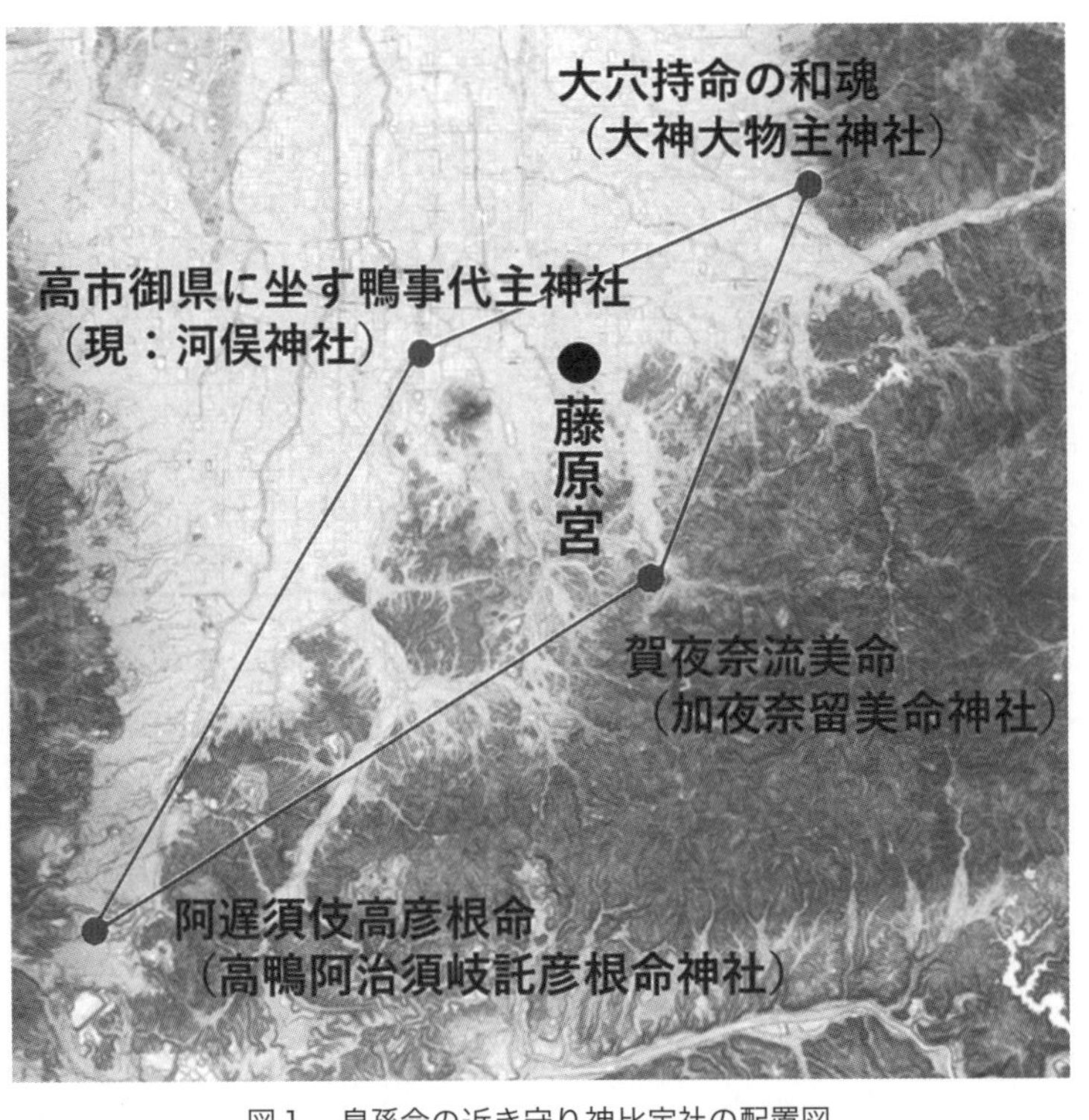

図１　皇孫命の近き守り神比定社の配置図
（国土地理院傾斜量図を加工して作成）

『日本書紀』神代下第九段本書

故、大己貴神、則ち其の子の辞を以ちて、二神に白して曰さく、「我が怙めりし子、既に避去りまつりぬ。故、吾も避りまつらむ。如し吾防禦かましかば、国内の諸神必ず同じく禦かむ。今し我避り奉らば、誰か復敢へて順はぬ者有らむや」とまをしたまふ。乃ち国平けし時に杖けりし広矛を以ちて、二神に授けまつりて曰はく、「吾、此の矛を以ちて卒に功治せること有り。天孫、若し此の矛を用ちて国を治めたまはば、必ず平安くましまさむ。今し我は百足らず八十隈に隠去りなむ」とのたまふ。（この後、真床追衾を以て瓊瓊杵尊を天降す）

大己貴神は国土を献上して避る際に、自身が国を治める時に用いた広矛を授け、天孫の天下統治の平安を予祝している。

同一書第二

既にして二神、出雲の五十田狭の小汀に降到りて、大己貴神に問ひて曰はく、「汝、此の国を以ちて天神に奉らむや以不や」とのたまふ。対へて曰さく、「疑はくは、汝二神、是吾が処に来ませるには非じ。故、許すべからず」とまをす。是に経津主神、還昇り報告す。時に高皇産霊尊、乃ち二神を還遣し、大己貴神に勅して曰はく、「今者し汝が所言を聞くに、深く其の理有り。故、更に条々にして勅せむ。夫れ汝が治らす顕露之事、是吾が孫治らすべし。汝は以ちて神事を治らすべし。又汝が住むべき天日隅宮は、今し供造らむ。即千尋の栲縄を以ちて、結びて百八十紐とし、其の造宮の制は、柱は高く大く、板は広く厚くせむ。又田供佃らむ。又汝が往来ひて海に遊ぶ具の為に、高橋・浮橋と天鳥船も供造らむ。又天安河にも打橋を造らむ。又百八十縫の白楯を供造らむ。又汝が祭祀を主らむ者は、天穂日命是なり」とのたまふ。是に大己貴神報へて曰さく、「天神の勅教、如比慇懃なり。敢へて命に従はざらむや。吾が治らす顕露事は、皇孫治らしたまふべし。吾は退りて幽事を治らさむ」とまをす。乃ち岐神を二神に薦めて曰さく、「是、我に代りて従へ奉るべし。吾は此より避去りなむ」とまをし、即ち躬に瑞の八坂瓊を被けて長に隠りましき。故、経津主神、岐神を以ちて郷導として、周流りて削平ぐ。逆命者有れば加斬戮し、帰順者は仍ち加褒美めたまふ。是の時に、帰順ふ首渠者は、大物主神と事代主神となり。乃ち八十万神を天高市に合めて、帥ゐて天に昇り、其の誠款の至を陳す。時に高皇産霊尊、大物主神に勅したまはく、「汝、若し国神を以ちて妻とせば、吾猶し汝を疏心有りと謂はむ。故、今し吾が女三穂津姫を以ちて、汝に配せ妻とせむ。八十万神を領ゐて、永に皇孫の為に護り奉るべし」とのりたまひ、乃ち還り降らしめたまふ。即ち紀国の忌部が遠祖手置帆負神を以ちて、定めて作笠者とし、彦狭知神を作盾者とし、天目一箇神を作金者とし、天日鷲神を作木綿者とし、櫛明玉神を作玉者とす。乃ち太玉命をして、弱肩に太手繦を被けて、御手に代りて、此の神を祭らしむるは、始めて此に起れり。且天児屋命は神事を主る宗源者なり。故、太占の卜事を以ちて仕へ奉らしむ。（この後、天児屋命・太玉命への神勅、同床共殿・斎庭の穂の神勅）

大己貴神は経津主神・武甕槌神が国土の献上を要求した際、最初はこの二神の来訪を拒絶し、それに対し経津主神は反発することなく天上に一度帰還し、高皇産霊尊は大己貴神の言葉を理あるものと認めている。ここでは大己貴神と天つ神は対等の応答をし、大己貴神は顕露之事と神事の分治・天日隅宮創建という高皇産霊尊の勅に従い現実世界から去っている。去る際には岐神を遣わし、その岐神が経津主神の葦原中国平定を大きく助ける働きをしていた。大己貴神は皇孫に現実世界の統治を譲り、天つ神の平定に協力をした神として描かれていたと言える。この神話において天つ神への逆命者は殺されているが、大物主神・事代主神は逆命者ではなく帰順者として特別に神名が挙げられていた。そして大己貴神には天日隅宮を造営して天穂日命に祭祀をさせ、大物主神に対しては八十万神をひきいて皇孫を守護させ、その祭祀は太玉命が皇孫に代わって祭ることが記されている[21]。

大己貴神が国土の統治権を皇孫に譲り、現実世界から去ったことは、神話の流れ上、この後になされる瓊瓊杵尊の降臨の大前提となっており、大己貴神が恭順しなくては天孫降臨は決して導かれない構成となっている。特に一書第二においては天照大神を天皇が親祭することの根拠となる同床共殿の神勅、そして稲を天照大神から皇孫に任されたものとする斎庭の穂の神勅が大己貴神の国土献上に続いて語られていることは注意される。杵築大社と天皇祭祀の淵源は同一の書に記され、現実世界における祭祀と結びついて機能していた。神話における大己貴神の退避は皇孫の降臨を導き、その後の天下統治を保障する働きをなしていたと言えるが、天皇が全国を統治する淵源の神話的表現として、地方神の国造りと恭順を出雲に象徴させた側面も看取される[22]。

神賀詞において国造による出雲の神々への祭祀が天皇の御世の繁栄につながり、大穴持命とその御子神が皇孫命の近き守り神となることは、明らかに記紀神話に描かれた出雲の神々の働きと連動するものである。一書第二において大己貴神は幽事（神事）を治めるとされたが、神賀詞の内容を踏まえると大己貴神への祭祀は神事の側面から天皇の御世を守護するものと認識されていたと言える。

なお、神賀詞では大穴持命の国譲りを「事避り」と表記しているが、これは書紀での大己貴神の退避を「避」「避去」と表記することと合致しており、神賀詞は神代紀第九段と連動している。また、天平五年（七三三）勘造の『出雲国風土記』において大穴持命が「所造天下大神」とされ（意宇郡母理郷など）、関係神話が散見されることは、出雲臣が宮廷作成の大己貴神話を理解・承知していたことを示している[23]。記紀神話の形成・成立は神賀詞と『出雲国風土記』の内容に反映されており、八世紀初頭に出雲守であった忌部子首により神祇官と出雲国造の関係性が整備された[24]。

ただし、出雲国造の祭る熊野の大神櫛御気野命（熊野坐神、天つ神）は神賀詞内で天皇の近き守り神とは位置付けられておらず、記紀神話にも登場しない。記紀神話と神賀詞においては大己貴神と大和に祀られる御子神が特記されており、これは朝廷側の認識を反映したものであろう。

一―三、出雲臣とヤマト

『日本書紀』神代下第九段一書第二には「汝が祭祀を主らむ者は、天穂日命是なり」とあって、大己貴神への祭祀は天穂日命（天つ神）が行うものとされ、その子孫が出雲臣[25]（出雲国造）であり、意宇郡を拠点としていた。仁徳即位前紀には「額田大中津彦皇子、倭の屯田と屯倉を掌らむとして、其の屯田司出雲臣が祖淤宇宿禰に謂りて曰く」とあり、額田大中津彦皇子が倭の屯田の管掌権を主張した時、その屯田の司が出雲臣の祖・淤宇（おう）の宿禰であった。倭の屯田とは天皇直轄の御田であり、天上の天照大神の御田である天の狭田・長田（神代紀上第七段本書）に由来すると考えられ、天皇新嘗と密接な関係を持つものである(26)。その管理者が出雲臣の祖と伝えられたことは極めて示唆的である。仁徳即位前紀では、屯田の管掌権を尋ねるために淤宇宿禰が韓国に派遣、倭直の弟・吾子籠を連れて帰り、倭の屯田は垂仁天皇の勅により天皇のみが掌るものであることが明言される。この説話は、王権と出雲との間に古くからの交流があり、畿内から出雲、そして朝鮮半島への往還があったことを想定させる。

『播磨国風土記』には出雲関連説話が存在し、それは五世紀、六世紀前半以降における出雲と播磨の地域間交流の一端が反映したものとされている(27)。出雲臣の祖は出雲と畿内を往還し、時に屯田司として中央に出仕するなど大和と密接な関係を結んできたのだろう。そしてそうした関係（出仕・協力）を畿内中枢ともってきた出雲臣が大己貴神を奉斎するものとされたわけである。あるいは、こうした関係性が天穂日命の出雲への派遣と大己貴神への恭順の神話に反映されたのかもしれない。出雲氏は畿内を本貫とし、大和から出雲地方へ進出したとする見解もあるが(28)、少なくとも仁徳即位前紀は出雲臣の祖と畿内中枢との協調関係を示している。畿内中枢と出雲臣の関係はむしろ大和国家内部の関係に近く、互いの協調関係の下で神賀詞奏上儀礼が八世紀初頭に宮廷儀礼に組み込まれたのではないだろうか。

『延喜掃部式』には「出雲国造奏㆓神事㆒、設㆓御座㆒同㆓告朔儀㆒」とあり、神賀詞奏上の際の御座の設置は告朔と同様であると規定されている。告朔とは朝堂院で諸司が前月の行政報告を記した公文を提出し、天皇に進奏する儀であり、天武朝から飛鳥浄御原令までは口頭による天皇への行政報告だったと推定されている(29)。つまり、出雲国造が奏上する神賀詞は天皇への行政報告と同様の扱いであった。神賀詞の奏上とは、出雲国造が熊野坐神社・杵築大社をはじめとする出雲の神々を祭祀したことの口頭報告と位置付けられていたわけである。神賀詞奏上儀礼は大和国家内部の復命儀礼であり、服属儀礼と位置付けることはできない(30)。

一―四、杵築大社と熊野大社

崇神紀六十年には武日照命（武夷鳥、天夷鳥、神賀詞で天穂比命の児）が天より将来した神宝を天皇が見たいと言って武諸隅を派遣して献上させた説話があり、ここで神宝が蔵された場所は「出雲大神の宮」と記されている。この宮を熊野大社のこととする注釈もあるが(31)、神代に熊野坐神が全く見えないこと、天穂日命が大己貴神を祭るとされたことからして、杵築大社のことと考えるのが妥当であろう(32)。崇神紀の説話では、神宝献上に反対した出雲振根（出雲臣の遠祖）が大和の使者により誅殺されたことで出雲臣等が畏み、大神を祭らずして間が有った後、皇太子（後の垂仁天皇）の奏上により勅して祭らしめている。この「勅」により祭祀が執行されたと伝えられている点は重要であり、出雲大神の祭祀は王権中枢の意向・命によるものであって、単なる在地神・氏族の奉斎神としての扱いではなかった。神代紀の記述からして、勅による祭祀に相応しい出雲の大神とは大己貴神に他ならない。

出雲大社境内では古墳時代前期後葉の土器と供伴した滑石製玉類（勾玉・臼玉）が出土し、同時期に三輪山で滑石製玉類を用いていた大和から持ち込まれたものと評価されている(33)。現在の出雲大社境内域では四世紀に畿内中枢の関与のもと祭祀が執行されていたこととなり、あるいは当初から杵築は王権祭祀の場であったことも推測されよう。

『古事記』垂仁天皇には本牟智和気の御子（品牟都和気命）に関する以下の説話がある。御子は長い間物を言うことができず、鵠（白鳥）の音を聞いて片言めいたことを言う状態であった。天皇の御夢に「我が宮を天皇の御舎の如修理りたまはば、御子必ず真事登波牟」とする託宣があり、占いで神を特定すると「爾の祟は出雲の大神の御心なりき。」とされた。御子は出雲に行き大神を拝し、帰る途上、肥河の中の仮宮に立ち寄り、そこで国造の祖・岐比佐都美が御子の大御食に奉仕した。この時、御子は「是の河下に、青葉の山の如きは、山と見えて、山に非ず。若し出雲の石硐の曾宮に坐す葦原色許男大神を以ちいつく祝が大庭か」という言葉を発した。この御子の言葉は、斐伊川から見た杵築（三方を山に囲まれた傾斜地）の描写であり、そこは天皇の御子に祟りをなした出雲の大神（葦原色許男大神[34]）の祭祀場とされた。

この説話では御子が物を言う条件を、出雲大神の宮を天皇の宮殿のごとく建造することとしており、記紀神話における天日隅宮創建に類似している。『古事記』では大国主神が国土献上を約束した後、多芸志の小浜に天御舎を建て、スズキ[35]を焼いて天の御饗を天つ神に献っているが、この地は斐伊川が大きく西に曲がる廻り目の川岸に臨む地（出雲市武志町）であり、本牟智和気の御子を出雲臣の祖がもてなした仮宮の近辺であったと指摘されている[36]。この付近には神戸郷があり（『出雲国風土記』出雲郡）、杵築大社奉斎の拠点ともなっていたのであろう。

記紀神話で国土を献上し天孫降臨を導いた大己貴神は、御子に祟りをなす出雲大神ともされ、現実世界の皇親に強い影響を与える神として描かれた。それは祭祀の必要性とそれによる霊験の発揮への期待と表裏一体のものである。そして『日本書紀』斉明天皇五年（六五九）には出雲国造に「修厳神之宮」が命じられ、この「神之宮」を杵築大社のこととし、垂仁記の本牟智和気の御子の説話との関係性が想定されている[37]。大己貴神から提示された宮殿造営は、斉明天皇西征の約二年前に現実に再現された。四世紀に淵源をもつ杵築の祭りは王権の意図に沿ったものと想定され、歴史的な伸縮はあったものの、七世紀後半以後に神郡・神戸の設定や記紀神話の成立などにより体系化されていったと考えられる。

杵築大社の祭りが畿内中枢に認知されていたのに対し、神賀詞で出雲国造の祭祀の筆頭に掲げられていた熊野の大神はいかなる位置付けであっただろうか。『令集解』職員令神祇官条（神祇祭祀）所引古記には「天神者。伊勢。山代鴨。住吉。出雲国造斎神是也。地祇者。大神。大倭。葛木鴨。出雲大汝神等是。」とあり、「出雲大汝神」（大己貴神）が「地祇」（国つ神）であるのに対し、「出雲国造斎神」は天つ神であった。つまり、神賀詞筆頭に掲げられた熊野大神は出雲国造の本来の奉斎神であり、天つ神に分類されていた。通説では、出雲国造によって熊野と杵築の祭祀が二元的に営まれていたと考えられている[38]。

写真１　膳夫神社跡付近から見た出雲大社の方角（筆者撮影）

熊野大神は神賀詞では「櫛御気野命」、『延喜神名式』では「熊野坐神社」と表記され、熊野に坐す食物の神と認識されていたことが読み取れる。鎮座地の熊野山は『出雲国風土記』では郡家の正南十八里と記され、意宇川の水源であり、熊野大神は在地の食物神であった。また、『出雲国風土記』島根郡朝酌郷には「熊野大神命」の「朝御気」「夕御気」のための贄（海産物）供進の集団が設定されている(39)。この朝酌郷の贄供進は神戸（朝廷の設定）と質を異にする奉斎形態であり(40)、伊勢神宮の朝大御饌・夕大御饌供進に類似している。

伊勢神宮の朝大御饌・夕大御饌は神宮の恒例祭祀中最重要な三度の祭りである三節祭（六月月次祭・九月神嘗祭・十二月月次祭）の夜半と明け方の二度、神に清浄な御饌を供進するものであり、在地の奉仕者による自給的協働奉仕によって営まれていた(41)。延暦二十三年（八〇四）成立の『皇太神宮儀式帳』によると、御饌は志摩国神戸所進の海産物（アワビ・サザエ）、度会郡百姓所進の贄、神宮神田収穫の稲（御飯・御酒）、禰宜以下の漁による海産物によって構成されていたが、このうち禰宜以下の漁による海産物は、伊勢国と志摩国の堺を神事場としており、この点は朝酌促戸が意宇郡と島根郡の境であった点と共通している。儀式帳当時の伊勢と志摩の神堺は鳥羽湾辺りと想定され(42)、より志摩に入った飽石浦を眼前とする祭祀場で読まれた詞が中世にまで引き継がれている(43)。志摩は言うまでもなく海産物の宝庫であり、神宮と朝廷に新鮮な海産物を貢納していたが、朝酌促戸も雑魚が豊かで人が集まる場所であったと『出雲国風土記』島根郡条に記されている。

朝酌郷の贄供進は伊勢神宮と同じく朝の御饌と夕の御饌を熊野大神に供進するものであり、神戸設定以前に遡る在地社会の生産を前提としたものと評価できる。なお、志摩国における贄供進者は令制下では神宮神戸となっていたが、島根郡朝酌郷は神戸ではない。『出雲国風土記』では意宇郡に出雲神戸があり、「熊野加武呂乃命」と「所造天下大穴持命」のための神戸であると記され、この神戸は天平神護元年（七六五）に分割されたと想定されている(44)。熊野大神の奉斎は在地の伝統的方式と神戸によるものとの二重性をもっていたわけだが、その神戸は当初は熊野・杵築両神の奉斎のためであった。

出雲神戸を熊野・杵築両神のものとしていたことは、出雲国造によって両神の奉斎が営まれていたことを反映したものと考えられる。しかし、記紀・神賀詞の内容から見ると、朝廷の出雲国造祭祀への意向は大己貴神の奉斎に主眼が置かれていた。つまり、熊野大神が国造本来の奉斎神であるのに対し(45)、杵築大社の奉斎は朝廷から国造へとその祭祀が任されていたのではないか。朝廷が特定の氏族に祭祀を委託する形式の祭りには畿内の「神祇令」祭祀である三枝祭、相嘗祭などがあった(46)。杵築大社の祭神は朝廷にとって重要な神祇であり、その重要な神祇の祭祀を出雲国造という在地を統括する有力豪族に担わせていたのであろう。出雲国造は拠点のある意宇郡の有力神である熊野神（本来の奉斎神）だけでなく、杵築の神（朝廷の意向により奉斎）に対してもその祭祀の責任を負っていた。

出雲神戸郷には神奴部・鳥取部・海部の居住が確認されており(47)、実際の杵築大社の管理は杵築近辺の部民が担っていたと推測され、出雲国造は出雲国内の官社と実際に神社に近侍する祝の監督者という位置付けであったのであろう。出雲国内の実際の祭祀に対して朝廷が直接関与した形跡はなく、杵築大社も含め、出雲国内の祭祀は基本的に出雲国造に一任されていたと推測される。

一―五、小結

大己貴神は朝廷にとって重要な神祇と認識され、杵築大社が造営され、その奉斎は在地を統括する出雲国造に任された。出雲と畿内中枢とは四世紀にまで遡る協調関係を構築しており、それは出雲の玉が特産品であったこと(48)、そして出雲が西方の北九州や朝鮮半島との窓口であったことを背景にもつのであろう。斉明紀五年の杵築神殿造営は斉明天皇の西征の約二年前であり、杵築大社神殿内の神座は西向きであったことも西方の海を介した交流を念頭に置いたものと考えられている(49)。畿内中枢から見て西方ルート上には摂津の住吉坐神社四座や紀伊の日前神社・国懸神社、そして筑前の宗像神社三座があり、古くより出雲は重要な西方ルートの一つであったと位置付けられる。住吉には神功皇后の征討を助けた三神が鎮まり（神功皇后摂政紀元年二月）、日前には天照大神の像が鎮まり（神代紀上第七段一書第一）、宗像には天照大神と素戔嗚尊の誓約で生まれた三女神が鎮まる（神代紀上第六段）とされたように、出雲の杵築に鎮座する大己貴神は天照大神の弟の子孫に位置付けられ、皇孫の統治する地上世界を造り献上する重要な役割が与えられた。畿内中枢と早い段階で協調関係を持ち、西方の陸の最果てで一定の勢力と秩序を持った出雲は(50)、国つ神の国造りと恭順を象徴する舞台にふさわしかったのであろう。

神賀詞で皇孫命の近き守り神とされた大穴持命の御子の御魂のうち、阿遅須伎高彦根の命は『出雲国風土記』意宇郡賀茂神戸条では葛城の賀茂社に坐すとされ、事代主命と賀夜奈流美命に至っては『出雲国風土記』にその活躍を見ることはできない。事代主命は神祇官の八神殿に祀られていたように朝廷の守護神的性格を持ち、大和（葛上郡・高市郡）(51)に鎮座する神であり、神賀詞や記紀神話は朝廷側の理念が現実の出雲に反映されている側面がある。しかし同時に、複雑な要素を内包する出雲神話は長い時間軸の中で育まれて来たことが推測され、出雲と畿内中枢の一過性ではない関係性が反映されていたことも事実であろう。

本稿では出雲祭祀の特徴を、朝廷の意向に基づいて出雲国造が御世の繁栄祈願を執行していた点に求め、その口頭報告（復命）を神賀詞奏上として儀礼化したものと考えた。ではそれに対し、伊勢神宮の祭りはどのように位置付けられるだろうか。

二、伊勢神宮の祭祀構造

二―一、伊勢神宮祭祀の特徴

内外両宮の構造と祭祀　伊勢神宮は大きく皇大神宮（内宮）と豊受大神宮（外宮）から構成されるが、この他に多くの神社を所管しており、正宮に准じた扱いがなされる別宮、官社も含む摂社・末社（『延暦儀式帳』では「管度会郡神社」とし、「官帳社」と「未入官帳社」〈田社〉とする）、所管社と重層的な構成をとっている。別宮・摂末社には瀧原宮・並宮と伊雑宮が「天照大神遥宮」（正宮の遠方に天照大神の御魂が祭られる）とされ、玉城町にあった神田の堰水の神とされる「大神御滄川神」が田辺神社に祭られるなど、正宮とその祭祀に関係して奉斎された例もあるが、基本的には度会郡の地域神と位置付けられる(52)。

伊勢神宮の中核は皇大神宮と豊受大神宮であるが、両宮を「内外宮」などと併称する例は平安時代中期頃が早い例であり(53)、内宮の「内」とは内裏の「ウチ」のように天皇・宮中を指していた可能性が指摘され(54)、外宮は天照大神の「外つ宮」との理解がなされている(55)。神宮の恒例祭祀中最重要の祭祀は年三度の三節祭であり、在地奉仕者による自給的な御饌奉仕である由貴大御饌の儀（夜から明け方）と、朝廷祭祀の色合いが濃い奉幣の儀（翌昼）で構成されている。なお、「神祇令」には三節祭の九月神嘗祭と共に、四月・九月の神衣祭も規定されており、神衣祭を神宮の古い祭儀とする見解もあるが、三節祭こそが神宮の基層祭祀であり、神衣祭は律令国家により更衣祭として付加されたものと考えられている(56)。神衣祭を担う神服部氏・麻績氏は神宮祭祀の中核には関与していないこと(57)、神衣祭には幣帛使の参向はないが、その祭儀における玉串行事が国家祭祀である祈年祭と同様のものと記されていたこと（『皇太神宮儀式帳』四月十四日神衣祭）から、妥当な見解と考えられる。

内宮の神は天皇の殿内で奉斎されていた御鏡が垂仁天皇の時代に倭の皇女により伊勢に鎮座されたと『日本書紀』及び『皇太神宮儀式帳』で伝えられたが、外宮の神については丹波国にいた天照大神の御饌津神を雄略天皇が度会の山田原に遷座させたと『止由気宮儀式帳』で伝承され、三節祭は外宮→内宮の順序で斎行されてきた。『止由気宮儀式帳』では、御饌津神が遷座された際に御饌殿を造営し、天照大神に毎日朝夕の大御饌を奉仕してきたことが記されており、この御饌殿が外宮創祀の目的であったと考えられる。御饌殿祭祀は外宮の恒例祭祀中最重要の祭祀であり、御饌殿の主神である天照大神に毎日朝夕の御饌を供進することが目的で、内宮において天照大神に清浄な御饌を供進する朝夕大御饌に対応する祭祀である[58]。どちらも在地奉仕者の協働奉仕で成り立っており[59]、御饌殿祭祀は大嘗祭と同様天照大神への遥拝祭祀と指摘されている[60]。豊受大神のみを対象とする外宮三節祭では、古代では御飯の供進はなかったことが指摘され、外宮が本来は在地の神であったことは否定されている[61]。外宮神田の初穂は外宮神嘗祭奉幣の朝に正殿床下に奉安されていたが[62]、これは御饌殿で天照大神に奉る稲の収穫を大神の御饌津神に奉告する儀礼と解される[63]。御饌殿内の用物は毎年九月に大神宮司によって新調され、御床・御机は造宮司の奉物であったことからも、外宮は天照大神のために朝廷が設置した宮であり、その祭祀は朝廷の意向によるものであったことを物語る。

神宮祭祀の特徴・天皇との関係性　六国史では伊勢神宮に対し頻繁に奉幣がなされており、祈願内容は宮都造営・遷都・遷御、即位・大嘗・改元、外敵・戦乱、天皇・上皇不予、自然災害・豊年（最多）、祟・怪異、斎宮関係、などであり、国家の大事や皇位継承、そして玉体不予の際に奉幣がなされていたことが特徴としてあげられる[64]。

天照大神が玉体へ祟りをなした事例は早く仲哀記紀の所伝に見られるが[65]、院政期成立の『太神宮諸雑事記』において「巽方太神」（天照大神）が天皇に祟りをなした事例がある[66]。『続日本紀』神護景雲元年（七六七）八月癸巳（十六日）で「東南之角」に七色の雲が立ち登る様子が都から見えた際、等由気の宮の上に五色の瑞雲が起ったことが奏上されたため、伊勢の神の方角を「東南」とする認識は八世紀段階に遡る[67]。『太神宮諸雑事記』に記された祟り記事は内宮に伝来した記録に基づいたものであった可能性がある。また、天皇の身体に祟りがあるかどうかを占う御体御卜の対象に伊勢神宮があった[68]。

天照大神は天皇に祟りをなすと認識されたことは、天皇と大神との密接な関係性に基づくものであり、伊勢に鎮座した皇祖神は天皇へ最も強い影響を与える存在であった。天照大神を天皇の殿外に祭った理由を『日本書紀』崇神天皇六年では「然畏二其神勢一、共住不レ安」と記し、天皇へ強力な霊威を与える存在であるが故に宮中から離れた清浄な伊勢の地[69]に遷座させることとなったと読み取れる。杵築大社は宮中から遠く離れた地にありながら、その和魂は近き守り神として大和に坐すと神賀詞で語られたが、伊勢神宮は宮中にほど近い東の陸の果てに位置しながら、天皇は神宮と距離を保ち、斎内親王と奉幣使を伊勢に発遣するのみで、自ら行幸して参拝することは近代まで一度もなかった。

伊勢国に発遣された斎内親王も多気郡の地に斎宮を造営して居住し、三節祭の時のみしか参宮しなかった。その儀礼も、玉串拝礼のみで、内宮ではその玉串も大物忌の手によって奉り置かれていた（『皇太神宮儀式帳』六月例・九月例）。斎内親王の参宮においては離宮院[70]に宿泊し、神域には宿泊しなかった。

『中右記』永久二年（一一一四）二月三日に記主・藤原宗忠が公卿勅使を務めた際、外宮・内宮に奉幣の後、風雨がひどく宮川を渡れず、暗夜を尋ねて下人の屋に宿した。外宮禰宜がこの事を聞いて直ちに自分の宿館に泊まるよう伝えるが、宗忠は神宮の辺りに寄宿することには恐れがあり、先例もないため拒否し、束帯のまま心中に神冥を念じ天明を待った。この事例から、宮川の内側（神宮近辺）で宿泊した先例はないと認識されていたことが解る[71]。

天皇は年三度の親祭を行うが（六月神今食・十一月新嘗祭・十二月神今食）、祭儀の中核は伊勢に坐す天照大神への御膳の供進と共食であった[72]。この天皇祭祀は神宮三節祭での大御饌供進と対応関係にあることが論証されており[73]、両者の祭祀は一体的関係にあった。神宮の大御饌供進は在地奉仕者が在地の神田や近海でとれた清浄な食物を正殿床下[74]に供える祭りであり、鎮座地の自然の恵みを受けた祭祀が宮中天皇祭祀と連動することにその本義があったと捉えられる[75]。

二―二、伊勢神宮の奉仕者

『古事記』には崇神天皇皇女「豊鉏比売命」を「拝二祭伊勢大神之宮一也」、垂仁天皇皇女「倭比売命」を「拝二祭伊勢大神宮一也」とし、『日本書紀』では景行天皇二十年に「遣二五百野皇女一、令レ祭二天照大神一」とあるように、記紀では皇女が伊勢の天照大神を祭る存在であると記している。『日本書紀』神代下第九段一書第二では大己貴神の祭祀を天穂日命が主ると勅されたが、記紀において伊勢の祭祀者は断続的に伊勢に発遣された皇女と記された。伊勢在地の氏族を神主にしたことは少なくとも記紀には記されていない[76]。

また、『皇太神宮儀式帳』の倭姫命巡行において、伊勢国造の遠祖・建夷方、河俣県造の遠祖・大比古、安濃県造真桑枝、壹志県造の遠祖・建呰子、飯高県造乙加豆知、佐奈県造御代宿禰、竹首吉比古ら伊勢国内で倭姫命が立ち寄った各地の首長が神御田・神戸を奉献したと記されているが、儀式帳を見る限り、彼らの子孫が内宮祭祀の中核に関与した形跡はない。この巡行説話は大和から伊勢神宮間の交通に関わって形成されたと捉えられ、皇女や朝使の往還に各地の首長が祇承した歴史が反映されているのかもしれない。出雲とは異なり、伊勢では国造は神宮祭祀に関わらないことが注意される。

『万葉集注釈』巻第一に伊勢国号の由来が引かれ、「伊勢国風土記逸文」とされる[77]。この説話は、神武天皇の命で天日別命が伊勢の国つ神である伊勢津彦に国を献上するよう要請し、従わない伊勢津彦に兵を起こして恭順させ、伊勢津彦は大風を起こして波に乗って東・信濃国に去り、天皇に復命すると国つ神の名を取って伊勢と名付けたとする内容である。出雲大己貴神の国土献上に類似した伊勢の国譲りとも捉えられよう。

鎌倉初期の史料である『神宮雑例集』「伊勢国神郡八郡事」に引く「大同本記」には「爾時大幡主命白久、己先祖天日別命賜伊勢国内磯部河以東神国定奉。〈飯野多気度会評也。〉即大幡主命神国造幷大神主定給支。」とあり、度会氏の先祖・天日別命に与えられた磯部川（古代櫛田川の本流で現在の祓川[78]）から東の地域を神国とし、大幡主命[79]を神国造・大神主と定めたとする伝えがある。度会氏は多気郡・度会郡（孝徳朝で神郡）の「神国造」であったと主張する内容のものであるが、『新撰姓氏録』左京神別には「伊勢朝臣。天底立命孫、天日別命之後也。」とあり、「大同本記」に従えば度会氏は伊勢朝臣（国造）と同じく伊勢を平定した天日別神を祖にもつこととなる[80]。「大同本記」の内容をもとに、伊勢国には二つの国造が存在したことを認める見解と[81]、否定する見解があるが[82]、「大同本記」は度会氏が十世紀以降に偽作したもので、特に度会建郡記事は根本的な点において明らかな後世の創作とされており[83]、史料の扱いには慎重を要する。

『先代旧事本紀』国造本紀には「以二天日鷲命一、為二伊勢国造一。即伊賀伊勢国造祖。」「伊勢国造　橿原朝、以二天降天牟久努命孫天日鷲命一、勅定二賜国造一。」とある。『新撰姓氏録』の「天日別命」と『先代旧事本紀』の「天日鷲命」は本来別神であったのが後世に習合された結果とされているが[84]、『続日本紀』神護景雲二年（七六八）六月戊寅（六日）に伊勢朝臣老人を国造としていることなどから、伊勢国造の氏族は後の伊勢朝臣で、旧姓は伊勢直であった。国造本紀には伊勢国造の他に伊勢に国造がいたことは記されていない。度会氏が宮川周辺の有力氏族であった可能性はあるが[85]、多気・度会全域にわたり神事を統括していたとは考えにくい。『皇太神宮儀式帳』「初二神郡度会多気飯野三箇郡一本記行事」で孝徳朝に度会の山田原に立てられた屯倉では新家連阿久多が督領、礒連牟良が助督、多気に立てられた屯倉では麻績連広背が督領、磯部真夜手が助督に仕えたことが記されている。度会氏と同族であったと見られる磯部関係の氏族が見えるが、屯倉の長は他氏に譲っており、磯部関係の氏族はあくまで多気・度会に分布した有力氏族の一つであった。度会氏が卓越した勢力を地域に保持し続けた証はない。この点、『出雲国風土記』で意宇郡郡司に大領を始め四人の郡司が出雲（臣）氏であった出雲（島根・楯縫・飯石・仁多郡司にも出雲臣が見える）とは大きく異なる。

『延暦儀式帳』に見る神宮の奉仕者は、内宮では禰宜を務める神主姓（荒木田氏）が八名、宇治土公磯部氏が一名、磯部氏が十四名、麻績部が二名、山向部が二名、忌鍛師部が一名、郡部が一名、外宮では禰宜を務める神主姓（度会氏）が十五名、石部氏が六名であった。磯部・石部氏が最も多く奉仕者を占めているが、『伊勢大神宮式』禰宜等任用条で二所大神宮と諸別宮の奉仕者は度会郡人を任じる規定があるように(86)、荒木田・度会両氏を中心に在地居住者が分業して奉仕をする体制であった。外城田川・宮川・五十鈴川下流の人的結合を背景として形成されたものと考えられる。

荒木田氏は『伊勢天照皇太神宮禰宜譜図帳』によると、始めは居住処により大貫連姓であったが、成務天皇の時代に「太神乃朝御饌夕御饌料三千代御田治開供奉岐」という功績によって荒木田姓を賜ったという。『皇太神宮儀式帳』神田行事には「見佃御田二町四段。〈荒木田一町、宇治田一町、並二町御饌料、四段荒祭宮料。〉」とあり、天照大神の御饌のための神田には荒木田の名を冠した神田があった。この神田は外城田川流域の下田辺村にあったもので、付近には荒木田二門の氏社である田辺氏神社があったとされる(87)。荒木田氏は外城田川流域の現玉城町を本貫とする氏族であり、奉仕先の五十鈴川上流とは若干距離が離れている。五十鈴川上流のほとりは天照大神の鎮座する神域である故に外界から隔絶した清浄な地と認識され(88)、庭上で祭祀が営まれて来た。対して宮川下流の山田原では御饌殿の殿内で天照大神への御饌供進がなされていた。年三回の御饌供進である内宮に比して、外宮では毎日朝夕の御饌供進が求められたため、大山中の五十鈴川上流よりもより開けた山田原に御饌殿を建て、その地に根拠を持っていた度会氏にその祭祀が任されたのであろう。

また、令制下でこの在地奉仕者を行政的に統括したのは京官の大神宮司であり、その間に伊勢国の統括者が関与することはなく、鎮座地近辺の居住者を直接在地の祭場管理・奉斎に編成していた。伊勢国造などの伊勢国を広範囲に統括する豪族や地域の首長的豪族が神宮奉斎に直接関与しなかったのは、天照大神が皇祖神であり、その奉斎は天皇の専権事項だったからであろう。神宮祭祀は天皇祭祀であり、荒木田・度会の氏神祭祀とは厳格に峻別されていた(89)。

おわりに

内宮のある五十鈴川上流のほとりは庭上祭祀が営まれる神域であり、外界から隔絶した小地域とされる出雲の杵築大社の祭祀場と対比することが可能である。どちらも畿内中枢が古くから重要視していた祭祀場であったが、その祭祀構造には差があった。祭祀の主体を天皇とする神宮に対し、杵築大社の祭祀は在地の大豪族・出雲臣に任せる方式を取っていた。

皇祖・天照大神は天皇と最も密接な関係を持つ神であり、天皇に祟りをなすとも認識され、その祭祀は宮中から離れた伊勢の地で丁重に斎行されることが求められた。斎内親王や勅使は神域と一定の距離感を保っていたが、その背景には大神の強力な霊威が宮中へ波及することへの畏れがあったのであろう。伊勢神宮の三節祭は宮中天皇祭祀と対応関係にあり、神宮祭祀は天皇の専権事項であった。伊勢神宮の奉仕は在地の居住者を直接奉仕者に編成するものであり、伊勢地域の氏族祭祀に依拠したものではなく、天皇の直轄性が極めて濃厚なものであった。伊勢の国造や県造は畿内中枢の勢力の伊勢への進出に関係していたものの、神宮祭祀に直接関与することはなかったのは、伊勢神宮が天皇の直轄的祭祀場であったためであろう。

それに対して出雲臣は出雲全域に影響力を及ぼす祭祀の統括者であり、本来の奉斎神である熊野大神をはじめ、出雲の神々に天皇の御世の安寧を祈願し、その報告を神賀詞として口頭で奏上していた。神賀詞では「大穴持命」の和魂と御子神の御魂は皇孫の命の近き守り神と位置付けられ、実際の大和地域の神社と対応関係にあった。記紀神話で国造りを行い、皇孫に国土を献上した大己貴神への祭祀は、古くから大和と協力関係を構築してきた出雲臣（天つ神・天穂日命の子孫）に任され、天皇守護が祈願されていたと言える。

また、伊勢神宮において内宮と外宮は本来一体的関係にあり、外宮は御饌殿内で天照大神に毎日御饌を供進するための宮であった。内宮・外宮はどちらも朝廷によって設定された天皇直轄の祭祀場で、その祭神も大和と丹波から奉遷してきたものであり、奉仕者の氏族祭祀とは関係がない。それに対し、熊野坐神と杵築大社はどちらも出雲の神である。特に出雲国造にとって熊野大神は本来の奉斎神であり、朝酌郷からの贄により神宮祭祀の由貴大御饌に類似する「朝御気」「夕御気」が供進されていた。在地の食物神である熊野坐神と、国造りを行った大己貴神を祭る杵築大社は、出雲国造が両社を奉斎することによってつながり、祭祀そのものの一体性があったわけではなかった。内宮に収斂される伊勢の度会郡に対し、出雲はより広域で多様な神々の世界があったと言うこともできる。

このように異なる事情のもとに営まれてきた伊勢と出雲の祭祀であるが、天照大神と大己貴神の奉斎の淵源は共に『日本書紀』神代下第九段一書第二に記されている。高天原で天照大神が御田の稲で新嘗を行ったことは宮中と伊勢の祭りに継承され、地上の国造りを成した大己貴神へは杵築大社を造営して祭祀がなされることとなった。伊勢神宮と杵築大社の祭祀は朝廷にとって大変重視されたものであったが、毎年定期的に朝使が参向した伊勢神宮と異なり、神賀詞奏上は天皇即位や国造の代替わりに限られ、杵築大社は記紀神話成立から時間が経つと地方の大社として位置付けられていくようになる。朝廷と一貫した関係性を継続した伊勢神宮は極めて特殊な事例であり、これをそのまま一般化させることはできない。しかし、その伊勢神宮の祭りも在地の自然環境の中で営まれてきたことは事実であり、その点において他地域との比較検討は充分可能である。出雲も含む様々な地域の祭祀を俎上に載せて検討することで、それぞれの相違点や特徴がより鮮明に浮かび上がってくることであろう。

註

(1) 岡田荘司編『古代諸国神社神階制の研究』岩田書院、平成十四年八月。

(2)『類聚国史』神祇十、延暦十七年九月癸丑（七日）。

(3)『延喜神名式』で「大社」と称されたのは、杵築以外は度会郡の川原大社（『止由気宮儀式帳』では川原社、『延喜伊勢大神宮式』では河原大社と表記され、度会宮の所管社・宮川下流の田地守護神）と近江国栗太郡の小槻大社（小槻氏の祖神を祀る）のみである。

(4) 井上寛司「転換期としての十世紀」『大社町史』上巻、大社町、平成三年九月。

(5) 田中卓「神無月（十月）と出雲国との関係」『神社と祭祀』（田中卓著作集十一―一）国書刊行会、平成六年八月。

(6)『日本紀略』長元四年八月十一日条、『左経記』長元四年十月十七日条。『左経記』の記事から当時の杵築大社に禰宜が存在し、神殿内に奉仕していたことが解る。

(7)『小記目録』第八神社託宣事、長元四年閏十月五日・十日。この時は出雲国に八省院の造営を停止させ、杵築大社の造営を命じている。杵築大社の造営は国司が行うものとされていたことが解る。なお、中世出雲大社（出雲国の大社）の造営は康平五年（一〇六二）を画期とし、宣旨による承認を受けて一国平均役にて造営されるものであった（井上寛司「「出雲大社」の成立」『大社町史』上巻、平成三年九月）。出雲国造神賀詞奏上は既に天長十年（八三三）を最後に国史から姿を消しており、十一世紀には杵築大社は出雲第一の大社として位置付けられていた。この間には天長・承和年間の祭祀体系の変化があった（岡田荘司「古代神祇祭祀と杵築大社・宇佐八幡」『古代天皇と神祇の祭祀体系』吉川弘文館、令和四年二月〈初出は平成十四年〉）。

(8)『左経記』長元四年閏十月十五日条。

(9)『小右記』長元五年正月二十三日、二月二十六日条。なお、後に杵築の託宣は偽であったことが発覚（『小右記』長元五年八月七日条）、出雲守橘俊孝が佐渡国に配流された（『百錬抄』長元五年九月二十日条）。

(10) 媞子斎王が荒祭宮の託宣（斎宮頭とその妻が二所大神宮と偽って狂言・巫覡の事を行っていたことを糾弾、天皇の敬神の念が足りないことなどを警告）を受け、公卿勅使を発遣して謝罪、斎宮頭とその妻を配流とした事件。

(11) 榎村寛之「長元斎王託宣の史的意義と十一世紀天照大神祭祀」『古代文化』第七十三巻第二号、令和三年九月。また、十〜十一世紀において「天皇は神宮と神鏡、つまりアマテラスと直接的に結び付くようになる」と指摘される（杉田建斗「平安時代中後期の神鏡を巡る祭祀・信仰」『古代文化』第七十三巻第一号、令和三年六月）。

(12) 大浦元彦「『出雲国造神賀詞』奏上儀礼の成立」『史苑』四十五巻二号、平成六十一年十一月、中山さら「出雲国造神賀詞奏上儀礼の変容とその後」『神道宗教』二七〇・二七一号、令和五年七月。

(13) 大川原竜一「律令制下の神賀詞奏上儀礼についての基礎的考察」『ヒストリア』第二一一号、平成二十年九月。

(14) 岡田荘司「古代律令神祇祭祀制と杵築大社・神賀詞奏上儀礼」『古代天皇と神祇の祭祀体系』吉川弘文館、令和四年二月（初出は平成二十一年）。霊亀二年（七一六）で上京した祝部は一一〇余人、『出雲国風土記』の「在神祇官社」は一八四所、『延喜神名式』では一八七座あり、神賀詞に見える「百八十六社に坐す皇神たち」は「弘仁式」

の官社数であろう。神賀詞奏上儀礼の成立は「大幣」を班つために諸国国造を入京させた『続日本紀』大宝二年（七〇二）二月庚戌（十三日）に起因するともされ（大浦・註（12）前掲）、神賀詞奏上儀礼は新官社制度を象徴するものと理解されている（岡田前掲）。なお、奈良時代の奏上儀礼は二月に集中しており、官社に対する祭祀の代表である二月祈年祭班幣の前後に神賀詞奏上が行われていたと考えられている（内田律雄「出雲の神社遺構と神祇制度」国士舘大学考古學会編『古代の信仰と社会』六一書房、平成十八年、荒井秀規「史料としての『出雲国風土記』」島根県古代文化センター編『出雲国風土記―校訂・注釈編―』八木書店、令和五年三月〈初出は平成二十年〉、菊地照夫「出雲国造神賀詞奏上儀礼と祈年祭」『古代王権の宗教的世界観と出雲』同成社、平成二十八年〈初出は平成二十六年〉、中山註（12）前掲）。ただし、神賀詞奏上の実例は多く二月であるが日にちは一定しておらず（祈年祭日は弘仁年間〈八一〇～八二三〉以後二月四日に固定）、出雲官社が国幣となった後の規定（祈年祭のための祝の上京を要さない）である『延喜式』にも祝への賜禄の規定がある点は不審である（延暦十七年〈七九八〉以後も祝の上京は想定されており、奈良時代から祈年祭幣帛を受け取るために神賀詞奏上で祝が上京したわけではなかった可能性を示唆）。祈年祭の祭日は延暦二十三年頃は二月七日頃と想定され（拙稿「祈年祭」岡田莊司編『事典　古代の祭祀と年中行事』吉川弘文館、平成三十一年二月）、これが奈良時代にまで遡るかは不明であるが、神賀詞奏上と全国の官社祝部が参集する神祇官での祈年祭儀は儀式として連動的に実施されていたわけではなく、神賀詞奏上で上京した際はその前後に神祇官で祈年祭幣帛を受け取ることになっていた（出雲の官社への幣帛頒布のみ神賀詞奏上に合わせて実施されていた）、というのが実情だったのではないだろうか。祝部上京の本来的な目的は、出雲神祇の奉仕者として神賀詞奏上に随伴することであったと考えるのが妥当であろう。

（15）瀧音能之「出雲国造神賀詞奏上儀礼の成立過程」『出雲古代史論攷』岩田書院、平成二十六年二月〈初出は昭和五十八年〉。

（16）神賀詞の第三段は出雲の神宝奉献を語っているが、出雲の神宝には神賀詞と同様に皇位を祝福する重要な意味があったとされ（小林宣彦「出雲国造神賀詞奏上儀礼」『事典　古代の祭祀と年中行事』吉川弘文館、平成三十一年二月）、天皇に霊威を付与するタマフリ儀礼の意義があったとされる（菊地照夫「出雲国造神賀詞奏上儀礼の意義」『古代王権の宗教的世界観と出雲』同成社、平成二十八年九月〈初出は平成七年〉）。しかし、『延喜太政官式』規定による出雲からの献物は、事前に京外の便所で修め餝った後、朝堂院に供進されたと想定されるが、その後は太政官の史により数を勘えて所司に頒布されており、少なくとも天皇に直接奉上するものではなかった。

（17）神賀詞から、大三輪の大物主神と同体視されていたと読み取れる。『日本書紀』神代上第八段一書第六で大国主神の亦の名に大物主神、また海からやってきた大己貴神の幸魂奇魂を三諸山の宮に鎮座（大三輪の神）させた説話、『古事記』上に海より来た神を祭れば共に国作りを成すとして倭の青垣の東の山の上に祭った（御諸山の上の神）説話があり、杵築の大己貴神と倭の三輪山の神（大物主神）とを関係づける発想が記紀に存在していたことがわかる。

（18）『延喜神名式』葛上郡「高鴨阿治須岐託彦根命神社四座」に比定するのが通説。

（19）「宇奈堤」を地名とみて『延喜神名式』高市郡「高市御県坐鴨事代主神社」に比定するのが通説だが、葛上郡「鴨都波八重事代主命神社二座」に比定する説もある（西宮秀紀「葛木鴨（神社）の名称について」『律令国家と神祇行政制度の研究』塙書房、平成十六年十一月〈初出は平成三年〉、小倉慈司「出雲国における神戸」『古代律令国家と神祇行政』同成社、令和三年六月〈初出は平成八年〉）。神賀詞の事代主神を高市郡「高市御県坐鴨事代主神社」の比定社である河俣神社（奈良県橿原市雲梯町）として他の近き守り神の比定社と現在の地図に線を結ぶと、きれいな菱形で藤原宮が囲われる［図1］。

（20）『延喜神名式』高市郡「加夜奈留美命神社」に比定。現在は高市郡明日香村栢森に復興されているが、飛鳥の神南備は橘寺南東のミハ山に比定する説があり（岸俊男「万葉歌の歴史的背景」『宮都と木簡―よみがえる古代史―』吉川弘文館、昭和五十二年十月〈初出は昭和四十六年〉）、ここが古代の所在地と推定されているが（和田萃「飛鳥の神々」『日本古代の儀礼と祭祀・信仰』下、塙書房、平成七年六月〈初出は昭和六十一年〉）、飛鳥の神奈備山は景観的に岡寺山がふさわしいとする見解もある（藤田富士夫「飛鳥の神奈備山の比定に関する実景論的考察」『人文社会科学研究所年報』十二、敬和学園大学、平成二十六年五月）。ひとまず本稿ではミハ山を古代の所在地として作図した。

（21）太玉命が祭る「此の神」は大己貴神（あるいは大物主神として大己貴神と同体視する）とする理解があるが（本居宣長『古事記伝』二十〈『本居宣長全集』第十巻、筑摩書房、昭和四十三年十一月〉、日本古典文学大系『日本書紀』上、岩波書店、昭和四十二年三月、日本古典文学全集『日本書紀』一、小学館、平成六年四月）、直前の大物主神を指し、この時既に隠れている大己貴神とは別神と理解するのが妥当であろう（講談社『日本書紀』上巻、令和三年三月）。忌部氏と意宇郡忌部神戸の関係性は大化以後と考えられており（小倉・註（19）前掲）、実際に大己貴神の祭祀に忌部氏が直接関わった事例は見当たらないためである。神代紀のこの箇所では、紀国忌部の遠祖手置帆負神（作笠者）や櫛明玉神（作玉者、『古語拾遺』で「出雲国玉作祖」とする）など忌部氏関係の神が登場し、太玉命が「代二御手一」祭ることが記されているが、この直後に中臣氏の祖である天児屋命が神事を主ることが語られ、高皇産霊尊によりこの二神に葦原中国に降り皇孫のために斎い奉る神勅が下されている。この箇所は中臣・忌部が朝廷祭祀に関わることの正統性を示すことを意図したものである。よって、太玉命が「代二御手一」祭ることは天皇の幣帛を忌部が代わりに頒布すること（河村秀根・益根『書紀集解』、臨川書店、昭和四十四年九月）、つまり幣帛の作成・頒布として忌部氏が朝廷祭祀に関わることの淵源を意味していると考えられる。実際の杵築大社や大神神社の祭祀を忌部氏が行っていたことを意味するわけではない（崇神紀の大物主神の祭祀や律令期の大神・杵築の祭祀に忌部氏が直接関わった形跡はない）。

（22）『皇太神宮儀式帳』管度会郡神社行事には神宮神田に水を引く家田堰の東に大土神

社・国津御祖神社があり、どちらも国土・生業を生んだ地域神である「国生神」の児が祭られ、大土神社の御祭神には「大国玉命」の名が見える（大国玉命は国の御霊の神を意味。大己貴神の神格との関連は笹生衛「祭祀遺跡からみた古代の出雲―杵築大社成立の背景―」〈『古代祭祀と地域社会』島根県古代文化センター研究論集十六、平成二十八年三月〉で指摘）。恐らく地域の創業に関する神は各地域に存在し、有力神は官社化され、度会郡では神宮の所管に入り、官社化された神々は『延喜祝詞式』祈年祭では「天つ社・国つ社と称へ辞竟へ奉る皇神たち」「皇神たちの依さし奉らむ奥つ御年」と称された。地域神の創業とその系譜は様々な地域に存在するが、記紀では地上世界の国造りと神系譜は出雲に表現されている。

(23) 記紀神話と『出雲国風土記』が相互補完の関係にあったことは森田喜久男「補完し合う「二つの出雲神話」」（『古代王権と出雲』同成社、平成二十六年六月）、『日本書紀』と『出雲国風土記』、神賀詞との関係性については伊藤剣『日本書紀』神代巻と『出雲国風土記』・佐藤雄一「『日本書紀』と『出雲国造神賀詞』『出雲国風土記』の国譲り」（『日本書紀と出雲観』〈島根県古代文化センター研究論集第二十六集〉令和三年三月）。神賀詞奏上における出雲からの献物に鵠が見えることも、垂仁記紀の物言わぬ御子の伝承を出雲側が承知していたことを示す。

(24)『延喜臨時祭式』には出雲国が「御富岐玉六十連」を神祇官に進上し、このうち三十六連は宮中の神今食・新嘗祭において忌部氏が執行する大殿祭に用いると規定されている。この玉は「意宇郡神戸玉作氏」が作り備える規定であったが、『出雲国風土記』意宇郡忌部神戸には「国造神吉調望、参向朝廷時、御沐之忌玉作。故、云忌部。」として神賀詞奏上との関係性が語られている。神賀詞奏上の際に国造が奉る献物は神賀詞の第三段目でそれぞれに御世の安泰を祈念する意味があることが宣べられるが、その献物には赤・白・青の玉が六十八枚あり、神祇官に進上する玉と同じく意宇郡忌部神戸で製作されたと考えられている（菊地照夫「出雲国忌部神戸をめぐる諸問題」『古代王権の宗教的世界観と出雲』同成社、平成二十八年九月〈初出は平成十三年〉）。そして忌部氏と出雲の忌部神戸の関係性は大化以後のものであり（小倉・註(19)前掲）、八世紀初頭に出雲守であった忌部小首によって整備されたと考えられている（岡田・註(14)前掲）。

(25)『日本書紀』神代上第六段本書「天穂日命。〈是出雲臣・土師連等祖也。〉」

(26) 岡田荘司「大嘗・新嘗の祖型―倭の屯田を訪ねて―」『大嘗祭と古代の祭祀』吉川弘文館、平成三十一年三月（初出は平成元年）。

(27) 坂江渉「『播磨国風土記』からみる出雲・播磨間の交通と出雲認識」『古代出雲の多面的交流の研究』島根県古代文化センター、平成二十三年三月。『播磨国風土記』飾磨郡・飾磨御宅条には、仁徳天皇の時代に意伎・出雲・伯耆・因幡・但馬の五国造が召還され、播磨国に田を作らせ、稲を餝磨御宅に納めた説話がある。播磨国への王権の直接支配が浸透するのは五世紀後半（雄略天皇）～六世紀前半（継体天皇）とされる。

(28) 田中卓「古代出雲攷」『日本国家の成立と諸氏族』（田中卓著作集二）国書刊行会、昭和六十一年十月（初出は昭和二十九年）。

(29) 古瀬奈津子「告朔についての一試論」『日本古代王権と儀式』吉川弘文館、平成十年二月（初出は昭和五十五年）。

(30) 大浦・註(12)前掲、榎村寛之「出雲国造神賀詞奏上儀礼の衰退期について―律令王権儀礼における伊勢と出雲―」『出雲古代史研究』第十号、平成十二年七月、大川原・註(13)前掲、岡田・註(14)前掲など。

(31) 日本古典文学大系『日本書紀』上（註(21)前掲）、日本古典文学全集『日本書紀』一（註(21)前掲）。

(32) 谷川士清『日本書紀通証』、臨川書店、昭和五十三年十一月、河村秀根・益根『書紀集解』（註(21)前掲）、講談社『日本書紀』上巻（註(21)前掲）。

(33) 松尾充晶「古墳時代の祭祀と王―出雲における滑石製品の展開―」『古墳時代の玉類の研究』（島根県古代文化センター研究論集第二十一集）平成三十一年二月。玉類と共に出土した土師器壺は畿内系の丸底壺を模倣したもので、四世紀後半の年代における畿内・大和地域との密接な関係が推定されている（笹生・註(22)前掲）。

(34)『古事記』では「大穴牟遅神」などと並んで大国主神の別名とされ、根国で須佐之男命に「葦原色許男」と呼ばれている。

(35)『出雲国風土記』島根郡南の入海（中海）、秋鹿郡南の入海（宍道湖）、神門郡の神門水海に「須受枳」がいると記されている。

(36) 加藤義成「本牟智和気命（誉津別王）伝承における出雲世界」『古事記年報』十七、昭和五十年五月、同「天之御舎と出雲大社の創建」『出雲学論攷』出雲大社、昭和五十二年一月。

(37) 岡田・註(14)前掲、和田萃「ホムチワケ王伝承の再検討」『古代出雲の多面的交流の研究』島根県古代文化センター、平成二十三年三月。

(38) 森公章「律令制下の国造に関する初歩的考察」『古代郡司制度の研究』吉川弘文館、平成十二年二月（初出は昭和六十二年）、同「出雲地域とヤマト王権」『新版古代の日本 第四巻 中国・四国』角川書店、平成四年一月。ただし、森氏が「律令制下の国造に関する初歩的考察」（八十七頁）で内宮奉祀により度会氏の本来の奉祀神がミケツ神に転化したとする岡田精司氏説（「伊勢神宮の起源」『古代王権の祭祀と神話』塙書房、昭和四十五年）に基づき、出雲臣本来の奉祀神がミケツ神に転化したとする点には首肯できない。外宮の祭神が度会氏の奉斎神かつ太陽神であったこと、熊野大神が御饌の神でなかったことを示す史料はないからである。また、外宮と異なり、熊野大神が大己貴神の御饌を掌った形跡も見出されない。

(39) 関和彦「朝酌渡・促戸渡と地域社会」『古代出雲世界の思想と実像』大社文化事業団、平成九年三月（初出は平成三年）、森田喜久男「出雲国造と朝酌郷」『古代王権と出雲』同成社、平成二十六年六月（初出は平成十二年）。

(40) 内田律雄「熊野大神の祭祀」『出雲国造の祭祀とその世界』大社文化事業団、平成十年十一月（初出は平成五年）。

(41) 拙稿「古代伊勢神宮祭祀の基本構造」・「古代神宮「日祈」行事の一考察」『古代の祭祀構造と伊勢神宮』吉川弘文館、平成三十年十二月（後者の初出は平成二十八年）。

(42) 櫻井勝之進「境界儀礼」『神宮の祖型と展開』国書刊行会、平成三年十一月（初出は昭和三十五年）、中西正幸「贄の海」『伊勢の海と神宮—二見ヶ浦の神々—』国書刊行会、平成八年四月（初出は平成七年）。

(43)『皇太神宮年中行事』六月十五日条（荒蠣神事・贄海神事）神崎で申す詞に「悪志、赤崎、加布良古ノ明神幷浦々崎々神達ニ申ク」とあり、飽石浦、赤崎神社、安楽島の岬を眼前とする祭祀場で読まれていた詞が引き継がれたと想定されている（中西・註(42) 前掲）。

(44) 小倉・註(19) 前掲。

(45) 近世まで、松江市大庭に鎮座する神魂神社とそこに近接する国造別邸で毎年十一月中卯日に新嘗会、国造代替わりごとに火継神事が行われ（明治以降は斎場を出雲大社）、熊野大社からもたらされた火切り板を用いて火を起こし、眞名井の水で炊いた御飯が用いられていた（神に供え国造が頂く）。

(46) 藤森馨「鎮花祭と三枝祭の祭祀構造」『古代の天皇祭祀と神宮祭祀』吉川弘文館、平成二十九年十二月（初出は平成二十年）。

(47)「出雲国大税賑給歴名帳」の出雲郡神戸郷に確認。出雲神戸郷は鳥取部・海部の部民と神賤で構成され、大化前代成立の部民制的貢納奉仕関係を基礎とし、その統括者は出雲臣が想定されるという（平石充「神郡神戸と出雲大神宮・於友評」『古代文化研究』二十一、平成二十五年三月）。

(48) 丹羽野裕「出雲ブランドの確立」『松江市史』通史編一、松江市、平成二十七年三月。

(49) 千家尊統「古式のこる御本殿」『出雲大社』学生社、昭和四十三年八月、岡田莊司「古代杵築大社神殿の創建」『古代天皇と神祇の祭祀体系』吉川弘文館、令和四年二月（初出は平成十二年）。また、外宮の御饌殿や大嘗宮の内部との類似性から、神と南北で正対せずに横向きに向かいあう点に重きが置かれたとする指摘がある（牟禮仁「大社造りの特性」『古代出雲大社の祭儀と神殿』学生社、平成十七年十月）。

(50) 杵築はまさに西方の陸の果てに位置し、外界から外れた場所にあった。古代の杵築の祭祀場は三方を山に囲まれ、「急峻な北山から流れ下る二筋の川が交じり合う川合いの地、背後に八雲山の整った山容をおろがみ仰ぎ、外界とは隔絶された小空間」で、人口の多い出雲中心域から大河や湿地で隔てられた対岸にあった（松尾充晶「考古学からみた出雲大社とその歴史環境」『古代出雲大社の祭儀と神殿』学生社、平成十七年十月）。垂仁記に記されたように、杵築大社は山に隠れた「石硐の曾宮」であった。また、周囲は古墳・墓の造営は僅少な聖地であり、三輪山麓の祭祀場との共通性が指摘されている（松本岩雄「聖地の成立」『大社町史』上巻、大社町、平成三年九月）。畿内中枢の祭祀場と西方果ての祭祀場との類似性は、その祭神を同一視する神話伝承の形成に関わっていたことを示唆させる。

(51) この他、阿波国の阿波郡・勝浦郡に事代主神社が見える（『延喜神名式』）。大和国葛上郡「鴨都波八重事代主命神社二座」は祈年祭で白鶏・白猪・白馬を特別に奉献する御年神に比定され、事代主神は初期天皇の母方の祖と位置付けられている（『日本書紀』神武天皇・綏靖天皇・安寧天皇即位前紀）。

(52) 内宮摂社が外城田川・宮川・五十鈴川の川沿いに立地していたことは笹生・註(22) 前掲。

(53) 昌泰二年（八九九）九月八日（『西宮記』臨時、斎宮群行勘物）、天慶五年（九四二）四月十四日（『日本紀略』）。六国史では神宮を「伊勢神宮」「大神宮」、外宮を「等由気宮」「度会宮」などと称している。なお、『古事記』天孫降臨に「次登由宇気神、此者、坐外宮之度相神者也」とあるが、「外宮」の文字は平安時代初期に書き加えられたとする見解がある（青木紀元「淡海之多賀と外宮之度相」『日本神話の基礎的研究』風間書房、昭和四十五年三月）。しかし、この記述がない諸本が皆無であること、『先代旧事本紀』にも同文が引用されていることなどから、改竄を疑う必要はないとする見解がある（西田長男「『古事記』の「外宮」用字考」『日本神道史研究』八、昭和五十三年五月〈初出は昭和四十九年〉）。しかし西田氏は度会に天照大神の外宮（トツミヤ、離宮）があった事実はないとし、『古事記』の「外宮」を斎宮の離宮とするが、外宮の御饌殿には天照大神の座があるため、本居宣長が賀茂真淵の『祝詞考』の考えを継承して「元来有し天照大御神の外宮に、豊受大神をば鎮祭れるなり」（『古事記伝』十五・註(21) 前掲）とした理解が妥当であろう。

(54) 小倉慈司「『延喜式』制以前の伊勢神宮—八～九世紀の内宮と外宮をめぐって—」ジョン・ブーリン編『変容する聖地伊勢』思文閣出版、平成二十八年五月。

(55) 御巫清直「御饌殿事類鈔」『大神宮叢書』臨川書店、昭和五十一年九月（明治二十三年五月述作）、櫻井勝之進「磯宮と外つ宮」『伊勢神宮の祖型と展開』国書刊行会、平成三年十一月。

(56) 藤森馨「伊勢神宮と神衣祭」岡田莊司編『古代の信仰・祭祀』臨川書店、平成三十年十月。

(57)『延暦儀式帳』に見える当時の神宮奉仕者において、神服部氏・麻績氏関係の氏族は、内宮の土師器作物忌・父に麻績部が見えるのみである（これは土師器の調製が多気郡で行われていたためであろう）。宮中天皇祭祀と対応関係にある三節祭の御饌供進に神服部氏・麻績氏は直接関わっていない。

(58) 拙稿「古代御饌殿祭祀の基礎的考察」『古代の祭祀構造と伊勢神宮』吉川弘文館、平成三十年十二月（初出は平成二十九年）。常典御饌の概要・研究史・沿革・意義などについては吉川竜実「神宮常典御饌考—清直著『御饌殿事類鈔』を通して—」（『千古の流れ—近世神宮考証学—』弘文堂、平成二十八年六月〈初出は平成九年・十年〉）に詳しい。

(59) 拙稿・註(58) 前掲。

(60) 岡田莊司「大嘗祭祭祀論の真義—遥拝・庭上・供膳祭祀—」『大嘗祭と古代の祭祀』吉川弘文館、平成三十一年三月。

(61) 藤森馨「伊勢神宮内外両宮の祭祀構造—由貴大御饌神事に関する試論—」『古代の天皇祭祀と神宮祭祀』吉川弘文館、平成二十九年十二月（初出は平成九年・平成十年）。

(62)『止由気宮儀式帳』二所太神朝御饌夕御饌供奉行事条。

(63) 拙稿「古代神宮三節祭と日別朝夕大御饌祭」『瑞垣』二五五、令和五年六月。

(64) 拙稿「古代の神宮祭祀と災害」『皇學館大学創立百四十周年・再興六十周年記念 皇学論纂』令和四三月。

(65) 仲哀紀八年九月己卯（五日）では、熊襲討伐を議した際に神功皇后に神が託宣したが、天皇は「有二疑之情一」として信じず、翌年二月に崩御（「即知、不レ用二神言一而早崩。」）。皇后が「所レ祟之神」を知るため神がかると、「神風伊勢国之百伝度逢県之拆鈴五十鈴宮所居神、名撞賢木厳之御魂天疎向津媛命」（天照大神の荒魂、皇后の身を離れて広田国に鎮座）「幡荻穂出吾也、於尾田吾田節之淡郡所居神」（稚日女尊、活田に鎮座）「於天事代於虚事代玉籤入彦厳之事代神」（長田国に鎮座）「於二日向国橘小門之水底一所居、而水葉稚之出居神、名表筒男・中筒男・底筒男神」（荒魂は穴門、和魂は大津に鎮座）の名が現れた。仲哀記でも皇后に託宣した神を「為レ詐神」として信じず、「其神大忿」、たちまちに崩御した。「国之大祓」を行った後に再度神がかりをすると、「是天照大御神之御心者。亦底筒男・中筒男・上筒男・三柱大神者也。」であったことが判明した。

(66)『太神宮諸雑事記』には「巽方太神」の祟りが九件記されており、神事違例（神事場の穢など）により発生し、天皇御薬（不予）や災異の原因とされている。『太神宮諸雑事記』は貞観十七年（八七五）～延喜六年（九〇六）に禰宜であった荒木田徳雄がそれ以前の記録を伝来し、以後荒木田二門の禰宜が書き継いだものだが、院政期に整理がなされており、十一世紀の神仏習合思想に基づく潤色も指摘されている（天平十四年〈七四二〉十一月三日橘諸兄参宮記事。伊藤聡「橘諸兄参宮譚の成立」『中世天照大神信仰の研究』法蔵館、平成二十三年一月〈初出は平成十五年〉）。しかし、六国史においても奈良時代から伊勢神宮の神の祟りは存在しており（宝亀三年〈七七二〉八月甲寅〈六日〉伊勢月読神、延暦元年〈七八二〉七月庚戌〈二十九日〉伊勢大神宮と諸神社）、天照大神が玉体へ祟るという発想を後代の潤色と見なすべきではない。

(67) 小倉慈司「岡田荘司著『古代天皇と神祇の祭祀大系』」『神道宗教』第二六九号、令和五年一月。

(68) 御体御卜で伊勢神宮が祟りをなすかトなわれている確かな事例は、承暦四年（一〇八〇）六月十日、康和五年（一一〇三）六月十日御卜の奏文（『朝野群載』巻六）で確認できる。

(69)『日本書紀』では「是の神風の伊勢の国は、則ち常世の浪の重浪帰する国なり。傍国の可怜国なり」とあってヤマトから離れた沿岸と表現されるが、『皇太神宮儀式帳』では「御坐す地は、度会郡宇治里、伊鈴の河上の大山中」「朝日来向かふ国、夕日来向かふ国、浪の音聞こへぬ国、風の音聞こへぬ国、弓・矢・鞆の音聞こへぬ国と、大御意鎮まり坐す国」とあり、人里離れた争いのない静かな場所であることが強調される。神宮奉仕者にとって五十鈴川上流のほとりは周囲から隔絶した神聖な祭祀場との認識であったのであろう。

(70)『神宮雑例集』離宮院条、『園太暦』延文二年（一三五七）十二月九日条によると、延暦十六年（七九七）八月に度会郡沼木郷高川原から湯田郷宇羽西村（現小俣町）に移転したとされる（ただし所引の延暦十六年神祇官符には不審な点がある〈『史料纂集』六、続群書類従完成会、昭和六十年十一月の当該箇所注記参照〉）。『園太暦』所引の神祇官符によると、宝亀四年（七七三）の改造から二十六年が経過して悉く破損し、南北に通る川の氾濫による崩壊が少なくなかったことが理由としてあげられている。延暦以前に離宮院のあった沼木郷高川原は外宮別宮の月夜見宮周辺に比定され、東の中央公民館跡地は川辺ないし中洲であったとされ（『伊勢市史』考古編、伊勢市、平成二十三年三月、六十五・七五五頁）、古代宮川の分流の影響を受けたのであろう。

(71) 藤森馨「禁河宮川小考―神宮祭祀と朝廷祭祀の境界―」『大倉山論集』第二十九輯、平成三年三月。

(72) 木村大樹『古代天皇祭祀の研究』吉川弘文館、令和四年一月。天皇祭祀の祭神（皇祖神）については諸説が呈されているものの、遅くとも天武朝以降は天照大神一神であったとされる（木村上掲本所収「天皇祭祀の祭神」）。悠紀・主基の卜定を伴う新嘗を開始した天武天皇は天武紀二年（六七三）に大来皇女を選定して斎戒させ、翌年に伊勢神宮に発遣していたこと、一代一度の大嘗祭を始めた持統天皇は、持統天皇四年（六九〇）に初めての内宮御遷宮を斎行させ（『太神宮諸雑事記』）、自身の大嘗祭（持統紀五年）より優先させていたことからして、天武天皇以降は一貫して伊勢の天照大神が皇祖神であったと考えるのは妥当である。

(73) 藤森馨「神宮祭祀と天皇祭祀―神宮三節祭由貴大御饌神事と神今食・新嘗祭の祭祀構造―」『古代の天皇祭祀と神宮祭祀』吉川弘文館、平成二十九年十二月（初出は平成二年）、岡田荘司「神宮式年遷宮と大嘗祭」（『大嘗祭と古代の祭祀』平成三十一年三月〈初出は昭和六十三年〉。

(74)『皇太神宮年中行事』六月十六日条には「物忌父等御殿下ニ燈火三ヶ所、次供二御饌一之後、大物忌父兄部瑞垣御門ニ来テ向二一禰宜一御饌調進侍ト申。」とあり、御殿の下に火を灯して御饌を供進していた。

(75) 拙稿・註（63）前掲。

(76)『続日本紀』和銅四年三月辛亥（六日）に「伊勢国人磯部祖父・高志二人、賜二姓渡相神主一。」、天平勝宝元年四月戊戌（五日）に「伊勢大神宮禰宜従七位下神主首名外従五位下」と見え、少なくとも奈良時代には『延暦儀式帳』に見えるように伊勢度会郡の荒木田・度会両氏が伊勢神宮の神主であったことは認められる。

(77) 平安初期以降に伊勢神道家が述作したものとする指摘もある（八木毅「伊勢国風土記覚書」『古風土記・上代説話の研究』昭和六十三年三月〈初出は昭和三十七年〉）が、風土記逸文に認定されている（真下厚「伊勢国号（一）」上代文献を読む会編『風土記逸文注釈』翰林書房、平成十三年二月）。

(78) 大西源一「伊勢神郡の北堺下桶小川及び磯部川」『神道史研究』第七巻第二号、昭和三十四年三月。

(79)『豊受太神宮禰宜補任次第』によると、天日別命の五世孫に大若子命がおり、越国の凶賊・阿彦を平定したことで大幡主の名を賜り、垂仁天皇の時代に大神主となったとする。

(80)『豊受太神宮禰宜補任次第』では、天日別命は「天曾己多智命」（天底立命、『補任次第』では天御中主尊の八世孫）の六世孫である。薗田守良は度会氏の系譜を偽造されたものと論じている（「度会系論」『神宮典略』後篇、臨川書店、昭和五十一年六月）。

(81) 田中卓「神宮職制の整備」『伊勢神宮の創祀と発展』（田中卓著作集四）国書刊行会、昭和六十年六月（初出は昭和三十四年）、岡田精司・註（38）前掲。森公章氏も「神国造」の存在を認めている（「評制下の国造に関する一考察」『古代郡司制度の研究』吉川弘文館、平成十二年二月〈初出は昭和六十一年〉）。なお、持統紀六年（六九二）三月壬午（十七日）に「賜二所レ過神郡及伊賀・伊勢・志摩国造等冠位一、」とあり、「神郡国造」と読める（榎村寛之「古代伊勢国における評・郡・県と「国」についての覚書」『斎宮歴史博物館紀要』十七、平成二十年三月）が、この記事は神郡司のことと解する見解がある（高嶋弘志「律令新国造についての一試論」佐伯有清編『日本古代史論考』吉川弘文館、昭和五十五年十一月）。

(82) 熊田亮介「度会神主について」『国史談話会雑誌』第二十三号、昭和五十七年二月。

(83) 小倉慈司「『大同本記の虚構性—度会建郡記事をめぐって—』」『史學論叢』第十二号、平成五年三月。

(84) 佐伯有清「考証新撰姓氏録（左京神別下・天日別命）」『新撰姓氏録の研究』考証篇第三、吉川弘文館、昭和五十七年七月。

(85) 外宮宮域の南西にある高倉山の頂に、伊勢地域で突出した規模の古墳があり、六世紀末から七世紀初頭の築造と想定され、その被葬者には度会氏が想定されている（和田年弥「高倉山古墳」『伊勢市史』伊勢市、平成二十三年三月）。

(86) 志摩国に所在する伊雑宮のみ志摩国神戸の人を任ずる規定であり、志摩国の神宮神戸は三節祭にアワビ・サザエを貢納すると同時に、天照大神の遥宮（天照大神の御魂を祭る）である伊雑宮の奉仕も担当していた。

(87) 中川経雅「神田行事」『太神宮儀式解』後篇、吉川弘文館、平成十八年七月。

(88) 註（69）参照。内宮に最も近い古墳は五十鈴川中流域の丸山古墳群であり、それより中下流域に古墳が分布している（『伊勢市史』註（85）前掲）。

(89)『皇太神宮儀式帳』供奉幣帛本記にはいわゆる私幣禁断の制として「王臣家幷諸氏之不レ令レ進二幣帛一、重禁断。若以二欺事一幣帛進人波遠、准二流罪一勘給之。」と記される。奉仕者にとって神宮祭祀とは公の仕事と認識され、『太神宮諸雑事記』には神事違例などがあると「公家」に上奏し、朝廷から奉仕者が祓を科された事例が数多く見える。また、三節祭など公的祭祀は中世に至っても古代と同様の流れで執行されていたことが『皇太神宮年中行事』から解る。同書四月初申日には荒木田氏の氏神祭祀が記され、「氏神祭為二供奉一、除二当番一之外、正権神主彼社頭ニ参。但件社両所也。荒木田氏ノ二門ハ田辺ノ本社ニ参テ祭。同一門ハ小社湯田野ノ社ニ参テ祭也。〔但当時宇治郷岩井田山ニ勧請。〕両門幷両所ノ子細不レ記。」とあり、鎌倉初期は玉城町の氏神社へ参向して氏神祭祀がなされており、五十鈴川上流での祭祀は原則として公的祭祀に限っていた。

使用テキスト

・『古事記』日本古典文学大系『古事記　祝詞』岩波書店、昭和三十三年六月、西宮一民編『古事記　修訂版』おうふう、平成十二年十一月。

・『日本書紀』日本古典文学大系『日本書紀』上・下、岩波書店、昭和四十年七月・昭和四十二年三月、日本古典文学全集『日本書紀』一・二・三、小学館、平成六年四月・平成八年十月・平成十一年六月。説話の引用は読み下し文とした。

・『出雲国風土記』島根県古代文化センター編『出雲国風土記—校訂・注釈編—』八木書店、令和五年三月。

・『皇太神宮儀式帳』『止由気宮儀式帳』胡麻鶴醇之・西島一郎校注『神道大系　神宮編一』昭和五十四年三月、佐野真人校訂「『皇太神宮儀式帳』校訂試案」『皇學館大学研究開発推進センター紀要』第二号、平成二十八年三月。

・『先代旧事本紀』工藤浩・松本直樹・松本弘毅校注・訳『先代旧事本紀注釈』花鳥社、令和四年二月。

・『延喜式』虎尾俊哉編『訳注日本史料　延喜式』上・中・下、集英社、平成十二年五月・平成十九年六月・平成二十九年十二月、粕谷興紀注解『延喜式祝詞（付）中臣寿詞』和泉書院、平成二十五年十月。祝詞の引用は読み下し文とした。

・『神宮雑例集』『皇太神宮年中行事』胡麻鶴醇之・西島一郎校注『神道大系　神宮編二』昭和五十五年二月。

付記

本研究はJSPS科研費JP23K12025「古代天照大神祭祀の構造—伊勢神宮祭祀の実態を中心に—」の助成を受けたものです。

記紀における出雲と伊勢の神話的、歴史的位相について

榎村寛之

はじめに

少し前に「神話の出雲と歴史の伊勢」と題した論文を書いた(1)。内容は単純で、出雲と伊勢はよく比較され、ともすれば二大「聖なる地」のような扱いを受けているが、実際に資料に当たると、出雲が出てくるのは神話の中が主体、伊勢は伊勢神宮が成立した垂仁朝以降が主体で、単純比較をされることはなく、比較して考えるのはじつは現代の我々の認識に過ぎないのではないかというものである。本稿ではこの視点をさらに深めていきたい。

一、出雲についてこれまで気づいたこと

一―一、出雲の二重構造

出雲が記紀の中で最も目立つのは、いうまでもなく「国譲り」である。しかし国譲りの中の出雲は、律令国としての出雲国、現在の島根県東部のことではなく、地上世界を代表する地域としての出雲である。ゆえに出雲譲りが国譲りになる。

しかし、天孫が日向に降りて以降、こうした出雲の特殊性はほとんど見られなくなる。「神話の国、出雲」は垂仁紀などに見える出雲神宝のような、ごく限られた事例からうかがえる程度である。また、出雲大神が王権と関係する話としてよく知られているのは、垂仁天皇皇子ホムツワケ（古事記ではホムチワケ）の伝説だが、『古事記』と『日本書紀』ではその内容は大きく異なることが知られている。

地域としての出雲国の大きな特徴は、スサノオ神話の中で「出雲」という名が冠せられ、神話に由来して「一つの国」として束ねられていることである。しかし、出雲の一国性にはやや特殊な所がある。出雲国府が置かれたのは、国譲りに由来する杵築大社が所在する出雲西端に近い出雲郡ではなく、宍道湖を挟んだ東端の意宇郡である。そして出雲国における神郡は出雲郡ではなく意宇郡で、奈良時代には出雲国造は意宇郡に住み、同郡に所在する熊野大社を奉斎していた。つまり国府のある郡の調庸が特定の神社の維持管理に使われていたという、他の神郡にはない特徴がある。出雲大神とされる「大社」が本来杵築大社なのか熊野大社なのかについては、田中卓氏や岡田荘司氏(2)など多くの議論があるが、よく知られているように出雲国造と杵築大社の関係も深く、東西出雲に分かれた「天神」の熊野大社と「地祇」の杵築大社が、国府のある意宇郡を神郡としてつながっていたことは疑いない。そして出雲郡は神郡ではない。

また、『出雲国風土記』を見ると、出雲には野城大神や佐太大神の「大神」奉斎圏が存在していたことがわかるが、すでに関和彦氏が指摘しているように、野城大神も出雲国造の支配圏の中の神であり、佐太大神も独立した勢力とは考えにくい(3)。またアジスキタカヒコネなど、オオナムチ（オオクニヌシ）眷属の伝承が普遍的に見られ、少なくとも『風土記』の認識では、一国単位でオオナムチを中心とした神の体系でまとめられていたことは十分にうかがえる。

さて、出雲は神話的世界では、天に対する「地」の世界の総称で、「出雲の王」オオクニヌシの支配する所は現実の出雲国ではなく、「国神の世界」

としての出雲である。その意味では、地上世界全体を指す「出雲」という枠の中に、代表として、後の律令国「出雲国」にあたる地域があるという二重構造をとっている。これはヤマト=倭国の中にヤマト=大倭が所在するのに似ている。

一方、奈良時代には、出雲国造神賀詞の儀礼のように、出雲一国が「国を挙げて出雲大神に関係する神話を儀礼の形で表す」という独特のまとまりを持つ意識が見られていた。これもまた律令国家という枠の中での出雲国の独自性を示すものといえる。いかにも出雲は特殊な国と見えるし、奈良時代にはそのように演出されてきた。

しかしながら、現実世界としての山陰地方西部の政治的動向と「神代の出雲」とは必ずしも重ならないのである。

一―二、天孫降臨的世界観の前提としての出雲

出雲が記紀神話で初めて出てくるのは言うまでもなくヤマタノヲロチ神話である。この神話で意外に注目されていないのは、「アマテラスのイロセ=天神」スサノオが「国つ神のアシナヅチ・テナヅチ・ヤマタノヲロチ」の上位にあるという関係を前提に成立していることである。すなわち、『日本書紀』本文ではアシナヅチは「吾は國神、脚摩乳と號す、我が妻は手摩乳と號し、此の童女は吾が兒也」と自己紹介し、『古事記』では、「恐きことなれど御名を知らず」と言う二人にスサノオは「吾は天照大御神の伊呂勢者也(注略)、天より降り坐す也。」と答える、そして『古事記』と関連の深いとされる『日本書紀』第二の一書ではスサノオはヤマタノヲロチに「汝は、畏き神なり、敢て饗せざるや。」と呼びかけ、さらにその尾から出た剣を『日本書紀』本文と第四の一書は「神剣」としている。つまりこの神話は、国神同士の争いに天神が介入することで、出雲世界が平和になると言う構図なのである(4)。

一方、出雲の「国造り」イメージは『古事記』のオオクニヌシ神話や『出雲国風土記』では、オオクニヌシに統合されるオオナムチ・アシハラノシコヲ・ヤチホコ・ウツシクニタマ(5)、ヤツカミズオミツノ・アメノシタツクラシシオオカミなど多様な名の国土開発神と結びついている。この国造りはスクナヒコナとペアになることも多く、『日本書紀』ヤマタノヲロチ神話の第三の一書では、「大己貴命と少彦名命が力を合わせて天下を経営し、百姓は今に至るも、恩を蒙っている」とされる。その具体的な内容は、農業・畜産・病気治療・害獣除災・呪術などであり、「国造り」が「国土経営」と同じことを指していたことがわかる。そして『日本書紀』本文では、オオナムチはスサノオとクシイナダとの間の子、つまりアマテラスの甥だとしているのに対し、『古事記』では「オオアナムチ」がスサノオの七代後の子孫、つまりかなり遠縁の神だとしている。おそらく『古事記』のオホアナムチは、各地に伝わる国土開発神を一括して、強大なローカル神としてバージョンアップした結果、高天原からより遠い神「オオクニヌシ」と認識されるに至ったのだろう。

この「国造りの神」のオオナムチのイメージは、『日本文徳天皇実録』齊衡三年(八五六)十二月戊戌(二十九日)条に

戊戌。常陸國上言。鹿嶋郡大洗磯前有レ神新降。初郡民有煮レ海爲レ鹽者。夜半望レ海。光耀屬レ天。明日有兩二恠石一。見在二水次一。高各尺許。體於二神造一。非二人間石一。鹽翁私異レ之去。後一日。亦有二廿餘小石一。在二向石左右一。似レ若侍坐二。彩色非レ常。或形像二沙門一。唯無二耳目一。時神憑レ人云。我是大奈母知少比古奈命也。昔造二此國一訖。去往二東海一。今爲レ濟レ民。更亦來歸。

として現れるように、九世紀までは現実に「フシギなコトの説明材料」となる国造りの神として認識されていたことがわかる(6)。

そして記紀神話では、「各地で広く信仰されていた国を拓いた神は地上世界を文明化した神オオナムチの別名であり、彼は、天神スサノオの子孫である」という主張がなされていた。オオナムチをアマテラスの甥だとする『日本書紀』本文の主張はそれをより明確化したものと言えるだろう。それは「天神スサノオの子孫の国つ神オオナムチから天神アマテラスへの国譲

りは、地上世界の乗っ取りではなく、ごく正当なものである」という意識を反映したものだと考えられる。

このように考えた時に注意すべきは、国譲りの交渉に行き、目的を果たせなかったアメノホヒの失敗譚である。アメノホヒはアマテラスとスサノオのウケヒによってスサノオから生まれ、アマテラスの子となった五男神の一人で、アメノオシホミミ（ニニギの父）の兄弟である。つまり『日本書紀』本文では、オオクニヌシの従兄弟にあたり。かつ一般的な天上神ではなく、皇祖神にごく近い神である。つまりオオクニヌシは天神にごく近い神と強調され、しかもアメノホヒは特に罰を受けているわけではない。

そしてアメノホヒは『日本書紀』では「神佞二媚於大己貴神一、比二及三年一、尚不二報聞一」、『古事記』では「媚二附大國主神一、至二于三年一、不二復一奏一」とされるが、この「媚（なだめ）」は子孫とされる出雲国造に継承され、独自神話としての出雲国造神賀詞へ展開したと考えられる。つまり出雲世界を造る神は天神にごく近い神だと言う意識は、出雲国造神賀詞が衰退する九世紀までは天皇即位ごとに確認されていたことになる(7)。

一方、交渉に失敗して死ぬのはアメノワカヒコである。ワカヒコはアマツクニタマの子としているが系譜不明の神である。つまりその名からもわかるように、皇祖神系神格というより一般的名称の神であり、出雲系のアジスキタカヒコネと間違えられるように、あまり天神的とは思えない神である。むしろ『宇津保物語』『狭衣物語』や御伽草子『あめわかみこ』(8)にも出てくる、一般名詞的な神の名前「アメワカミコ」に近いイメージがある。つまり使いの雉を射殺し、その反動で死ぬような悪役から皇祖神系の神は意識的に外されている(9)。アメノホヒは出雲国造神賀詞の邪魔にならないように、いわばワカヒコに役を譲って途中からフェイドアウトしているのである。国譲り神話は地域神話ではなく、皇祖神に関わる宮廷内神話の一構成要素として成立し、八世紀の宮廷儀礼である出雲国造神賀詞もその枠内で造られたことがこのような点からもうかがえる。

それが八世紀段階、つまり律令国家が共有した出雲観である。

二、出雲世界の重要性と天神・王権

二―一、垂仁紀の出雲

さて、前論でも触れたように、国譲り以降、出雲が王権と深く関わる記事はほとんど見られなくなる。その中で、宮廷神話とは少し違う、より古い王権神話に関わるのではないかという点で再検討を要するのが、ホムツワケ、そしてヤマトタケルと出雲との関係である(10)。

ホムツワケ伝説の本質は、すでに菊地照夫氏が的確にまとめているように(11)、異常な出生をした王子の再生という通過儀礼的神話を記紀伝承に取り込んだものであろう。ゆえに元々は王になるべき王子の物語で、王権神話になり損ねた、出雲に関わる王位伝承と理解すべきだと考える。この伝承で問題になるのは、口のきけない王子の説明が各書でバラバラだということである。すなわち、最も正統な史書であるはずの『日本書紀』では、皇后サホヒメの子として生まれ、火中から助け出されたが三十歳になるまで口がきけないのが鵠（白鳥か）の飛ぶのを観て初めてものを言ったので、垂仁天皇がその鵠を捕えさせた場所が出雲なのだが、この場所は確実ではなく、但馬ともしている。そしてホムツワケは捕えられた鵠を見て回復する。ところがこの話は鳥取造と鳥取部・鳥養部・譽津部の成立で締められ、その後のホムツワケについては記述がなく、ヤマトヒメによる伊勢神宮成立記事に続くという重要な特徴がある。

一方『古事記』では鵠を捕えた後、ホムチワケがまた話さなくなり、天皇に「大宮を造営すれば話すようになろう」と夢告があり、その原因が出雲大神の「祟」だとわかり、ホムチワケに曙立王と菟上王を添えて出雲に派遣した。ところがその後にはホムチワケはアシハラノシコヲの子のヒナガヒメという美女と出会い、彼女に通って、その正体が大蛇だったので逃げ出した。という一件が付く。つまり明確に出雲神と関わるとしているのは『古事記』のみであり、しかもそれは国譲りで達成できていたはずの大社造営の起源伝承が再び現れるという「ぶれ」につながっているのである(12)。

このように、異常出生・身体異常・超自然的回復という王権神話の要素をふんだんに踏まえるホムツワケの物語は、『古事記』では、多くの要素が切り刻まれ、可哀想な皇子が幸福になる奇跡に遭遇したが、神も怒らせたというとりとめのない話になっている。

本来この話の中の「奇跡」として本来強調されていたのは、菊地氏も指摘するように、記紀両説に共通する鳥を使ったタマフリによる霊力の向上であろう。これも菊地氏の指摘のように、『出雲国風土記』仁多郡三澤郷条には、同様に口がきけなかったアジスキタカヒコネを舟に乗せて八十島を巡らせた伝承があり、タマフリ伝承は普遍的な英雄信仰に基づく、王権神話の構成要素だと読むべきであろう。しかし『古事記』では、ホムツワケはそれだけでは回復せず、出雲大神の力で回復したが、そこからたまたま契ったヒナガヒメという神とも巫女ともつかない女性を怒らせる話に続く。物言わぬ皇子ホムツワケの研究は多いが、ヒナガヒメとの話の意味についての研究はあまり見ないように思う。このエピソードは、本来新しい王の奇譚だったホムツワケの物語を、「その軽率な失敗により王権継承者になれなかった」という話に変えるために付け加えられたのではないか(13)。もちろん具体的な廃嫡という書かれ方はしていないが、『古事記』や、そのもとになる過去の王権奇譚を取り込む際に、王権継承の部分を否定するために付けられたと考えてみたい。つまり、ヒナガヒメのエピソードから、ホムツワケの伝承が古い様式の即位譚に由来していることがかえって明らかになるのである。そして『日本書紀』垂仁紀では、ホムツワケの王権継承神話という性格はすでに意味をなくしていて、出雲派遣はカットされ、それに代わるものとして用意されたのが、全く別の出雲の英雄、野見宿禰の発見と當麻蹶速との戦いの記事である。ここからは危険な神のいる出雲ではなく、王権に忠実な出雲というイメージが紡ぎ出される。すなわち、垂仁紀の中での出雲は、「祟」る神のいるところではなく、王権に忠実な地域という「歴史的」事実めいた話の舞台なのである。

『日本書紀』、つまり八世紀段階の公的な世界観では、垂仁天皇の時代の出雲は、大宮を造らせたり、皇子を出雲に来させたり、女神の正体が蛇であったりというような「存在」には位置付けていなかったようである。

二―二、景行記の出雲

このような出雲の「ぶれ」ともいうべき特異性は『古事記』でさらに見ることができる。よく知られている話ではあるが、ヤマトタケルの物語では、熊襲建を討った倭建は、すでに神代に服属しているはずの出雲に赴く。文中では「欲⊾殺⊾其出雲建⊦」とあるのみで、反乱の企てなど明確な理由はない。そして沐浴している間に刀を取り替えて謀殺する。

この話の類話が『日本書紀』崇神天皇六十年紀に、崇神が、アメノホヒの子のタケヒナテリ（タケヒナトリ）が天からもたらした神宝が出雲大宮にあるのを見るために、出雲臣の遠祖出雲振根の弟の飯入根に命じて貢上させたが、九州に行っていた出雲振根はこれを不満として、同じ手段で飯入根を謀殺したが、振根もまた崇神が派遣した吉備津彦らに殺されたという形で出てくる。そして両者は共に

やつめさす　出雲建が　履ける大刀　黒葛多纏き　さ身無しに　あはれ（記）

八雲立つ　出雲武が　履ける大刀　黒葛多巻き　さ身無しに　あはれ（紀）

とほぼ同じ歌が歌われる。刀のすり替えの物語を伴うこの歌が先にあり、その主人公の名を変えて入れる場所を変えたのだろう(14)。そのため、『古事記』では出雲平定という独立した物語になり、『日本書紀』ではアメノホヒの神話とわずかに結びつく出雲神宝の物語、つまり国譲りの後日譚となっている。

出雲建の謀殺は出雲建の敗北であり、出雲は「世界の果て」としての熊襲と同様の世界と位置付けられている。それはスサノオ神話の「天神による未開の国神の世界、出雲の解放」に通じる世界観でもある。一方、飯入根の謀殺は四道将軍の二人、吉備津彦と武渟河別の派遣による出雲振根の誅滅と、

出雲臣がしばし出雲大神を祀らないという結果を招く。これは大和勢力下に入っていた出雲への王権の軍事介入と見ることができる

『古事記』において出雲は神話的服属（オオクニヌシ）と政治的服属（出雲建）の二度服属するという「ぶれ」があるのに対し、『日本書紀』はそれを回避している。そしてこの事件により、出雲臣が出雲大神を祀れなくなった事態も、丹波氷上の氷香戸辺の子への、「出雲人が祀るべきである」という託宣により解消される。これによって『日本書紀』では、出雲の内紛は無事終息し、先述した垂仁紀における「王権に従順な出雲」に連接するのである。つまり奈良時代の正当な歴史観においては、出雲の服属については「ぶれ」がない。

この物語の背景には出雲勢力の倭への服属という歴史的事実と、「刀入れ替え物語」の広い普及があった可能性が高いだろう。しかし、『日本書紀』の流れは合理的であるがゆえに作為的であり、『古事記』は国譲りとは別の形での出雲服属を説く、いわば感覚的なものである。『日本書紀』は歴史として書き、『古事記』は英雄物語として書こうとしたというスタンスの違いがあると考えられる(15)。

二―三、七世紀の出雲と大和

次に、伝承的時代（『日本書紀』編纂の時代から見ての古代）の出雲イメージとは一旦切り離して、ある程度信憑性を認めていい時期の『日本書紀』の記事から出雲イメージを考えてみよう。まず、近年重要視されることが多い斉明天皇五年の「厳神之宮」(16)である。ここでは、この記事の置かれ方と「厳神」という用語について留意しておきたい。原文では、

是歳、出雲國造名闕に命じて嚴神之宮を修めしむ。

とあるが、その後には名闕、狐が於友（意宇）郡の役丁が準備した葛の末を嚙み斷るいう事件や、狗が同じ意宇郡内の言屋（揖屋）に死人の手臂を嚙み置くなど、「天子崩兆」、つまり斉明天皇の急死を予期させる不吉な事件が続く。

また、この事件は「是歳」条に入っており、月日が明らかではない。『日本書紀』編纂数代前の出雲国造の名がわからないのも不審ではある。そして、高麗使人が羆皮を持ってきた話や、越国守阿部引田臣比羅夫が粛愼を討ち、生羆二頭と羆皮七十枚を献じた話など、日本海側の海上交通に関連する話や、出雲國が「北海の濱に魚が死んで積り、厚さ三尺許になっている。俗に曰、雀が海に入って化する魚で、雀魚という。」という不吉めいた報告が続く。

この時期の『日本書紀』の主要な問題関心は、朝鮮半島情勢と、東北地方日本海側への遠征軍の派遣、そして飛鳥地域の荘厳と有間皇子の粛清に見られる王権の求心性強化であり、これらは実は一体の危機意識によるものと考えていい。その中で斉明天皇の死につながる不審なことが語られているのである。

出雲の場合でいえば、厳神之宮には熊野大社説と杵築大社説があるが(17)、対朝鮮半島緊張と連動する威信建築と考えるのであれば、両方を荘厳化し、王権の威信を高める行為だったと理解できないかと思う。そしてそれは斉明天皇二年の天宮とも呼ばれた両槻宮や狂心渠と呼ばれた大運河工事などと同様の権威事業で、実は批判的に書かれている可能性がある。斉明紀の王権荘厳化記事は、天皇の九州での急逝と白村江の敗北に続いていく不吉な記事と表裏一体に書かれており、出雲の「厳神之宮」の記事もその例外ではないのではないか。このように考えると厳神之宮の「修理」も、単純に出雲大神の社の完成記事とは読みにくくなる。

そしてもう一つ注目しておきたいのは、壬申の乱において出雲臣狛が活躍していることである。出雲狛が出雲出身者か、山城国愛宕郡出雲郷にあたる山城盆地北部の勢力か、はたまた大和国三輪山麓の出雲なのかはわからないが、のちに臣のカバネを受けていることから見て、出雲臣の一族であり、それは天武に同調した勢力としての出雲臣の立場を示唆するものだ

ろう。しかし壬申の乱の後に出雲大神の待遇には顕著な変化は見られないのである。この点については、アメノホヒの子孫としての出雲国造の成立はいつかなど、いろいろな問題が考えられるが、壬申の乱の後の処遇には、伊勢神宮との大きな違いがある

もちろん、奈良時代において神話世界の出雲が現実世界の出雲国に集約されていたのは、出雲国造神賀詞からも明らかなのであるが、七世紀の歴史からその契機や過程は簡単には説明できないことをここでは注意しておきたい。

三、伊勢についてこれまで気づいたこと

三―一、伊勢の多重構造―「伊勢」と「伊勢国」

一方、伊勢国の場合も、その歴史は神宮の成立と深い関係がある。そもそも伊勢は神話の中にはほぼ出てこず(18)、垂仁紀の倭姫命による神宮の制定ではじめて登場する。しかし『古事記』には倭姫命の巡行記事はない(19)。伊勢国について、伊勢津彦という神に由来するという神話が『伊勢国風土記』逸文に見られるが、以前にも指摘したようにこの『風土記』は奈良時代のもの(和銅風土記)とは考えにくい(20)。

そして伊勢国について注意すべきは、これも前論で述べたように、伊勢国という名と神宮には全く関係がなく、伊勢という名の由来すらわからないことである。垂仁紀の倭姫命の巡行記事でも「神風の伊勢国」はすでにあった伊勢国全体にかかる美称であり、神宮のある地域は「傍国の可怜国」の中にある五十鈴の川上と呼ばれるに過ぎない。しかし垂仁紀の神宮の成立以降、ヤマトタケルの伝説、雄略紀の朝日郎の乱、壬申の乱などを経て伊勢という国が『日本書紀』に出てくる頻度は次第に高まっていく。まさに「歴史の国、伊勢」なのである。ところが、伊勢国府は鈴鹿郡にあり、神宮とはほとんど関わらない。神宮や、多気・度会の神郡と関わる国家的組織は斎宮であり、八世紀になると斎宮頭が伊勢国の守や助を兼任する事例も見られるようになるが、それは斎宮頭が伊勢全国を支配するのではなく、北・中部の伊勢(津市以北、伊勢国府の支配権)と南部(松阪市以南、斎宮寮の関わる範囲)の伊勢が別の機関の所管になったということである(21)。単純に言えば、伊勢の南北、北勢と南勢はほとんど別の地域だった。正倉院文書に遺されている『伊勢国計会帳』には、「道前」「道後」という記載があり、実際に伊勢国は二つにブロック分けされていたと考えられる(22)。ここでいう道を東海道と考えるのであれば、道前は鈴鹿郡から尾張に隣接する桑名郡に至る東海道沿いの六郡を、道後は奄芸(庵芸)郡から度会郡に至る東海道から離れる七郡を指す可能性が高い。さらに南部七郡からは、多気郡・度会郡の神郡二郡が分立する。この六郡・五郡・二郡の体制は現在の北勢・中勢・南勢地域とほとんど重なっている。

北勢と南勢の歴史の相違の具体例として、壬申の乱を取り上げよう。壬申の乱と伊勢国との関わりは、大海人皇子の「天照大神」の望拝で知られるが、その場所は北勢朝明郡に属する「朝明の迹太川」である。そして実際の戦闘も鈴鹿関を中心とした北勢地域で行われ、伊勢神宮のある南勢地域に基盤を持つ勢力の関与はうかがえない。また、後述するように、六世紀以降、北勢から中勢地域には、中小豪族の支配単位と考えられる「県造」が置かれていたが、その勢力が戦に加担した形跡も見られない。アマテラス望拝にはどういう意図があったのかは慎重に考える必要がある。

その一方で、伊勢神宮の関与の解釈については、紀では見られない理解もあったようだ。『万葉集』巻二―一九九、柿本人麻呂作による高市皇子の挽歌には、壬申の乱の時のこととして

(前略)渡会の 斎の宮ゆ 神風に い吹き惑はし 天雲を 日の目も見せず 常闇に 覆ひ給ひて 定めてし 瑞穂の国を 神ながら 太敷きまして(後略)

とある。壬申の乱において高市皇子は美濃不破関の天武天皇の本陣から近江に進軍する本体を率いて、近江側の本隊と戦っている。この「神風」は最大の戦いである勢田橋の戦を頂点にした戦闘過程での出来事を指す、つま

り美濃から近江の湖東地方で起こった事件に基づいているのだろう。たしかに南伊勢地域には冬場に強い北西からの季節風が吹き、神風を思わせるものがあるが、実際の近江での戦闘で強風が吹いたとしても、戦闘当時に伊勢の神風と認識されていたかは慎重でありたい。美濃から湖東にかけても、息長氏や多度神社の勢力圏など、日本海側から関ヶ原を越えて三重県北部に入ってくる風の強い地域には、風の神の信仰が広がりやすい所が多いからである(23)。むしろ壬申の乱の「神風」とはそうした風を、戦後にアマテラスの神威と結びつけて説明したものとも理解できる。つまり天武天皇即位前紀において、伊勢北部で大海人がアピールした「天照大神」の信仰は、当初から伊勢神宮を意識していたとは必ずしも言えないのである。あえて言えば、アマテラスが「天」を主催するという信仰は、当初の大海人皇子の勢力圏、美濃・東近江・そして伊勢北部の一体性を強化するために喧伝されたもので、伊勢国南部には壬申の乱の過程で広がったのではないのかもしれない。「天照大神」の信仰は、天武天皇三年（六七四）に大来皇女が下向して、伊勢南部の太陽信仰を踏まえた「伊勢大神宮」を中心とする形に落ち着くまで、紀の書き方とは少し異なる形で展開していたと考えられるのである。

このように、壬申の乱が伊勢にもたらした「アマテラス効果」とでもいうべきものは、はどうやら伊勢国全体に一様に広がったのではないらしい。ここにも伊勢国の地域性の多様さが現れているのである。

以上見てきたように、出雲と違って伊勢国は「伊勢地方」として一国には束ねられない。奈良時代以降でも、各地に分布する神宮神戸を除いて伊勢国全国にわたる伊勢神宮の関与は見られないのである。もっとも、伊勢国内には、サルタヒコやタヂカラヲなどアマテラスや天孫降臨に関わる地域神も見られるのではあるが、現実の神宮祭祀との関わりは、じつは明らかではない。サルタヒコは天孫降臨を導く神だが、神宮祭祀とは直接関わりがなく、一志郡阿佐鹿(現・松阪市小阿坂町)あたりのローカルな太陽神的神格ではないかとも言われる(24)。またタジカラヲは天の岩戸を開いた神で内宮の相殿神でもあるが、多気郡内の佐奈県の神ともされている(25)。しかしこれらの神が、出雲におけるアジスキタカヒコネのような広い範囲の信仰圏を持っていたとは考えにくい。

このように、じつは伊勢がなぜ一国にまとめられたのかはよくわからない。伊勢国の場合、神宮および斎宮のある多気・度会郡と国府を中心とするその他の地域が二極的、あるいは連星的な構造になって一国を形成している。その意味で、「伊勢国」成立の背景には地域的な一体性より、倭王権との関係に基づく政治的経緯を推測すべきなのではないだろうか。

三—二、南勢地域の歴史と神宮

延暦二十三年（八〇四）に編纂された『皇大神宮儀式帳』（以下、『儀式帳』とし、同時に編纂された『止由気宮儀式帳』と合わせる時は『神宮儀式帳』とする）は、中勢南部から南勢地域にかけての「度会。多気・飯野」の三郡（現在の伊勢市・玉城町・明和町・度会町・多気町・松阪市の一部）が元は一つの地域だったとする。すでに穂積宏昌氏が詳細に指摘しているように(26)、この地域で最も大きな勢力が成立していたのは、櫛田川およびその支流である多気郡の祓川流域であった。五世紀初頭には隣接する飯高郡に、墳丘長一一一㍍を誇り、装飾性の高い船形埴輪が出土した松阪市宝塚一号墳が成立しているが、同じ頃には、祓川流域にも神前山一号墳(三八㍍・画文帯神獣鏡が出土)や高塚一号墳（七五㍍）などの帆立貝式古墳が成立し、その造営主体は、飯高郡の勢力を介して倭王権下に入っていたと見られる。そして金銅装の冑が出土した松阪市佐久米大塚山古墳を経て、六世紀末期から七世紀初頭の、金銅装頭椎太刀を副葬していた前方後方墳の明和町坂本一号墳に至るまでの頃には、櫛田川・祓川流域では継続的な開発が進められる。そして祓川流域は河口部の的形（的方・円方）浦での海上交通の掌握も含め、倭王権にも重要な地域になっていたと見られ、それが七世紀後半の斎宮成立の立地条件につながったと考えられる。

的形はその名の通り弓矢の的のような形の潟湖（ラグーン）を利用した港

と考えられる。的形浦から三河へは、穂積氏が指摘するように、伊勢湾の波の静かな内湾を利用して神島に至るルートが想定できる。そしてルート上に位置する神島の八代神社には、福岡県の宗像沖ノ島を思わせる多様な奉納神宝が伝世されているが、その多くは鏡である。『土佐日記』には大阪湾沿いに北上する紀貫之一行は「住吉のわたり」で逆風に遭い、住吉の神に幣として鏡を海に入れると「うちつけに海は鏡のごとなりぬれば」とある。海神への幣としては、その面のように平らかになるように、鏡が最もいいと考えられていたようだ。神島の鏡も同様に、穏やかな伊勢湾から外洋に出る際の安全な航海を祈願したものと見られる(27)。しかし一方、的形は弓矢の的のような、つまり砂堆がアーチを描くように発達した、外波から守られた袋状のラグーンであったと考えられるので、砂の堆積作用によりやがて港湾機能は衰退する可能性が高い。事実的形の名は九世紀以降見られなくなる。代わって『伊勢物語』の第七十二段(28)から出てくるのが笹笛川河口部の大淀の渡り、つまり明和町の大淀港である。『延喜式』神名帳などには「竹大與杼神社」の名があり、大淀は斎宮にある多気郡多気郷の中の津だと見なされている。また『延喜斎宮式』等には尾野湊の別名があり、尾野つまり長い砂嘴によって河口部を外波から守る、ある程度長期間利用できるラグーンだったと推測できる。そして尾野湊は斎王の祭祀の場でもあった(29)。櫛田川は氾濫原の広い川であり、八世紀以来の流域開発も盛んに行われているため、氾濫や堆積による河口部のラグーンの盛衰は頻繁に見られたことだろう。

一方、この地域に関わる氏族と見られるのが『儀式帳』でこの地域を「「百張蘇我国・五百枝刺竹田国」」と言挙げしたとされる竹首吉比古の後裔、竹首または竹連氏である。多気郡が竹評を嘉字二文字で表現した地名で、孝徳朝に「竹村」に「屯倉（初期評衙）」を置いたとする『儀式帳』の所伝から見ても、この地域の譜第氏族であることは疑いない。「村」の評価は諸説あり判断が難しいが、浅野啓介氏によると支配拠点にもなった伝統的政治拠点と考えることができる(30)ので、その本拠は洪積台地上で坂本・塚山古墳群などがある斎宮周辺地域であった可能性が高い。しかし竹首は最初の多気評の督領・助督には就任していない。督領は麻績連廣背で、助督は磯部真夜手である。

一方、『倭名類聚抄』（以下、『和名抄』とする）には多気郡三宅郷があり、『三重県の地名』は、祓川氾濫原になる左岸地域で、祓川と櫛田川の中間に位置する海岸域を含む地域、松阪市保津町周辺と見ている。また、飯野郡から多気郡にかけての地域、現在の近鉄漕代駅周辺には稲木郷があり、「稲木（松阪市稲木町）」という地名が残っている。これは天治二年（一一二五）の「天治二年十一月大国荘専当藤原時光解」(31)に「稲木横道両郷」として出てきているので、一二世紀までは郷として存在していたことがわかる。これが古代の稲城と繋がるのであれば、クニの下の単位のイナギ(32)の存在も想定できる。さらにその北側、現在の祓川下流域には「中海（なこみ）」の地名があり、郡領氏族の麻績氏の本拠、つまり「中麻績」が転じたものと考えられる。伊勢神宮の神衣祭に荒妙（麻布）を収める神麻續機殿もこの近域であり、麻續神社という神社もある。『和名抄』には麻績郷も見られ、多気郡（評）の成立にあたり評督となった麻續氏との関係の深い地域だったと見られる。ある。そして斉明紀に見られる績麻郊、つまり麻績野で駿河から来た軍船が一夜にして向きを変えた(33)という伝承地はその北側の海岸線、的形周辺のラグーンのノ（郊・野）、つまり砂嘴であろう。さらに麻績氏と対になって神宮神衣祭に奉仕していた服部氏も、神服部機殿が神麻績機殿より北に位置し、『神名式』と『斎宮式』に「服部麻刀方神社」が見られることから、現在の的形周辺の海岸線を本拠にしていたと考えられる。とすれば、麻績・服部氏は多気郡西部、竹川左岸下流から海岸域に勢力を持ち、海上交通に関わる氏族で、儀部氏などと上下関係を構築していた可能性がある。ならば、現在の近鉄漕代駅から海岸線にかけての地域、すなわち櫛田川氾濫原の東側、いわば現在の祓川周辺地域では、竹氏の支配圏とは異なる支配、例えばミヤケやイナギが置かれ、麻績・服部氏と磯部氏が上下関係を持つような支配が行われていた可能性が高い。天永四年（一一一三）二月二十五日の年紀を持つ「大中臣某封戸賣券案」(34)には「多気郡麻績郷敢石部常吉」

の名が見られる。石部氏は磯部氏のことである。

それではこのような体制はどの段階で成立したのか、二つの観点からその可能性を考えてみたい。一つは神宮の土師器作物忌が「麻績部春子女」で、その父が「麻績部倭人」とされていること、もう一つは贄土師部との関係である。神宮に土器を貢納する調整所は多気郡の有爾郷に置かれ、室町時代に絶えたが近世に復活し、現在に至る(35)。平安時代にこれを管掌していたのが土師器作物忌である。『儀式帳』によると内宮の物忌は大物忌以下九人置かれていたが、神主氏（荒木田神主）二人、山向部氏一人、磯部氏五人で、ほとんどが神宮祭祀に直接奉仕する禰宜氏族である。その中で土師器作物忌だけが多気郡に本拠があったと見られる麻績部氏とされている。そして、伊勢神宮に納品する大量の土器を調製する遺跡は、六世紀頃に上限を置く北野遺跡、八世紀の水池土器製作遺跡など有爾周辺に集中していて、全国の九十パーセント以上の土師器焼成坑が確認されている(36)。こうした土師器生産と関係するのではないかと見られているのが『日本書紀』雄略天皇十七年三月丁丑条に見られる「贄土師部」である。贄土師部は、土師連から朝夕の御膳用の清器を造る集団として諸国の「私民部」を奉ったもので、その中に、伊勢国藤形村（三重県津市藤方）が見られる。これが『儀式帳』にある倭姫命が短期間滞在したとする「壱志藤方片樋宮」に通じ、同地に近い津市高茶屋大垣内遺跡でも同じ形の土師器焼成坑が確認されていることが興味深い(37)。

このように見ると、特別な土師器を製作する集団である「贄土師部」は大化前代に伊勢国中部から多気郡に一部が移って土師器焼成坑を大量に造営しており、九世紀初頭には麻績氏配下の麻績部によって統括されていたと考えられる。この関係性は職業部姓が意味を持っていた六世紀段階まで遡ると考えていいのではないか。ならば竹（多気）評立評時の麻績氏の勢力圏は的形のある西部の海岸線から土師器製作工房が所在した北野遺跡などが確認されている南部地域へと、斎宮周辺の竹氏の領域をL字形にとりまくように広がっていたとも推測できる。『儀式帳』によると、北野遺跡にも近いと考えられる多気郡有爾郷の鳥墓村には後の太神宮司に通じる神庤が置かれ、「中臣香積連須気の時に度会郡の山田原に移した」とあるので、中臣系氏族の存在も想定しておかなければならない。

ところが一方、『儀式帳』は、多気郡域にここまで述べた支配論理から外れた地域があったことを記している。それは櫛田川上流の「佐奈県」である。佐奈県は、『古事記』ではタジカラヲが坐す「佐那県」とされ、開化天皇記に、曙立王の後裔として「伊勢佐那造」の名が見られることで知られる。『儀式帳』では、佐奈県造御代宿禰が「許母理国志多備国・真久佐牟気草向国」と言挙げして、倭姫命に神戸・神田を奉ったとしている。この勢力が伊勢佐奈造氏として続いたのかどうかは不明ではあるが、佐奈地域を含むと見られる多気郡相可郷は、竹首が事挙げを地域とは独立した地域で、櫛田川に流入する佐奈川流域を開発した氏族の本拠地と考えられる。『近長谷寺資材帳』(38)には相可里に「磯部寺」領があり、近長谷寺領と接していたという記述や、「敢磯部望丸」「磯部置嶋」などの人物が垣内を施入していたことや、在地の者が加えた證書に磯部が二名見られることから、櫛田川河口域をおそらく本拠としていた磯部氏が河を遡上して、神名帳や斎宮式に見られる「伊蘇上神社」周辺を本拠に、佐奈まで勢力を伸ばした可能性が高かろう。

このように、六世紀の、後に多気郡となる地域では、少なくとも竹川左右両岸域と有爾郷周辺、そして竹川と櫛田川が分流する上流の佐奈川流域地域で、それぞれ性格の異なる、複合的な支配が行われていた可能性が高い。さらに考えるべきは、『儀式帳』には、飯野郡が近江朝甲子年、つまり六六四年に分割され、その時には飯野高宮村に屯倉を置いたという記述がみられることである。この「高宮村」の屯倉も郡衙前身施設と見られ、神宮成立伝承でも飯野高宮に倭姫命が留まったとしていることから見て、「竹村」と同様、政治・経済・交通の拠点集落であり、支配拠点にもなっていた要地が官衙となったと理解できる。それは後の飯野郡衙に関係する可能性が高い。しかし飯野郡の初代評督（郡領）は「久米勝麻呂」で、高宮と関係した飯野郡の譜第氏族だったかどうかいささか疑わしい。このように多気評の成立段階では、少なくとも、「竹村」「高宮村」「佐奈県」と少なくとも三箇所の地域拠点が存在したが、それらを基盤にした氏族は督領になれず、的形周辺から有爾周辺に勢力を持つ麻績・服部氏がその地位を占めていた。そしてこの地域は、佐奈川から櫛田川右岸・竹川水系で海に到る地域と、櫛田川左岸から下流域にかけての水系で分割され、多気郡と飯野郡になったという歴史がうかがえる。多気郡の成立は『儀式帳』が伝える以上に政治的な地域再編の結果だったと考えられる。

一方、度会郡域の同時代史についてはさらに不明な点が多い。古墳文化としては、六世紀末期から七世紀初頭期に成立した高倉山古墳まで見るべきものが少ない(39)。しかし前掲穂積氏が指摘しているように、皇大神宮(内宮)の荒祭宮祭祀遺跡は五世紀には遡ると考えられる。とはいえ内宮は五十鈴川流域であり、じつは宮川河口部の氾濫原を見下ろす立地である外宮とは水系の異なる神社であり、内宮と「百船度会国玉伊蘇国」と言われた宮川河口域（つまり山田原、現在の伊勢市街）の開発とは別次元で考えねばならないだろう。また、高倉山古墳の石室については、内外宮周辺より、度会郡に属する小俣町地域や、海を挟んだ三河湾地域との共通性が指摘されており(40)、それが七世紀初頭頃に一世代だけ巨大化したものと考えられる。ならば突然変異的巨大化を産んだ要因が検討されなければなるまい。度会郡の氏族については、後の荒木田氏・度会氏となる「神主氏」、あるいは「磯部氏」以外には、『儀式帳』からは度会の言挙げをした宇治土公氏、度会評設置時に督領となった新家氏などがわかるが、高倉山古墳成立以前の古墳時代の勢力圏については明らかとは言いがたい。度会郡の海岸域は「百船の度会」の名で知られ、港湊地域と考えられがちであるが、実際に文献からわかる重視されていた港は先述の的形である。的形周辺で見られたラグーンの盛衰は、宮川や五十鈴川の下流域にも見られたことと思われるが、そうした郡を越えた港の数々が「百船の度会」の実態ではないかと考えられるとするなら、単純に度会「郡」の特性とは言いにくい。また、度会評で初代督領新家連阿久多を出した新家氏は在地の氏族ではなかった可能性が高い。新家氏は『日本書紀』宣化天皇元年五月に「物部大連麁鹿火、宜遣新家連、運新家屯倉之穀」と出てくる氏族で、現在の津市新家町、雲出川下流域で松阪市との境界地域にあったとみられる新家屯倉に関わる。そしてこの文脈から見て、物部氏配下の氏族であったと考えられる。度会郡では在来氏族とみられ、「磯」を名乗る氏族で最も高いカバネを持つ礒連牟良が助督とされ、新家氏はその上位に置かれて、多気郡の麻績氏と対応する地位を占めている。

要するに、伊勢神宮の所在する度会郡域は同じ神郡の多気郡地域とは大きく性格が異なり、むしろ後発的に発展してきた地域と考えられるのである。このように南伊勢地域の古墳文化を概観しても、なぜ五十鈴川流域の皇大神宮域が重視されるのかはよくわからないことが多い。『儀式帳』は神郡の由来について、孝徳朝以前、多気・度会・飯野の三郡は一体で神宮領だったと主張しているが、その支配が、例えば「神宮奉斎勢力による一円支配」のような一本の論理で書かれていないことはこれらの事実からもわかる。そして、神郡支配と佐奈県以北に置かれた県造の体制を共通の神宮の基盤として、県のほとんどが神戸の起源だと主張する『儀式帳』の論理が正しいのかどうかという点も考慮されるべきなのである。

もとより飯野郡以南が特別な地域だとする『儀式帳』の主張は、現在の金剛川とも言われる下樋小川以東を神宮に近い特殊な地域とする『延喜大神宮式』の書き方とも対応し、一応の説得性はある。それ以北の神戸以外の地は神宮と直接的な関係を持っていなかったと言う実態もおよそ首肯できるものだろう(41)。では本来の県造体制とはどのようなものだったのか。

四、伊勢地域の歴史的重要性と二つの軸

四―一、県造の役割と伊勢の南北軸

『儀式帳』によると、県造は倭姫命の巡行に際して地域から献上された神

田と神戸に由来するとされる。その献上した人物が県造または県造の祖とされ、味酒鈴鹿国に関わる川俣県造、草蔭安濃国に関わる安濃県造、宍往呰鹿国に関わる壹志県造、忍飯高国に関わる飯高県造、許母理国志多備国に関わる佐奈県造の名が挙げられている(42)。美濃から伊勢に入り、桑名で伊勢国造が倭姫命を迎えてから、鈴鹿まで飛んでいることには留意しておきたい。なお、伊勢国造の祖は建夷方とされ、『先代旧事本紀』の「国造本紀」の伝える天日鷲命(神武朝)とは別系統の伝承の可能性が高い。

アガタは倭王権の重点的支配地であり、県造（アガタノミヤツコ）のミヤツコは「御家つ子」で、県主（アガタヌシ）のヌシより自立性が低いと考えられる。県造は大和・河内に置かれた形跡がないが、伊勢だけではなく、美濃にも置かれていた形跡があり、正倉院文書にある美濃国加茂郡半布里の大宝二年戸籍には県造のウジナが見られる。加茂郡は「賀茂県主」に関係する可能性があり(43)、王権の直接の影響が及んだ地域と見ることができる。井上光貞氏は鴨県の存在の可能性を指摘し、牟義都君との婚姻関係から、牟義都国造の下部機関だったとして、国造と県主の上下関係を説くが、井上氏が指摘したように(44)、カモが神を語源とする言葉であれば、国造祭祀に介入し、倭王権との仲介役になった氏族とも取れる。また前之園亮一氏(45)は、半布郷において県主–県造–県主族–県主人という上下関係を想定している。このように考えれば、カモ県主の下にカモ県造がおり、一般論的には、県主より小さい勢力だったと見るのが妥当だろう。

ならば伊勢の県造も、『儀式帳』が主張する、後の郡単位に近い「国」と直結する氏族、つまり国造級氏族ではなく、吉田晶氏が指摘したように、郡単位より郷単位（アガタ郷がある）の勢力で、県主より王権への服属性の強い小首長だったと考えるのが妥当だろう(46)。加藤謙吉氏や岡田登氏が指摘する、鈴鹿郡の有力氏族で国府誘致の前提になった鈴鹿郡の大鹿氏(47)が県造ではなく、その勢力の南側に川俣県造の勢力圏があったらしいことも、国造級の有力氏族に対する県造の役割をうかがわせるものがある。

川俣県造は伊勢国府の所在する鈴鹿川流域でもより下流の南側、鈴鹿市神戸周辺を本拠にしていたと考えられるが、『延喜式』の神名式には、同じ鈴鹿郡内に県主神社が見られる。これは鈴鹿川上流の亀山市田村町に所在する能褒野神社に合祀され、最近鈴鹿市椿大神社に隣接して独立した神社であるが、近世には亀山市川崎町県の穂落神社に比定されていた。さらに『和名抄』より、鈴鹿郡に英形郷があったことがわかり、これも川崎町県に比定されている。つまり、鈴鹿郡には、川俣県とは別に、県主が置かれた県があったことを示唆している。

同じように飯高郡の場合を考えてみる。飯高は伊勢国内で唯一、国名・県名・郡名が一致する地域で、忍飯高国を言挙げしたのは飯高君(飯高宿禰)である。また『続日本紀』天平十四年（七四二）4月甲申条には、

夏四月甲申。伊勢国飯高郡采女正八位下飯高君笠目之親族県造等。皆賜二飯高君姓一。(48)

とあり。飯高君が采女を出す氏族、つまり郡領級氏族だったことがわかる。そしてここには「親族県造」とあるが、「親族の名を県造という者」と読むことにはいささか無理がある。むしろ、『親族と、県造のカバネを持つ者』で、伊勢国飯高郡の郡領氏族の下位に県造のカバネを持つ者がおり、それが飯高君に統一されたということで、県造は飯高笠目の一族に従属する立場だったのではないかと考えられる。

さて、飯高君は伊勢神宮祭祀とは関係がなく、『古事記』では壱志君の同族氏族とされている。先述のように、飯高郡には五世紀には宝塚一号墳（一一一㍍・装飾付船形埴輪が出土）、二号墳（九〇㍍）、佐久米大塚古墳（四五㍍・鉄地金銅装小札鋲留眉庇付冑が出土）などを造営した有力な勢力の形跡が見られるが、以降は顕著な大勢力が確認できない、つまり独立性の高い地域勢力が衰退し、後に多気郡域となる祓川流域の七世紀初頭の坂本一号墳（三八㍍・金銅装頭椎大刀が出土）を造営した勢力などに押され気味になるとも考えられる。ならば衰退した国造級の勢力が最終的に倭王権に編成されて飯高君となり、本来は倭王権から楔として打ち込まれた飯

高県造と、奈良時代には同族関係を構築していたとみることもできる。

一方、先述のように、佐奈県造のいた櫛田川上流域の佐奈地域は飯野郡との関係性が窺えるが、六六四年に公郡となった飯野郡の初代督領は小乙中(従八位下相当)の久米勝麻呂で、佐奈県と直接関係するとは考えにくい。また、『儀式帳』の記す県造段階の社会観では、佐奈県造が現在の明和町域にまで影響を及ぼしていたとは読めない。むしろ、竹首の支配地域と佐奈県が「多気評」として一本化され、飯野郡分立時に佐奈地域が取り残されて多気郡所属の郷になったという歴史が推定できる。立評段階で県の存在意義は無くなったということだろう。『日本三代実録』貞観九年九月十二日条には、斎宮助藤原朝臣豊本が、史生の従八位上県造富世に殺されたという記事がある(49)。この県造富世は、あるいは佐奈県造の子孫で、県造氏が神郡内有力氏族として斎宮に史生を出仕させるような立場であり続けたことを示すものかもしれない。

一方。その多気郡と神宮が所在する度会郡内には県造が置かれたとはされていない。多気郡では先述のように、竹首吉比古が言挙げし、度会郡では宇治土公らの祖の大田命が内宮をおくべき地を提案するが、いずれも県造にはなっていないのである。

しかし佐奈県は多気郡内にあり、また度会郡も『日本書紀』神功皇后紀に「神風の伊勢国、百伝ふ度逢県」として出てくるので、多気・度会郡もやはり「県」の支配論理の中には入っていたと考えられる。そして考えておくべきは、中央との関係によって、のちの神郡地域でミヤケ的な支配に携わって勢力を保っていた氏族、つまり県造に当たるような中規模氏族とは、多気郡では麻績・服部氏、度会郡では新家氏のような後の郡司氏族だったではないかということである。他地域のように在来の氏族を郡領として編成する支配論理は、神郡では採られていないのである。

また、新家、麻績氏と関係する倭王権構成氏族としては、物部氏が想定できる。物部氏と伊勢の関係については、先に見た新家屯倉の史料で物部氏と中勢地域の関係がわかり、また安閑天皇元年閏十二月是月条には、

「廬城部連枳莒喩の女の幡媛が、物部大連尾輿の瓔珞を盗み、春日皇后に献じたことが発覚し、枳莒喩は幡媛を采女とし、また安芸国の廬城部屯倉を献じ、物部大連尾輿は、十市部・伊勢國の來狹々・登伊邑、そして贄土師部と筑紫國膽狭山部を献じた」とある。この記事は史実ではなく「廬城部連枳莒喩伝承」ともいうべき伝承に拠った可能性があり、六世紀前半頃の話として語られていたと論じたことがある(50)。ならば贄土師部が物部氏の管轄を離れ、多気郡に入って麻績氏の配下に置かれたのはやはりその頃ではないかという可能性が指摘できる。とすれば、新家氏と度会郡の関係についても同様のことが推測可能になり、度会・多気郡において、竹連や磯連(度会・荒木田)氏を監視する立場にあった氏族の成立期がおおよそ推測できるのである(51)。

そして「県造」が同様の目的で各地域の国造級氏族の地域支配への楔として打ち込まれたとするならば、このシステムの成立も大差ない時期と考えられる。つまり県造とは、六世紀の王権がこの地域を強力に支配するために置いたものであり、多気・度会郡においてそれに該当する役割を果たしたのは麻績、新家氏だったと考えられるのである。

四―二、伊勢と王権の東西軸と南北軸

くりかえすが、伊勢国は南北に長く、国府の置かれた鈴鹿郡から南を見ても、鈴鹿・一志・飯高そして神郡がそれぞれの地域的展開を遂げていた。そしてこれらの郡を東海道から分岐した「古代伊勢道」が貫通していた。

特に飯高郡は五世紀段階ではこの中でも有力であった。当時の倭王権の影響力を強く受けていた地域としては、後の初瀬街道から青山峠を越える領域、つまり伊賀の美畑古墳群を造営した勢力の支配圏から、宝塚1号墳造営勢力が支配する松阪市街西南部に至る領域が重視できる。そして宝塚1号墳の立地する丘陵地の南部には櫛田川氾濫原が広がっている。古代以来櫛田川の氾濫原は広域でその流路も一定ではなかったようで、その河口部、松阪市黒部から明和町大淀に至る海岸部には、先述の的形のようなラグー

ンが多く形成され、伊勢湾海上交通と直結していた。

つまり東西軸=倭王権の東国進出に関わっていたと見られる現・松阪市域南部の東西領域がこの地域の元々の交通の要衝で先進地域だったと見られる。櫛田川の水運と、青山峠越えの陸路を持ち、水銀採掘なども想定できる飯高郡域と、それに付随していた櫛田川下流域の多気郡域は、大和から伊勢湾を介して東国に向かう東西ルートにあたる文化伝播のメインルートでもあり、度会郡はその南部に展開するサブルートとして存在していたと考えられる。

先述の駿河で造られた船が多気郡の績麻郊に回遊された記事や、持統上皇が的形から三河に行幸した事例(52)から見ても、七世紀頃には、この地域の海岸の重要性が多気郡域に集約されていたことがうかがえる。「百船の度会」と言われた船の往来の実際の中心だったとも思えるのである。

一方、九世紀の斎王群行は、鈴鹿関から伊勢神宮に向かう古代伊勢道を通っていたと見られ、この道が中勢地域と南勢地域をつなぐ官道であった。斎宮跡で確認されている古代伊勢道は道路幅九メートルの直線道路で、鳥取県・島根県で確認されている古代山陰道の幅員にほぼ匹敵する(53)。斎王が鈴鹿峠を越えて斎宮に向かうのは平安遷都以降だが、斎宮跡の古代伊勢道は八世紀初頭には整備されていたことが確認されており、おそらく青山峠を越えて川口に至る、天平一二年（七四〇）の聖武行幸ルート（つまりのちの初瀬街道沿いの道路）とも一志郡で接続していたものと見られる(54)。このつながり方は自然発生的な地域間連携ではなく、より大きな勢力による政治的連携と考えられよう。そして聖武行幸のルートは川口から鈴鹿関へ、さらに美濃に向かう。このルートも当然整備された官道やそれに準ずる道を使っていたと考えれば、伊勢国府から鈴鹿関を経て斎宮に至るルートはすでに奈良時代から整備されていたものと考えられる。桑名郡から鈴鹿郡の国府を経て鈴鹿関から度会郡に至る伊勢国の南北縦貫道路は奈良時代には官道として完成していたのである。そして、壬申の乱での大海人皇子の鈴鹿から伊勢湾岸を北上する逃走ルートとの関連から見ても、ここに東国進出の足がかりとしての伊勢国とは別の、南北に連なる伊勢国という極めて政治的な統合意識を見ることができる。

その起源として考える要素になるのが先述した県造制である。中勢地域から南勢地域に分布する県造体制が、贄土師部の遷移に代表される、六世紀頃の中勢の文化の南勢地域への波及と対応するなら、そこには関東への足場として伊勢地域を重視した五世紀王権と六世紀王権との政治姿勢の相違を見ることができる。それは伊勢国の地域支配における東西軸から南北軸への変化である。これは個々の水系単位で発展してきた各地の勢力に対して、中小首長を県造として編成することで中南伊勢地域の一体支配を行うもので、六世紀の屯倉体制に対応したと言える。県造は神宮との関係ではなく、倭王権との関係で考えるべきシステムなのである。

五、八世紀の王権と出雲・伊勢の再検討

五―一、出雲の地域史と大社

くり返すが、出雲国では一国単位で異例とも言える支配体制が行われたと考えられる。出雲を特徴づけるのは、先にも触れた、大社と呼ばれる神社が、東端に熊野大社、西端に杵築大社があり、相互に補完しているということである。また両社の間には宍道湖があり、この間は一衣帯水で結ばれている。これだけでも北勢と南勢で文化圏が違う伊勢とは大きく異なることがわかる。そして『神祇令』義解説では、杵築大社が地祇なのに対して熊野大社は天神とされている。しかし杵築の祭神がオオクニヌシであるのに対して、熊野の祭神は、「出雲国造神賀詞」ではクシミケノ、『出雲国風土記』では「イザナギの子であるクマノカムロ」と相違があり、さらにそれがスサノオのことだともあり、かなり複雑な議論がある。熊野大社は出雲国造の本来の拠点近くにあるが、杵築大社は本来出雲国造と地域的な関係を持つわけではない。出雲国造は天神アメノホヒの子孫だとしているが、熊野の祭神がアメノホヒだとした資料は皆無である。つまり出雲国造は祖神と

しての天神アメノホヒ、和ませる神の地祇オオクニヌシ、そして熊野祭神の天神クシミケノ（クマノカムロ）の三神を祀るという複雑な祭祀を行い、神郡である意宇郡をベースに出雲国を東奔西走していたことになる。また、『出雲国風土記』冒頭の国引き神話でも火神岳（大山）と佐比賣山（三瓶山）を加志（杭）としているので、ここでも一国としての統一性が見られる。ただし国を引く神はヤツカミヅオミツノで、本来スサノオともオオクニヌシとも関係なかった可能性が高い国造りの神と見られる(55)。

さて、出雲の神郡の大きな特徴は国府が置かれた郡が神郡になっていることだと述べたが、さらに意宇郡には出雲神戸もあり、神郡の中に神戸があることになる。どうやら伊勢の度會・多気の神郡とは構成が異なるようである。そして『風土記』の意宇郡条には、特に神郡らしい特徴は記されていない。慶雲三年（七〇六）以来延暦一七年（七九八）まで、つまりまさに『風土記』編纂期に出雲国造が意宇郡司を兼ねていたことから見て(56)、特殊な支配関係があったものと推測できるが、その権威がどの程度まで及んでいたかは意外にわからない。

このように実在した奈良時代の出雲国の記録からは、先に見た国つ神の長であるオオクニヌシの本拠というイメージとは別に、複数の神の信仰基盤が一体になった下で錯綜する状態だった可能性が指摘できる。その錯綜の一例としてヤマタノヲロチ神話を再度取り上げる。

『出雲国風土記』にはヤマタノヲロチの話は出てこないが、森田喜久男氏は、意宇郡母理郷条にある、オオアナムチが退治した「越の八口」が、ヤマタノヲロチに当たるのではないかと見ている(57)。とすれば、この神話の根幹となる属性は八の口があることと越の国、北陸地方と関わることだったということになろう。また、蛇神の信仰を簡略に理解するのは難しく、たとえば先述のように、ホムツワケが契った蛇神ヒノナガヒメには悪意はなかったのだから、蛇神だから悪神だとは一概に言い難い。しかしヒノナガは斐伊川の水神の意とする説が有力なので、ヤマタノヲロチと大差ないことにもなる。そしてヒノナガヒメはアシハラノシコヲを祀る場にかかわる、巫女的な性格だとも理解できる。このように蛇神信仰でも一様ではないことがわかる。

さて、出雲と倭王権の関係については、菊地照夫氏が、六世紀中葉に「王権の権威の根源を天上世界に求める垂直的他界観型の宗教的世界観が形成された」ことにより、「出雲が現世の中ツ国にあって他界と通じる地として位置付けられることになった」という興味深い指摘を行なっている(58)。この時期に、玉作工房が出雲に集約されるとともに、意宇郡を中心とする東部地域に山代二子塚古墳を盟主墳とする結合が形成されたという指摘は重要であり、その隣接領域に、一次資料としては全国最古の「部」表記が見られる「額田部」銘象嵌銀装円頭大刀が出土した岡田山一号墳があることから見ても、意宇郡地域の勢力が国府誘致の受け皿となると共に、杵築大社を含む出雲全域に影響を持ったことは十分考えられる。一方、森田喜久男氏は、額田部姓の郡領が大原郡少領に見られることを踏まえ、吉備を媒介にした出雲山間部における倭王権の影響を重視し、六世紀前半にその時期を想定し、出雲東部の「淤宇宿禰」が出雲国造に任命された時期を六世紀後半と考え、倭王権が開発した地域として斐伊川流域を重視する(59)。文献からの研究としてはこの二説は説得性の高いものと考える。今ここで両説の詳細な分析を行う余裕はないが、六世紀中頃から後半にかけて出雲地域の再編が著しく進んだ結果、天孫降臨という地域信仰とは別次元のイデオロギーとの上下関係が政治的に構築されたという理解が可能であろう。

すなわち、『出雲国風土記』に見られるこの地域の多様な神話観は出雲国造の影響下に、地上国、国つ神の国としての「出雲」を代表するものとして圧縮され、降臨する天孫の権威を高めるものとして位置付けられたと考えることができるのではないか。国つ神の国の代表である出雲は『風土記』の中でも、あたかも『古事記』天岩戸神話にある「万の神の声はさばえなす」ような国だったのである。

もとより出雲神話には膨大な研究史があり、まだ出雲地域史についても同様であって、単純な構造化には危険も伴うが、ここでは、出雲で「国譲り」が行われたとされる地域の下部構造に多様な神話が見られ、それが記紀神話とは必ずしも合致していないことは強調しておきたい。その理由が、六世紀半ばの王権神話の変容に伴うものだとすれば、「神話の出雲」も「歴史の伊勢」と同様に、六世紀の大きな変化によって成立したものと考えることができそうである。

五―二、王権祭祀の中での伊勢と出雲

一方、伊勢神宮の国家祭祀化のプロセスは単純なものではなく、五世紀の倭王権の軍事的な東国進出に伊勢湾地域の太陽を信仰する勢力が関わっていた段階から、六世紀の北勢地域と南勢地域を通じて、倭王権が統一的に支配していく段階への変化が見られる。『日本書紀』の継体紀から推古紀に見られる、伊勢に派遣された皇女、プレ斎王とも言える皇女の記事はまさにこの動きに対応した段階のものだった。継体王権は伊勢湾北部の尾張・美濃の勢力を背景に北勢勢力と深く結びついていた。一方欽明王権は、倭王権を継承して伊勢湾沿いと伊賀越えの双方から南勢地域まで統合的に支配ができるようになった。プレ斎王体制はこの過程で成立したと考えられる。欽明朝の磐隈皇女は『延喜諸陵式』の石前皇女との対応から、また用明～推古朝の酢香手姫皇女は『上宮聖徳法王帝説の須加氏古女王との対応から実在の可能性が高い。しかしながら、おそらく『隋書倭国伝』に見られる、大王が「天を兄とし、日を弟とする」という日神意識からの転換により、伊勢への皇女の派遣は中断し、神宮祭祀は地域勢力に一時期的に委ねられたようである。それを司ったのは高倉山古墳を造営した宮川下流域の勢力だったと見るのが妥当だろう。ところが大化改新以降、この地域の勢力は、神郡の成立による地域の分割と非・神宮祭祀氏族を頂点とした地域的再編を受けることになる。そして天武朝の大伯（大来）皇女の派遣は、「神宮」を特化するとともに、「天皇」の分身としての斎王を頂点にした直接祭祀体制を、七世紀初頭以来神宮祭祀氏族が行ってきた旧来の祭祀の上に置き、二重構造をとったことを示す。それはまさに「天皇」のために祭祀が行われる特別な伊勢神宮を、斎王の存在において特化したものである。

つまり八世紀の伊勢神宮は荒木田氏、度会氏により日常の祭祀が行われているが、神祇官に直結して中臣氏系の氏族によって運営される太神宮司がその観覧者となり、それより上位に斎王という総覧者がおり、国家的祭祀としての独自性を打ち出していたと考えられるのである(60)。

これに対して出雲大社の運営には国家の直接的な影響が見られない。出雲大社には『神宮儀式帳』のような文献が伝えられておらず、その逸文を引用した資料もない。つまり作られた形跡がない。しかし八世紀後半の延暦一七年（七九八）には、出雲国造が采女と称して百姓の娘と神婚儀礼を行なっていたらしい体制が禁止されている(61)。神宮が『儀式帳』に拠って詳細な国家的掌握を受けるようになった同時期に、出雲でも国家からの祭祀内容への介入が見られたのである(62)。しかしながら出雲臣氏と熊野大社・杵築大社との関係には変化がなかったようである。その意味で、出雲国造への委託祭祀は変わらないと言えるだろう。先述のように、出雲国造は天神からの神別氏族で、神話によって裏付けがなされ、その内容は出雲国造神賀詞奏上によって天皇の代々に儀礼として反復される。それは言うならば委託の確認であり、天神の末裔の出雲国造が出雲の神々を和ませることで世間の平穏が保たれるという論理で、委託と言いつつも神祇官祭祀の枠内で行われているといってよい。そして出雲国造神賀詞奏上儀は実際に出雲国造熊野大社や杵築大社で行なっていた祭祀とは大きく異なるものだったと考えられる。これは前述した、国譲り神話に現れる出雲と、風土記神話の出雲の内実の相違に対応するとは言えないだろうか。その意味で出雲国造神賀詞は、あくまで「神話の中の出雲」に由来した宮廷祭祀の中に位置付けられるもので、それが現地に反映されたのが、意宇の出雲国造が国府のある郡を神郡として全出雲に顔をきかせ、杵築大社祭祀を執り行うという出雲国造の特殊な性格だったのである。

さて、出雲以上に伊勢神宮祭祀に見られる特殊なパターンは、言うまでもなく斎王の存在である。斎王は天皇と一対一の関係で選ばれ、伊勢神宮では

なく斎宮寮によって支えられる。つまり京と直結した存在である。近年発掘された、七世紀後半の塀で囲まれ、東に三〇度触れる斜行方位の区画は、東西幅約四〇メートルと規模は小さいながら、正殿と左右三対、しかも左右第三殿が東西棟で正殿と相対し、中庭を囲む「院」の形式をとっている。南面こそしていないが、前期難波宮の形式に似るという指摘もされている(63)。南中心になる建物の南側に門があり、その南に広大な広場が設けられ。左右に脇殿が並ぶ、いわゆる朝堂院形式は前期難波宮の後、飛鳥浄御原宮にも見られず、藤原宮で復活する先進的な構成の宮殿形式だが、それを簡略化したものが伊勢の地域支配で用いられているのである。この区画は天武天皇の娘、大伯（大来）皇女のために用意されたと考えられるが、持統朝に行われた天皇の伊勢行幸を経て、文武朝まで使われていたと見られる。斎宮はその後、元正朝の久勢女王、または聖武即位を視野に入れた井上王（皇太子首親王、つまり聖武の娘、のちの井上内親王）の頃に南北方位に改められる。文武朝に初出する斎宮寮の体制が完成するのは聖武朝のことである。

そのように考えると、七世紀後半の斎宮は当時の社会の実態以上に整然としたイメージで、いわば時代を先取りしたように造られたと言えないこともない。そして、言うまでもないが、斎王は記紀神話とは一切関係してこない。伊勢は記紀神話の舞台ではなく、サルタヒコ・タジカラヲ・ウズメなどの神が散発的に関わる地域として設定されているだけだからである。斎王の存在が投影されているとすれば、その対象は倭姫命、現実には先述した欽明朝の石前皇女など、歴史的な存在でしかあり得ない。

一方、出雲国造神賀詞にはいささか古いイメージがある。それは岡田荘司氏が指摘した、神奈備の問題が関わっている(64)。

ここでは大穴持命は、彼が守護する「大倭國」の範囲に「大御和の神奈備」「葛木の鴨の神奈備」「宇奈提」「飛鳥の神奈備」祀り、「皇御孫命の近き守神と貢り置きて」、杵築宮に静まったとする。神賀詞奏上儀礼の初出は霊亀二年（七一六）だが、そこで語られる大和の範囲は平城宮ではなく、藤原宮を取り巻く範囲に設定されている。つまり神賀詞の世界では、ことさらに伝統的な世界である飛鳥藤原に由来することが強調されているのである。ここでは藤原宮をイメージした八世紀前半期の思想が平城京段階に完成するということを確認しておきたい(65)。つまるところ、伊勢でも出雲でも、七世紀後半の王権が持っていたイメージが、八世紀にはシステムになっていくというプロセスが確認できるのである。出雲では神話の確認儀礼として、伊勢では王権の一部を担う斎王制度としてである。

五―三、出雲から伊勢への切り替わりとしての崇神・垂仁期のイメージ

さて、話は複雑さを増すが、ここで出雲と伊勢の「記憶」にとって極めて重要な崇神・垂仁期の位置付けについて確認をしておきたい。

『日本書紀』の伊勢神宮成立についての記事は二種類ある。崇神・垂仁紀の二回、豊鍬入姫命と倭姫命の二度にわたり、宮中から倭笠縫邑への遷座と伊勢への遷移を語るのが本文、倭姫命がまず磯城厳橿の本で祀り、後に丁巳年十月に伊勢渡遇宮に移したと一代でまとめるのが異伝である。そして異伝にはこれに続くエピソードがある。

倭大神が穂積臣の祖先の大水口宿禰に「誨」えるには、天照大神が天原を、皇御孫尊が葦原中国の八十魂神を、そして倭大神を大地官として治めさせたのに、先の御間城天皇(崇神)は祀り方が粗雑であったので短命だった。現天皇はそれを悔いて慎んで祭れば、長命と天下泰平を約束しようということだった。そこで中臣連の祖に仰せて、探湯で占わせ、渟名城稚姫命を選び、穴磯邑で祀らせたが、「身體悉痩弱」り、祀れなかったので、大倭直の祖の長尾市宿禰に祀らせた。

というものである。この異伝にはいくつかの特色がある。まず本文を見ると、垂仁天皇の没年は百四十歳、崇神天皇は百二十歳でたしかに垂仁の方が長生きではあるが、異伝でいう「短命」というイメージではない。『日本書紀』の神をないがしろにして短命というイメージは、仲哀天皇の五十二歳がまあ妥当な所であろう。つまり異伝の中では崇神は本文のように百二十歳まで生きた天皇とは考えられていない。次に本文では、最初に倭大神を

祀った渟名城入姫命は崇神の娘とされるが、異伝の渟名城稚姫命は崇神の娘と見るより、文脈上垂仁の娘と考えられ、よく似た名前の別人ということになる。とすれば渟名城稚姫命から渟名城入姫命が連想され、遡って崇神紀に位置づけられたとも読めるが、ヌナキ「ワカ」ヒメよりヌナキ「イリ」ヒメの方が崇神（ミマキイリヒコ）・垂仁（イクメイリヒコ）と共通する尊称「イリ」を使っているので、トヨスキ「イリ」ヒメと同様に、古そうな名前なのである[66]。また、異伝では、ヌナキワカヒメを探湯で選んだが失敗したので長尾市に祀らせたというのも、神占を無視した不自然な話になっていることから見て、もともとは神占で選ばれたのは長尾市で、ヌナキワカヒメは後から割り込んだように見える。倭大国魂と倭直氏の祖である長尾市との関係は深いが、本文では長尾市は渟名城入姫命と直接関係しない。

その意味で注目できるのは、崇神天皇七年の倭大国魂神の祭祀に出てくる「磯長尾市」が、「倭直祖長尾市」として垂仁天皇三年の天日槍に関わる「一云」で播磨に派遣される使として出てくる記事と、同七年の出雲の野見宿禰を迎えに行く使として出てくる記事である。大倭神の祭祀との間隔はそれぞれ六十四年、六十八年あり、かなり無理があることは否めない。さらに伊勢神宮成立に関わる異伝も入れると、八十七年になってしまう。これは倭直氏の中に伝わる長尾市伝説が二代に分離されたものと考えるのが自然であり、倭直が大王の腹心としての立場を主張した伝説に―おそらく『日本書紀』成立段階で―歴史書的な再編を行った結果成立したものと考えるのが自然であろう。

次に垂仁紀の出雲記事を見直してみよう。ここでの最大の特色は「出雲神宝」という言葉が出てくることで、垂仁天皇二十六年に物部十千根大連に勅して出雲の神宝を検校して管理させたという。物部氏の成立や大連の役職などから見て、史実とは思えない記事ではあるが[67]、興味深いのは、先述のホムツワケ皇子の記事の後、神の土地としての出雲の記事は、「厳神の宮」までほぼ出てこないということである。「神話の出雲」は「伊勢神宮の成立」と入れ替わるようにその役割を終えていくように見える。

この時期の記事で興味深いのは、先述の大倭氏の祖とされた、長尾市の立ち位置である。先述のように、長尾市は垂仁紀一書の神宮伝承に、大倭氏の祖として出てくるが、同じく垂仁朝に渡来したという新羅の王子天日槍の記事でも、一云として、三輪君の祖の大友主とともに播磨に派遣され、天日槍を詰問したとしている。また、当麻蹶速と野見宿禰の力競べの記事では、本文に「遣㆓倭直祖長尾市㆒、喚㆓野見宿禰㆒」とある。当麻蹶速が葛城氏系の有力者をイメージ化したものであり、倭王権のお膝元の不穏分子だとするなら、野見宿禰は、「神の国出雲から来た者」というより、崇神記の出雲振根のような、辺境の蛮勇を持つ者としてのイメージ化がうかがえる。それを天皇の特命で迎えにいくのが長尾市なのである。

このように、長尾市は崇神・垂仁期にかけて、倭大國魂神主になるとともに、三輪、伊勢、出雲、さらに渡来系神格の天日槍とも関係があるように描かれている。それは中臣氏にも通じる内廷的性格とも言えるだろう。そもそも倭直氏は、その名に反して、神武紀に、イワレヒコ（神武天皇）が速吸之門に至った時、一漁人として現れ、國神で、名は珍彦と言い、天神の子を迎えに来たと答え、彼らを導き、その功績により「椎根津彦」の名を賜ったのに由来する氏族だという。つまり神武東行の案内役で、大和土着ではなく、王権直属の氏族だったと言える[68]。とすれば、長尾市は後の時代の近衛使のような立場で出雲の野見宿禰を呼びに行ったのであり、「遣㆓倭直祖長尾市㆒、喚㆓野見宿禰㆒」という文言は、八世紀に始まる相撲節会の相撲使のイメージから造形されたものとして位置付けられるのかもしれない。ここでの出雲は相撲人がくるような異境の地のイメージだったという理解ができる。そう考えると、野見宿禰が出雲出身なのにオオクニヌシとの関係が一切記されない一方、葬送儀礼に関わる氏族で、土師氏の祖となったという不可解な伝説にも一定の理解はできそうである。つまり野見宿禰は、国つ神オオクニヌシの聖地ではなく、出雲健が討伐されるような辺境の出雲から出てきた人物なのである。

さて、そもそも大倭神社は天武朝以前には特に史料上重視されている神社というわけではない。大倭氏自体、天武朝に連を賜姓され、のちに忌寸に昇格した氏族にすぎない。連を与えられたのは倭直龍麻呂連で、この天武天皇十年四月庚戌条で賜姓されているのは、直・造・など中小氏族で、錦織造・次田倉人・門部直・宍人造など大王の生活に関わる内廷的性格の強いものが多く、倭直氏もそうした氏族と理解できる。また連は、八色の姓の第七位にすぎず、奈良時代の天平九年（七三七）に宿禰賜姓が見られるが、それも明法家大和長岡の功績によるものである。最初から朝臣を賜姓されていた大神氏との懸隔は大きい。そして大倭社は、持統天皇六年（六九二）に藤原京造営に際して、伊勢・住吉・紀伊（日前国懸）と共に突然奉幣される。この記事からは伊勢神宮の立場が傑出したものではなかったこと(69)、そして、前後との脈絡がなく取り上げられていることが注目できる。つまり天武朝以降倭直氏が内廷的氏族として急速に発展したこと、あるいは伊勢神宮の急速な地位上昇が大倭の地位に影響を与えたことなどを連想させるのである。

このように見ると、垂仁紀の長尾市の重視記事は、天武・持統朝に整えられた可能性が高いと言っていいのではないか。それは、壬申の乱で中臣金が斬られ、中臣氏が一時的に衰退する中で、大神高市麻呂が壬申の乱での功績とともに重視され、持統朝には中納言に昇ることとも連動する、いわば天武直属氏族の伝承の取り込みなのではないかとも考えられる。

このように、崇神紀との二段階ではなく、垂仁紀のみで伊勢神宮成立が集約されるのが古い形であるとすれば、その形は崇神朝以来問題になっていた出雲の神宝を王権が管理するという時期と「意識的に重ねた」ものと考えられる。そしてこの記事は、天武天皇二年八月庚辰条の、忍壁皇子を遣わして石上神宝を膏油で磨かせるとともに、諸家の神宝を返却するという記事と関連づけられる可能性がある。とすればそこには、王権による諸社の神宝管理は垂仁朝に始まりこの時に終わるという『日本書紀』段階の歴史観をうかがうことができ、その象徴として出雲振根の神宝の一件が記されているとも理解できる。ならばその次に記されるのが十月乙酉の大来皇女の伊勢神宮への派遣記事であることも見逃せなくなる。つまり、「出雲神宝」に代表される「王権が神宝を介して氏族を支配する」システムが終わり、代わって、「最高位の伊勢神宮を定め、斎王の原型になるものを送る」という体制が現れてくるという理解が可能なのである。

崇神紀から垂仁紀にかけて、天孫降臨に伴う国譲りに伴わない出雲関係の記事が出てくるのは、「天武朝に終了した神宝管理による祭祀支配体制」の起源として出雲の伝承が位置づけられていたからと理解できる。それは、「神話の出雲」に先行する意識の反映と考えうるのではないだろうか。

五―四、「神話の出雲」と「歴史の伊勢」再び

さて、とりとめのない考察を進めてきたが、改めて『日本書紀』における時間意識の中での出雲と伊勢の位置付けについてまとめてみたい。

出雲は神話世界に主軸を置きつつも、崇神・垂仁朝にまで王権の関係を持ち続けるとしているようである。しかしそこに見られる意識は単純ではない。『日本書紀』では、崇神朝の社会の乱れの原因は、三輪のオオモノヌシとされ、オオタタネコの祭祀が成立し、それを軸とした天社・地社と記される祭祀制度が確立されるとする。出雲のオオクニヌシ（オオナムチ）の祭祀はその和魂であるオオモノヌシの祭祀によって王権の中に位置づけられる前提としているようである。逆に言えば『日本書紀』通りに読むと、三輪の祭祀の確立により出雲の重要性が低下したとも取れる書き方をしているのである。一方『古事記』では、出雲は、大国主命の国譲りと倭建命の出雲健のだまし討ちという二度の征圧と服属を経験するという複雑な形で現れる。最初は王権発祥の聖地、次は熊襲と同様に征伐されるまつろわぬ国という体裁である。『日本書紀』はその点では整理されていて、崇神・垂仁紀の出雲は大和に服属しつつも一定の自主性を持つ地域という書かれ方をしている。また、ホムツワケの伝説からは出雲の神が新王のタマフリに関わっていたという伝承の残滓がうかがえ、あるいは『古事記』型の成立以前に別の出雲イメージがあったのかもしれない。

一方、『日本書紀』の伊勢は本来垂仁・景行紀、つまり倭姫命と日本武尊以後で本来まとめられていたものが、崇神紀に引っ張り上げられ、結果的に豊鍬入姫命が宮中から天照大神を出したことの結果が記されないという不完全な形になっている。これはヤマトタケル伝説の成立にも関わってさらに考えなければならない問題ではあるが、崇神・垂仁紀では「神話の出雲」と伊勢が並行的に語られ、以後は「歴史の伊勢」が語られる。伊勢は天孫降臨とも神武東征とも関係しない地域で、王権発祥の地ではない。その存在は「常世に続く国であり、傍国のうまし国」とされ、倭王権との上下関係性の強い交流に基づく地域意識を踏まえて物語が作られているように思われる。

このように見てくると、『日本書紀』では崇神・垂仁朝は神と王権の関係が整理される時期だと位置づけられていたと考えることができ、「神話の出雲」と「歴史の伊勢」という関係も、この時期を接点として出雲の重要性が三輪にスライドして、同時並行して伊勢神宮が創られるという形で成立してくるものと理解できるように思える。

ここで十分に認識しておかなければならないことがある。それは『日本書紀』内での「歴史」概念の未成熟という問題である(70)。『日本書紀』の記述を歴史書として読んでいくと、政治・社会的な大事件を記録し、あるいは有能な政治家の事績を顕彰するような、中国的「歴史書」、つまり『続日本紀』以降の五国史とは同じとは思えない感覚に驚くことかある。そこに見られるのは、いろいろな伝承的個別事項を「歴史」という概念が未成熟なまま、時系列的に並べなおした編纂物というイメージである。『日本書紀』においてある程度歴史的記録に基づいて書かれたと言えそうなのは継体朝以降であり、応神から武烈は天皇個人やウジに伝わる物語を時系列に編纂したもの、それ以前は人と神が共存していた時代、という雰囲気で、それは『古事記』の上・中・下の世界観とも共通する、そのため、歴史書として読むと、『古事記』が生き生きと記す「オケ・ヲケ王=顕宗・仁賢の物語」以前の記事は何ともおさまりが悪くなる。

それではこうした物語とも伝説とも歴史ともつかない塊の中で、律令国家が「出雲」という概念と「伊勢」という概念に期待したものは何なのか、という問題にもう一度立ち返ってみたい。

五—五、日本書紀の時代区分意識と出雲・伊勢—

端的に言えば、『日本書紀』の中では、出雲は神代のリアリティーを伝える地域、最も近い時代まで神と関わっていた辺境と位置付けられていたと考えられる。一方伊勢は、倭王権が全国化するにあたり、神をその本拠から切り離した地域と認識されていたと思う。伊勢神宮の遷移は、神が人間に直接関与してこない社会、（奈良時代の感覚では「現代史」）の始まりともいうべきものだったのかもしれない。

伊勢神宮に関する意識は大きく四期に分かれている。まず宮中から神を出して伊勢に移すまでである。ここで留意しておきたいのは、『日本書紀』では「八咫鏡」を宮廷から伊勢に移したとはしていないことである。一般的には宮廷に「三種の神器」があり、伊勢神宮に鏡がある矛盾を、宮廷のものはレプリカと説明することが多いが、「天照大神」が神鏡でなければならないわけでは決してない。宮廷で魂移しをして伊勢で別の鏡に移したと理解することもできる。

さらに、崇神朝に倭笠縫邑に祀られていた天照大神をなぜ垂仁朝に伊勢の地に持って行かねばならなかったのか、という理由も明らかではない。草薙剣もまた、日本武尊伝承の中で何故か伊勢にあったことになっており、しかも護身剣として渡されるという、神鏡に比べてはるかに軽い扱いを受けており、物語としての整合性が破綻している(71)。

つまるところ、伊勢神宮設置と倭姫命の物語にはこの程度の完成度しかない。ここで特に強調されているのは、伊勢神宮は、歴史の始まりとされた時代に創られたという意識である。

さて、崇神に始まる血統は仲哀で一旦途絶えるかに見える。胎中天皇ともされる応神以降の記述は半島との交渉と天皇家の内紛が主なテーマで、伊勢神宮の出番は極めて少ない。その間をつなぐのが、神功皇后が天照大神の示唆で新羅に攻め込む話だが、この伝承には伊勢の在地性はほとんど見られず、神宮関係文献も取り上げていない。伊勢神宮が明確に出てくるのは仁徳紀の隼別皇子と雌鳥皇女が伊勢神宮に逃げ込もうとした話だが、『古事記』のこの話には伊勢神宮が出てこないので、本来伊勢に関わった伝承とは言いにくい。むしろ具体的に伊勢と関わるのは雄略紀の稚足姫皇女が不倫を疑われで自裁する話だが、以前触れたように(72)、これは神宮への不信を雄略系統の大王家の衰微と結び付けた、多分に神話的な物語と考えられる。このように、この期間の伊勢神宮記事は信用するに足りない。結局ある程度信頼できるのは継体以降、さらに言えば欽明朝の磐隈皇女以降の断片的な記事ということになり、それ以前は遡及して、王権の始まりとともにあるという形で付け加えられた可能性が高い。

さらに継体期の史料からは、贄土師部や麻績氏、新家氏など、北から南への動きがうかがえ。雄略朝と宣化朝にその名が見られる廬城部枳莒喩の息子と娘の伝説などは、贄土師部や神宮に関わる廬城部氏の伝承を二つに分けて差し込むことで、応神系と継体系の王権の橋渡しにした可能性が指摘できる。

しかしこの時代の日神祭祀が、日と天は別で天は大王の兄、日は弟だとしていたことは『隋書倭国伝』から明らかで、日神祭祀に関わる皇女の派遣が推古段階で止められ、舒明系王統もその姿勢を引き継いだことは、神宮祭祀のありかたが大きく変化したことを示唆する。そこでようやく現れるのが、天武段階の「日神から天照大神」への転換である。ここで初めて日神と天の神が合一し、伊勢神宮に祀られているのは天皇の祖先神「天照大神」という考え方が生まれるのではないか。ゆえに、それ以前の伊勢神宮関係記事は、『日本書紀』には断片的な素材としてしか採られていないと考えることができる。つまる所、伊勢神宮に関する記述は、七世紀後半の天照大神の確立を前提に、六世紀の歴史的素材をもとに、四世紀、さらに三世紀に架上して完成したものと見ることができるのである。

出雲の場合は伊勢ほど歴史資料が多くない。しかしその主要なテーマである「巨大な神殿」ひとつを見ても、単純なものではない。出雲の「大社」らしきもの造営は、国譲り神話でまず『古事記』に「多藝志之小浜」に作った「天之御舎」に始まるが、これは大国主が「天之御巣」のごとき建築の造営を請願していながら、「天之御舎」を自身で建てたという矛盾がある(73)。天皇が大社を造営したという二度目の記事は垂仁記のホムツワケ皇子の伝承で、皇子が口を利けるようになったことを喜び、「神宮を造らしめ」たというものだが、『日本書紀』にはどちらの記事も見られない。つまり正史である『日本書紀』が採用するほど普遍的な常識に基づくわけではなかったことがうかがえる。

このように、『日本書紀』における伊勢と出雲のイメージは、複雑に重層化したそれぞれの「歴史」と「意識」の上に成立したもので、決してバランスが取れているわけではない。

改めてまとめよう。八世紀の出雲と伊勢はそれぞれに重要な神社ではあるが、対にして意識されていたとは考えにくいのである。

おわりに

以上、「神話の出雲と歴史の伊勢」というテーマの続編として考えたことを縷々書いてきた。結論として見えてきたのは、出雲と伊勢に関わる『日本書紀』の記述には、古伝承を新たな記述によって再構成し、再配分したという傾向が見られる、ということである。それ自体はすでに言われつくしたことだが、注意すべきは、『日本書紀』の記す「歴史」が、それ以前の「史実」と「伝承」を再構成して完成した、七世紀後半から八世紀にかけての歴史認識だということである。そこに収録されている六世紀～七世紀前半の伊勢や出雲に関わる事項は、ある程度事実が反映されているが、『日本書紀』全体を貫く史観とは大きく異なる。そのため『日本書紀』はその前提として、神話に出雲の起源を求め、崇神・垂仁紀に出雲・伊勢の重要事項を

「新たに作って配分した」といえる。ただしその元には、垂仁紀のホムツワケの話のような、より古い王祖伝承の断片から再構築されているエピソード、あるいは伊勢神宮成立の異伝のような、より原型に近いと見られる氏族家記に基づく可能性が高い記事などもあり、慎重な取り扱いが必要である。

それにしても、改めて確認できたのは、出雲と伊勢が、それぞれの六世紀あるいはそれ以前に遡る伝承の断片を記録していながら、相互関係は全く持たないことである。そして『日本書紀』の編纂過程においても、出雲と伊勢には直接の関係性は全く見られない。それぞれに異なる歴史を持った地域が、それを反映して「神話」の出雲（垂仁朝以前に重視される地域）と「歴史」の伊勢（垂仁朝以降に重視される地域）という歴史認識の中で『日本書紀』に再構成される。

出雲大社と伊勢神宮は律令国家の「歴史の形成」、すなわち「自己正当化」意識の中で「神話的正統性の象徴」「歴史的正統性の象徴」という、それぞれの役割を負った神社だったのである。

註

（1）榎村「律令天皇制と出雲・伊勢」『律令天皇制祭祀と古代王権』、塙書房、二〇二〇年／初出二〇一六年

（2）田中卓氏は「日本古代史における出雲の立場」（『続田中卓著作集1 伊勢・三輪・加茂・出雲の神々』、国書刊行会、二〇一一年）などで熊野大社を想定し、岡田荘司氏は「古代杵築大社神殿の創建」（『古代天皇と神祇の祭祀体系』吉川弘文館、二〇二二年）などで杵築大社を想定している。

（3）関和彦「野木大神の消長とその世界」岡田精司編『祭祀と国家の歴史学』、塙書房、二〇〇一年

（4）ヤマタノヲロチを神と見ることについては早く、松前健「八岐大蛇神話の構造と成立」（『松前健著作集第七巻』、おうふう、一九九八年　初出一九七〇年）が広範に論じ、肥後和男以来の、大蛇とスサノオとが、本来同一物の異なった二面であり、二者は同じ水神の、二重写しにほかならないという指摘を補強している。また、著者も、「記紀神話・伝承における素材・文学性・政治性」（遠藤慶太他編『日本書紀の誕生－編纂と受容の歴史－』、八木書店、二〇一八年）において、神殺しの物語をモチーフにした神話の一例として八岐大蛇神話を論じた。

（5）これらの神は『古事記』ではオオクニヌシの別名だが、松前健氏が『出雲神話』（講談社現代新書、一九七六年）他で繰り返し指摘してきたように、本来別の神を一つの神格に統合したものと考えられる。

（6）この神社は『延喜神祇式』神名帳では、大洗磯崎薬師菩薩社として記されており、医療の神としてのオオナムチスクナヒコナが薬師如来と菩薩信仰と結びつき、新たな神となっていたこともうかがえる。

（7）菊地照夫「出雲国造神賀詞奏上儀礼の意義」『古代王権の宗教的世界観と出雲』、同成社、二〇一六年

（8）『宇津保物語』の天稚御子は阿修羅の守護する霊木から神琴を造る神で、『狭衣物語』では天井から降りて笛の名手狭衣を天上に誘う神、『あめわかみこ』では海龍王の子で七夕の起源に関わる神として出てくる。いずれも記紀神話とは無縁の神である。

（9）その意味でアメノワカヒコの位置付けは、その喪屋に関わる話に唐突に美濃国藍見河の河上が出てくるように、『古事記』においていきなり科野国州波海が出てくるタケミナカタに近い、ローカルな有力神をキャラクター化したものとも言えるかもしれない。

（10）以下のホムツワケについての議論は、古市晃『倭国　古代国家への道』（講談社現代新書、二〇二一年）から多くの示唆を得た。

（11）菊地、註（7）論文参照。

（12）ここでの「修理」が現代語の修理ではないことについては下鶴隆「国譲り神話の解釈について:口誦句分析からみた令前の オホミヤ」『市大日本史』3、二〇〇〇年）参照。なお、この祟とされた用法も、いわゆる「祟り」ではなく神のミッションである。

（13）この部分は、ヒナガヒメの設定が神とも巫女とも取れるものでありながら、禁忌を破って見たその本体が蛇神で、追われて逃げるというものである。黄泉の国神話や三輪山伝説と共通する「見るなの禁忌」の応用であり、独自性の強いものではない。

（14）高嶋弘志「出雲国造の成立と展開」『古代王権と交流7 出雲世界と古代の山陰』名著出版、一九九五年。

（15）松前健「ヤマトタケル伝承の成立（二）」（『松前健著作集第十巻日本神話論Ⅱ』、おうふう、一九九八年／初出一九八二年）では、この話は『日本書紀』が古い形で、現実の出雲勢力の服属事件を反映しており、出雲に健部が置かれたことを踏まえてヤマトタケル伝説と結び付け、『古事記』の物語となったとする、傾聴すべき見解である。

（16）代表的なものとして、岡田精司「出雲神話の神々」（『新版古代の日本4 中国・四国』角川書店、一九九二年）、新谷尚紀『伊勢神宮と出雲大社』講談社二〇〇八年

（17）前掲注（2）田中・岡田荘論文

（18）『古事記』天孫降臨神話に随行する登由宇気神が外宮度相の神であるという記述があるが、この点については、山村孝一「天孫降臨と登由宇気神―古事記「次登由宇気神此者坐外宮之度相神」から見えてくるもの―」（祭祀史料研究会編『祭祀研究と古代文化』、塙書房、二〇一六年）が有効。

（19）豊鍬入姫命・倭姫命ともに割注で神宮を祀るとするのみである。

（20）榎村『伊勢神宮と古代王権』筑摩書房、二〇一二年　なお、神武天皇の時代の伊勢

津彦が東海上に去ると言う「神話」は、早くに薗田守良によっても偽作と指摘されている。

(21) この点については、桓武朝の方格街区造成後、斎宮寮の行政的性格が強められたことを、榎村「下園東区画と斎宮の「蔵部司」」(『斎宮跡発掘調査報告Ⅲ 下園東区画の調査 遺構編』、斎宮歴史博物館、二〇二〇年)で触れておいた。

(22) 鐘江宏之「計会帳に見える八世紀の文書伝達」『史学雑誌』一〇二巻二号、一九九三年

(23) 近世の事例であるが、村上紀夫「「一目連」—情報の連鎖と拡大—」」(『怪異と妖怪のメディア史 情報社会としての近世』創元社、二〇二三年)は、多度神社の大風を神格化した「一目連」が享保十九年(一七三四)六月に発生した近江国膳所の大風の説明となった事例を取り上げている。壬申の乱も六月であり、あるいはこのような時ならぬ比良おろしが吹いたことを北勢地域の風の神と結び付けた可能性もある。「神風の」は「伊勢国」の有名な枕詞であるが、その使用は『日本書紀』と『万葉集』にほぼ限られ、現在の伊勢市地域を詠んだ歌として「神風や」と出てくるのはほぼ『新古今和歌集』以降である。なお山村孝一「歌語「神風」考—古代の和歌と政治と神祇信仰の相互関係について—」(『日本文学』四六-五、日本文学協会、一九九七年)参照。

(24) 『儀式帳』には、「倭姫内親王」の巡行を妨げる神として、「阿佐鹿悪神」が出てきており、これとサルタヒコとの関係が早くから指摘されている。またサルタヒコの太陽神的性格について松前健「日本古代の太陽信仰と大和国家」(『松前健著作集第五巻 日本神話原論』、おうふう、一九九八年/初出一九八〇年)を参照。

(25) 「佐奈神社」『三重県の地名』(『日本歴史地名大系24』平凡社、一九八三年)・「多気郡佐奈神社」(『式内社調査報告 東海道1』皇學館大学出版部、一九九〇年)など参照。

(26) 穂積裕昌『伊勢神宮の考古学』雄山閣、二〇一三年

(27) 亀井正道「志摩八代神社神宝の意義」(『石田博士頌壽記念東洋史論叢』石田博士古稀記念事業会、一九六五年)、金子裕之「三重県鳥羽八代神社の神宝」(『奈良国立文化財研究所紀要二〇〇四』奈良国立文化財研究所、二〇〇四年)。穂積裕昌「海洋地域の社会と祭祀—海上交通と神島神宝を巡る諸問題」(『季刊考古学』九六号、雄山閣、二〇〇六年)もある。

(28) 『伊勢物語』の、いわゆる斎宮章段の一つで、第六九段において尾張国に向かった「男」が伊勢に戻ってきた港が「大淀の渡」とされている。

(29) 榎村「斎王の禊について」(『律令天皇制祭祀の研究』塙書房一九九六年)、また三浦俊介「記紀神話の構成」(『神話文学の展開 貴船神話研究序説』思文閣出版、二〇一九年)は「尾野」地名について神の降臨する所と認識されていたと指摘している。傾聴すべき見解である。

(30) 浅野啓介「日本古代における村の性格」(『史学雑誌』一二三-六号、二〇一四年)

(31) 『平安遺文』二〇五四号

(32) 井上光貞は「国県制の存否について」(『井上光貞著作集 第一巻 日本古代国家の研究』岩波書店、一九八五年/初出一九六五年)で、国造の下級機関としての県には県主ではなく稲置が置かれたと考えている。

(33) 『日本書紀』斉明天皇六年十二月是歳条の原文では「勅駿河國造船。已訖、挽至續麻郊之時、其船夜中無故艫舳相反。」として、「續麻郊」を「おみの」と読ませている。

(34) 『平安遺文』一七九二号

(35) 大西源一『大神宮史要』平凡社、一九六〇年

(36) 『北野遺跡』三重県埋蔵文化財センター、一九九五年

(37) この点については、榎村注(20)書でも述べているので参照されたい。

(38) 『近長谷寺資財帳』は、『平安遺文』二六五号『伊勢国近長谷寺資材帳』参照。

(39) 高倉山古墳については、『伊勢市史 第六巻(考古編)』(伊勢市、二〇一一年)、特に和田年弥「特論 高倉山古墳」参照。

(40) 宮原佑治「古墳からみる飛鳥時代斎宮への地域基盤の形成~斎宮造成以前の多気郡の地域性・その2~」(『斎宮歴史博物館研究紀要』二九、斎宮歴史博物館、二〇二〇年)、高松雅文「古墳時代の横穴式石室からみた地域間交流」(地方史研究協議会編『出入りの地域史—求心・醸成・発信からみる三重—』雄山閣、二〇二三年)

(41) 佐々田悠「神祇官の財政的基盤—古代神戸の性格と分布」『延喜式研究』二七号、二〇一一年、註(3)関和彦論文

(42) 榎村「古代伊勢国における評・郡・県と「国」についての覚書」『斎宮歴史博物館研究紀要』一七、二〇〇八年

(43) 井上辰雄『古代王権と語部』(教育社、一九七九年)、井上光貞「国造制の成立」(井上光貞著作集第三巻『古代国家の成立』、岩波書店、一九八五年/初出一九七〇年/原初出一九五一年)

(44) 井上光貞「カモ県主の研究」井上光貞著作集第一巻『日本古代国家の研究』/初出一九六二年、註(7)菊地照夫論文

(45) 前之園亮一「日本古代における族民の性質とその起源」『学習院大学文学部研究年報』一九七三年

(46) 吉田晶「県造小論-伊勢神宮との関係を中心に」岸俊男教授退官記念会編『日本古代政治社会史研究』上、塙書房、一九八四年

(47) 加藤謙吉「大和の王権と伊勢大鹿首」(『日本常民文化研究所紀要』三五、成城大学大学院文学研究科、二〇二〇年 のち『古代の地方豪族と王権・両貫制』所収、岩田書院、二〇二二年)、岡田登「伊勢大鹿氏について(上・下)」(『史料』一三五、一三六号、一九九五年)

(48) なお、飯高笠目は、従三位飯高諸高と同一人物説が有力である。

(49) なお、貞観十年十月二十八日には、富世と伊勢国掌秦貞雄が斬刑(死一等を減じて遠流)、伊勢国司藤原宣や権介藤原広守が贖刑、前志摩守高橋継善も遠流となる、伊勢・志摩国を巻き込んだ大事件に発展している。

(49) 伊勢麻績氏は、伊勢の麻績氏という表記からみて、麻績氏本流から分立した氏族であろう。そして麻績氏の各地への分散発展は、継体の後宮に息長真手王の娘で麻績氏が仕養したと見られる麻績娘子が入って以降と考えられる。それは継体によって東近

江の勢力であった麻績氏が取り立てられたということだろう。

(50) 榎村「陵墓から修史への転換と伊勢神宮」『斎宮歴史博物館研究紀要』二八、二〇一九年

(51) なお、先述した坂本一号墳に類似した古墳時代後期の前方後方墳に千葉県市原市の六孫王原古墳がある。芝山町立芝山古墳・埴輪博物館ホームページ「房総の古墳を歩く市原市姉崎の古墳」(https://www.haniwakan.com/kenkyu/boso/anesaki.html)によると、七世紀後半の前方後方墳で、全長四五・五㍍とされる。坂本一号墳とは違い、横穴式石室切石積で、出土品は鉄刀1、刀子片1、砥石、金銅製鏡板、金銅製留金具、須恵器大甕とのことである。この古墳は養老川下流域の古墳の一つで、氾濫原を挟んだ対岸には上総国府跡が位置する、いわば古代上総国の中心地に造営された。この地域最大の前方後円墳は姉崎天神山古墳（一三〇㍍・四世紀後半）で、六孫王原古墳は姉崎古墳群の末期に当たる。その関係は櫛田川氾濫原を挟んだ五世紀の宝塚一号墳と七世紀の坂本一号墳の関係を思わせる。また、この地域の勢力は上海上国造に連なる可能性が高く、のちの海上郡の中では宣化天皇の名代である檜前舎人氏が、また下総国になる下海上国造には敏達天皇に由来する他田日奉部氏の分布から、日神祭祀という伊勢との共通性もある。日奉部の研究動向については、平山周三「日奉部（日祀部）に関する研究動向について」(『法政史学』第八四号、二〇一五年）が研究史を整理し、日神祭祀に関わる集団という考え方を強調しており、首肯すべき見解と思う。六孫王原古墳は、古墳築造の衰退期である六世紀中期に倭王権と新たな関係を結び直した勢力が出てきたことを示唆するものである。『万葉集』巻七には「夏麻引く海上潟の沖つ洲に島はすだけど君は音もせず」また「夏麻引く海上潟の沖つ洲に船は留めむさ夜ふけにけり」むという歌があり、海上はラグーンに成立した名高い港だったと考えられる。上総の海上潟と伊勢の的形の間には、江戸湾から伊勢湾に至る海上交通ルートが想定しうるのかもしれない。

(52)『万葉集』巻一-六一には、持統天皇の三河行幸に関わる歌として

ますらをのさつ矢たばさみ立ち向ひ射る的形は見るにさやけし　舎人娘子

があり、的形が三河行幸の出発港となったことがうかがえる。

(53) 出雲市市民文化部文化財課『出雲市の文化財報告33：出雲国古代山陰道発掘調査報告書』出雲市教育委員会、二〇一七年

(54) このルートは現在の近鉄大阪線から山田線を通って名張から斎宮に至るルートと考えて大過ない。近世の長谷街道から伊勢街道に至る道である。

(55)『古事記』にはスサノオ四世の孫神にオミヅヌという神がいるが、本来の系譜とは考えにくい。また『風土記』では国引き神話は意宇郡の名の由来とするが、この神は国引きの後で杵築大社を創ったともしており、地域的神格以上に、汎出雲的性格を持ち、意宇郡にあって杵築大社の祭祀を行う出雲国造との関係がうかがえる。なお、山村純子「『出雲国風土記』の神話の性格」(島根県古代文化センター編『出雲国風土記-校訂・注釈編』、八木書店、二〇二三年）参照。

(56)『類聚三代格』巻七郡司事　延暦十七年三月二十九日太政官符

(57) 森田喜久男「ヤマタノヲロチ退治神話成立の歴史的条件」『古代王権と出雲』同成社、二〇一四年

(58) 菊地「ヤマト王権の宗教的世界観と出雲」註（7）書所収。

(59) 森田「古代出雲の政治勢力」註注（53）書所収。

(60) この点については、榎村「伊勢と斎王」(仁藤敦史編『古代文学史隣接諸学3 古代王権の史実と虚構』竹林舎、二〇一九年）に詳しく述べているので、あわせて参照されたい。

(61)『類聚三代格』巻七郡司事　延暦十七年十一月十一日太政官符。

(62) なお、同時期に宗像神社にも同様の禁制が行われており、神郡体制全体にわたる見直しがあった可能性があることを付記しておく。

(63)『斎宮跡発掘調査報告V　飛鳥時代の斎宮中枢域の調査』斎宮歴史博物館。二〇二三年

(64) 岡田荘司「古代神祇祭祀と杵築大社・宇佐八幡」註（2）書所収。

(65) この点については、榎村「岡田荘司著『古代天皇と神祇の祭祀体系』」(『日本史研究』七二三、二〇二二年）参照。

(66) トヨスキイリヒメの名が伊勢系のものではなく、古いヤマトの祭祀に由来していた可能性については、榎村「斎王発遣儀礼の本質について」(『律令天皇制祭祀の研究』塙書房、一九九六年）参照

(67) 篠川賢『日本古代氏族研究叢書① 物部氏の研究』雄山閣、二〇〇九年、註（3）関和彦論文

(68) 古市晃「倭直の始祖伝承に関する基礎的考察」『続日本紀研究』四〇四、二〇一三年

(69) 早く直木孝次郎氏は『伊勢神宮』(藤谷俊雄と共著、三一書房、一九六〇年）において、持統朝においても、伊勢神宮が天皇家にとって特別の神社であるという意識が、さして強くなかった、と指摘している。

(70)「歴史書」概念の成立については、久禮旦雄「日本古代の正史編纂と王権」(『古代文学と隣接諸学3 古代王権の史実と虚構』竹林舎、二〇一九年）参照

(71) 草薙剣を、豊鍬入姫命が天照大神とともに持ち出したとする最古の例は『古語拾遺』である。ただし倭姫命の伊勢巡行の所には出てこず、「日本武命」の處に改めて出てくる。

(72) 榎村註（20）書

(73) 詳しく触れる余裕がないが、この点については、大国主の要請が出雲大社の造営を言うのではないとする下鶴註（12）論文の指摘が重要であると考えている。

平安初期の出雲と神社行政

橋本　剛

はじめに

本稿に与えられた課題は、平安時代初期の出雲国の神社行政に対する統制のあり方・画期を整理することである。当該期における地方神社行政については、特に官社制度を中心に近年再検討が進められ、従来の研究が刷新された。本稿もかかる研究成果に立脚した上で、あらためて出雲国を主な対象に論じることにしたい。

本論に入る前に、出雲国における神社行政を理解する前提として、神郡について触れておく。関連する法令としては、『令集解』選叙令7同司主典条令釈所引、養老七年（七二三）十一月十六日太政官処分がある。そこには「伊勢国渡相郡・竹郡・安房国安房郡・出雲国意宇郡・筑前国宗形郡・常陸国鹿嶋郡・下総国香取郡・紀伊国名草郡、合八神郡、聴レ連ニ任三等以上親一也」とあり、八つの神郡、いわゆる「八神郡」が列挙されている。出雲国については意宇郡が神郡とされ、一般的には認められていない郡司の「三等以上親」の連任を許可する方針が示されている。神郡についてはこのほかに明確な規定はほぼ存在しないが、律令国家にとって特別な存在とみなされていることは間違いない。こうした規定と対応するように、意宇郡では天平五年（七三三）成立の『出雲国風土記』により、複数の出雲臣を確認することができる。

加えて、神郡と神戸の関係についても簡単に述べておく。一般的に、奉斎する神社の神戸が神郡内に所在するのに対して、出雲国は神郡以外にも広がりをみせる点が特徴である。すなわち五つの出雲神戸が神郡である意宇郡のみならず、秋鹿・楯縫・出雲・神門の各郡に存在したことが、『出雲国風土記』から判明するのである。こうした出雲国の特殊性については様々な見解が提起されており、虎尾俊哉氏は出雲国造の奉斎するすべての官社が五ヵ所の出雲神戸の奉仕を受けたとし［虎尾一九五三］、小倉慈司氏は出雲国全体で杵築大社に奉仕する関係が存在したと論じる［小倉一九九六］。さらに近年では平石充氏が新たな見解を提示しており注目される。平石氏は、意宇郡の前身である意宇（於友）評が八世紀の意宇郡よりも広大な領域を有しており、神戸が置かれた地はかつての意宇評に含まれ、これが後に分割されたために別の郡に所在するという形になったと論じている［平石二〇一三］。以上のように見解は分かれているものの、出雲国における神戸の存在形態が特殊であったことは間違いなく、ここではその点を確認しておくにとどめたい。

さて、これまで平安時代初期は地方神社行政の衰退期とされてきたが、現在では国幣制の導入［小倉一九九四］、神祇職の官僚化［西宮一九八五］などを通じて国司権限が強化されたと考えられている［川原一九九六］。本稿ではこれらの貴重な成果に導かれながら[1]、奈良時代後半から平安時代初期における出雲国の神社行政について、特に出雲国造や出雲国神宮司などに着目しながら整理していきたいと思う。

一、平安初期における地方神社行政の性格

まずは平安時代初期における地方神社政策についての全体像を把握する

ため、国幣社制の導入、神祇職の官人化を中心にまとめておく。官幣国幣社制の導入については『類聚国史』巻十、祈年祭、延暦十七年（七九八）九月癸丑条に「定下可レ奉二祈年幣帛一神社上。先レ是、諸国祝等、毎年入京、各受二幣帛一。而道路僻遠、往還多艱。今便用二当国物一」とある。これまで諸国の祝らが毎年上京して幣帛を受け取っていたが、往還が困難であるため畿内と一部の畿外官社のみを官幣社とし、その他は国ごとに班幣を行う国幣社とするよう改められた。はじめにで触れたように、この制度は従来、律令神祇行政の動揺、官社・班幣制度の衰退を示すものと考えられてきた。これに対して小倉氏は、こうした評価の前提となる、式内社の大部分が八世紀から官社であったという理解、八世紀には諸国官社の祝がきちんと神祇官に幣帛を受け取りに来ていたという理解自体が成り立たないと指摘した。かかる見解の提起により、官幣国幣社制導入を官社制度の衰退と捉える見方は再考が迫られることになったのである。官社ついては全国的にみれば「弘仁式」以降もその数が増加していく傾向にあり、『延喜式』神名帳の一五～二〇％が弘仁式以降に官社となったことが明らかにされた［小倉一九九三］。一方で、「貞観式」以降は官社の増加があまりみられないため、官社制は貞観年間頃に確立したと評価することができるだろう。とはいえ前掲の『類聚国史』延暦十七年九月癸丑条に「定下可レ奉二祈年幣帛一神社上」とあって、これ自体が官社の認定を示すとみられており［佐々田二〇〇七］、官社の増加を契機に国幣制が導入されたと理解できるのである。そしてその目的は、国司を介した上での地方神社の掌握であった。

つづいて神宮司・神主を中心とした神祇職に対する政策についてみていく。まず延暦十七年に諸国神宮司・神主の終身制を問題視して六年交替制を採用し（『類聚三代格』巻一、神宮司神主禰宜事、同年正月二十四日太政官符）、また「諸神宮司」を長上官扱いから「番上之例」とする（『類聚国史』同年四月己未条）。さらに延暦十九年（八〇〇）には神宮司の服解の際の復任を命じ、大同二年（八〇七）にそれを神主へも拡大していくなど（『類聚三代格』巻一、神宮司神主禰宜事、同年八月十一日官符）、任期や考課などの面が整えられていく。その任用に関しては、延暦二十三年に鹿島・気比・気多・八幡等の宮司補任への神祇官の関与が示され（『日本後紀』同年六月丙辰条）、交替時の解由制については大同四年に気比・八幡の宮司へ（『日本後紀』同年閏二月丁酉条）、弘仁三年（八一二）には「諸国神社神主」へ導入される（『日本後紀』同年十月戊子条）。これらは西宮秀紀氏が指摘するように、神祇職の官職化・官人化を通して国家機構の中に組み込む政策としてまとめられるであろう［西宮一九八五］。

これまで、平安初期の地方神社行政に関して全国的な動向をまとめてきた。では、かかる政策は当該期の出雲国の神社行政にいかなる影響をあたえたのであろうか。神宮司等への政策については後述したいが、官社制の展開については、出雲国については全国的な動向とは異なるあり方がうかがえる。すなわち天平五年の『出雲国風土記』段階ですでに一八四の官社が存在しており、それ以降『延喜式』に至るまでほとんど変化がないのである(2)。この官社数については、『古事記』上にオオクニヌシの子が「百八十神」とみえることから、中央の神話世界観にもとづき現実の出雲国に意図的に設定されたものと理解されている。つまり出雲国は、中央の理念がいち早く表現された地域であった。八世紀前半における官社制の整備を可能にしたのは、神賀詞奏上と祈年祭班幣との連動があり、出雲国の祝が神賀詞奏上随行と祈年祭班幣の受け取りを一度の上京で兼ねていたことが背景にある［荒井二〇二三］。神賀詞奏上に伴う祝の上京が、祈年祭の班幣を受ける官社の登録を促したのであろう。

以上のように、官社の増加という観点からは平安初期の出雲国に特段の変化は見いだせない。そこで章を改めて、当該期に出雲に対して出された法令を検討することを通して、出雲における神社行政の変化を探りたい。

二、平安初期の出雲国造・郡司

前章では、平安時代初期における地方神社行政を概観した。ここからは、かかる全国的な動向を踏まえたうえで、出雲国の状況についてもう少し掘り下げたい。とはいえ当該期の出雲における神社行政に関して、直接それを論じることは容易ではない。そこで、ここでは出雲国造に対する政策をみていくことにするが、具体的には延暦十七年に発布された二つの著名な法令について、その背景を考察することとする。なお、国造の国内祭祀への関与については議論があるところであるが(3)、『続日本紀』大宝二年（七〇二）二月庚戌条に

為レ班二大幣一、馳駅追二諸国国造等一入レ京。

とみえ、祈年祭に伴う班幣において国造の入京が知られる。また、こと出雲国造については次に取り上げる延暦十七年三月二十九日官符において「神事」を優先していた様子が看取できる。さらに先述のごとく、出雲国造神賀詞奏上において、国内官社の祝を引き連れて上京している。国史にみえる祝の数は官社の数とも近似しており、これほど多くの祝が往還の困難さを抱えつつも上京したのは、叙位や賜禄といった神賀詞に伴うリターンのみならず国造の存在が大きかったと考えられる。祝等に対して直接的な権限があったかどうかは慎重な議論を要するものの、奉斎する熊野大社や杵築大社以外の官社に対する国造の影響力は認めてよいであろう(4)。

　さて、出雲国造に対する一つ目の法令が、次に掲げる『類聚三代格』巻七、郡司事、延暦十七年三月二十九日官符である。

太政官符

　応レ任二出雲国意宇郡大領一事

右被二大納言従三位神王宣一偁、奉レ勅、昔者国造郡領職員有レ別。各守二其任一不二敢違越一。慶雲三年以来令三国造帯二郡領一。寄二事神事一動廃二公務一。雖三則有二闕怠一、而不レ加二刑罰一。乃有二私門日益一不レ利二公家一、民之父母還為二巨蠹一。自レ今以後、宜下改二旧例一国造郡領分レ職任上レ之。

延暦十七年三月廿九日

傍線部に端的に示されているように、出雲国造と郡領（意宇郡大領）の兼任を停止するという内容である。事書きに「応レ任二出雲国意宇郡大領一事」とみえることから、兼任停止措置に伴い意宇郡大領の任にあった人物がその任を解かれたため、新たな大領を任じたという可能性が考えられよう。そして兼任停止の原因については、「神事」を優先して「公務」を疎かにしたということが述べられている。「神事」と「公務」が対比されており、兼任によって郡司としての「公務」より国造としての「神事」を重視する姿勢がみてとれる。なおこうした事態は国造とは別に、意宇郡が神郡であったこととも関係しよう。早川万年氏は、神郡の郡司が国衙行政よりも在地の有力神社の維持に関わる立場を重視しており、非神郡の郡司との相違を見出せるという重要な見解を提起している［早川一九九九］。付け加えるならば、意宇郡が神郡でありながら国府所在郡であったことも無視できない。意宇郡は「便郡」として、人的・物的に国衙行政を支えていた［柳田二〇一六］。とりわけ国衙における労働力編成については国府所在郡としての役割が期待されており、それを果たすためには大領の影響力も少なくなかったと推測する。そうした点では、意宇郡大領が国造を兼ねて神事を優先する状況は、出雲国司にとって好ましいとはいえないであろう。

　つづいて二つ目の法令である『類聚三代格』巻一、神宮司神主禰宜事、延暦十七年十月十一日官符を掲げたい。

太政官符

　禁下出雲国造託二神事一多娶二百姓女子一為上レ妾事

右被二右大臣宣一偁、奉レ勅、今聞、承前国造兼二帯神主一、新任之日即棄二嫡妻一。仍多娶二百姓女子一号為二神宮采女一、便娶為レ妾、莫レ知二限極一。此是妄託二神事一、遂扇二淫風一、神道益レ世豈其然乎。自レ今以後不レ得二更然一。若娶レ妾供二神事一不レ得レ已者、宜レ令三国司注レ名密封卜二定一女一、不レ得二多点一。如違二此制一、随レ事科処。筑前国宗像神主准レ此。

延暦十七年十月十一日

ここでは、出雲国造が神事にこと寄せて「百姓女子」を多く娶ることが

戒められている。そしてやむを得ない場合には国司が卜定するよう定められた。先の官符と当該官符とは、同じく延暦十七年の法令である点、出雲国造をその対象とする点から、同一の目的のもと発布されたものであろう。すなわち、出雲国造の権力に掣肘を加えるという方向性が看取できる。さらにここでは、先述したように国司による卜定を定めていることに注意したい。当該期における国造への対応は、国司による統制の拡大という方向性で進められていくという点に特徴がある。

なお、末尾に「筑前国宗像神主准レ此」とあるように、ここでの措置は筑前国宗像神主へも適応された。さらに筑前国宗像郡については『類聚三代格』巻七、郡司事、延暦十九年十二月四日官符により、大領と神主の兼任を禁じられるにいたる。出雲国の場合は国造と大領の兼任停止であったが、ここでは宗像郡大領と宗像神主の兼帯を停止している。これは延暦十七年に神主の任期が六年と定められたことから、終身の任である大領と任期六年の神主の兼帯が好ましくないと判断されたことによる。律令国家は在地有力者が複数の地位を保持することを問題視し、禁止の対象としていたことが指摘できよう。

では、なぜこの時期に出雲国造に対する掣肘を企図した法令が発布されたのか。これについては、当該期の地方政策全体の中で理解する必要がある。その点で、宗像郡大領と宗像神主の兼任を停止した延暦十九年十二月四日官符に、「延暦十七年三月十六日勅」が引用されているのは示唆的である。当該勅は郡司の「譜第之選」を停止したものとして著名であり、在地支配の要である郡司に対する政策転換を示すものである。そこで、近年の研究を参考にしつつ〔磐下二〇一三〕、それ以前も含めて郡司の任用基準という観点からその展開を追ってみたい。まず大宝令制段階では、郡司の任用に明確な基準は存在しなかったとされている。それが天平七年に「譜第」という基準が示され、「難波朝廷以還、譜第重大」なものを任用する方針となる。この段階で任用条件に譜第が明確に採用されたという点で画期となった。さらに天平二十一年には、「立郡以来譜第重大之家」という基準が創出され、「譜第」の範囲がさらに限定されていく。こうした傾向に大きく変更が加えられたのが、延暦年間である。延暦十七年勅により、これまで重要視されてきた「譜第之選」が停止され、「芸業著聞堪レ理レ郡者」を任用するよう方針が転換された。つまり、過去に郡司を輩出しきたかどうかという系譜や出自の問題に関わらず、郡務を適切に処理する能力が求められるようになったのである。

以上のように郡司の任用基準を整理してみると、延暦年間の政策が他の時期と比較しても特異であることがわかるであろう。このような「譜第之選」停止には、中央政府による在地勢力への介入という側面があったと考えられる。譜第という任用基準の場合、系譜や出自が問題となるわけであるから、郡司の選任に対して中央政府が関与することは容易ではない。一方で郡務を適切に処理する能力という点であれば、譜第に比してその関与の度合いも大きくなるだろう。これに関わって、任用方法についても延暦年間に変化がみられる。すなわち『日本後紀』延暦十八年五月庚午条によれば、国擬という国司による候補者選定を前提とした従前の制度を改め、式部省がより直接的に候補者を選ぶことが可能となっている。すなわち「譜第之選」停止とも相俟って、中央政府の関与のもとで郡司が任用される状況が整えられたのである。こうした制度改変は、郡司を輩出してきた伝統的な在地有力者に大きな打撃となったと思われるが、こうした政策と同時期に足並みを揃えるように発布された出雲国造に対する政策も、同様の意図に基づくものと解釈することができるであろう。つまり、出雲国造と大領の兼帯停止、宗像での郡領と神主の兼帯停止というそれぞれの措置も、在地有力者への中央政府の介入という一連の改革の中に位置づけられるのである。

以上、延暦年間の出雲国造に対する政策を当該期の地方政策の中で考えてきた。こうした視点は従来も指摘されてきたが、注意しなければならないのは、一般的な郡司政策はその後再度大きく手が加えられるという点である。すなわち、「譜第之選」停止については弘仁年間の政策により否定され、再び譜第に基づく任用が重視されるようになるのである（『日本後紀』

弘仁二年二月己卯条、弘仁三年六月壬子条）。これに関しては、「譜第之選」停止が現実の在地社会を無視したものであったため混乱が生じたことがその理由としてあげられている。律令国家はかかる状況を無視することができなかったのであろう。それに対して、出雲や宗像に対する政策はその後も継続された。すなわち出雲国造と郡領の兼任停止や、宗像郡司と宗像神主の兼任停止についての法令は「弘仁格」に収載されており、効力を失わなかったのである。なぜこうした違いが生じたのかは問題となろうが、出雲国造への政策に対する在地の混乱や反発については史料上に現れてこない。少なくとも、反発を背景に郡司制のような制度変更を行うことはなかった。こうした点からは、出雲をはじめとする国造の律令国家における位置を推測できるのではなかろうか。森公章氏は、当該期の国造による国内祭祀に対する介入、あるいは中央官人による国造兼帯などから、「一国之内長」としての国造の役割低下を指摘している［森一九八七］。国造への対策が延暦期以降変更されなかったのも、このような国造の位置づけの変化が背景にあったと考えられる。いずれにせよ、中央の介入や国司による統制が企図された延暦期の政策によって、神社行政に対する国造の権威は少なからぬ打撃を被ったであろう。

三、出雲国神宮司

前章まで、延暦年間における出雲国の神社行政について、出雲国造との関連から論じてきた。実は当該期にはもう一つ、見逃せない問題が存在する。それが本章で取り上げる出雲国神宮司である。この神宮司について語る唯一の史料が、『類聚国史』巻十九、神宮司、延暦二十年閏正月庚辰条である。

廃二出雲国神宮司一。

このわずか一文から確実に引き出すことのできる情報は、これ以前に出雲国神宮司が存在していたこと、そしてこの段階でそれが廃されたこと、以上に尽きる。延暦二十年段階で廃されたため、当然のことながら神宮司についての規定が散見する『類聚三代格』や『延喜式』にも全く登場しない。さらに設置を語る史料も見当たらず、その実像は謎に包まれている。そのため、先の史料が紹介されることはあっても踏み込んだ考察はほとんどなされていない。そこで、出雲国神宮司について設置時期や廃止の背景を探ってみたい(5)。

まずは他の神宮司に関する史料から、出雲国神宮司の性格を推測してみよう。先述したように、延暦十七年に諸国神宮司がそれまでの終身制から六年の任期制へと変更が加えられた。仮に出雲国神宮司が延暦十七年以前に設置されていたとすれば、恐らくこの規定の適用を受け、任期制がとられていたとみられる。裏返せば、それ以前については任期が存在しなかったと考えられよう。また『日本後紀』延暦二十三年六月丙辰条では、「常陸国鹿嶋神社・越前国気比神社・能登国気多神社・豊前国八幡神社等宮司」に対して「神祇官検二旧記一、常簡二氏中堪レ事者一、擬補申レ官」とあり、その補任には神祇官の影響があった。この点も出雲国神宮司に当てはまる可能性がある。

では、その出身母体はどうか。諸国神宮司の出身母体については、主に中央の中臣氏であったと想定されており［熊谷一九七七］、それに従えば出雲国神宮司についても中臣氏が任じられたと考えられる。しかし近時、五十嵐健太氏がかかる理解に異を唱え、例外はあるものの在地氏族が任じられるのが典型的な形であったと指摘している［五十嵐二〇一三］。とすれば、五十嵐氏は言及しないものの、出雲国神宮司についても在地氏族が任じられたのではなかろうか。神郡であり出雲とセットで登場することの多い宗像の場合、宗像神社の宮司に宗形氏が任じられたこと（『類聚符宣抄』第一、諸神宮司補任、天元二年〈九七九〉二月十四日官符）が知られる。こうした点に鑑みて、本稿では在地氏族である出雲臣が任じられた可能性を指摘しておきたい(6)。

これまで他の神宮司の事例から推測を加えてきたが、このほかにその実像に迫る手がかりとして注目したいのが、「出雲国神宮司」という名称そのものである。平安時代初頭までの神宮司については、八幡神宮司（豊前国）、香取神宮司（下総国）、鹿嶋神宮司（常陸国）、気比神宮司（越前国）、気多神宮司（能登国）などがあるが、これらは基本的に対象とする神社の名を冠しており、どの神社に設置されたのかが明瞭である(7)。対して出雲国神宮司は「出雲国」とあって、対象とする神社が明らかではない。先学もこれについては頭を悩ませたようで、熊谷保孝氏は「出雲国の神宮司とは意宇郡鎮座の熊野神宮か、杵築郡鎮座の杵築大社のいずれかのそれであろう」とし［熊谷一九八二］、加瀬直哉氏はその対象を「未詳」とする［加瀬二〇一八］など見解は一致をみない(8)。

これを考える際のヒントになりうるのが、神宮司と同様に「出雲」を冠し、対象とする神社を直接明確にしない出雲神戸の存在である。一般的な神戸が対象となる神名を負っているのとは異質であるが、しかし出雲神戸についてはその対象となる神名（神社）が判明する。『出雲国風土記』意宇郡の出雲神戸には

出雲神戸。郡家南西二里廿歩。伊弉奈枳乃麻奈子坐熊野加武呂乃命、与下五百津鉏々猶取々所レ造二天下一大穴持命上、二所大神等依レ奉。故、云二神戸一。〈他郡等神戸且如レ之。〉

とあり、意宇郡の出雲神戸は「熊野加武呂乃命」すなわち熊野大社と、「所レ造二天下一大穴持命」すなわち杵築大社の「二所大神」に対する神戸とする。これは意宇郡の神戸に限らず、秋鹿郡・楯縫郡の神戸里、出雲郡の神戸郷、神門郡の神戸里も同様であった。

このように、出雲神戸が熊野大社（熊野大神）と杵築大社（杵築大神）に対する神戸であったことから、両者は出雲大神宮（出雲大神）として一体的に把握されていたのであろう(9)。それを示唆するように、七世紀以前の起源伝承等には熊野大社や杵築大社など個々の名称が登場しない。『日本書紀』崇神天皇六十年七月癸酉条に「出雲大神宮」、『日本書紀』斉明天皇五年（六五九）是歳条に「神之宮」とあり、それぞれ熊野大社、杵築大社を指すとみられることから、「出雲大神宮」には両社がともに含まれていると理解してよい［平石二〇一三］。また『令義解』神祇令1天神地祇条に「天神者、伊勢・山城鴨・住吉・出雲国造斎神等類是也。地祇者、大神・大倭・葛木鴨・出雲大汝神等類是也」とあり、「出雲国造斎神」である熊野大神と「出雲大汝神」である杵築大神は別々に記されているものの、両者は一体のものとして把握されていたと考えられている［平野一九九五］。以上の理解が正鵠を射たものであれば、「出雲国神宮司」はそうした出雲国造による奉斎形態と密接に関わるものであった可能性が高い。したがって森氏も指摘するように、出雲国神宮司は熊野大社と杵築大社、すなわち出雲大神宮に対する神宮司と推測できるのではなかろうか［森一九八七］。

つづいて出雲国神宮司の職務だが、近年、神宮司については祭祀執行者の側面のみではなく、財政などの行政運営の側面が注目されている。加瀬氏は『皇太神宮儀式帳』から、伊勢大神宮司の職掌に関して①まつりへの参加、②神税の差配、③神職の宿直管理、④管轄する神社の祝部の任用と整理する［加瀬二〇一八］。また宇佐や気比の神宮司についても、伊勢と同様に神税管理を担っていた点が指摘されている［五十嵐二〇一三］。こうした点から参考になるのが、伊勢における神戸と神宮司との関係である。出雲神戸は熊野大社・杵築大社に対する神戸であるが、これは伊勢太神宮と度会宮の神戸が区別されず一体となっていたことと類似する［虎尾一九八二］。そしてかかる神戸について『類聚三代格』巻一、神封物幷租地子事、弘仁十二年八月二十二日官符では、神宮司による「検納」が「承前之例」とされているのである。こうした神戸の存在形態や神宮司といった類似点を考慮するならば、「出雲国神宮司」についても、神戸からの神税の管理に関与していたと想定することは許されよう(10)。そのほか実態は不明ながら、祭祀のみではなく行政的色彩の強い職だった点は、他の神宮司と同様だったと考えられる。

出雲国神宮司を以上のように捉えた上で、その設置時期を絞り込みたい。これについても検討素材はほとんどなく、言及した研究も数えるほどしか

ないのが現状である。そこで他の神宮司の設置時期について確認しておきたいが、これもまた明確なものは多くない。『皇太神宮儀式帳』によれば、伊勢大神宮司の創設は孝徳朝のこととされているが、当初の神宮司が八世紀以降にみえる神宮司と同等なものと評価してよいか、検討が必要である。一方、気比神宮司は設置記事が『続日本紀』にみえ、宝亀七年（七七六）のこととされている。そのほか、宇佐宮神宮司はその初見が天平神護二年（七六六）であり、これ以前に置かれていたことが確実である。このように、伊勢以外の神宮司も八世紀前半から置かれた明確な事例は確認できない。そうしたことから熊谷氏は「創置時期はわからない」と断りを入れつつも、出雲地方は新羅や渤海に近いことから、あるいは気比・気多両神宮の神宮司と同様、対外関係が悪化した宝亀年間に設置された可能性も考えられるとする［熊谷一九八二］。また小倉氏は、天平神護年間が神戸・神社政策の転換点であったことを踏まえ、「出雲国神宮司の設置も、このような神戸の分割と関連したものであったのではないか」としている［小倉一九九六］。

ここで改めて、先に指摘した出雲大神宮の性格を想起するならば、『新抄格勅符抄』の「大同元年牒」に「杵築神　六十一戸〈出雲天平神護元年奉ㇾ充〉」とあるのは見逃しえない。これによれば、天平神護元年（七六五）に杵築神に対して六十一戸の神戸が与えられている。これとは別に熊野神に対しても神戸が充てられているが、『出雲国風土記』において一体であった両神への神戸がこの段階で分割されているという事実を知ることができる。先に想定したように、一体となって運用された神戸は、出雲国造による「二所大神」奉斎を体現する存在であったと思われる。それが分割されているという事実は、そうした国造の奉斎形態に何らかの変化が生じたことを意味しよう。この点を念頭に今問題としている出雲国神宮司の成立時期の問題について述べるならば、それはそうした分割がなされる以前、すなわち天平神護元年以前に設置されたとみるのが妥当ではなかろうか。換言すれば、この神戸の分割が、延暦二十年の出雲国神宮司廃止の前提となっていたと考えられる。

では、出雲国神宮司の廃止が意味するものは何か。当然のことながら、これは神宮司の性格と分かちがたく結びつく問題である。小倉氏は、この廃止を神社側の反発とみる見解を提起している［小倉一九九四］。氏は、宝亀～延暦年間にかけて神宮司に対する神祇官による統制が強化されたと評価する。そしてかかる動きが及んだ宇佐については、延暦十七年の法令によりそれまでの旧例を無視して津嶋朝臣県守が大宮司に、それまで大宮司であった大神氏が少宮司に任じられることになった。それにより大神・宇佐氏の不満が高まり、弘仁十二年に両氏による神宮司補任が制度化されるとし、在地側の意向が反映されたことを「神祇官の統制強化策が失敗した例」とする。そして、出雲国神宮司の廃止も同様の流れの中で理解しているのである(11)。ただし、神宮司に対する神祇官の統制について、特に八世紀段階においては積極的に証明されたことではない。近年では、そうした見方に疑問を提示する見解も提出されている［五十嵐二〇二三］。一方で前章での検討を踏まえれば、当該期に地方神社そして出雲国造への統制が推し進められたという理解については認めなければならないだろう。国造に対する太政官符が「弘仁格」に収められたように、少なくとも「弘仁格」編纂段階まで中央政府の対応は一貫していた。とするならば、出雲国神宮司の廃止も、国造に対する政策の延長として捉えるべきではないだろうか(12)。またこれを除けば、出雲国において反発があった形跡がうかがえない点にも留意する必要がある。すなわち「出雲」を冠した神宮司が廃されることは、熊野大神と出雲大神を一体的に奉斎する出雲国造に対する掣肘と理解すべきであろう。

さらに付言すると、前章で取り上げた延暦十七年十月十一日官符には「多娶二百姓女子一号為二神宮采女一」とあり、出雲国造が「百姓女子」を娶り、「神宮采女」としていることが問題とされていた。ここでの「神宮」も、これまで述べてきた「出雲大神宮」のことと理解できる可能性がある。前章では、神宮采女の廃止を出雲国造の保持する権力への統制と理解したが、より具体的には、出雲国造による「二所大神」奉斎に対する統制と捉えることも可能となろう。天平神護元年の神戸分割、そして神宮采女へ対する介入を経て、延暦二十年に神宮司の廃止へ至るという流れが想定できるのである。

なお、この「出雲国神宮司」との関連が指摘されている遺跡として、島根県出雲市の鹿蔵山遺跡がある［大社町教育委員会二〇〇五］。同遺跡は出雲市北西部の出雲大社付近から南に広がる微高地に立地しており、銅製帯金具や奈良三彩などが出土している。さらに「林」「大」「高志」「堂」「宮」「社」「三家」などと記された墨書土器も多く出土していることに加え、大型の井戸の遺構が見つかっており、その井戸枠には漆塗りの脚付櫃が転用されていることが知られる。その立地や出土遺物などから、気多神宮司とも想定される石川県寺家遺跡との関連も指摘されるところであるが、「出雲国神宮司」との関係はなお不明な点が多く、ここではそうした指摘があることを述べるにとどめ、同遺跡の性格については今後の課題としておきたい。

四、平安初期の神社行政と国司

本章では、これまでみてきた延暦年間の諸政策が出雲国の神社行政にもたらした影響について、中央との関係や国司のあり方を軸に考えてみたい。当該期の神社行政において国司がその中心となっていくことについては多くの指摘があり［小倉一九九四］［早川一九九五］［川原一九九六］、本稿も異論はないが、ここでは出雲をめぐる問題に焦点をあてて整理したい。

まず前提となる奈良時代の状況であるが、知られるように祈年祭の班幣においては全国の官社の祝が上京して幣帛を受け取るのが建前であり、中央の神祇官と官社は直接的な関係にあった［有富二〇〇三］。こうした状況に対して宝亀年間から祝の不参が問題視されるようになるが、そもそも全国の官社の祝が毎年上京していたとは想定しにくい。特に畿外諸国においては、官社と中央との結びつきは理念にとどまり、現実としては機能していなかった可能性が高いであろう［小倉一九九四］。すなわち、一般の畿外諸国の官社については、一部を除き中央との関係はほとんど存在しなかった。それについては出雲国も例外ではないが、出雲国については国造による神賀詞奏上儀礼があったことに注意しなければならない。その際は官社の祝も上京したとみられるが、その人数は霊亀二年（七一六）が「百十余人」、神亀三年（七二六）が「一百九十四人」、神護景雲二年（七六八）が「百五十九人」とみえ、郡司等を含む可能性はあるが国内官社総数に近い祝が上京していたことが知られる。前述したように、神賀詞奏上の際には祈年祭の幣帛も受領していたと考えらえるため、神賀詞奏上が行われた年については、官社と神祇官との関係が現実的に機能していたと考えられるのである。祈年祭における祝の参集については実効性が疑問視されているが、かかる祈年祭の現実と比べた際、同列には扱えないものの神賀詞に随行する祝の多さは際立つであろう。そこに出雲国造の影響力を読み取る所以であるが、このようにして、出雲国の官社は他の畿外諸国とは異質な形で神祇官と直接結びついていた。

こうした中、延暦十七年における国幣社制の導入で畿外官社の多くは国幣となり、制度上も祝が直接上京することはなくなった。官社の数自体は増加していくため、このことが官社制の衰退を示すわけではないものの、しかし、以降は国司主体の班幣へと変化し、中央との直接的関係を名実ともに失ったのは事実である。出雲国についても、官社は杵築大社・熊野大社を含めて全て国幣社とされており、祈年祭において中央との定期的な交通は終焉を迎える。すなわち多くの畿外官社と同様、中央と切り離されたわけである。なおこの後の官幣社制の展開についてみると、対策は打ち出されるものの斉衡二年（八五五）を最後に畿外はその対象からほとんど姿を消す。こうした変化については佐々田悠氏が都鄙間交通という観点から論じており、「祈年祭をはじめとする班幣祭祀の転換点としては、神祇官での班幣の場から畿外地域が完全に切り離されてしまう九世紀中葉に、もっと注目するべきだろう」と述べている［佐々田二〇〇七］。このように、平安初期において班幣制度は一部を除いて中央との直接的な関係を持たなくなり、国司に委任された形で運営されていく。

しかし一方で、出雲国造による神賀詞奏上は延暦十七年以降も残存していた(13)。もちろん祈年祭のように定期的なものではないが、国造が主体となり国内官社の祝をも含めて、中央の神祇官と関係を維持していたことの意義は少なくない。そしてそうした直接的なつながりは国造就任のみではなく、天皇の代替わり、遷都など、中央の求めに応じたものであった。よって出雲国は官幣社が存在しないにもかかわらず、神賀詞奏上によって形式上は特別な関係を保ち続けたといえる。ただし現実問題としては、祝の上京はそれ以前と比べて滞るようになった可能性が高い。中山さら氏は、国史に祝の記述がみえなくなるのが延暦年間であることに注目し、国幣制の導入によって上京する祝の数が減少したことを指摘している[中山二〇二三]。神賀詞奏上儀礼は、祈年祭との関係を喪失することによって大きな変質を余儀なくされたのであろう。なお付言するならば、これまで検討してきた国造の意宇郡大領との兼任停止や神宮采女への国司の介入、そして神宮司の廃止などにより、国造の権威が徐々に衰えていくこともその背景として考えられる。

では、その後の神賀詞の行方はどうであろうか。周知のように、神賀詞の実施は史料上、天長十年（八三三）の例が最後となる。これについてはさまざまな見解が提起されており、奏上記事の消滅を儀礼の制度的な完成と関連づける見解もある[瀧音一九八三]。ただし、国史に採用されなくなったという事実はやはり無視できない。たとえば郡司の任用に関する郡司読奏などは、『日本三代実録』にも散見する。したがって、神賀詞については天長十年を最後に実施されなくなったと考える。少なくとも、史料に登場しないことはそれだけ存在感が低下したことを示すと思われ、その端緒はやはり延暦年間の諸政策に求めるべきである。神賀詞の途絶は、国造のあり方に直結するのはもとより、国内官社にも影響を及ぼしたであろう。先にも触れたように、神賀詞においては官社の祝も叙位や賜禄に預かっていたことが知られるが、そうした機会が完全に奪われたことは在地社会における権威を低下させることにもつながったのではなかろうか(14)。

ここで、出雲国内の神社行政の変化を探るために、出雲国神宮司を再び問題にしたい。神宮司廃止が国司との関係にいかなる作用をもたらしたのかという点に関して、他国であるが気比神宮司の事例が参考になる(15)。『類聚三代格』巻一、神封物幷租地子事、元慶八年（八八四）九月八日官符には、神封物の管理場所をめぐって神宮司と越前国司との争いが記されている。さらに同じく寛平五年（八九三）十二月二十九日官符には「国宰所レ行宮司難レ制」とあり、神宮司は国司と対立する存在であったことが知られるのである。神宮司と国司の関係を以上のように把握できるとすれば、出雲国における神宮司の廃止は、国司による国内神社行政把握への一階梯として位置づけられるであろう(16)。前章において神宮司による神税の管理を想定したが、当然そうした機能も失われ、神税は国司の管理下に置かれたものと考えられる。なお、出雲国に限るものではないが『貞観交替式』天長元年八月二十日官符では、従来神主が担っていた「諸社封物」の管理を国司へ委ねるよう指示されている。天長元年八月二十日は、これ以外にも国司の裁量権を認める法令がだされており（『類聚三代格』巻七、公卿意見事）、国司による神税管理の確立についてはこうした当時の政策基調も考慮する必要があろう。

ところで、出雲国神宮司が廃止された延暦二十年閏正月庚辰（十七日）の二日前の記事に「出雲国国造、奏二神賀詞一事」とあり（『類聚国史』巻十九、国造、同年閏正月戊寅条）、直前に神賀詞奏上がなされている点についてはこれまでほとんど注目されていない。この神賀詞については、国史記載のなかで唯一国造の名前が不明で、系図類からも適当な人物は見いだせず(17)、奏上の契機も判然としない。ただし、神宮司廃止の決断が宣告された日付と神賀詞奏上の日付がこれほど近接していることは単なる偶然とは思われず、そこから両者の関連を読み取るべきである。神賀詞の詞章は冒頭で「加夫呂伎熊野大神櫛御気野命」と「大穴持命」の二柱神をあげるが（『延喜式』祝詞29出雲国造神賀条）、これは熊野大社と杵築大社をともに奉斎する出雲国造の祭祀の性格を反映している［森一九八七］。とすれば、出雲国造の奉斎形態と深く関わっていた神宮司の廃止は、神賀詞奏上儀礼そのものとも無関係ではなかったのだろう。さらに憶測すれば、神賀詞は先述のごとく出雲国造の新任時や天皇の代替わりなどに行われていたと考えられ、その契機は一様ではないが、大局的にみれば天皇と出雲国造の関係が新たに確認される儀式といえる。これまでの両者の関係がいわば刷新される機会を捉えて、神宮司の廃止が宣告されるという「演出」がなされたのではなったか。このように考えられるとすれば、不明な点が多いために言及されることの少ない延暦二十年の神賀詞奏上は、国幣制の導入や神宮司の廃止の時期と関わって、一つの画期をなしたと捉えることもできるかもしれない。

やや話が脇道に逸れたが、九世紀における出雲国の神社行政に関して、名神制度や神階社制についても瞥見したい。名神制度とは、それ以前からなされていた名神への奉幣を前提に、延暦年間に成立したものと考えられている［小倉一九九四］。出雲国では熊野大社と杵築大社が名神とされており、朝廷からの奉幣の対象となっていた。しかしこの名神制度についても、『類聚国史』巻十一、祈禱上、弘仁七年七月癸未条に「宜下仰二畿内七道諸国一、其官長清慎斎戒奉二幣名神一、禱レ止二風雨一莫上レ致二漏失一」などとあるように、徐々に国司を中心とするものへと変化したことが知られる［佐々田二〇〇七］。神階社制については『類聚三代格』巻一、神叙位并託宣事、嘉祥四年（八五一）正月二十七日官符があり、同年における一斉叙位が確認できるが、官社あるいはその一部だけではなく、非官社も含めて叙位の対象になっているのが特徴である。神階社制は神社行政の上で官社制度に代わって実質的な役割を果たしたことが明らかにされており［小倉一九九四］、出雲国では熊野大社・杵築大社がセットで登場し神階を上昇させていった。しかし、そもそも神階は国司の申請を契機としていたことが指摘されており、そこに国造などが関与した形跡はうかがえない。以上のように、出雲国についても名神制度や神階社制が展開し、国司を中心に神社行政が再編されていったと考えられる。そうした動きは、神宮司の廃止や神賀詞の廃絶などを契機に、国造の影響力を排除するかたちで徐々に進行していったのであろう。

おわりに

最後に、伊勢国の状況について触れたい。本稿はこれまで、出雲国において神宮司の廃止などが前提となり国司の影響力が強くなっていったことを述べてきた。では、伊勢国において神宮司と国司との関係はどうであったのか。

取り上げるのは『類聚三代格』巻一、神郡雑務事、弘仁八年十二月二十五日官符ならびに同弘仁十二年八月二十二日官符である(18)。まず前者の弘仁八年官符は「応三多気度会両郡雑務預二大神宮司一事」との事書をもつ。その中身は、①修理神社、②修理溝池、③修理駅家、④催殖桑漆、⑤修理正倉官舎、⑥決百姓訴訟という六つの項目について、それを大神宮司の管轄とするよう規定したものである。一見して内容が多岐にわたることが理解できるが、官符の論理は六項目とも一貫している。すなわち、まずそれ以前の延暦～弘仁年間に発布された国司の権限が規定された官符を引用し、つづいてそれに対し国司が解由を得ることができないことなどの問題点をあげる。そして最終的には国司が「自今以後、二郡雑務、永預二大神宮司一交替分附」とすることを申請し、裁許されるという構造をとるのである。それぞれの項目で引用されているのは①弘仁三年五月三日官符、②延暦十九年九月十六日官符、③延暦十九年九月二日官符、④大同二年正月二十二日官符、⑤弘仁四年九月二十三日官符、⑥大同元年八月十一日官符であるが、⑥を除きいずれも「弘仁格」や『延暦交替式』に所収されており、伊勢国を含めて諸国に適用されている。一方で伊勢国の二神郡については弘仁八年官符以降神宮司の管轄へ移行し、こうした動きは他国では見られない。後者の弘仁十二年官符についても基本的な流れは同様であり、延暦二十年以前には神郡や神戸の田租は国司が検収するが、その後やや複雑な変遷があり、弘仁十二年に国司の権限を停止している。

このように、弘仁八年官符・同十二年官符を画期として、伊勢国の神郡支配に関して神宮司が国司の権限を排除していったことが確認できるが、裏を返せばそれ以前については国司が中心となっていたことが推測できるのである。出雲国の場合、延暦二十年の神宮司廃止に象徴されるように、伊勢国とは対照的な動きをみせる。このような出雲と伊勢の違いを決定づけたのが、平安時代初期の諸政策であったと捉えることできるだろう。

以上本稿では、延暦期の国幣制導入や出雲国造に対する諸政策、出雲国神宮司の廃止等が、出雲国の神社行政にいかなる影響を与えたのかという点を中心に、先行研究に導かれつつ整理してきた。もとより史料は限られており、多くを推測に頼る結果となった。出雲国造の杵築への移住、中世的国衙祭祀への展開など(19)、さらなる検討課題も山積しているが、それらはすべて後考を期し、冗長に流れた蕪雑な稿をひとまず結びたいと思う。

註

(1) 本稿全体として、全国的な神社行政の展開については［小倉一九九四］に多くを依っていることをあらかじめ断っておきたい。

(2)『日本文徳天皇実録』天安元年（八五七）六月甲申条によれば、このとき天穂日命神が官社となった。このように官社数に変動はあるが、『延喜式』神名下24出雲国条では一八七社となっており、天平期からほとんど増加していない。

(3) 森公章氏は国造の祭祀担当者をしての性格を疑問視し、行政・政治を含む地方支配に関して実質的役割を期待されていたとする［森一九八七］。

(4) 森氏は、神賀詞を根拠に国造が国内諸神に総括的祭祀を行っていたとすることはできないとする［森一九八七］。ただし、出雲国造が神賀詞奏上の際に官社の祝を引率しており、また神賀詞の詞章にも「百八十六社坐皇神等」を静め仕えるとあるように（『延喜式』祝詞29出雲国造神賀条）、国内の神社行政に一定の影響力があったことは認めてよいと考える。なお、出雲国神賀詞の性格については様々な議論があるが、本稿ではこの問題に深く立ち入ることはしない。神賀詞に関するこれまでの研究については［佐藤二〇二一］を参照した。

(5) なお、これらの点については森氏も若干言及しており［森一九八七］、結論的には重なる部分も多い。ただし、氏の論考は神宮司そのものを対象としたものではなく、また氏が指摘していない問題もあるため、ここで改めて検討したい。

(6) 大胆な憶測になるが、出雲国造が兼任していた可能性もあるのではなかろうか。ただしその場合、すでに取り上げた延暦十九年十月十一日官符に「承前国造兼二帯神主一」とあるのが問題となる。延暦二十年に廃止された神宮司はこの段階に存在していたと思われ、だとすると国造が神宮司と神主を兼任していたことになる。『類聚符宣抄』第一、天元二年二月十四日官符によれば、宗像宮において「神主」が「宮司職」を「兼行」していたという。ただ、これは正式な神宮司ではなく、天元二年にいたって「大宮司」が置かれることとなった。こうした特殊な例はあるものの、出雲国において神主と神宮司を兼任する場合があったのかは明らかにできない。悩ましい問題であるが、ここでの「神主」が神宮司も含めた神職一般を指している可能性を指摘したい。例えば、『類聚三代格』巻一、神宮司神主禰宜事、延暦十七年正月二十四日官符では、事書きに「応レ任二諸国神宮司神主一事」とあるものの、本文後半では「簡下択彼氏之中潔清廉貞堪二神主一者上補任」とあり、後者の「神主」は「神宮司・神主」を包含しているとも考えられる。さらに延暦十九年官符の「承前国造兼二帯神主一」については、出雲の場合のみではなく、国造が神祇職を兼任することについて述べているとは考えられないだろうか。出雲国造以外でも、たとえば大倭国造が神主を兼ねた例などが知られ［森一九八七］、国造と神祇職の兼任一般のことを指すと考えるわけである。この点、前掲延暦十七年三月二十九日官符の「慶雲三年以来令三国造帯二郡領一」について、これを出雲に関するものではなく、国造と郡領の兼任を許す一般規定と解釈する平石氏の理解［平石一九九六］も参考になる。

(7) やや性格が異なるが『延喜式』式部上143神宮司条において神宮司と併記される櫃日廟司も、同様な性格をもつものとみなしてよい。

(8) 熊谷氏は註において「出雲の神宮司について、西田長男博士のご教示によると、出雲の熊野神宮のことである」と記す［熊谷一九七七］。

(9) 参考になるのが、やや性格は異なるが紀伊国の事例である。紀伊国にも八神郡の一つである名草郡が存在し、紀伊国造の紀直氏がそれを奉斎していた。そして対象となる神社は日前神宮と国懸神宮であるが、両神宮は「紀伊大神」として一体的に把握されていたと考えられている［大川原二〇一八］。

(10) もちろん、国司も何らかの形で神税の管理に関与していた蓋然性は高い。国司による神戸の管理については［佐々田二〇一一］も参照。なお、『延喜式』臨時祭95神宮司季禄条によれば、諸国神宮司の季禄には神税が用いられたことがわかる。とすれば、出雲国神宮司の俸料も出雲神戸の神税が充てられたとするのが自然だろう。

(11) 小倉氏は「諸社の神宮司には宇佐と香椎を除き、皆、中臣氏が補任されていたと推定される」としており、直接の言及はないが、出雲国神宮司についても中臣氏の補任を想定しているのかもしれない。

(12) 出雲国神宮司の廃止に関しては久禮旦雄氏も、出雲国造と意宇郡郡領の兼任禁止や神宮采女の規制などと合わせ「これらは神事を主張することによる神郡の特権性を剥奪する政策である」と評価する［久禮二〇〇九］。

(13) 少なくとも延暦二十年（『類聚国史』）、弘仁二年、同三年（以上『日本後紀』）、天長十年（『続日本後紀』）の事例が確認できる。

(14) 早川氏は、国幣の導入により地方の祭祀担当者が中央と直結しないようになったことについて「多くの神主、祝部らにとってみれば、自らの奉祀する神社が、中央の神祇官に替わって、国司による直接的な関与のもとに置かれることになり、権威を低下させることもあったであろう」と指摘する［早川一九九五］。

(15) 気比神宮司については『延喜式』式部上223気比神宮司条に「凡気比神宮司考隷二神祇官一」とあることから、直接神祇官の管轄下にあったとされている［小倉一九九四］。

(16) 国史にみえる神賀詞奏上に関する記事の中で、国司が国造等を引率することが明記されているのは天長十年のもののみである。実態はどうであれ、延暦期以降の国造や官社に対する出雲国司の統制を踏まえた記述である可能性がある。中山氏も「祭祀者の国造を行政官の国司が率いるという規定には国司の優位性があらわれており、『延喜式』の規定が整備された時期の状況が反映されているのではないだろうか」とする［中山二〇二三］。

(17) 出雲国造の系図については［高嶋一九八五］を参照。なお瀧音能之氏はこの時の出雲国造について、人長か門起の可能性を指摘している［瀧音一九八三］。

(18) 当該官符については熊田亮介氏の詳細な分析がある［熊田一九八〇］。

(19) 佐々田氏は、『日本三代実録』貞観七年（八六五）二月十三日条で出雲国が春秋二回の仁王経講説を求めたことに触れ、これを国司の主導による新たな法会創設と理解する。その上で、九世紀後半には国司のもとで祭祀・法会の独自の体系がつくられたとし、中世国衙祭祀の前提と位置づけている［佐々田二〇〇七］。

参考文献

・荒井秀規「史料としての『出雲国風土記』」島根県古代文化センター編『出雲国風土記―校訂・注釈編―』八木書店、二〇二三年
・有富純也「神祇官の特質―地方神社と国司・朝廷―」『日本古代国家と支配理念』東京大学出版会、二〇〇九年、初出二〇〇三年
・五十嵐健太「古代神社の存在基盤―宮司をめぐって―」『日本歴史』八九九、二〇二三年
・磐下徹「郡司任用制度の考察―郡司・郡司層と天皇―」『日本古代の郡司と天皇』吉川弘文館、二〇一六年、初出二〇一三年
・大川原竜一「紀伊国造と古代王権」加藤謙吉編『日本古代の氏族と政治・宗教　上』雄山閣、二〇一八年
・小倉慈司「「式内社」の成立―延喜神名式「貞」「延」標注の検討―」『古代律令国家と神祇行政』同成社、二〇二一年、初出一九九三年
・小倉慈司「八・九世紀における地方神社行政の展開」前掲書、初出一九九四年
・小倉慈司「出雲国における神戸」前掲書、初出一九九六年
・加瀬直弥『古代の神社と神職―神をまつる人びと―』吉川弘文館、二〇一八年
・川原秀夫「国司と神社行政」林陸朗ほか編『日本古代の国家と祭儀』雄山閣、一九九六年
・熊谷保孝「「神宮司」の成立」『日本古代の神祇と政治』日東館出版、一九七七年
・熊谷保孝「官社制度下の神職」『律令国家と神祇』第一書房、一九八二年、初出一九八一年
・熊田亮介「律令制下伊勢神宮の経済的基盤とその特質―神郡を中心として―」関晃教授還暦記念会編『日本古代史研究』吉川弘文館、一九八〇年
・久禮旦雄「『延暦儀式帳』撰進と弘仁大神宮式編纂の政治的背景―延喜伊勢大神宮式の前提」鈴木秀光ほか編『法制史学会六〇周年記念若手論文集　法の流通』慈学社出版、二〇〇九年
・佐々田悠「平安期祭祀制度の展開と郡郷交通」『国史学』一九一、二〇〇七年
・佐々田悠「神祇官の財政的基盤―古代神戸の性格と分布―」『延喜式研究』二七、二〇一一年
・佐藤雄一「『日本書紀』と「出雲国造神賀詞」『出雲国風土記』の国譲り」島根県古代文化センター編『日本書紀と出雲観』ハーベスト出版、二〇二一年
・大社町教育委員会『鹿蔵山遺跡』、二〇〇五年
・高嶋弘志「「出雲国造系図」成立考」田中喜男編『日本海地域史研究』七、文献出版、一九八五年
・瀧音能之「出雲国造神賀詞奏上儀礼の成立過程」『出雲古代史論攷』岩田書院、二〇一四年、初出一九八三年
・虎尾俊哉「出雲国風土記所載の神戸里について」『古代典籍文書論考』吉川弘文館、一九八二年、初出一九五三年
・中山さら「出雲国造神賀詞奏上儀礼の変容とその後」『神道宗教』二七〇・二七一、二〇二三年
・西宮秀紀「律令国家に於ける神祇職」『律令国家と神祇祭祀制度の研究』塙書房、二〇〇四年、初出一九八五年
・早川万年「律令制祭祀における官幣と国幣」虎尾俊哉編『律令国家の政務と儀礼』吉川弘文館、一九九五年
・早川万年「神郡・神郡司に関する基礎的考察―鹿島の場合に注目しつつ―」井上辰雄編『古代東国と常陸国風土記』雄山閣、一九九九年
・平石充「八・九世紀における出雲臣について」『出雲古代史研究』六、一九九六年
・平石充「神郡神戸と出雲大神宮・於友評」『古代文化研究』二一、二〇一三年
・森公章「律令制下の国造に関する初歩的考察―律令国家の国造対策を中心として―」『古代郡司制度の研究』吉川弘文館、二〇〇〇年、初出一九八七年
・柳田甫「八・九世紀における国府運営の特質―「便郡」の検討から―」『國學院雑誌』一一七-七、二〇一六年

出雲の仏像・神像をめぐる「地域性」の問題
―「神話の国」の古代彫像をどう考えるか―

濱田恒志

はじめに

出雲が「神話の国」と認知されるようになって久しい。近代に至るまでに当地内外の人々のなかでそうした自他意識が醸成されたことについては、既に豊富な研究成果があるのでそれを参照されたいが(1)、このことは、出雲に古代の仏像が数多く伝わることをどのように理解するか、という問題に対して、これまでに一定のバイアスを与え続けてきたのであった。

出雲はかつて豊かな文化を有した地域だった。しかし明治時代になり、出雲を含めた日本海沿岸地域は、主に工業や交通の近代化に立ち遅れたことを切っ掛けに、中央からみた後進地域と認識され、「裏日本」と呼ばれるまでに至ってしまった(2)。一方、出雲の人々は、拠って立つ自意識を経済的優位ではなく古来の神話や信仰に求め、大和民族とは異なる独自の民族概念を形成した(3)。やがて、近代化を達成した中央に住む人々にとって、「僻隅の地域(4)」である出雲に前近代的な暮らしの名残があり、それらは出雲古来の独特な信仰や文化に基づくものらしいことは、好奇心をいだく大きな切っ掛けとなったのである。こんにち、出雲に観光地として期待されているのも、大掴みに言ってしまえば依然として同じようなものなのであろう。

出雲の仏像に向けられた眼差しもまた、これと大差ないものであった。近代の文化財保護意識の向上により古社寺保存法が制定されたのは明治三十年（一八九七）のことだが、同法によって出雲の仏像が旧国宝に指定されはじめたのは、明治三十五年（一九〇二）から大正九年（一九二〇）にかけての割合に早い段階だった。そこで注目されたのは、出雲の平安時代彫刻がもつ古様や素朴さだった。そうした仏像たちは、やがて出雲独自の民族性から生み出された「出雲様式」を持つものとして一括りにされていく。さらに出雲では一九八〇年代以降、古代の祭祀にかかわる重大な発見が考古学分野で相次いだ。個性的な出雲の仏像についても、出雲古来の習俗や信仰との結びつきを論ずることが試みられるようになっていった。

出雲の仏像に関するこうした言説は、いずれも出雲独自の「地域性」と仏像とを結びつけようとする志向から生じたものだ。だが、これらの言説は妥当なのだろうか。出雲の仏像、あるいは神像の歴史や表現を客観的に振り返ったとき、それらのどのようなところに、出雲ならではの地域性を認めることができるのか。そしてそれは、当地古来の信仰とどのように接続しうるのか。本稿ではこれらの問題について、いくつかの論点から今後の見通しを示したい。本稿は、対象とする地域を出雲に限るものではあるが、この問題は伊勢をはじめ、古来の神祇信仰が盛んな地域に伝わる彫像を考えるうえでも共通する、普遍的な問題であるだろう。

一、出雲の仏像をめぐる「語り」の問題

一―一、「出雲様式」論の成立と大衆化、そして消失

現在こそさほど使われなくなったが、かつて出雲の古代彫刻が語られる際には「出雲様式」という言葉がたびたび用いられた。出雲の古代彫刻には

独自の地域様式があるとする考え方で、その兆候は大正九年（一九二〇）、松江市・佛谷寺の諸像［図1］が旧国宝に指定された辺りから現れる。それ以前に出雲では安来市・清水寺の十一面観音立像や出雲市・萬福寺（大寺薬師）の諸像が旧国宝に指定されていたが、ここに佛谷寺像が加わったことで、福井利吉郎氏（当時、古社寺保存会委員）は「出雲地方的特色が此新出の佛谷寺諸像によりて極めて明確なものとなった」と評した(5)。その「出雲地方的特色」について福井氏は具体的に語っていないが、このとき同像の修理に携わった新納忠之助氏の談によれば「一種顕著なる地方色」と「寧楽彫刻の遺法を比較的多く留めている」ことにあるという(6)。この時点では未だ「出雲様式」という語こそ登場していないものの、出雲の平安仏ならではの特徴を「地方色」と「奈良時代彫刻に通ずる古様」に求める考え方は、その後の論調にも踏襲されていった(7)。地方色については言うに及ばず、出雲の平安時代彫刻に奈良時代の名残を認める論調も、都から遠く離れた出雲が彫刻様式の伝播の上でも後進地域だったという見方を恐らく含んでいる(8)。

さて、それらの特徴を指して「出雲様式」と呼称することは、いつ頃から行われるようになったのか。現在のところ本稿筆者は、この語の明確な初出を確認できていない。戦後に島根県教育委員会が刊行した『島根県保存文化資料概要』（昭和二十四年〔一九四九〕）や『島根県の文化財』（昭和二十八年〔一九五三〕）(9)にはこの語の使用例が無く、昭和三十年（一九五五）に刊行された下村章雄『山陰の古寺』において、出雲の平安期の諸像が「出雲様式と呼ばれたりする」という言い回しでこの語が現れる(10)。したがって同書が初例というわけでもないようで、この語が生まれたのは昭和二十八年頃から三十年までの間である可能性が高い。

以後、一九五〇年代後半から六〇年代にかけて、島根と中央の双方の刊行物において「出雲様式」ないし「出雲様」という語の使用例が頻出するようになる(11)。対象とされた彫像は清水寺像、萬福寺像、佛谷寺像のほか、戦前から旧国宝であった安来市・巌倉寺の観音菩薩立像や、昭和十七年（一九四二）に新たに旧国宝となった雲南市・禅定寺の観音菩薩立像などにも広がり、後には県文化財に指定された彫像も加わった。これら「出雲様式」の仏像に共通する要素として挙げられたのは、重量感や素朴さなどの地方色と、奈良時代彫刻の名残というものであった。「出雲様式」という新語が用いられ、対象となる作例が増えたといっても、その内容は戦前からの言説を踏襲したままだったのである。

こうした論調に対して慎重な意見が無かったわけではないものの(12)、「出雲様式」の響きは人口に膾炙し、仏像入門書や観光ガイドなど、さまざまな媒体で取り上げられるに至った。同時に、これがあくまで仏像の姿の特徴を指す限りの言葉だったところに、さらなる彩りが添えられていくのである。

その代表的なものが、一九七〇年代から刊行された、丸山尚一氏の一連の著作である。昭和四十五年（一九七〇）の同氏の著作『生きている仏像たち―日本彫刻風土論』では、「出雲様式と山陰の仏像」と題して出雲の仏像の特質を語っているのだが、そこで出雲の個性的な仏像を成立させたのは、古来の土着的な神々への信仰を根強く持ち続けた、古代出雲の人々の心性にあるとする。次のようなものである。

国引きの神話、ヤマタノオロチの神話、オオクニヌシノミコトの半生にまつわる受難の神話など、いくつかの神話を数えあげてみても、たしかに出雲は神話の国なのである。（中略）それは、中央の神話の世界には登場しない、地方的な、個性的な神々の物語である。

出雲の国じたいが根強くもちつづけた信仰の大きさと強さの伝統が、こうした神話を生み基盤になっていたといっていいだろう。日本のなかで、古代出雲は一つの独自な信仰圏をつくりあげていたのであるが、出雲の国に培われていた根強さと、土着の神々のエネルギーは、なにも神話だけに限られたことではなかったのである。

（中略、本稿筆者注：鰐淵寺の観音像をうけて）明るい素朴な、しかしどこかで強さを主張しているのが、出雲の仏像なのである。古代出雲族の性格が、こうした仏像を生んだのである。
（中略）出雲地方に木彫像が登場するのは、十世紀に入ってからのことである。仏谷寺、万福寺、禅定寺、清水寺、巌倉寺の木彫たちが、それである。そして、この十世紀の仏像が、いわゆる「出雲様式」と呼ばれてきた、出雲地方で育った個性的な仏像たちなのである[13]。

丸山氏は続く昭和四十九年（一九七四）の著書『地方佛』において、「古代出雲人の造像」という見出しで佛谷寺像を紹介し、「出雲地方に育ったこれらの個性的な仏像たちは、「出雲様式」の名で呼ばれてきたが、その典型であり、様式の名を生んだ仏像が仏谷寺の木彫像たちである。（中略）地方の仏像を見た場合、何々様式などと呼ばれてその地域の仏像の特徴を言い表した地方が他にあるだろうか。出雲の仏像たちを見た場合、たしかに、ある共通した、かなりティピカルな、顕著な特徴があるといっていいだろう。」としている。そして佛谷寺薬師如来像の衣文の翻りや渦文などに触れ、「素朴な像のなかに、何らかの装飾化を意図する作者の意識は、出雲の仏像たちのなかに、一様に、しかもかなり強く流れているものだと思う[14]。」と述べている。また禅定寺像の紹介では「典型的、出雲人の造形」との見出しをつけ、「不思議と出雲の仏像には暗さが無いが、この像もそうである。左右均斉にかなり形式化した衣文の線を見ると、十世紀も後半の作であろうが、宝冠を高くし、右手を無造作に長く垂れて動きをねらうのは、やはり十世紀ごろの古代出雲人に共通した造形感覚といっていいだろう[15]。」と述べている。

このように、同氏は出雲の仏像の特質を語るにあたり、「出雲様式」の語を繰り返し用いるとともに、様式論から地域性への問題に踏み込み、出雲の個性的な仏像を成立させたのは、古来の土着的な神々への信仰を根強く持ちつづけた「古代出雲人」の心性にあるとする語りを繰り返した。その語りはもちろん造形と心性の関係を合理的に説明したものではなく、同氏の印象に過ぎないのであるが、語りの叙情性と分かり易さから、一般向けの媒体を通じて広く受け容れられていったのである。

一九八〇年代に入ると、こうした「出雲様式」論に対して明確な批判があらわれる。松本真氏は萬福寺像と佛谷寺像、禅定寺像のあいだに統一的な様式は見出せないことを指摘し[16]、また的野克之氏は、佛谷寺薬師如来像の特徴とされた髪型や衣文などについて、天台系薬師の特徴を論じた清水善三氏の説[17]を援用しつつ、「他地域に共通する像が多く、出雲地方独自な様式ということはできない」と指摘した[18]。そして、対象とされた作例のあいだに共通する独自様式が見出し難いことに加え、「出雲様式」という語がもつ「美しい語感」や「文学的響き」からこの語が安易に用いられてきたことも併せて批判されたのである[19]。

こうした指摘と反省もあり、現在の彫刻史研究では、「出雲様式」という言葉は全く用いられなくなった。ただし、一般向けの仏像入門書や出雲の観光ガイドブック等においては、依然としてこの語が無批判に流用されることがある。そうした媒体では、まさにここで批判された「語感」や「響き」こそが、人々を惹きつけるものとして重宝されるからだろう。

一―二、「神話の国の仏たち」という枠組み

仏像の研究において「出雲様式」論が批判された一九八〇年代以降、考古学分野では、出雲古来の信仰に関する重大な発見が相次いだ。すなわち、荒神谷遺跡と加茂岩倉遺跡での大量の青銅器の発見（一九八四年・一九九六年）、そして出雲大社境内遺跡での巨大柱の発見（二〇〇〇年）である。以降の出雲の歴史研究において、考古学分野とこれに隣接する古代史分野の研究成果に注目が集まるとともに、当地古来の神々への信仰こそが当地の古代文化を象徴するものとして人口に膾炙したのは、半ば当然の流れであった。しかもここで注目されたのは、『出雲国風土記』の語る奈良時代以前の古代文化だったのである。

このことは、出雲の仏像をめぐる「語り」にも大きな変化を与えた。出雲の仏教文化は出雲の古代文化研究の主要な領域から外れ、出雲古来の神々

を中心とした宗教文化の枠組みの中へ位置づけられるに至ったのである。

一九八〇年代後半以降、出雲の古代文化を紹介する書籍や展示において、仏像がしばしば「神話の国の仏」「神々の国の仏」というような表題で紹介されるようになったのは、こうした状況を如実に反映している。なかでも象徴的なのは、荒神谷遺跡出土品や、開催直前に発見された加茂岩倉遺跡出土品を全国巡回で一般公開し注目を集めた「古代出雲文化展」（平成九年〔一九九七〕）において、仏像や仏画が古神宝とともに「神々の国の遺産」という章で紹介されたことだろう(20)。

かつて「出雲様式」論を批判した的野氏も、一般向けの刊行物でこうした表題を用いている(21)。ただしもちろん同氏は、仏像が出雲の古代文化の主流から外れているなどということは言っていない。論旨は逆で、荒神谷遺跡での発見や出雲大社だけでなく、仏像も「興味深い作品が数多く残っている。多くの方々に島根の仏像の魅力を知っていただきたい(22)」、「出雲には（中略）優れた仏教美術も少なくない。出雲は「神々の国」というイメージを実は良い意味で裏切る土地なのだ(23)。」と同氏は語っている。そのことを読者に印象付けるため、敢えて逆説的な表題を用いているのだ。

本稿筆者もこの論旨に賛同するものであるし（本稿の副題も同様の意図による）、また古代史分野からも、出雲の「神々の国」という性格のみを強調し、仏教の影響を軽視しがちな傾向に対して注意喚起が無かったわけではない(24)。しかしながらそれは同時に、この時期には既に多くの人々にとって、「神々の国」である出雲に仏像も多く伝わる事実が意外なものとなっていたことを反映している。

出雲の平安仏の特質を地方色と古様に求め、共通する「出雲様式」があるとする考え方は、結局のところ近代における後進地域としての出雲観の影響下から脱しておらず、平安時代の当地の文化を語るには適切ではない。さらにはそれが出雲古来の民族性を反映しているという言説には飛躍があると言わざるを得ない。出雲古来の神祇信仰が盛んであったことは、古代史や考古学の成果により疑い得ないが、仏教文化もまた栄えたことは、今に伝わる多彩な仏像たちが雄弁に語っている。それらが「神話の国」という枠組みに収まる存在だとは思えない。出雲の「地域性」が、古代史や考古学の成果が語る神々への信仰世界にあるならば、古代の仏像も豊富に伝わる状況は、その「地域性」とどの次元で連関するのか、あるいはしないのか。古代の状況をふまえてそれを語る必要がある。従前の、出雲の仏像をめぐる「語り」は、ここに大きな問題を残しているのである。

二、古代出雲の在地社会と仏像

二―一、出雲郡の仏像―大寺薬師の成立前史―

この問題を考えるにあたり、まず、出雲市・萬福寺（大寺薬師）の諸像〔図2・3〕を取り上げたい。かつて「出雲様式」とされた平安前期の彫像は出雲の各地に伝わっているものの、一箇寺に集中して伝わる事例として萬福寺の諸像は最大規模を誇る。そして像の数もさることながら、当時の中央作例に匹敵、凌駕する出来映えもまた当地屈指であり、ゆえに古代出雲の仏像や仏教を考えるとき、同諸像の存在は避けて通れない。まずはその概要を示しておく。

現在、出雲平野の北縁・東林木町の萬福寺境内に建つ文化財収蔵庫には、像高一三四センチの薬師如来坐像、等身大の四軀の菩薩立像、同じく等身大の四天王立像を中心に、多くの平安時代彫刻が安置されている。これら諸像は、現在の所在地〔図4●1〕から北に三〇〇メートルほどの地点にあった「大寺」〔図4●2〕の旧仏だと伝えられている。現在の収蔵庫は斐伊川近くの平坦地に所在するが、本来の大寺は、そこから少し小高い山裾に位置したとされる。ただし山中とはいえ、奥深い標高のある地点ではなく、山下の集落からの行き来は容易であり、山寺というより平地寺院の範疇で捉えるべき地点である。この大寺は慶安三年（一六五〇）、洪水と山崩れで壊滅してしまうが、住民たちの手で埋まった仏像が救い出され、萬福寺境内に再建された薬師堂に安置された。これが現在の収蔵庫の直接の前身である。主要尊像の制作年代については九世紀から十一世紀の間で諸説あるが、本稿筆者は現在のところ、薬師、四天王、それに菩薩像のうち三軀は十世紀前半の同時期に造像されたと想定している(25)。

萬福寺の所在地は、古代の行政区分では出雲国出雲郡に相当するのだが、その立地状況にはいくつかの注目すべき点がある。概ね時代順に列挙すると次の通りである。

第一に、古墳群と近接していることだ。もっとも近いのは、現在の収蔵庫の裏手に所在する大寺一号墳・二号墳［図4▲3］である。特に大寺一号墳は出雲西部最古の前方後円墳と評価され、その被葬者は畿内政権中枢と少なからぬ関係を有していたと推測されている(26)。また周辺に視野を広げてみると、大寺古墳群から東方の山裾一帯は出雲平野における古墳のひとつの集積地である。とりわけ大寺一号墳から約二㎞の位置にある上島古墳［図4▲4］は、石棺や副葬品の特徴などから大和王権との強い結びつきを窺わせるとの指摘があり(27)、注目される。

次に鰐淵寺の壬辰銘銅造観音菩薩立像［図5］の存在である。鰐淵寺の寺地［図4●5］もまた出雲郡に相当し、萬福寺からは直線距離で北西に約四㎞と比較的近い位置に所在する(28)。よく知られるように、同像の台座には造像銘が刻まれ、壬辰年（六九二）に出雲国の若倭部臣徳足が父母のために造立したことが示されている。若倭部臣は、同像の造像から約四十年後の天平五年（七三三）に完成した『出雲国風土記』に出雲郡の郡司（主帳）として出る氏族である。同像は出雲の古代彫刻史の劈頭を飾るだけでなく、同時代の各地方の金銅仏と比しても大きい像高と高い出来映えを有している。加えて、台座の造像銘に造像年と出雲国という国名、そして発願者の名が明記される点でも、出雲の古代彫刻史上で随一の価値を有する。移動可能な法量ゆえ原所在地については検討の余地があるものの、台座銘に「出雲国」という地名と在地有力者たる「若倭部臣」の名が明記される以上、造像当初から出雲郡域に安置されていたとみるべきであろう。

第三に、現在の収蔵庫は大寺谷と呼ばれる扇状地にあり、その大寺谷遺跡［図4▲6］から軒丸瓦が出土したことである。この軒丸瓦は萬福寺の諸像より年代が古い八世紀の作で、しかも松江市の四王寺跡から出土した瓦と同笵だという。四王寺跡は『出雲国風土記』に出る、出雲臣弟山（飯石郡少領、のち天平十八年（七四六）に出雲国造に就任）が建立した意宇郡山代郷南新造院の跡に相当すると考えられており、この大寺谷遺跡の瓦葺建物（寺院）の建設にも出雲臣弟山の関与を想定する見解がある(29)。

第四に、近在する青木遺跡［図4▲7］の性格である。青木遺跡は弥生時代から近世にいたる複合遺跡で、なかでも奈良・平安時代の遺構や遺物が注目されている。それは主に、紡織具ほか手工業生産に関わる遺物、神殿と考えられる掘立柱建物などの祭祀を窺わせる遺構、物資の集積を窺わせる荷札木簡などの出土文字史料、そして絵馬や神像といった信仰に関わる遺物からなる。かつてこの地は入海（現在の宍道湖）に近く、杵北道も通る、陸上・水上交通の要衝であった。古代の出雲において、この地が人やモノの行き交う生活の場としても、在地の信仰の場としても、重要な拠点の一つであったことをこれらの遺物は示している。こうした青木遺跡の性格については、より具体的に、出雲郡の郡司である若倭部臣の居宅の一部だと推定する見解もある(30)。

『出雲国風土記』によれば、出雲郡には杵築大社（現・出雲大社　図4■8）を筆頭に、日御碕神社［図4■9］に比定される美佐伎社など合計一二二もの神社があり、その数は他郡に比べて最も多い。ゆえに当地は、出雲国内でも特に神祇信仰が盛んな地域であったとみられる。しかしここまでの検討を踏まえれば、出雲郡の特に東部については、飛鳥時代以来、出雲国内における仏教の一つの中心地でもあった可能性が見えてくる。まず鰐淵寺の壬辰銘観音菩薩立像の存在があり、その後の遺品として大寺谷遺跡出土の軒丸瓦があり、平安前期には萬福寺の諸像がある。加えて近時、本稿筆者は、出雲市・高野寺［図4●10］の観音菩薩立像と萬福寺の菩薩立像との間に共通様式が認められることを指摘した(31)。高野寺像は萬福寺像をやや遡る九世紀末から十世紀前半の作とみられ、同寺の寺地は萬福寺から北東へ直線距離でおよそ七・五㎞離れており、郡域も出雲郡ではなく東隣の縦縫郡に属する。九～十世紀の出雲郡東部の在地仏教は、郡域を越えた一定の範囲で展開していたようだ。

先に確認したように、この地は古墳時代以来、在地有力者の宗教儀礼の場であり、仏教の本格的な導入も飛鳥時代という早い段階から認められる。そして、その在地有力者は中央政権との関わりが想定される。萬福寺諸像の造像主体者もまた、像の傑出した出来映えと規模からみて、同様の性格を持つ在地有力者が想定できるだろう。

古代における薬師信仰は、八世紀半ばから十世紀にかけて、一つの頂点を迎える。『続日本紀』や『続日本後紀』といった正史には、この時代に諸国の国分寺などで防疫や攘災のための薬師悔過が挙行された記事が頻出する(32)。これらは中央政権が諸国に命じた護国のための薬師悔過だが、当時、各地で挙行された薬師悔過はこれに限らない。薬師悔過の流行は国分寺から各地方寺院に及んだらしく、それは現在、各地方に九～十世紀の優れた薬師如来坐像が伝来していることが物語っている(33)。

地方に伝わる薬師如来の古像は、萬福寺像のように、四天王像や菩薩像などの群像を伴うことがある。かつて本稿筆者は広島・善根寺収蔵庫の諸像を対象として、そうした作例についての検討を加えたが(34)、ここで概要を再論しておきたい。

これら平安前期の薬師を主尊とした群像のうちいくつかは、古墳群に近接して郡司氏族との関わりが想定される像や(広島・古保利薬師堂像)、像内に在地豪族のものとみられる造像銘が墨書されている像(岩手・黒石寺像)など、造像主体者として在地有力者が想定される作例がある。萬福寺の諸像も、同様の特徴を有した出雲における一例として捉えられるべきである。

これらの像に願われたことは何だったのだろうか。ここで参考としたいのは『東大寺諷誦文稿』と呼ばれる史料である(35)。これは平安前期の在地寺院における法会の次第が収録されたもので、その中には薬師を主尊とした悔過儀礼とみられる箇所がある。そこでは法会の主催者の父母について現世安穏や臨終の際の往生が願われ、また主催者自身の除災と往生も願われるのだが、それに加え、村里の道俗についても護念(仏・菩薩が衆生を守護すること)され、福寿を増長することが願われている。自らとその一族の幸福と往生だけでなく、自らの法会の功徳が在地の人々一般へ廻向されることが、ここでは願われているのである。在地社会への功徳の廻向は、仏教的に良き行いであるだけでなく、実社会においても、法会の主催者たる在地有力者の権威が、在地社会において高まることを期待できる(36)。

ここで村里の道俗の護念が願われている以上、こうした法会には主催者の親族以外に、在地一般の人々の参集も企図されていた可能性がある。萬福寺像に話を戻せば、寺地周辺が従来から宗教儀礼の場であっただけでなく、生活や交通の要地の近くでもあった意味はここにある。地域に暮らすなるべく多くの人々の参集を企図したゆえに、それが見込まれる在地社会の要地に寺院が建てられたのであり、薬師を主尊とするその寺院で挙行された薬師悔過では、主催者一族の安穏や往生だけでなく、地域の人々の護念と利益の廻向も願われたと考えられる(37)。

萬福寺の所在する地域は、このように寺院の成立の前史から、地域における信仰と生活の中核地としての性格が通底している。本稿筆者は本章の冒頭で、萬福寺諸像の特徴を像の規模と出来映えの高さにあると述べた。そうした造形を生み出し得た要因は、確かに前代以来の出雲の在地社会の特性に求めることができる。ただしそれは、在地社会の成熟と、在地有力者の活動の活発さにこそ求められるのであり、辺境ゆえ古様が残されたとか、抑圧された地域性が厳しい作風を生み出した、などという想定は適切ではない。

二―二、意宇郡中心部と杵築の仏像―古代彫像の不在―

前節では、古墳と平安前期の仏像とが、古代以来の在地信仰の場を共有、継承する関係にあるという次元で接続しうることを論じた。ただし、仏教伝来以前の古墳文化すべてが仏教文化と接続しうるわけではもちろんない。古墳のあるところに遍く仏像が伝来するわけではないし、古代の仏像の伝来地がすべて古墳と近在するわけでもない。古墳時代以来の数ある在地有力者のなかで、仏教の導入に積極的だった者もいたし、そうでない者もいたということだろう。

そこで次に注目したい地域は意宇郡である。律令制下の出雲国の行政上の中心地であり、国府［図6▲1］や国分寺・国分尼寺［図6●2・3］など主要施設は同郡北部（現在の松江市街地南郊、大庭・竹矢地区）の平野部に集中して置かれた。古代出雲の祭祀をつかさどった出雲国造の氏族・出雲臣の当初の本拠地もまた意宇郡とみられ、郡司（大領）を兼ねた。同郡域の南部には国造家による当時の祭祀の中心地であった熊野大社［図6■4］が所在する。

同地域が栄えた痕跡はそれ以前からあり、岡田山古墳［図6▲5］、山代二子塚古墳［図6▲6］といった古墳群が所在する。国分寺跡に加えて、風土記所載の新造院に相当するとみられる四王寺跡［図6●7］などの古代寺院跡もある。国分寺設置の少し前に完成した『出雲国風土記』によれば、同郡域には他郡と比べて最も多い四箇寺が記されており、同書記載の寺院のなかで唯一寺名らしきものが伝わる教昊寺や、出雲臣弟山建立という新造院（山代郷南新造院。前掲の四王寺跡に比定）の存在が注目される。同書に記載される神社は熊野大社はじめ六十七所あり、その数は出雲郡に次いで多い。現在も意宇郡中心部には八重垣神社、眞名井神社、六所神社［図6■8〜10］といった古社が所在し、同書記載の神社に比定されている。

このように意宇郡は、在地有力者の最たる存在である出雲国造が本拠地とし、当時の出雲における政治や祭祀の重要施設が集中し、その中心地であった。そして奈良時代になり、古代出雲に公的な仏教が導入されるにあたって中核地域となったのもまた、当初は意宇郡だったのである。

しかし平安時代になると、神祇信仰も仏教信仰も共に意宇郡で栄えたという状況に、変化があったようである。まず前者については、延暦十七年（七九八）の太政官符によれば出雲国造の意宇郡司兼帯が解かれ、これにより在地における聖・俗の権威が分離されたことがある。そして平安時代中頃までには、出雲国造はもう一つの本拠地である出雲郡の杵築大社へ移ったとみられている。以後、出雲の神祇信仰はここを中心に栄えていくこととなる。

一方、仏教の方はどうなったのか。意宇郡の中心地である大庭・竹矢の地域に特徴的なのは、数々の古社が（いくらか形は変えながらも）現在に至るまでその信仰を連綿と伝えているのに対し、この地域では、平安前期に遡る仏像が現在のところ確認されていないことである。意宇郡域に古像が伝わらないわけではなく、安来市・清水寺［後掲図8●6］の十一面観音立像（根本堂旧本尊像）や同市・巌倉寺［後掲図8●7］の観音菩薩立像は、いずれも平安前期、九〜十世紀に遡る当地屈指の古像として著名である。とりわけ清水寺は、根本堂の修理に伴う遺構・遺物調査から、九世紀初頭の時点で寺伝の通りそこに寺院が存在した可能性が指摘されている(38)。しかし両寺とも意宇郡の東端に位置し、国庁や国分寺が置かれた中心部からは遠く離れている（なおこれらの地域は、『延喜式』成立［九二七年］の頃に能義郡に分郡される）。同郡中心部に伝わる仏像は古くても平安後期までしか遡らず、平安後期、十二世紀作の大草町所在大日堂の大日如来坐像(39)や、元は神魂神社［図6■11］の別当寺に伝わったという文永年間（一二六四〜七五）作の浄音寺［図6●12］十一面観音立像がこの地域の主要な古像となる。出雲の彫刻史の盛期の一つは平安前中期、九〜十一世紀であるはずなのだが、現存作例を見る限り、この時期に国分寺をはじめとした意宇郡中心部の寺院では、仏像の新造が活発に行われなかったことを示唆している。この地域では、恐らく奈良時代に造られた塑像がそのまま残され(40)、中世になってから再び仏像の新造が行われたようなのである。

なお、平安前期彫刻の分布のうえでもう一つ注目したいのは、平安期以降の出雲国造の拠点となった杵築周辺でも、現在のところ平安前期の仏像が確認できないことである。杵築周辺の古像を挙げると、まず出雲大社近隣の子安寺裏［前掲図4●11］からは奈良時代の金銅誕生釈迦仏立像が出土しており［図7、古代出雲歴史博物館現蔵］[41]、これをもって奈良時代から杵築の地で仏教が営まれたとする論もあるが、こうした理解については検討の余地が大きい。一般に、古代の金銅仏の中には中世の経塚から出土した例が多数あり[42]、出雲大社周辺でも経塚や埋納経の存在が知られている[43]。本像がそうした信仰のもと、中世になってから当地に埋納された可能性は十分にあるだろう。また、中世には鰐淵寺が杵築大社との関係を深めることが知られているが、両者の境内地は直線距離で約六km離れ、しかも急峻な山々を隔てている。両者は年中行事の運営で交流があったものの、信仰の場はあくまでも領域を異にしていたとみるべきであろう。

杵築周辺で造像安置されたのが確実な作例は、中世まで降るようだ。出雲市大社町・松林寺現蔵で、かつて杵築大社境内の大日堂に安置されていた大日如来坐像（市指定、大永四年〔一五二四〕）と、同じく護摩堂に安置されていた不動明王立像（市指定、天文十五年〔一五四六〕）[44]あたりが代表的な作例である。杵築大社では、尼子経久の支配の時代に仏教が導入され、神仏習合の様相が色濃くなった一時期がある。両像はこの時代に杵築大社境内に安置されていた。杵築大社の近隣で寺院の建立や仏像の安置が常態化するのは、おそらくこの時代以降であろう。なおその後の寛文の造営において、境内地から仏教色が一掃されたのは周知のとおりであり、両像もこの折りに松林寺へ移された。

本稿でたびたび言及しているとおり、出雲では平安前期の古像が数多く確認されている。そのような状況下で、意宇郡中心部や杵築で古像が確認し難いことは、一つの大きな特徴であるといってよいだろう。

三、仏像の分布からみる平安期出雲の仏教

三―一、十世紀初頭までの古代彫像の広がり

出雲在地の神祇信仰は、平安時代中頃にその拠点が意宇郡［図8▲1、■2］から出雲郡の杵築［図8■3］に移り、そこで今日に至る繁栄を遂げるわけだが、ではその間、出雲国内の仏教はどのような展開をみせたのか。今日に残された彫像の分布を頼りにして、以下、概ね時代順に見ていきたい[45]。紙幅の都合上、言及する仏像の写真を多くは掲載できないが、これらは概ね都度注釈で触れる島根県発行の各種展覧会図録等に網羅されているので、併せて参照されたい。

十世紀初頭までの古像は先述のとおり出雲国中心部で確認されないものの、出雲国域の東西それぞれに重要作例が伝わっている。

まず西部の出雲郡には鰐淵寺の壬辰銘観音菩薩立像や萬福寺［図8●4］の諸像、高野寺［図8●5］観音菩薩立像といった古像があり、東部の意宇郡には清水寺［図8●6］十一面観音立像や巌倉寺［図8●7］観音菩薩立像があるのは先述のとおりである。加えて北山山系東端の美保関には、佛谷寺［図8●8］薬師如来坐像と四軀の菩薩立像がある。制作年代は九世紀末から十世紀前半あたりとみられる。佛谷寺は現在は浄土宗に属するが、諸像は同寺前身寺院であった三明院の旧仏と伝わる。薬師像の頭部の形状は肉髻部と地髪部の段差を明瞭にしない点に特徴があり、これは天台系の薬師像に多い特徴だと指摘されている[46]。

佛谷寺の所在する美保関は古来、日本海沿岸地域の海上交通の中継地であった。江戸時代に北前船の寄港地として栄えたことに加え、三明院は隠岐へ流罪となった後鳥羽上皇や後醍醐天皇の行在所であったと伝えられており、古くから隠岐との航路の玄関口でもあったようだ。それら海上交通の安全の祈願所として名高い美保神社は、『出雲国風土記』や『延喜式』神名帳記載の神社に比定されている古社である。

なお、安来市赤崎町（中海南岸近くの吉田川沿いに所在）や海士町・清水寺に、佛谷寺像と近似した如来像や菩薩像が伝わるという指摘がある[47]。両像の存在は、仏教文化もまた、海上交通の要衝であるこの地から南北の海を伝って展開したことを示唆している。

三―二、十・十一世紀における密教尊像の展開
―中国山地と北山山系を中心に―

続く十世紀中頃の作に、雲南市三刀屋町・禅定寺［図8●9］の観音菩薩立像と阿弥陀三尊像がある。禅定寺は標高三七二mの禅定寺山の山頂近くに所在する天台宗の山岳寺院で、観音菩薩立像はそこに安置された像高二二六・五cmの巨像である。出雲市街地の平野部に所在する日蔵寺［図8●10］には、禅定寺像と作風の近い十一面観音立像が伝来するが(48)、同像の制作年代は日蔵寺の伝えによる創建年代を遡るため、原所在地は正確には不明である。

雲南市の斐伊川中流域と、その支流である三刀屋川・赤川流域の平野部、およびそこを見下ろすような山間部は、禅定寺像の他にも十、十一世紀以降の優れた尊像が集中する地域である。とりわけ天台・真言の双方が展開した形跡がある点で注目される。

『出雲国風土記』によれば、この地域に相当する大原郡には、当時出雲国の中心地だった意宇郡の四箇寺に次ぐ数の三箇寺が置かれており（出雲郡は一箇寺）、この地も出雲国内としては早くから仏教が盛んだったようだ。

他にこの地域の古像としては、雲南市大東町・長安寺［図8●11］に装飾的な着衣表現が特徴の平安前期・十世紀初めの菩薩坐像が伝わり(49)（ただし小像であり、客仏の可能性もある）、また現在は同寺所管となっているが、もとは近隣の金成地区の観音堂に伝わった十一面観音菩薩坐像（十世紀）がある。同像は江戸時代には「清涼寺」という寺院に安置されていたとみられ、他に「醍醐寺」という寺院も近在したらしい(50)。また同じ大東町内には「仁和寺」という地名・寺名も残っており、始期は不明ながら、かつてこの地が都の名だたる大寺院と関係を有していたらしいことが窺える。近時詳細が紹介された松江市・千手院の不動明王坐像（十一世紀）(51)は、『雲陽誌』によれば大原郡仁和寺村、つまり先述した大東町仁和寺の地から寄進された像だという。

大東町・萬福寺境内の収蔵庫に安置される二軀の大日如来坐像（金剛界・胎蔵界）は、十一世紀の当地の密教尊として著名である。とりわけ金剛界大日如来坐像は当時の都の作例に匹敵する洗練された作行きを示し、当時のこの地に都の仏教文化が直接に導入されはじめていたことを示唆する。両像は、萬福寺の北方に聳える高ノ峯の山中に所在した極楽寺［図8●12］の旧仏である(52)。同収蔵庫には、同じく極楽寺旧仏の如来坐像三軀（釈迦・薬師・阿弥陀。十一世紀）も共に伝えられているが、加茂町・冨貴寺［図8●13］の薬師如来坐像はこの如来坐像三軀と酷似する作風を示している。冨貴寺は旧極楽寺から直線距離で六km程度離れた場所にある平地寺院であり、この作者系統の活動の範囲が窺える。三刀屋町・峯寺［図8●14］の観音菩薩坐像は十一世紀後半頃の作かとみられる。同寺は真言宗の古刹であり、平安仏画の秀作として著名な聖観音菩薩像（重文、十二世紀）が伝来することでも知られる。

中国山地の斐伊川中流域・支流域だけでなく、北山山系でも十一世紀頃に天台・真言密教が展開した形跡があり、両宗の古刹や密教尊が現在も点在する。一畑寺［図8●15　もと天台宗、現在は臨済宗。平安末期ないし鎌倉期作の十一面観音懸仏が伝わる(53)］や朝日寺［図8●16　真言宗。本尊像に平安後期作の可能性が指摘されている(54)］は当地で代表的な山岳寺院で、松江市・金剛寺［図8●17］の馬頭観音坐像（十一世紀）は当地伝来の密教尊の古像として著名である。松江市・成相寺［図8●18］は真言宗の古刹で、伝える彫像は同寺熊野権現から発見されたという神像群（十一～十二世紀）が著名である。同寺の近隣には佐太神社［図8■19］が所在し、中世、成相寺は佐太神社の別当寺・奥の院とされた。

このほか、現在の出雲市、出雲平野の南部（中国山地北部の山裾周辺）にも、東西にわたって古像が点在している(55)。もともとこの地域は、上塩冶築山古墳や神門寺境内廃寺などが知られるように、古代の宗教文化が栄えた場所であったが、現存する彫像では先述した出雲市・日蔵寺の十一面観音立像（十世紀）がこの地域では突出して古い例で、他は概ね十一世紀以降の作とみられる。薬師・阿弥陀といった一般的な尊像のほか、大日如来や不

動明王などの密教尊も複数ある。ただここまで述べてきた地域の像に比べてやや固い作風の像が多く、当時の主流寺院の派生的な造像だったのかもしれない。この地域については本稿筆者が実査していない作例も多いので、詳細については今後の課題としたい。

三―三、十二世紀における天台寺院の本格展開

平安時代中頃までは個性的な一木彫像が目立つ出雲であったが、平安時代後期の十一世紀後半頃になると、出雲にも洗練された中央様式の像が現れ始める。これは以前指摘したとおり、十世紀までの造寺造仏が在地有力者主体であったのに対し、十一世紀以降は都の大寺院との本末関係を介して、都での造像技法が地方へ直接導入されるようになったのが要因とみられる(56)。その初期的事例として、前掲の雲南市・旧極楽寺像や峯寺像があるが、続く十二世紀になると、都と遜色ない造形水準の作例が天台宗由来の山岳寺院を中心に目立つようになる。以下にその作例を確認しておく。

天台宗の古刹として知られる鰐淵寺［図8●20］は、平安後期以前から山岳修行の霊場であった可能性はあるが、現存する文化財は古代の金銅仏を例外とすれば概ね十二世紀以降の作である。霊場としての「鰐淵山」の存在が、金石文や古文書などの史料上に明確に現れ始めるのも十二世紀からである（仁平三年〔一一五三〕銘石製経筒など）。主要堂宇が火災に遭うなどしたためか、平安期に遡る古像は主要堂宇から離れた場所から後年に発見された小像が中心だが、高水準の作行きを示す銅造不動明王像（残欠）や多彩な神像などが残り、往時の文化水準の高さが窺える。

出雲市野尻町の法王寺［図8●21］は天台宗の山岳寺院で、所在地は出雲市域になるものの、密教寺院が集中する雲南市三刀屋町にほど近い。白鳳時代の金銅仏や、十二世紀の著名な懸仏三面、同じく十二世紀の説法印阿弥陀如来坐像および両脇侍像などが伝わる(57)。うち懸仏三面は、当時の懸仏として全国的に見ても極めて洗練された作風を示す。文化財指定名称により観音と二体の蔵王権現として紹介されることが多いが、既に指摘があるように『諸観音図像』に掲載される三尊像（如意輪観音・金剛蔵王・執金剛神）の姿に通ずる(58)。

出雲における山岳寺院の初期の例である安来市・清水寺［図8●6］は、先述した根本堂旧本尊の十一面観音立像が傑出した古像であったが、十二世紀になってから天台寺院として改めて本格整備されたらしく、当時の高水準の仏像が多数伝来している。根本堂現本尊の十一面観音立像(四臂像)、同堂四天王立像、宝物館安置の阿弥陀如来坐像（丈六像）、同阿弥陀三尊像、護摩堂不動明王坐像などである(59)。当地における天台の大寺院として、密教・浄土教を興隆させていたさまが窺える。

松江市街地から北東の山中に位置する華蔵寺［図8●22］には、平安時代末・十二世紀後半の薬師如来坐像が伝わる。同寺は臨済宗の名刹として知られるが、平安前期に天台宗の智元上人によって開創されたと伝える。薬師如来坐像は、素地仕上げの表面や九〇cm弱の像高といった、天台系の薬師像としての特徴を備えている(60)。全体的に平安後期らしい穏やかな作風ながらも、衣文や側面観には迫真的な立体表現が認められる。鎌倉時代に近い頃の中央作例に匹敵する完成度を示している。

以上は、これまで広く知られた代表作例の分布を簡単に振り返ったに過ぎず、出雲には他にも多くの平安彫刻が伝わっているはずである。今後の調査により、新出作例は更に見出されるに違いない(61)。ただし分布の基本的な傾向としては、今後も本稿指摘の内容を大きく逸脱する可能性は少ないように思われる。

三―四、平安期の出雲における神仏「並存」

平安時代の出雲において、在地の神祇信仰は意宇から杵築へ、その本拠地が移ったわけであるが、では仏教の方はどのように展開したのか。前節までに検討した仏像の分布からは、次のようにまとめられるであろう。

九世紀から十一世紀にかけ、出雲国の中心地であった意宇郡中心部では、仏像が新造されたような形跡は見出せない。平安前期の出雲国東部では、清

水寺や巌倉寺の尊像があり、そこに初期的な山岳寺院が営まれた可能性が見出せる。また、それらと中海を挟んだ対岸では、北山山系の東端・美保関に佛谷寺諸像があり、そこを中心に（おそらく天台の）仏教の広がりがあったようである。一方、出雲国西部においては、北山山系およびその麓において、萬福寺や高野寺の尊像にみられるように、在地仏教の一つの文化圏が形成されたようである。

十世紀半ばには、中国山地の斐伊川中流域・支流域で天台・真言双方の密教寺院が造営された。天台宗の山岳寺院の尊像として禅定寺像があり、他に長安寺像や日蔵寺像などにこの時期の造像の広がりをみることができる。十一世紀の旧極楽寺像が示す洗練された作風や、大東町各地に伝わる寺院名などから、当地が中央の有力寺院と直接的な関係を持ちはじめていたことが窺える。真言宗の山岳寺院の像としては峯寺像がある。北山山系の中央部や出雲平野の南部でも、十一世紀以降、密教寺院に関わる造像の形跡がある。

十二世紀には、入海（宍道湖・中海）の南北で、天台寺院の本格展開が認められる。南の内陸部では東部で清水寺、西部で法王寺があり、北山山系では東部に華蔵寺、西部に鰐淵寺がある。いずれも中央様式の洗練された尊像を伝え、恐らく本末関係を介して中央の仏教文化が直接導入されていたと考えられる。

このように振り返ってみると、平安期の出雲の仏教は、神祇信仰の盛んであった意宇郡中心部や杵築の地とは必ずしも関係のない所で展開していることが明瞭になるであろう。ここから導かれるのは、出雲国造が主宰する当地古来の神祇信仰と仏教とは、信仰を重ねることなく、まったく別のものとして互いに「並存」していた、という状況ではなかろうか。

中世、鰐淵寺は杵築大社とのあいだで年中行事等を介して関係を築くことが知られている。ただし両者の関係は習合というより、別の機能を有する宗教施設どうしが行事を通じて相互補完の関係にあったと捉えるべきだと指摘されている(62)。神社と、同じ敷地内にある神宮寺のような関係ではなく、一定程度の離れた地域にそれぞれの宗教活動の場を設け、必要のあるときに鰐淵寺僧が杵築大社へ赴いていたのである。この一定の距離感は、杵築大社と鰐淵寺との中世における関係だけでなく、当地古来の神祇信仰と平安時代以来の仏教との関係そのものにも敷衍しうるのかもしれない(63)。

ただ中世には、両者の関係もさまざまな在り方が生じたようである。例えば先述した浄音寺の十一面観音立像は、元は神魂神社の別当寺に伝来したと伝えるうえ、椋木賢治氏は本像の檀越として当時この地の地頭であった出雲国造・出雲泰孝が想定されるとし、また当寺の御詠歌に本像が神魂神社祭神のイザナミと同一視されていた形跡を認め、本像が同社祭神の本地仏であった可能性を指摘している(64)。出雲の神祇信仰と仏像とが密接な関わりを持った一例だといえるだろう。出雲大社の境内地や周辺で埋納経の痕跡が認められ、室町期には仏像が安置されたのも先述した通りである。しかしながら本地仏や埋納経といったこれらの事例は特殊なことではなく、むしろ中世社会一般にあった神仏習合現象が、出雲においても認められるようになったことを意味しよう。

ここで仏像の「地域性」のことに話を戻そう。平安前期の個性的な作例について「出雲様式」論が唱えられるとき、そこに都から遠く離れた出雲土着の神々の信仰が投影されがちであったことは先述した。だがここまでの検討をふまえれば、実際はおそらく逆だろうと思われる。当時、出雲古来の神々の信仰と仏教とは「別のもの」であり、それぞれの信仰が個別に、独自に発展するほどの「豊かさ」がこの地にあったからこそ、多彩な彫像が生み出されたと考えるべきではなかろうか。

さてここまで、仏像の分布を手がかりにして、出雲古来の神祇信仰と仏教・仏像とが平安時代には基本的に「別のもの」として「並存」していたと考えられることを述べた。ここで問題となるのは、平安時代の出雲には仏像だけでなく、神像彫刻もまた数多く伝来しているという事実である。そこには寺院に伝えられた像や、明らかに仏教の影響を受けた姿をした像も少なくない。つまり平安期の出雲においても神仏習合という現象があったこと自体は間違いない。問題は、それらの神仏習合像が出雲古来の神祇信仰と関係するのか、それとも、あくまで仏教信仰に付随する存在であったのか、である。次章ではこれについて検討したいが、それはおのずから、出雲古来の神々への信仰を特色づける出雲神話との関係が問題となるであろう。

四、神話と神像は接続するか

四—一、神像彫刻研究の基本的な問題

古来、出雲の地に特有の神祇信仰があったのは確かであり、それら出雲にまつわる神々の世界を明快に表現したものの一つが、『出雲国風土記』や『日本書紀』に記される神話である。仮に出雲の神像に「地域性」があるとすれば、出雲で古来語り継がれた神話の内容が、何らかの形で神像の姿に反映していても良さそうなものではある。だが、そのことを検証するのは、さまざまな事情により容易ではない。

まず、神像は仏像と異なり形状の典拠が明確ではなく、ゆえに形状上の特徴から神名を判断するのは多くの場合、不可能に近い。神像を所有する社寺において、神話に登場するような神名で特定の神像を呼称している場合もあるが、ほとんどの場合、その名は後世に付与されたものであり、造像当初にどのような、何という神として造像されたか、形状の観察からそれを推測するのは難しい。加えて神像は造形の細部を省略して表現されることが多く、このこともまた、形状上の特徴からその神像の性格を検討することを困難にしている[65]。

加えて信仰上の事情がある。一般的に神社所蔵の神像は、特に現役の御神体である場合には調査や公表を許される機会が極めて少ない。研究者が調査を許されるのは、多くの場合、神体としての役割を終えた像か、もともと人目に触れる性格である随身像、それに寺院に伝わる神仏習合像に限られるという事情がある。研究者としては所有者の意向に沿って、許される限りの調査をさせて頂くまでなのだが、いずれにせよこうした事情ゆえ、現時点でわたしたちが存在を知り得る神像は、一定の偏りがあるということに留意しなければならない。そしてこれらの問題は、出雲の神像についても例外ではない。

一般的に日本の神像彫刻は、遅くとも平安初期・九世紀には造像例が畿内はじめいくつかの地域で確認できる。中国地方でも、例えば広島・御調八幡宮の神像が九世紀の古像として著名である。それゆえ、出雲においても平安初期の時点から神像が造像された可能性はあるのだが、現在のところ出雲で九世紀に遡る神像は確認されておらず[66]、平安時代の主要な像は、十一世紀以降の神仏習合像と随身像が大半で、しかも小像がほとんどである[67]。この状況だけを見れば、多くの注目作例があるとはいえ、他地域に比べて出雲の神像がとりわけ古く、豊かであるとまではいえない。

しかしながら、それはあくまでも現時点で知られている限りにおいてのことである。例えば近時、本稿筆者らは益田市・櫛代賀姫神社の神像の調査を許され、傑出した出来映えを示す像であることを確認した[68]。また出雲由来と伝える大型の神像が海外の美術館に分蔵されていることが、近年改めて注目されている[69]。今後何らかの切っ掛けにより調査が許された場合、出雲の神社から新たに神像の重要作例が発見される可能性は十分に存在する。現時点で、出雲神話に関連するような神像が見出せなかったとしても、それは過去に（そして現在でも）そうした性格の神像が存在しなかった、ということは意味しない。

四—二、鰐淵寺の神像をめぐって

こうした限界があるなかでも、過去、出雲の神祇信仰や神話と、出雲の神像とを具体的に結びつけようとする検討が行われたことはあった。例えば鰐淵寺には十二世紀作の牛頭天王像が二軀伝わっており［図9・10］、これを中世杵築大社の祭神・素戔嗚尊と関連づける解釈がある[70]。京都・祇園社の牛頭天王と素戔嗚尊とが同体視されていたことは知られているが、そうした認識が平安末期の出雲でも生じたものとみて、鰐淵寺にことさら牛

頭天王の古像が伝わっているのは、中世杵築大社の祭神・素戔嗚尊との習合が影響したためである、という考えである。

これは、鰐淵寺に牛頭天王の古像が二軀も伝わるといういわば特殊な状況を、地域特有の信仰から解釈しようとした試みといえる。しかしながら、牛頭天王と素戔嗚尊との同体視が明確に確認できるのは室町期以降という指摘があり(71)、平安末期の出雲においてそれを想定するのは難しい。むしろ、平安後期以来の祇園社は、比叡山延暦寺の別院・末寺であったことにこそ着目すべきだろう。鰐淵寺の牛頭天王像についても、あくまでも同寺が天台の有力寺院だったことから造像・安置されたと考えるのが素直な解釈ではなかろうか。

出雲の神話と神像を関連づけて考えるには限界があると同時に、それゆえ関連づけたいという思いに対してなるべく冷静でなければならない。しかしそのような中、神話と神像が接続している可能性の高い例が、かねてより指摘されている。それは鰐淵寺に伝わるふたつの男神立像［図11・12］のことである。

この男神立像は、髪型などの細部表現は異なるものの、両手で掴んだ棒を地面に突き刺して立つという特異な姿勢が共通している。二軀ともいずれも十二世紀頃の作とみられるが、作風は異なり、別々に造像されたものとみられる。

従来、この特異な姿勢の解釈には諸説あり、雨宝童子像の一種とする説や(72)、何らかの農耕儀礼にかかわる神の像とする説(73)などがあった。近年、この姿勢を解釈するために新たに参考にされたのが、出雲特有の「国引き神話」であった。八束水臣津野命（中世には素戔嗚尊）が大きな鋤を大地に突き刺し、各地から土地を引き寄せて現在の島根半島を形作ったというものであり、両像は八束水臣津野命ないし素戔嗚尊が国引きをしている様子を表現したものだという解釈である(74)。確かに、両手で掴んだ棒を地面に突き刺して立つという姿勢は、江戸時代に描かれた八束水臣津野命像と酷似している［図13］。また、二軀のうち一軀は棒の曲がったところに足をかけており、その姿勢は、今まさに足に力を込めて棒を深く突き刺そうとする動きを表現している。両像を、国引き神話の様子を表現したものと考えるのは、非常に説得力のある解釈といえるだろう。

ただ、この解釈にも課題が無いわけではない。先に見たような鋤を突き刺す八束水臣津野命の図像は、一般的には江戸時代に流布したものであり、平安末期作の鰐淵寺像を同様の性格とみた場合、国引き神話の神を表現した造形としては突出した古例となる。国引き神話を表現するものとして、鋤を真っ直ぐ突き立てる男神像の図像がいつ成立し、どの程度流布したのか、という重要な問題が残されており、これが検証される必要がある。また、それを画像ではなく彫像で表現するからには恒常的な礼拝対象となったはずであるが、それがどのような儀礼や信仰に基づくものだったのか、何のために国引き神話を表現した彫像が必要だったのか、という問題も検討が必要であろう。もし、こうした図像が近世になってから成立し広まったものであったならば、当然ながら平安末期作の両像の、造像時点での性格を示すものとはいえない。

さらに問題なのは、二軀の男神立像のうち一軀（その一）は独尊像ではなく群像の一つであった可能性があることだ。鰐淵寺には、同像と像高の近い僧形神立像、女神立像、そして尊種不明の天部形立像も伝わり、四軀は背面の中央に大きな丸い孔が穿たれるという、やや変わった特徴も共通する(75)。本像が群像の一つだったならば、八束水臣津野命ないし素戔嗚尊と解釈するだけでは、本像の本来的な性格を説明したとはいえない。本像は、単に国引き神話に基づくという解釈で済むほど単純ではない神々の世界を、いまに伝えているのかもしれない。

出雲に伝わる特徴的な神像を、出雲の神話から解釈できるならば、それは非常に魅力的な考え方である。しかしそのことには、ここで見たようにいくつかの大きな問題がつきまとう。神話がはるか昔に成立したものであっても、その神話が人々のあいだで造形化の動機になり得たのはどの時点か、神話に出てくる神の図像が確立したのはどの時点か、というのは別問題であるからだ。また、現在では地域固有の神祇信仰に基づく信仰がなされている彫像であっても、造像時点から変わらずにそうであったとは限らない(76)。神像を神話に基づいて解釈することは魅力的であるがゆえに、慎重に検討されなければならないのである。

先に指摘したとおり、これまでに知られている出雲の神像は、多くが寺院に伝わった神仏習合像である。そして本稿でたびたび述べたように、出雲には、古来の神祇信仰とは別の流れとして豊かな仏教信仰も育まれた。いま知られる神仏習合像の性格については、在地仏教の信仰の面からも積極的に検討し直されるべきではなかろうか。今後、もしかしたら何らかの事情で調査が許され、出雲の古社から神像の古例が確認されることがあるかもしれない。出雲固有の神祇信仰から神像を考えるのは、そうした機会を待って行うべきであろう。

おわりに

本稿では、出雲の古像のどこに出雲ならではの「地域性」を認めうるのか、という問題意識のもとに、平安時代までのさまざまな作例を概観してきた。後進地域としての近代山陰の地域性や、神祇信仰の土着性が、平安前期の仏像の古様や素朴さに現れているわけではない。また、当地固有の神祇信仰の豊かさを補完する存在として仏教や仏像があったわけでもない。おそらく実際は、もっと豊かな信仰世界があったのだろう。

『出雲国風土記』に明記されるように、古代の出雲には数々の有力氏族がおり、彼らは仏教文化の担い手でもあった。この状況は平安時代に至っても持続していたとみられる。それは出雲の各地に作風の異なる個性的な古像が伝わり、それぞれが一定の範囲で文化圏を有したことに現れている。

こうした平安期の出雲の在地仏教は、出雲古来の神祇信仰とは別のものとして、独立した展開をみせた。そしておそらく当時の出雲の人々は、両方の並存を受け入れた。それぞれが固有の信仰の場を営み、発展したために、両者に直接的な影響関係が無く、かつ、両者ともに豊かな宗教文化を育んだ状況が生まれたのである。双方に残された多くの文化財が、それを雄弁に物語る。仮に出雲の仏像・神像に何らかの「地域性」があるとすれば、それは神仏「並存」を受け入れ、双方の文化を発展させることができた「寛容さ」と「豊かさ」にこそ、求められるのかもしれない。

そこから生み出された多種多様な彫像たちには、いまだに謎が多い。誰が、どのような願いを込め、それが造形のどのようなところに反映しているのか。それは中央から見た出雲の地域性などという雑駁な観点から検討されるべきではない。一つ一つの造形の特徴と、造形のたどった歴史とに向き合って個別の検討を重ねることこそが、出雲の仏像・神像たちの実相に迫り得る唯一の方法なのではなかろうか。

註

(1) 島根県古代文化センター編『島根県古代文化センター研究論集第二十六集　日本書紀と出雲観』(島根県教育委員会、二〇二一年)。特に同書第五部「近現代の出雲観」を参照。

(2) この問題については、内藤正中「近代化のなかでの地域格差」(同氏『島根県の百年　県民百年史三十二』山川出版社、一九八二年)および、阿部恒久「山陰地方の「裏日本」化」(同氏『「裏日本」はいかにつくられたか』日本経済評論社、一九九七年〔初出も同年〕)を参照。「裏日本」観の形成過程については、北陸を中心に論じた古厩忠夫『裏日本―近代日本を問いなおす―』(岩波書店〔岩波新書〕、一九九七年)にも詳しい。

(3) 「出雲民族」概念の創出については、岡本雅享「出雲からみた民族の創出」(同氏『民族の創出　まつろわぬ人々、隠された多様性』岩波書店、二〇一四年)を参照。

(4) 前掲註2内藤氏著書、一二一頁。引用元によればこの言葉はそうした認識への見直しを促すために用いられたというが、それは同時に、この認識が人々に広く浸透していたことをあらわしている。

(5) 福井利吉郎「島根県下新指定の国宝(上)」(『山陰新聞』一九二〇年四月二十五日付、二面)。引用にあたり、正字および旧仮名遣いは適宜改めた。以下同じ。

(6) 奥原福市編『八束郡誌』(島根県八束郡自治協会、一九二六年)八三五〜八三六頁。

(7) 例えば、豊秋(源豊宗)「美術史雑記」(『仏教美術』第十七冊、一九三〇年)や、丸尾彰三郎「出雲地方の仏像」(『画説』第六十六号、一九四二年)など。

(8) 前掲註(7)源氏論文、一二一頁に「問題は出雲に於ける天平様式が何時まで持続したかである。（中略）都を遠く隔てた此の出雲が時代思潮に触るるまでにどれ程の歳月を費やしたかを考ふべきである。」とあることなどがこれに相当する。

（9）須田主殿『島根県保存文化資料概要』（島根県教育委員会、一九四九年）、島根県教育委員会編『島根県の文化財』（同会、一九五三年）。

（10）下村章雄『山陰の古寺』（山陰古美術研究会、一九五五年）十一～十二頁。

（11）本稿筆者が使用例を確認した、この期間の主な刊行物は次の通り。

・蓮実重康「彫刻」（編集委員代表児玉幸多『図説日本文化史大系　第四巻　平安時代（上）』小学館、一九五八年）
・島根県教育委員会編『島根の文化財　第一集』（同会、一九六〇年）
・伊藤菊之輔「島根県の文化財」（著者代表神野力『郷土の文化財　一〇　岡山・広島・鳥取・島根・山口』宝文館、一九六〇年）
・天野茂時『島根の仏像』（今井書店、一九六四年）
・『新修島根県史　通史編一　考古・古代・中世・近世』（島根県、一九六八年）
・清水善三「島根県の彫刻―その地方性の問題を中心にして―」（『仏教芸術』六十号、一九六六年）

（12）例えば天野茂時氏は、前掲註（11）の同氏著書『島根の仏像』において「出雲様式」論を追認したものの、直後に浜田市・多陀寺で平安期の天部立像が大量に発見されたことをうけ、翌年の論考（天野茂時「出雲地方の貞観仏について」『島根県文化財調査報告』第一集、一九六五年）では、出雲ではなく石見地方で発見された多陀寺像について「出雲様」といわれる現存の仏像に類似している。そこで、いわゆる「出雲様」については、再考すべき余地があると思われる」（同論考十八頁）とし、以降この語の使用を避けている。

（13）丸山尚一「出雲様式と山陰の仏像」（同氏『生きている仏像たち―日本彫刻風土論』読売新聞社、一九七〇年）一四五頁、一五〇頁。

（14）丸山尚一『地方佛』（鹿島研究所出版会、一九七四年）一五八～一六一頁。

（15）前掲註（14）丸山氏著書、一六四頁。

（16）松本真「島根県の平安前期彫刻―その地方性について―」（『広島修大論集　人文編』第二十四巻第一号〈通巻第四十三号〉、一九八三年）。

（17）清水善三「長源寺薬師像について」（『仏教芸術』一〇一号、一九七五年）。五十二～五十三頁には佛谷寺像についての言及もある。

（18）的野克之「仏像拝観④　仏谷寺薬師如来坐像について―「出雲様式」についての考察―」（『季刊文化財』第五十三号、島根県文化財愛護協会、一九八五年）三頁。

（19）松本氏前掲註（16）論文、三三七頁では、「出雲様式と呼ばれるに相応しい地方様式はないのである。（中略）解説書、随筆文、紹介文の中で、単に雰囲気的に使用されている言葉にすぎず何れも論拠はないようである。私自身もこの美しい〝出雲〟という語感に、眩惑されていたことの不用意を反省している。」とある。また的野克之「島根県の仏像」（西川杏太郎監修・鷲塚泰光編『仏像を旅する　山陰線』至文堂、一九八九年）一五八頁では「文学的響きのある「出雲様式」という言葉ゆえについ用いてしまいたくなるが、多地域の作例との比較をあまりすることなく乱用するのはいましめるべきであろう」と断じられている。

（20）島根県教育委員会・朝日新聞社編『古代出雲文化展―神々の国　悠久の遺産―』図録（島根県教育委員会・朝日新聞社、一九九七年）を参照。

（21）的野克之「神話の国の仏たち」（前掲註（19）「島根県の仏像」所収）、同氏「神々の国の仏たち　古代を中心に」（京都国立博物館・島根県立古代出雲歴史博物館編『特別展覧会　大出雲展』図録、島根県立古代出雲歴史博物館、二〇一二年）。

（22）前掲註（21）的野氏「神話の国の仏たち」一五五頁。

（23）前掲註（21）的野氏「神々の国の仏たち」二三〇頁。

（24）例えば、森田喜久男「第八章　神仏への祈りと神話の世界」（松江市史編集委員会編『松江市史　通史編一　自然環境・原始・古代』松江市、二〇一五年）。同論考では六六五頁にて「古代出雲は、「神々の国」というイメージ一色でとらえきれる世界ではなく、仏教が重要な位置を占めた可能性を指摘してきた。」とまとめられている。

（25）島根県立古代出雲歴史博物館編『島根の仏像―平安時代のほとけ・人・祈り―』図録（同館、二〇一七年）一四五～一四九頁の拙稿の当該像解説を参照。

（26）島根県教育庁古代文化センター・同埋蔵文化財調査センター編『大寺一号墳発掘調査報告書　島根県古代文化センター調査研究報告書二十九集』（島根県教育庁古代文化センター・同埋蔵文化財調査センター、二〇〇五年）三十頁。

（27）仁木聡「継体天皇と出雲の新興勢力」（島根県立古代出雲歴史博物館編『古墳は語る　古代出雲誕生』図録、ハーベスト出版、二〇一八年）七十五頁。

（28）鰐淵寺と大寺薬師の寺地の近さから、かつて、鰐淵寺の南院を大寺薬師の周辺に想定する説が長らくあったが（曽根研三編著『鰐淵寺文書の研究』〈鰐淵寺文書刊行会、一九六三年〉十二頁など）、この可能性は近年否定された。『出雲鰐淵寺　埋蔵文化財調査報告書　出雲市の文化財報告二十八』（出雲市教育委員会、二〇一五年）七十七頁ほか。本稿でもこの説は採らない。

（29）花谷浩「出雲国意宇郡山代郷南新造院跡と出雲郡大寺谷遺跡の同笵瓦について」（『しまねミュージアム協議会共同研究紀要』第二号、二〇一二年）三十三頁。

（30）平石充・松尾充晶「青木遺跡と地域社会」（『国史学』第一九四号、二〇〇八年）十八頁。

（31）濱田恒志「出雲市・高野寺観音菩薩立像と日蔵寺十一面観音菩薩立像について―近年再発見の出雲市内所在平安彫刻二例―」（『古代文化研究』第三十二号、二〇二四年刊行予定）。

（32）『続日本紀』天平十六年（七四四）十二月四日条、同十七年（七四五）九月十九日条、『続日本後紀』承和元年（八三四）四月六日条、同四年（八三七）六月二十一日条、同九年（八四二）三月十五日条など。

（33）この時代の薬師悔過や薬師如来像の広がりについては、中野玄三「八・九世紀の七仏薬師像」（同氏『悔過の芸術　仏教美術の思想史』法蔵館、一九八二年〈初出は一九六五年〉）を参照。

（34）濱田恒志「広島・善根寺収蔵庫の諸像について」・「同（二）」・「同（三）」（『美術史学』第三十五・三十八・四十二号、二〇一四・二〇一七・二〇二一年）。

（35）同史料の内容と性格については次の文献に詳しい。

・中田祝夫『改訂新版　東大寺諷誦文稿の国語学的研究』（風間書房、一九七九年再版〔初版は一九六九年〕）

・藤本誠『古代国家仏教と在地社会　日本霊異記と東大寺諷誦文稿の研究』（吉川弘文館、二〇一六年）

・小林真由美「東大寺諷誦文稿注釈（一）」～「同（八）」（『成城国文学論集』第三十六～四十三輯、二〇一四～二〇二一年）

（36）鈴木景二「都鄙間交通と在地秩序―奈良・平安初期の仏教を素材として―」（『日本史研究』第三七九号、一九九四年）四十二頁・四十五頁、および同氏「律令国家と神祇・仏教」（『岩波講座　日本歴史　第三巻　古代三』岩波書店、二〇一四年）三一一頁などにこうした観点からの指摘がある。

（37）出雲に関わる四天王信仰の重要事項として、『日本三代実録』貞観九年（八六七）五月二十六日条の、出雲国ほか四箇国に外敵調伏のための四天王画像を安置したという記事がある。萬福寺諸像の性格について、特に島根県内の論調では、出来映えのよい四天王像を重視してこの記事にある外敵調伏の性格を想定する傾向があるが、本文での検討をふまえれば適切ではないだろう。同記事では外洋を見渡せる高地で儀礼を行うことが重視されており、それも萬福寺の寺地の性格とはそぐわない。

（38）同寺の寺伝によれば根本堂の建立は大同元年（八〇六）とされる（『雲陽誌』ほか）。根本堂解体修理に伴って実施された遺構調査では、最下層の確認面（すなわち、この面に立てられた建造物がこの場所の最古の建造物とみられる）から平安時代初期の須恵器が発見されている（財団法人文化財建造物保存技術協会編『重要文化財清水寺本堂保存修理工事報告書』〔重要文化財清水寺本堂保存修理委員会、一九九二年〕一三七～一四七頁）。近年、林健亮氏は根本堂下層出土須恵器を再調査し、八世紀末から九世紀前葉頃が根本堂付近の活動始期だとみられるとして、大同元年建立の縁起との整合性を改めて指摘した（林健亮「清水寺本堂下層から出土した土器について」〔『古代文化研究』第二十九号、二〇二一年〕）。

（39）同像については、田邉三郎助「彫刻」（『八雲立つ風土記の丘周辺の文化財』島根県教育委員会、一九七五年）二五七頁、および、近藤謙「大日如来坐像」解説（島根県立八雲立つ風土記の丘編『意宇の神仏の宝もの　出雲国の源流から』図録、ハーベスト出版）九十一頁を参照。

（40）この想定に関しては『上野国交替実録帳』を参考にすることができる。同史料は長元三年（一〇三〇）時点を中心とした十一世紀の上野国分寺の実情を伝えるものとして著名である。当時安置されていた尊像についても詳細な記述があり、恐らくは建立当初像である釈迦三尊像以下諸像が、表面の漆箔が剥落したり台座や光背が破損したりしながらも、平安後期まで伝存していたことが記されている。同史料の性格については、前澤和之「国分寺と「上野国交替実録帳」―歴史考古学による古代地域像へのアプローチ―」（須田勉・佐藤信編『国分寺の創建　思想・制度編』吉川弘文館、二〇一一年）に詳しい。また、群馬県史編さん委員会編『群馬県史　資料編四　原始古代四』（群馬県、一九八五年）に翻刻がある。国分寺（金光明寺）については、一一五九～一一六八頁を参照。

（41）同像の詳細は、大社町史編集委員会編『大社町史　史料編（民俗・考古資料）』（大社町、二〇〇二年）四一八～四一九頁参照。

（42）山陰地方の場合、鳥取・伯耆一宮経塚出土の金銅仏が著名な例。

（43）境内地西方の奉納山経塚［前掲図4▲12］、同南方の鹿蔵山経塚［同▲13］、境内地内での一字一石経の埋経など。奉納山経塚については、前掲註（41）『大社町史』二九一～三〇一頁を参照。なお本遺跡の埋納経について、元は杵築大社境内に納経されたものが江戸時代に奉納山へ移されたとする見解もある。髙橋周「大社奉納山の経筒について」（『大社の史話』第一六七号、二〇一一年）、鳥谷芳雄「出雲市奉納山経塚の再検討」（一）～（三）（『島根考古学会誌』第二十八・二十九・三十二集、二〇一一・二〇一二・二〇一五年）参照。鹿蔵山経塚については前掲註（41）『大社町史』三一四～三二〇頁を参照。境内地内での一字一石経の埋経については、石原聡「出雲大社境内遺跡一字一石経出土の遺構について」（『大社の史話』第二〇八号、二〇二一年）を参照。

（44）両像の詳細は、大社町教育委員会編『大社町の文化財』（同、一九八七年）二十一～二十二頁の当該像作品解説、および、大社町史編集委員会編『大社町史　下巻』（大社町、一九九五年）三二〇～三二二頁の当該像作品解説（執筆は藤間亨氏）を参照。

（45）ここでは平安時代以前の古代寺院址は対象としないが、その概要と傾向については次の文献に詳しいので参照されたい。三舟隆之「新造院と仏教施設―出雲の古代寺院」（松本岩雄・瀧音能之編『新視点　出雲古代史　文献史学と考古学』〔平凡社、二〇二四年〕）

（46）清水氏前掲註（17）論文、五十二～五十三頁。

（47）的野克之「安来市赤崎町の如来形坐像について―「出雲様式」に関する新資料―」（『季刊文化財』五十一号、一九八四年）。海士町・清水寺像については、的野克之「美術から見た中世の松江」（松江市史編集委員会編『松江市史　通史編二　中世』松江市、二〇一六年）六四四～六四五頁など。

（48）前掲註（31）拙稿。

（49）前掲註（25）『島根の仏像』図録、一六二～一六三頁。

（50）濱田恒志「雲南市・長安寺蔵（金成地区観音堂伝来）十一面観音菩薩坐像と毘沙門天立像について―新出作例の紹介―」（『古代文化研究』第二十四号、二〇一六年）。なおこの拙稿では、十一面観音像の制作年代が九世紀に遡る可能性に言及したが、後に訂正した。濱田恒志・田鶴寿弥子「島根県内に所在する木彫仏像・神像の樹種調査」（『古代文化研究』第三十一号、二〇二三年）九十七頁参照。

（51）椋木賢治「島根県仏像調査報告（令和三年度）」（『島根県立美術館研究紀要』第三号、二〇二二年）六～七頁。

（52）的野克之「付　元極楽寺の諸像について」（『洞善寺遺跡・峯寺山要塞群・元極楽寺跡

—付・元極楽寺の諸像について—』大東町教育委員会・三刀屋町教育委員会、一九九三年）。

（53）同作の詳細は、島根県立古代出雲歴史博物館・島根県古代文化センター編『企画展　秘仏への旅—出雲・石見の観音巡礼—』図録（同館・同センター、二〇〇八年）一三〇頁の同作品解説（執筆は椋木賢治氏）、および的野克之「懸仏における尊像表現の問題—島根県の作例を中心に—」（島根県古代文化センター編『島根県古代文化センター調査研究報告書　神々のすがた・かたちをめぐる多面的研究』同、二〇一一年）七頁を参照。

（54）椋木賢治「秘仏への旅—出雲・石見の観音菩薩像—」（前掲註（53）『秘仏への旅』図録）十一頁。

（55）東部・旧斐川町域では栖雲寺［図8●23］の二天王立像はじめ平安後期作とみられる像が複数伝わる（『斐川の仏像』〔斐川町教育委員会、一九八五年〕参照）。栖雲寺像については前掲註（25）『島根の仏像』図録、一六六～一六七頁の拙稿当該像作品解説も参照）。先述の出雲市・日蔵寺には平安後期の大日如来坐像も所在する（同像については、出雲市教育委員会編『出雲市の文化財』第一集〔同会、一九五六年〕七頁、および前掲註（25）『島根の仏像』図録、一六五～一六六頁の拙稿当該像作品解説を参照）。西部の出雲市域では、神西湖近くの山裾を少し登ったところに所在する十楽寺現蔵（元は近隣の旧正久寺旧蔵）の大日如来坐像が十一世紀の作で、出雲市旧市街地の南部に位置する光明寺［馬木不動尊　図8●24］の不動明王坐像は十二世紀頃の作とみられるが後世の補修が著しい（両像については、前掲註（51）椋木氏報告、五～六頁、十～十一頁参照）。旧多伎町の山裾に所在する華蔵寺［図8●25］の毘沙門天立像（多伎町文化財専門委員編『未来への伝承　多伎町の文化財』〔多伎町教育委員会、一九九三年〕二十一頁）や出雲市芦渡町・極楽寺［図8●26］の阿弥陀如来坐像（出雲市教育委員会編『出雲市の文化財』第二集〔同会、一九六〇年〕六頁、および、『島根の彫刻　Ⅰ（県下の指定文化財シリーズ①）』〔島根県文化財愛護協会、一九八五年〕三十三頁）は十一～十二世紀の作か。

（56）濱田恒志「西極仏像論—島根に遺る平安時代彫刻の一側面—」（前掲註（25）『島根の仏像』図録）一三八頁。

（57）阿弥陀如来像及び両脇侍像の詳細については、前掲註（51）椋木氏報告、十一～十五頁を参照。

（58）加島勝「神々にささげられた工芸品」（前掲註（20）『古代出雲文化展』図録）二三一頁。

（59）清水寺の根本堂現本尊十一面観音立像と護摩堂不動明王坐像の詳細については、前掲註（51）椋木氏報告、七～十頁を参照。

（60）津田徹英氏は、比叡山根本中堂本尊薬師立像の五尺五寸（坐像では半分の二尺七寸五分）という像高が、天台系薬師如来像と見做す一つの基準値となり得ることを指摘している。津田徹英「書写山円教寺根本堂伝来　滋賀・舎那院蔵　薬師如来坐像をめぐって」（『仏教芸術』二五〇号、二〇〇〇年）九十一頁の注一〇三。また素地仕上げの薬師像の規範が根本中堂の七仏薬師像に求められることについては、前掲註（33）中野氏論文九十六頁に指摘がある。

（61）例えば出雲三十三所の諸寺のなかには、詳細未報告ながら平安後期の作と思われる像の伝来がいくつか指摘されている。前掲註（54）椋木氏論文参照。

（62）井上寛司「第三節　荘園制社会の発展と変容」（大社町史編集委員会編『大社町史　上巻』大社町、一九九一年）五一七～五二四頁、同氏「古代・中世の鰐淵寺」（『出雲国　浮浪山鰐淵寺』浮浪山鰐淵寺、一九九七年）三十一～三十二頁。

（63）本稿筆者はかつて佛谷寺像を紹介する中で、同像の信仰に関わる可能性がある事象として、同像が安置される美保関の地と関係の深い少名毘古那神と薬師との習合に注目したことがある（前掲註（56）拙稿一三五頁）。少名毘古那神との関係が語られる薬師如来の古像としては石川・龍護寺の薬師如来坐像（十～十一世紀）が著名で、同像は、元は少名毘古那神の本地仏として同寺の近隣にあった少彦名神社に伝来したといわれている（同像の概要については、石川県立歴史博物館編『能登　仏像紀行』〔同館、二〇〇三年〕および、石川県立歴史博物館編『いしかわの神々—信仰と美の世界—』〔同館、二〇一九年〕を参照。なお龍護寺像および同寺旧蔵像〔金沢大学現蔵〕の伝来については、北春千代「龍護寺旧蔵の彫像類について」〔『金沢大学資料館だより』№.〇〇七、一九九六年〕五頁に所収される「収蔵経緯と背景」〔在田則子氏執筆〕および、米林勝二・山瀬晋吾「龍護寺旧蔵の木彫仏」〔『金沢大学資料館紀要』第一号、一九九九年〕に詳しい）。

　ただし佛谷寺像については、龍護寺像のように少名毘古那神の信仰と直接結びつくような形跡があるわけではなく、確たることは言い難い（龍護寺像ですら、当初から本地仏であったとは断定し難い）。佛谷寺像をめぐってこうした習合が仮に有り得たとしても、それが平安時代の造像時点まで遡る可能性は少ないだろうと現時点では考えている。

（64）前掲註（53）『秘仏への旅』図録一二四頁、椋木賢治編『企画展　祈りの仏像　石見の地より』図録（島根県立石見美術館、二〇一五年）一八一～一八二頁、同氏編『企画展　祈りの仏像　出雲の地より』図録（島根県立美術館、二〇二二年）一六二～一六三頁の当該像作品解説（いずれも執筆は椋木氏）。

（65）神像彫刻研究のこうした問題については、濱田恒志「ふしぎな神像—島根の神像彫刻を紹介する前に—」（島根県立古代出雲歴史博物館編『島根の神像彫刻』同館、二〇一八年）で言及した。

（66）先述した青木遺跡からは一軀の男神坐像が出土しており、これが九世紀の古像として紹介されたことがある。しかしながらその後、炭素14年代測定により伐採年代が十世紀末から十一世紀初頭とみられることが判明した（島根県教育庁埋蔵文化財調査センター編『青木遺跡Ⅱ（弥生～平安時代編）』〔島根県教育委員会、二〇〇六年〕五一〇頁）。ごく小さい像高、細部表現の省略、幞頭冠ではなく巾子冠を被る点などから、彫刻様式の上でも同様に十世紀を上限と想定するべきである（浅湫毅「男神坐像」解説〔前掲註（21）『大出雲展』図録〕二八四頁など参照）。

（67）平安期の出雲の神像については、多くを前掲註（65）『島根の神像彫刻』で紹介しているので参照されたい。

（68）濱田恒志・中司健一「益田市・櫛代賀姫神社の神像について」（『古代文化研究』第三十一号、二〇二三年）。

（69）田鶴寿弥子「欧米に散逸した神像群をめぐる木材解剖学×美術史学の国際的な学際研究」（『生存圏研究』No.18、二〇二二年）。

（70）古くは、森口市三郎「鰐淵寺の文化財」（『仏教芸術』六十号、一九六六年）六十～六十一頁など。

（71）鈴木耕太郎『牛頭天王信仰の中世』（法蔵館、二〇一九年）一四六頁。

（72）奈良国立博物館監修『垂迹美術』（角川書店、一九六四年）八十三頁の当該像作品解説など。

（73）淺湫毅「童形神立像」解説（前掲註（21）『大出雲展』図録）二九〇～二九一頁、同氏「鰐淵寺の歴史と文化財（特集　平成二十六年度　文化財愛護協会　講演記録）」（『季刊文化財』第一三五号、島根県文化財愛護協会、二〇一五年）十八～十九頁。

（74）的野克之「神像　出雲市　鰐淵寺」解説（総監修伊東史朗・本巻監修八尋和泉『神像彫刻重要資料集成　第四巻　西日本編』国書刊行会、二〇一八年）四六三頁。なお、これに先立つ前掲註（73）淺湫氏講演録二十五頁に収録されている会場発言でも同趣旨の指摘がなされている（講演録には明記されていないが、発言者は岡宏三氏）。

（75）この点については、前掲註（65）『島根の神像彫刻』七十四～七十九頁で指摘した。

（76）伊勢においてこの問題を端的に示しているのが、三重・金剛證寺の伝雨宝童子立像（十世紀）である。同像は空海が伊勢・朝熊山で天照大神の託宣により造立したと伝える。雨宝童子は天照大神が日向に下生した際の姿とされ、また頭上の五輪塔は天照大神の本地でもある大日如来との関係を示唆しており、伊勢の神仏習合と関係が深い尊格である。このことから本像は、伊勢ならではの最古の雨宝童子像だと評価されることがある。しかしながら同像の場合、雨宝童子像の特徴である頭上の五輪塔や持物の宝塔は後補であり、それを除けば同像の形状は当時造像が流行した吉祥天像そのものである。同像は、元は吉祥天像として造像され、後世に雨宝童子像として改変された可能性が高い。この可能性については、瀧川和也「雨宝童子立像」解説（総監修・本巻監修伊東史朗『神像彫刻重要資料集成　第三巻　関西編二』国書刊行会、二〇一六年）三四四頁に指摘がある。

図版の出典

図4・6・8は国土地理院電子地形図に加筆、他は古代出雲歴史博物館所蔵写真。

付記

本稿は、島根県古代文化センターテーマ研究「出雲と伊勢」検討会（二〇二二年三月二十四日、於島根県埋蔵文化財調査センター）における口頭報告「出雲の仏像・神像にみる「地域性」の問題」の内容と原稿の一部に加筆訂正したものである。検討会参加者各位からは貴重なご指摘を頂き、それらは本稿に適宜反映させて頂いた。また彫像の図版掲載については所蔵者各位からご厚情を賜った。末筆ながらここに記して御礼申し上げます。

図3　四天王立像のうち　広目天
出雲市・萬福寺

図2　薬師如来坐像
出雲市・萬福寺

図1　薬師如来坐像
松江市・佛谷寺

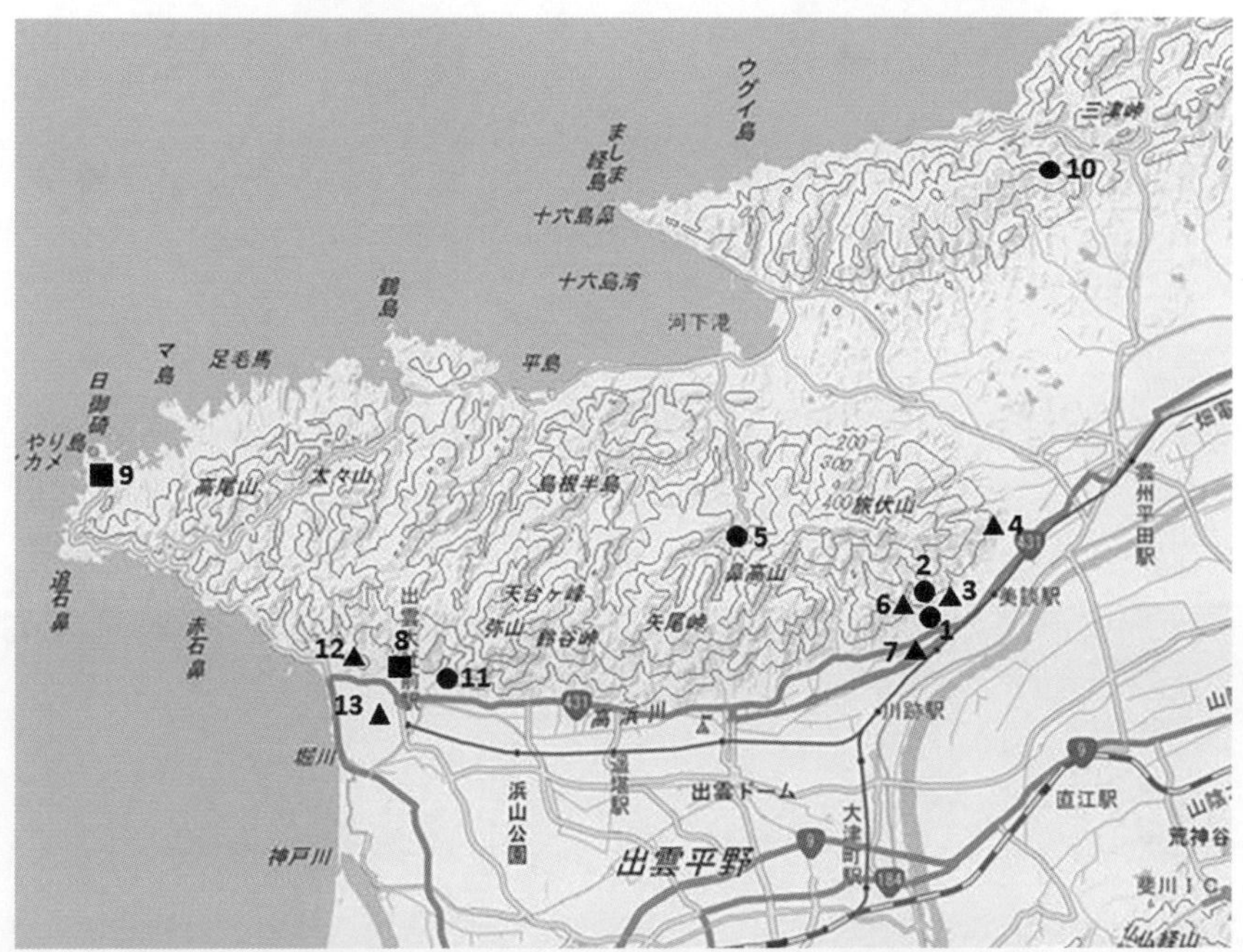

図4　出雲郡周辺地図　●:寺院および寺院址　■:神社　▲:その他の遺跡等
1:萬福寺　2:大寺旧所在地　3:大寺１号墳・２号墳　4:上島古墳　5:鰐淵寺
6:大寺谷遺跡　7:青木遺跡　8:杵築(出雲)大社　9:日御碕神社　10:高野寺
11:子安寺　12:奉納山経塚　13:鹿蔵山経塚

図５　観音菩薩立像(壬辰銘)
出雲市・鰐淵寺

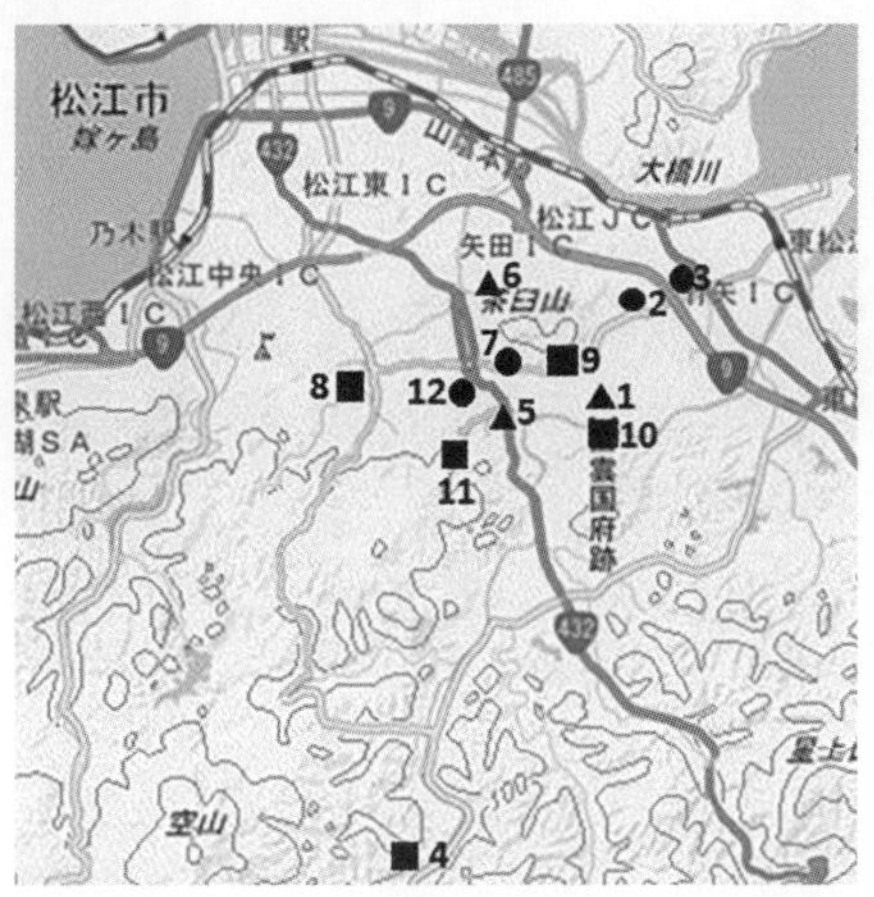

図６　意宇郡周辺地図　●:寺院および寺院址　■:神社　▲:その他遺跡等
1:出雲国府跡　2:出雲国分寺跡　3:出雲国分尼寺跡　4:熊野大社　5:岡田山１号墳
6:山代二子塚古墳　7:四王寺跡(山代郷南新造院)　8:八重垣神社　9:眞名井神社
10:六所神社　11:神魂神社　12:浄音寺

図７　誕生釈迦仏立像
古代出雲歴史博物館

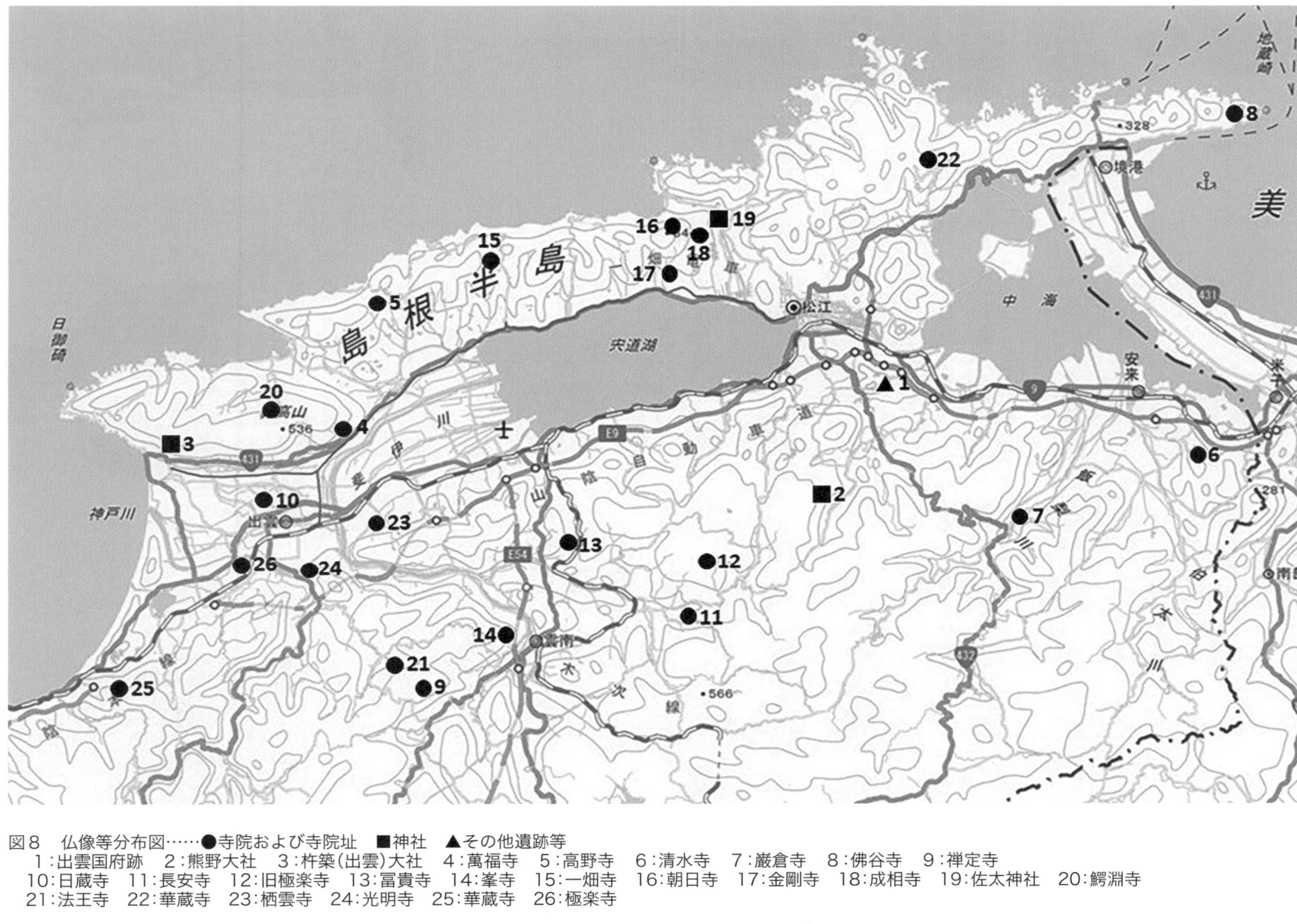

図８　仏像等分布図……●寺院および寺院址　■神社　▲その他遺跡等
1：出雲国府跡　2：熊野大社　3：杵築(出雲)大社　4：萬福寺　5：高野寺　6：清水寺　7：巌倉寺　8：佛谷寺　9：禅定寺
10：日蔵寺　11：長安寺　12：旧極楽寺　13：冨貴寺　14：峯寺　15：一畑寺　16：朝日寺　17：金剛寺　18：成相寺　19：佐太神社　20：鰐淵寺
21：法王寺　22：華蔵寺　23：栖雲寺　24：光明寺　25：華蔵寺　26：極楽寺

図9　牛頭天王坐像(その１)
出雲市・鰐淵寺

図10　牛頭天王坐像(その２)
出雲市・鰐淵寺

図11　男神立像(その1)
出雲市・鰐淵寺

図12　男神立像(その2)
出雲市・鰐淵寺

図13　八束水臣津野命像
古代出雲歴史博物館

鎌倉前中期の造営遷宮と幕府　―杵築大社を中心に―

田村　亨

はじめに

中世出雲国の一宮（国鎮守）であった杵築大社（出雲大社）については、特に『大社町史』の編纂を画期として研究が蓄積されてきた(1)。例えば井上寛司氏は、一宮の典型例として杵築大社の特徴を明らかにし、「日本中世における国家的な神社制度」としての諸国一宮制像を提示した(2)。さらに佐伯徳哉氏は、中世出雲地域と国家的支配の関係についてより研究を進展させた(3)。井上・佐伯両氏の研究は、中世における出雲国の地域的特性を踏まえながら、黒田俊雄氏が提起した権門体制論と出雲地域史を接続した点に大きな特徴がある(4)。

研究史上における権門体制論提起の意義の一つは、寺家や公家、その基盤としての荘園制（荘園公領制）を中世的な権力・社会基盤として捉え直したこと(5)、そして武家、特に鎌倉幕府についても、公家・寺家と同質な権門と位置づけ、諸権門の相互補完的な関係から中世国家のあり方を見通した点にある(6)。例えば佐伯氏が、鎌倉幕府や出雲守護を「権門体制国家の地域支配機能を強固なものに再編しようとする」権力として評価したように(7)、出雲地域史研究においても、鎌倉幕府は権門体制を支える権力として位置づけられているのである。

鎌倉幕府が決して朝廷や荘園制を克服する権力ではないという点は、現在の研究段階における常識といってもよい。一方で、幕府権力の誕生が院政期までの社会のあり方に矛盾と変化をもたらしたこともよく認識されているところである(8)。権門体制論を積極的に受容した研究者の中にも、鎌倉幕府が特殊な性格を持つ権力であることを重視する立場がある(9)。権門体制との関係に関わる二つの側面に注目しながら、あらためて出雲地域史における鎌倉幕府の位置づけについて考えてみたい。

さて、本論集の「伊勢と出雲」というテーマを意識した場合、中世の伊勢神宮が想起されるわけであるが、「国家宗廟」とされた伊勢神宮は、朝廷や天皇、中世国家と直結した要素を持ち、出雲国一宮である杵築大社と単純に比較することは難しい。

しかしながら、鎌倉幕府が伊勢神宮・杵築大社に対して、それぞれどのように向き合ったのか、という視点においては、両者の比較は一程度意味があるように思う。具体的には、すでに平安末（院政期）に中世荘園制を基盤とした事業体制が敷かれていた両社の造営遷宮について、特にその用途調達に鎌倉幕府がいかに関わったのかという視点で検討を加えたい。造営遷宮と幕府の関係について考えることは、朝廷や国衙など、中世国家全体（権門体制）との関係を考えることにつながるためである。

まず第一章では、鎌倉中期（一三世紀第二四半期）において、杵築大社の造営遷宮、さらに伊勢神宮の造営遷宮をはじめとする国家的事業の用途調達がどのような状況にあったのか、特に鎌倉幕府がどのように関わっていたのかという点に注目して整理する。第二章では、幕府特有の性格に注目しながら、造営遷宮に対する幕府の姿勢・態度の背景・意義について検討を加える。本稿では、主に鎌倉前中期（一二世紀末から一三世紀前半頃）を対象時期に設定し、あくまで杵築大社・出雲地域に議論の主軸を置くこととする。先行研究の成果を踏まえながら、公武関係史と地域史の関係について再検討を加え、国家史・地域史における幕府権力の位置づけについて考えていきたい。

一、造営遷宮の用途調達と鎌倉幕府

一―一　杵築大社の宝治度造営

杵築大社の造営遷宮と鎌倉幕府の関係を考える上で最も注目すべき事例の一つが、宝治二年（一二四八）に遷宮を完了した宝治度造営である。まずは、院政期～鎌倉期の大社造営に関する佐伯徳哉氏の研究成果に学びながら、宝治度造営の特徴について整理しておきたい(10)。

杵築大社の造営遷宮では、「一国平均役」によって用途調達が実施されたことが知られている。一国平均役とは、「朝廷の認可のもと、一国単位に、原則として庄園・公領を論ぜず、臨時に賦課された課役」であり、不輸租田に対しても賦課できる点に大きな特徴があった(11)。一一世紀、内裏造営経費が諸国に国宛される中、受領は朝廷の認可を得て、経費の臨時加徴の範囲を公田から庄田（不輸租田）へと拡大する(12)。受領の主導によってははじまった一国平均役賦課は、造内裏役から大嘗会役などにも拡大され、多くの国一宮の造営遷宮にも採用されていくこととなった(13)。杵築大社の場合、康平五年（一〇六二）の造営遷宮ではすでに採用されており、全国的にも早い事例とされる(14)。

宝治度造営についても、平安末以来の用途調達方式を継承して、出雲国内荘園公領への一国平均役賦課が採用されている。しかし、嘉禄元年（一二二五）の社殿顛倒後、正殿遷宮が完了する宝治二年（一二四八）まで、二三年もの期間を要していた。正殿遷宮までおおよそ四～六年程度で実現した平安期の造営事業と比較すれば、異例の長さであり、治承・寿永内乱期を挟んで実施された建久度造営（一八年）よりも長い期間を要しているのである(15)。

具体的には、文永一二年（一二七五）に作成されたとされる仮殿・正殿それぞれの造営日記目録からおおよその過程が復元されている(16)。まず、神体を仮安置する仮殿遷宮は、顛倒から二年後の嘉禄三年（一二二七）に完了している。一方で、正式な神体安置所である正殿の造営遷宮では、早い段階で遅滞が生じていた。「正殿造営日記目録」には、寛喜元年（一二二九）一一月二日付「杣山始・木作始事」、嘉禎二年（一二三六）二月日付「御造営間被二免除一荘園事」、嘉禎三年（一二三七）四月九日付「御上棟柱竪（竪）事」という記録が見える。佐伯氏が指摘する通り、正殿の杣山始・木作始から七年もの期間を要して一国平均役免除・不免除の荘園確定が行われ、その翌年に柱立て・上棟が行われて造営が本格化していったものと考えられる(17)。一国平均役賦課にあたっては、荘園に対する賦課・免除をめぐる調整が難航していた様子がうかがえるのである。

そもそも、大社造営遷宮における一国平均役の採用は、平安末以来の方針を継承したものであり、荘園への賦課をめぐる課題も鎌倉期にはじまった問題ではない。例えば、久安元年（一一四五）に完了する造営遷宮においても、荘園領主と在地勢力の反発が生じ、「国使之催不レ可二相叶一也」という状況に陥っていた(18)。しかし、佐伯氏が明らかにした通り、院政期の大社造営遷宮は、院近臣でもあった知行国主が政治的力量を発揮し、中央権門との調整を行うことによって比較的短期間で実現するのである(19)。

宝治度造営の場合、仮殿遷宮から正殿遷宮に移行する過程で知行国主の交替が生じているものの、正殿遷宮は平有親とその子時継が知行国主として遂行しており、実務系の有力な中級貴族がつとめているという点では平安末の国主と大きな違いはないとされる(20)。鎌倉中期の京都の状況に即して検証すべき問題ではあるが、荘園側との調整が難航する要因は、知行国主の個人的能力のみに収斂する問題ではないだろう。

荘園側との調整が難航した背景として第一に考慮すべきは、承久の乱後の荘郷地頭制の拡大という問題であるが、この点については次章での検討に関わるため後述することとしたい。ここでもう一つの背景として注目しておきたいのは、当時の飢饉状況である。寛喜三年（一二三一）には、前年の天候不順・大凶作による深刻な飢饉が発生し（寛喜の大飢饉）、以後断続的な飢饉が列島社会を襲うこととなる(21)。このような飢饉状況は、荘園収取に深刻な影響をもたらし、荘園領主―地頭間の紛争が多発する要因になるなど、社会全体に大きな影響を及ぼしたと考えられ、出雲国内も例外ではなかったと推察される(22)。宝治度造営の場合、杣山始・木作始から一国平均役賦課対象荘園の確定に至る期間が、まさに飢饉状況が全国的に深刻な影響をもたらした時期にあたっている。造営遷宮と飢饉状況との具体的な関係についてはなお検討を要するが、飢饉によって荘園収取に大きな混乱が生じる中で、荘園に対する一国平均役賦課が大きな困難に直面したことは想像に難くない。

宝治度造営のもう一つ大きな特徴は、鎌倉幕府の関与が造営遷宮事業の停滞状況を打開していくという点である(23)。「正殿造営日記目録」によると、まず暦仁二年（一二三九）付の記録として、「御材木無足分人夫率法事」・「任㆓関東二ヶ度御教書㆒、荘公地頭被㆓支配㆒無足御材木并桧皮事」、さらに寛元二年（一二四四）には、四月一日付で「庄々地頭役御材木并桧皮納帳事」と記載がある。材木・檜皮調達にあたって、幕府経由で地頭への賦課が行われていたことがわかる。さらに仁治二年（一二四一）には「依㆓関東御下知㆒付㆓地頭門田給田㆒被㆓徴下㆒造営米事」とあり、地頭の門田・給田にまで造営米の賦課が行われていたことがわかる。国衙機構を介した一国平均役賦課という従来の形にとどまらず、鎌倉幕府（荘郷地頭制・御家人制）を介した用途調達が実施されているのである。

以上の通り、宝治度の杵築大社造営遷宮は、一国平均役賦課という従来の方式で用途調達が停滞した結果、幕府の関与によって事業が進行するという特徴を有した。ここで注目しておきたいのは、宝治度造営が、嘉禄元年（一二二五）から宝治二年（一二四八）、つまり一三世紀第二四半期を通して実施された事業であったという点である。次節では、一三世紀第二四半期という時期に注意しつつ、伊勢神宮役夫工米（造大神宮役夫工米）をはじめとする国家的な用途調達の状況について確認していきたい。

一―二、国家的用途調達と鎌倉幕府―伊勢神宮役夫工米を中心に―

先述の通り、一国平均役は受領の主導によって成立・展開していったが、一二世紀中葉の後白河親政・院政期に入ると、朝廷が主体的に一国平均役を賦課するように変化し、「中世王権の正統性を示す租税として確立」したと評価されている(24)。

さらに建久四年（一一九三）七月四日に発給された二通の官宣旨では、「神社仏寺権門勢家庄園并公田」と「白河・鳥羽・後白河院等御起請」を帯びる三代起請地もすべて対象とした一国平均役の賦課原則が提示された(25)。この官宣旨の直接の対象は、西海道諸国を除いた五畿内諸国に対する伊勢神宮役夫工米（造大神宮役夫工米）賦課と、西海道諸国に対する造宇佐宮役賦課である。役夫工米の場合、建永元年（一二〇六）の賦課に際して官宣旨の方針が適用され、以後「建永之済例」に従う形で、少なくとも文永三年（一二六六）まで官宣旨の賦課原則が維持されたという(26)。

一国平均役は、庄田（不輸祖田）を賦課対象とする以上、荘園側（荘園領主・在地勢力）との合意形成が不可欠であった。後白河親政・院政期には、権門寺社領や王家領荘園などに一国平均役の一括免除特権（不輸・不入権）が付与されている(27)。一切の免除を認めない建久四年官宣旨の賦課方針を現実に実行するには、特にこのような旧来の免除荘園の合意を獲得することが重要なポイントであった。

荘園への一国平均役賦課・免除をめぐる問題と関わって、近年特に注目されているのが、「本所沙汰」という弁済方法である。本所沙汰とは、官使や国衙機構を介さずに、荘園領主の収取機構を通じて弁済させる徴収方式であるが(28)、前田英之氏の研究によって、平家政権期の軍役賦課を契機に本所沙汰弁済方式が拡大・定着していったこと、一括免除特権を得ていた荘園に対してはこの本所沙汰弁済を採用することで建久四年の賦課方針が提示し得たことが明らかにされた(29)。鎌倉前中期の役夫工米や造宇佐宮役、その他大嘗会役などの国家的事業における一国平均役賦課は、実際に本所沙汰弁済によって荘園への賦課が実現していたという(30)。

本所沙汰弁済は、荘園側との折り合いをつけながら一国平均役の徴収を実現していくという点で重要であるが、さらに「御訪」としての弁済が登場してくる点に注目しておきたい。御訪とは、権門・貴族からの献上や献金を指す言葉であるが(31)、本来一国平均役として納入されるべき物資を御訪として弁済した事例が指摘されている(32)。そして、御訪という形式については、先例化させないことによって荘園領主が弁済に応じやすい状況を作り出すという意義が見いだされている(33)。前田氏は、一国平均役における本所沙汰弁済の継続という観点で御訪に注目しているが、見方を変えれば、荘園側の合意を得るために、旧来の弁済方式からさらに一歩踏み込んだ対応がなされているとも解釈できる。御訪という形をとった用途調達の事例を見る限り、このような状況は一三世紀第二四半期以降顕著にみられるように思われる。

一三世紀後半（弘安年間）に入ると、役夫工米の賦課について新たな方針が示されるが、それは別勅による免除例の有無や三代（白河・鳥羽・後白河）御起請地・三社（伊勢・賀茂・石清水）所領か否かを基準として免除を認めるものであった。すでに一三世紀第二四半期には、建永の済例を無視する荘園領主側の動きがみられるなど、一三世紀後半の方針転換を準備するような荘園側の動向が確認できる(34)。

杵築大社の宝治度造営の事例を踏まえると、一三世紀第二四半期には、荘園への一国平均役賦課が難航する、あるいは新たな調整を必要とする状況が全国的に生じていたものと推察される。この背景についてはそれぞれ具体期な検討が必要であるが、承久の乱後の荘郷地頭制の展開と飢饉状況は大きく関係するものと思われる。

本所沙汰弁済における御訪方式の登場は、「関東御訪」の登場とも関連する動向であろう。伊勢神宮の造営遷宮だけでなく、大嘗会や内裏造営など、国家的事業の用途調達においては、次第に御訪の比重が増していくとされるが、鎌倉後期に向けて特に幕府からの御訪（関東御訪、関東別進、武家公事用途）が突出してくることとなる(35)。関東御訪の比較的早い事例として指摘されているのが、安嘉門院御所造営の門・門築垣分の負担に関わる寛喜三年（一二三一）の事例である通り(36)、関東御訪の拡大も一三世紀第二四半期を起点とした現象であったと考えられる。

関東御領に対する一国平均役賦課は、関東御分国などへの所課分とともに京都に直接進納されており、他の中央権門の弁済と同様、関東御訪が本所沙汰弁済の一形態としての性格を有していたことが指摘されている(37)。また、建長元年（一二四九）に幕府が請け負った蓮華王院と閑院内裏の造営事例で知られている通り、関東御訪は御家人役に割り当てる形でも供出されている(38)。関東御訪という形で国家財政上における御家人役の比重が増す中で、御家人役賦課制度の整備が進んでいくことが清水亮氏の研究によって明らかにされているが、その時期は一二三〇～四〇年代と考えられている(39)。

杵築大社の造営遷宮事業が進められた一三世紀第二四半期は、伊勢神宮の造営遷宮をはじめとした国家的事業の用途調達において、鎌倉幕府御家人制の比重が大きく増した時期であった。出雲国内で御家人制を介した用途調達が実施されたのは、宝治度造営特有の対応ではなく、国家財政における動向と軌を一にしたものであったと考えられるのである。

なお、宝治度造営に際しては、後述する佐々木泰清書状に「靫負・兵衛尉の成功多々被ㇾ寄候き」とある通り、成功による用途調達も実施されていた。『平戸記』仁治三年（一二四二）一二月二六日条によれば、出雲国衙在庁の最有力者（在国司）であった勝部（朝山）昌綱が「杵築社功」によって右衛門尉に任官したという。この時期、靫負尉の成功をめぐって幕府が独自の成功銭公定額を設定し、高額な納入額（一万疋）を維持しようとしたことが指摘されている(40)。御家人でもあった昌綱は、この納入額に準じて成功銭をおさめたものと考えられる。国家財政史上における公武間のあらたな動向が、杵築大社の造営遷宮の用途調達とも密接に関わっていた点をおさえておきたい。

二、造営遷宮をめぐる鎌倉幕府の姿勢

二―一、源頼朝と造営遷宮

第一章では、一三世紀第二四半期における杵築大社の造営遷宮と、伊勢神宮役夫工米など国家的な用途調達における鎌倉幕府の関与の大きさについて確認した。造営遷宮に対する幕府の積極的な姿勢がうかがえるが、この姿勢についてはどのように理解するべきであろうか。本節では、第一章で言及した状況の前史として、一二世紀末の鎌倉幕府成立期、源頼朝が造営遷宮に対してとった姿勢について検討を加える。

治承・寿永内乱の直後に実施された建久年間の伊勢神宮式年遷宮では、頼朝の関与が重要な意味を持ったことが知られている(41)。文治五年（一一八九）末、役夫工米の未済分徴収について朝廷の命を受けた頼朝は、関東御分国や地頭に究済を命じる。この翌年二月に提出された請文の中で頼朝は、役夫工米徴収が「朝家御大事」であり、懈怠は許されないとした上で、「背二君御定一候はむ者をは、家人にて候とても、いかてか不レ被レ行二其罪一候哉、頼朝身上にて候とても、不当候はむ時は、御勘当も可レ蒙事にてこそ候へ、まして家人輩事、不レ及二左右一候事也」と、御家人の処罰も辞さない厳しい姿勢を示している(42)。このような頼朝の姿勢については、単に朝廷への従順さや伊勢神宮への信仰心によって説明しきれるものではなく、政治性を帯びた姿勢であったことが指摘されている。

治承・寿永内乱期、頼朝が率いた軍事勢力は、内乱の過程で反乱軍から官軍へと転身し、平家や木曽義仲などの敵対勢力を追討していく。そしてその過程では、謀反人跡の軍事的な占領行為（没官措置）を実施し、荘園公領の中に幕府が進止権を有する荘郷地頭職を創出することとなる(43)。朝廷は内乱収束を優先する中で頼朝勢力の軍事活動を容認していたが、内乱が収束していく段階では、荘郷地頭制が無条件に受け入れられたわけではない。朝廷側の反発も存在したのであり、特に西国における荘郷地頭の展開については、文治二年（一一八六）まで明確な承認を得られなかった(44)。

このような状況下で、頼朝は地頭に対して厳格な平均役徴収を命じている。川合康氏が指摘する通り、役夫工米や造宇佐宮役などの国家的用途調達に荘郷地頭を積極的に組み込むことで、荘郷地頭制を既存の国家体制の中に定着させようとする試みだったと考えるべきであろう(45)。朝廷は結果的に役夫工米などの用途調達において幕府に依存することとなり、国家的な枠組みの中で荘郷地頭制が認められ定着していくこととなる。

一方、役夫工米に関する頼朝の姿勢については、対照的な史料も検出される。それは建久元年（一一九〇）段階の役夫工米未済所領への対応に関わる頼朝書状であるが、この中で頼朝は、地頭への賦課について「造宮始之後、至二于今一不レ付二配符一」という状況であることを指摘し、「然者、非二地頭対捍之儀一歟、成二于今一被二始催一之条、若是為二吹毛一歟」と記している(46)。朝廷側の手続き不備を糾弾し、正式の配符が準備されないまま地頭が追及されることに強く反発しているのである(47)。役夫工米徴収について頼朝がみせた二種類の姿勢、つまり処罰をも辞さず御家人への徴収を厳格に命じる姿勢と、御家人への不当な追及に反発する姿勢は、一見相反するものにみえる。しかし、先述した頼朝の政治的意図を踏まえれば、ともに荘郷地頭制の定着・維持を重視する内実を持つものとして理解できる。

杵築大社の造営遷宮の場合はどうであろうか。建久元年（一一九〇）に正殿遷宮が完了する建久度造営の場合、関係史料はごくわずかであるが、知行国主や目代の動向に注目した原慶三氏・佐伯徳哉氏の研究がある(48)。注目すべきは、文治五年（一一八九）四月一三日に出雲国の知行国主であった藤原朝方とその息子で出雲守であった朝経が、頼朝の訴えによって解官され、閏四月五日には一転して復任するという事態である(49)。

文治元年（一一八五）の源義経・行家の反乱に際して、頼朝は後白河院以下朝廷の責任を厳しく追及し、議奏公卿の設置や頼朝追討宣旨発給関係者の解官を要求するなど、強硬的な政治介入を行った(50)。あわせて頼朝は、畿内・西国諸国に「国地頭」を設置し、各国の国衙機構を掌握して強力な軍事体制を構築することで、義経・行家に与同した謀反人の厳しい取り締

まりを実施した(51)。朝方・朝経らの解官は、まさに「出雲国目代政綱」が義経与同者とされたことに起因するものであった(52)。

さらに注目すべきは、彼らが復任する理由である。同年四月一一日付の頼朝書状によると(53)、頼朝は目代政綱の交代を条件として、知行国の召し上げをとどめおくとしているが、そこでは「きづきのやしろの御せんくうとけられ候はさらんも、ふひんに思給候」と記す通り、杵築大社の造営遷宮を実現するのに不都合であるためという意図が示されている。頼朝は、伊勢神宮や宇佐宮の造営遷宮だけでなく、国一宮である杵築大社の造営遷宮に対しても、これを重視する姿勢を示していた。

文治年間は、先述した通り義経・行家の反乱を契機に改めて強力な軍事体制が敷かれた時期であるが、同時に、謀反人跡の没官措置と荘郷地頭職の補任が畿内・西国地域において一斉に展開した時期でもあった(54)。頼朝によって武士の濫行停止に関わる大量の文書発給がおこなわれるのも、没官措置・荘郷地頭の展開の裏返しに他ならない(55)。

出雲国内についても、鎌倉初期段階で地頭が設置されていくことが知られているが(56)、文治年間の動向に関わるところでは、内蔵氏に関わる動きが注目される。文治二年（一一八六）、頼朝が突如として国造出雲孝房の「大社総検校職」を奪い、保元年間に社務押領事件をおこしていた内蔵忠光の子息資忠に与えるという事態が生じていたのである(57)。具体的な事情は不明であるが、資忠が「属二武士一」、「大功」によって補任されたとあることからすれば(58)、忠光が鎌倉方の武士勢力として活動した結果と考えられる。頼朝が推し進めた文治年間の軍事体制が、出雲地域や杵築大社にも大きな混乱をもたらしたことが推察されるのである。

文治年間から建久年間にかけては、内乱が終結し「天下落居」に向かっていく時期であった。頼朝が伊勢神宮や杵築大社の造営遷宮を重視する姿勢を示した背景には、内乱期を通じて展開した荘郷地頭制を、中世荘園制の中に位置づけ定着させるという課題があったものと考えられる。

『吾妻鏡』安貞元年（一二二七）二月二五日条には「造大神宮役夫工米事、定二三ケ条式一、朝家無双重事也、庄公平均無二懈怠一可レ致二沙汰一之由、今日被二仰下一」とある。承久の乱から数年後、幕府は再び役夫工米徴収を重視する姿勢を示しているのであり、頼朝がとった姿勢の延長線上に位置づけられよう(59)。

承久の乱後、出雲国を含む西国地域に荘郷地頭制が大きく拡大したことが知られている(60)。第一章で触れた一国平均役賦課をめぐる荘園との調整難航の背景としては、やはり西国地頭の拡大も無視できない。先述した飢饉状況も相まって、荘園領主と地頭間の矛盾が拡大するものと考えられる。ただし、これも先行研究が明らかにしている通り、鎌倉中期には現地の開発などを通じて地頭が荘園制を支える様相も顕著になり(61)、一国平均役の本所沙汰弁済において地頭が積極的な役割を果たす事例も指摘されている(62)。このような鎌倉中期における地頭の両面性も、頼朝の時代から連続する幕府の基本的性格の一側面と捉えられよう。

一二世紀末の造営遷宮事例でみた頼朝の姿勢に関わる二つの側面、つまり既存の秩序を支える側面と、新たな矛盾をもたらす側面は表裏の関係にあったと考えられる。一三世紀第二四半期には、荘郷地頭制の拡大と飢饉状況を大きな要因としてこの両面性がより顕著なものとなり、一国平均役賦課をめぐる矛盾と幕府の関与という展開を導いたのであろう。

二―二、佐々木泰清と杵築大社―公武関係の視点から―

ここまでのところでは、杵築大社や伊勢神宮の造営遷宮（ひいては国家的事業全体）の用途調達に幕府が大きく関与するようになる一三世紀第二四半期の状況について、鎌倉幕府権力が有する固有の二面性に注目して論じてきた。一方で、一三世紀第二四半期の状況は、幕府にもう一段階姿勢の変化をもたらしている。本節では、一三世紀後半、建治三年（一二七七）頃の史料とされる五月七日付佐々木泰清書状を手がかりとして、この問題について検討を加える(63)。

杵築大社炎上之後、今年已成二八箇年一候、然而至二于当時一仮殿たにも無
沙汰候、当国為二本院御分国一、四条兵部卿家隆親奉二国務一、仮殿雖下被二造
始一候上、不レ及レ終二其功一辞退、次吉田治部卿家経俊請二取件社一、雖レ被レ
致二其沙汰一、猶不二事行一、於二半作一他界候畢、其間前平中納言家将継可
レ被レ志二此造営一にて、去年十月比被レ奉二国務一候畢、然而今日まてハ無二
其沙汰一候、此仁先度正殿於二吏務一、父子二代之間に二十年宝治年中ニ
造畢、被レ遂二遷宮一候了、直任の国司にさた申、二十年に事終候き、
其上靭負兵衛尉等の成功多々被レ寄候き、又不足の材木并地頭門田給田段
別三升、不レ嫌二荘公一自二関東一被□□候き、此牒文書等顕然候歟、於二国
司得分一者、応輸田ニ段別一斗造営米ニ被レ寄候之間、如レ此令二不足一候歟、
昔ハ七ヶ年ニ被レ造畢、正殿たる例之由承候、是ハ一向造営を一大事として
沙汰候故候歟、委細日記文書に定候覧、随二承及一内々申候、
一当社仮殿事、可レ遂二造営一由、義孝申請候畢、然而是非未レ被二仰下一候
歟、此条御体乗二御輿一、御二坐白地之仮殿一ハ、且為二御祈祷一、且此社
も又破損事歎申天申請之、可レ令二造進一由望申候、義孝社司御家人兼帯
として捧二申状具書等一、頻歎申候、仍且神慮御事候之間申候志言上候、
私ニ存候旨を内々申候、於二仮殿一者、被レ仰二付義孝一、正殿者任二先例一
御沙汰候者、定可レ為二公平一歟、且者賊降伏之間、亦被二造畢一候者、為
レ世為レ国御祈祷之至目出候歟、如二先度一造営候者何ニ被レ志候とも及二
二十年許一之条、無二何覚一候、又国の於レ力者、孝元の身を始天地頭御
家人等貧国こそ罷過候へ、争此社の造営をおろかに思様候哉、然者前々
御沙汰候之上、かゝる御用心候折節にて候事、斯様ニ可レ申二御沙汰一候
由、御奉行人にも可レ被レ申候、公家の御計として、国方の造営大方ちか
く不レ可二事行一見之間、適依二在国候一言二上事由一候、□□年老耄して持
病侵候之間、余日不□候、仍為□言上候、令レ存二知此等之趣一緩元可レ
被レ申二入奏者一候也、穴賢々々、

五月七日　　　　沙弥（花押）

隠岐前司殿

この書状は、かつて出雲守護をつとめた佐々木泰清（沙弥）が、鎌倉で幕府引付衆をつとめていた子息の佐々木時清（隠岐前司）に宛てた書状である。すでに先行研究の中で注目されてきた史料であるが(64)、あらためて内容を詳しくみておきたい。

まず冒頭では、文永七年（一二七〇）に宝治度造営の社殿が焼失した後、亀山院分国として四条隆親・吉田経俊そして平時継が国務を請け負う形で造営に着手されるものの、一向に進展しない状況にあったことが記される。最後の時継については、父・平有親と二代にわたって宝治度造営を担当した知行国主であることにも言及されている。泰清自身も、宝治度造営当時は出雲国守護であり、遷宮儀式にも参加していた(65)。成功や地頭への用途賦課が実施されたことにも言及されている。幕府関与により進展した宝治度造営がここに想起されているのである。

続く後半の一書では、文永年間からの造営遷宮事業が進まない中、国造義孝は仮殿造営を請け負う旨申請していたが、国主の指示も受けられないまま、御神体が神輿に乗せられ「白地之仮殿」（仮仮殿）に置かれた状態になっているという。国造義孝は社司であるとともに御家人でもあったために、元守護である泰清を頼ったようである。義孝の訴えを受けて、泰清は「私ニ存候旨」としつつ、仮殿造営を義孝に請け負わせ、正殿造営は「任二先例一御沙汰」、つまり国務として実施すべきという意見を述べている。

佐伯徳哉氏は、この泰清書状の内容から、「在国の泰清が、在地の実情に応じ幕府を通して対処しようとする一方で、国鎮守造営は公家の沙汰であるという体制原則を守ろうとしている」と評価し、「国衙・社家相共」という概念との関連で位置づけている(66)。

「国衙・社家相共」概念については、造営遷宮などをめぐる国衙と一宮社家の協働を示すものとしてはじめ井上寛司氏が注目したが(67)、佐伯徳哉氏がその位置づけに再検討を加え、「一二世紀以来の一貫した体制概念として適用するにはふさわしくない」としつつ、一三世紀の大社造営遷宮をめぐ

る歴史的展開の中でこの概念を位置づけている(68)。鎌倉後期に強調されるようになった概念であるという点は、佐伯氏の視点を継承したいが、果たしてこれが「公家主導による造営体制」と評価できるかどうかは一考の余地があるように思う(69)。

ここで注目したいのは、泰清書状の対比的な構成によっても明らかな通り、幕府の関与に大きく依存した宝治度造営の状況を踏まえた上で、「公家の御計」「国方の造営」が強調されているという点である。ここには、一三世紀第二四半期から第三四半期における幕府の対朝廷・国衙姿勢の一端が反映されているように思われる。

寛元四年(一二四六)、摂家将軍や九条家の失脚に至った政変の直後、幕府は朝廷(後嵯峨院政)に政治介入を行った。適正な叙位・除目の実施や徳政興行を要請するものであり、西園寺実氏が関東申次に指名され、院評定制が整備されることとなった(70)。

特に朝廷の訴訟制度整備は注目される。例えば、鎌倉中後期に幕府が「西国堺の事は聖断たるべし」という方針を示すことがよく知られているが、前提として幕府法廷に西国堺相論案件が持ち込まれている状況があり(71)、本来は「可レ為二聖断一」案件であるとして朝廷側に訴訟対応を押し戻そうとする幕府側の動きであったと考えられる(72)。幕府の要求を契機とした朝廷訴訟制度の整備は、「可レ為二聖断一」方針の実現を目指す方向性も有したのではないだろうか。

また、後嵯峨院政への介入に際しては、京都における篝屋の停止も幕府から提議されている。あくまで政治的な駆け引きとして暫定的に行われたものであるが(73)、検非違使庁の機能が低下し、洛中警固において幕府(六波羅探題)の存在が不可欠になっている状況で、朝廷側を牽制するような動きが確認できる点は重要である。

一三世紀半ば、北条時頼が主導する幕府は、政変後の朝政介入を契機として、朝廷が幕府に過度に依存していく状況の是正をはかっていったものと考えられる。このような幕府の方針は、用途調達に関わる問題でも確認することができる。それは、公田(国衙)興行に関わる政策である。

弘長三年(一二六三)の公家新制では、諸国の国衙領の維持・保護を目指した条文が提示されており、鎌倉中後期には「国衙興行」「国衙勘落」と呼ばれる政策が展開していった(74)。この政策は、朝廷と幕府が連携して実施したものであり、国家的収取において「幕府への依存を強める朝廷に対し、自前の財政基盤を再建させるべく幕府が働きかけた」ものと理解されている(75)。

関東御訪が国家財政における比重を高めていたことは先に言及した通りであるが、その結果、御家人への負担が増加し、御訪の在地転嫁が進んで百姓層没落の危険が高まったとされる(76)。幕府軍役の場合、当初禁止されていた在地転嫁は次第に公認されるようになり、御家人所領保護立法と「武家領」概念の形成へとつながっていくという(77)。

このような状況は出雲地域でも例外ではなかったと考えられる。ここでは出雲国国富荘に関する相論に注目しておきたい(78)。杵築大社最大の年中行事として知られる「三月会」では、「五方之頭人」について国内の地頭(左右相撲頭・舞頭)と鰐淵寺(捧物酒肴両頭)が負担する形をとっていた(79)。鰐淵寺は、杵築大社の年中行事や遷宮儀式を通じて大社と連携し、出雲国における一宮制の一翼を担った寺院であり(80)、国富荘は鰐淵寺の膝下領というべき荘園であった。一方で、国富荘は「大宰少弐為佐」が地頭職を有する荘園でもある。国富荘は、鰐淵寺と地頭という三月会実施の担い手となる双方が権益を有した荘園であったわけだが、その結果、地頭代官である孝綱が「彼寺経田・神田等致二濫妨一、衆徒深依レ結二鬱念一」という事態に至り、「孝綱若於下為二少弐代官一彼御頭令中勤仕上者、三方頭人転読大般若経五部大乗論談不レ可レ致二勤仕一」とあるように鰐淵寺僧が三月会のボイコットを申し入れる事態に突入する(81)。地頭代の行動について、鰐淵寺僧は経田・神田への「濫妨」と表現し糾弾するが、この実態は、宝治二年(一二四八)の三月会のために地頭に課された舞頭役が、在地転嫁される中で生じた紛争であった可能性が考えられる。高橋典幸氏の指摘によれば、京都大番役の在地転嫁傾向が現れ始めた時期として想定されるのは一三世紀第二四半期であるという(82)。軍役の動向なども関わって、大社祭礼の負担についても国内地頭による在地転嫁が広がっていたのではないだろうか。

また、本稿で言及してきた国鎮守の造営遷宮・祭礼と国家的課役は、ともに御家人への負担として積み重なっていた点にも注意しておきたい。信濃国に出自を持つ御家人飯沼氏は、出雲国大西荘の地頭となるが、「於㆓公方御公事㆒者、随㆓田地分限㆒、伊勢役夫工米・杵築御三会、又諏訪御頭役者廿箇年一度巡役之上者、可㆑有㆓其沙汰㆒」とある通り、国家的課役としての役夫工米に加えて、信濃国の諏訪社、出雲国の杵築社という複数の国鎮守の祭祀頭役も負担していた(83)。

佐伯氏は、文永八年（一二七一）一一月日付「関東下知状」によって示された杵築大社三月会頭役結番体制について、西遷御家人が負担する国家的課役を整序・軽減し、国内地頭に国鎮守恒例祭祀役の責任を確実に負わせる体制構築を目指したものとする(84)。御家人制への過重な負担に直面しつつも、荘郷地頭制・御家人制と地域祭祀との共存関係を維持しようとする幕府の姿勢がうかがい知れるが、出雲地域においてこの結番を主導したのは、在国司であり御家人でもあった勝部（朝山）昌綱と、当時出雲国守護であった泰清である。先に引用した書状の前提として、泰清が御家人制をめぐる矛盾に直面し、その対処に関わっていた点は注意しておきたい。

泰清書状に関わってもう一点注目しておきたいのは、国造出雲氏との関係である。泰清は、国造出雲義孝の申請を取り次ぐ形で幕府への意見具申を行っている。すでに注目されている通り、義孝が建長元年（一二四九）に国造家本領で府中所在の神魂社領大庭田尻保地頭職を安堵された際、泰清が関東の下文発給を仲介していた(85)。佐伯氏が詳細に論じた通り、この直後から義孝が府中諸社領を掌握して国衙祭祀機能を次々と獲得しており、これを前提として出雲氏は杵築大社と社領の家領化・家産制的支配を拡大していったとされる(86)。

泰清は守護として宝治度の大社造営遷宮を経験し、「公家の御計」では立ちゆかなくなっていた造営遷宮事業の現実を痛感したであろう。西国守護正員として鎌倉や京都で活動した泰清は、幕府首脳部が御家人制への過度な負担を生み出した公武関係の見直しを図りつつある一二四〇～五〇年代の状況もよく感じ取っていたはずである。国造出雲氏をめぐる建長年間以降の特筆すべき状況は、様々な紛争を抱えていた出雲氏自身の志向性もさることながら、泰清が「国衙・社家相共」に向けて出雲氏のバックアップをおこなっているように考えられる。

文永七年（一二七〇）、杵築大社の社殿が焼失し、翌文永八年には三月会の結番注文が作成される。そして、大社の造営遷宮事業が停滞する中で認められたのが先に引用した泰清書状であった。書状の中では、「孝元の身を始天地頭御家人等貧国こそ罷過候へ、争此社の造営をおろかに思様候哉」と記されているが、この孝元は権検校職をめぐって国造出雲氏と対立した内蔵孝元と考えられる(87)。あえて御家人として孝元の名前を出すのは、国造出雲氏を中心とする造営遷宮体制を支持する立場から、対抗勢力を牽制する意図があったと思われる。

以上のように、出雲国守護であった佐々木泰清がみせる杵築大社の造営遷宮に対する態度は、出雲地域の状況に根ざしたものであるとともに、一三世紀第二四半期から第三四半期に至る公武関係を反映したものであったと考えられるのである。一三世紀末の院宣や国司庁宣によって示される「国衙・社家相共」は、公家主導というよりも、むしろ幕府側の動きに起因する公武関係の所産と考えるべきではないだろうか。

一方で、もう一点留意すべきは、泰清書状が出された時期はすでに文永一一年（一二七四）のモンゴル軍襲来の直後であったという点である。そもそも泰清の出雲在国も、異国警固体制の構築と関係する動きであろう(88)。これ以降、鎌倉後期の公武関係は、さらに幕府・得宗権力への求心性を高めていくこととなり、文永年間に開始された大社造営遷宮も幕府主導に傾斜していくこととなる(89)。泰清が書状をしたためた時期には、すでに鎌倉後期の新しい状況が準備されつつあった。

おわりに

本稿では、一三世紀第二四半期に、杵築大社や伊勢神宮の造営遷宮（あるいはその他の国家的事業）の用途調達における鎌倉幕府（御家人制）の比重が高まる現象に注目し、これが幕府特有の両面的な性格に起因するものであるという見解を示した。両面的な性格とは、①荘郷地頭制に象徴されるように、幕府権力が既存の秩序（中世荘園制、権門体制）のあり方に大きな矛盾と変容をもたらす性格を持ち合わせていながら、②幕府自身はあくまで中世荘園制や権門体制の枠組みの中に自らを位置づけ、既存の秩序を維持しようとする志向性を有したということを指す。両者の側面は相反するように見えるが、むしろ第一の性格に起因して、権門体制的な秩序を維持しようとする第二の性格がより強調されていくようになったと考えられる。造営遷宮に対する幕府の姿勢は、この点が最も顕著にあらわれた事例の一つといえよう。

さらに、十三世紀第二四半期から第三四半期に至る期間には、国家財政の問題をはじめとして、朝廷が幕府への依存度を高めていく状況を解消すべく、幕府主導で公武関係の見直しが進んでいく。そしてこのような新たな公武関係の模索が、出雲地域においては大社造営遷宮における「国衙・社家相共」概念の強調へとつながっていった可能性を指摘した。中世国家論と出雲地域史の接続は、すでに先行研究の大きな成果であるが、さらに踏み込んで、各段階における公武関係のあり方が、出雲地域にも影響を及ぼした可能性に着目し、検討を加えていく必要があるように思う。

また、本稿では公武関係史と出雲地域史の結節点として、佐々木泰清に注目した。泰清は出雲国守護をつとめたが、鎌倉と京都でも活動していたことが知られている(90)。鎌倉における幕府首脳部の政治方針と出雲地域特有の状況、双方に通じていただけでなく、京都においては王権を支える在京武力の一端としての役割も果たしていた(91)。中世国家（権門体制）と幕府、そして地域との関係について考えるにあたっては、守護をはじめとする御家人たちの存在形態も重要な手がかりとなるであろう。

註

（1）大社町史一九九一。
（2）井上寛司二〇〇九など。
（3）佐伯徳哉二〇一四・二〇一七・二〇一九など。
（4）『黒田俊雄著作集』第一巻（法藏館、一九九四）。
（5）この点については、荘園領主・荘園制を封建的領主階級・土地所有体系と位置づける「新領主制論」の展開も重要な意義を持つ（戸田芳実『日本領主制成立史の研究』〈岩波書店、一九六七〉、河音能平『中世封建制成立史論』〈東京大学出版会、一九七一〉など）。なお、黒田氏は後に「非領主制論」を展開することになるが、黒田学説の受容過程では領主制論的な議論を踏まえた権門体制論の再定置が行われている点も重要である（久野修義「序説」同『日本中世の寺院と社会』塙書房、一九九九）。
（6）その他、権門体制論・顕密体制論の研究史的意義については、井上寛司二〇〇九や平雅行『鎌倉仏教と専修念仏』（法藏館、二〇一七）に詳しい。
（7）佐伯徳哉二〇一四（三三六頁）。
（8）この点に関する指摘は枚挙に暇がないが、例えば荘郷地頭制の存在が地頭・本所間相論など大量の訴訟の要因となった点などが挙げられる（佐藤雄基二〇一二、同「中世の法と裁判」『岩波講座日本歴史』七〈岩波書店、二〇一四〉）。
（9）川合康二〇〇四・二〇一九など。
（10）佐伯徳哉「平安末・鎌倉期出雲国一宮の造営・祭祀からみた地域支配と国家」（佐伯徳哉二〇一四所収、初出二〇〇九）。
（11）上島享「経費調達制度の形成と展開」（上島享二〇一〇所収）五八〇頁。
（12）小山田義夫「造内裏役の成立」（小山田義夫二〇〇八所収、初出一九六三）、前掲註（11）上島論文五八一～五八六頁。
（13）諸国一宮については、一国平均役以外の造営形態も知られているが、多くは一国平均役が採用されていた。井上寛司二〇〇九（一三七～一五〇頁）参照。
（14）年月日未詳「杵築大社造営遷宮旧記」（北島家文書、『鎌倉遺文』七〇一七、以下『鎌倉遺文』掲載史料については「鎌（番号）」と略記する）。康平五年大社造営の位置づけについては大社町史一九九一（四三六～四三九頁、井上寛司氏執筆）参照。
（15）佐伯徳哉「平安期の出雲大社『顚倒』の問題について」（公益財団法人いづも財団・出雲大社御遷宮奉賛会編『出雲大社の造営遷宮と地域社会』上巻、今井出版、二〇一四）。
（16）年月日未詳「杵築大社仮殿造営日記目録」「杵築大社正殿造営日記目録」（千家家文書、鎌一一八八〇・一一八八一）。前掲註（10）佐伯論文。
（17）前掲註（10）佐伯論文。
（18）前掲註（14）史料。前掲註（10）佐伯論文（一〇二頁）。
（19）前掲註（10）佐伯論文（一〇二頁）、佐伯徳哉二〇一七（三七～三八頁）。

（20）佐伯徳哉二〇一七（七二〜七四頁）。
（21）磯貝富士男『日本中世奴隷制論』（校倉書房、二〇〇七）、西谷地晴美『日本中世の気候変動と土地所有』（校倉書房、二〇一二）など。
（22）出雲国内では、例えば加賀荘・持田荘の事例で飢饉の影響に関わる指摘がある（原慶三「中世社会の構造」『松江市史　通史編二　中世』松江市、二〇一六、一七一〜一七六頁）。
（23）前掲註（10）佐伯論文（一〇四〜一〇五頁）。
（24）上島亨二〇一〇（七八三頁）。
（25）建久四年九月四日「官宣旨案」（高野山文書続宝簡集、鎌六七七）、同日付「官宣旨案」（書陵部所蔵八幡宮関係文書、鎌六七八）。小島鉦作「大神宮役夫工米の歴史的考察」（『小島鉦作著作集』二、吉川弘文館、一九七五）、森本正憲「一国平均の役について」（同『九州中世社会の基礎的研究』文献出版、一九八四）、上杉和彦「国家的収取体制と鎌倉幕府」（上杉和彦二〇一五所収、初出一九九四）、前掲註（11）上島論文など。
（26）平山浩三「一国平均役の済例について」（『日本歴史』五四一、一九九三）、上杉和彦「鎌倉期役夫工米の賦課と免除」（上杉和彦二〇一五所収、初出一九九五）、前田英之「鎌倉前・中期における一国平均役徴収方式」（前田英之二〇一七所収）
（27）上島亨「庄園公領制下の所領認定」（『ヒストリア』一三七、一九九二）。
（28）平山浩三「一国平均役荘園催徴の一形態について」（『日本歴史』三九九、一九八一）。
（29）前田英之「平家政権と国家的収取体制」（前田英之二〇一七所収、初出二〇一二）。
（30）前掲註（26）前田論文、同「鎌倉期造宇佐宮役の研究」（前田英之二〇一七所収）、同「一国平均役の制度と運用実態」（『ヒストリア』二六九、二〇一八）。
（31）遠藤基郎「中世における扶助的贈与と収取」（『歴史学研究』六三六、一九九二）、本郷恵子一九九八（一九一〜一九六頁）。
（32）前掲註（26）前田論文。
（33）本郷恵子一九九八（一九二〜一九三頁）、前掲註（26）前田論文。
（34）前掲註（26）上杉論文。
（35）前掲註（31）遠藤論文、白川哲郎「平安末〜鎌倉期の大嘗会用途調達」（『ヒストリア』一三四、一九九二）、上杉和彦「鎌倉期国家財政に関する一考察」（上杉和彦二〇一五所収、初出一九九四）、本郷恵子一九九八（一九四〜一九六頁）。
（36）寛喜三年（一二三一）十一月十二日「関東御教書」（長府毛利家文書、鎌四二四三）、前掲註（35）白川論文。
（37）前掲註（26）前田論文。
（38）筧雅博「関東御領考」（『史学雑誌』九三―四、一九八四）、『吾妻鏡』建長二年（一二五〇）三月一日条。
（39）清水亮「鎌倉幕府御家人役賦課制度の展開と『関東御領』」（清水亮二〇〇七所収、二〇〇二論文の再構成）。
（40）上杉和彦「鎌倉幕府と官職制度」（上杉和彦一九九六、初出一九九〇）。
（41）上横手雅敬「建久元年の歴史的意義」（上横手雅敬一九九一所収、初出一九七二）、川合康「治承・寿永の『戦争』と鎌倉幕府」（川合康二〇〇四、初出一九九一）、前掲註（25）上杉論文、平泉隆房「鎌倉前期の遷宮とその諸問題」（平泉隆房二〇〇六所収、初出一九九九）など。
（42）『吾妻鏡』文治六年（一一九〇）二月二十二日条。前掲註（41）上横手・川合論文。
（43）川合康二〇〇四（第一部「鎌倉幕府荘郷地頭制の成立と展開」）。
（44）武末泰雄「鎌倉幕府庄郷地頭職補任権の成立」（竹内理三編『荘園制社会と身分構造』校倉書房、一九八〇）、川合康「荘郷地頭職の展開をめぐる鎌倉幕府と公家政権」「鎌倉幕府荘郷地頭制の成立とその歴史的性格」（川合康二〇〇四所収、初出一九八六）。
（45）前掲註（41）川合論文。
（46）『吾妻鏡』建久元年（一一九〇）四月十九日条。
（47）前掲註（25）上杉論文（三一頁）。
（48）原慶三「鎌倉幕府の成立と出雲国」（『出雲塩冶誌研究紀要』一、二〇〇七）、佐伯徳哉「建久の杵築大社造営とその政治的背景」（佐伯徳哉二〇一四所収）。
（49）『百練抄』文治五年（一一八九）四月十三日・閏四月五日条、『玉葉』同年四月九日条。
（50）美川圭一九九六など。
（51）石母田正「鎌倉幕府一国地頭職の成立」（『石母田正著作集』九、岩波書店、一九八九、初出一九六〇）、大山喬平「文治国地頭の三つの権限について」（『日本史研究』一五八、一九七五）、川合康二〇〇四。
（52）目代政綱については、前掲註（48）原論文に詳しい。
（53）『吾妻鏡』文治五年（一一八九）四月二十一日条。
（54）前掲註（41）（44）川合論文。
（55）文治年間の武士狼藉をめぐる問題と荘郷地頭制の関係については川合康「荘郷地頭職の展開をめぐる鎌倉幕府と公家政権」（川合康二〇〇四所収、初出一九八六）参照。また、具体的な文治〜建久年間の武士狼藉停止関係事例については菱沼一憲『中世地域社会と将軍権力』（汲古書院、二〇一一）によってまとめられている。
（56）原（松尾）慶三「鎌倉期出雲国の地頭に関する一考察」（『山陰史談』一八、一九八二）、『松江市史』通史編二（松江市、二〇一六）第一章「中世社会の成立」（西田友広執筆）・第二章「中世社会の構造」（原慶三執筆）などに詳しい。
（57）大社町史一九九一（四九八〜五〇〇頁、井上寛司執筆）、前掲註（48）原論文、前掲註（56）諸論文など。
（58）建保二年（一二一四）八月日「土御門院庁下文」（北島家文書、鎌二一二二）、『吾妻鏡』承元二年（一二〇八）十一月一日条。
（59）前掲註（25）上杉論文。
（60）田中稔『鎌倉幕府御家人制度の研究』（吉川弘文館、一九九一）、川島孝一「西国に所職をもつ東国御家人一覧」（『栃木史学』一〇、一九九六）、前掲註（56）諸論文。
（61）安田元久『地頭及び地頭領主制の研究』（山川出版社、一九六一）、工藤敬一『荘園

制社会の基本構造』（校倉書房、二〇〇二）、清水亮二〇〇七など。

(62) 前掲註（26）前田論文。

(63) 年未詳五月七日付「沙弥（佐々木泰清）書状」（千家家文書、『大社町史　史料編（古代・中世）上巻』三〇四）。

(64) 特に前掲註（10）佐伯論文、佐伯徳哉二〇一七に詳しい。

(65) 建長元年（一二四九）六月日「杵築大社造営所注進」（出雲大社文書、鎌七〇八九）。

(66) 前掲註（10）佐伯論文（一一〇〜一一一頁）。

(67) 大社町史一九九一（四八七〜四八八頁、井上寛司執筆）、井上寛司二〇〇九。

(68) 前掲註（10）佐伯論文（一一九頁）。

(69) 前掲註（10）佐伯論文（一三八頁）。

(70) 橋本義彦「院評定制について」（同『平安貴族社会の研究』吉川弘文館、一九七六、初出一九七〇）、美川圭一九九六など。

(71) 小山靖憲「荘園制的領域支配をめぐる権力と村落」（同『中世村落と荘園絵図』東京大学出版会、一九八七、初出一九七四）。

(72) 当該方針は東国政権論の論拠として有名であるが（佐藤進一『鎌倉幕府訴訟制度の研究』岩波書店、一九九三、初出一九四三）、幕府の東国行政権を示すというよりは、訴訟当事者の要求によって拡大していく傾向にある幕府法圏を、幕府自らが抑制していこうとする動きと考えるべきであろう（上杉和彦「鎌倉幕府法の効力について」〈上杉和彦一九九六所収、初出一九八八〉、佐藤雄基二〇一二）。なお、寺社紛争解決の場合も、幕府の関与が拡大していく中、鎌倉後期になって「可レ為二聖断一」という主張があらわれるようになる（木村英一「鎌倉時代の寺社紛争と六波羅探題」木村英一二〇一六所収、初出二〇〇八）。

(73) 美川圭「関東申次と院伝奏の成立と展開」（美川圭一九九六所収、初出一九八四）、木村英一「六波羅探題の成立と公家政権」（木村英一二〇一六所収、初出二〇〇二）。

(74) 稲葉伸道「鎌倉後期の『国衙興行』『国衙勘落』」（同『日本中世の国制と社会』塙書房、二〇二三、初出一九九一）、白川哲郎「鎌倉時代の国衙と王朝国家」（『ヒストリア』一四九、一九九五）、前掲註（25）上杉論文、本郷恵子一九九八（二二三〜二二九頁）。

(75) 前掲註（25）上杉論文四八頁。

(76) 前掲註（25）上杉論文。

(77) 高橋典幸「鎌倉幕府軍制の構造と展開」（高橋典幸二〇〇八所収、初出一九九六）。

(78) 国富荘相論については、佐伯徳哉「中世前期の出雲地域と国家的支配」（佐伯徳哉二〇一四所収、初出二〇〇七）に詳しい。

(79) 杵築大社三月会については、大社町史一九九一（五一九〜五二四頁、井上寛司執筆）、前掲註（10）佐伯論文、佐伯徳哉二〇一七（一二〇〜一三二頁）など参照。

(80) 井上寛司「出雲大社と鰐淵寺」（『山陰―地域の歴史的性格』雄山閣出版、一九七九）、同「中世鰐淵寺の基本的性格」（『出雲国浮浪山鰐淵寺』一九九七）、前掲註（78）佐伯論文など。

(81) 宝治元年（一二四七）十月日「杵築大社神官等連署申状」（鰐淵寺文書、鎌六八九四）。

(82) 前掲註（77）高橋論文。

(83) 嘉暦二年（一三二七）四月二十三日「六波羅下知状」（早稲田大学所蔵佐草家文書、鎌二九八二〇）、前掲註（10）佐伯論文。

(84) 前掲註（10）佐伯論文一二〇〜一二五頁。

(85) 建長元年（一二四九）十一月二十九日付「将軍九条頼嗣袖判下文」（北島家文書、鎌七一四三）、建長元年（一二四九）十二月十二日「佐々木泰清書状」（同、鎌七一四八）。井上寛司「中世出雲国一宮杵築大社と荘園制支配」（『日本史研究』二一四、一九八〇）、原慶三「中世前期出雲大社史の再検討」（『三刀屋高校研究紀要』一八、二〇〇四）、前掲註（10）佐伯論文、佐伯徳哉「国造出雲氏の身分と大庭田尻保地頭職」（佐伯徳哉二〇一四所収）。

(86) 前掲註（10）（85）佐伯論文。

(87) 内蔵孝元については前掲註（85）井上論文参照。

(88) 佐伯徳哉二〇一七年（一四四〜一四五頁）。

(89) 大社町史一九九一（五五九〜五六五頁、井上寛司執筆）、佐伯徳哉二〇一七（一四五〜一五一頁）。

(90) 『松江市史』通史編二（松江市、二〇一六）八二〜八三頁（西田友広執筆）。

(91) 例えば、新日吉小五月会での流鏑馬役などは象徴的である（木村英一「新日吉社小五月会と院・鎌倉幕府」木村英一二〇一六所収、初出二〇一一）。

参考文献

全体に関わって参照した主要な文献を挙げる。左記文献については文末の註にて「（著者名）（刊行年）」という形で略記する。

・井上寛司『日本中世国家と諸国一宮制』岩田書院、二〇〇九年
・上島享『日本中世社会の形成と王権』名古屋大学出版会、二〇一〇年
・上杉和彦『日本中世法体系成立史論』校倉書房、一九九六年
・上杉和彦『鎌倉幕府統治構造の研究』校倉書房、二〇一五年
・上横手雅敬『鎌倉時代政治史研究』吉川弘文館、一九九一年
・小山田義夫『一国平均役と中世社会』岩田書院、二〇〇八年
・鎌田純一『中世伊勢神道の研究』続群書類従完成会、一九九八年
・川合康『鎌倉幕府成立史の研究』校倉書房、二〇〇四年
・川合康『院政期武士社会と鎌倉幕府』吉川弘文館、二〇一九年
・木村英一『鎌倉時代公武関係と六波羅探題』清文堂出版、二〇一六
・佐伯徳哉『中世出雲と国家的支配』法藏館、二〇一四年
・佐伯徳哉『出雲の中世』吉川弘文館、二〇一七年
・佐伯徳哉『権門体制下の出雲と荘園支配』同成社、二〇一九年
・佐藤雄基『日本中世初期の文書と起請』山川出版社、二〇一二年

・清水亮『鎌倉幕府御家人制の政治史的研究』校倉書房、二〇〇七年
・大社町史編集委員会編『大社町史』上巻、大社町、一九九一年
・多田實道「鎌倉時代の遷宮と神宮祠官」『伊勢市史』第二巻、伊勢市、二〇一一年
・高橋典幸『鎌倉幕府軍制と御家人制』吉川弘文館、二〇〇八年
・平泉隆房『中世伊勢神宮史の研究』吉川弘文館、二〇〇六年
・本郷恵子『中世公家政権の研究』東京大学出版会、一九九八年
・前田英之『平家政権と荘園制』吉川弘文館、二〇一七年
・美川圭『院政の研究』臨川書店、一九九六年

伊勢神宮と出雲大社の遷宮

藤森　馨

はじめに

伊勢神宮では、言うまでもことだが、古代においては、二十年に一度遷宮が行われ、新しい殿舎に遷座されることになっていた。一方、出雲大社は社殿の転倒に際して遷宮が行われていたようである。東西を代表する両社の遷宮について、本稿では検討してみたい。

一、伊勢神宮の遷宮

一―一、造宮使

そこで、伊勢神宮の遷宮を一～三に分けて概観してみよう。孟冬（陰暦すなわち十月に造宮使が任命される。『延喜式』伊勢大神宮式一九条によれば(1)、

凡そ大神宮、年限満ちて修造すべくは使を遣わして使いは判官・主典一人、ただし、使いの判官には、中臣・忌部両氏を任ぜよ孟冬始めて作らしめよ。神宮七院・社十二処朝熊社、薗相社・鴨社・田之家社・蚊野社、湯田社、月夜見社、草名伎社、大間社、須磨漏売社、佐那社、櫛田社。その使の供給は神税充て用い丁匠の役、封戸の人夫の料食は便に神税を用いよ。若し神税足らざれば、正税を用いよ。自余の諸社は宮司修理せよ。

と、山口祭・正殿の心御柱採木本祭には「右、造宮使の忌部、自ら内人ならびに役夫らを率いて山の木の本に就きて祭れ」とあり、造宮使の判官である忌部の関与が『延喜式』には見て取れる。『皇太神宮儀式帳』（以下『内宮儀式帳』）には、新宮造奉時の行事ならびに用物の事条に、

常廿箇年を限り、一度新宮に遷し奉る。造宮使長官一人、次官一人、判官一人、主典二人、木工長上官一人、番上工三十人参り来たりて。やがて吉日を取りて、二所太神宮拝み奉みたてまつる。―中略―用物九種鉄十廷、鍬五口、鋤五口、五色薄衣、五丈五尺絹二匹、木綿十六斤、麻十六斤、

已上、造宮使、官庫の物を受けて新造正殿地鎮料ならび山口祭、木本祭等用う。紺染の幕の四端〈官庫の物〉別に正殿翻隠料庸布三十二端官庫の物

とあり、延暦二十三年（八〇四）時においては、造宮使には長官・次官・判官・主典などが置かれていたことがわかる。また、神宝は『内宮儀式帳』には十九種、『延喜式』には二十一種と多少の異同はあるものの、これは矢の数え方などの相違と考えられる。前述のように忌部が山口祭・心の御柱採る木本祭までは、忌部の奉仕が見られるが、それ以外の遷宮関係の諸祭には見られない。こうしたことから考えて、造宮使は両祭終了後、帰京したと考えられる。帰京の理由は、それだけに止まらない。造宮使は宮川左岸の大神宮司と隣接して建てられていた離宮院駅使院を宿泊施設としていたと考えられるから(2)、九月十一日神嘗祭以前までには離宮院を離れていなければならない。もし、駅使院に造宮使が止宿していると、例幣使は宿泊できない。以上のことから木本祭終了後、造宮使は帰京したと考えた方が良かろう。

一―二、神宝使

神宝を神宮に届ける神宝使が差遣されることになっていた。『新儀式』には、

その年七月に至りて、神宝并に御装束造らしむ。九月上旬造らしめ畢んぬ。予じめ進発の吉日を定め、先一日、大祓をおこなう。諸司斎并びに三日廃務。或いは斎せず、代々の例同じからず。行事の弁官参入発向の由を奏せしむ。弁官若し触穢あらば、神祇伯参向。天慶五年豊受宮の例、并びに応和二年内宮の例是なり。即ち禄をたまい。若し内裏に触穢あらば、直ちに参らずして参りくだれ、皈へり参りて事の由を奏聞せしめよ。

とあるように、『延喜式』大神宮式二五宝装条の、「七月一日神祇官西院始めて事を行う」という規定と合致する。

また、『西宮記』「臨時奉幣」裏書によれば、応和二年（九六二）の事例が掲出されている。また、そこに引用されている応和三年の事例には天慶八年（九四五）の事例が掲出されている。それを見てみると、

同年（応和）三年九月七日、太神宮遷宮使を遣わせしむ。諸司は廃務。弁官など皆穢れに触れる。故に天慶八年（九四五）の豊受宮遷宮の例に依り、件の王を以て代となす。また、左大史安国宿禰神宝行事となす。而るに内裏の穢れに触れ、その弁官など皆穢れに触れる。今月十二日に在りて遷宮の日に及ばず、仍って弁・史共に事に向かわず。便なかるべし。安国宿禰に仰せて別に赴き向かわしめ、事を行わしむ 巳剋、使い神祇伯懐古王蔵人文利をして発向の由を申さしむ。内裏穢れ依り禄を給わず。只聞こしめすの由を仰す。

興味深いのは、この神宝使は大極殿ではなく、天皇の私的空間である清涼殿で執行されていた点と、神宝使と天皇の間に蔵人が介在していた点で、例幣使とは相違し、内々的側面が強い。

応和二年（九六二）の事例にはが掲出されており、そこに引用されている応和三年の事例には天慶八年（九四五）の事例が掲出されている。それを見てみると、この天慶八年の先例は、『貞信公記』天慶八年十二月十日条の

中使佐忠来りて云く、豊受宮宮遷しのこと、弁大夫参向すべし。而るに各々障りありて、参るべからず。仍って前例を勘えしむるに、代官を取るの例なし。亦弁参らざるの跡なし、これをなすこと如何てへれば、諸祭の例代官を用いる例に准じ、何の妨げあらんや、と奏せしめよ。又云わく、彼の神宮未だ造り了んぬの状言上せず、但し神殿など作り了んぬと云々。今年廿年に満つ。神祇官申して云わく、且つうは遷宮したて奉る例は如何となすべき。申して云わく慥かに、その例を問わるるべし。

とあり(3)、藤原忠平の遷宮に関する弁に障りがあれば、代官を用いよ、という見解から弁代が始まったことが知られる。翌十二日には、

伊勢豊受宮使弁代神祇伯忠望王に神宝などを持たしめて参向、仍って廃務。

と、弁代として神祇伯が神宝使を勤仕することとなり、弁代は神祇伯が勤めるという先例が開かれた。また、時代は降るが、藤原忠実の日記『殿暦』には公卿勅使発遣に関する条文に、いくつかの天皇の神宝発遣に関する所作が見られる。

①長治二年（一一〇五）八月十三日条

天陰、雨時に降る。辰剋許束帯を着て御前に参る。御湯殿了んぬ。余殿上に着す。この頃頭中将顕実を以て奏しめて云わく、神宝御覧只今候うべきか如何。即ち還り着して云く。只今に非ず。余申して云く、須く神宝御覧の後陣座に着すべし。而るに事懈怠に候う。仍って先に神宝を御覧所に取り置き、ソレヲ見候らいて、罷りて着陣如何。仰せて云く、尤も然るべし。仍って、其の定めを仰せて取り置く。見了りて着陣す。

②天永元年（一一一一）十二月七日条

天晴、今日公卿勅使を立てる日なり。辰剋沐浴す。束帯を着て、御前に参る。神宝・御馬など御覧。宿所に於いて草す。神宝御覧の後、宿所に下る。宣命清書、清書了わりて宣命を以て御前に参る。その儀常の如し、民部卿宣命を給わりて、上卿内府宣命を奏す。今日御物忌みによりて石灰壇に於いて御拝あり。

③永久二年（一一四九）九月七日条

天晴、辰剋許民部卿陣に参る。官符を奏す。先きに内覧す。余その間、宿所にあり。此の間、主上御湯殿、余御前に参る。此の間、主上直衣

を着（ヒケナオシ）す。先ず内覧、余殿上に候す。神祇権大副資清殿上の口に参る。弁代に於いては、神宝を相具し、参宮の由を奏せしむ。聞こしめすと仰せられ了わんぬ。出納禄を取りて、これを（白打掛）。民部卿官符を奏す。その後、余退出す。

とある。この外にも神宝使発遣の事例は多数あるが、本稿では以上に留めたい。神宝使の発遣儀は天皇が神宝御覧と伊勢神宮を御拝されるという点が特徴である。こうした事例は、『三代実録』以前の例を見てみると、弁官の勤仕が見られるものの、その詳細については、不明である。しかしながら、同様の儀式が行われていたと、推測される。いずれにしろ神宝使発遣は遷宮にしろ、公卿勅使にしろ、清涼殿を式場とする天皇の内々の儀式であり、天皇が内覧もしくは、蔵人を介して報告を受けている点は、看過できない。一代一度の大神宝使差遣の儀式と同様であるからである(4)。通常の例幣使が参加する遷宮や、発遣に際し、清涼殿から式場を八省院に場を移す公卿勅使は、国家祭祀と混同してしまいがちだが、神宝使は国家の祭祀ではなく、天皇の祭祀であったのである。天皇の御覧があるという点は極めて重要で、さらに付言するならば、この点は出雲大社の遷宮を考える上でも極めて重要と言える。両者には通底するものがあるからである。

一―三、遷宮

神宮（内宮）の遷宮は九月十五日に斎王が旧殿を奉拝することから始まる。この儀礼は外宮では、行われない。佐野真人氏は先学の研究を示しつつ、内宮への特別な対応を取り上げ、内宮の顕著な特徴と示唆されている(5)。筆者も同感で一歩進めれば、天照大神の御杖代として天皇の祭祀を代行する斎王が内宮のみを奉拝しているということは、内宮こそが天皇の敬神の対象であったということになろう(6)。

さて、『内宮儀式帳』に見られる神宮での遷宮儀礼は、十六日夜に王・中臣・忌部即ち通常の例幣使と同様の人々が神宮に参着し、大神宮司と共に外院の玉串所に参り、その前に禰宜・内人が人垣をつくり、戌時に西の川原で大祓を行う。亥時に装束など参入。旧院の中御門で中臣が新宮に奉遷する祝詞を奏上。その後、大神宮司装束をもたらしめて、新宮に参る。祝詞を奏上する。その後大神宮司が神宮神職以下に装束をもたしめて、新宮に参る。その後御正体・相殿神を新殿に遷御する。なお、所役は禰宜・大内人・大物忌父等が奉仕した。この時人垣が遷御の列を作り絹垣・衣笠・刺羽、絹垣などで、御正体を隠し、進んだ。列は新宮の玉串御門に至ると鶏鳴三度。瑞垣御門に至ると再び鶏鳴三度。禰宜が新宮に御正体を奉安する。以上があらあらながらの、伊勢神宮の遷宮である(7)。

二、出雲大社の遷宮

出雲大社は貴族子弟の教養書『口遊』に「雲太・和二・京三」とあるように、巨大建築物であった。その神殿は、伝えによれば十六丈（約四八メートル）で、東大寺の大仏殿をはるかに上回る建造物である。このことは、康治二年（一一四三）三月十九日の宣旨に援引された在庁官人の解「彼社は天下無双の大厦（大きな建造物）」からも窺知される。それゆえ、転倒することもしばしばで、そうした時仮殿に御正体を遷座し、本殿造営後正殿に遷御することとなっていた。村田正志旧刻本(8)（以下『旧出』とし、この度発見されたものを『新出』とする）三号文書「杵築大社造宮遷宮旧記」とその校訂版には、先ず仮殿を建てる日時例文が記されており、井上寛司氏は康治元年（一一四二）と久安元年（一一四五）の史料から、以下のように遷宮を纏められている。そこで、『大社町史』上巻に収められた氏の本文を掲出する(9)。

①宣旨に基づく転倒実験使の下向。これには在庁官人も立ち会う。

②実験使の報告に基づき、社殿造立の宣旨と、その具体的な作業日時を記した「日時勘文」を下さる。この日時勘文には、仮殿立柱上棟・仮殿遷宮（御神体を仮殿へ移す儀式）及び正殿材木の伐り始め・木造り始め・立柱上棟の日時などがそれぞれ記されており、実際の造営遷宮はこれに従っ

て進められた。

③仮殿遷宮。この遷宮は京より下された神宝物以下と、出雲国内（宝治二年の例からすると、出雲府中の「細工所」がこれに当たったようである）で整えられた諸物の両者を用いて行われることとなっており、遷宮の神事儀式は国造以下の神官と目代・在庁官人両者の共同によって、二日間にわたって行われた。このうち、二日目には十烈走馬・東遊・競馬・笠懸・曲舞・相撲・勝負舞などが行われた。宝治二年の例からすると、これらの神事に要する費用や所役はいずれも出雲国内の国衙領に賦課されたようで、以下の諸神事についても同様であった。

④正殿の木造始め。この日には、京から下ってきた番匠（大工）の参加のもとに、作事始めの神事があり、曲舞・相撲・勝負舞なども行われた。なお、康治二年の場合は、「三前山（御崎山）」で材木を捜すため、これに先立って在庁官人が国造とともに「神願」をつとめた。

⑤正殿の立柱・上棟。このうち、上棟に際しては、「祈請神事」があり、東遊歌舞・十烈走馬・曲舞・相撲などが行われた。また、この工事の最後の段階に、京より遷宮神宝物が下され、また出雲国内の諸物が整えられた。

⑥宣旨とともに覆勘使下向し、併せて正殿遷宮の日時を日時勘文を下さる。

⑦正殿遷宮。目代・在庁官人らが参加し、国造以下の神官とともに、二日間にわたる神事儀式を行った。神事の内容は、仮殿遷宮の場合とほぼ同様。ただし、宝治二年のそれを久安元年の場合と比べると、かつての十烈走馬・笠懸に代わって流鏑馬が加わり、また新しく花女・村細長・田楽が追加されている。遷宮神事の風流化が進んだ結果と考えられよう。

⑧在庁官人らにより、中央に対し遷宮完了の解状提出さる。

以上、ここでの大社造営遷宮のあり方を見てみると、そこには、①すべてが中央（天皇）の命と支援に基づいて行われる。②実際の事業は在庁官人と神官とが共同で遂行する、③造営費用としての一国平均役や国衙の責任、という三つの原則があったことが知られる。

井上氏の研究で出雲大社の遷宮儀式は、十全を尽くされているが、朝廷からの使者などについて、いささか私見を開陳したい。「彼国守藤原朝臣光隆去る二月八日解状に云く、在庁官人去年八月十八日の解状に云く彼社は、天下無双の大厦なり。国中の第一の霊神なり。転倒の時、宣旨あらざれば、造宮始めること無し」と宣旨の発給を望んでいる。井上氏の指摘通り、中央朝廷によって御体渡御の日が決定されている。

保延七年（一一四一）神殿転倒。その際には、

保延七年（一一四一）六月七日卯の時、同十五日辛卯を以て、寅の時竈殿を修造し御体を遷し奉る神事次第

先神宝物（御輦、之先）　次神馬（置唐櫃）、　口取（目代源宗信・庁事藤原孝盛）

次御輦（付人国造、官人四人、兼政・元宗・秀宗・助真）

次御供（御料一前、三立、諸神料五十六前）、　次御料五前（已二立）

次神馬五番十烈、　次東舞、

次競馬五番、　次饗膳

次笠懸三番、　次曲舞（左右鉾振、太平楽、退宿徳、散手、）

次相撲五番、　次勝負舞、

次賽　次還御

遷し奉る神事次第、

件の竈殿御遷御占に合うによりてなり、筑紫社一社、舞殿二、竈殿三此の三箇所を取り、国に於いて卜筮せしむるの所なり。仍って仮殿に御体を渡し奉る。但し守章俊転倒の時にまかせ、仮殿造り奉るの間、暫く舞殿に遷し奉るの由、旧記に見ゆるなり。

と、三所の候補地があったが、卜筮により竈殿に決まった(10)。

保延七年（一一四一）六月廿三日　宣旨、同十一月三日到来す。転倒

実検使下着

史一人、（左少史正六位下大江朝臣元重　従五人）

史二人、（右史生従七位上中原朝臣是俊　従三人）（従七位上大江朝臣元兼　従三人）

使部三人

木工長上一人、大初位上藤井宿禰親宗 従三人
同十五日実検使社頭を参詣、各御幣を奉る留守在庁各々以て参合す。官使実検於宇高方円日記ママ、材木口径沙汰の間、既に数日に及ぶ、十九日を以て帰府するところなり。参宮宿坊并府宿借家、祇候雑事、帰京夫駄給物注文、各別紙に在り。事長きにより具注すること能わず。
康治元年十月十四日造立すべき由日時勘文を下さる。（中略）
康治二年三月十九日宣旨偁く　到来同十月十七日、
使左史生紀良時帰京時給物色々布廿段、米三石、馬三疋乗馬一疋、駄二疋、
従三人
使部二人、同給物、各十段、米十石、馬一疋、雑牛一頭　従各一人
仮殿を立つ日時
仮殿立柱上棟、午時
十一月三日、辛卯　時卯二点、若しくは午
十二日、庚子　時辰二点渡奉る御体を仮殿
御体を仮殿に渡奉る日時
〈御遷宮の時戌の時〉
廿一日、己酉　時寅の二点　若しくは戌
採正殿材木日時、　十二月一日、己未　時巳三点　若しくは午
〈採始材木の時、〉七日、乙丑、己未　時辰二点、若しくは午
始木作始日時、
明年正月廿一日、時午二点、若しくは未
廿七日、乙卯、時二点、若しくは午
任日時勘文始作事次第、
立仮殿十一月三日、辛卯、時午

とあり、井上氏が述べられているように仮殿造営の日時を中央が定めていた。さらに、「奉渡　御体於仮殿、同廿一日己酉、時戌」として「一宇　御宝殿　二宇左右小社」二宇の遷御が行われていたことがわかる。その際「御遷宮料物として筆頭に記されているのが、京即ち都から奉送されたものである。遷宮料物の中の神宝物として薄様五帖・御幣料や御剣、瑠璃波須・平頸箭、そして内殿御装束一具・御屏風・御几帳・同御帳帷・壁代・御茵一枚などである。また木工長上が差遣されているのも看過できない。伊勢神宮と同様であるからである。次いで国衙からの奉納物が、この『旧出』三号文書には記されている。この文書で重要なのは、実検使として史という弁官の中でも身分の低い者ではあるが参向している点と、木工が遣わされている点である。出雲大社の仮殿遷宮に朝廷の太政官が大きく関わっていたことを示すからである。前章「一―二、神宝使」で見たように、伊勢神宮への神宝使発遣に際しては、天皇への神宝使発遣の報告が蔵人からあった。天皇即位に際しての一代一度の大神宝使発遣儀では更に丁重な神宝御覧があった。しかしながら、寛仁元年（一〇一七）一〇月廿日条の『左経記』後一条天皇の一代一度の大神宝使発遣儀には「山陰道、出雲熊野・杵築」と見えるものの、天皇の御覧があったか否かは判然としない。しかしながら、天仁二年（一一〇九）十月二十九日の『殿暦』鳥羽天皇の一代一度の大神宝使発遣儀を見てみると、

辰時ばかり直衣を着て参内。大神宝を催さしむ。午時ばかり、神宝を御覧ず。その儀画御座に於いて此の事あり。狭きところにより画を徹しめざる事常のごとし。神宝を御覧ずる次第主上直衣、先伊勢、大二、
宇佐、大二・小一　―中略―
次京畿内五社　―中略―
次五畿内　―中略―
次山陰道　出雲国　熊野社　―中略―
御覧神馬、頭中将御前に候す。左一足（ママ）、右一足内宮、但し右一足は院より進めらる
左二足外宮、右二足（宇佐、件の馬余進む。御覧了わりて入御とあり

とあり、熊野社のみであるが、神宝御覧があった可能性が高い。そうすると、『百練抄』に康平五年（一〇六二）二月十日条以来、杵築大社は出雲大社とも呼称されるが、康治元年（一一四二）の仮殿遷宮に大社に都よりもたらされた神宝は、伊勢神宮と同様天皇への報告があった可能性もあなが

ち否定できないのではなかろうか。

さて、正殿の建立は、久安元年（一一四五）十月四日、覆勘宣旨が下され、大社には閏十月二日に到着した。

この覆勘宣旨は鎌倉時代初期に成立した『神祇官年中行事』諸社への使者の項目に嘱目される。臨時伊勢使・丹生貴船使・臨時鹿島香取両社使・熱田社使・日前国懸使・祈雨十一社使・一代一度大神宝使と並記されている。即ち、出雲大社への覆勘使は、神祇官の専権事項であったのである。

久安元年十月四日の官宣旨によれば、「望みて天裁を請う、早く官使に賜え、覆勘を加えんと欲す。権大納言雅定宣す。勅を奉けたまわるに請い依れ、国宜しく承知し、宣によりて之を行え」とあるように覆勘宣旨発給には天皇の裁可が必用であった。こうした手順で作製される宣旨の伝達者が神祇官人であったことも注目すべき点ではなかろうか。

この時の使者は、「神祇史生伊岐到兼・神祇史生秦重時」の二人であった。「官使社頭を参詣、覆勘之文書別にあり、」と大社を参拝し、遷宮の日時勘文が到来した。「同廿五日、寅時御遷宮〈御神宝物并神殿・内殿御調度目録別紙に在り〉」と見え、正殿の遷宮が執行されたのである。国衙と朝廷の間で解や宣旨の授受が行われ、正殿への遷御が行われるのであった。

時代は降り、『新出』三六号文書には、天文十八年（一五四九）の佐草孝清作製の「杵築大社遷宮入目注文」が見られるが、御神装束之次第に続き、御神宝物・国造装束などが列記されている。その末尾に「此の如く両家相談候らいてしたたむる者也」と注目すべき文言が見られる。戦国時代、中央朝廷がどのように関わったかは不明であるが、大規模な遷宮を北嶋・千家両家が協力して行っていたことが窺知される。これは、公家社会でも同様で、中絶した朝儀は、各家々で教命という形式で伝来した先例を朝廷で協議。家々の垣根を越えて再興されることになっていた(11)。『新出』一〇五号天正弐十（一五九二）二月二日付けの北嶋久孝宛「妙壽寺周泉書状」には、

御祈紙拝見致し候、御両家数年結ぶ儀を仰せられ、此の度順次に相整え珍重に候。向後も御和合肝要たるべく候。

と北嶋・千家両家の和合こそが大事とされているが、天文十八年の遷宮は両家で見せた両家の協力を前提としたものと考えられる。

筆者に与えられた課題は伊勢神宮と出雲大社の遷宮についてであるが、竜頭蛇尾の観なきにしもあらずである。本稿執筆に当たっては、島根県立古代出雲歴史博物館の学芸員松尾充晶・岡宏三両氏に多大な御支援を頂いたことを記し擱筆したい。

註

（1）虎尾俊哉編『訳注日本史料延喜式』二〇〇〇年。なお、『延喜式』の条数右書に以下従う。

（2）薗田守良「殿舎下　殿舎考六　離宮院」『太神宮叢書　神宮典略前編』五　には、守良は、「永久勅使記」を引用し、斎王祓殿を勅使宿所と考察しているが、『江家次第』にも大江匡房は「著二離宮一、以二祓殿一為二宿所一」（伊勢公卿勅使条）とあるので、公卿勅使に関しては、斎王祓殿を宿所にしていたことは間違いない。一方例幣の時は、岡田登氏の指摘のように、王・中臣・忌部からなる奉幣使は離宮院の駅使院に宿泊したものと思われる。若干離宮院の構造について触れたが、この駅屋を拙稿（「禁河宮小考」『大倉山論集』29　一九九一年）で、度会の駅屋としたが、岡田登氏の指摘（「伊勢国度会駅屋所在地考」『皇學館大学史料編纂所十周年記念論集』一九九一年）のように、度会駅屋と離宮院駅使院とでは、相違する。改めて例幣使の宿泊施設は、駅使院とする。

（3）『本朝世紀』には、「今朝、蔵人木工権助昨日の勘文を以て太政大臣家に持参し、定め申さしむ。即ち、伊勢大神宮并豊受宮廿年一度の宮遷りの時、神宝を副う。猶弁史参向せしむるものなり。而るに此度皆障り有り、参るべからず、てへれば。然らば則ち、代官を取り、発向せしむべし。神事の時弁障りある時、是例なり、てへり。よって殿上より仰せこと有り。今日清蔭卿をして件の事を行わしむるべし。神祇伯忠望王を以て弁代の由、宣旨定め仰せられる」と見え、朱雀天皇の裁断として、行われたとしている。関白忠平が内覧の段階で決定したことを天皇は、改めて宣せられたのである。

（4）岡田莊司「即位奉幣と大神宝使」『平安時代の国家と祭祀』第二編第二章、一九九四年

（5）桜井勝之進「遷御」『伊勢の大神の宮』一九七三年／佐野真人「式年遷宮と斎内親王」『神道史研究』第七十巻第一号、二〇二二年

（6）所功「伊勢の斎王と神宮の祭祀」『王朝文学と斎宮・斎院』後藤祥子編、二〇〇九年／岡田莊司「天武朝前期における新嘗祭祀と伊勢斎王」『古代の信仰と祭祀』岡田莊司編、二〇一八年

（7）佐野真人「『皇大神宮儀式帳』に見る遷御の御儀」『藝林』第七十巻第二号、二〇二一年　を参照しつつ、『内宮儀式帳』を簡単に記述した。
（8）村田正志編『出雲國造家文書』清文堂出版、一九九三年。なお『新出』は井上寛司ほか編『出雲国造北嶋家文書』八木書店、二〇二三年に掲載。
（9）大社町史編集委員会『大社町史　上巻』第三章第一～五、一九九一年
（10）松田高弘・土田充義「出雲大社における中世の仮殿遷宮について」『日本建築学会計画系論文報告書』第三三五、一九八八年
（11）竹内理三「口伝と教命―公家学系譜（秘事口伝成立以前―）」『竹内理三著作集』第五巻、一九九九年、初出一九五八年

杵築六ヶ村・宮内村の屋敷地の景観と荒神祭について
―十七世紀前後を中心に―

岡　宏三

はじめに

杵築における門前町の形成については、近年伊藤裕久氏が詳細な分析を行っており(1)、従来に較べて格段の進展をみせている。また新出文書一四九点に加えて『出雲国造家文書』（清文堂、一六八八年）所収文書のうち中世文書一六七点を改めて校訂した『出雲國造北嶋家文書』（八木書店、二〇二三年）が刊行されて、一層新たな手がかりを得ることが出来るようになった。

一方、戦国期、特に十六世紀以降杵築の都市化が進むなかで、一般住民から成る「地下中」と、旦場の獲得、御供宿の経営に加えて「相物親方職」、「油之伯」など、諸商業の長、独占的経営など多角的な経済活動により有力者層を形成していた御師らによる「惣中」の二構造が形成され、自治的町運営が進展していたことが以前から指摘されていた(2)。

本稿では、前述の北島国造家文書及び同国造家の筆頭上官であった佐草家の史料などを基に、十七世紀前後、戦国期から近世前記の頃を中心に、門前町杵築の様相を検証するとともに、従来看過されてきた周辺地域、特に素鵞川流域の谷地に形成されていた奥谷及び出雲大社の東に隣接する森村（いずれも後の宮内村）の二地区について分析する。同時に、これまで社会経済史的アプローチが主として行われてきた当該時期における杵築六ヶ村の共同体としての特質について、信仰の観点から、具体的には荒神社等の祭祀に着目して考察してみたい。

一、近世初頭の宮内・越峠

当該時期の杵築の都市構造の様相については、前述のとおり伊藤氏が詳述しているが、新出のデータ等をまじえて改めて俯瞰してみると、更に次のような特色が指摘できる。

一―一、宮内

当時の六ヶ村の軒数、構造を窺い知る手がかりとされる、天正十九年（一五九一）にまとめられた「杵築之内北嶋分屋敷付立」［表1］については、新出の「国造北嶋氏支配屋敷注文写」(3)が出現したことによって、新たに宮内村一三軒、越峠村三軒の「面」（間口）・「入」（奥行）の数値が判明した。

このうち宮内村の屋敷は四一軒記載があり、面・入が判明するのはわずか一三軒であるものの、一三軒中八軒が面よりも入が長い、すなわち奥行きがある屋敷である。このような奥行きのある屋敷構えは町屋構造の要素の一つとしてあげられることが多い。なかには御師として御供宿を経営する者も含まれている可能性もあるが、緩やかな砂州上に形成された六ヶ村に対して、出雲大社をとりまく宮内村は、前方に低湿地が拡がり、後方は急峻な北山が迫る、山沿いの帯状に形成された僅かな微高地と、吉野川・素鵞川等により形成された扇状地という地理的環境にあり、場所によっては短冊型に敷地を区画せざるをえなかったことも要因として考えられるのである。

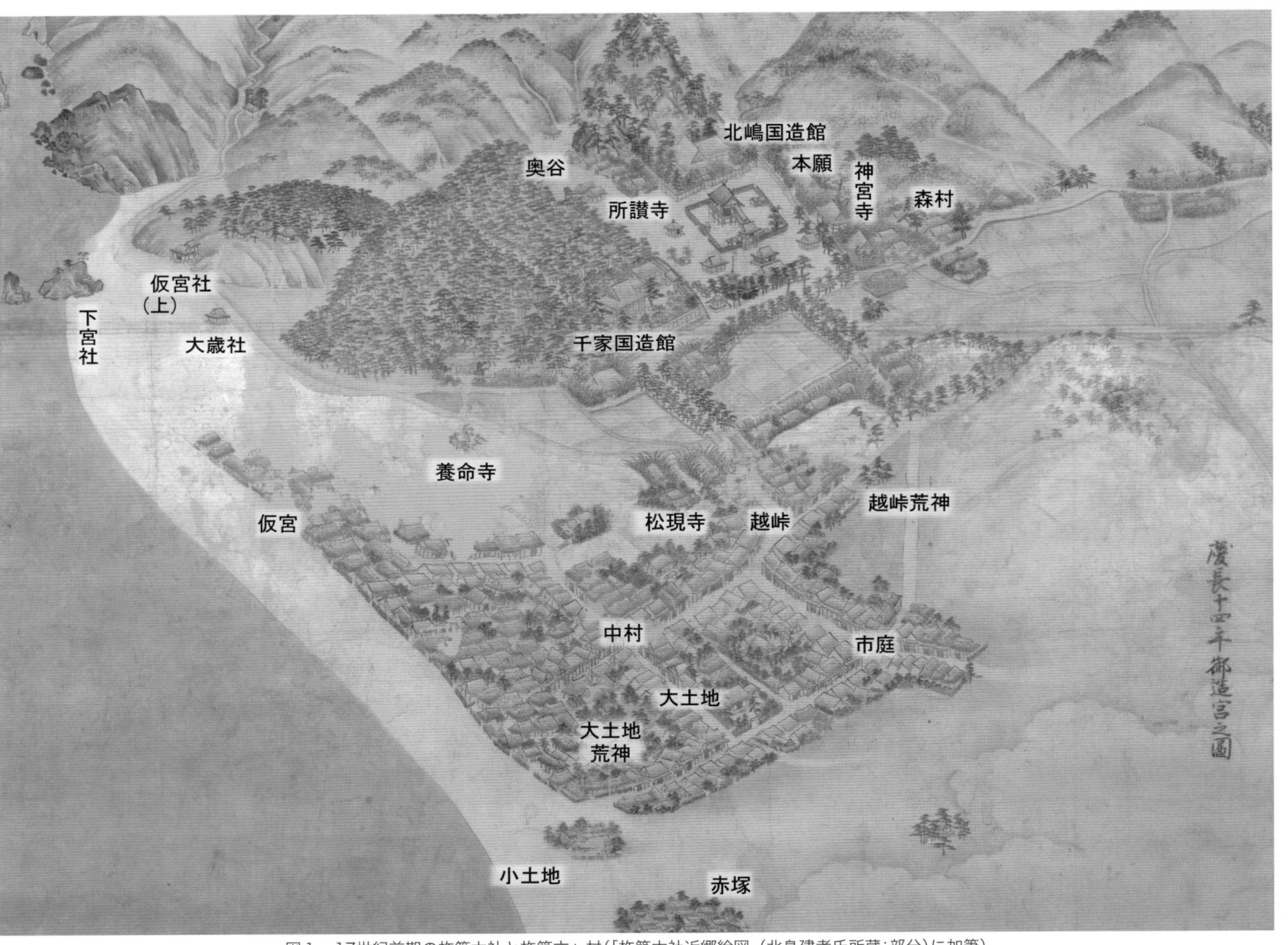

図１　17世紀前期の杵築大社と杵築六ヶ村（「杵築大社近郷絵図」（北島建孝氏所蔵：部分）に加筆）

また宮内村については、文禄二年（一五九三）に、北島広孝が国造職を相続するにあたり、北島一門・上官をはじめとする北島方附属の有力者らが連署した「北嶋方上官連署起請文」(4)と［表1］とを照合すると、同表にもその名がみえる人物はいずれも宮内村に屋敷が所在することが判明する。千家方においても同様の状況であったとすれば、宮内村はその名の通り、両国造家に加えて、両家附属の一門・上官らをはじめとする社家らを主な構成員とし、これに神人・百姓らが附属する、社家を主体とする村であったことを物語る。

ここで改めて鎌倉時代に制作されたと考えられる「出雲大社并神郷図」（千家尊祐氏所蔵）の宮内村に該当する区域をみると、伊藤氏の指摘するように

a築地塀を廻らした、有縁・檜皮葺の建築物寝殿造様の主殿に、塀内外に掘立の附属建物を伴う「国造宿所」の貼紙のある大社西隣エリア

b柴垣を廻らした中に縁廻りを持つ板葺きの建物に、垣内外に掘立の附属建物を伴う大社北東エリア

c柵を廻らした中に一部板葺きの建物を伴う茅葺き建物群から成る大社東隣エリア

d板葺き・茅葺きの掘立建物群から成る大社北西（奥谷）エリア

e大社の前に東西に延びる田地の南辺・丘陵の裏側に沿って形成された板葺き・茅葺きの掘立建物群エリア

から構成されているが、屋敷の構成構造から、**イ**築地塀・桧皮葺・有縁、**ロ**柴垣・板葺・有縁、**ハ**柵・板（茅）葺・掘立、**ニ**板（茅）葺・掘立の四階層の差別が存在していたことが窺われる。これらはそれぞれ、**イ**国造家、**ロ**国造家一門ら上級社家、**ハ**社家、**ニ**神人・百姓層と比定され、かつ基本的には（柴垣や柵が各戸単独の柵や植栽に囲まれた屋敷へ変化し、また宮内村内で多少の移転はあったと考えられるものの）近世初頭においても継承されていたことが窺われる。

このほか［表1］市庭村64に「目代給」があり、市場の管理監督者の目代の給分として屋敷一軒があったことがわかる。同じく宮内村19の北島家附きの神人の太郎右衛門尉は「役人」の肩書きが付されているが、年不詳の「国造北島分不知行分付立」(5)（佐草家文書。『佐草家文書』所収。［表3］）の越峠21に「役人太郎右衛門屋敷」、後述する寛永二年（一六二五）の「杵築検地牒」［表5］の越峠19にも北（北島）分として「役人太郎右衛門尉」の記載がある。この「役人」がいかなる役務であったのか今後明らかにする必要がある。同様に［表1］41又二郎は「郡抱」であるという。この「郡抱」も如何なる役務であるのか明らかでないが、屋敷の規模から有力者層の一人であったことが推定される。

一―二、越峠（こえど）・市庭

越峠は市庭（場）に次いで奥行きのある屋敷地が集まる街村地域であり、その光景は寛文四年（一六六四）頃に成った(6)「杵築大社近郷絵図」（北島建孝氏所蔵）にも、入母屋・妻入りの屋敷地が道の両側に立ち並ぶ地域として描かれている。興味深いのは、他村には記載がない番匠が二軒（三人、［表1］0 42 44 45）確認されることである。天正十三年（一五八五）の「千家領内北島右京亮（重孝）買得地書立写」(7)［表4］にも、番匠の屋敷が二軒見え、ここにも前記44の番匠次郎兵衛の屋敷が確認される。

伊藤氏が指摘するように、奥行きのある屋敷は、市場、越峠、大土地、中村に多く、この四ヶ村が十七世紀前後の都市杵築の中核を成していたことは「杵築大社近郷絵図」から窺われる。なお天正十九年、北島家の書立とは別に、毛利家の奉行人から佐草兵部少輔（貴清）に打渡された「毛利氏奉行人連署打渡坪付」(8)［表2］には、二一ヶ所の屋敷が記載されており、その内一八ヶ所は奥行きのある屋敷である。残念ながら同史料は屋敷の所在する村の記載はないが、後述する寛永二年（一六二五）の「杵築検地牒」には、越峠（五軒）、市庭（市場。一一軒）、赤塚（一軒）、大土地（一軒）、中村（一軒）に、佐草氏が支配する合計一九軒の名請人の記載がある。前述の坪付二一ヶ所の内、一軒は貴清の父左衛門尉（教清）の名義で、間口・

奥行きの記載がないので、宮内村の貴清の屋敷と同一の可能性がある。また寛永の頃とは多少の増減はあるとしても、打渡された屋敷の所在に大きな変動はなかったとすると、特に越峠と市場における奥行きのある屋敷地の占有率は北島家の書立のみで推計するよりも更に高くなる。すなわち前述の四ヶ村のなかでも、この二ヶ村が特に稠密な町屋区域を形成していたことが知られよう。

一―三、その他

四ヶ村に次ぐのは仮宮村だが、こちらは海に面して立地し、飛砂の影響をまともに受けやすいために特に北山側に帯状に接する砂丘地域の街村の拡大はやや後れていた。一方で街区をなしていた地域についても、大土地村も含め海岸線に沿う地域では茅葺きの建物が顕著であったこと、海側に向かって防砂防風目的の柵（恐らく篠竹や淡竹(はちく)を壁状に隙間なく立て並べて固定したもの）を構え、独特の景観をなしていたことが前述の「杵築大社近郷絵図」によって知られる。これらの屋敷は（全てとは限らないものの）漁猟、回漕、塩田等に従事していた可能性が高い（大土地村及び市場村の南辺は、柵に加えて松を植並べた景観に描かれている）。

これに対して赤塚村や、大土地村の枝村として形成されたと考えられる小土地村は、「杵築大社近郷絵図」では、前述の五ヶ村とは独立して、松で囲まれた集村の景観で描かれている。伊藤氏が指摘するように、名請人はいずれも苗字や屋号を冠しておらず、仮宮村の沿岸部と同様に漁労・回漕・塩田等を生業とする百姓層を主体とする村落で、漁村に多くみられる集村型の景観を形成していたとみるべきであろう。

このほか「杵築大社近郷絵図」の屋敷の描写について、それが写実的であるのか、絵画様式として類型化されたものなのか議論されることがある。例えば宮内村の社家屋敷はいずれも竹藪が取り巻く描写になっているが、佐草自清の寛文四年の『御造営日記』二月十五日条には「同日、本願屋敷、右門、加太夫屋敷の藪切払せ申候」、三月十日条にも「北嶋左京屋敷〔千家殿屋敷の南〕さし出大竹原ニて、見懸悪敷」とある(9)。「杵築大社近郷絵図」の写実性が窺われよう。

二、寛永二年の杵築検地牒

二―一、屋職の支配形態

従来近世初頭の杵築の都市構造については、前述の通り天正十九年の「杵築之内北嶋分屋敷付立」を主たる史料として考察がなされてきたが、あくまでも北島国造家支配の屋敷地と寺院のみを書き出したものであり、千家国造家支配の屋敷については、文禄四年（一五九五）になる「国造千家領付立」(10)（千家家文書）に「屋職百五拾三ヶ所（内明所十四ヶ所、弐ヶ所不足）」とあるのみで、北島国造家のような内訳は明らかでない限界があった。かつ千家・北島両家の他にも、例えば前述の「毛利氏奉行人連署打渡坪付」に加えて、文禄四年（一五九五）の「杵築大社佐草氏領書立」(11)に、「屋敷廿五ヶ所寺共ニ、此内四ヶ所者御検地以後畠ニ家作ス」とあって、両国造家の支配屋敷に加えて上官層や別火等が抱える屋敷地も念頭に入れる必要があった。

これに対して、長谷川博史氏は広島大学所蔵の寛永二年（一六二五）の作成になる「杵築検地牒（祭田、同畠、町屋敷并寺屋敷、修理免田、同畠）」の写本のうち、祭田二九一筆を除いた全文を翻刻紹介されている(12)。後世の書写のため誤写が見受けられること、宮内村のヶ所の記載がないこと、記載されていない寺院が数ヶ寺確認されること、屋敷地の面積などの記載もないなど、いくつかの制約はあるが、屋敷一筆ごとに北（嶋）分、千（家）分、別火分、佐草分、長谷分、神宮寺分の区分が付されているのは重要である。これにより杵築七ヶ村の屋敷地は二八九筆確認され、その内訳が、北島一〇四軒、千家一二〇軒、松林寺三軒、神宮寺一軒、別火一二軒、佐草一九軒、長谷八軒（ただし一筆を別火・佐草が抱える例が一例あり）、寺院二三ヶ寺であったことがわかる。また町ごとの軒数は、市庭（場）六四軒、越峠五三軒、中村四三軒、大土地三九軒、赤塚三三軒、仮宮三二軒である。なお小土地村については千家・北島各一軒のみ記載があり、いずれも「役目のかれ（役目免除の意味か）」の注記がある。明らかに屋敷地は他にも存在した筈であるが記載されていないのは、小土地村は大土地村の枝村であることから、大土地村のほうに含まれているのだろうか。いずれにしても各村ともに千家・北島両国造家支配の屋敷地が併存し、これに別火や上官等の支配屋敷が散在する形態は、天正の頃と基本的に大きくは変わっていなかったことが窺われれる。

なお享保年中の記事を中心に記録する『仮宮日記控』（後述）[13]には、「仮宮やしき古帳面之写」として、「屋敷数三十九ヶ所、四ヶ所千家様御被官、拾壱ヶ所千家様百性やしき、五ヶ所西様（千家）御役料、拾四ヶ所北様（北島）御百性、壱ヶ所別火様、壱ヶ所千家利馬様、壱ヶ所北島左門様、壱ヶ所北島勘兵衛様、壱ヶ所石塚殿」とある。千家利馬（正延）は千家附き上官で正徳二年（一七一二）以来数度に亘り江戸年頭使を勤め、享保二十年（一七三五）に五四歳で帰幽している[14]から、この「古帳面」は遡っても享保年間（一七一六〜三六）頃には成ったものだろう。とすれば、十八世紀前半に至っても屋敷地の支配形態は基本的に継続されていたのである。

二―二、役人

前述のように、天正十九年の「杵築之内北嶋分屋敷付立」［表1］には、宮内村に「役人」「郡抱」、市庭村に「目代給」がみられたが、約三〇年後の寛永二年の「杵築検地牒」［表5］では、越峠村に引き続き19「役人太郎右衛門尉」が確認されるほか、同村には4「善左衛門」と24「太郎右衛門」がそれぞれ北島分・千家分の目代として記載されている。また市庭村でも57「惣三郎」が北島分の目代として記載があるが、千家分の目代の記載はなく、その他の村にはまったく記載がない。とすれば、後には各村に村役人として年寄が置かれ、六ヶ村の年寄を統括する役職として大年寄が存在したが、近世当初においては、目代は六ヶ村の中核をなす越峠村と市庭に置かれたものの、他村には未だ設けられていなかった可能性がある。一方で中村には198「肝煎」の記載があり、これが何を意味するのか明らかでない。あるいは後の大年寄に相当するのかもしれない。

なお、文禄二年（一五九二）以降のものとされる、「杵築御蔵本」らに対してその居屋敷は北島領に属し、北島国造家の給地として同家家中並みの役目を負担することを命じた九月十九日付「佐世元嘉書状」[15]の宛所には六人の蔵本の名が記されている。この六名の名は天正十九年の「杵築之内北嶋分屋敷付立」に見当たらないが、寛永二年の「杵築検地牒」では、六人のうち市庭村に64・65「上田与三右衛門」、中村に205「杉谷五郎左衛門」の二人がいずれも北島分の屋敷の名請人として記載がある。

二―三、社家

［表5］によれば、まず越峠村に6「いちみこ」が北島分として、34「神大夫」が千家分として記載がある。次いで中村では208「神主神丞」、218「神主吉内」がそれぞれ北島分、千家分、仮宮村では239「神主遠藤」が北島分、254「神主兵部」、265「神主久五郎」が千家分に登場する。このうち239は［表1］「杵築之内北嶋分屋敷付立」にも155に登場する。

神主五人に対して、「神大夫」や「いちみこ」はいかなる存在だったのだろうか。天正十二年（一五八四）に千家国造方の年中行事を書き出した「杵築大社年中行事目録写」[16]によれば、神大夫は早玉社（摂社速玉神社）の「鐘取（どうとり）」であった。「鐘取」は他の史料では「鼕取」と表記される、神主に附属して奏楽等に当たる社家であり、神職一人の小規模な村の神社では神主はすなわち鼕取でもあった。正月十三日、国造は早玉大明神に参詣して「卅三度之御神楽」（小榊を持ち、奏楽に併せて単調な所作を三十三度繰り返す舞か）を執行する習いであったのが、六十一代千家高俊より上官中（なか）氏が名代を務めるようになった。神大夫はその神楽の際には奏楽や御供を担当したものと考えられる。また天正十五年（一五八七）には吉川元長から鷺浦社（摂社伊奈西波岐神社）の神主職を安堵されている[17]。

天正八年（一五八〇）の遷宮を前に国造千家義広が社奉行の願成寺、高勝寺、本願三人に提出した「杵築大社遷宮儀式入目次第」(18)によれば、当時の千家国造以下の同家附属の社家の構成は、上官衆（一三人）—神太夫・四郎左衛門—神官（三〇人）で、上官や神太夫らは立烏帽子、神官らは折烏帽子を着していた。時代はやや遡るが、大永五年（一五二五）の「杵築神事座敷之次第」(19)には、神太夫は「素性」四人の内の一人として登場する。では「素性」とは何か。弘治四年（一五五八）の「大社三月会三番饗米銭注文写」(20)には「四百文、曽生四人」とあり、後にこれに佐草自清は「自清云、今ノ中官ノ事也、近年六人ニ被仰付候也」と注記している。ただし同史料にはまた「弐百文、笛ふき・とうとり」ともある。

なお、都市杵築を考える上で重要な要素の一つである御師については、天文十五年（一五四六）の、檀所をめぐる御師吉田氏と坪内宗五郎の間で発生していた御供宿争論において坪内氏に出された書状「秋上重孝他十一名連署書状」(21)に、「江角太郎兵衛」「杉谷権太夫」「西村神大夫」「矢田中務」「柳原次兵衛」らの名があり、これらの苗字は江戸後期の資料にも御師としてみえることから、当時から御師を勤めていたと推定されている。連署十一名の内五名だけが御師であったとも断定できず、これが同業者中の連署とすれば、同じく署名している松江大庭の伊弉冉社神主秋上重孝、神宮寺、松林寺、目代、杉谷彦次郎、中右京進も御師を営んでいた可能性はある。

いずれにしても中世末から近世初頭にかけての御師の史料は少なく、冒頭でも述べたとおり多角的な経営を行う有力者層をなしていたことは確かだが、現在のところはなお明らかでないことが多い。

一方「いちみこ」については、前述の「杵築大社遷宮儀式入目次第」には、

一、千家分御子十二人
　此内、一御子・たくせんの御子へハ絹弐疋、ちわやニ出候、又ちわやのかけ帯弐筋宛、又鈴一ツ房の帯二筋也

とある。十二人の御子（巫女）のうち、「一御子（いちみこ）」と「たくせんの御子」は他の御子とは別格の扱いであった。「いちみこ」は巫女の統率的立場にあったことが知られるが、これは松江市大庭の伊弉諾社（真名井神社）・伊弉冉社（神魂神社）の一神子も同様であった(22)。また「たくせんの御子」が登場するのは貴重で、恐らく湯立神楽の際に神懸かりし、託宣を行っていたものと考えられる。天正十一年（一五八三）伊弉冉社の仮殿造営の際に行われた湯立においても託宣が行われている(23)。また後述する、かつて松江市大庭にあった北島国造家の屋敷の邸内に鎮座していた早玉荒神に対して行われていた早玉神事においても、神事の最後に「早玉御託宣」と「将軍遊」が行われていたが、この神事では伊弉冉社の嫛取が注連主（しめぬし）となって意宇郡東部の嫛取らを指揮し、前述の一神子が同地域から参集してきた「名代之御子」を統率して神事に加わっている(24)。牛尾三千夫は「早玉御託宣は神子が奉仕するものか社人が奉仕したものか不明」(25)とするが、杵築大社の事例からみて巫女が託宣を掌ったとみるべきであろう。

このほか、前記仮宮村の神主三人の内、千家分の兵部、久五郎のいずれかは祝（ほうり）氏であろう。前述の「杵築大社年中行事目録写」によれば、千家国造と同家附属の上官衆は大晦日から正月三日まで大社に参籠し、同日国造は上官衆を率いて仮宮大明神（摂社上宮）に赴き、内殿において祝詞の後、拝殿で包丁始、歯堅め神事、「百番之御神楽」を行った。この時早玉社における神大夫と同様に一連の次第を補佐し、奏楽にあたったのは「はうり殿」であった。とすれば祝氏は、早玉社に対する神大夫と同様に、仮宮を管轄する嫛取的神職であったと考えられる。

三、荒神祭祀

三—一、神主・社司

元文元年（一七三六）の「神門郡杵築六ヶ村万指出帳」（北島建孝氏所蔵、[表6]によれば、一八世紀前半の頃には六ヶ所村いずれにも荒神社が鎮座し、概ねは北島方の鳥屋尾氏、千家方の石塚氏（いずれも大社の注連職）が

社司として管掌した。「注連職」は湯立をはじめとする神楽を担当する社家の統領であり、杵築大社や日御崎社（日御碕神社）などの遷宮では、数ヶ村の社家を率いて湯立神事を執行している(26)。

荒神は在地の神の一つで、中国地方では神木や石、小祠の形態で、屋敷内や寺社の境内、山野など村内に散在して祀られており、中には集落の惣荒神として小社を構えている例もある。特に杵築においては、大社の摂末社に含まれない、村の惣荒神、住民の産土神的存在として各地区に存在する。杵築の住人は、中世においては杵築大社、国造に附属した神人として仕える関係にあり、近世に至っても基本的には同様であったことは「杵築検地牒」等で知られるが、その一方で、次に述べるように杵築にも十六、七世紀頃には村ごとの惣荒神が成立していた。これは杵築の村々の住人が他地域と同様に共同体として成長し、自立性を高めるなかで、共同体の神として勧請するようになったのだろう。

これら村々の荒神社を、杵築では概ね鳥屋尾、石塚のいずれか一方でなく両者が管掌するのには理由があった。これは荒神社ではないが、仮宮村の大歳社について、『仮宮日記控』には次のように記されている。

一、大歳之社ハ、中古荒木三郎左衛門家修覆等致来候所ニ、正徳之比、地下中より建立仕候、御遷宮之儀出入ニ成、中年壱年遷宮無之候、意旨ハ、社司ハ祝殿ニ相極候へ共、湯立神楽之儀石塚計にて可勤由、是ハ祝殿証文之通之由にて被申出候、然処地下中より両家之百性として建立仕候宮、石塚殿計にて執行仕まじき由地下中より相断、尤ニ思召、享保元申ノ大晦日ニ遷宮御座候て、両神主被出、湯立神楽相勤被申候、遷宮式法之儀ハ社司祝殿ニ古帳面も御座候、此御社御公儀様へ指出し申候村帳面ニ載セ来候へ共、享保弐酉ノ年ニ、宮中様より、当社之末社にて御座候故、宮中より帳面ニ書出し候間、仮宮指出し帳ニ除キ申様ニ被仰出、書出し不申候御事(27)

すなわち、当初大歳社は、荒木三郎左衛門（村の年寄役を務める有力者層）の家が修復等を掌っていたが、正徳年間（一七一一〜一八）から地下中が行うことになった。

在地の社家の祝氏が社司を勤めることになるにあたって、同家に伝来する証文を基に（千家方附属の）石塚氏が湯立神楽を勤める予定だったところ、地下中から「両家之百性として建立仕候宮、石塚殿計にて執行仕まじき」、地下中は千家分、北島分いずれかに属する者から構成されているから、石塚氏のみが執行すべきでない、と申し入れがあり、「宮中（みやなか）様（杵築大社）」も了承して享保元年（一七一六）に鳥屋尾・石塚両氏が湯立を執行した。

従来大歳社は（村の社として）万指出帳に記載していたが、宮中様から「（大歳社は）当社（杵築大社の末社）であるから、宮中から公儀（松江藩）に提出する万指出帳に記載するので、翌二年の仮宮村から提出する万指出帳には記載しないように指示があった、という。

この事例から「地下中」は一つの共同体を形成しているが、構成員は千家・北島いずれかの支配に属することから、湯立などの神楽は両家の注連職が共に担当するという原則が、杵築各村の荒神社では一八世紀初頭には定着していたことが窺われる。

一方、赤塚の荒神社では、社司は上之郷村（出雲市上島町）の錦織氏で、鳥屋尾・石塚氏は幣主（ここでは注連職と同義）とあるが、実態は右にみる大歳社における両注連職と祝氏との関係と同様であったと推定される。元来錦織氏が湯立等を勤めていたものが、前述の地下中が両家に附属する関係から両注連職が湯立を管掌するようになり、錦織氏は社司として補佐するようになったのだろう。ただし、上之郷村の錦織氏がなぜ四里以上も離れた赤塚の荒神社に奉祀してきたのか今の段階ではわからない。

いずれにしても、一七世紀初期の段階では、仮宮村に神主が三人存在する一方で中村をはじめ全く存在しない村もあるなどばらつきが認められる。これは前述の荒神社が全ての村に鎮座していなかった訳ではなく、むしろ他村の神主が兼務するか、神事等の時のみ招かれて執行する形態のいずれかではなったかと思われる。

『仮宮村日記控』にはまた、仮宮村の荒神社の社司について、

一、荒神之社、古来社司慥不成、元禄年中ニ長谷右兵衛様御役義之節、祝徳大夫殿古証文之旨ヲ以御断被成候て、夫より祝徳大夫殿社領ニ相極申候、両神主衆ハ湯立神楽被致執行候、御遷宮之儀ハ祝殿家より被致執行候事(28)

とある。前述した祝氏は、元禄年間（一六八八～一七〇四）に古証文により由緒を社奉行の長谷(ながたに)右兵衛に申し立てて同社の社司を認められたという。北島家所蔵の「(宝治元年)中(祝)兼久請取状并系図写」(29)や「(享禄元年)中徳永(兼重)証状并系図写」(30)は延享元年（一七四四）の大社の遷宮を前に提出されたものの写とみられるが、元禄の頃にも同様のものが提出されたのだろう。それまでは同社の社司は「慥不成」、はっきりしなかった、すなわち長期に亘って勤める特定の社司家が存在しなかったという。また湯立を執行する注連職の鳥屋尾・石塚を「神主」とし、遷宮を執行する祝氏を「社司」と区別している。とするならば、「神主」に対して「社司」は如何なる位置付けだったのだろうか。

『仮宮日記控』に引用された、享保二年（一七一七）の「万指出帳」(31)には、仮宮村の荒神社、沖御前社（弁天島の祠）の項に「社預り祝主炊」とある。とすれば鍵取の立場にあったと考えられるが、「祝徳大夫殿社領ニ相極候」とあるので、祭りの時のみ神主を務める両注連職に対して祝氏は実質的支配を認められていたのだろう。

三―二、荒神祭祀の古形態

同史料はまた、杵築における荒神社の祭祀について次のような貴重な記録を伝える。

一、十月之荒神講、古来より出米三升六合宛つなき、地下上下を分ケ、歳更リニ当屋を極、当リ申方、小口明ケ廿八日振舞共ニ賄をいたし、休候方ハ客人ニ成、一汁三菜にて振舞申候、古来ハ松限(現)寺法印廿八日に御出被成、荒神の社において行ひ被成候、其時ハ朝ハかゆ、晩ハ食にて、安養寺、潮音寺、村年寄相伴仕候処、宝永之比、社司祝主炊殿より宮中様へ御断被成候次第、寛文年中当社御造営迄ハ何れの社も両部を以勤、当社も鰐淵寺より御出家方御越、御経読誦有之候へども、御造営已後唯一ニ成、五ヶ村荒神其外いづれの社にても社僧を以祭申所無之所ニ、仮宮荒神の社計于今松限寺被勤候儀御指留被下候様ニ宮中様へ御断被成候へハ、尤ニ被思召、僧ヲ以祭申儀御指留被成得(候)カ、地下方にも有来之儀上申も如何ニ御座候へ共、宮中様より被仰付候故、奉得其意、相止候所ニ、松現寺、山ノ行ひ不相成候ハ、当屋にてはんにや行ひ可申由、宮中様へ被出、御窺候へハ、其段施主心次第と被仰出、地下へ御出、其段松現寺より被仰談候故、享保元年申ノ歳、十月廿八日ニ当屋にて行ひ仕候所ニ、祝殿より祭日廿八日ニ当屋にて松現寺大はんにや御入候得者、古来ニ不更由、亦々宮中へ御断被成候へハ、此儀も相止候様ニ地下へ被仰出、地下より、左候ハ、日を更祭り申義、如何可有御座候哉と御窺申候ハヽ、其段心次第と被仰出、廿七日晩ニ松現寺御出、当夜(屋)にてはんにや御執行被成候、左候ハ、松現寺行ひ被申候通、社司祝殿より可相勤由又々宮中様へ御断、尤地下へも被仰達、双方納得ヲ以社司祝殿より神前ニ行ひ、当屋にて行ひ、廿八日ニ執行被成候、此儀道ノ下あまさけ膳左衛門当屋之時相極申候、御供米壱升弐合当屋にてたき、洗米・御札共ニ地下中へくはり申候、布施弐匁幣紙遣し申候、松現寺へハ古来之通札守紙へ銭壱百文、御水桶差上申候、宮中御役人北島蔵人様、千家利馬様、村年寄三郎(荒木)左衛門時代ニ極り申事(32)

（中略）

一、荒神講之次第、祝主炊殿より、御水桶松現寺へ御取被成候事難心得候、古来より廿八日之荒神祭ニ備へ申供物之儀、去年より私方へ宮中より被仰付勤申上候、此方へ請取、廿八日ノ行ひニ備へ可申由地下へ御申ニ付、其段松現寺へ断申候て、御水桶主炊殿へ遣し申候、松現寺ニハ廿七日昼より御出、盃を出し、般若御執行被成、夕飯壱汁三菜ニて、両寺・村年寄相伴仕候、札守紙三帖、般若之ふせ五十文、本ふせ百文、翌日上ケ申候、尤地下へくはり申候札守ノ初尾米銭、有次第当屋へ納り申候、大札壱枚ハ当屋、壱枚ハ年寄方へ納り申候(33)

(中略)

一、荒神講、廿八日ニ祝殿御出、盃ヲ出し、当屋ニて御祈念被成候、幣・札・守紙共ニ六帖遣し申候、ふせ八十文ニ候へ共、断ニ付百文ニ相極申候、当屋ニて御祈祷被成候荒神ノつな、山へ上ケ申と一所ニ社ニて行ひ被成候、当屋ニて御祈祷相済申と、吸物ニて村年寄、当屋之亭主御神酒ヲいたゝき、盃仕候、夫より山へ上り被成候、御供壱升弐合たき、主炊殿へ参申候、御水桶ハ山へ上り候、主炊殿より御供と守ヲ地下へくはり被成候、志次第ニ米ニても銭ニても初尾上ケ申候、夕飯ハ地下同前ニ御出被成候(34)

要点をまとめると以下の通りになる。

①仮宮の地下中を上下に区分し、(地下中の頭分層から)交代で当屋を選出する。十月二十八日の祭りには当屋が一汁三菜で非番側を客人として振る舞う。これを「荒神講」と称している。このような当屋制は、隣村の大土地・中村の大土地荒神社の祷家など、近隣でも行われていた。

②従来は松限寺(越峠の松現寺。真言宗)の法印が二十八日に荒神の祭りを勤め、(当屋は)朝は粥、晩には一汁三菜を提供した(同村の安養寺(浄土宗)、潮音寺(曹洞宗)及び年寄役も相伴した)。

③寛文の大社御造営(一六六一~六七)までは、どの荒神社も祭祀は両部神道に基づき、仮宮の荒神社も鰐淵寺(天台宗)から出張があり、読誦が行われていたが、寛文造営時に杵築大社では神仏分離により神道唯一となり、他の五ヶ村をはじめ諸村では社僧が奉仕する形態を改めた。しかし仮宮の荒神社だけは松限寺が祭りを奉仕する形態が続いた。

④宝永年間(一七〇四~一一)、社司の祝主炊は松現寺の荒神社への出仕差し止めを訴え出、松現寺からは当屋方において大般若転読をそれぞれ大社の社奉行に願い出た結果、松現寺の荒神社への出仕差し止め、但し当屋方での転読は施主次第の裁定がなされた。

⑤享保元年(一七一六)、十月二十八日の祭日に松現寺が当屋方で大般若転読を執行したところ、再び祝氏から社奉行へ「これでは古来と実態は変わらない」と訴え、地下からは日を変更して実施する案を伺い出た結果、転読は祭り前日の二十七日の晩に執行と裁定され、札守紙代百文と水桶が送られた。また社司の祝氏には二匁の銀札が送られ、地下中へは炊いた御供米一升二合・洗米・御札が配布された。

⑥この結果最終的には、松現寺は祭り前日の二十七日に当屋に出向き、当屋が盃を出した後大般若を転読、夕飯として一汁三菜(二ヶ寺、年寄役相伴)を振る舞われた。翌日、札守作成用の紙三帖代、大般若転読の布施五十文、本布施百文が松現寺に届けられ、地下中に配布された札守に対する初穂の米銭類は当屋が納受し、守札の大札二枚の内一枚は当屋、一枚は年寄役が受け取ることとなった。

一方、社司の祝氏は、従来松現寺が行っていた転読以外の儀式を引き継ぎ、二十八日に当屋へ出向いて当屋から盃を受け、当家で祈念祈祷を執行した。終わると吸物が出、当屋の亭主と年寄役は御神酒を頂き、その後、同家で祈祷した荒神の綱を、荒神社のある「山」(奉納山の中腹)に担ぎ上げ、社で神事を行った(従来松現寺へ送られていた荒神祭に用いた水桶は、祝氏の訴えにより山へ納められた)。地下中に供される夕飯には、祝氏も出席した。また当屋からは祝氏に、幣帛・守札用の紙六帖、布施(本来八十文のところ、祝氏の依頼により百文)、炊いた御供米が送られ、地下中は祝氏が配布した御供、守札に対して、志次第に米銭を初穂として納めた。

すなわち杵築の各所においては、寛文の神仏分離までは両部神道に基づく荒神祭が行われていた。仮宮村の荒神社においても鰐淵寺僧による荒神祭が行われていた(恐らく荒神講式を基とした荒神供)ものが、越峠の松現寺がこれに代って勤めるようになり、更に十八世紀初頭からは、社司の祝氏の訴えによって、次第に荒神祭における祭祀や「荒神ノ綱」に対する行法等を同氏が管掌するようになり、松現寺は前日に大般若を転読するのみになった。これに対して地下中においては、祭儀の変更は受け入れつつも、当屋の担う饗応等の形態などは松現寺・社司祝氏双方への並立対応という形で従来通りの仕来りを維持しようとしていたことが窺われる。

なお文中に登場する「水桶」は、荒神祭においてどのように使用されたのだろうか。

天正十六年（一五八八）、勝四郎なる者に「神道阿闍梨権僧都法印円芸」が伝授した「鰐淵寺湯立注文」(35)（鰐淵寺旧蔵文書）には次のようにある。

湯立之注文

（一、紙）□□一束五帖 二束成共　一、絹一疋　一、布三端　一、紺一端　一、釜一口 新用
一、桶一口、杓　一、手水桶、杓一　一、大土器五拾計　小土器百七十計
一、饗飯米三升　一、小餅百計
一、踏形餅五十　一、銚子提　一、瓶子一双　備棚
一、白米精三升　一、散米一升　一、（柳）カ□藤二束　一、棚ニ二升十二坏、
土器盛用之也　一、湯帷衣一　一、鏡三
一、荒麻ヲ為帯也　一、□□　一、太刀　一、細帯三筋
此外ニ、布施之用意可有之者也
天正十六年六月　日、授与勝四郎
神道阿闍梨権僧都法印円芸（大蓮坊）

すなわち湯立の際に釜に注ぐ、あるいは清めるための水を容れる桶として用いられたことが窺われると同時に、荒神祭には湯立も行われたことが知られる。紙をもって幣帛等を作り、祭壇には鏡を掛け、荒神に巻き付ける藁綱（藁蛇）を据え、神前の棚には餅や米を盛り付けた大小の土器、酒を入れた提子・瓶子を載せ、湯を沸かした釜において祭主は湯帷子に荒麻、細帯を締め、散供し太刀を揮って舞ったのだろう。

現在出雲において僧が出仕して執行する荒神祭は、鰐淵寺の住職が出仕して執行される唐川地区（出雲市唐川町）の荒神祭のみである。他地域では『仮宮日記控』にあるように神仏分離の影響を受けて僧の出仕が排斥され、神職が祭典を掌る形態に漸次変化していったのに対して、唐川地区は一円が鰐淵寺領であったので改変を免れたのである。

三―三、樽戸谷の荒神祭と阿式社

ただし杵築に近隣する遙堪の樽戸谷地区でも、やや古い形態を留めた荒神祭を行われており、かつての荒神祭の様相の一端を窺い知る上で貴重である（嘉藤紀道「遙堪樽戸谷荒神の記」。『大社の史話』第四九号、一九八三年、所収）。

すなわち地区の各戸ごとに祀られた屋敷荒神とは別に、惣荒神として大歳荒神があり、ここでも頭屋制が行われていた（ここでは、前年の頭を下番、次年度担当予定を上番といい、当年の当屋とともに祭日、準備品を決定する）。

祭りの当日には各戸が白米五合入二袋（一つは祭り用、一つは神職の幣帛切り料）と大歳荒神に巻き付ける藁蛇制作等用の藁十把を持参して集まり、全戸挙って大幣用の（長さ三尺）三～五本と、一山（「山」は荒神をいう。ここでは各戸の荒神）二本の小幣用の割竹、藁蛇の縄綯い、赤飯と洗米を容れる藁スボ（両手で掴む程の長さの藁の前後を括って作った入れ物）を制作する。

制作が終わると、まず頭屋で神職の奏楽と祝詞があり、一同に幣串が配られる。次いで青年層が藁蛇を担いで大歳荒神へ「山上り」する。向かう道筋では、担ぎ手たちが藁蛇を引いたり押したり、わざと暴れさせる。

大歳荒神に至ると藁蛇を巻き付け、荒神の直下の地面に埋められ、石で蓋をした直径五～六寸の壺を開け、中を確かめる。水が多ければ来年は豊作、少なければ不作であるという。そのあと「おみきを作る」と称して、五合余の水と糀を壺に入れて再び蓋をする。神職が奏楽、祝詞をあげ、一同は

改めて御神酒を頂く。以上の祭典が終わると神職は数軒の屋敷神を拝んだ上で当屋にもどり、講中の直会が行われる。

藁綱（藁蛇）を拵え、荒神へ山上げする様相は、基本的に仮宮荒神における荒神祭でも同様であったのだろう。かつそれは備中、備後や伯耆などで今なお行われる荒神神楽とも共通する。

ただし樽戸谷地区が立地する遙堪地域については、次の文書が残っている。

遙勘之内申定るかきちかい之状之事

右子細者、しやうこん（荘厳）寺のかわ（川）おかきり（限）ニ、にし（西）之しめ（注連）を神主知行仕候へとも、依有子細、小村殿おうな（女）子之百才女ニ帰し進之候、然上者於異（以）後候て異儀煩申者有間敷候、於ようかん（遙堪）之内ニ、さうくわ（造花カ）つり候者一たん百文、あちき（阿式）の本いち（位知）との（殿）へ百才より御はたし（渡）候へく候、又神事にて候者料足□（拾カ）文御渡候へく候、但棚をかさらす（飾）候者無用にて候、又まつ（末）社之事者あちきよりさいはん（宰判）候へく候、又あちきのとうとり（嫛取）之事者、百才よりさいはんあるへく候、如此御公方様地下中としてかたく（堅）申定候上者、於いこ（以後）ニ者異儀煩申者有間敷候、万一此旨をそむき、兎角被申はん方出来候者、御公方地下中として、かたく可申付候者也、仍為後日状如件

加藤二郎衛門
通重（花押）

片山源左衛門
通重（花押）

天文十三年きのへたつ 閏十一月廿五日

百才女
あちき神主弌■■
まいる

（以下五人略）(36)

阿式社（阿受岐神社）はかつて杵築大社の末社の一つであり、天文十一年（一五四二）には尼子晴久が上官市庭（佐草）宗衛門尉（泰久）に神主職を安堵していた(37)。右の史料は遙堪郷の重立つ者等が、神主の「注連」を小村氏の女子である百才女に譲与するにあたり、その権限を公方地下中として定め、連署したものである。

この史料によれば、「注連」の権限範囲は同郷の荘厳寺の傍らを流れる川（湯屋谷川）を境として西側とし、「さうくわ」を吊る場合は（布）一端・百文を、その他神事の場合も料足の銭を阿式社の本位知（巫女）に納めること（ただし棚飾りを行わない時は不要）、末社の支配は阿式社、「とうとり（嫛取）」の支配は百才女と定めている。

「注連」の執行の場所は、遙堪郷の荘厳寺の川より西側とあるので、阿式社のみに限らず、恐らく各所の荒神祭において行われたことを示唆し、かつ本位知に礼銭礼物を納めてなお一定の収益をもたらすものであった。（ただし、その神楽に百才女が巫女として嫛取とともに祭儀を執行したのか、単に権益の保持者にとどまったのかどうかまではわからない。

また視点を変えると、遙堪郷の湯屋谷川より東のほうはどうであったのか。それについては史料は残っていないが、当時鰐淵寺の末寺であった霊山寺がある。また湯屋谷川の東側に隣接して荘厳寺がある。曹洞宗であるが山号を鰐淵寺と同じく不老山といい、寺の背後にあたる川の上流には蔵王権現が祀られていることからして、もとはやはり鰐淵寺の末寺であったことが知られる。

「さうくわ」は造花であろう。造花は舞座の上に吊りさげ、神楽歌に併せて取り付けた綱を操作して上下左右に振る天蓋をいう。備後の比婆荒神神楽をはじめ中国地方の神楽に広く行われている。いずれにしても、本来は天蓋をはじめ棚飾りを設え、嫛取が執行する神楽が既にこの地域で行われ

ていたことが窺われるのである。

ここで今一つ気に掛かる点は、仮宮の荒神、樽戸谷の荒神で神楽（七座のような神事舞や、物語性のある芸能的舞）が、かつて行われていたかどうかである。

仮宮村に隣接する大土地・中村では、大土地荒神の祭りにおいては、寛政十年（一七九八）以来昭和二十一年（一九四六）まで書き継がれた『祷家順番帳』(38)の、宝暦十一年の条に「此年より小児を舞しむ」とあって、既に神楽が行われていたことは明らかである。また寛政五年（一七九三）年以降書き継がれたと考えられる『三宝大荒神寄進帳』(39)では、天明八年（一七八八）に山神面と大蛇頭が寄進されているのが最古の例であり、少なくとも地下中が主体となって神楽の調度を本格的に整えるようになったのはこの頃あたりからとみられる。もっとも同社は鳥屋尾・石塚両注連職が社司であったので、宝暦以前から湯立のほかに七座などの神楽が行われていた可能性はある。ただし七座は一人のみして行えるものではないから、近隣地域の嫛取らを集めて執行しなければならない。

ただし、同史料の弘化四年（一八四七）条にみえる、松江藩の素人神楽取締に対して、同所の神楽は格別の由緒がある根拠として見出されたという上官長谷氏の万治三年（一六六〇）の『御用留』に記されていたという記事に、「的射神楽」なるものがあり、その謂われとして天正六年（一五七八）尼子氏滅亡の慶賀として富田城に使者を差し向けたところ、その恩賞として「両村氏神に国家安全のために若人ともうち寄、住(ママ)連職をかたらひ、年来的射の神事と申す神事を執行仕」ってきたのを保証され、下文（毛利氏奉行人連署状）を受けたとあるのは信憑性が疑わしいことは以前指摘した(40)。仮に行われていたとしてのそれは的射神事であり、いわゆる七座神楽や神楽能などとは異なるものであったと考えられる。遡っても七座などの神楽は、寛文の神仏分離以降、両注連職が大土地の社司を管掌してからと考えられるが、『雲陽誌』大土地村の荒神の項には七座の記載はない。

では、戦国末、近世初頭に演劇的神楽舞が行われた可能性は全く存在しないかといえば、そういう訳でもない。

前述の天正十二年（一五八二）の「杵築大社年中行事目録写」によれば、正月に千家国造は境内の長庁で行われる「御姫(ひめ)（飛馬）神事」に出向いた。その神事の内容は明らかでないが、二日（勤仕は、朝姫平岡権検校、夕姫祝神大夫）、三日（赤塚上官）、十一日（東上官）、十二日（朝姫別火、夕姫長谷・別火）、十三日（北崎(ママ)）にわたって行われていた。

十三日の御姫神事が終わると、国造は花垣の内において「水行之御神事」を行い、次いで冠束帯に装束を改め、天井障子之間において祝いを行なった。その次第は、まず別火が拝殿において祝いを申し述べ、次いで「四人之へいしゆん、二人之神楽」を行なった。「へいしゆん」が「幣衆」であればすなわち嫛取のことである(41)。四人が二組に分かれて神楽をしたのか、四人が神楽を、次いで二人が神楽を務めたという意味なのか明らかでない。それが終わると、「おの子」が楽噤で（無言奏楽なしで、の意味か）「舞童之儀式神事」を行ったという。その後国造は前述したように仮宮と早玉社へ参詣することになっていた。

また二十日には鰐淵寺僧九人が大社に出仕し、経所において大般若の転読が行われた後、北島国造邸に赴き、同家の親類衆などもまじえて饗応を受けた。前記千家家の年中行事にはその際「終日之御飛舞」なるものが行われる、とあり、「是モ神事ニテ候」と注記している。これについて慶長三年（一五九八）上官稲岡孝忠がまとめた北島方の「杵築大社年中行事次第」(42)には、「御はやし共過候て、がくゑん寺衆法印、御火様の御しやくにまいられ、だいしゆまひ候てひらかれ候なり」とある。すなわち「御飛舞」は修正会の後の饗宴に行われた延年「大衆舞」であった。

更に三月三日、三月会の三番饗は北島国造方の担当であるが、この日は仮宮で頭練りが行われた後、境内の長廊において饗宴がなされた。この時参向した鰐淵寺の名代と「御火様」（国造）が三度盃事をなした後、「式三番在之、其後しゝ舞、やふさめ」が行われている(43)。

このほかにも天正三年（一五七五）島津家久は上方から山陰道を経て九州

への帰途、温泉津の小浜で「出雲之衆男女・わらハへあつまりて、能ともなし、神まひともわかぬおひいれ、出雲哥とて、舞うたひたる」を見物している(44)。また天正十五年（一五八七）、細川藤孝（幽斎）は肥前名護屋の秀吉へ陣中見舞に赴く途次杵築大社に参詣し、旅宿では「大鼓うつ人にて、わかき衆おほく同道」させた「若州の葛西といふもの」が訪れ、「笛鼓の役者ともきこみて、夜更るまて乱舞」が催されたという(45)。

このように杵築大社及び杵築では、年中行事に伴う各種の芸能に加えて、戦国期には遊歴する他国からの芸能集団も訪れるなど、様々な芸能が行われる環境にあった。温泉津小浜の「出雲之衆」は出雲阿国に関連して語られることが多いが、「能ともなし、神まひともわかぬ」ものを他国で興行するまでにこの時点で出雲の芸能は進展をみせていた。

石塚尊俊氏は、出雲大社において「この社ではついに、いわゆる面神楽は発達しなかった」(46)とされる。確かに同社が佐陀大社（佐太神社）の神楽能を採り入れることは考えにくい。しかし前述したように、北島国造家の意宇郡大庭村にかつて存在した、火継神事や新嘗会の際の宿所とした屋敷の邸内社の早玉社の神事では、佐陀神能以前の形態を留めると考えられる「荒神遊」「御崎遊」「早玉御託宣」「将軍遊」など数々の神楽を、元禄九年（一六九六）年の頃、意宇郡東半部の蕿取や巫女が参集して行っていた(47)。しかも永禄六年（一五六三）の頃には、この神事は「早玉荒神祭」と呼ばれており、同様の神楽が杵築大社ではなく、杵築の村々の荒神祭でも行われていた可能性はあろう。

ただし早玉神事のような神楽では多数の蕿取が参集する必要があり、この地域に荒神祭が果たして一定数の蕿取を確保して行われていたのかどうかを今後明らかにしなければならない。

四、奥谷・森村の屋敷形態

話を杵築の景観にもどす。従来杵築の景観については、中近世を通した杵築六ヶ村の都市形成の過程を中心に検証され、宮内村については史料のみならず絵図など絵画史料の制約もあってほとんど触れられることがなかった。この宮内村のうち、寛文造営によって移転の対象となった、素鵞川沿いの谷地に形成された奥谷村、及び大社境内北側に隣接していた北島国造館と奥谷村の屋敷の移転先となった、旧本願屋敷をはじめとする森村（出雲大社東側に隣接する一帯）について、寛文四年（一六六四）に作成された「奥谷村森村両所神人百姓家引領牒」(48)（佐草家文書）を基に検証してみたい。

寛文二年（一六六二）両国造は松江藩の支援も得て、佐草・島両上官を交渉使として江戸に派遣し、費用の下付、造営の方針等を幕府寺社奉行の井上正利らと協議を進めた。従来対外的交渉及び造営運営を主導する立場にあった本願は、これにより造営事業から実質的に排除される形となった。その職の存亡に危機感を抱いた本願は国造を相手取って幕府に出訴するが敗訴し、杵築追放を申し渡された。

また造営にあたっては、両国造をはじめ社家側は神仏分離を目指し、これまた松江藩と幕府の支持を得た。この結果鰐淵寺の大社出仕は同四年の三月会を最後として廃絶した。

大社における造営工事が本格化したのはこの年で、本願の追放、神仏分離の確定により神宮寺と本願屋敷は撤去、境内の堂塔は境外移転が年内に遂行された。この結果奥谷村及び北島国造館の移転が進められ、境域は拡大一新された。

ただしこのような諸屋敷移転による境内拡張の計画は既に寛文二年十月時点で具体的な検討は進んでおり、北島国造館以外の移転対象の屋敷地と名義人の目録（「杵築宮内〔森村・奥谷村〕社家屋敷改目録」(49)［表7］）が作成されている。これによれば、この時点では森村の屋敷地二〇筆（二町一反四畝一二歩）、奥谷では二三筆（一町三反三畝六歩）が移転の対象とされていた。

このうち神宮寺二反二七歩（うち大日堂敷地二畝一二歩）、本願屋敷一反四畝二一歩に加えて、その東側の命主社の道までの敷地に、高浜加大夫、北島縫殿助、佐草宮内、北島平兵衛ら上官の屋敷も取込んだ二町七反二七歩が北島国造屋敷地として望まれていたという。なお当時の北島国造館は四反九畝で、奥谷の同家下屋敷七反四畝二七歩（ただし別筆では六反五畝三〇歩）には、天徳寺に加えて神人・小姓の屋敷一七軒が存在していたという。

上官屋敷は、北島平兵衛（孝公）の二反八畝二三歩が最大で、最小は北島内蔵助（孝道）の四畝二四歩だが、これは同人の抱地の可能性もあり、これに次ぐのは森脇右衛門（孝喜）の九畝である。とすると上官クラスの屋敷地は概ね一反前後以上の規模であった。また本願も一反四畝二一歩で、屋敷地については上官クラスであった。

これが百姓の場合、奥谷23の与吉の一反二畝を最大とし、最小は16仁左衛門の一畝二四歩である。

しかし、寛文四年に、移転の補償米支給のため対象屋敷と屋敷の名義人を書き出した「奥谷村森村両所神人百姓家引領牒」［表8］によれば、狭隘な地理的環境にあるためか、必ずしも建坪の規模と屋敷地の広さは比例しないことが見て取れる。

さて記載された奥谷村二八筆、森村一一筆の屋敷のうち、奥谷の屋敷は大社境内の拡張（及び造営に伴う作業小屋の設置場所）のための移転、森村の屋敷は、北島国造館をはじめとする屋敷の森村への移転のため、その敷地にかかる屋敷地が越峠村、修理免村などへ移動移転するに伴って対象となったものであった。神宮寺は破却のため、薬師堂は近隣に移築のため補償はなく、奥谷の所讃寺は市庭新地に移転している(50)。なおこの寺には風呂屋の設備もあったのは興味深い。

建坪に視点を向けてみると、3奥谷の七右衛門の三棟三〇坪余が最大で、最小は18同じく奥谷の甚蔵の一棟三坪である。甚蔵の家は畳数に換算して六畳に過ぎず、小屋というべきものであった。一棟で最大は所讃寺の二四坪で、1奥谷の庄九郎と32森村の庄左衛門の一七坪半がこれに次ぐ。彼らの家は畳にして三三畳で、恐らく土間に二、三の部屋と納戸を持つ規模であったと推定される。

興味深いのは三九筆四九棟のうち、礎石に柱を据えた「石居」の建物は一二ヶ所、一四棟、ここから聖財院、所讃寺、菩薩寺、薬師の本堂を除いた民家では七棟に過ぎず、残り三六棟はすべて「掘立」であった。すなわち十七世紀中頃時点のこの地域に於ける民家は相変わらず掘立建築が主体であったのである。こうした家では入口からそのまま奥までを土間とし、残りは莚などを敷いて座敷としていたのだろう。

では「石居」に対して「掘立」の民家は粗末であったかどうかは不明なものの、建坪についていえば、一棟で38森村の九兵衛の一五坪や33同じく森村の仁兵衛の一六坪半などの規模を持つものも存在した。ただし「石居」は22奥谷の五右衛門の一〇坪を最小としていずれも十数坪の規模を誇るものばかりである。

このような傾向からすれば、この時期この地域の民家はなお掘立建築が主流である一方で、礎石に柱を据える建築も次第に普及しはじめていたこと、礎石立ちの家屋はまず資力のある者が次第に採用するようになっていったことが窺われる。特に1奥谷の庄九郎や32森村の庄左衛門はそれぞれ奥谷、森村の有力百姓層と推定される。

結語

以上検討した内容をまとめると、以下のとおりとなる。

1、宮内村は、鎌倉期の階層の差異の系譜をひき、国造家、国造家附属の上官らをはじめとする社家屋敷を主体とし、これに神人・百姓屋敷が加わった社家町を形成していた。

2、六ヶ村の内、越峠、市庭、大土地、中村四ヶ村は、間口よりも奥行のある屋敷が多い街区を形成していたが、特に越峠、市庭二ヶ村における割合は高く、特に稠密な町屋区域を形成していた。一方仮宮、大土地二ヶ村の沿岸部は、海に面して砂防用の柵を構え、小土地や赤塚二ヶ村は松で囲まれた集村を形成していた。

3、杵築六ヶ村内の屋敷は別火や佐草・長谷ら上官らも部分的に抱屋敷を有していたが、大多数は、北島・千家両国造家が支配していた。このため住人の地下中は両家のいずれかに属しており、この構造は十八世紀にはいってもほとんど変化はなかった。

4、杵築における行政構造は、杵築大社の一円支配ではあるものの黒印地であるため、松江藩の行政支配に組み込まれており、後には村ごとに年寄が置かれ、大年寄がそれらを統括する構造であったが、近世初頭はなお前代の目代が置かれ、近世的支配の過渡期にあった。また村の神主も十七世紀には一定せず、やがて祝氏ら襞取が社司を務めるようになった。

5、また十七世紀初頭までには他地域同様村々には荒神が祀られ、村内で主なる荒神社が村の産土的社として信仰されるようになっていたが、これは古くから従来国造の神人・被官百姓として従属してきた住人らが、「地下中」として自立した共同体の性格を強めるなかで成立した信仰形態でもあった。

6、杵築各村の荒神社は当初、鰐淵寺僧らによる荒神祭祀が営まれたが、寛文の神仏分離以降仮宮の荒神社以外は大社の鳥屋尾・石塚両注連職が執行するようになり、仮宮村においても十八世紀初頭あたりから漸次祝氏が祭祀権を強めていった。

7、荒神祭祀の古態は、地下中の有力者層が頭人を年番で勤める頭屋制で、湯立、造花つり（天蓋曳き）を行った後、藁綱（後の藁蛇）を山へ上げる（荒神社に巻き付ける）もので、これは今も比婆荒神神楽をはじめ中国地方に広くみられる形態であった。ただし荒神祭において、七座や芸能性を持つ神楽が行われたかどうかは、執行するだけの襞取を集める必要があり、現時点では明らかでない。

8、十七世紀中頃の宮内村のなかの奥谷・森村では、三九筆四九棟の建物のうち、三六棟は掘立であり、礎石立ちは寺堂を除いた民家では七棟に過ぎなかった。これにより民間における礎石立ちの建物は、近世にはいり、資力のある者から次第に採用されていった傾向がみてとれる。

註

（1）伊藤裕久「中世末から近世初期における大社門前町・杵築の空間構成と屋敷形態に関する考察」『日本建築学会計画系論文集』第八七巻第七九九号、二〇二二年九月
（2）『大社町史　上巻』第三章第三編、大社町史編集委員会、一九九一年
（3）『出雲國造北嶋家文書』八木書店、二〇二三年、一五二～一六六頁
（4）前掲（3）一七四～一七七頁
（5）『佐草家文書』島根県古代文化センター調査研究報告書二四、二〇〇四年、一〇四～一〇六頁
（6）千家和比古「出雲大社の、いわゆる神仏習合を伝える絵図の検討」『古代文化研究』第四号、島根県古代文化センター、一九九六年、一一～一二頁
（7）『大社町史　史料編　下巻』一九九七年、五五三～五五四頁
（8）前掲（5）九七～九八頁
（9）八鹿町ふるさとシリーズ第一〇集『名草神社と三重塔と出雲大社』（八鹿町教育委員会、一九九七年）一一〇・一一三頁
（10）前掲（7）七一八～七一九頁
（11）前掲（5）一一一頁
（12）「寛永二年杵築検地帳と杵築の歴史」『大社の史話』第一六四号、二〇一〇年九月。
（13）謄写本。原本は仮宮長見家所蔵。抄録は『大社の史話』二四号、一九七八年、六頁
（14）西岡和彦『近世出雲大社の基礎的研究』大明堂、二〇〇一年、三六、三一六頁
（15）前掲（3）三〇六頁
（16）前掲（7）五二二～五二四頁
（17）「吉川元長安堵状写」前掲（7）五七九頁
（18）前掲（5）八二～八三頁
（19）前掲（5）六四～六五頁
（20）前掲（5）七四～七五頁
（21）坪内家文書。前掲（7）所収、五九頁
（22）拙稿「松江市大庭、速玉社の早玉神事について―一六～一七世紀の出雲における社家の組織化をめぐって―」『古代文化研究』第二九号、島根県古代文化センター、二〇二一年、四一～四二頁
（23）秋上家文書「神魂社造営覚書断簡」『出雲意宇六社文書』一四五頁
（24）前掲（22）四一～四二頁
（25）「佐陀神能と出雲神楽」『神楽と神がかり』名著出版、一九八五年、二三四頁
（26）前掲（22）三七頁。なお「神門郡杵築六ヶ村万差出帳」は島根県立古代出雲歴史博物館寄託
（27）前掲（13）四頁

(28) 前掲（13）三頁
(29)・(30) 前掲（3)、一～二、二六～七頁
(31) 前掲（13）四頁
(32) 前掲（13）三～四頁
(33) 前掲（13）九頁
(34) 前掲（13）一〇頁
(35) 曽根研三編『鰐淵寺文書の研究』鰐淵寺文書刊行会、一九六三年、六五一～六五二頁。なお円芸は天正六年（一五七八）「直江八幡宮建立棟札」（『同』六九七～六九九頁）にも、勤行大衆七人の内の一人として「大蓮坊円芸律師」の名で記載がある。
(36) 前掲（5）六七頁
(37) 天文十一年七月卅日付「尼子晴久安堵状」、（天文拾弐年カ）九月十日付「尼子国久書状」（いずれも市庭（佐草）宗右衛門宛）。前掲（5）六六頁
(38)・(39)『大土地神楽』島根県古代文化センター調査研究報告書十七、二〇〇三年
(40) 拙稿「大土地神楽における素人神楽認可の背景について」『中国地方各地の神楽比較研究』島根県古代文化センター、二〇〇九年
(41) 前掲（22）三五～三六頁
(42)・(43) 前掲（5）一一六～一一七頁
(44)『島津中書家久日記』（前掲（7）四一三頁）
(45)『九州道の記』（前掲（7）五七八頁）
(46)『西日本諸神楽の研究』慶友社、一九七九年、四一六頁
(47) 前掲（22）三五～三七頁
(48)・(49) 島根県立古代出雲歴史博物館寄託
(50) 前掲（6）六一～六二頁

表1　天正19年(1591)杵築之内北嶋分屋敷付立

			面	入	人名	備考
(宮内)	1	屋敷			北嶋掃部助（慶孝）	①
	2	屋敷			北嶋小三郎（豊孝）	
	3	屋敷			北嶋治部丞（保孝）	①
	4	屋敷			北嶋弥五郎	①
	5	屋敷			稲岡又四郎	①
	6	屋敷			佐草（貴清）	①
	7	屋敷			竹下藤兵衛	①
	8	屋敷			竹下孫右衛門尉（慶親）	①うつほや屋敷
	9	屋敷			北嶋宗兵衛（廉兼）	①
	10	屋敷			北嶋藤松	
	11	屋敷			北嶋左衛門大夫	①野井屋敷
	12	屋敷	5間半	30間	北嶋右衛門尉	①彦右衛門屋敷
	13	屋敷			冨与兵衛尉（孝長）	①
	14	屋敷			市庭	①かみゆひ屋敷
	15	屋敷	8間	25間	矢田又二郎	神人
	16	屋敷	6間	25間	山根又七郎	
	17	屋敷	11間	9間半	平田や	
	18	屋敷	20間	7間	ひけ小二郎	神人
	19	屋敷			役人　太郎右衛門尉	神人
	20	屋敷			大はり	
	21	屋敷			なんは彦四郎	
	22	屋敷			江田甚(神)二郎	①
	23	屋敷			堀内小二郎	①神人
	24	屋敷			今岡蔵丞	
	25	屋敷			杉谷権大夫	①
	26	屋敷	6間	29間	田なへ（鍋）宗左衛門	
	27	屋敷	19間	29間	三原藤左衛門	
	28	屋敷			番匠助太郎	今一人有
	29	屋敷	9間	4間	赤塚之式部	
	30	屋敷			かちや弥七郎	①
	31	屋敷	4間半	11間半	山ね(根)又三郎	神人。今一人有
	32	屋敷			高野弥二郎	
	33	屋敷			高橋二郎左衛門尉	
	34	屋敷			彦二(五)郎	今一人有
	35	屋敷	3間半	22間	天王ちや（寺屋）	
	36	屋敷	14間	8間	飯嶋後家	
	37	屋敷			井本右衛門	
	38	屋敷			（今市ノむろや）又三郎	市場うしろ
	39	屋敷			杉谷宗二郎	
	40	屋敷	6間半	30間	上田源五郎	
	41	屋敷	16間	15間	郡抱ノ又二郎	
越峠	42	屋敷			番匠又四郎	
	43	屋敷	7間	16間	藤江(菅井)新左衛門	
	44	屋敷	8間	22間	番匠二郎兵衛・三郎二郎	*
	45					
	46	屋敷	15間半	21間	弥二郎後家	
	47	屋敷	6間	10間	江田三郎左衛門	今一人在之
	48					
	49	屋敷	12間	11間	勘左衛門・弥三郎・与七	
	50					
	51	屋敷			銀弥三郎	
	52	屋敷			かち六郎二郎	
	53	屋敷	9間	31間	意休	

			面	入	人名	備考
市庭	54	屋敷	3間	9間半	二郎四郎大工給	
	55	屋敷	10間半	17間	(下ノ上) くしや又三郎	但こゝハり有
	56	屋敷	4間半	11間	源左衛門・彦二郎	
	57	屋敷	5間半	10間	弥二郎	
	58	屋敷	4間半	16間	今藤源二郎	
	59	屋敷	3間	18間	平田や孫四郎	
	60	屋敷	5間	12間	石田宗四郎	
	61	屋敷	5間半	21間	宇田川蔵助	
	62	屋敷	7間	35間	彦二郎・四郎三郎	
	63	屋敷	15間	36間	新五郎・弥二郎	
	64	屋敷			目代給	
	65	屋敷	6間	11間	石田藤三郎・宗五郎	
	66	屋敷	3間	8間	藤江孫二郎	
	67	屋敷	5間	19間	清水弥二郎・かけ山助五郎	
	68					
	69	屋敷	4間	23間	成相宗四郎	
	70	屋敷	8間	23間	石田弥四郎抱	
	71	屋敷			又四郎・六郎左衛門	
	72	屋敷	14間	19間	源三郎・弥九郎	
赤塚	73	屋敷	14間	4間	五郎左衛門・五郎四郎・弥三郎	
	74					
	75	屋敷	6間	8間	彦九郎	
	76	屋敷	4間	2間	弥太郎	
	77	屋敷	3間	2間	平左衛門	
	78	屋敷	10間	2間	九郎二郎	
	79	屋敷	9間	3間	宗二郎・四郎兵衛	
	80	屋敷	10間	5間	彦二郎	
	81	屋敷	9間	2間	助右衛門・彦六	
	82	屋敷	4間	3間	後家	
	83	屋敷	15間	6間	太郎兵衛・弥四郎	
	84	屋敷	3間	3間	孫四郎	
	85	屋敷	15間	4間	五郎左衛門・弥二郎	
	86	屋敷	5間	3間	与四郎	
	87	屋敷	6間	3間	助右衛門	
	88	屋敷	16間	5間	弥五郎・新左衛門・源四郎(後家)	
	89					
	90	屋敷	5間	4間	新右衛門	
	91	屋敷	4間	3間	三郎左衛門	
	92	屋敷	12間	4間	源四郎・孫三郎	
小土地	93	屋敷	10間	8間	与四郎	
	94	屋敷	9間	5間	五郎兵衛	
	95	屋敷	7間	5間	明屋敷	
	96	屋敷	7間	7間	弥五郎	
	97	屋敷	5間	5間	与三左衛門	*
	98	屋敷	7間	10間	彦兵衛・二郎四郎	
	99	屋敷	5間	4間	彦二郎	
大土地	100	屋敷	13間	17間	江角与三郎後家	
	101	屋敷	5間	13間	飯田弥左衛門尉	
	102	屋敷	7間	16間	江角後家	
	103	屋敷	12間半	5間	三郎兵衛・三郎二郎	
	104	屋敷	10間	9間	左衛門・助太郎	
	105	屋敷	12間	22間	又二郎・新二郎後家	
	106	屋敷	19間半	26間	松井甚二郎	

			面	入	人名	備考
中ノ村	141	屋敷	4間半	10間	加(賀)庵抱	
	142	屋敷	10間半	22間	江角弥二郎抱・ひらた屋	
	143					
かりのみや	144	屋敷	12間	11間	松下与三郎	
	145	屋敷	8間	9間	助二郎(左衛門・助太郎)	
	146	屋敷	8間	15間	孫左衛門	
	147	屋敷	16間	9間	五郎左衛門	
	148	屋敷	8間	7間	源二郎	
	149	屋敷	9間	10間	弥三	
	150	屋敷	13間	8間	源左衛門・四郎左衛門・二郎左衛門	
	151					
	152	屋敷	11間	10間	宗二郎	
	153	屋敷	28間	9間	山根太郎左衛門	
	154	屋敷	9間	9間	二郎四郎・新五郎	
	155	屋敷	6間	13間	神主遠藤	
	156	屋敷	14間	28間	助三郎・新四郎	
	157	屋敷	11間	10間	神主左馬助	
	158	屋敷	15間	8間	入江三郎四郎・四郎左衛門後家	
	159					
	160	屋敷	17間	12間	祝蔵助	
	161	屋敷	8間	5間	山田彦三郎（舟道）	
寺院	162				妙香（音）院	
	163				現香院	
	164				極楽寺	
	165				宝海寺	赤塚
	166				宝泉寺	宮内
	167				海善寺	大土地
	168				礼岩寺	
	169				常楽庵	
	170				法然(念)寺	
	171				妙行寺	
	172				海蔵院	
	173				与楽庵	赤塚
	174				誓願寺	大土地

			面	入	人名	備考
大土地	107	屋敷	10間半	10間	熊谷助五郎	
	108	屋敷	5間	8間半	千松	
	109	屋敷	8間	9間	主なし	
	110	屋敷	11間	7間	福岡源二郎	
	111	屋敷	5間	8間半	助二郎	
	112	屋敷	7間半	10間	妙正後家	
	113	屋敷	13間	28間	石川藤二郎	
	114	屋敷	19間	18間	三原太郎左衛門	
	115	屋敷	8間半	14間	坪内弥二郎	
	116	屋敷	9間	10間	一乗坊	
	117	屋敷	5間	11間	彦二郎	
	118	屋敷	12間	11間	江角新左衛門抱	
	119	屋敷			江角宗兵へ抱	
	120	屋敷	12間半	5間	二郎五郎・彦兵へ	
中ノ村	121	屋敷	7間	5間	源兵衛尉	ほうこん寺抱
	122	屋敷	4間	18間	登橋彦四郎	
	123	屋敷	8間	5間	杉谷源二郎	
	124	屋敷	6間	15間	源左衛門	
	125	屋敷	7間	7間	平三郎	
	126	屋敷	8間	11間	かな山二郎右衛門	
	127	屋敷	8間	9間	飯田新五郎	
	128	屋敷	18間	22間	石川源三郎・宗左衛門	
	129					
	130	屋敷	11間半	11間	桑原彦九郎	
	131	屋敷	8間	5間	弥二郎	
	132	屋敷	24間	9間	江角甚左衛門後家・与三郎・与一左衛門	
	133					
	134	屋敷	7間	20間	長野孫六	
	135	屋敷	7間	19間	田中二郎右衛門	
	136	屋敷			四郎左衛門・弥五郎	
	137	屋敷	7間	17間	溝後家	
	138	屋敷	10間	11間	落合彦二郎	
	139	屋敷	10間	8間	彦七郎	
	140	屋敷			市右衛門・又二郎	

「国造北嶋氏支配屋敷注文写」「国造北嶋氏屋敷目録」（いずれも『出雲國造北嶋家文書』所収）・「国造北島氏支配屋敷注文写」（島根県古代文化センター『佐草家文書』所収）により作成。
①：「北嶋方上官連署起請文」（『出雲國造北嶋家文書』所収に署名のある人物。
■：間口よりも奥行きのある屋敷。
備考欄「神人」：年不詳「北嶋方大社神人注文」（『佐草家文書』所収）に記載がある人物。
＊：【参考-1】天正13年（1585）「千家領内北島右京亮売得地書立写（千家古文書写 丙。『大社町史 史料編』下巻、所収）にも記載がある屋敷。

表2 天正19年(1585)毛利氏奉行人連署打渡坪付(屋敷地抄出)

			面	入	人名	備考
	12	屋敷	6間	10間	彦二郎・又二郎	
	13	屋敷	5間1尺	10間	又五郎	
	14	屋敷	6間	10間	藤衛門	
	15	屋敷	半		又三郎	
	16	屋敷	5間	16間	孫六	
	17	屋敷	17間	18間	源左衛門	
	18	屋敷	15間	28間	大和屋彦五郎	
	19	屋敷			佐草左衛門尉	
	20	屋敷	4間	10間半	彦左衛門後家	
	21	屋敷	14間	13間	清久寺	

			面	入	人名	備考
	1	屋敷	9間	5間	たつミ禅衛門	
	2	屋敷	4間	18間	たんはや彦三郎	
	3	屋敷	3間	22間	弥二郎	
	4	屋敷	15間	16間	清光門	
	5	屋敷	12間	14間	菩薩寺	
	6	屋敷	17間	11間	きやく松善左衛門	
	7	屋敷	11間	17間	江角宗二郎	
	8	屋敷	10間半	18間	同人	
	9	屋敷	8間	12間	やの左衛門尉	
	10	屋敷	5間	13間半	かミゆい宗四郎	
	11	屋敷	5間半	12間	上田新三郎	

佐草家文書（島根県古代文化センター『佐草家文書』所収）

表３　（年不詳）国造北嶋分不知行分付立

			面	入	人名	備考
宮内	1	屋敷			（久）孝古屋敷	
	2	屋敷			北嶋掃部助屋敷	*
	3	屋敷			北嶋小三郎屋敷	*
	4	敷地			幸孝屋地	
	5	敷地			いなおか屋地	
	6	敷地			北嶋左衛門大夫屋地	*
	7	敷地			佐草屋地	
	8	屋敷			北嶋右京亮屋敷	やのニ五郎左衛門屋敷
	9	屋敷			北嶋右京亮屋敷	とち田屋敷
	10	敷地			北嶋右京亮屋地	是ハ千家分也
	11	屋敷			椿屋敷	
	12	屋敷			三村屋敷	
	13	屋敷			竹下屋敷	
	14	寺院			玉(宝)泉寺	此外畠山有之
	15	屋敷			本願屋敷	是ハ根本北嶋分
	16	屋敷			神宮寺屋敷	田共ニ
越峠	17	屋敷			野井屋敷	*
	18	屋敷			堀内源二兵衛屋敷	
	19	屋敷			孫左衛門屋しき	
	20	敷地			竹下蔵助屋地	
	21	屋敷			役人太郎右衛門屋敷	*
	22	畠			はせ川東大畠	
	23				北島右京亮持分	
	24				堀内源二兵衛持分	
	25				杉谷五郎左衛門持分	
	26				堀内源二兵衛持分	
	27	敷地			富兵部大輔屋地	
	28				秋上彦四郎抱	
	29				富兵部抱	
	30	寺院			秀孝院	
	31				五郎左衛門	
	32				今岡抱	
市庭	33	敷地			堀内源二兵衛屋地	
	34	屋敷			向源左衛門屋敷	
	35	屋敷			九郎右衛門屋しき	
	36	屋敷			ゆけ宗右衛門屋敷	
市庭	37	屋敷			（新）左衛門屋敷	
	38	敷地			今岡（蔵）丞屋地	
	39	敷地			今岡子屋地	
	40	屋敷			持抱屋敷	
	41	屋敷			九郎右衛門屋敷右京亮分	
	42	屋敷			くしや三郎左衛門屋敷	
	43				与七給	
	44	畠			大畠　同人	
	45				新太郎給	
	46	畠			上田対馬守給畠	
かりの宮	47				林給	
	48	寺院			吉祥坊	
	49				秋上彦四郎抱	
	50	敷地			杉谷次郎左衛門屋地	
	51	塩浜			70ヶ所杉谷五郎左衛門抱	内30ヶ所余千家分
	52	塩浜			三原太郎左衛門	
	53				杉谷宗四郎給	
	54				杉谷弥二郎給	
	55	寺院			せいくわん寺	*
	56				ふかい与四郎給	
	58	屋敷			とい屋敷	
	58				江角清左衛門	
	59	敷地			富永殿蔵屋地	
	60	屋敷			とふま屋敷	
	61	屋敷			長田屋敷	
	62				大谷かち	
	63	屋敷			せんたう屋敷	
	64	屋敷			松尾やしき	
	65	寺堂			地蔵堂	
	66	屋敷			風呂屋敷	
	67	寺院			海善寺	*
	68				（此外塩浜野畠）	
	69				小とち村一円	
赤塚	70				佐草本領	
	71				よらく（与楽庵）	*
	72				寿讃抱	

佐草家文書（島根県古代文化センター『佐草家文書』所収）
*：［表１］にも記載があるもの。

表４　天正13年（1591）千家領内北島重孝買得地書立写

		面	入	人名	備考
越峠	屋敷			番匠次郎兵衛屋敷	
	屋敷			番匠新五郎屋敷	
	屋敷			左右馬次郎左衛門屋敷	
市場	屋敷			飯田九郎右衛門屋敷	
小土地	屋敷			平三屋敷	
	屋敷			与三左衛門屋敷	
	屋敷			又三郎屋敷	

佐草家文書（島根県古代文化センター『佐草家文書』所収）
*：［表１］にも記載があるもの。

表5　寛永2年（1625）杵築検地牒

			面	入	人名	備考
市庭（場）	58	北分			弥兵へ	
	59	北分			しほや甚二郎	
	60	北分			二郎右衛門	
	61	北分			藤右衛門	
	62	北分			与六	
	63	北分			山ね後家	
	64	北分			上田与三右衛門	（貼紙）山とや善二郎
	65	北分			上田与三右衛門	
	66	北分			久仙	
	67	北分			やまとや六左衛門	
	68	北分			源左衛門	
	69	北分			今岡	
	70	北分			甚四郎	
	71	北分			甚左衛門	
	72	千分			五郎左衛門	
	73	千分			石田弥次郎	
	74	千分			久右衛門	
	75	千分			久五郎	
	76	千分			善七	
	77	千分			新蔵	
	78	千分			久右衛門	
	79	千分			平兵衛後家	
	80	千分			大和や太郎右衛門	
	81	千分			太郎左衛門	
	82	千分			とうま治右衛門	
	83	千分			福間後家	
	84	千分			孫兵へ	
	85	千分			助市	
	86	千分			又左衛門	
	87	千分			助右衛門	
	88	千分			仁右衛門・増井彦左衛門	
	89	千分			七郎右衛門	
	90	千分			源十	
	91	千分			藤江惣右衛門	
	92	千分			太郎右衛門	
	93	千分			善五郎	
	94	千分			善十郎	
	95	千分			新二郎	
	96	千分			孫太郎	
	97	千分			太郎兵へ	
	98	佐草			又右衛門	
	99	佐草			やまね仁左衛門	（貼紙）弥二郎
	100	佐草			やまね仁左衛門	
	101	佐草			惣太郎	
	102	佐草			六左衛門かかへ	
	103	佐草			玄朔	
	104	佐草			はけやう（法橋）加右衛門	
	105	佐草			小川与左衛門	
	106	佐草			又四郎	
	107	佐草			佐草分　弥八	
	108	佐草			与三右衛門	
		別火			仁兵衛	
	109	別火			卜庵	
	110	別火			舟大工	
	111	別火			甚兵衛	
	112	長谷			惣十郎	
	113	長谷			弥蔵	

			面	入	人名	備考
越峠	1	北分			喜庵　孫六かかへ	
	2	北分			やまね　彦五郎	
	3	北分			朋右衛門	
	4	北分			目代　善左衛門	
	5	北分			源十郎	
	6	北分			いちみこ	
	7	北分			矢田　与四郎	
	8	北分			山ね　又四郎	
	9	北分			同■　惣次郎	
	10	北分			天王寺や　惣次郎	
	11	北分			いはしや　甚次郎	
	12	北分			かちや　与右衛門	
	13	北分			竹の下　彦八	
	14	北分			助左衛門	
	15	北分			猪兵へ	
	16	北分			又三郎	
	17	北分			喜庵　彦六	
	18	北分			与三右衛門	
	19	北分			役人　太郎右衛門尉	
	20	千分			長谷　助三郎	
	21	千分			柳原　善五郎	
	22	千分			神門　善兵衛	
	23	千分			惣十	
	24	千分			目代　太郎右衛門	
	25	千分			長谷四郎右衛門・多兵へ	
	26	千分			松村	
	27	千分			四郎左衛門	
	28	千分			九右衛門	
	29	千分			源三郎	
	30	千分			助五郎	
	31	千分			長谷与三兵へ	
	32	千分			野津七左衛門	
	33	千分			孫太郎	
	34	千分			神太夫	
	35	千分			おくや久蔵	
	36	千分			詰田又四郎	
	37	千分			猪右衛門後家	
	38	千分			かち与右衛門	
	39	千分			さうま弥三郎	
	40	千分			彦太郎	
	41	千分			慶庵	
	42	千分			加左衛門	
	43	佐草			ふみや惣五郎	
	44	佐草			佐草分　龍念	
	45	佐草			甚次郎	
	46	佐草			仁左衛門	
	47	佐草			弥十郎	
	48	松林			与一郎	
	49	松林			いわい善右衛門	
	50	松林			孫三郎	
	51	別火			藤七	
	52	別火			三吉	
	53	別火			惣左衛門	
市庭（場）	54	北分			くしや	
	55	北分			しほや甚二郎かかへ	
	56	北分			しほや甚二郎かかへ	
	57	北分			目代　惣三郎	

			面	入	人名	備考
大土地	173	千分			三郎左衛門	
	174	千分			三郎右衛門	
	175	千分			惣左衛門	
	176	千分			おたる	
	177	千分			舟木三郎兵へ	
	178	千分			江角彦大夫	
	179	千分			与三郎	
	180	千分			池田喜兵へ	
	181	千分			惣右衛門	
	182	千分			太郎兵へ	
	183	千分			新左衛門	
	184	千分			清右衛門	
	185	千分			又右衛門	
	186	佐草			清左衛門かかへ	
	187	別火			与三左衛門	
	188	別火			藤五郎	
	189	別火			舟木藤兵衛	
	190	別火			きたい	
	191	長谷			藤右衛門	
中村	192	北分			又十郎かかへ	
	193	北分			同人かかへ	
	194	北分			か藤久左衛門	
	195	北分			かゝ宗意	
	196	北分			又市	
	197	北分			いたくら孫二郎	
	198	北分			肝煎	
	199	北分			くわ原惣右衛門	
	200	北分			惣二郎	
	201	北分			次右衛門	
	202	北分			藤右衛門	
	203	北分			助兵へ	
	204	北分			かちや彦三郎	
	205	北分			杉谷五郎左衛門	
	206	北分			くわ原惣右衛門かかへ	
	207	北分			川野利右衛門	
	208	北分			神主神丞	
	209	北分			かなやま惣五郎	
	210	北分			市右衛門	
	211	北分			二郎右衛門かかへ	
	212	千分			やまとや彦三郎	
	213	千分			のぼりた（は）し後家	
	214	千分			なかい後家	
	215	千分			ひらたや作七	
	216	千分			佐渡屋	
	217	千分			平右衛門	
	218	千分			神主吉内	
	219	千分			しんじや善吉	
	220	千分			ふろや藤十郎	
	221	千分			江角加兵衛	
	222	千分			成相九郎左衛門	
	223	千分			次郎左衛門	
	224	千分			善作	
	225	千分			四郎左衛門	
	226	千分			助六	
	227	千分			江角甚次郎	
	228	千分			惣太郎後家	
	229	千分			江角太郎兵へ	
	230	千分			かうや甚二郎	
	231	千分			ひらたや昨七	

			面	入	人名	備考
市庭（場）	114	長谷			七郎左衛門	
	115	長谷			助兵へ	
	116	長谷			孫太郎	
	117	神宮			与三右衛門かかへ	
赤塚	118	北分			五郎左衛門	
	119	北分			惣左衛門	
	120	北分			仁右衛門	
	121	北分			五郎左衛門	
	122	北分			甚左衛門	
	123	北分			五郎左衛門	
	124	北分			市右衛門	
	125	北分			与四郎	
	126	北分			惣市郎	
	127	北分			式部	
	128	北分			弥九郎	
	129	北分			きたい	
	130	北分			与三兵衛	
	131	北分			助太郎	
	132	北分			源左衛門	
	133	北分			かミゆい与左衛門	
	134	千分			きやうふ九郎右衛門	
	135	千分			やた次右衛門	
	136	千分			源二郎	
	137	千分			次郎兵衛	
	138	千分			九郎二郎	
	139	千分			惣左衛門	
	140	千分			かけい左衛門	
	141	千分			次郎左衛門	
	142	千分			惣左衛門	
	143	千分			清左衛門	
	144	千分			又右衛門	
	145	千分			彦兵衛	
	146	千分			彦四郎	
	147	千分			五郎兵衛	
	148	千分			五郎左衛門	
	149	千分			与三左衛門	
	150	佐草			彦左衛門	
小土地	151	北分			平兵衛	北分役目のかれ
	152	千分			惣兵衛	千分役目のかれ
大土地	153	北分			江角清左衛門	
	154	北分			三原久左衛門	
	155	北分			足立孫七	
	156	北分			杉谷与三左衛門	
	157	北分			栗原吉右衛門	
	158	北分			はいふき八左衛門	
	159	北分			江角加七	
	160	北分			助次郎	
	161	北分			加七かかへ	
	162	北分			五郎二郎	
	163	北分			青木市兵衛	
	164	北分			清兵へ	
	165	北分			小土地善右衛門	
	166	北分			孫兵へ	
	167	北分			源二郎	
	168	北分			彦兵へ	
	169	北分			平三郎	
	170	千分			座頭	
	171	千分			■セ市左衛門	
	172	千分			高橋久右衛門	

			面	入	人名	備考
（仮宮）	261	北分			徳左衛門	
	262	北分			十兵へ	
	263	北分			三郎四郎	
	264	千分			助二郎	
	265	千分			作蔵	
	266	千分			五郎左衛門	
	267	千分			弥吉	
	268	千分			与七郎	
	269	千分			甚吉	
	270	千分			神主兵部	
	271	千分			源三郎	
	272	千分			九郎二郎	
	273	千分			孫兵へ	
	274	千分			又二郎	
	275	千分			孫左衛門	
	276	千分			彦三郎	
	277	千分			はうり惣兵へ	
寺院	278				安養寺	
	279				法念寺	
	280				潮音庵	
	281				妙行寺	
	282				常楽寺	
	283				妙香寺	
	284				蓮岸寺	
	285				乗光寺	
	286				松現寺	
	287				ぼさつ寺	
	288				里坊	
	289				聖蔵院	

			面	入	人名	備考
中村	232	千分			佐渡屋	
	233	千分			平右衛門	
	234	千分			神主吉内	
	235	千分			しんじや善吉	
	236	千分			ふろや藤十郎	
	237	千分			江角加兵衛	
	238	千分			成相九郎左衛門	
	239	千分			次郎左衛門	
	240	千分			善作	
	241	千分			四郎左衛門	
	242	千分			助六	
	243	千分			江角甚次郎	
	244	千分			惣太郎後家	
	245	千分			江角太郎兵へ	
	246	千分			かうや甚二郎	
	247	千分			松都	
	248	佐草			又四郎	
	249	別火			助五郎	
	250	長谷			彦太郎	
（仮宮）	251	北分			花都座頭	
	252	北分			彦左衛門	
	253	北分			入江次兵へ	
	254	北分			与三郎	
	255	北分			神主遠藤	
	256	北分			彦左衛門	
	257	北分			二郎左衛門	
	258	北分			彦六	
	259	北分			弥二郎	
	260	北分			又十郎	

「杵築検地牒　祭田、同畠町屋敷并寺屋敷、修理免田、同畠　佐草」（広島大学図書館所蔵「中国五県土地・租税資料文書）
長谷川博史「寛永二年杵築検地帳と杵築の歴史」（『大社の史話』第164号、2010年９月）に紹介された釈文を基き作成。

表６　杵築六ヶ村の神社と社家

	雲陽誌	元文元年（1736）神門郡杵築六ヶ村万指出帳		備考
越峠	荒神	荒神社	社司鳥屋尾越後・石塚石見（杵築宮中支配）	
		恵比須社	社司鳥屋尾越後・石塚石見（杵築宮中支配）	境内社（『町史』）
市場	荒神	荒神社	社司鳥屋尾越後・石塚石見	寛文11年（1671）創立（『町史』）
	荒神	荒神社	社司鳥屋尾越後・石塚石見	
		恵比須社二社	社司鳥屋尾越後・石塚石見	境内・字玄光院・字横町（『町史』）
赤塚	荒神	荒神社	幣主　鳥屋尾越後・石塚石見	
			社司　錦織大部（上之郷）	
	山辺神社	赤人社	社司鳥屋尾越後（北島社中支配）	
	恵比須宮	恵比酒社	社司鳥屋尾越後・石塚石見	
	漁御崎	■大明神檀	社司鳥屋尾越後・石塚石見	
大土地	荒神	荒神社	社司鳥屋尾越後・石塚石見（杵築宮中支配）	
		客大明神檀	社司鳥屋尾越後・石塚石見（杵築宮中支配）	森荒神社（『町史』）
		恵比酒社	社司鳥屋尾越後・石塚石見（杵築宮中支配）	
中村		荒神社	社司鳥屋尾越後・石塚石見（杵築宮中支配）	
		恵比酒社	社司鳥屋尾越後・石塚石見（杵築宮中支配）	
仮宮	伊那佐社			杵築大社摂社
	大歳大明神			杵築大社末社。もと社司祝、湯立鳥屋尾・石塚（『仮宮日記控』）
	稲荷			寛文年中創立、社司石塚石見。新社に付享保の指出より省く（『日記控』）
	荒神	荒神社	社司祝主炊	奉納荒神社
	御蔵神社	沖御前祠	社司祝主炊	
		恵比酒社	社司石塚石見（杵築宮中支配）	享保2年指出「社司石塚石見」（『仮宮日記控』）

『雲陽誌』（雄山閣、1971年）、『神門郡杵築六ヶ村万指出帳』（北島建孝氏所蔵）、
『町史』:『大社町史 下巻』（1995年）、『仮宮村日記控』（『大社の史話』第24号、1978年、所収）

表7　寛文２年(1662)移転予定にかかる森・奥谷の屋敷地

		所有者	屋敷地	替地	備考
森	1	神宮寺	2反27歩		
		内、神宮寺	1反8畝15歩	1反8畝15歩	
		内、大日堂	2畝12歩		
	2	本願	1反4畝21歩		
	3	竹下左近孝信	1反4畝15歩		
	4	高浜加太夫孝勝	6畝21歩	6畝21歩	
	5	神人　七郎兵衛	1畝12歩	1畝12歩	
	6	森脇右衛門孝喜	9畝	9畝	
	7	北嶋縫殿助孝尚	1反7畝15歩	1反7畝15歩	
	8	佐草自清	2反1畝24歩	2反1畝24歩	
	9	北嶋平兵衛孝公	2反8畝23歩	2反8畝23歩	
	10	北嶋権左衛門豊兼	1反6畝24歩	1反6畝21歩	
森東	11	百姓　市左衛門	6畝18歩		佐草抱
	12	古志角丞	1反2畝		
	13	百姓　五郎左衛門	6畝6歩		佐草抱　内2畝修理免にあり
	14	菩薩寺	1反2畝3歩		佐草抱　内6畝12歩
		百姓　弥左衛門			佐草抱　内5畝21歩
	15	百姓　仁兵衛	3畝		神宮寺抱
	16	百姓　仁左衛門	1畝24歩		佐草抱
	17	百姓　九兵衛	6畝27歩		掃部抱
	18	百姓　平吉・吉三郎	5畝3歩		別火抱
	19	北嶋内蔵助孝道	4畝24歩	4畝	
	20	佐草抱	4畝		
計			2町1反4畝12歩		
おく谷川より西	21	仁右衛門	6畝27歩		北嶋分神人
	22	天徳寺	1反1畝6歩		北嶋分
	23	与吉	1反2畝		千家分神人
	24	甚五郎	7畝6歩		千家分神人
	25	長三郎	8畝12歩		千家分神人
	26	北嶋下屋敷	5反6畝24歩		神人・小姓家数17間有
	27	所讃寺	3反21歩	3反21歩	
計			1町3反3畝6歩		
		宮ノ馬場さキ松原	3反5畝21歩		伐採開墾
		只今迄ノ北嶋屋敷	4反9畝		
		北嶋下屋敷・天徳寺	7反4畝27歩		
計			1町2反3畝27歩		

「杵築宮うち〔森村・奥谷村〕社家屋敷改目録」（佐草家文書）により作成。

替地について、神人3ヶ所（2反7畝18歩）千家分、佐草百姓6ヶ所（3反21歩、うち2畝修理免）とあり。

表８　寛文四年奥谷森村両所神人百姓家引領牒（佐草家文書）

		棟数	建坪	名義人	敷地＊	構造	石高	補償米	備考
奥谷	1	1	17坪半	庄九郎		石居	1.750	1.053	
	2	1	8坪7歩5厘	仁右衛門	6畝27歩	掘立	0.586	0.351	北嶋分神人
	3	3	30坪2歩5厘	七右衛門		掘立	2.015	1.213	
	4	2	21坪7分5厘	弥左衛門	5畝21歩	掘立	1.448	0.872	佐草抱
	5	2	24坪	惣右衛門		掘立	1.598	0.962	
	6	1	6坪	与三左衛門		掘立	0.400	0.240	
	7	1	11坪2歩5厘	久三郎		石居	1.125	0.677	
	8	1	12坪半	市右衛門		掘立	0.832	0.501	
	9	3	12坪半	伝十郎		掘立	0.832	0.501	
	10	1	6坪	久三郎		掘立	0.400	0.240	
	11	1	7坪	助左衛門		掘立	0.466	0.280	
	12	1	4坪半	彦三郎		掘立	0.300	0.180	
	13	1	12坪半	与吉	1反2畝	掘立	0.832	0.201	千家分神人
	14	2	11坪半	聖財院		石居	1.150	0.691	
	15	1	24坪	所讃寺	3反21歩	石居	2.400	1.440	
奥谷	16	1	12坪	同寺中風呂屋		石居	1.000	0.721	
	17	1	6坪	同寺中作助		掘立	0.400	0.240	
	18	1	3坪	甚蔵		掘立	0.200	0.120	
	19	1	10坪	甚五郎	7畝6歩	掘立	0.666	0.401	千家分神人
	20	1	8坪	長三郎	8畝12歩	掘立	0.533	0.321	千家分神人
	21	1	11坪2分5厘	弥兵衛		石居	1.125	0.677	
	22	1	10坪	五右衛門		石居	1.000	0.721	
	23	1	10坪	次左衛門		掘立	0.666	0.401	
	24	1	12坪半	清十郎		石居	1.250	0.752	
	25	1	4坪半	三右衛門		掘立	0.300	0.180	
	26	1	7坪	市三郎		掘立	0.466	0.280	
	27	1	6坪	善十郎		掘立	0.400	0.240	
	28	1	15坪	茂兵衛		石居	1.500	0.902	
森村	29	1	4間半に7間	神宮寺	1反8畝15歩				
	30	2	12坪半	吉兵衛		掘立	0.833	0.501	
	31	1	10坪	市左衛門	6畝18歩	掘立	0.666	0.401	佐草抱
	32	2	17坪半・3坪	庄左衛門		石居　掘立	1.950	1.173	
	33	1	16坪半	仁兵衛	3畝	掘立	1.099	0.661	神宮寺抱
	34	1	6坪	仁左衛門	1畝24歩	掘立	0.400	0.240	佐草抱
	35	1	7坪	五郎作		掘立	0.466	0.280	
	36	1	4坪半	市郎兵衛		掘立	0.300	0.180	
	37	1	7坪	菩薩寺	6畝12歩	石居	0.700	0.421	佐草抱
	38	1	15坪	九兵衛	6畝27歩	掘立	0.999	0.601	掃部抱
	39	1	3間4面	薬師　本堂		石居			
		1	2間に3間	同　庫裏		掘立			
合計		49					30.137	19.315	

掘立は2間×3間当り（4斗俵）1俵、石居は2間×3間当り1俵半補償
＊「杵築宮うち［森村・奥谷村］社家屋敷改目録」（佐草家文書）による

近世御師の活動からみた伊勢と出雲

松尾充晶

はじめに

御師（おし・おんし）とは、特定の社寺に所属し、参詣者の宿泊や祈祷などの世話をする者をいう(1)。その初期に代表的なのは熊野御師で、平安時代末に盛んになった貴族による熊野参詣の際に便を図った。初め御師と参詣者の関係は参詣時だけの限定的なものであったが、次第に両者の間で御師を師、参詣者（信者）を檀那とする「師壇関係」が恒常化・固定化されていく。鎌倉時代には新興の東国武士層を檀那として御師の活動は広域に展開し、さらに室町時代には領主層を介してその領内の有力農民層まで師壇関係が浸透していった。中世の御師としては、熊野御師のほか松尾・三島・富士・白山などが知られるが、特に有名なのが伊勢御師である。伊勢神宮の門前である宇治・山田には御師邸を核にした門前町が形成され、御師活動により集積される経済力を背景に、宗教的自治都市が発展していた。さらに江戸時代になると、社寺参詣を名目にした娯楽的要素を多分に含む旅が庶民に広まっていく。その目的地の筆頭が伊勢神宮であった。人々にとって「お伊勢参り」は一生に一度は実現したい憧れの旅だったのである。全国農村には伊勢講が組織されて伊勢参りを支えたし、全国から群衆が伊勢へと押しかける熱狂的ブームの「おかげ参り」も、約六〇年を周期として幾度か発生した。

こうした社会・文化を背景にした近世御師の主な活動は、①社寺門前にて参詣客を迎えて宿泊させ、祈祷などをおこなうことと、②檀那の地元へ定期的に出向いて参詣へと誘導するとともに、御札（おふだ）を配り廻って初穂料を得ること、この二点にあった。伊勢御師が毎年配布した御札を、特に御祓大麻という。一定の檀那数がまとまる地域（エリア）を「壇所」といい、ここを廻って御札を配り初穂料を回収する活動を「廻壇配札」と称する。このような檀那廻りを毎年繰り返すことによって、師壇関係はより密接な、強固なものとなった。御師にとって、固定的師壇関係は初穂料・祈祷料・宿泊料を生み出す一種の利権・財産であり、しばしば株として譲渡・売買されることもあった。そして有力な御師の元には檀那の集中化がすすみ、伊勢の場合は抱え込む檀那数が十万軒を超える大御師が出現するに至ったのである。明治四（一八七一）年、新政府による一連の神宮改革政策のなかで御師制度が廃止されるが、その直前（慶応三（一八六七）年時点）にはじつに七一九家もの伊勢御師が存在していた。

規模において伊勢が突出するものの、近世にはそれ以外の社寺でも御師制度が著しく発展し、伊勢御師と類似した活動を展開していた。良く知られるものとして、出羽三山、相模大山、富士山、信濃善光寺、加賀白山、近江多賀神社、高野山、英彦山などがある。それぞれの御師は全国に壇所を持って廻壇配札をおこなっていたのである。こうした御師たちの活動によって、特定の神徳・御利益を謳う社寺（神仏）への信仰、言説、神話解釈が民衆へと広く流布され定着することになった。そして、出雲大社(2)においても御師が存在していた。特に十八世紀以降、彼らが全国に勧化（布教・募財）し出雲信仰を広め、出雲にまつわる言説を流布したことが、今日の出雲がもつ地域像形成に決定的な役割を果たしたのである。

本書「伊勢と出雲」は、神々の聖地と観念されることの多い両地域の特質を描き出そうとするものである。通史的に見ると、中世以前、伊勢と出雲はそれぞれ個性的な地域でありながら、直接的交渉関係は極めて希薄であった。これが近世に至り、御師による活動と、民衆の参詣旅行によって、初めて両地域を行き交う人の相互通交が発生し、信仰文化・思想面での接触がおこったと言える。そこで本稿では、伊勢・出雲の近世御師にまつわる資料検討を通じて、今日につながる両地域の地域像形成、展開過程を点描してみたい。本論は大きく二つの視点、すなわち、①出雲国（松江藩領）における伊勢御師の活動と民衆の伊勢信仰（一～三章）、②大社御師の活動と諸国からの大社参り（四～六章）、という前後二段で構成する。

一、出雲国における伊勢御師の廻壇配札

一―一、配札の開始期

伊勢御師は室町時代から戦国時代にかけて、武将・大名と師壇関係を結び、それを足掛かりにして全国各地へと配札活動を展開した。山陰における事例としては、東伯者を豊臣秀吉から安堵された羽衣石城主南條氏と、外宮御師・橋村氏との関係が挙げられる。橋村氏は西国に多くの檀那をもった大御師で、戦国時代には為替の発行など金融業を営む商人的性格もあった。南條氏は天正一五（一五八七）～文禄二（一五九三）年、七度にわたって橋村正房へ金銀を預けており、両者の間には日常的な結びつき、信頼関係があったとみられている(3)。こうした関係を契機にして、山陰地域ではまず橋村氏によって民衆への配札活動が進み、壇場が形成されていったものと考えられる。

外宮御師、橋村八郎大夫　橋村氏は外宮権禰宜を世襲した度会四門の一族で、本流である主膳家（御祓銘：橋村八郎大夫）と、そこから分かれた分流二氏一二家があった。その御師活動は文明年間に始まり、一五世紀後半から一六世紀初頭に集中的に檀那権利を買い集めて経済的基盤を固めたとされる(4)。一族の檀那は安永六年時点で約三一万軒あり、その大きな財力と家格を背景に、外宮門前山田の自治を仕切る三方を務める家でもあった。前述の伯者を含めて山陰に広く壇場を持っており、津和野藩の藩主亀井家当主も檀那としていた(5)。

出雲における伊勢御師の活動を示す最初の史料は天正八（一五八〇）年一二月の「橋村正康道者譲状」である(6)。これは橋村主膳家の当主であった正康から嫡子の新大郎正房へ道者（檀那）を譲り渡す書状で、「いつもの国　持分一円」の権利が親子間で受け渡されている。なおここでは出雲国だけでなく、東海（駿河・伊豆・相模）、中国（伯者・因幡・周防・長門）、四国（土佐）、九州（豊前・豊後・筑前）の「持分一円」が一括して譲られている。その内訳は記載がなく、国内のどこに、どの程度の檀那があったかを知ることはできないが、前述した橋村正房の親の代、おそらく一六世紀中頃には既に、橋村家の本流であった主膳家によって西国を中心に広範な壇場が確立されていたことがうかがえる。出雲はその一部に含まれていた。

一―二、壇場としての出雲の特長

その後、近世を通じて出雲国内において伊勢御師がどのように活動したのかを知る手がかりは非常に少ないが、重要な資料となるのが、神宮文庫に所蔵されている安永六（一七七七）年三月の『外宮師職諸国旦方家数改覚』(7)である。この史料は外宮（山田）の御師、計四七九家について、各々が保有する檀那軒数を国別に書き上げたもので、一八世紀後半の伊勢御師がどのように地方の壇場と師壇関係を結んでいたか、詳細に知ることができる。ここから山陰（現在の島根県・鳥取県）に該当する五カ国に壇場をもつ御師を抽出してまとめた［表1］。前述の橋村八郎大夫（主膳家）はこれ以前に譲渡（売買）して手放しており、出雲国・伯者国・因幡国に壇場を持たない。出雲国には約二万六千軒強の檀那があり、これを庄門甚大夫（庄内杢）と三村梶助大夫（三村杢）の二家で保有していた。といっても、そのうちの約94％にあたる二四五七九軒を三村家が持っていたから、実質的に出雲国は三村家による独占的な壇場という性格が強い(8)。

表１　山陰（島根県・鳥取県域）を壇場とした伊勢御師の檀那軒数

居住地	家格	御師名	御祓銘	檀那軒数				
				因幡	伯耆	出雲	隠岐	石見
浦口町		庄内杢	庄門甚大夫／宮後木田大夫		2,783	1,694		
上中之郷	三方家	橋村内膳（主膳家）	橋村八郎大夫／小田大夫　他					6,300
上中之郷		千賀近江	千賀大夫／橋村八大夫		12,127			
上中之郷		松室長門	松室与一大夫					1,886
上中之郷		廣辻勘解由	堤廣辻大夫／高向辻大夫	800				
下中之郷	年寄家	三村杢	三村大夫／三村梶助大夫	971	568	24,579		208
下中之郷		村山久大夫	村山掃部	254				
八日市場町		福島新之丞	福島新之丞	3,005				
八日市場町		中川安大夫	亀田大夫／吉大膳大夫　他	6,300				
大世古町		上部左衛門	高向二郎大夫				2,488	
宮後・西河原町	神宮家	檜垣三神主殿	檜垣左兵衛					17,050
宮後・西河原町	三方家	足代式部	足代民部大夫	20				
宮後・西河原町		幸田内蔵	幸田大夫	683	2,078			
宮後・西河原町		松田与吉	松田三郎四郎大夫／松田与吉大夫		2,471			3,202
田中中世古町		神谷與一大夫	神谷大夫／阪神谷大夫		1,784			
下馬所・前野町	三方家	山田大路数馬	御炊大夫	6,000	4,200			
下馬所・前野町		河北玄蕃	河北助大夫	5,500	1,103			
岩渕町		小林采女	小林大夫／岩渕三日市大夫	6,860				
冨貴上町		橋爪頼母	橋爪大夫／岩渕布谷大夫					120
岡本町		西織部	岡本西大夫		3,465			
			檀那軒数合計	30,393	30,579	26,273	2,488	28,766
			壇場をもつ御師数	10人	9人	2人	1人	6人
			檀那組織率　※本文参照	23.18%	19.71%	11.60%	12.20%	12.56%

一国あたりの御師の数　実は、このような様相は、中国・四国地方の中では出雲国だけに認められる特異なあり方である。このことを見るために、［図1］に国別の伊勢御師数、すなわち、それぞれの国内に檀那をもつ御師が何人いるのかを示した。人数が少ないほど独占率が高く、多いほど壇場が細かく分割され分有されている状況を示す。一般論として、「御師の地盤は、大抵一ヵ所に留まらず、そのほか、各地に分散している。かつそれぞれの地域は、一御師の完全な独占的支配下にあることはむしろ稀で、幾多の御師が同一地域で旦那の取り合いを行っているのである。」とされる(9)。といっても様相は全国一律ではなく、地域差が大きい。御師数が最も多いのは神宮お膝元の伊勢国で、百家以上の御師が、細分された小さな檀那と師壇関係を持っていた。これに次いで伊勢国周辺、特に東海道沿いには、［図1］でオレンジ色に表示した美濃国、尾張国、近江国、三河国といった、非常に多数の御師たちが複雑に入り組んで壇場を保持する地域が続く。そうした傾向は同心円状に、伊勢から離れるほど薄まっており、関東、九州は御師の数が少ない。特に下野国、安房国、薩摩国、大隅国は一家が単独で、国中すべてを壇場として独占していた。また御師数が少ない点では海を隔てた離島も同様で、隠岐国・壱岐国・対馬国・佐渡国、さらに松前も一家の御師が独占的な壇場としていた。

このように、全国的には概して伊勢から地理的に遠くなるほど、また交通が困難であるほど国別の御師数は少なく、結果的に御師同士の競合は弱いといえる(10)。中四国の場合は伊勢近国と九州とのちょうど中間的様相で、伯耆国・因幡国でそれぞれ一〇家程度、石見国では六家の御師が檀那を分け持っており、山陽・四国は十〜二十数家である。したがって、出雲国で三村家一家がほぼ独占的に、二万軒を優に超える大規模な旦那を抱えているあり方は、中国・四国地方の中ではかなり特異と言えるだろう。なお「御師数が少ないこと」は「御師活動が低調であること」を意味しない。［図2］には、［図1］と同時点における国別の檀那件数を示したが、東北・関東や九州では御師数が少ない一方で、檀那数は極めて多く、村々に伊勢信仰が浸

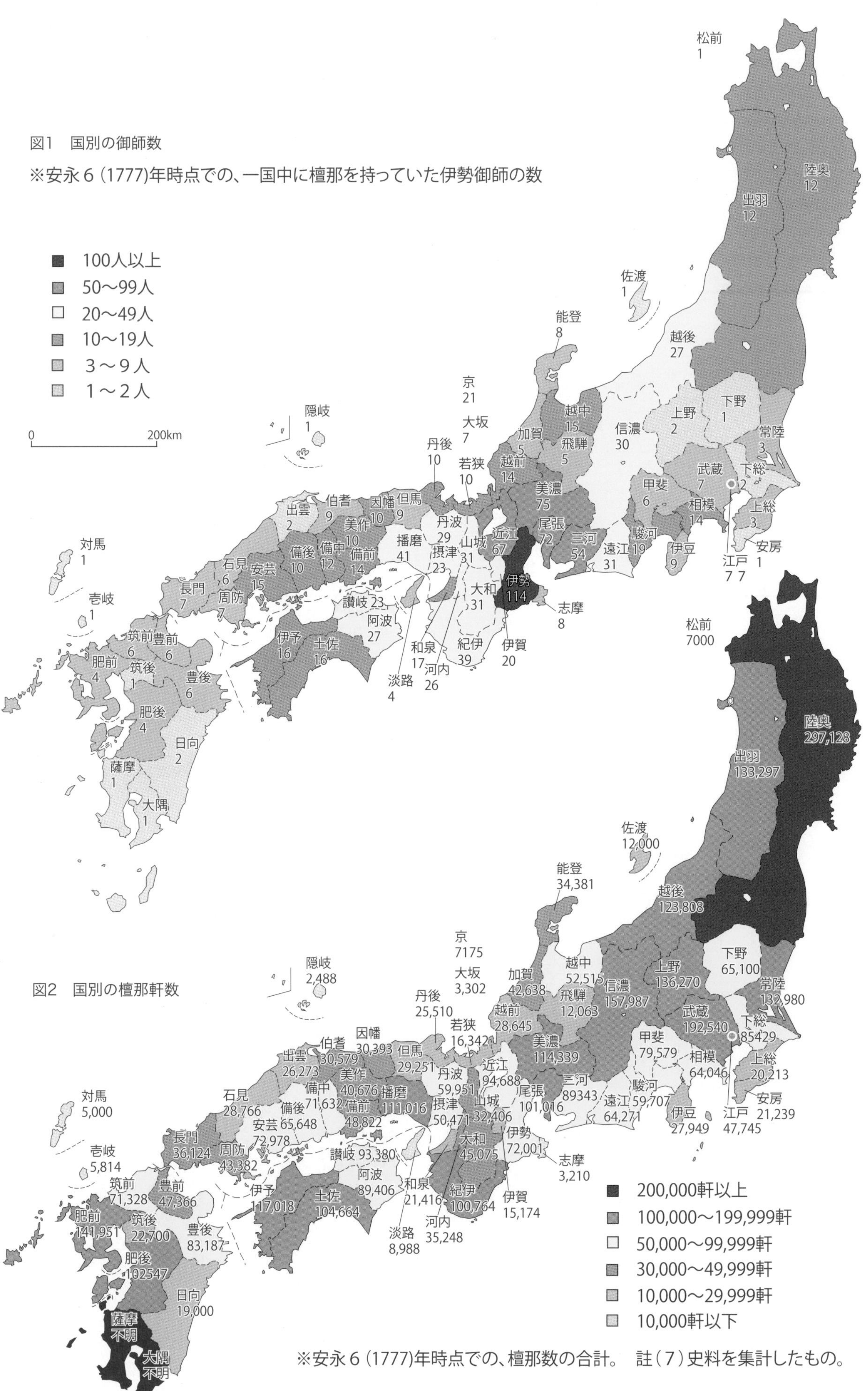

図1 国別の御師数

※安永６（1777)年時点での、一国中に檀那を持っていた伊勢御師の数

図2 国別の檀那軒数

※安永６（1777)年時点での、檀那数の合計。 註（７）史料を集計したもの。

透していた。これらの地域では、少数の大御師により一円全体を檀那とするような、独占的な壇場形成が進んでいたのである。

独占的な壇場形成　このような、「特定地域の檀那をまとめて、限られた御師が独占的に抱え込む状況」について全国的に見てみる。一家の御師が特定地域に持つ檀那軒数は大小様々でかなりばらつきが大きいが、[表1]からも読み取れるように、一万軒以下の数百〜数千軒規模であることがほとんどだった。しかし、一部の有力な大御師の中には非常に多くの檀那をまとめて把握する者があった。[表2]は、一国内に二万軒以上の檀那をもつ御師を抽出したものである。五百軒近くいる御師全体の中で、このようなケースは二・七%と非常に少なく限定される(11)。その中には東北の三日市大夫次郎、関東の久保倉大夫、龍大夫、九州の福島御塩焼大夫、橋村肥前大夫のように、十万軒を優に超える大規模な壇場をもつ事例があった。彼らは莫大な権益を有したことが想定される。

また[表2]から読み取れるように、このような大規模壇場の形成には地理的な偏りが認められる。すなわち、東北・関東と九州に顕著で、北陸・甲信越、四国で少し傾向が認められるが、伊勢近国には存在しない。そして中国地方では出雲のみであることが注目される。

人口に対する檀那の比率　次に、出雲国内ではどの程度の割合の人が伊勢御師の檀那となっていたかを見てみる。藤本利治氏は、天明六(一七八六)年に幕府が命じた国別の人口数調査を元にして、国別の「檀那組織率」を数値化した(12)([表1]の最下段に記載)。これは人口数を安永六(一七七七)年における檀家軒数(前述)で除したものである。一軒あたりの人数が一定とは限らないため目安値に過ぎないが、国別の傾向は把握できる。これによると出雲は一一・六〇%で、因幡(二三・一八%)の半分程度と低い数値であることがわかる。全国的には一五〜二〇%の地域が多く、「一戸平均五人家族とすれば(13)」人口ベースでは七五〜一〇〇%が檀那という計算となる。したがって一八世紀後半には、全国的に高い比率で、地域によってはほぼ全ての家が伊勢御師と師壇関係を結んでいたことが想定される(14)。これに対

表2　一国内で2万軒以上の大規模な檀那をもつ御師

地域	国名	軒数	大夫名(御祓名)	地域	国名	軒数	大夫名(御祓名)
北陸・甲信越	甲斐	49,500	幸福出雲	東北	陸奥	200,000余	三日市大夫次郎
	加賀	41,430	加賀国御師		出羽	67,000	
	信濃	24,500	廣田筑後		陸奥	36,800	三日市大夫治郎
	信濃	21,086	福島鳥羽大夫		陸奥	23,173	堤大夫
関西	紀伊	30,700	紀伊国幸福大夫		出羽	23,700	小林大夫
中国	出雲	24,579	三村梶助大夫	関東	常陸	130,700余	久保倉大夫
四国	土佐	54,300	益大夫		下野	65,100余	
	伊予	39,800	久保倉大夫		武蔵	75,918	龍大夫
	伊予	20,000	橋村織部大夫		下総	84,239	
九州	肥後	100,200	福島御塩焼大夫		上野	69,470	三日市大夫治郎
	豊後	77,500			武蔵	56,300	
	肥前	約100,000	橋村肥前大夫		上野	66,800	三日市大夫次郎
	肥前	31,688	高向二郎大夫		武蔵	23,000	三日市大夫治郎
	筑前	32,456			安房	21,239	榎倉義大夫
	豊前	40,250	橋村八郎大夫				
	筑後	22,700	橋村主計				

し出雲国は檀那が人口の半数程度と推定されることから、周辺国より檀那の組織率が低い。全国的には、一八世紀後半は伊勢御師による師檀関係の組織化がほぼ完成している段階とみなされており、かつ大規模壇場が多い東北や九州では一六世紀～一七世紀初頭にすでに一円的な大規模壇場形成が進められていたことと(15)比較すると、出雲では御師活動の展開が遅滞しており、一八世紀後半時点はその途上であった可能性が考えられる。

内宮の御師　伊勢御師には内宮・外宮の別があるが、檀那は両者から大麻を受けることが多く、その壇場は重複していた。内宮の御師が持った壇場については、「旧師職総人名其他取調帳」(16)から知ることができる。これは制度廃止された御師への救済策として扶助金を交付するにあたり、調査資料として各御師から提出させた取調書を町ごとにまとめ、度会郡役所を経て三重県に提出したものである。取調は明治一二年頃行われたが、調査項目は制度廃止前の旧家格・配札先の国郡・配札高などで、ここから明治二・三年頃における配札活動を読み取ることができる。うち、山陰（島根県・鳥取県域）を壇場にした御師を抽出して［表3］にまとめた。

出雲国については四家がみえ、このうち藤波神主・佐八神主は家格が高い神宮家にあたる。御師制度が廃止される直前の「伊勢両宮祭主以下師職名」(17)の時点で、藤波神主は禰宜筆頭の従二位「禰宜長官一禰宜」、佐八神主は禰宜序列九位の従四位下「禰宜九神主」であった。鳥取藩領である因幡・伯耆では内宮御

表3　幕末期に山陰を壇場にしていた伊勢御師

	因幡	伯耆	出雲	隠岐	石見
内宮	**白鬚大夫** （一円）	**白鬚大夫** （河村郡・八橋郡・久米郡・汗入郡）	**藤波神主** （島根郡19町・松江旧藩士）	−	**上野館大夫** （那賀郡13町）
	十文字大夫 （鳥取市中）		**腹巻大夫** （杵築町方・松江町方）		
			坂三頭大夫（松江）		
			佐八神主（町方）		
外宮	**河北助大夫** （鳥取町方688戸・八上郡35村・高草郡70村・気多郡51村	**御炊大夫** （日野郡88村・汗入郡3村・会見郡3村・久米郡17村）	**三村権助大夫** （一円／絶家）	**高向二頭大夫** （一円）	**松室与一大夫** （邑智郡38村）
	堤長太夫 （鳥取町方153戸）	**河北助大夫** （倉吉中16戸・河村郡12村・久米郡30村）	**庄門大夫**（中北大夫） （不詳）		**橋村八郎大夫** （鹿足郡48村・津和野市35戸）
	一志正住大夫 （気多郡2村）	**一志正住大夫** （河村郡39村・久米郡12村・八橋郡79村・会見郡12村・汗入郡1村）			**村山大夫** （邑智郡2村）
	上部左近 （鳥取町方27戸）	**中北大夫**（不詳）			**橋本金大夫** （町方8箇所）
	松木館八郎大夫 （鳥取町方）	**橋村八大夫** （河村郡62村・久米郡35村・八橋郡13村・汗入郡40村）			**榊原大夫** （那賀郡1村）
	榎倉修理進 （鳥取町方）	**松田与吉大夫** （汗入郡9村・会見郡101村・町方1箇所・日野郡30村）			**松田与吉大夫** （那賀郡77村・町方1箇所）
	幸田大夫 （邑美郡2村・気多郡20村町方1箇所）	**幸田大夫** （河村郡5村町方1箇所・久米郡68村・八橋郡9村）			
	廣辻勘解由 （智頭郡25村1町）				
	御炊大夫 （岩井郡11村・法美郡19村・邑美郡3村町方1箇所・多気郡26村・高草郡1村・八東郡2村）				
	足代玄蕃 （高草郡取島町内50戸）				
	小林大夫 （邑美郡12村・法美郡24村・八上郡45村・八東郡27村・高草郡9村・智頭郡79村）				

師である白鬚大夫が一円を広く壇場として活動したのに対し、出雲では内宮御師の活動は松江城下や杵築などの町方に限定されていた。在方への配札については藤波神主が「島根郡一九町」のみを対象としており、松江城下の周辺地域にあたる意宇郡（のち八束郡）だけが認められていたようである。後章で紹介する意宇郡東来待村の土江家に伝わる御祓大麻群に藤波神主のものが一一点含まれていることはこれと整合する。

出雲における伊勢御師の展開　以上をまとめ、出雲国における伊勢御師の動向について、二点の特徴を指摘しておく。

①橋村八郎大夫（主膳家）から壇場を継承した一家の御師（三村梶助大夫）に国中の檀那がほぼ独占されていた。これは中四国（離島である隠岐国を除く）では特異なあり方である。

②一八世紀後半時において、檀那比率は人口の半数程度と低く、伊勢御師の活動は遅滞していた。

［表3］下段には御師制度廃止直前（明治二・三年頃）の外宮御師を示した。因幡・伯耆では安永六年時点と同様に御師数が多く、檀那株の売買も活発に行われているのに対し、出雲では三村梶助大夫と庄門甚大夫の二家だけが壇場を持つ点で全く変化がなかった(18)。

一―三、門前町山田の構造と御師三村家

宇治・山田の身分秩序と御師　本節では、出雲を壇場とした三村梶助大夫の実像をみていく。その位置づけを考えるうえでは、伊勢御師の家格区分を念頭におく必要があるだろう。近世の宇治・山田には神宮組織・自治組織を基礎とした独特の身分秩序が存在していた(19)。一九世紀の山田の場合、大中臣氏の流れを汲む①宮司家を筆頭に、②神宮家・③三方（会合）家・④年寄家・⑤平師職・⑥殿原・⑦中間、という家格序列があり、身分差が定められていた。このうち御師活動に関わったのは②以下の身分である。②神宮家は神宮の禰宜職を世襲する家柄で、私的に御師を兼業した。③三方会合家は山田の自治組織を運営する家柄で、行政上の権限をもち、属する二四家はすべて御師でもあった。これに次ぐ④年寄家は、③三方家の支配下に属しながら各町内の自治を担う身分で、③④が自治運営の中心的存在であるとともに、御師の中核層として広く活動した。またその中には権禰宜・物忌・内人といった神宮の下級神職を兼務するものも少なくなかった。⑤平師職は他に公職をもたない御師で、有力御師の手代となったり、商業を兼業するものも多い。⑥⑦は御師の配下を務める身分で、職人や商人、農民層でもあった。⑥殿原が苗字をもつ家格、⑦中間がもたない家格である。以上の区分のうち、三村梶助大夫は④年寄家の家格であり、屋敷を構える下中之郷における実質的な自治運営を担う立場にあった。

山田の御師町と三村家の位置　外宮の門前町にあたる山田十二郷には御師町が広域に展開していた。［図3］に示したように、西は宮川、東は勢田川に囲まれた東西約二・五kmにわたって、御師屋敷が多く分布していたのである。

このうち、三村梶助大夫の屋敷は外宮鳥居から北西へ約一kmの、下中之郷に位置していた。［図4］は文化一五（一八一八）年三月の「下中之郷町内絵図」から下中之郷の空間構成を復原したものである(20)。東西方向の主要街道が二本通り、これを南北に接続する小路に面するようにして建物が密集している。町域面積の半分ほどを、大きい地割の御師屋敷が占めており、それ以外を間口の狭い町屋が細分する構造を取る。こうした小さな町屋に住む町人達も、手代等として御師を支える役割を果たしたとみられ、全体が御師活動を主体とした町であった。

三村邸は外宮の主要参詣街道（西隣の上中之郷町境にあたる筋向橋から外宮正面に至る）の南側に面しており、往来に面した間口は狭いものの奥行きが百㍍近くあって非常に深い構造をしており、広大な屋敷地を有していた。町内にはより家格の高い松木坂井大夫（神宮家）や堤大夫（三方家）の屋敷もあったが、各々の檀那数は松木が一九二五軒、堤が五五〇八軒と少なく、家格の高さとは比例しない。三村梶助大夫は下中之郷で最大数の四二九五六軒の壇場を抱え、さらに飛鳥井・下冷泉といった公家や、細川氏といった武家の檀那も持っていた。下中之郷は数千〜一万件程度の中規模な檀那を持つ

御師が多く、その中では年寄家であった三村梶助大夫が突出して最有力な師職だったといえる。山田全体でみればさらに大規模な活動をする大御師がいるため、「中の上クラス」といったところであろう。

以上をまとめると、三村梶助大夫は門前町（下中之郷）の自治に関して行政的実務の権限をもつ年寄家の家格で、町内を代表する有力な御師であった。壇場は出雲に限らず中国地方～九州にまで広がるが(21)、全体の五七％を占める出雲を最も主要な壇場としていた。出雲での廻壇活動をほぼ独占していることから、安永六年以降さらに檀那数が増加し、出雲との関係性がより深くなった可能性が高い。

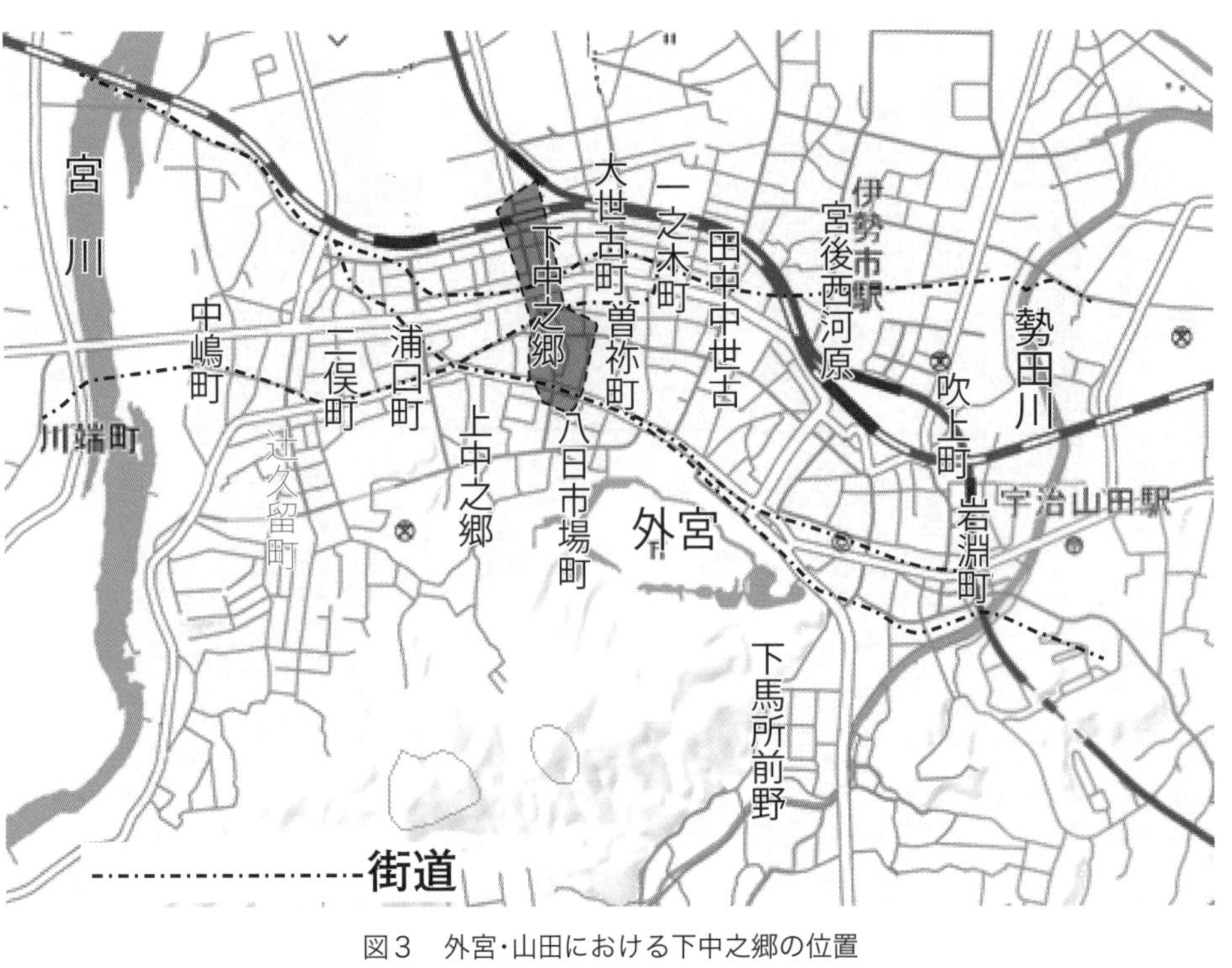

図３　外宮・山田における下中之郷の位置

一―四、三村梶助大夫による松江藩での廻壇配札

出雲国を主要壇所とした御師、三村梶助大夫が廻壇活動の拠点としたのは、松江城下の白潟社神主の青砥邸であった。青砥氏がこのような便宜を計ったのは、伊勢両大神宮を勧請した伊勢宮を所掌していたためであり、御師はこうした各地域における伊勢信仰の拠点を足がかりにして配札活動をおこなっていた。

青砥氏に係る史料群、賣布神社文書「諸預届書奥書等控帳」中にあるのが、［史料1］である(22)。これは、国中廻壇のために御師が藩内に滞留することを認めるよう、青砥氏から松江藩寺社奉行宛に願い出た文書控である。同史料より、文政四年～天保九年に提出された内容を［表4］に整理した。これをもとに、松江藩領において、例年の配札がどのようにおこなわれたの

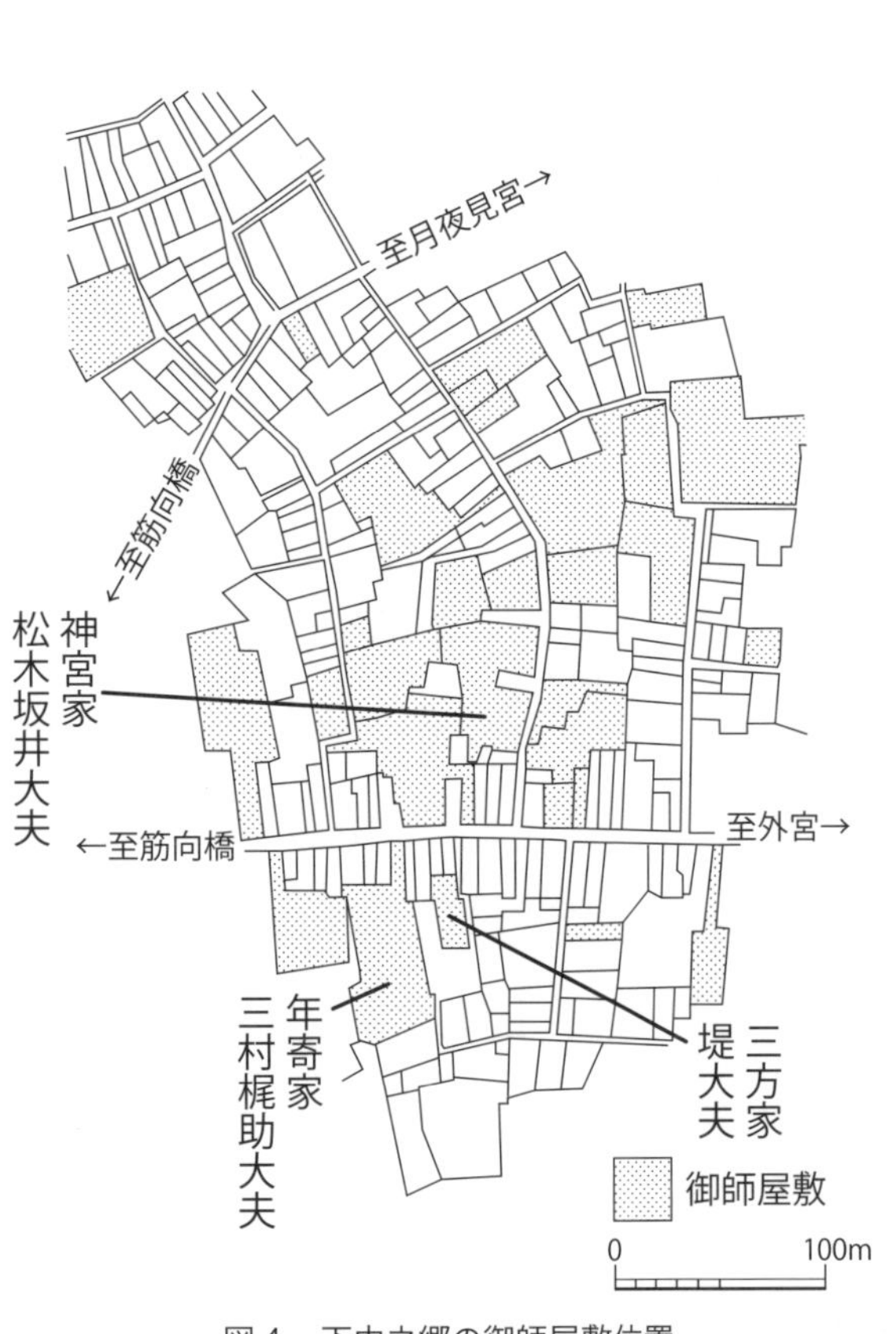

図４　下中之郷の御師屋敷位置

表４　松江藩に対する廻壇配札の願出（賣布神社文書より）

願出の内容	年月日		実際に配札をおこなう手代の氏名			
①滞留願	文政4（1821）年	11月	中津五兵衛	中津実三郎		下男
②延長願	文政5（1822）年	正月				
③出立届	〃	2月				
①滞留願	〃	11月	中津実三郎	加藤幸次		下男
②延長願	文政6（1823）年	正月				
③出立届	〃	2月				
①滞留願	〃	11月	中津五兵衛	中津実三郎		下男
②延長願	文政7（1824）年	正月				
③出立届	〃	3月2日				
②延長願	文政8（1825）年	正月	中津五兵衛	中津実三郎		下男
③出立届	〃	2月14日				
①滞留願	文政9（1826）年	11月	中津五兵衛	中津新五郎		下男
②延長願	文政10（1827）年	正月				
③出立届	〃	2月27日				
①滞留願	〃	11月19日	中津五兵衛	中津実三郎	石津衛守	下男
②延長願	文政11（1828）年	正月				
②延長願	〃	3月				
③出立届	〃	4月15日				
①滞留願	〃	11月	中津五兵衛	中津進吾	西山伝次	下男
③出立届	文政12（1829）年	2月15日				
①滞留願	〃	11月24日	中津五兵衛	中津弥左久	乾祐司	下男
②延長願	文政13（1830）年	正月				
③出立届	〃	2月13日				
①滞留願	〃	11月	中津五兵衛	中川祐司		下男
②延長願	天保2（1831）年	正月				
③出立届	〃	2月19日				
①滞留願	〃	11月21日	中津五兵衛	中津仲助	中津幸治	下男
②延長願	天保3（1832）年	正月				
③出立届	〃	2月				
①滞留願	〃	11月	中津五兵衛	高福次左衛門		下男
②延長願	天保4（1833）年	正月				
③出立届	〃	2月22日				
①滞留願	〃	11月22日	中津五兵衛	中津吉三郎		下男
②延長願	天保5（1834）年	正月28日				
③出立届	〃	3月朔日				
①滞留願	〃	11月21日	西島佐十郎	柴山慶蔵		下男
②延長願	天保6（1835）年	正月				
③出立届	〃	2月				
①滞留願	〃	11月17日	中津五兵衛	柴山慶蔵		下男
②延長願	天保7（1836）年	正月				
③出立届	〃	2月25日				
①滞留願	〃	11月19日	中津全造	柴山慶造		下男
②延長願	天保8（1837）年	正月26日				
③出立届	〃	2月25日				
①滞留願	〃	11月16日	中津全造	柴山慶造		下男
②延長願	天保9（1838）年	正月24日				
①滞留願	〃	11月19日	中津全造	藤原源右衛門		下男

［史料1　賣布神社文書「諸預届書奥書等控帳」］

【①滞留願】

奉願口上之覚
一　勢州山田三村梶助太夫名代中津
五兵衛同実三郎并下男壱人以上三人
御国中旦那廻ニ罷越申候ニ付来午正月
中滞留仕候様奉願候以上
（文政四年）巳十一月　　青砥
高木（権平様）
堀（彦右衛門様）

【②延長願】

追願口上之覚
一　勢州山田三村梶助太夫名代中津
五兵衛同実三郎并下男壱人以上
三人御国中旦那廻相仕舞不申候ニ付
来ル三月中滞留仕候儀奉願候以上
（文政五年）午正月　　青砥
朝木
堀

【③出立届】

出立届口上之覚
一　勢州山田三村梶助太夫名代中津
五兵衛同実三郎并下男壱人以上
三人御国中旦那廻リ相仕舞申候ニ付
今日出立仕候依之御届申上候以上
二月　　青砥
高木
堀

か見てみよう。

　まず、御師自らが壇場である出雲国へ来訪することはなく、実際の廻壇配札を担うのは御師の「名代」とされる手代二〜三名と下男一名であった。ほぼ毎年来訪している手代として中津五兵衛の名がみえる。おそらく彼は出雲国の地理を詳しく知り、村々に顔が効く人物として配札活動の中心を担ったのであろう。①滞留願では、彼らが出雲国中の「旦那廻り」をするために来訪したので、年明け正月いっぱい滞留することを願い出る。文書の宛は松江藩寺社奉行の高木権平、堀彦右衛門であった。①が出されるのは例外なく十一月で、日付がわかるものは皆、二十日前後である。配札は例年師走に始まる年末年始の恒例行事とされていた。当初は二ヶ月間余りの滞留を願い出ているが、予定通りに旦那廻りが完了しないので②延長願を提出し、滞留期間を三月いっぱいまで延長するよう願い出ている。旦那廻りが完了し、伊勢へ帰国出立したことを報告するのが③出立届で、多くは二月に提出されている。したがって、十一月下旬に出雲に入り、約三ヶ月間をかけて御札配り、初穂集金をおこなっていたことがわかる。なお文政十一年の場合は、延長を見込んだ三月いっぱいかけても完了しないため再度の延長を願い出ており、最終的に出立したのは四月十五日、このように五ヶ月間を要した年もあった。

　上記①②③のような、当初の滞留願で正月いっぱいとしておきながらも完了せず、三月までの延長を願い出るという二段構えの願出手続きは、確認できる一七年間で毎年繰り返されている。必要以上な長期の滞留願を認めないという松江藩の方針と、先例に倣う事務慣例によるものかと推察される。

　なお同史料中では、御師名代の滞留に関わるものは文政一四年一一月が初出である。青砥氏邸を宿所とした配札はこれが最初だったのかもしれないが、三村梶助太夫の出雲国配札自体はそれ以前からおこなわれていた可能性がある。それをうかがわせるのが、実際に保管されていた御祓大麻の資料群である。次節ではこれを詳しくみていく。

一―五、残されていた御祓大麻から

一般に社寺から発行される御札・御守は毎年新しいものに更新されるため、旧年のものは神棚から下げ、小正月の行事（左義長・とんど焼き等）で焚き上げられるなどして、基本的に保管されることはない。

そのような中で、特別な意図をもって、古い神札が大切に保管されるケースがあった。こうした行為について詳しくは次章で扱うとして、本節では伊勢外宮の御師、三村梶助大夫が出雲国松江藩領内でおこなっていた廻壇配札を具体的に示す資料群を紹介する。

東来待村土江家護符群　［写真1］は意宇郡東来待村（現島根県松江市宍道町）の旧家、土江家に残されていた近世伊勢神宮の御祓大麻である[23]。特製の木箱（高さ六三センチ×幅九三センチ×奥行二七センチ）内に、計九四点の御祓大麻が収められていた。木箱は正面が観音開きになっており、内部は上下二段に仕切られている。木箱外面が強く煤けており、囲炉裏がある農家の神棚あるいは小屋裏などに置かれていたことをうかがわせる。

御祓大麻の構造　御祓大麻の形状には箱型・剣先型（祓串を紙で包んだもの）などの種類があるが、土江家で保管されていたものはすべて箱型であった。その構造を［図5］に模式的に示した。大麻の中核は箱内に収められた祓串（御真）で、これはお祓い（修祓）に用いる大麻（おおぬさ）を象徴化したものである。現代の割り箸のように成形した串（棒）に、細長く裁断した紙が巻き付けられている。これを、スギの柾目薄板（厚さ二～三ミリ）を組み合わせた箱に収め、さらに「太神宮（御師名）」を判で刷り出した紙を巻き、糊付け封ずる。

御祓大麻の内訳・年代　内宮・外宮の二種がある［写真2］。外宮御師は前節で触れた三村梶助大夫で、内宮側は藤波神主（荒木田氏二門の一家で、内宮禰宜を世襲した）であった[24]。御祓大麻を受け取った土江祐七は、わざわざ特製の木箱まで製作していることからも伺えるように、たいへん几帳面な人物だったようだ。大麻に添えられた三村梶助大夫からの「御状」（版木で刷られた添状）は開封することもなく丁重に紙に包み、さらに年号を記した札を付して［写真3］、大麻本体に紙縒り紐で結わえ付けて保管している。年号札が付いていないものも多いが、このおかげで配札年を把握することができ［表5］、毎年欠かさず大麻を受けていたことがわかる。年号札で最も古いのは天保六（一八三五）年だが、おそらく六七点ある年不明のものは、それ以前に受けたものと考えられる。外宮御師の大麻が合計八三点あることから、仮に明治四（一八七一）年の御師制度廃止まで配札が続いたと仮定した場合、その開始は八三年前にさかのぼる一七八〇年代（天明頃）には開始していたとみるべきであろう[25]。前述したように、出雲国における三村梶助太夫の活動は安永六（一七七七）年時点では浸透途上にあったと考えられ、東来待村の土江家はその後にあらたに開拓された旦那の一家であったことが想定される。

また、天保七～九年については大麻を受け取った日付（一二月一一日・一五日・一九日）が記されている。前節で見たように、御師手代一行は一一月中旬に松江藩へ滞留を願い出ており、松江城下から近い意宇郡東来待村はおおむね到着一ヶ月後に廻るのが通例だったことがわかる。例年の国内廻壇の順・ルートは固定されていたようだ[26]。

伊勢暦　伊勢の御師が大麻とともに土産として配った「伊勢暦」は、農村にとって日常に欠かせない重要なものであった。文政一三（一八三〇）年五月に松江藩が指示した暦に関する調査によると、村々の頭分や中以上の階層の者はおおむね、御師から「伊勢度会郡山田左近」の記載があるものを受け取っていた。また、そのほかの者たちは松江の小間物屋から京都の大経師降屋内匠の暦を購入していたとされる[27]。土江家の大麻保管箱内に収められていた嘉永六（一八五三）年のもの［写真四］は後者にあたり、松江城下の神門屋伝助が扱っていたことがわかる。

以上本章では、出雲国における伊勢御師の活動、特に外宮有力御師の一人であった三村梶助大夫の廻壇配札について、新資料をもとに具体的なあり方を明らかにした。

写真1　東来待村土江家の御祓大麻

写真2　内宮(左)･外宮(右)の御祓大麻と、その内部に収められている祓串(右)

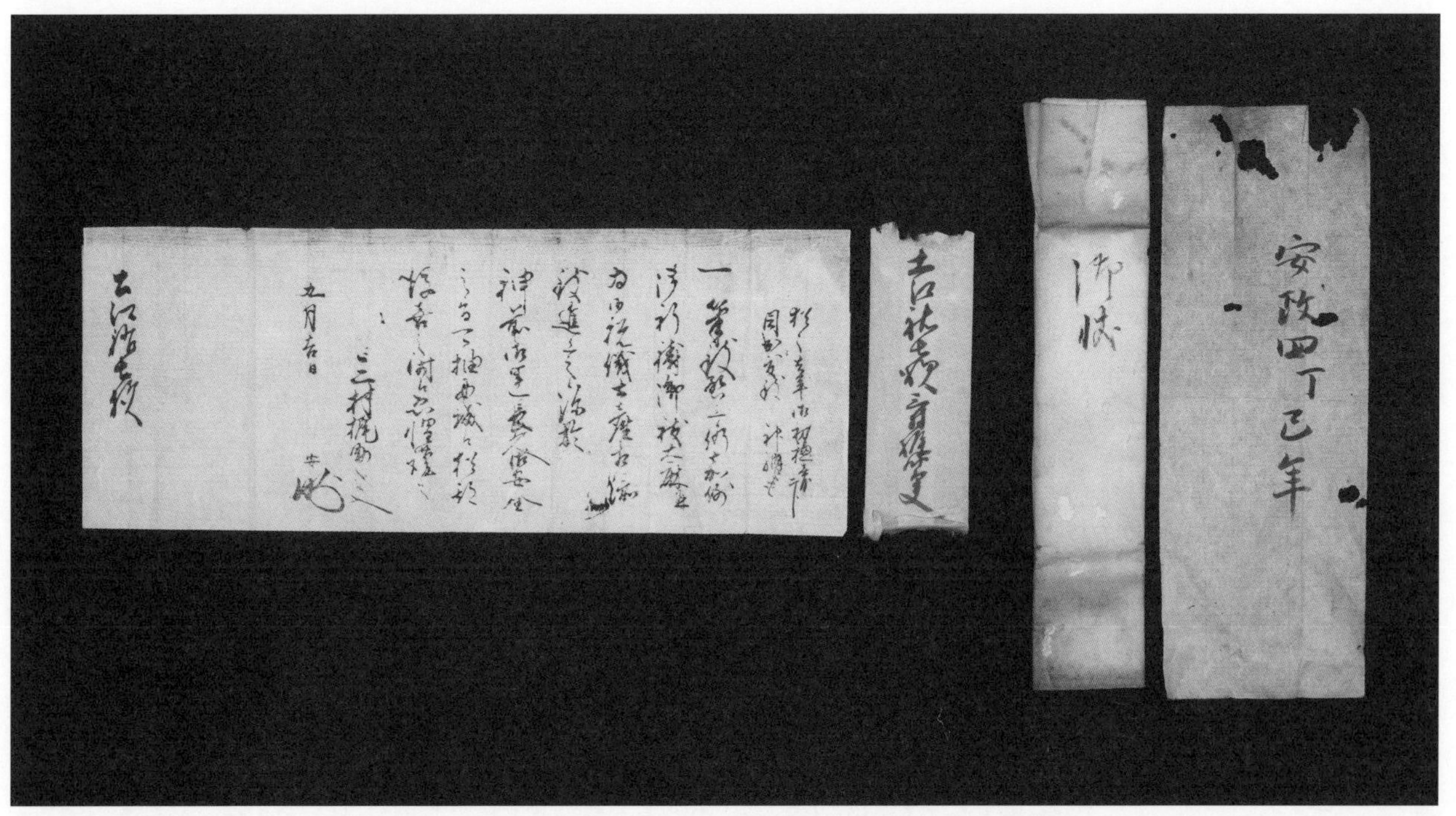
写真3　御祓大麻の添状(中・左)と、保管時に付された年号札(右)

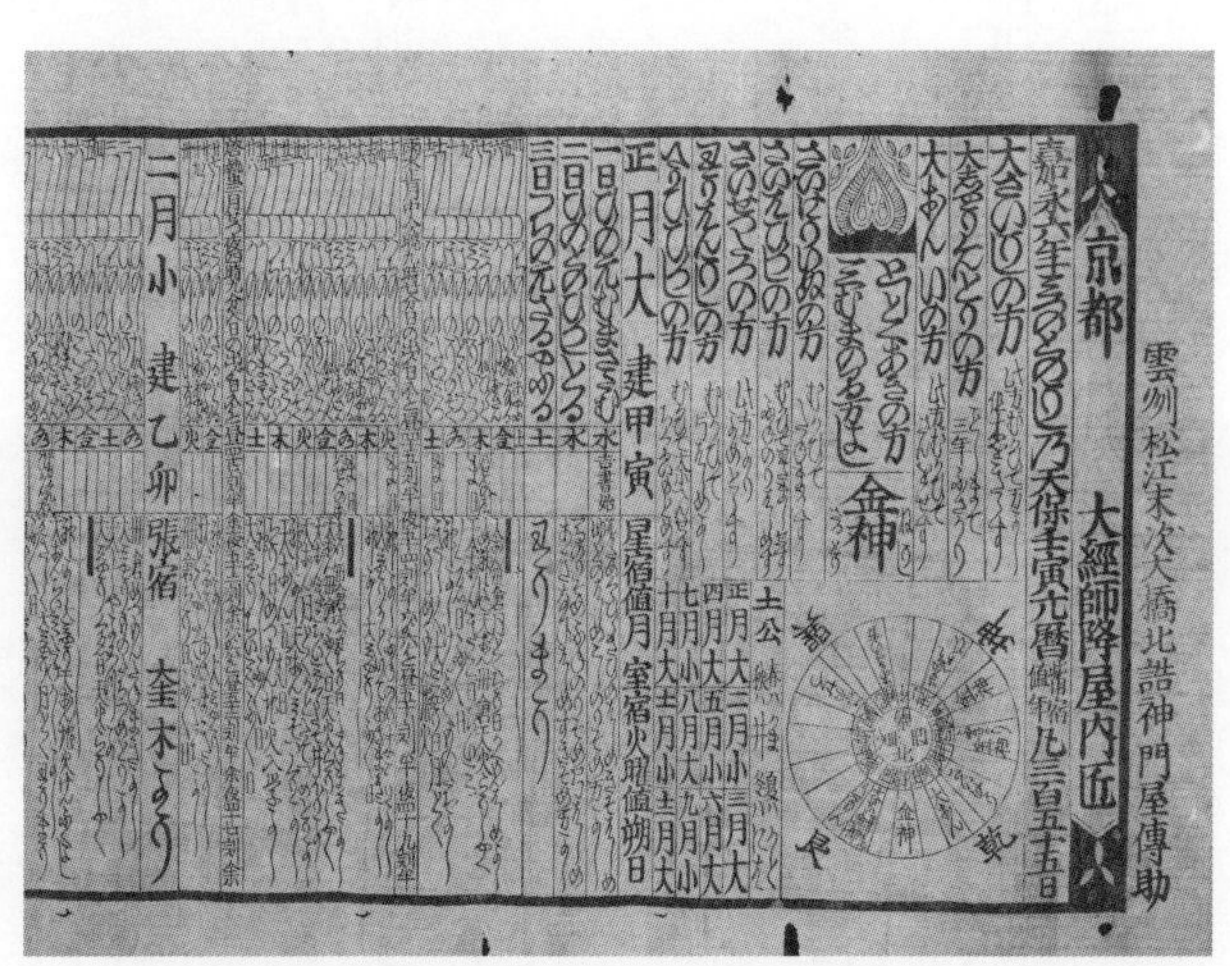
写真4　土江家が入手していた暦(嘉永6年分)

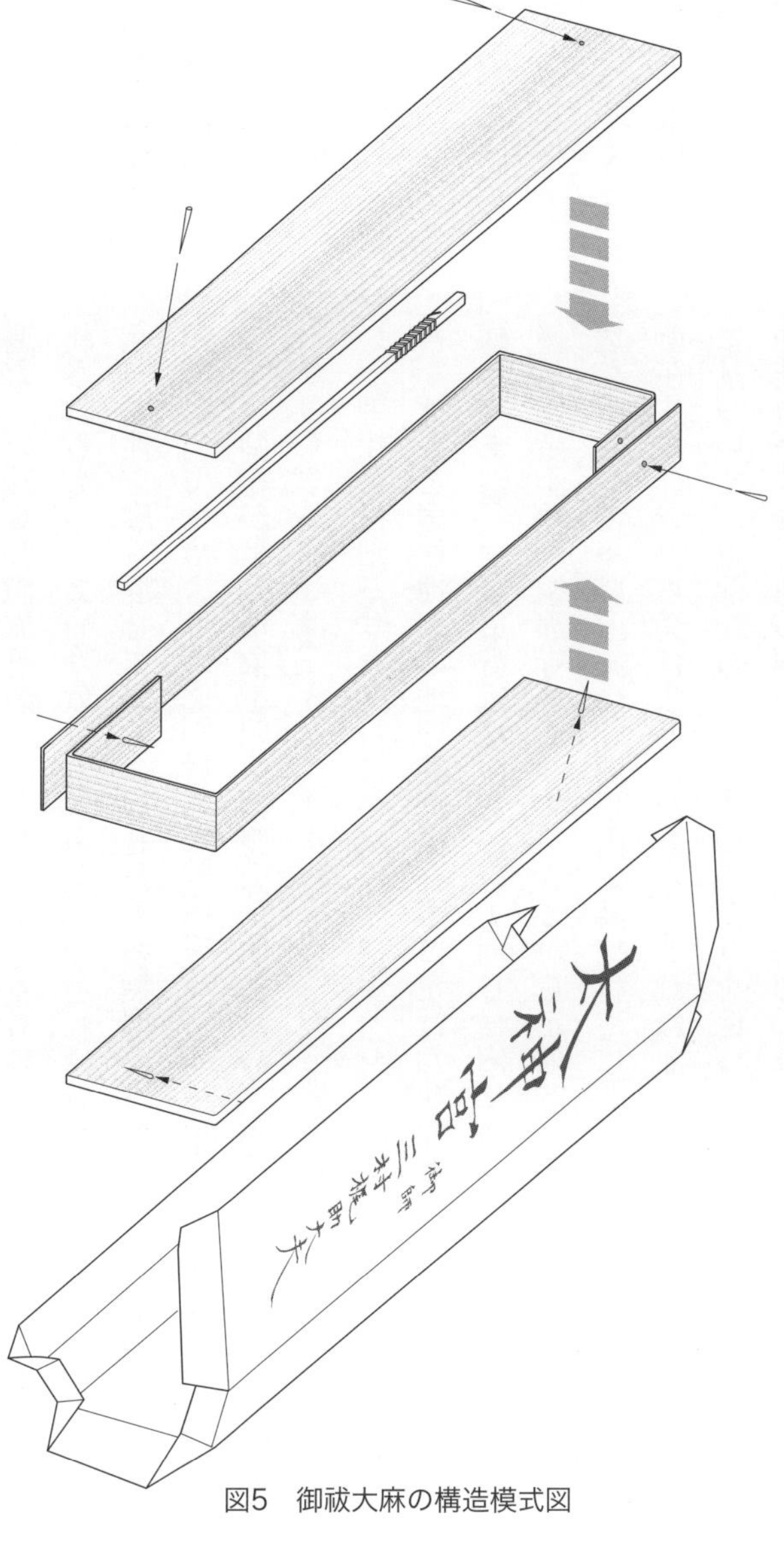

図5　御祓大麻の構造模式図

表5　御祓大麻の配札年

外宮　三村梶助大夫		内宮　藤波神主	
天保6 (1835) 〜 天保10 (1839)		嘉永5 (1852) 〜 嘉永7 (1854)	
嘉永2 (1849) 〜 安政5 (1858)		安政3 (1856) 〜 万延2 (1861)	
万延2 (1861)			
年不明	67点	年不明	2点
計	83点	計	11点

二、御札群からみた民衆の信仰

屋根裏のおふだ　前章では出雲国内の旧家（意宇郡東来待村の土江家）に保管されていた、伊勢神宮（外宮）の御祓大麻について触れた。じつは、同家に伝えられた御札護符類は、伊勢御師から受けたものだけに限らない。収納箱は他にもあり、計三〇〇点に及ぶ多種の御札が保管されていた。その中には高野山普賢院（紀伊）や大峯山東南院（大和）、湯尾峠茶屋（越前）といった、遠方に立地する社寺から発行されたものも含まれている[28]。

このような、旧家の屋根裏などにまとまって保管されている御札群に関しては、一九八〇年代から歴史民俗学的な視点で研究俎上に取り上げられるようになり、『民具マンスリー』（神奈川大学常民文化研究所）には多くの事例研究が紹介されている。それらによれば、「守札が千枚になると火伏せの呪力があるとか、悪霊が入ってこないという伝承が全国各地にあって、民家などへ調査に行くと、叺に入れられた多量の古札の束がまっ黒にすけたまま納屋や天井の梁などにくくりつけられているのを見かける」[29]という。また兵庫県では「雷除けとして屋根裏に上げ」る信仰が報告されており[30]、願意の形は少しずつ変容しつつも、古い御札に災厄防除のはたらきがあると考えられ、屋根裏や梁などにまとめて保管する信仰習俗が全国的に広く存在していた。そこで本章では「伊勢と出雲」から少々視野を広げて、旧家に保管されていた御札群を手がかりに、近世地域社会における民衆の信仰体系や、社寺との関係性について考えてみたい。

二―一、御札が移動する背景

御札がもたらされる契機　多くの民俗学レポートが報告しているように、一つの家には様々な社寺が発行した御札が混然と集められており、それがもたらされた契機・背景は多様であった。この点については既往研究においても注目され、分類案が提示されている。一例を挙げれば、①氏子や檀家として例年受けるもの、②祈願の為に家族等が直参し受けて帰るもの、③遠方への社寺参詣旅行の土産として受けるもの、④御師により定期的に配札されるもの、という分け方である[31]。これは分類というより、異なる次元の属性を取り混ぜて組み合わせた主要類型（パターン）であって、この類型に当てはめようと個別御札を詮索することにあまり意味はない[32]。そこで、御札が動く事象を明快に概念化するため、属性ごとに区別して整理しておく。属性とは、A．社寺と居住地との地理的関係、B．取得の機会、C．御札を移動させた人の行為、の三つである。

A．社寺と居住地との地理的関係　家と発行元社寺との地理的距離は遠近様々である。家と最も近接するのは①同じ村内にあり生活・年間行事に密接した産土社・檀那寺であって、ここから定期的に御札を受ける機会が当然ながら一番多い。次に②同郡内（隣接村）に所在する社寺、③同国内に所在する社寺から受ける場合がある。これは血縁（分家など）や姻戚関係に基づいて、以前からの信仰的つながりを保つケースや、出雲大社や美保神社のように特別の神徳を以て広域に信仰されるケースがある。また④国外に所在する社寺については、近国からはるか遠国まで様々であるが、基本的には参詣旅行の目的地となる著名な社寺か、国内での檀那廻りを認められた御師による配札であって、基本的に有力社寺に限られている。

B．取得の機会　神仏を崇敬し社寺から御札を受ける理由は、突き詰めれば息災と豊饒への希求である。健康で災厄無く、家内が安全であるよう守護する御札は最も普遍的なものだ。神徳効果を特定種の加護に特化したもの（火伏せの秋葉山等）も、広い意味では日常の息災を守るものである。また、豊かな稔りを祈るという点では、害虫防除や牛馬安全の祈祷札なども五穀豊饒に関連した御札としてよく見かけられる。このような普遍的な願いに基づき、①特段の事情ではなく恒例の祭礼・祈祷行事などで授与される御札、は非常に多く大半を占める。また定期的な配札活動で授与されるケースも同様で、受け手にとってみれば契機は受動的であって特段の願意が込められる訳ではない。その一方で、数は少ないが②特別な願意に基づく祈願のため、臨時に受ける御札、がある。病気平癒は典型で、おかげがあるとされる社寺に家族が出向いて祈祷を受けることが想定される。同様なものに剣難封じや、疱瘡除けなどがある。また家屋等を建てるにあたって受けた地鎮祭札なども、取得の機会としては同様に臨時的なものである。取得機会の観点からすれば、参詣旅行から帰った近親者から受け取る場合も、臨時的なものとすることができる。

C. 御札を移動させた人の行為　家の者が発行元の社寺に赴いたかどうか、という点で、①直参して受ける場合、②土産として人からもらう場合（代参講の参詣者に持ち帰ってもらうケースを含む）、③社寺から来た宗教者（御師）から配布を受ける場合、に大別される。概念的にはこのように区分されるとはいえ、御札自体に移動の痕跡が残る訳ではないので、資料そのものからは判断できないことが多い。

旧家に一括保管されている近世御札護符群の発行・移動の背景は以上のように整理して把握することが可能である。これを前提にした上で、次に、出雲地域に伝えられていた実資料を取り扱って検討を試みることにする。

二―二、武田家御札群

ここで対象とするのは、旧出雲国大原郡幡屋村（現雲南市大東町幡屋）の旧家、武田家で保管されていた御札群である。屋敷の増改築にともなって解体することとなった土蔵から見つかり、令和五年一二月に当主武田礼二氏から島根県立古代出雲歴史博物館に寄贈された(33)。御札は木製の宮形（高さ五四・五×幅二九.〇×奥行一六.九チセン）［写真5］の中にぎゅうぎゅうに押し込められており、計九九四点ある。

御札群の年代　特定の産土社・檀那寺の年間恒例行事（日神祭、大般若経転読など）の際に毎年一枚ずつ受けたと考えられる同一内容・体裁の御札がそれぞれ三五～四五点あることから、資料群全体としては四〇～五〇年間ほどの期間を中心に収集されたものとみられる。一般的に御札には発行年が記されないため時期の特定が難しいが、三点のみ年号を刷りだしたものがあり、それぞれ弘化四（一八四七）・嘉永二（一八四九）・安政六（一八五九）年であった。また島根県官下教導職の名による札（内容はいわゆる「三条の教則」）一点があり、これは教導職制度が現行だった明治五（一八七二）～一七（一八八四）年のもので最も新しい時期を示すとみられる。以上を総合すると、当該資料の年代は江戸後期（天保頃／一八四〇年代）～明治初め（一八八〇年代）と推定できる。

写真5　御札が納められていた木製宮形

発行元の社寺　御札群を発行元社寺ごとに分類して整理し、その内容と点数を［表6］にまとめた。また、社寺の位置を［図6・7］にプロットし、武田家との距離感・地理的関係を示した。さらに［図8］には点数のおおまかな比率をグラフで示している。

産土社・檀那寺と近郷の社寺　個別の社寺で発行数が最も多いのは、幡屋村の産土社・氏神である正八幡宮（幡屋八幡宮：現幡屋神社／A1～5）で、計一五〇点ある。このうち、定型的な形態で数が多い「御供献上御玉串」や「日神祭御祈祷御禊」は毎年恒例の祭礼や新年行事にて授与されるものと推定され、それぞれ四〇点弱ほど残されている。神社は武田家屋敷・水田がある谷筋を六〇〇メートルほど上がった谷奥の山中腹に鎮座しており、日々の活動と一体的な立地である。こうした産土社の御札が最も多い事実は、その信仰

表６　武田家御札群の内訳

分類	社寺名	現社寺名	現所在地	記載内容（代表例）	点数内訳
A.産土社・檀那寺					
A-1	正八幡宮	幡屋神社	雲南市大東町幡屋	正八幡宮　御供献上御神事御玉串	88
A-2	幡矢八幡宮			幡矢八幡宮　天下太平五穀成就太玉串	2
A-3	幡屋神社・正八幡宮			幡屋神社　正八幡宮　御玉串	15
A-4	日神祭			日神祭御祈祷大禊	34
A-5	産土神社・氏神社			産土神社御祈祷五穀成就家内安全御玉串	11
				小計	150
A-6	大用寺	大用寺	雲南市大東町幡屋	奉修金輪尊供宝牘	50
B.大東町内の社寺					
B-1	一乗寺	一乗寺	雲南市大東町遠所	大般若祈祷	45
B-2	城光寺	城光寺	雲南市大東町下佐世	火災消除…守護　小室山城光寺	36
B-3	伊勢宮太神宮	日原神社	雲南市大東町中湯石	伊勢宮太神宮平安鎮護※内符	18
B-4	伊予殿大明神	伊佐山神社	雲南市大東町遠所	伊予殿大明神疱瘡安全御守	6
B-5	三体妙見	岩根神社	雲南市大東町山田	三体妙見御祈祷之札　別当妙見寺	5
B-5	狩山八幡宮	狩山八幡宮	雲南市大東町下佐世	佐世郷　狩山八幡宮御祈祷加護	3
B-7	加多神社	加多神社	雲南市大東町大東	郷社　加多神社御玉串	1
B-8	須賀宮	須我神社	雲南市大東町須賀	県社　出雲大原　須我宮安産守護	1
B-9	瑞籬（いがき）大明神	置谷神社	雲南市大東町大ケ谷	瑞籬大明神正遷宮御玉串	1
B-10	秀宝院	秀宝院	雲南市大東町田中	秀宝院　※図像	2
B-11	蓮花寺	蓮花寺	雲南市大東町東阿用	奉転読大般若経…雲州巡礼十四番　明峯山蓮花禅寺	1
B-12	諏訪大明神	諏訪神社	雲南市大東町仁和寺	諏訪大明神御玉串	1
C.大原郡（現雲南市）内の社寺					
C-1	神宮寺	神宮寺	雲南市加茂町東谷	薬師尊護摩供　神宮寺	33
C-2	瑠璃光寺	瑠璃光寺	雲南市木次町寺領	寺領村瑠璃光寺　※図像	8
C-3	長谷寺	長谷寺	雲南市加茂町三代	奉転読大般若経専祈　興福山長谷寺	3
C-4	峯寺	峯寺	雲南市三刀屋町給下	奉修大峯柴燈…中嶺山大先達　阿厳院現侶法印	2
D.出雲大社・同摂社					
D-1	五穀成就	出雲大社	出雲市大社町杵築東	大社地祭五穀成就守護	15
D-2	牛馬守護			牛馬繁栄　守護	11
D-3	龍蛇神			大社龍蛇神御守護	3
D-4	悪病除			大社御祈祷悪病除　符籙	8
D-5	火難			大社火難除御祈祷　御守	1
D-6	剣難			大社剣難除　鎮護	1
D-7	地震津波			出雲大社地震津波御祈祷	2
D-8	新嘗祭			新嘗祭御祈祷御守	24
D-9	社日祭			出雲大社社日祭御祈祷御札	1
D-10	地鎮祭			大社地鎮祭御祈祷符籙	2
D-11	玉串一般			大社御玉串　千家徳千代丸	44
D-12	鷺大明神（疱瘡除）	伊奈西波岐神社	出雲市大社町鷺浦	五穀豊饒疱瘡安全　鷺社御神楽御玉串	14
D-13	都稲荷社	都稲荷社	出雲市大社町杵築東	都稲荷社　御玉串	7
D-14	素鵞社	素鵞社	出雲市大社町杵築東	素鵞社大神楽	2
D-15	五十猛神社	不明		五十猛神社諸木繁茂守護	5
E.出雲国内の社寺					
E-1	日御碕太神宮	日御碕神社	出雲市大社町日御碕	日御碕太神宮　大宮市大夫	28
E-2	来成天王神社	来阪神社	出雲市矢尾町	天王神社五穀豊饒悪病退散御玉串	10
E-3	神魂大社	神魂神社	松江市大庭町	出雲大庭神魂大社御玉串	6
E-4	須佐神社	須佐神社	出雲市佐田町須佐	須佐神社　恩頼神護	5
E-5	三穂両大明神	美保神社	松江市美保関町美保関	三穂両大神宮　大宮司	3
E-6	菅原天満宮	菅原天満宮	松江市宍道町上来待	菅原天満宮御神梅　守護	3
E-7	八重垣大社	八重垣神社	松江市佐草町	八重垣大社五穀成就昆虫退散御祈祷御禊	2
E-8	来待神社	来待神社	松江市宍道町上来待	来待神社　御守	1
E-9	秋葉大権現	秋葉寺	安来市大塚町	奉祈念秋葉三尺坊守護所	8
E-10	飛光寺	飛光寺	出雲市乙立町	諸病悉除悪魔退御祈祷　亀淵山飛光寺	3
E-11	喜見寺	喜見寺	出雲市斐川町黒目	急急如律令風難退除出雲郡黒目村喜見寺	2
E-12	玉昌寺	玉昌寺	出雲市斐川町直江	奉真読大般若経…潤徳山玉昌禅寺　嘉永己酉	1
E-13	島根県官下教導職			※三条教則	1
F.中国地方の社寺					
F-1	大山寺	大神山神社	鳥取県西伯郡大山町	御祈祷御札　大山寺圓流院	41
F-2	粟島大明神	粟島神社か	鳥取県米子市彦名町	粟島大明神　守護	1
F-3	焼火神社	焼火神社	隠岐郡西ノ島町美田	焼火神社御守	1
F-4	善覚大明神	木山神社・木山寺	岡山県真庭市木山	善覚大明神　家内安全五穀成就祈修	6
F-5	曹源寺	曹源寺	岡山県岡山市中区円山	奉真読大般若経全函　弘化四年／護国山曹源禅寺	1
F-6	安養寺	安養寺	岡山県真庭市勝山	奉転読大般若経全函…	1
F-7	玉雲大権現	玉雲宮か	岡山県真庭市勝山	奉祭　玉雲大権現　稲荷大明神　感応当病平癒修	1
F-8	厳島神社	厳島神社	広島県廿日市市宮島町	厳島神社丹祷御玉串	1
G.中国地方外の社寺					
G-1	祇園社	八坂神社	京都市左京区祇園町	感神院祇園牛頭天王守護所　※内符	49
G-2	愛宕山	愛宕神社	京都市右京区嵯峨愛宕町	愛宕山大権現守護所	48
G-3	鞍馬寺	鞍馬寺	京都市左京区鞍馬本町	御祈祷御札　鞍馬寺歓喜院	46
G-4	太神宮	伊勢神宮（外宮）	三重県伊勢市宇治館町	太神宮　御師　三村梶助大夫	31
G-5	高野山	高野山	和歌山県伊都郡高野町	御祈祷之札　高野山報恩院中嶋坊	13
G-6	多賀大社	多賀大社	滋賀県犬上郡多賀町	多賀大社大般若経息災延命所	7
G-7	大峯山	大峯山龍泉寺	奈良県吉野郡天川村洞川	大峯山　龍泉寺	3
G-8	日光二荒山	日光二荒山神社	栃木県日光市山内	二荒山神社神楽御祓	1
G-9	正眼寺	正眼寺	岐阜県美濃加茂市伊深町	奉真読大般若経六百函　安政六年／妙法山正眼禅寺	1
G-10	大川五社大明神	大川神社	京都府舞鶴市大川	南大日大社御玉串大川五社大明神御玉串	1
G-11	金比羅大権現	金刀比羅宮	香川県仲多度郡琴平町	金比羅大権現正遷宮御札　祭主　万場中衛	1
G-12	太郎坊権現	太郎坊権現	三重県熊野市五郷町	太郎坊権現　除疫御秘符	1
G-13	伊勢大神楽			太神楽御祓　山本勘太夫	2
H.不明					
H	不明				158

計　994

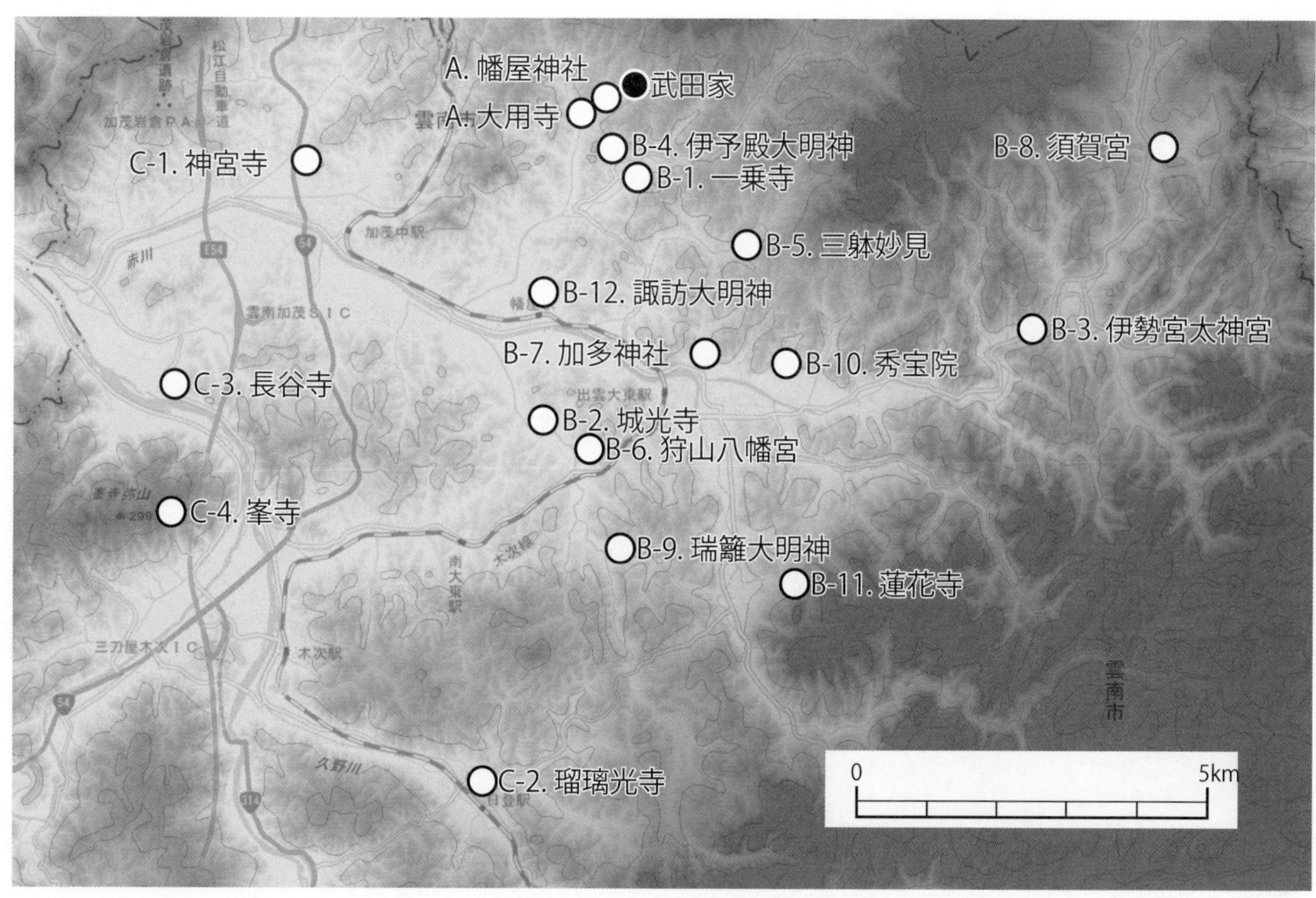

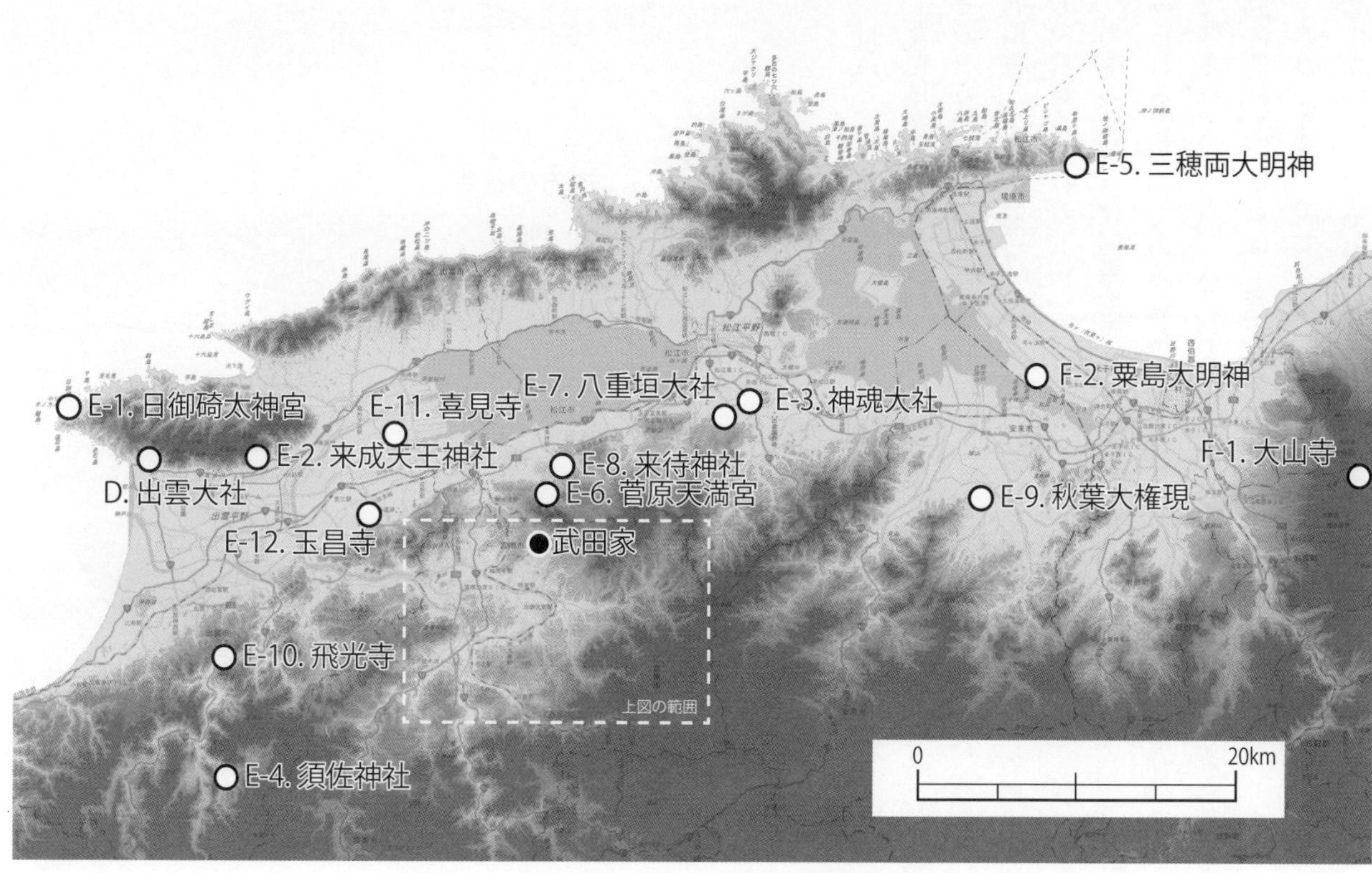

図6　御札を発行した社寺の位置①

図7　御札を発行した社寺の位置②

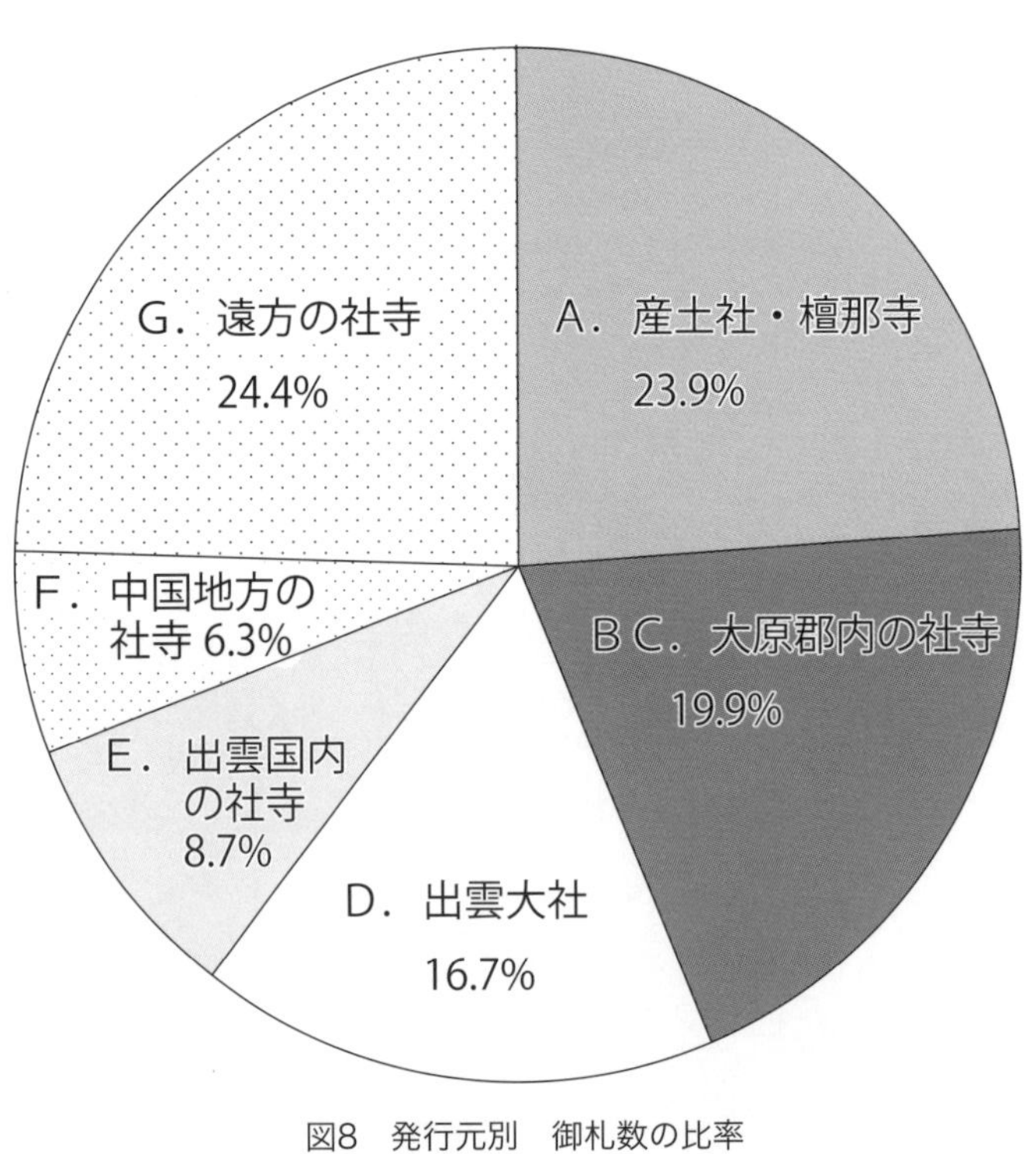

図8　発行元別　御札数の比率

が日常と密接した安定的・固定的なものであったことをうかがわせる。こうした恒例祭祀の御札は同体裁・同内容のものが複数枚ある点が特徴である。その一方で一点のみ存在する御札として、遷宮時に受けたものや、「疱瘡悪病鎮護」「病災退散修」のように、実際の病災にあたっての個人祈祷に伴うものも認められる。

当家の檀那寺は屋敷地から五〇〇㍍余りの位置にある大用寺（A-6）とみられる。恒例である金輪尊護摩供の修法に伴う定型的な御札がまとまって残されている点、八八歳や四二歳時の個人的な厄除祈願に伴うものが少数含まれている点は、産土社と同様の様相を示す。

このように、居宅や耕地のある生活空間に包摂される産土社・檀那寺の御札数が多く、その大半を定型的な内容のものが占めている点は、それぞれ氏子・檀家として社寺と結ばれている直接的・継続的な関係性を反映するものであって、至極当然な状況と捉えられる。こうした村内での信仰関係を基軸にしながら、隣接する周辺近郷の村々に所在する社寺に対しても、崇敬心を持ち随時、参拝したり祈祷を受けたりしていたようである。これに当たるのが大東町内の社寺（B）と旧大原郡内の社寺（C）で[34]、［図8］のグラフに示したように、御札数合計としては産土社・檀那寺に匹敵するほど多い。このうち一乗寺（B－1）は四五点と最も多いが、これは武田家が宝暦一一（一七六一）年に同寺のある遠所村から分家し、現在地に創家されたことと関係するとみられる[35]。おそらく本家筋の檀那寺である一乗寺との関係は分家後も継続されたのであろう。こうした日常的な信仰対象となり得る隣村の社寺は［図6上段］に図示したように、居住地からおおむね五㎞以内の位置にあって、徒歩で充分に日帰りが可能な距離感であった。

出雲大社・出雲国内社寺への信仰　出雲国内に所在する有力社寺の御札としては日御碕太神宮（E－1）のものがまとまっている。そのうち一四点には「大宮市大夫」銘が入っていることから、日御碕へ参詣して受けたのではなく、村々を廻る御師の配札活動によるものの可能性が考えられる。近世日御碕神社の御師活動について今回追及することができなかったが、注意すべき点だと考える。その他の出雲国内の社寺としては、疫病封じとして知られた来成天王神社（E－2）や、防火の秋葉大権現（E－9）といった特定の神徳効果をうたう社寺へ折々に参拝していたことがうかがえる他、神魂神社（E－3）をはじめとする有力社寺のものが少数含まれている。

こうした状況の中で、数が突出して多いのが出雲大社の御札群（D）である。そのうち表記から願意をうかがえるものとしては、五穀成就（害虫退散含む／D－1）・牛馬繁栄（D－2）が最も多い。また除災を願うものは種類が多く、龍蛇神（火難水難除／D－3）、悪病除（D－4）、火難（D－5）、剣難（D－6）があるほか、山間部の願主としては不思議な地震津波除（D－7）も認められる。こうした災厄除の御札は点数としては少なく、随時必要に応じて祈願のため参詣し授与された可能性が想定されよう。長期にわたり継続して定期的に受けた御札には、定型的書式体裁の玉串（D－11）あるいは新嘗祭の御祈祷札（D－8）が該当する。これらは武田家の人が直接出雲大社へ参詣して授与されたものも含んでいようが、そのうち一九点に「千家徳千代丸」[36]と表記されたものがあることは注意される。これは御師が配る御札の正面に刷り出されるいわゆる「御師銘」に相当するもので、出雲大社から大原郡内の農村を廻る国内配札がおこなわれていたことを示唆するものであろう。なお出雲大社の御師が作成・配布していた御札の種類については、後章であらためて扱うこととする。

国外社寺への信仰　松江藩は質素倹約策（領外への貨幣流出防止・農作業労働力の確保）の一環として貞享四（一六八七）年、出雲国外への寺社参詣を禁止した。ただし、親子兄弟の病を治すという目的や、命に代えても願いたいことがある場合は例外的に認められるものであって、実際には国外へ寺社参詣する者は一定数いた。しかし文化二（一八〇五）年にはこれを例外なく禁止するという厳しい措置に切り替えると、以降七年ごとに更新され、天保一〇（一八三九）年までは延長されていた可能性が高いとされる[37]。この間には文化一三（一八三〇）年のおかげ参り流行があり、全国的に抜け参りが多く見られたが、松江藩では厳しい罰則が設けられており、実際に処罰され被差別身分の扱いとする厳しい刑罰が科された事例が認められる[38]。こうした松江藩の厳しい禁令は天保一〇年頃を境に緩和されたとみられ、以降は寺社参詣旅行が復活し、藩の施策に不満を募らせていた領内の人々は待ちかねていたかのように観光を兼ねた旅行へと赴いた[39]。

今回分析対象とした武田家の御札群は、ちょうどこうした松江藩による厳しい施策が緩和された後の年代を中心とするものである。出雲国外の社寺から受けた御札が一定数含まれており、このうち点数が一～三点と少ないものは（配札ではなく）参詣旅行で得たものの可能性が高いだろう。行き先は中国地方の社寺（F）では善覚大明神（F－4）など美作地域が多い。またより遠方の社寺（G）としては大峯山（G－8／大和）や太郎坊権現（G－13／紀伊）といった近畿周辺があるほか、日光二荒山（G－9／下野）のようにはるか関東のものも含まれている。御札が移動する背景には武田家の家人による旅行だけでなく、代参講など他人からの土産として得る場合も想定されるが、いずれにせよ社寺参詣を目的とした遠距離の旅行が普遍的に活発におこなわれていたことを示す点で興味深い。

廻壇配札による御札　そのような、偶発的に受ける御札とは別に、有力社寺による檀那廻りによって毎年配札されていたことをうかがわせる資料群がある。伊勢御師、三村梶助大夫による神宮のもの（G-4）が典型であるが、それ以外には大山寺（F-1）、祇園社（G-1）、愛宕山（G-2）、鞍馬寺（G-3）などが該当し、高野山（G-5）がこれに準ずる。いずれも御札の総点数が四〇点以上あり、その中に同一種の御札が一五点程度含まれていることから、配札は少なくとも一五回（年）以上に渡って続いていたことが見てとれる。西伯耆の門脇家（鳥取県西伯郡大山町）で保存されていた御札群(40)においても、祇園社西梅坊、愛宕山大善院、大峯山龍泉寺といった、武田家が受けたものと同一の院坊が発行したものが確認されている。こうした有力社寺の御師が鳥取藩領（因幡・伯耆）から松江藩領（出雲）へと順に配札して廻っていたことを示唆するものである。

二―三、有力社寺の廻壇・勧進活動

鳥取藩における廻村宗教者への対応　御師が廻村して活動をおこなうには、それぞれ対象となる藩（寺社奉行）へ願書を提出し、認可（免札）を得る必要があった。前述した、出雲・伯耆での配札を御札自体から確認できる祇園社西梅坊・愛宕社大善院が、鳥取藩から実際に認可を受けていたことは史料からも確認できる。これは鳥取藩の在方民政に係る記録『在方諸事控』（正徳五（一七一五）～明治四（一八七一）年／鳥取県立博物館蔵）が残されているためで、ここから因伯二州における社寺廻村の実態を読み取ろうとした論考がある(41)。個別の願書・認可には鳥取藩固有の事情も反映されているが、他藩にも共通する一般的な廻村宗教者への藩の対応は以下のようにまとめることができる。

- 藩は村々の経済的疲弊度とのバランスを取る必要があった。稲作の豊凶を見定めながら、廻村宗教者の総数を定め、その範囲内で認可をおこなった。
- 総じてかなり多くの宗教者が廻村していた。凶作が続いた際には一律で禁じることもあった（鳥取藩では天保七～十年）。
- そのような状況下でも、例外的に毎年の廻村を許される社寺があった（伊勢・多賀・熊野・高野など）。
- 廻村が許可される理由に、修繕費用を募る勧化が認められる場合などもあるが、藩外有力社寺では「往古から廻村し信仰されているから」という理由が多い。また藩内社寺の場合は経済的に脆弱な社寺の維持管理を目的にする場合が多い。
- 藩の規制をかいくぐり、無免札で廻村する者も多かったため、藩はそれを防ぐ策に苦心した。

松江藩の配札許可・対御師施策　このようなあり方は、松江藩においても基本的には同一であったと考えられる。松江藩の配札許可は全体像が不明ながら、前章で取り上げた、賣布神社青砥氏を介した伊勢御師、三村梶助大夫による毎年の配札滞留願がある。また、高野山金剛峯寺（西明院・普賢院）から檀那廻りをしていたことが確認できる他(42)、断片的史料ではあるが、文政一三（一八三〇）年に愛宕山宝昭院に対して庫裏大破につき再建のための出雲国内の勧化を認めた事例（池尻家文書29）や、高野山大徳院へ勧化銭の納入を申しつけた事例（池尻家文字41）がある(43)。松江藩では明和四（一七六七）年に始まった御立派の改革以降、質素倹約を基調とした殿り合いが繰り返し実施されており、郡村にも徹底を強いていた。国益保護の観点からも、他国から廻ってくる御師の活動には特別な注意を払っていたことが想定できる。また武田家の御札群からは、出雲大社や日御碕太神宮による国内配札が確認でき、これについても藩による認可と保護施策があったと想定されよう。これらの点については今回追究が不十分であり、課題として残ることを指摘しておく。

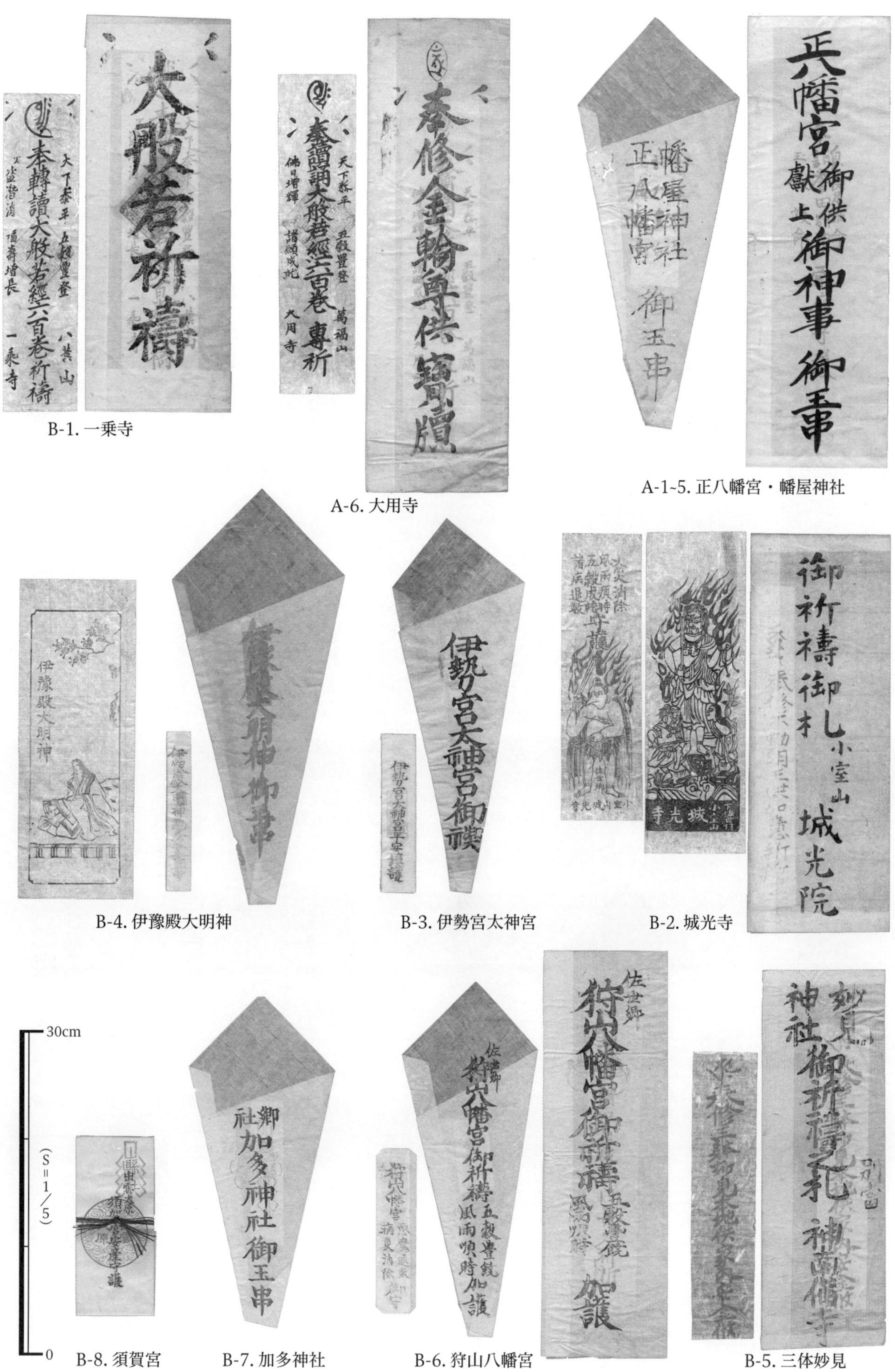

B-1. 一乗寺

A-6. 大用寺

A-1~5. 正八幡宮・幡屋神社

B-4. 伊豫殿大明神

B-3. 伊勢宮太神宮

B-2. 城光寺

B-8. 須賀宮

B-7. 加多神社

B-6. 狩山八幡宮

B-5. 三体妙見

写真6　武田家御札群①

C-2. 瑠璃光寺 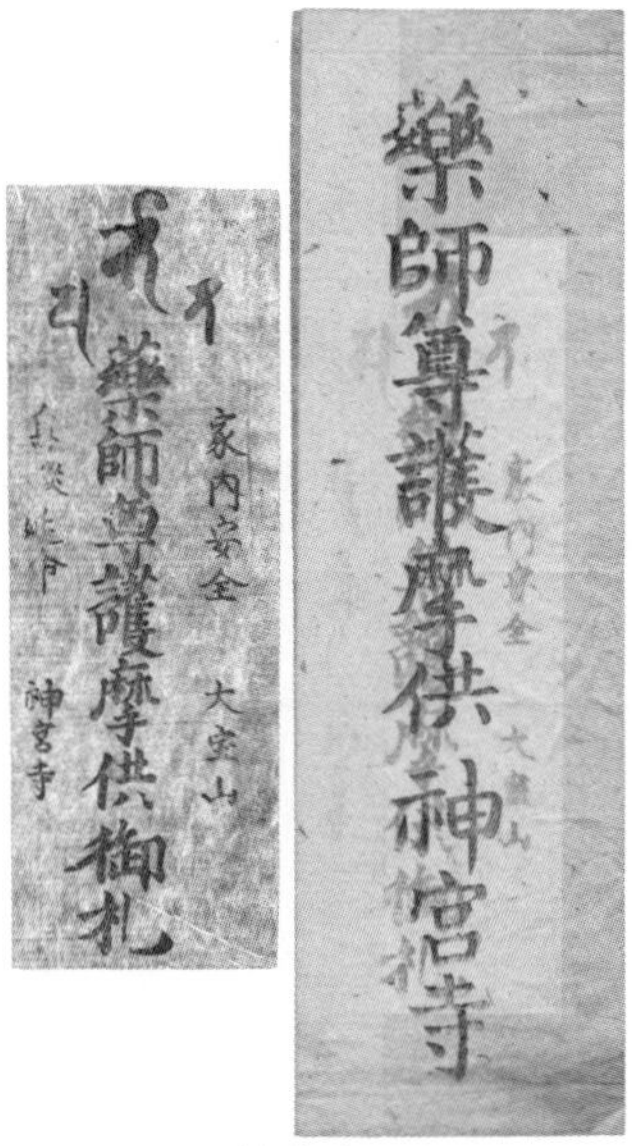　C-1. 神宮寺 　B-12. 諏訪大明神 　B-11. 蓮花寺 　B-10. 秀宝院 　B-9. 瑞籬大明神

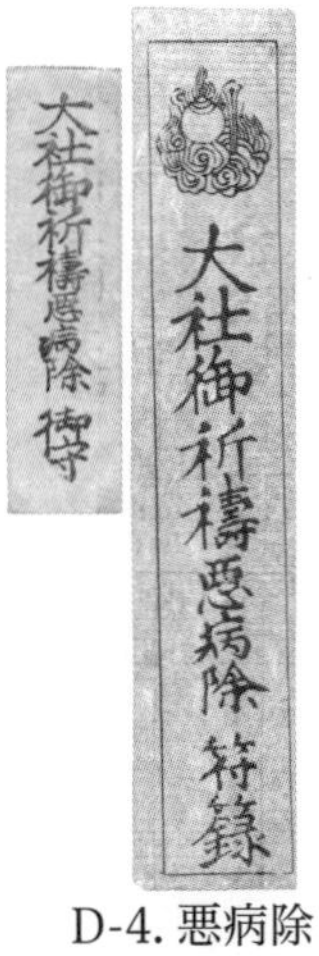

D-4. 悪病除 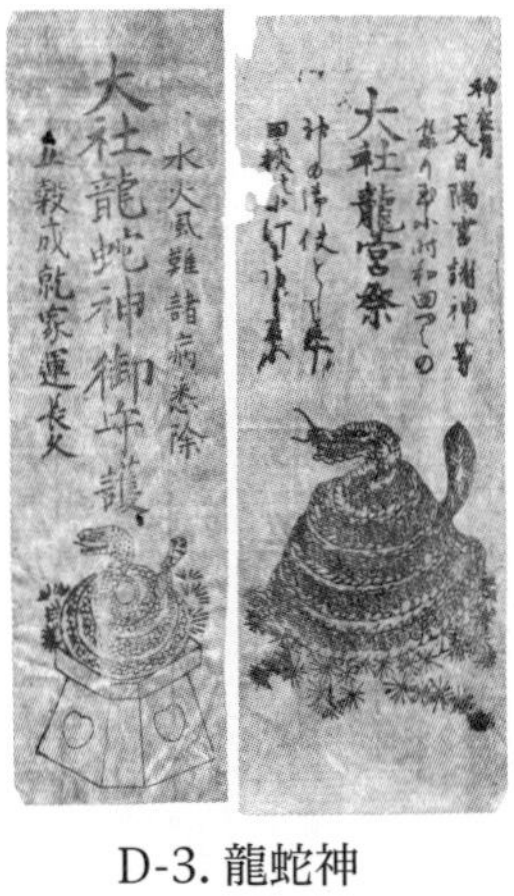　D-3. 龍蛇神 　D-2. 牛馬守護 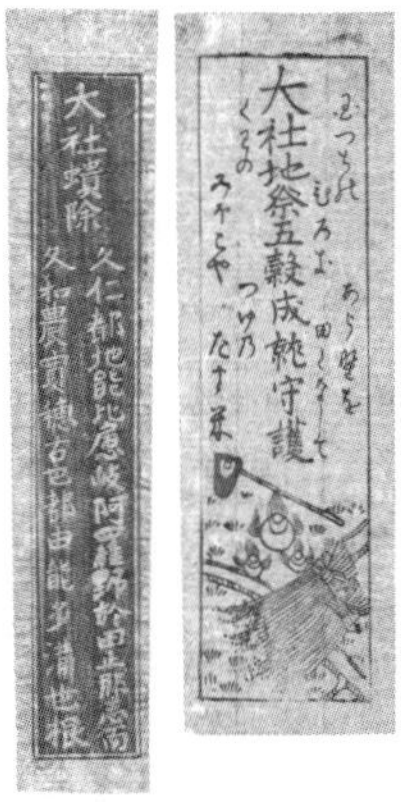　D-1. 大社：五穀成就 　C-4. 峯寺 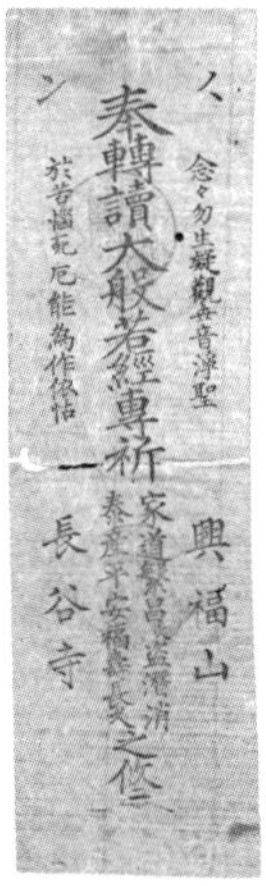　C-3. 長谷寺

D-9. 社日祭

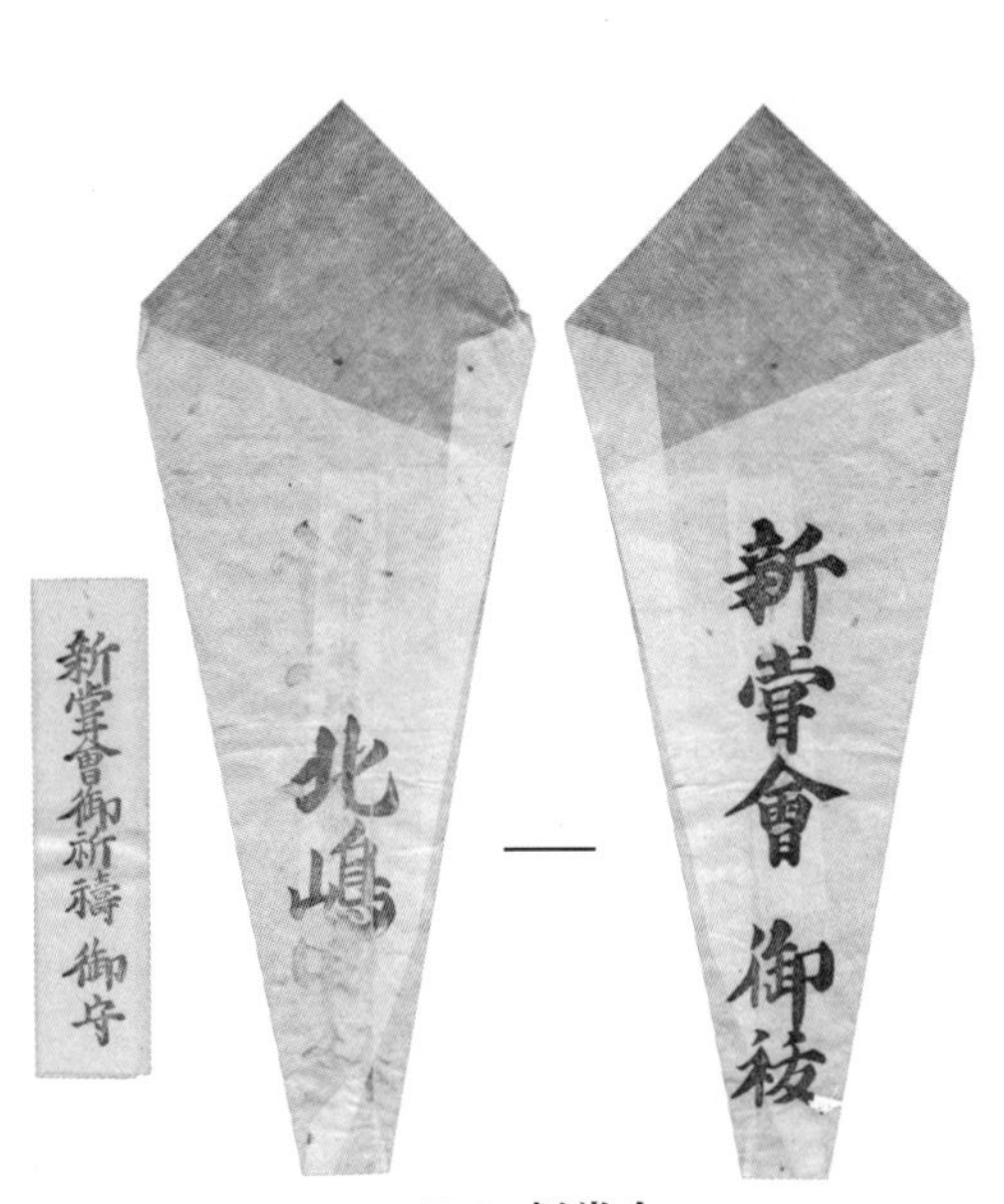

D-8. 新嘗会

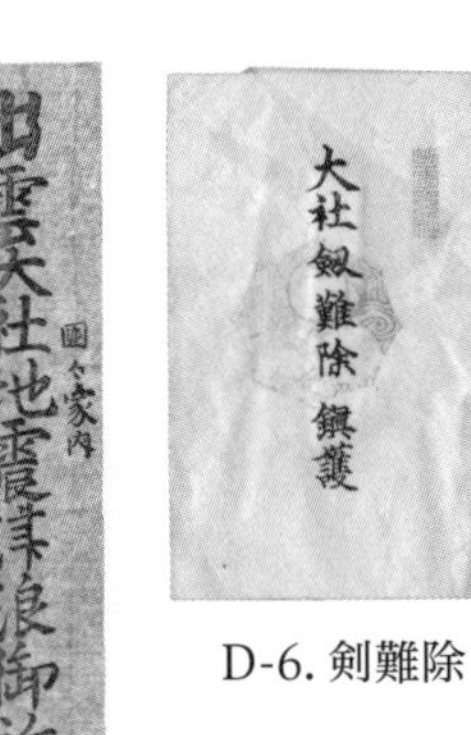

D-7. 地震津波除

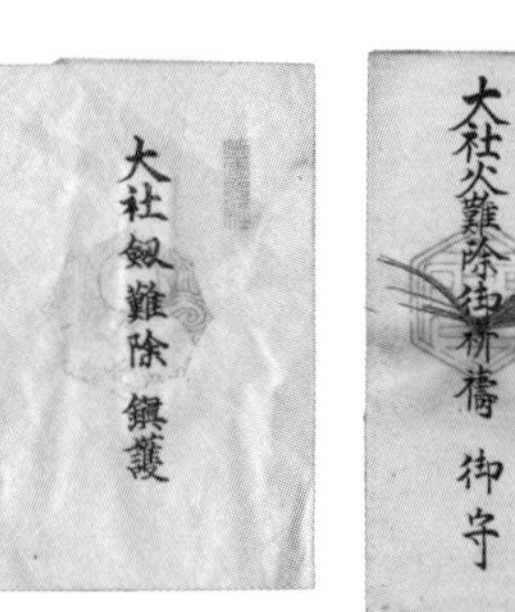

D-6. 剣難除　D-5. 火難除

D-10. 地鎮祭

写真7　武田家御札群②

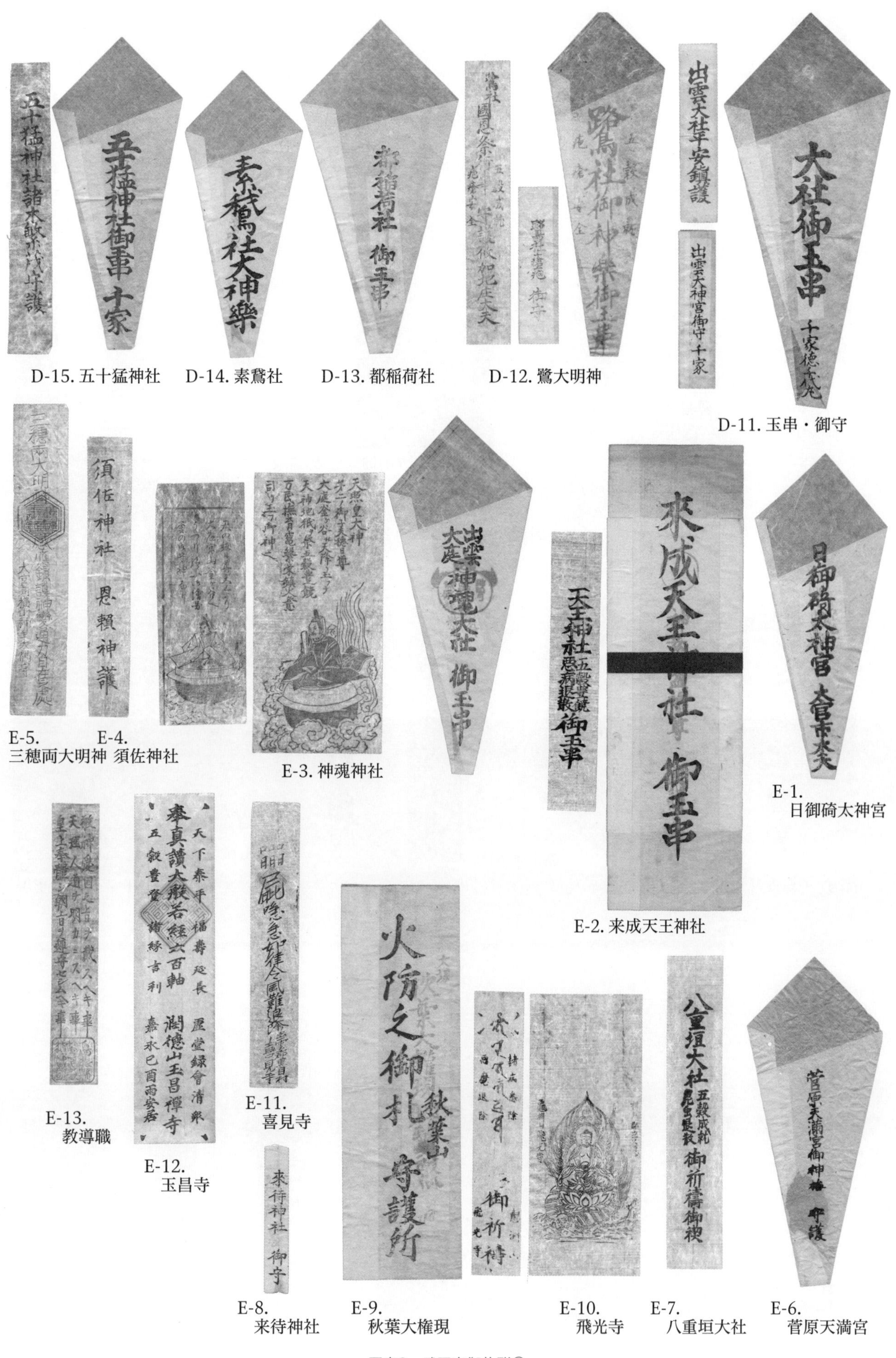

D-15. 五十猛神社　D-14. 素鵞社　D-13. 都稲荷社　D-12. 鷺大明神　D-11. 玉串・御守

E-5. 三穂両大明神　E-4. 須佐神社　E-3. 神魂神社　E-2. 来成天王神社　E-1. 日御碕太神宮

E-13. 教導職　E-12. 玉昌寺　E-11. 喜見寺　E-8. 来待神社　E-9. 秋葉大権現　E-10. 飛光寺　E-7. 八重垣大社　E-6. 菅原天満宮

写真8　武田家御札群③

F-6. 安養寺

F-5. 曹源寺

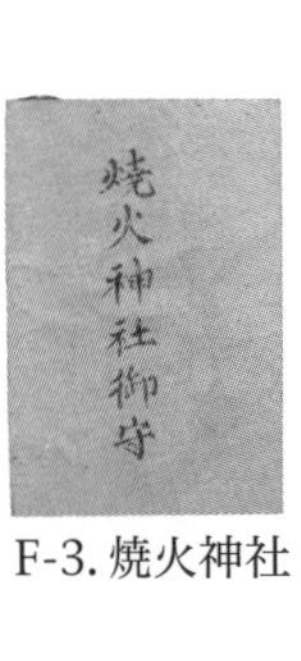

F-3. 焼火神社

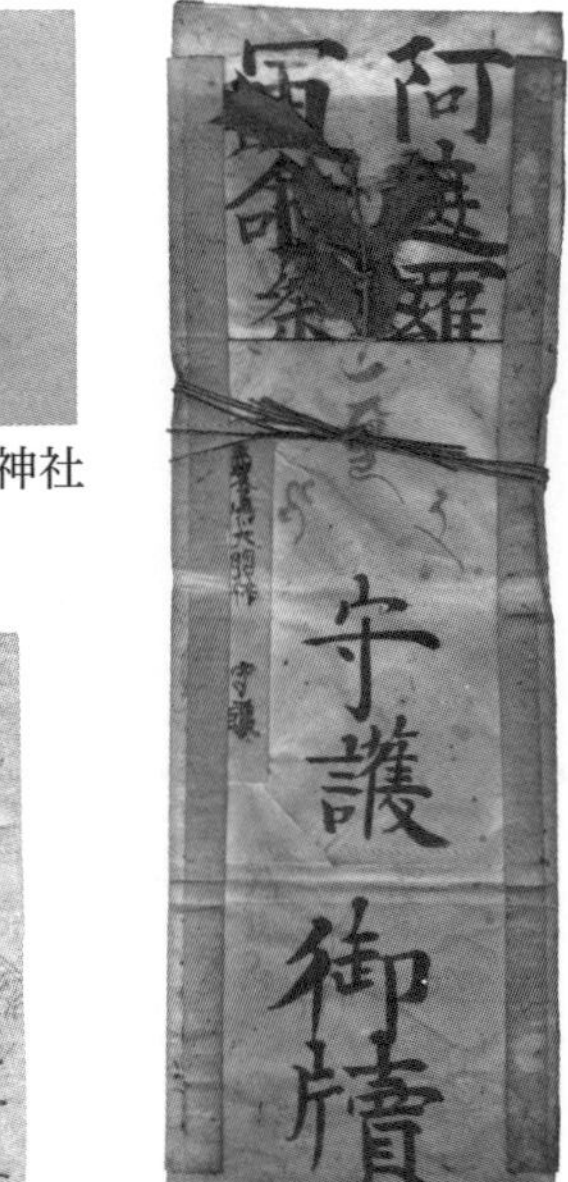

F-2. 粟島大明神

F-4. 善覚大明神

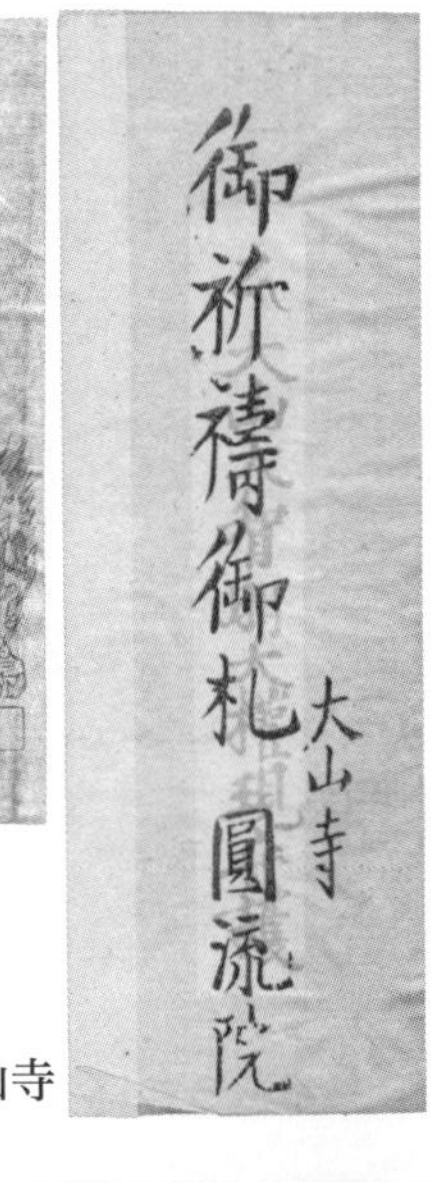

F-1. 大山寺

G-4. 太神宮

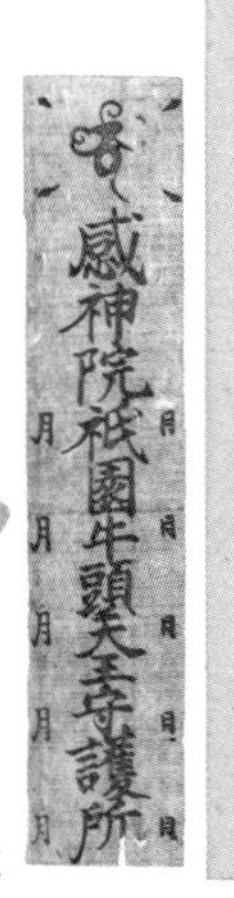

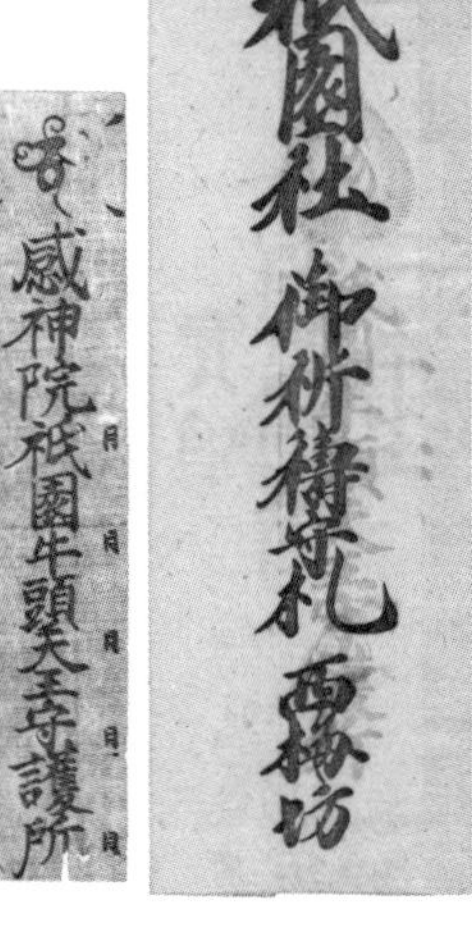

G-1. 祇園社

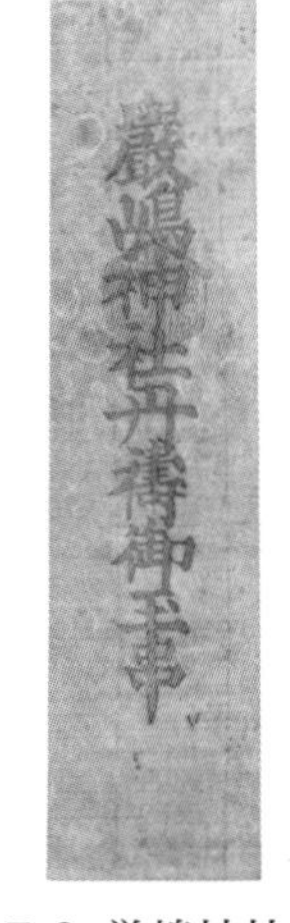

F-8. 厳嶋神社

F-7. 玉雲大権現

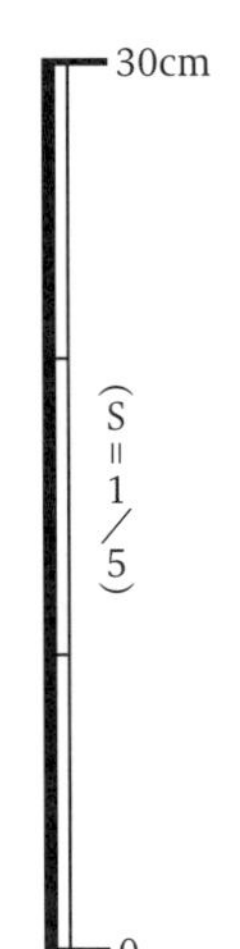

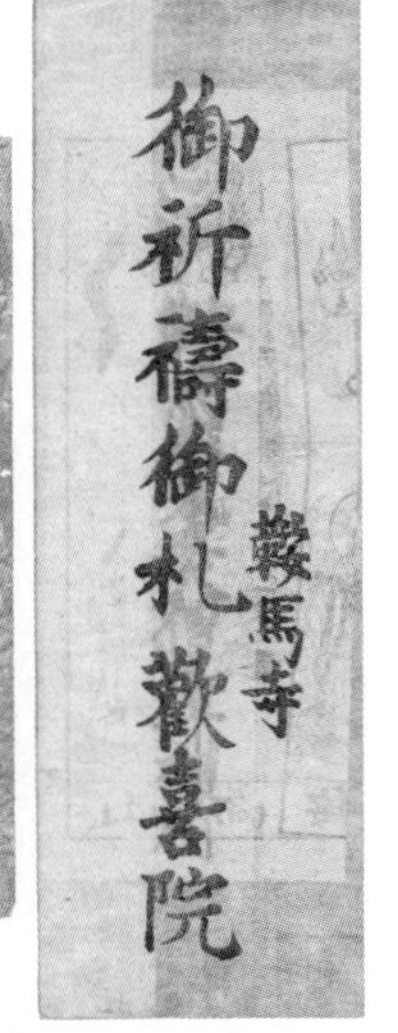

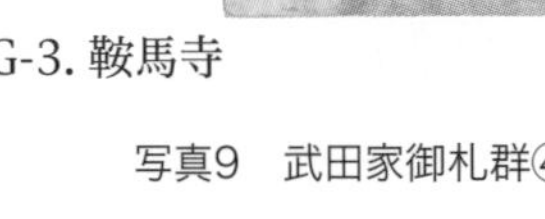

G-3. 鞍馬寺

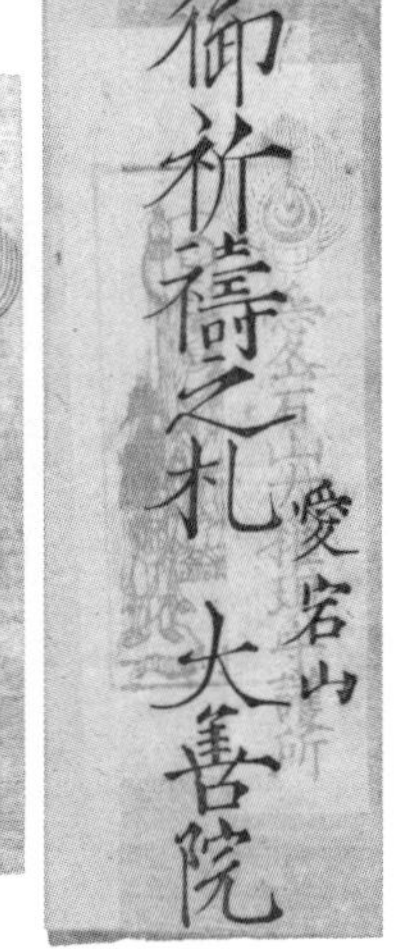

G-2. 愛宕山

写真9　武田家御札群④

G-8. 日光二荒山神社

G-7. 大峯山

G-6. 多賀大社

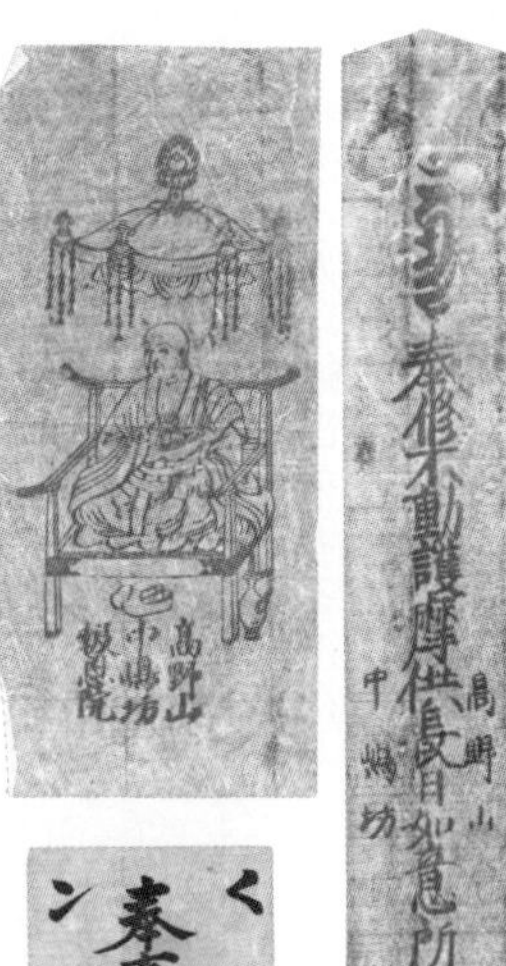

G-5. 高野山

G-13.
伊勢太神楽

G-12.
太郎坊権現

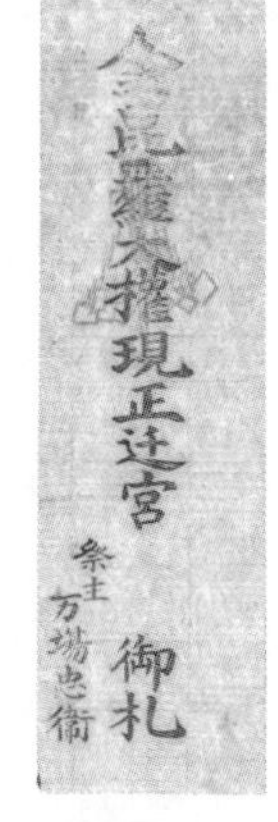

G-11.
金毘羅大権現

G-10.
大川五社大明神

G-9. 正眼寺

写真10　武田家御札群⑤

三、出雲における伊勢信仰の展開

伊勢と出雲の関わりを総体的にとらえるため、次に本章では、伊勢神宮に関する信仰が地域社会にどのように広まっていたかを概観する。

三―一、伊勢宮の勧請

伊勢系の勧請神社　神社本庁が平成二〜七年に実施した全国神社祭祀祭礼総合調査に基づくと、全国における勧請型の神社は八幡神が最も多く、伊勢系はそれに次いで四四二五社が存在するとされる(44)。全国的にみた場合、その分布は東海・甲信越・関東に集中しており、総じて西日本には少ない。これは鎌倉時代以降、東国武士団などの在地領主層に伊勢神宮への信仰が広まり、盛んに荘園を寄進したことによる。結果として神領地である御厨・御薗が東日本に多く分布し、そこに勧請された伊勢系の神社が現代の神社分布にも反映すると考えられている。

山陰の神宮荘園　鳥取県・島根県域も、西日本の一般的あり方と同様で、神宮の荘園は非常に少ない。延文五（一三六〇）年頃成立の『神鳳鈔』では四〇ヵ国に計一三八三所の神宮荘園が認められるが(45)、出雲・石見・隠岐・因幡には存在せず、伯耆に二ヵ所の内宮御厨があるのみである。

三野御厨。　四百六十丁。上分八丈絹十疋。鐵千廷。筵百枚。口入八丈絹十疋。鐵千廷。筵五十枚。

久永御厨。　七百五十四丁。鐵千廷。筵百枚。

三野御厨は旧会見郡（現米子市・日吉津村）に、久永御厨は旧久米郡（現倉吉市・北栄町）に所在し、ともに内宮領で絹・鉄・筵を神税として納めていた(46)。「伊勢大神宮神領注文」に「去長寛年中建立」とあることから(47)、平安時代末の長寛（一一六三〜五）年中に荘園化したとみられ、後白河法皇に寄進（長講堂領）→皇女宣陽門院へ伝領され、さらに伊勢神宮へ寄進されて御厨となった。しかしながら前述の『神鳳鈔』

以降の神宮領を記した史料には両御厨ともあらわれないことから、南北朝以降は神税を負う御厨としての関係は絶たれたことが想定されている(48)。

御厨に勧請された伊勢宮　一般的に、各地の御厨・御薗には神税徴収など経営のために神宮権禰宜が派遣され、御師の原型ともいえる役割を果たすことで伊勢信仰の地域展開を進めた。また領家にあたる神社の祭神を勧請した神社設置が活発に行われ、信仰が広域に展開する契機となった。この点で、山陰では三野御厨域に祀られた伊勢大神宮（伊勢宮とも／現　蚊屋島神社）が典型的な荘園勧請型の神社である。明治初年の地誌『伯耆志』によれば、一帯の産土神として祀られており、天正一九（一五九一）年に吉川氏家臣の香川・山県・有福氏が発給したものをはじめ神領寄進状・安堵状などが複数あるとされる(49)。神宮への神税を負う御厨としての役割が途絶えた後も、天照大神・豊受大神を祀る地域の産土神として信仰を集め、現代につながっている事例である。

出雲における伊勢宮　このように御厨・御薗に勧請されるケースだけでなく、各地に創建された伊勢系神社には様々な背景・契機があった。出雲の場合、御厨は無いが伊勢神宮への信仰と関わる神社は複数ある。天照大神・豊受大神を祀り、伊勢宮・太神宮などと称されるものである。この点について出雲全体を俯瞰するには、黒沢長尚が享保二（一七一七）年に撰した地誌『雲陽誌』が有益で(50)、ここから抽出したものを［表7］にまとめた。

『雲陽誌』には24件の記載がある。島根郡別所（1）が「今はなし」、意宇郡揖屋（4）が仮設の祠とする以外は、いずれも当時、独立した社殿を構え天照大神・大日孁貴を祀る神社として存在していた。『雲陽誌』の書式は、村毎に産土の鎮守神をまず冒頭に掲げ、それに付随する摂社や村内小祠をそれに続けて書き上げる体裁をとる。村の冒頭に掲げられた社が6件（3・11・18・20・23・24）あり、神門郡大島の伊勢宮（24）のように、八尺四方の本殿に拝殿が伴う立派な社殿規模の場合もあった。このような村の核となる神社は明治期に社名を変更する場合もあるが、多くは現在に至るまで宗教法人格をもつ神社として継承されている（10・11・18・23・24）。出雲郡下庄原（20）も法人格はないが、独立した社殿・境内をもつ伊勢宮として今日に至る。これら以外の伊勢宮は規模が小さく、大きな神社の摂社か、村内の小さな祠として存在していたようである。その後は合祀されるか境内摂社として継承されている。

いずれも『雲陽誌』の時点ですでに勧請の年代はわからない、とされており、どのような背景で造立されたか不明であるが、多くは中世にさかのぼるものと推定される。『雲陽誌』に採録された伊勢宮は意宇郡を中心にして出雲一円に広く所在しており、伊勢信仰が広く浸透していたことをうかがわせる。昭和六二年に発行された『島根の神々』(51)は島根県内の神社で祀られている祭神をすべて集計したものだが、これによると出雲地域において天照大神を主祭神とする神社44社、配祀神とする神社42社、境内・境外社に祀る神社86社があるとされる。その数は八幡神、稲荷、恵比須、素盞嗚に次いで、非常に多い。『雲陽誌』は伊勢宮としての構えを単独で備えるものだけを書き上げているが、天照大神を信仰する、広い意味での伊勢信仰はさらに数も多く、生活に密接なものとして浸透していたことがうかがえる。

三―二、松江城下の伊勢宮

前述の『雲陽誌』は、松江城下の伊勢宮［表7（5）］について詳しい記述を載せる。

伊勢宮　内宮外宮相殿末社の神を祭、毎年九月十六日千度の祓四季の神事あり、太守源直政公此神を崇敬したまふ、故に諸臣等寛永二十一年大神宮を此に勧請し、本社拝殿瑞垣鳥居を新に造立し、神風内外におこり祭祀勢州をしたふ、社邊老松あり左右も又喬木おほし、本社西向なり、階にのぼれば遠山に対し松江にのぞめり、前にちいさき橋を架し其下清流流、南は田園ひろく樵路ながし、東北は湖にて往来の旅船纜をつなぐ、波の音松の嵐相和して耳にみてり、此地に徘徊すれば六月にも秋涼を生ず、これまた府中の絶景なり、神宝太刀一腰助光作、短刀一腰関孫六作、神鏡一面弓矢あり

表７　『雲陽誌』記載の、出雲国内の伊勢宮

No.	所在郡	所在地	社名	『雲陽誌』の記載	現状と所在地
1	島根郡	別所	伊勢	此両宮今はなし	
2	島根郡	水浦	伊勢大神宮	天照大神なり、社二尺四方、祭礼九月十三日なり	松江市鹿島町御津 御津神社境内　伊勢神宮
3	秋鹿郡	大垣	伊勢宮	森清大明神　天照大神なり、俚人伊勢宮といふ、斯所を布川といふ	松江市大垣町 内神社境外　阿奴牟神社
4	意宇郡	揖屋	大神宮	田の中に伊勢森といふあり、往古は社もありけれども今は祭礼の時俄に竹をもって祠を作、十二月晦日丑の刻悪鬼を遂神事あり	
5	意宇郡	松江	伊勢宮	［次項で別途記述］	松江市伊勢宮町 火災後に売豆紀神社合殿
6	意宇郡	大庭	伊勢宮	本社（大庭社）の左にあり	松江市大庭町 神魂神社境内　伊勢神社
7	意宇郡	大草	伊勢殿		松江市大草町 六所神社に配祀か
8	意宇郡	佐草	伊勢宮		松江市佐草町 八重垣神社境内　伊勢宮
9	意宇郡	平原	伊勢宮	天照大神をまつる、遷座の年暦しれず、寛文八年造立社辺古木大石多十月二日神事あり	松江市八雲町平原 宇留布神社に合祀
10	意宇郡	上来待	伊勢宮		松江市宍道町上来待 伊勢宮
11	能義郡	下今津	大神宮	大日孁貴の本社一間、元禄十三年建立の棟札あり、祭礼正五九月朔日十一日十六日三度の神事なり	安来市今津町 伊勢神社
12	能義郡	上吉田	大神宮	祭日九月十一日	
13	能義郡	佐久保	伊勢森		安来市佐久保町 五神神社か
14	仁多郡	八代	伊勢宮	本社二尺四方、祭礼十月十一日	仁多郡奥出雲町八代 仰支斯里神社に配祀か
15	仁多郡	角森	大神宮	晋叟寺の境内にあり、本社一間四方	仁多郡奥出雲町横田 晋叟寺境内　天神社か
16	仁多郡	下阿井	伊勢宮	天照大神なり、四尺に六尺の宮なり、祭日三月三日	仁多郡奥出雲町下阿井 八幡宮境内　伊勢神社
17	大原郡	仁和寺	伊勢宮	勧請年代不知、此所老樹おほし	雲南市大東町仁和寺 諏訪神社境内　金刀比羅神社か
18	大原郡	中屋	伊勢宮	萬治元年建立の棟札あり、祭礼十月十二日なり、勧請年暦しれず	雲南市大東町中湯石 日原神社
19	大原郡	岡村	伊勢宮	（八幡）左右に伊勢宮若宮を勧請す	雲南市大東町岡村 八幡宮境内　伊勢宮
20	出雲郡	下庄原	伊勢宮	内宮外宮をあはせまつる、本社二尺に三尺拝殿一間半に二間鳥居あり、祭日九月朔日七座の神事あり勧請造立年暦しれず	出雲市斐川町荘原 伊勢宮
21	楯縫郡	奥宇賀	天照大神	大日孁貴なり、本社五尺四方南向、拝殿二間に三間、祭日九月十一日	出雲市奥宇賀町 奥宇賀神社に合祀
22	楯縫郡	平田	天照大神	大日孁貴なり	出雲市平田町 宇美神社境外　伊勢宮
23	神門郡	高濱里方	天照大神宮	慶長十二年本社造立、祭礼正月三日六月十五日九月廿九日なり、相殿に八幡春日をまつる	出雲市里方町 高濱神社
24	神門郡	大島	伊勢宮	天照大神まつる、本社八尺四方南向、拝殿二間梁に三間勧請の年暦しれず、祭礼六月十五日九月九日なり、古老伝曰小笠原長雅の家臣志谷修理神西幸信等当社を崇敬して神領寄付の証文あり	出雲市大島町 大島神社

松平直政による伊勢宮建立　ここで述べられているように、松江城下の伊勢宮は藩主松平直政の発願により寛永二一（一六四四）年、伊勢神宮から勧請された。白潟明神（橋姫社とも／現賣布神社）の堀川をはさんだ東隣に位置しており［写真11］、白潟明神の社司青砥氏が所管していた。賣布神社文書のうち明治二年十月の「意宇郡松江白潟　賣布神社伊勢両宮由緒社記抄撮」によれば(52)、祭神は天照皇大御神・豊宇気毘賣神で、相殿として斎宮（祭神：倭姫命）を祀る。松平直政の初陣である大坂の陣にあたり、両皇大神宮へ深く祈誓をかけたところ、その霊験があって武名を挙げることができた。そこで寛永一五年に出雲を拝領し入国した後、伊勢宮を建立したという。さらに慶安年間には藩主御殿内でも大神宮を祀ったことが記される。松平直政は大坂の陣での活躍を契機に、大名として異例の出世を遂げた。これを両神宮の加護、霊験のおかげと捉え、篤く崇敬していたことがうかがえる。

天保八年の松江大火　天保八（一八三七）年一二月二六日、松江城下では白潟・灘町を火元とする大火が発生し、七五一戸、寺一五、土蔵二九が焼失した。神社文書「諸預届書奥書等控帳」(53)によれば、この大火によって伊勢宮本社・通殿・拝殿、また境内社の松尾大明神社がすべて焼失したとされる。なお火災当時、伊勢宮本社は大破していた（経年による傷みが進行した状態か）ため、修理を進めている最中であった。すでに御神体を橋姫社へ遷す仮遷座が完了し本殿内は空座の状態で、全体が素屋根で覆われていた。橋姫社には類焼がおよばなかったため、松尾大明神の御神体も火災から避難するため橋姫社に安置されたようである。

焼失から三年後の天保十一（一八四〇）年に、伊勢宮は再建された。「松江寺社地差図」(54)には、再建後の伊勢宮の平面図がある［写真12］。この差図は松江藩寺社奉行が寺社の建築を規制・管理するために、建築構造や規模、仕様を記録した台帳で、修復や再建の申請・許可の際に照合されたものである。この内容から伊勢宮本殿が二×二間四方の総柱建物、すなわち大社造の構造であったことがわかる。寸法は梁間二間、桁行二間六寸、屋

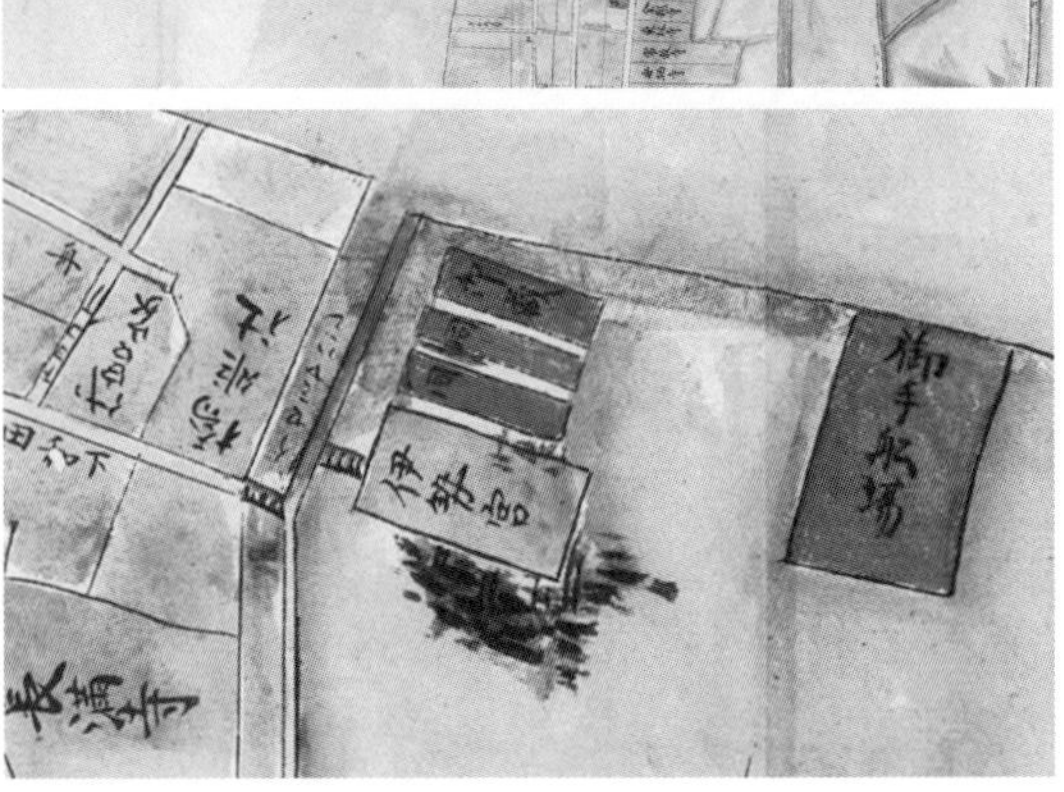

写真11　天保年間の「松江城下絵図」部分
（所蔵・写真提供　松江歴史館）

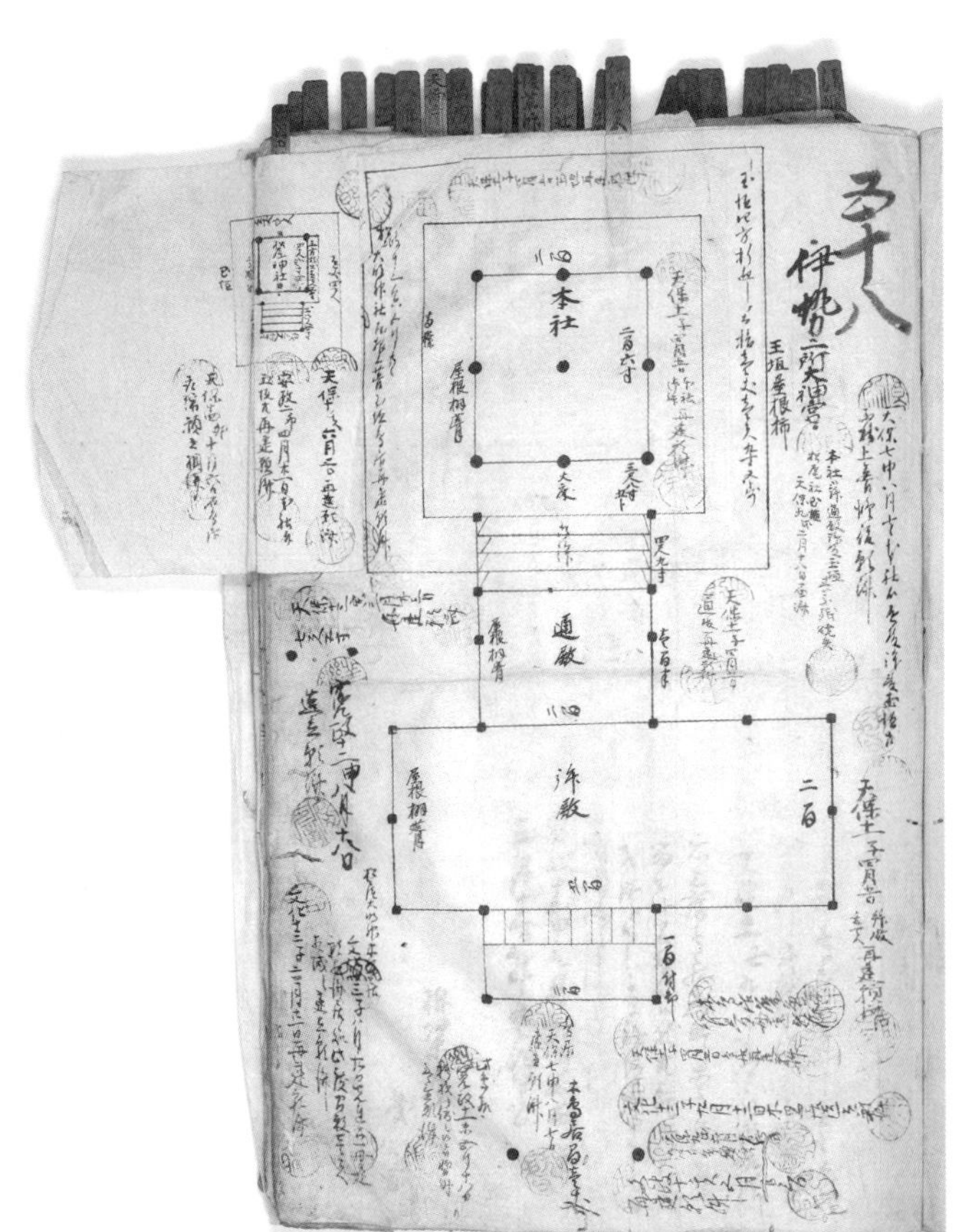

写真12　「松江寺社地差図」のうち伊勢宮差図
（島根県立図書館所蔵）

根は栩葺であった。

伊勢宮の終焉　松江城下はたびたび大火に見舞われている。明治七（一八七四）年には雑賀町を火元とする大火が発生した(55)。激しい南西風にあおられてたちまち燃え広がり、三時間ほどで雑賀町・竪町一帯の家屋七一二戸が焼失、さらに伊勢宮町へも飛び火し、伊勢宮本殿もこの時に焼失してしまった。この後、伊勢宮は再建されることはなく、賣豆紀神社（松江市雑賀町）に相殿という形で祀られて現在に至る。その跡地に伊勢宮の面影はまったく残されず、今は伊勢宮町という歓楽街の地名として名を留めるのみである。

三―二、おかげ参りの流行と松江藩の施策

江戸時代の庶民は藩外への移動が制限されており、自由に観光旅行することはできなかったが、社寺参詣を名目にした旅は許される風潮があった。その行き先の筆頭が伊勢神宮であり、「伊勢に行きたや伊勢路が見たや　せめて一生に一度でも」とうたわれるように、多くの人々が伊勢への旅を願ったのである。特に、約六〇年ごとに起きた「おかげ参り」と呼ばれる突発的ブームの年には、全国から数百万人もの熱狂的な大群衆が伊勢に押し寄せた。宝永二（一七〇五）年、明和八（一七七一）年、文政一三（一八三〇）年の三回は特に大規模な流行として知られる。

松江藩の寺社参詣旅禁止政策　出雲の人々も伊勢への旅を望んだであろうが、松江藩がこれを厳しく禁止した時期があった。この点については小林准士氏の研究に詳しく(56)、以下、その概要をまとめる。松江藩は貞享四（一六八七）年、倹約を目的として五年の間、領民が他国の寺社へ参詣に出ることを原則禁止した。このような禁止施策はその後も度々おこなわれている。ただし特別の事情がある場合は許可されており、実際にはかなり多くの人々が寺社参詣を理由に他国へ赴いていた。寛政一二（一八〇〇）年からの五年間だけでも、松江藩領の住人、八組四四人が西国巡礼の道中で病気にかかるなどして紀州田辺領内で旅行困難になっていた(57)。難渋者だけでこの数値であり、かなり活発に集団巡礼がおこなわれていたことが想定される。このような中、松江藩は文化二（一八〇五）年に他国への寺社参詣を例外なく禁止する。以降は七年ごとに更新され、天保十（一八三九）年頃までは厳しい禁令が継続されたと想定される。文政一三（一八三〇）年には全国的におかげ参りが流行するが、藩は抜け参りする者を警戒し厳しい罰則を設けた。実際に伊勢参りをしたことが露見し、被差別階層扱いとする処罰を受けた事例も起こった。他領への寺社参詣を期間限定で制限したり禁止したりした藩は多く、特に藩財政の危機が進行した近世後期に、東北や九州の諸藩で比較的多く見られたという(58)。それらと比較しても、この間の松江藩の施策は、期間の長さと処罰の厳しさの点において際立ったものだった。

出雲で起こった御札降り　全国的なおかげ参りブームの発端は、空から神宮の御札が降ってくる「御札降り」という超常現象であった。これが各地で起こったという噂が人々の間に広まることで、伊勢参りを熱望する風潮が醸成されたとされる。出雲でも「お札降り」があったことを「天地家用禄」(59)が伝える。これは出雲市大津町の旧家である森廣家（本森廣家）において、明和～天明（一七六四～八九年）頃にあった事件・出来事を手控として記録した覚書で、以下のように記録される。

［史料2　天地家用禄］

一、明和八年卯年伊勢大神宮日本参詣、三月ヨリ七、八月迄六十余州老若男女其数難斗と云云　道中隆に通りたる日ハ概一日一万五千、諸国御麻数所天降り玉ひぬ　雲州にてハ松江にて数所今市大津善正寺脇又ハ久村などに数所杵築にても数多所ふり給ふと云云

これによれば、松江にて数所／今市（現出雲市今市町）・大津善正寺脇・久村（現出雲市多伎町）などに数所／杵築にても数多所、御札が降ったということである。大津の善正寺は『雲陽誌』に「浄土宗三徳山と号す、本尊阿弥陀立像長一尺八寸恵心の作なり、寛永十九年神門寺七十二世定誉上人中興開山なり、鎮守権現を勧請す」とあって、大津村にあった六ヶ寺の

ひとつであった。大正三年に円光寺へまとめられたとされる(60)。松江藩では明和四（一七六七）年に始まった御立派の改革以降、質素倹約を旨とした「殿り合い」施策が繰り返し実施されることになるが、これと相重なるようにして伊勢御師による檀那の獲得、布教も拡大していたと推定される。明和八年のおかげ参りブームにつながる「御札降り」現象は、こうした出雲国内における伊勢御師の活動拡大を示すものと理解できよう。

四、大社御師の実態

前章まで、出雲地域における伊勢信仰の広がり、伊勢御師の活動を中心に扱ってきた。本章ではそこから大きく視点を変え、出雲・出雲大社にまつわる信仰について考えてみたい。課題の中心は、出雲・大社への観念が全国的に拡散浸透していくうえで、出雲大社の御師がどのような役割を果たしたのか、という点である。

四―一、大社御師に関する研究史

赤山登『杵築旧懐談』 歴史記録の観点から大社御師の活動を述べたものでは、赤山登氏の『杵築旧懐談』(61)が最も古い。同氏は嘉永三（一八五〇）年に北島国造方の社家（近習格）に生まれ、父とともに国造家へ出仕していた。『杵築旧懐談』が書かれたのは七〇歳を過ぎた大正一〇（一九二一）年のことである。同書は自身が十代後半であった「明治維新の前後に於ける杵築の有様を子孫に知らしめむため、己が記憶に存する処を思出のまま誌したるもの」で四九項目からなる。そのうち御師に関しては「壇所持の事」と題し、以下の内容を述べる。

・維新前までは社中の者は諸国郡村を分担して壇所とし、大社の神札を配布することで年中の生活費をまかなって余りあった。
・大規模な御師は老練の手代を使役していた。
・壇所は売買することができるので、財力のある者はたくさんの壇所を所有していた。
・町人であっても壇所を買得できたので、これを社中宗門へ願い出て認められる者もあった。
・社家で本近習の家柄（国造家付けで御師活動ができない）であっても家禄を辞し、御殿務めの免除を受けるものもあった。
・同様に、中官職を分家に譲って自身は御師活動に専念する者も多かった。

さらに「御供献上の事」として以下を述べている。

・大規模な御師が代替わりする際に、「御供献上」がおこなわれた。
・これは壇所中を勧誘して金、米を集め、大祭礼などの際に日を定めて何百人という信者を参拝させるもの。
・参拝にあたっては、月番の国造（奇数月：千家国造／偶数月：北島国造）へ金何程かを納めて「御供献備」の執行を願い出る。
・それは信者に白張装束を着させ、案内して本殿大床に昇って拝礼させること。
・拝礼後、中官が本殿内から金幣を持ち出して頭上にて振る。
・さらに、上官が御宝物を一点ずつ持ち出して信者に拝観させる。
・次に拝殿にて「在方の神職」を雇って七座神楽を奏し、これを観覧させる。
・信者たちは、御師宿はもちろん、他の宿屋等にも宿泊した。これによる収入は莫大なものであった。

ここで述べられている活動の内容は一般的な御師のそれと同様で、郡村での廻壇配札、また参拝客の案内・宿泊の便をはかるとともに御供・神楽奉納を差配していることがわかる。その一方で、御師の身分が両国造家に直接統属する「中官・近習」と呼ばれる社家衆である点や、御供献上に際して昇殿参拝・七座神楽奉納がある点などは大社独特のものであった。赤山翁の記述は五〇年以上前の記憶をたどったもので、その信頼性に慎重な見方もあろうが、幕末の大社御師の活動について全体像を伝えたものであり貴重な情報である。この『杵築旧懐談』は昭和五八年に活字化されて『大社の史話』に公刊されるが、それ以前から大社周辺では読まれており、大社御師の実態を伝える基礎的な文献となっていた。

石塚尊俊編『出雲信仰』　次に、大社御師に関する研究をまとめたものとして、昭和六一（一九八六）年に石塚尊俊氏が編集した『出雲信仰』(62)がある。この書の構成が「出雲大社の沿革」「出雲信仰と御師」「神去来と神在祭」の三篇からなっていることが端的に示すように、民衆宗教としての出雲信仰はもっぱら御師の活動によって弘布されたという石塚氏の認識を前提に、既出論考が選択収録されている。そのうち御師に関する論文三本は、初出が昭和一一・二七・三七年と編著刊行よりかなり古く、石塚氏はそれぞれを「先鞭をつけられたもの」「かなり幅広く見直されたもの」「いっそう広げて論じられたもの」の三本と評している。以下にその概要を紹介しよう。

坂本喜四郎の「出雲大社の壇所制」　島根県立大社中学校の地歴教師だった坂本喜四郎氏が昭和一一年に同校校友会誌に発表した短文である(63)。大社御師が家ごとに「〇〇太夫」を代々名乗ることを述べたうえで、御師家の家譜を示した。これを整理し年表風に直したものが[表8]である。詳しい解説が無いため典拠は不明であるが、出雲大社の「大社教祖霊社系譜」なる資料から各家系を抽出したらしい。各家が固有の大夫銘を継承していることがわかるほか、興味深いのは「各家系図に表れた最初の太夫当時の年号」が記されている点である。最も早い西村家の場合、初代の西村菅大夫は一六世紀初めの永正期とされる。坂本氏は御師の開始期を一七世紀中頃（慶安頃）と考えているため、「この時代をもって壇所のはじめとするは速断すぎるであろう」と否定的であるが、あながち荒唐無稽な家系とは言えない。後述するように、大社御師は一六世紀の室職所有者として成立しており、その家系が近世の大社御師に引き継がれる事例が一般的に認められたからである。また、同文中には「明治初年社中名簿に見えた太夫名（神葬祭書記および杵築旧懐談）」として[表9]の御師名が掲げられている。あくまで大夫を名乗る人物を名簿から抽出したものであって、[表8]とも整合しない。これらが大社御師の全体像をあらわすものとは考えられないが、具体

表８　大社御師の成立年代と家譜

	家名	家格	永正 1504-21 ／ 寛永 1624-44 ／ 宝永 1704-11 ／ … ／ 明治初 1870頃
千家家附	坪内	本近習	（宝永）●19 平太夫 － 20 平太夫 － 21 〇 － 22 〇 － 23 〇 － 24 平太夫 －
千家家附	西村	近習席	（永正）●1 菅太夫 － 2 神太夫 － 3 〇 － 4 神太夫 － 5 神太夫 － 6 神太夫 － 7 神太夫 － 8 〇 － 9 〇 － 10 〇 － 11 神太夫 － 12 〇 － 13 神太夫 － 14 〇 － 15 勘太夫 －
千家家附	法橋	近習並	（寛永）●1 源太夫 － 2 源太夫 － 3 〇 － 4 〇 － 5 〇 － 6 〇 － 7 〇 － 8 源太夫 －
北島家附	森	本近習	（明暦 1655-58）●1 吉太夫 － 2 〇 － 3 李太夫 － 4 〇 － 5 〇 － 6 吉太夫 － 7 〇 － 8 〇 － 9 李太夫 －
北島家附	西村	近習席	宝暦 1751-64 ●1 右太夫 － 2 右太夫 － 3 右太夫 － 4 右太夫 － 5 右太夫 － 6 右太夫 －
北島家附	矢田	近習席	安永 1772-81 ●12 忠太夫 － 13 〇 － 14 忠太夫 － 15 忠太夫 －
北島家附	多久	近習席	（寛文 1661-73）●1 徳太夫 － 2 十太夫 － 3 十太夫 － 4 十太夫 － 5 十太夫 － 6 十太夫 － 7 〇 － 8 十太夫 － 9 〇 － 10 十太夫 －
北島家附	杉谷	近習席	（貞享 84-88）●2 左太夫 － 3 左太夫 － 4 左太夫 － 5 左太夫 － 6 左太夫 － 7 左太夫 － 8 左太夫 － 9 〇 － 10 左太夫 － 11 左太夫 －

表９　明治初年の大社御師

	名	家格		名	家格
千家家附	西村助太夫	本近習	北島家附	木村八太夫	本近習
千家家附	中村文太夫	近習席	北島家附	新田幸太夫	本近習
千家家附	栄木六郎太夫	近習席	北島家附	坂本敬太夫	近習並
千家家附	高橋伴太夫	近習並	北島家附	白石五郎太夫	近習並
千家家附	吉川三太夫	宮大工	北島家附	若月清太夫	近習並
千家家附	飯島弥太夫	中官格	北島家附	多久甚太夫	近習格
千家家附	古川清太夫	鑿　取	北島家附	山根金太夫	中　官
千家家附	大国覚太夫	神人頭			

的な御師名を示しながら、大社御師の活動を「地誌的研究」の視点から始めて論じた研究として重要である。

千家遂彦　出雲信仰と御師の廻国　その次に掲載されたのが昭和二七年刊行（昭和一六年原文執筆）の千家遂彦氏による論考である[64]。国造家・御師家の史料等を使って、大社御師の活動についてかなり具体的な言及をおこなっている。重要な論点を掲出すると、

・史料上、天文年間（一五三二～五五）には「御供宿」（後述）があり師壇関係が確認できる。

・御師が壇場に赴く際は、これが官許であることを記した大社発の手形を所持し、国々の番所を通過した。廻壇先の寺社奉行はこれを承認して領内の郡奉行・庄屋宛に身分保証を通達したり、荷物運搬を担う人夫の供出を命じたりして協力した。

・出雲信仰の内容は、福神、縁結神とともに農業神としての信仰が高い。明治五年社務所の調査では、神札総数五万三千体のうち、「牛馬札」が一万体を占めている。

さらに、明治五年正月二六日の調査として、国別に壇所を持った御師名（家名）を書き上げている。これをもとに［図9］には地図上に示した。後述するように大社御師は松前や東北・関東、北陸でも配札活動を行っていたことが確認できているため、ここに図示したものが壇所のすべてではない（空白地で活動していない訳ではない）。あくまで明治五年時の調査記録という点で注意が必要であるが、本文中で述べられる「御師は中国・四国・九州北部を中心に活躍し、次第に遠国に及ぶこととなる」という大社御師の傾向はこの図からも読み取ることができる。

西岡健　出雲大社の御師　石塚尊俊氏の編『出雲信仰』所収の御師論文のうち最も後出で、出雲大社教阪神分祀長であった西岡健氏が昭和三七年に著したものである[65]。出雲大社・御師家の史料を引きながら御師制度全般に言及しており最も詳しい。前掲の坂本氏、千家氏論考との重複以外で重要な論点としては、

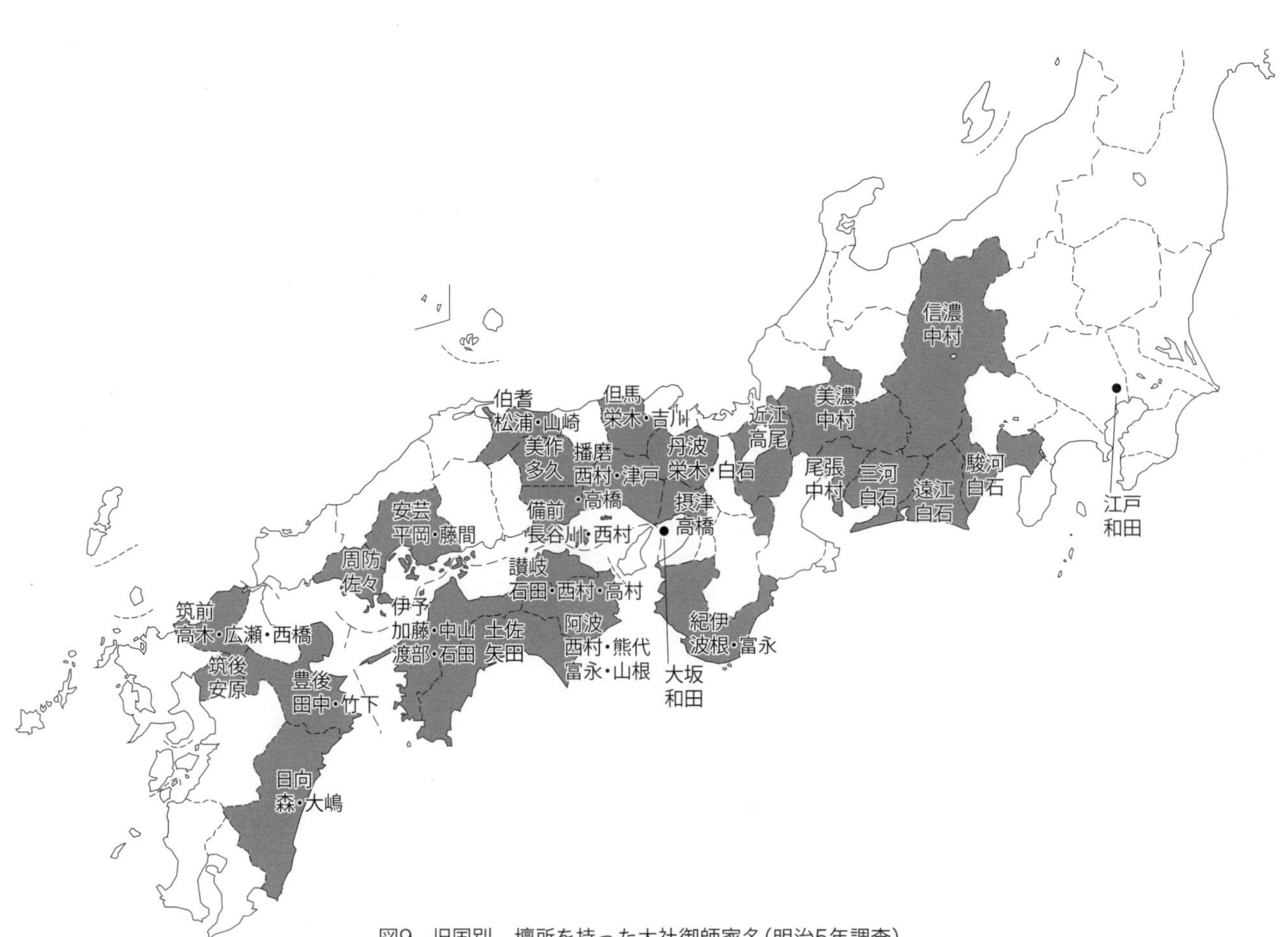

図9　旧国別　壇所を持った大社御師家名（明治5年調査）

・壇場はしばしば売買の対象になり、財産的価値があった。
・廻壇配札に要する諸費用は御師自らが調達しなければならなかった。そのために壇場を抵当にして借金する場合もあった。
・そのような借金も、一度の廻壇で十分に返済された。
・壇場の拡張によるトラブル「壇場荒し」がしばしば生じた。備後国の庄屋連が国造に対し、御師を一人に限定して欲しい旨の要請をした史料がある。

以上が昭和六一年刊行の『出雲信仰』でふれられている大社御師の概要である。この書中で石塚尊俊氏が「大社御師の研究にはまだ空白部分が多い。旧社家の協力のもとにその早い完成が望まれる次第である。」と述べたように、この段階では御師の活動に関わる社家（御師家）史料がほぼ皆無であった。その後も、史料上の制約を背景に、大社御師の研究は目立った進展がない状態がしばらく続くことになる。

四―二、大社御師の成立過程に関する研究

そのような中で、大社御師の成立期を扱う研究はめざましい進展があった。まず、藤岡大拙氏が戦国大名尼子氏の杵築支配と関連付けて論じた研究(66)が早く、また大社町史編纂事業にともなって山崎裕二氏がこれを補強した(67)。さらに近年では長谷川博史氏が、杵築に集散する人々の信仰活動の全体像をまとめる中で的確な整理をされている(68)。これらの研究成果から成立期の大社御師について概要をまとめると以下のように整理できる。

①一六世紀には、特定の檀那場からの参詣客を自らが経営する御供宿（ごくうやど）に独占的に泊めさせて利益を得る権利を持つ者がいた。彼らは檀那場へ出向いて祈念などもおこなった。実質的には御師と同様な存在である。
②この師壇関係から生じる権益は「室（むろ）」と呼ばれ、尼子経久により杵築の室数は一六と定められていた。
③史料上、室・御供宿は一五世紀中葉には成立していたことが確認できる。
④室職所有者（以下、「御師」とする）は両国造家の統轄下にあるとともに、戦国大名から支配・保証を受けていた。
⑤尼子期の御師（坪内・石田・高橋・矢田など）は近世御師家につながっていく。

御師は祈祷や御供宿経営といった一般的な御師の役割だけでなく、武士的側面や、檀那場地域と商業取引をおこなう特権商人・金融業者としての性格をもっていた。その代表格である坪内（石田）氏は杵築商人を統括する「杵築相物親方」を務めており、同氏の檀那場は出雲国内に限らず備後国や石見国東部に及んでいた。一六世紀の御師の活動範囲は基本的に出雲国とその周辺に限られているが、個別領主の支配域を越える広がりをもつもので、長谷川博史氏は、こうした御師の活動を保証することが、尼子氏・毛利氏など戦国大名権力にとっても広域支配の正当化の面で有効だったことを述べる。特権商人としての御師の活動・経済力は、戦国大名とも強い結びつきをもっていたのである。

尼子氏は杵築門前町に対して天文二一（一五五二）年、永禄元（一五五八）年、の二度にわたって法令（掟）を発布しているが、その冒頭数か条は御供宿・師壇契約に関わる規定である。具体的には、参詣者の宿泊先を巡る御師同士の争論を調停するための内容であり、参詣者を宿泊させることが大きな利権につながったこと、それを巡って多くの紛争が生じていたことが読み取れる。尼子氏が重視していたことが示すように、御師による御供宿の経営は杵築門前町の経済活動を支える最大の基盤であったといえる。一六世紀後半、杵築門前町は物流拠点の都市として著しい発展を遂げたとともに、様々な秩序の混乱に直面していた。経済活動の活発化、参詣者数の増大を背景にした御師同士の争論も、そのような混乱のひとつだったと理解される。

彼らが檀那を獲得する際は民衆へ直接布教・交渉するのではなく、領主層への軍事的・経済的援助がまずあり、その見返りとして、領民を参詣客として固定する権利を得た。このような檀那獲得の過程は、外宮御師の橋村家による山陰での活動と類似するもので（200頁）、近世御師とは異なる中世的な

あり方といえる。以上のような中世杵築の御師の存在が、近世大社御師による活動と杵築門前町発展の前段階に位置付けられる。

四—三、近世大社御師の活動実態

近世出雲大社の御師はどのような活動をおこなったか。史料に基づいて具体的に明らかにした岡宏三氏の研究があり、これによってそれ以前と比較にならないほど、飛躍的に理解が深まった。そのきっかけになったのが島根県古代文化センターの研究事業で進められた御師関係史料、特に田中家に関する文書群の収集である。同家は北島国造付の社家で、主に豊前を壇場とした御師であった。史料の種類は多種にわたるが、特に①壇所株の買得に関するもの、②配札先の村名や戸数を書き上げた旦勤帳、③配札を記録した日記、④神札の仕様や準備物品の備忘控え、などが重要である。伊勢御師にはこの種の史料が膨大に伝わり、主たる研究対象とされるが、大社御師に関して全く存在が知られていなかった。この史料群を翻刻し考察を加えた岡氏の研究(69)によって初めて、大社御師の具体像が研究の遡上に乗ったといえる。本項では、岡氏による一連の研究をふまえつつ、あらためて大社御師の全体像を描くこととする。

呼称　本稿では便宜的に「大社御師」とした。これは石塚尊俊氏の編による『出雲信仰』(70)での呼称に従ったものである。また近年では出雲大社の御師であることを判然とさせるために「出雲御師」と称する場合もみられる(71)。しかしながら両者ともに、後世の研究で扱うための用語であって、同時代に「御師」とした史料はない。一六世紀にみられる「室」は御供宿経営を核とした権益全体を指す中世的職を指す語で、人格に対応する呼称では無かった。また近世に対外的に用いた史料、例えば廻壇配札で他藩に入る際に示した手形においては、「出雲大社北社中高浜数馬」(72)、「出雲大社中官矢田忠太夫」(73)のように、出雲大社の社家という身分保障が重要であって、御師としての職位を指す固有の名称は無かった。伊勢御師が実際に配札したお祓い箱・神札正面に「御師　〇〇大夫」と刷り出されるのが通有なのに対して、出雲大社の場合は「中官　〇〇大夫」といった表現が一般的なのも、こうした背景による。幕末の御師活動を自身の目で見た赤山登氏が用いる「壇所持」という呼称が、近世大社御師を指すものとしては一般的であっただろう。その他に、他所から出雲大社を参詣した人物による旅日記の中には、「太夫」と呼んだ事例もある(74)。これは伊勢御師と同様に、旅館業を営んだ御師一般に対する呼称であって、御師が自ら「大社大夫」を名乗る場合もあった［図10］。

御師の身分　前述したように、伊勢の御師には複雑な家格制度が存在した(205頁)。檀那を持ち御師としての活動をおこなうのは、神宮の禰宜職を世襲する神宮家が筆頭で、三方家・年寄家が中核を担った。これらの家格の御師は中下級神職である場合も多いが、必ずしも全てが神宮に職を持つわけではなかった。さらにその下には平師職と呼ばれる家格があって、自らの壇場を持ちつつ商業を兼業するなどしていた。したがって全国に壇場を持つ巨大な伊勢御師組織の中には、神宮の神事祭祀とは直接関わらない御師も多数存在していたのである。

一方、出雲大社の御師は伊勢とは比べものにならないほど小規模な組織ではあるが、例外なく千家・北島両国造家に属する出雲大社の社家という立場を有していた。出雲大社の社家構造には、両国造の下に大きく別火・上官・近習（本近習・近習席・近習並・近習格）・中官・四職という等級があり、御師として壇所を持つのは近習・中官が中心であった。社家には担当する役目職掌に応じて祭田が与えられたが、中官以下は家禄はほぼ無いに等しいとされる(75)。御師活動による配札初穂料、参詣客に伴う宿泊料、祈祷料などが主たる収入だったのである。このような典型的な御師の活動以外に、両国造家とその執事役であった上官平岡・佐草家が薬売りを介して北陸で配札を行ったし（後述）、今回の調査で確認されたように、国造氏族の千家徳千代丸が出雲国内で配札するような場合もあった（217頁）。

売買される御師株　御師家には一六世紀の室職所有者の系譜上にあって古くから代々務める者もあったが、権利の売買によって、町人から大社御師

（＝社家）となる場合もあった。岡宏三氏が明らかにした事例では、もと鵜峠浦の商人の家であった田中数馬（清年）が文政八（一八二五）年、二八歳の時に北島主膳から豊前国小倉城下と三郡の壇所株を、版木・書付・帳面類と共に購入している(76)。おそらくその際に国造へ願い出て社中として認められたのであろう。弘化四（一八四八）年に北島国造家から屋敷一ヵ所（越峠西小路）を安堵されており、さらにその子の筧は明治初期に近習格であることが確認できる。

町人から御師になった田中数馬は、配札活動の上では「高浜数馬」を名乗った。これは売主であった北島主膳が保有した御師株がもともと文政二（一八一九）年に高浜官大夫から買得したもので、その際に同大夫銘を名乗る権利を保証されていたからである。檀那からすれば、御師側の都合で名がころころ変わるのでは不審が生じる。御師株の売買後、元の大夫銘が買い手側に引き継がれること、結果的に一人の御師が多数の銘を地域によって使い分けていること、は伊勢御師には一般的に認められることである。大社御師においても同様であった。

壇場の範囲　大社御師の壇場を俯瞰的・網羅的に書き上げた史料の存在は知られず、全体像は不明である。明治五年調査を元にした千家遂彦氏の叙述する御師家名と壇場範囲［図9］は正確なものと推察されるが、大社御師の活動域を全て示していない。まず石見・長門における壇所売買証文（天保八（一八三七）年があることや、備後国における壇所荒しへの請願（正保三（一六四六））があることから(77)、出雲近隣の中国地方では活発な活動があったはずである。他には越後が漏れている(78)ほか、前述の田中家が壇場とした豊前も記載が無い。また後述するように、薬売りを介して加賀・能登・越前・越中での配札がおこなわれていた。さらに、残存する版木［図10］は御師坪内平大夫が東北（出羽・陸奥）・関東一円という広大なエリアにおける信者に対して、大社参詣の際は自らの御師宿へ止宿するよう呼びかける内容である。実際にどの程度の師壇関係を構築して廻壇配札をしていたかは不明であるが、伊勢御師の重要な壇場であった関東・東北においても、大社御師の活動があったことはうかがえる。

一般に壇所は在方の村を包摂する郡単位で形成される場合が大半であったが、それとは別の、講の形態で遠隔地からの檀那を集める場合もあった。御師、平垣鈴平の「太々千人講」では、港町の商人、回船業者を講中として信者を集めており(79)、その対象は蝦夷松前藩家中、同城下、函館講中・江差講中といった北海道まで展開していた。その点で、大社御師の活動は北海道から九州まで、ほぼ全国的に広がっていたと考えられる。

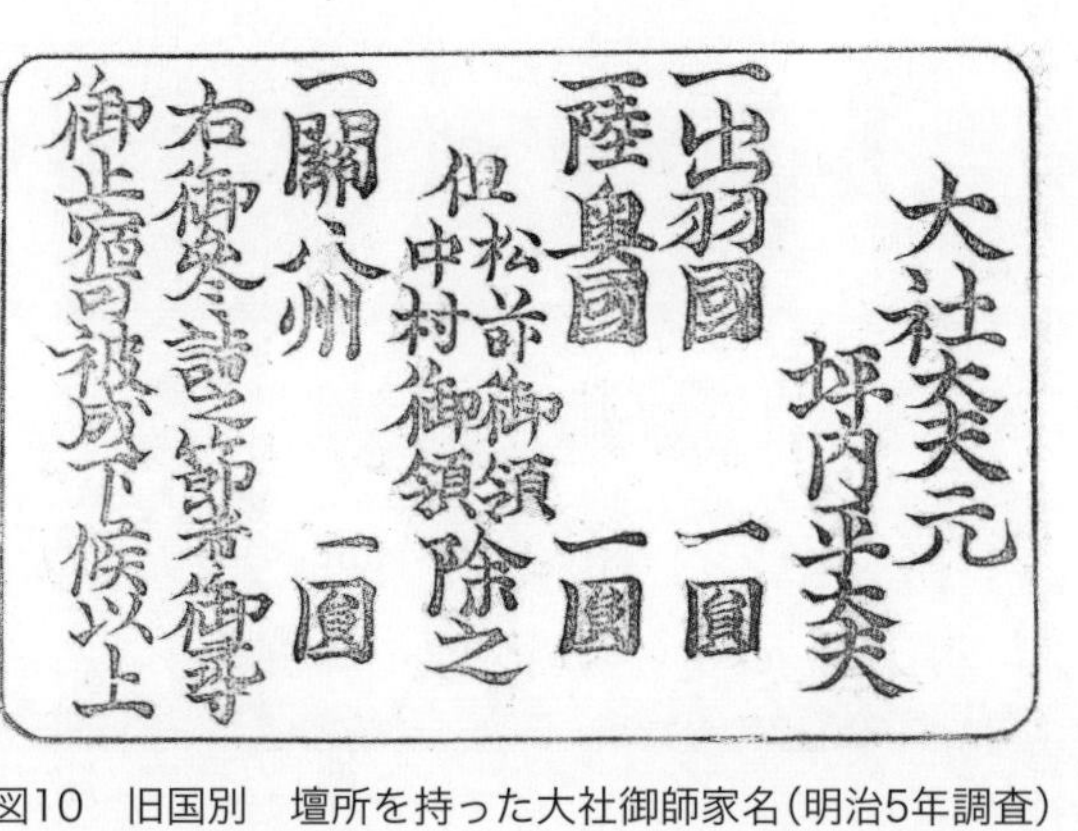

図10　旧国別　壇所を持った大社御師家名（明治5年調査）

檀那数　これも具体的な手がかりに恵まれない。「明治初年の活動範囲が（中略）全信者数四〇〇万人を数えるにいたったのである。」という記述(80)がある程度である。千家尊福が出雲大社敬信講（後の出雲大社教）を設立したのが明治六年。その後、教勢が大きく発展し明治末には教徒数が全人口の一割近くにあたる四三三万人を数えるに至る(81)。「明治初年の全信者数四〇〇万人」とは、そうした出雲大社教の歩みに引っ張られた数値であって、近世の民衆における大社信仰の広がりを表さない可能性が高い。

一八世紀後半には、伊勢御師から配札を受ける檀那が七五～一〇〇%と高い比率で浸透していたと推定される（前述203頁）。大社御師による配札活動も、これとほぼ同水準で浸透していたことを想定される推計値がある。大社御師、田中数馬は豊前小倉藩領に壇所を持っており、その内訳は田川郡、上毛郡、企救郡（富野手永を除く）で、檀那数は合計一三，二六四軒であった(82)。明治初年の『旧高旧領取調帳』(83)における豊前国内各郡の村数は［表10］のとおりであり、大社御師、田中数馬が壇所としたのは豊前全体の三割弱（Ⓐ）ということになる。一方、安永六（一七七七）年三月の『外宮師職諸国旦方家数改覚』(84)より、豊前を壇所とした伊勢外宮の御師は6家あり、合計で四七，三六六軒の檀那を所持していた（Ⓑ）。単純に前記のⒶⒷを掛け合わせると、対象三郡における伊勢御師の檀那数は一四，〇〇〇軒弱（Ⓒ）と推計される。じつはこれは大社御師、田中数馬の檀那数（Ⓓ）とほとんど同値である。豊前は全人口の八割弱が伊勢御師の檀那になっていたと推計され、檀那構成率が比較的高い地域であった(85)。伊勢御師の数値が安永六年、大社御師が嘉永頃で百年近い年代差があるとはいえ、大社御師の信仰が郡内各村落に深く浸透していたことをうかがわせるものであろう。

表10　豊前における伊勢外宮御師と大社御師の檀那数比較

郡名	村数		
宇佐郡	241		
下毛郡	98		
京都郡	71		
仲津郡	76		
築城郡	41		
企救郡（富野手永）	21		
企救郡	89	29.4%	…Ⓐ
田川郡	64		
上毛郡	75		
	776		

豊前全体外宮御師の檀那軒数	47,366	…Ⓑ
対象郡域外宮御師の檀那軒数	13,917	…Ⓒ
対象郡域大社御師の檀那軒数	13,264	…Ⓓ

廻壇の実態　大社御師が壇所をどのように廻って神札を配り初穂料を回収していたかは、前述の豊前小倉藩領を壇場とした田中数馬・覚父子の日記史料等に基づく、岡宏三氏の検討に詳しい(86)。その成果から概要を列記しておく。

・毎年十月に壇所へ出掛け、翌年の正月から二月頃に帰国した。
・小倉に到着すると城下の定宿にて「旦勤帳」と照合しながら神札類、土産の仕分けをおこなう。また事前準備として藩家中や郡村役員の異動情報を得ておく。
・準備が整うと、従者（出雲から同道+現地雇）を連れて、まず城下の藩士屋敷を一軒廻る。次いで町役人。
・小倉城下が済むと郡村へ。小倉から離れた郡では別の宿泊先があった。
・町村では町役人、村役人にその世帯分の神札をまとめて渡し、配札と初穂料の集金を依頼した。
・藩の重職や配札を取りまとめる大庄屋、役人、高額初穂料を納めるものに対しては、御礼として土産物を贈った。田中数馬の土産には海苔、元結い、薬、真綿、箸、フグの皮、などがあった。
・実際の配札と初穂集金は町役人、村役人がおこない、初穂料は数ヶ村をまとめる大庄屋が取りまとめて御師に納めた。
・田中数馬が豊前で得る初穂料の合計額は約五十両であった。

大社参詣の実際　御師の廻壇によって大社参拝を勧められた信者の参詣は、どのようなものであっただろうか。出雲大社延享度造営にともなう全国勧化により、一八世紀後半は出雲大社の知名度が全国的に高まり、幕末にかけて出雲大社への参詣客は増加していった。各地の信者（檀那）の参詣手法は基本的に御師を頼って大社に詣で、銭により「御供」を奉納し、祝詞・奉幣・神楽奉納などをおこなうものである。その内容は、御供の額によって「太神楽」「太々神楽」といった差異があり、団体（講）の参拝に際しておこなわれるものは規模も大きく相応の経費を要した。岡宏三氏は文化三（一八〇六）

年『御内改役用日記』（佐草家文書）から太神楽の次第を紹介する(87)。それは九ツ（午前一一時前）に上官以下が行列して出仕、本殿の御扉を開く。担当月の国造が出て、願主も本殿大床上に昇殿する。祝詞が奏上され、その後に願主へ玉串が授けられる。さらに宝物を拝見し、金幣による御祓いを受ける。それから一同は庁舎へ移動し、社人が残らず出仕して神楽が奉納、御神酒を頂戴する、という流れである。これは赤山登氏が邂逅した叙述とほぼ相違ない（228頁）。こうした大がかりな御供献上に必要な経費は莫大なものであった。お目見えを許された礼として国造へ金百疋、神楽料に一二俵、御戸銭として六〇〇文、上官等十数人へ一人あたり銭二五〇文、御師へ銭一二〇貫が支払われた。国造以下、大社社家にもたらされる経済的効果は非常に大きかったのである。

また、御師の代替わり時に、お披露目を兼ねて「御供献上」と呼ばれる大規模な参拝誘導があったことは赤山登氏の『杵築旧懐談』で述べられている通りである。これは例年の廻壇配札・初穂料の集金とは別に募られるもので、家督を継いだ新しい御師にとって、壇所内の信仰を取り結ぶ大きな試練でもあった。実例として、文政三（一八二〇）年、中官・高浜左仲の隠居・家督相続の際の御供献上がいかに苦労をともなうものであったかを、岡宏三氏が紹介している(88)。

また、庶民が残した旅日記からは、当時の人々が何を楽しみ、どれほどの経費を支出したか詳しく知ることができる。阿波国美馬郡半田村の商人、酒井（堺屋）弥蔵は嘉永二（一八四九）年三月〜四月に出雲大社参拝を目的とした旅をしており、その過程を克明に日記『出向ふ雲の花の旅』に残した。その翻刻(89)から旅の中身を見ると、彼らは阿波を壇場とした御師、島村真佐美の導きによって出雲を目指す二二人の大所帯であった。最短距離で出雲を目指すのではなく、途中に宮島厳島神社参詣、錦帯橋見物から広島城下へ戻る。それから中国山地を越えて神戸川を下り、杵築門前町の入口にあたる堀川流下橋で島村真佐美の出迎えを受けた。蕎麦を食べた後、島村の案内で大社を参拝、記念に境内図と由緒縁起を授かった。このように御師が記念品として授与した境内図を多量に刷り出すための版木が残存している［写真13］。翌日が御供献上で、まず拝殿で神代神楽を奏上、続けて本殿に昇殿し千家国造にお目見えしている。昇殿時は烏帽子装束を着装し、大床縁上に着座した。上官ら八人が列座して祝詞等一連の祈祷儀式、その後に九種の宝物を拝見する。それが終わると千家国造邸に移って御神酒、御祓玉串等を授かって御師宿に戻った。さらにその翌日は日御碕神社と鷺浦の伊奈西波岐神社を参拝。その後、一行は鰐淵寺、佐陀神社、加賀潜戸など出雲の名所を見て廻り、さらに吉備津神社、金刀比羅宮などあちこちの見物を楽しんで帰郷した。

以上のような御供献上・太々神楽の内容を絵画として視覚的にあらわしたものが、「本殿座配図」「神楽之図」（ともに出雲大社教所蔵）である［写真14］。裏書きによれば、昭和一三年に出雲大社が収取した時点で来歴も描かれている内容も不明、おそらく旧社家であった石田家から出たもので、元は三枚一組であったものが現状では二幅に分けて仕立てられている、と推定されている。本稿で触れた御供献上の内容と照らせば、ここに描かれているのは明らかに本殿昇殿・国造お目見えの場面(90)と、本殿内への御饌献上、さらに神楽奏上の場面である。いずれも白張・烏帽子姿の参詣客が集団で描かれている。この絵をもと所有していたとみられる石田家は大社御師であり、幕末には伊予を壇場としていた。おそらく壇場でこの絵を見せながら、大社参拝で体験できる格別のはからいを解き、参詣、御供献上へと導いたものと想定できる。出雲大社での参拝は、本殿への昇殿、国造お目見え、神宝拝観、神楽奏納（庁舎または拝殿にて）という特別な内容を伴っており、魅力的なものであっただろう。

大社御師から出雲大社教・出雲教へ　近世を通じて伊勢神宮・出雲大社の信仰を全国に広く浸透させた御師であったが、明治新政府がとった神祇政策に大きく翻弄され転換することになる。明治五（一八七二）年三月に神祇省が廃止、新たに設置された教部省の管轄下において、神官・僧侶はすべて教導職を兼補することとなった。出雲大社独自の教導職活動として、明治六年一

写真15　讃岐を壇場としていた大社御師、西村右大夫(明治5年撮影)
(写真所蔵・提供:出雲大社讃岐分院　西村忠臣分院長)

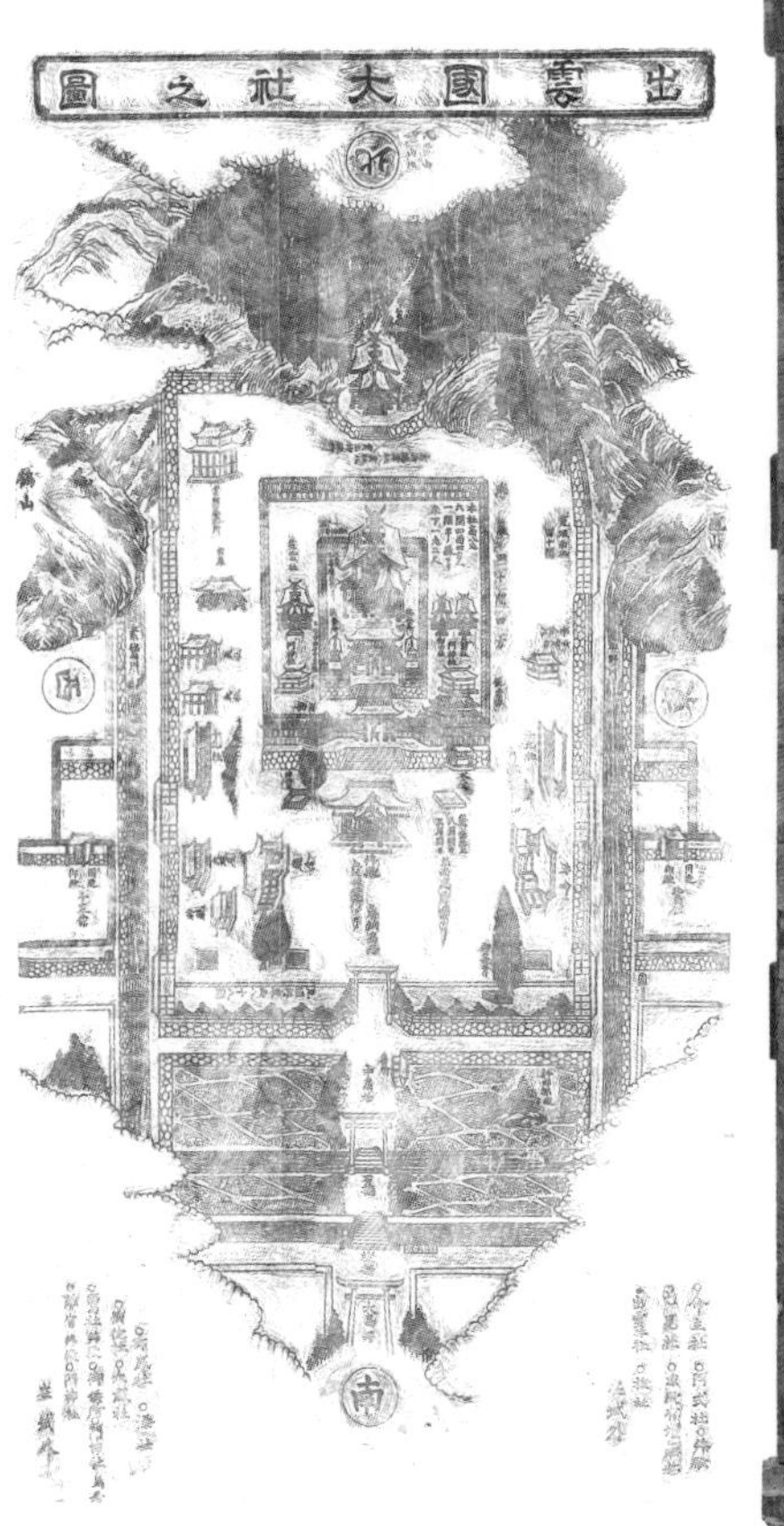

写真13　記念品用の境内図版木(右)と、刷り出した『出雲国大社之図』(左)
(島根県立古代出雲歴史博物館蔵)

写真14　御供献上と大々神楽の場面を描いた「本殿座配図」(右)と「神楽図」(左)　(ともに出雲大社教所蔵)

月、両国造相談の上、従来各地にあった甲子講や出雲講を統轄するための出雲大社敬神講が組織される(91)。これが同年九月には出雲大社教会に改組・拡大された。そして明治一四年に祭神論争の決着、さらに明治一五年一月のいわゆる神官教導職分離によって、官幣大社である出雲大社の神官は一切の教化活動や葬儀執行ができなくなる。こうした事態に千家尊福は出雲大社宮司の職を辞し、同年五月に神道教派として「神道大社派（同年十月に「神道大社教」に改称）」を特立、自らその初代管長に就任した。これが現在の出雲大社教につながる。また北島脩孝も出雲大社権宮司を辞して北島国造館の邸内に「出雲教会」を設置した。現在の出雲教である。

千家尊福の積極的な布教により教勢を拡大した大社教（出雲大社教）は、大正二（一九一三）年時点で教徒四三三万人超、分院二〇箇所、教会所一七〇箇所と全国に展開していた(92)。政府による一連の神宮改革によって明治四（一八七一）年、師職の制度が廃止され完全に御師が断絶してしまった伊勢と異なり、出雲大社の場合は御師が地方における教会組織の中に継承されていく。この点については岡本雅享氏の論考(93)に詳しく、現在全国各地にある出雲大社分院・教会の中には、近世の壇所だった地域へ明治以降に御師の子孫が移り住み、開教した所があるとされる。具体例として、伊予を壇所とした加藤家が初代教会所長を務めた出雲大社土居教会（愛媛県四国中央市）、筑前を壇所とした廣瀬家が開いた出雲大社福岡分院（福岡市）、讃岐を壇所とした西村家が明治一四年に設立した比地大教会（現出雲大社讃岐分院（香川県三豊市））が挙げられている。西村家に関しては、実際の御師を撮したという衝撃的な写真が紹介される［写真15］。写っているのは西村右大夫（中西村家一四代、西村光佼）で、明治五年十月に金刀比羅の写真館で撮影されたものだという。撮影時、大夫は三七歳の壮年で、脚絆に草履という旅姿、右手に菅笠を持つ。写真を所蔵されている出雲大社讃岐分院、西村忠臣分院長によれば、差している大小の刀柄にある轡文は西村家の家紋で間違いないが、手にしている傘は紋（角に二つ引か）からして自身の持物ではなく、写真館での撮影時に演出・あるいは露光時間の動き止めとして持って写ったのだろうということであった。

近代以降に、全国的な出雲大社への信仰が発展的に継承・展開できたのは、近世の大社御師によって信仰の土壌が既に形成されていたという側面が大きい。また逆に、教会組織へと継承されたがために、形を変えながらも明治時代の神祇施策による波を乗り越えて、御師に仲介される近世の信仰形態が残される結果となった点も重要である。

四―三、越中売薬商による大社の配札仲介

前項で述べたように、大社御師の活動は、基本的に自身が壇所へ赴いて配札をおこなうものであった。こうした一般的な師壇関係とは別に、出雲大社の配札がおこなわれる場合もあった。その一例が、越中国の売薬商が、越前や加賀、能登、越中など北陸において大社の配札を代行したケースである。『富山売薬業史史料集』から具体的な事例を挙げると、①安政六（一八五九）年、売薬商（阿部弥一郎）の手代（清八）が「越前福井・鯖江・府中・三国等」を二八日ばかり廻って配札し、初穂料を集めた件(94)や、②安政四年、滑川高月村の売薬商（高田清次郎）が加賀国（金沢城下・小松町・松任町・大聖寺城下・鶴来町）、能登国（七尾町・福浦湊）での配札を請け負った件(95)が認められる。越中売薬商は出雲大社に対して多大な協力をしており、配札のため来訪した使者に対し、滞在時の様々な支援、お世話をおこなっていた。大社から上官の手代が持参する玉串（神札）をまとめて預かり、代わりに壇所をまわって神札を配る配札代行は、大社に対する直接的協力のひとつといえる。

じつはこうした協力関係には、松江藩領内での利権が大きく関わっていた。すなわち、松江藩から売薬許可を受けることが容易でなかったので大社上官の仲介を求め、その見返りに配札のお世話をした、という背景があったのである。この点に関しては、松江藩の「国益」の観点から論じた小林准士氏の研究に詳しい(96)。松江藩は領内商業としての売薬商を保護しており、他国からの売薬商入国を禁止していた。文政七年に、松江城下に限って越中

高月村の高田清次郎に売薬が認められていたが、それ以外の郷中では禁じられていた。そこで富山の売薬商は出雲大社（実際には「大社家老」とみなされた上官家）を頼り、松江藩への口添えを依頼したのである。その結果、安政三（一八五六）年には、北島国造方上官の佐草図書（文清）の仲介によって富山・水橋の商号「松井屋源右衛門」に、翌四年には千家国造方上官の平岡主殿の取り次ぎによって高月村の高田清次郎に、五年を限った売薬が許可されることとなった。後者の嘆願時の書付に「売薬を許可することで『御国損』が生じるかもしれないが、大社配札によって生まれる『御国益』は、私どもの売薬利潤の十倍にもなるでしょう」とされているように、大社の壇場を広げ配札を行き渡らせることは、大きな利益につながっていたのである。このような越中売薬商の商業活動を松江藩が特例的に許可したのは、大社配札によって得られる「国益」を鑑み、これを国内売薬商保護による利益と天秤にかけた結果の損得判断であったことが、前述小林氏の論考で指摘されている。

富山売薬商から出雲大社へのはたらきかけは、配札のお世話だけではなく、直接的な初穂料奉納・玉串の授受という形でも示された。例えば高田清次郎（清蔵）が北島方へ例年納めた御祈祷御初穂の受け取り証文が文政三～十年分確認できるほか(97)、佐草図書が富山の阿部弥一郎に宛てて明治四年まで毎年、大社玉串（神札）と、併せて海苔などの土産を送っていたことが確認できる(98)。

さらに「奉幣寄付姓名録」（古代出雲歴史博物館蔵）は、そのような関係性を端的に示す史料である。これは越中の西水橋（現富山県富山市）の住人六八人から出雲大社に対して納められた安政六年の寄進帳（奉加帳）で、前半は上官佐草図書により大社の神徳が、後半は寄進者各自により納める初穂料金額と氏名が自筆、押印される［写真16］。前半末尾に佐草が「この帳面一冊を大社神前へ供え奉って国造殿が御祈祷するので、祈祷を願い、家運繁栄・家内安全の例年の玉串（神札）を受ける者は姓名を書き押印するように」と記している。このことから、佐草上官の手代は、後半が空白の寄進帳

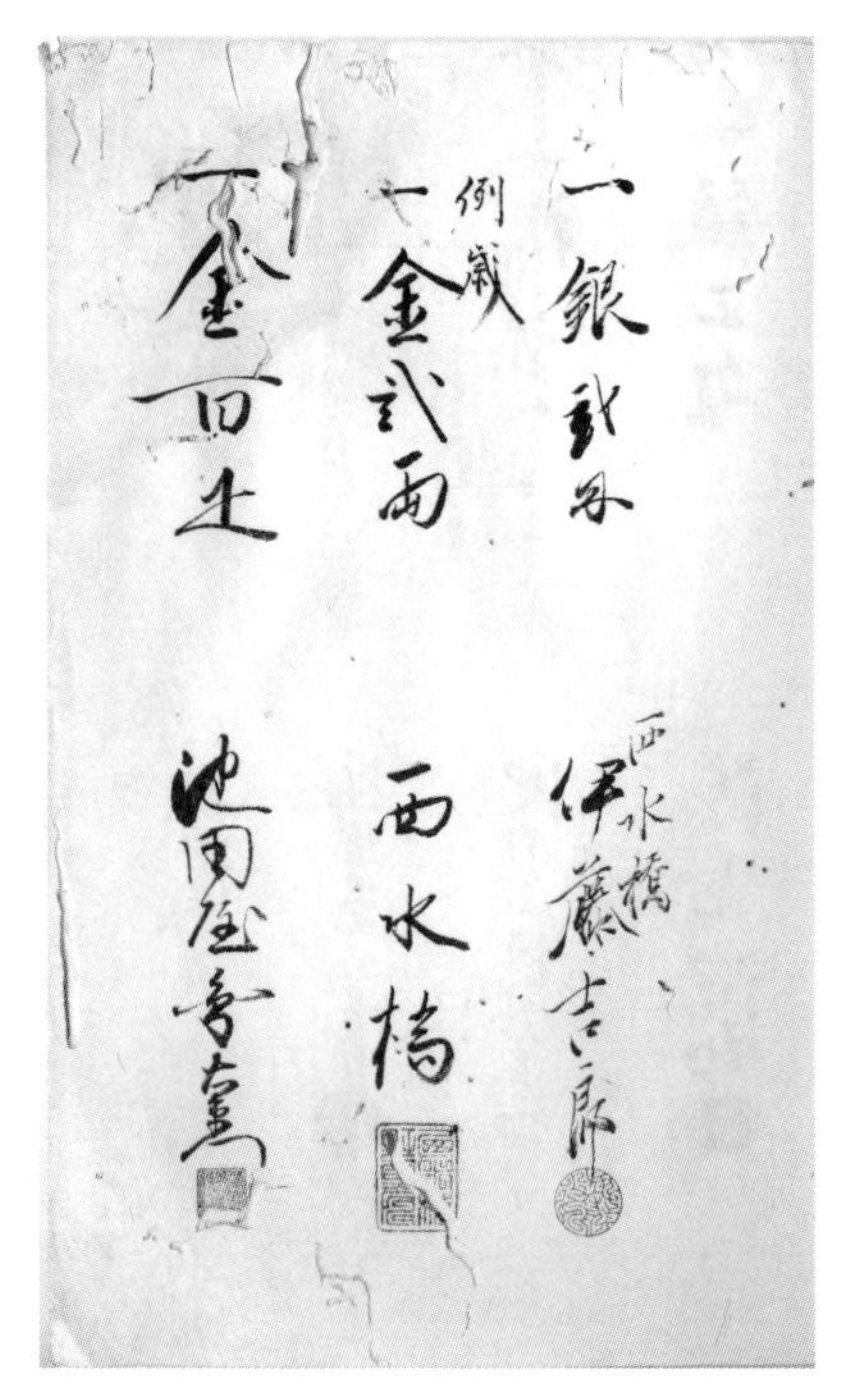

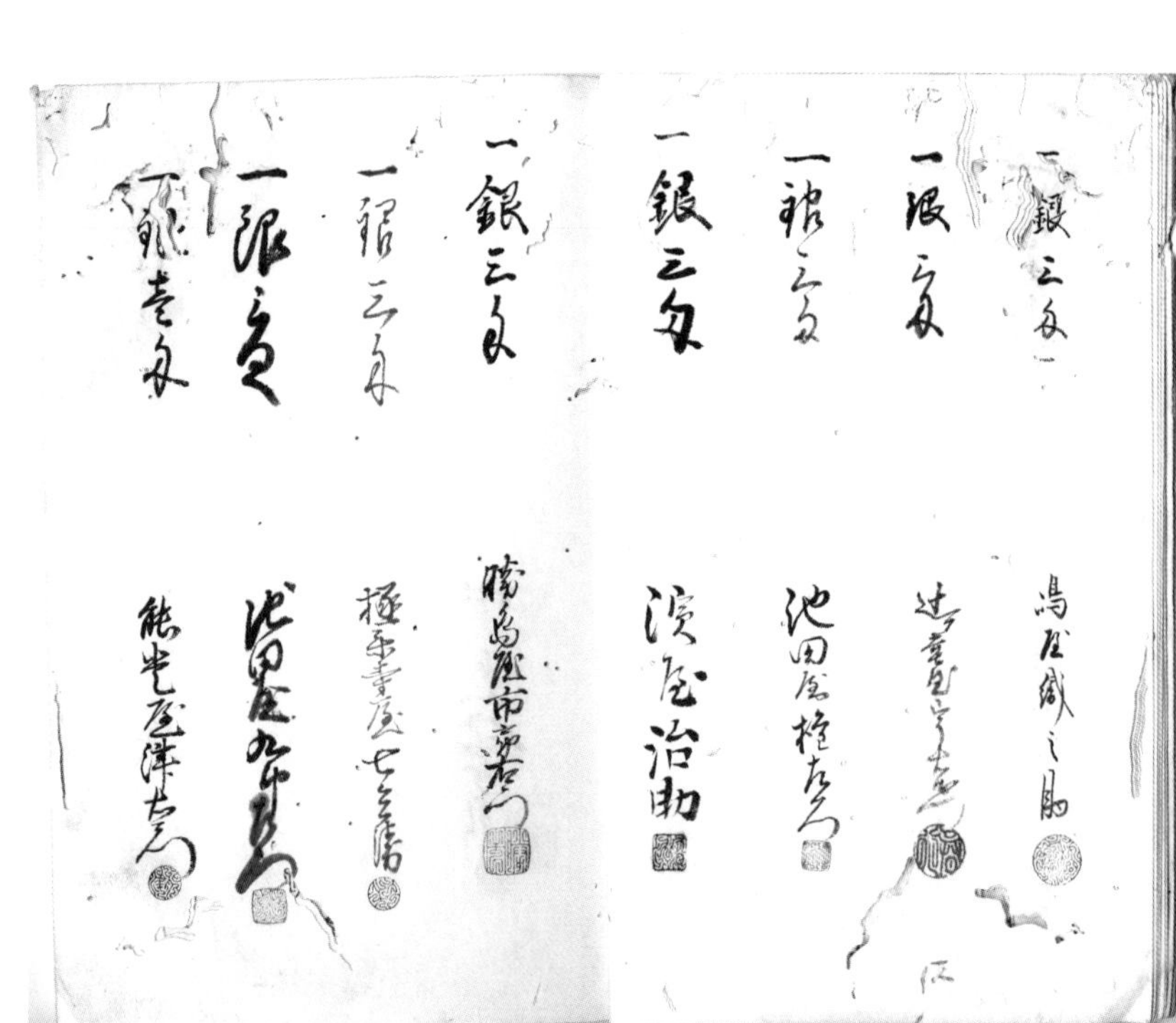

写真16　奉幣寄付姓名録(島根県立古代出雲歴史博物館所蔵)

を越中水橋へ持参して寄進者それぞれに記入させ、玉串を渡すとともに初穂料を回収して大社へ戻る、という流れを毎年繰り返していたことがわかる。手代自身が西水橋村の檀那六八軒を廻って歩くのではなく、おそらく、名簿の筆頭に名を記す西水橋（伊藤）吉郎が、村中の奉納の取りまとめを仕切り、配札を代行していたのであろう。水橋は漁業や海鮮問屋で栄えた地域である。西水橋を代表する立場として住民の大社信仰をとりまとめたのが西水橋吉郎であった。そして彼こそが、松江藩領での売薬許可を得た越中の売薬商だったのである。

西水橋吉郎の名は、越中の売薬商同士で起こった権利争いの中に出てくる。前述したように、松江藩へ売薬許可を嘆願する際に北島国造方（佐草上官）の取り次ぎを得た富山・水橋の売薬商と、千家国造方（平岡上官）の取り次ぎを得た高月村の高田清次郎は、安政五年以降、出雲国における営業をめぐって紛争を起こしていた。先に許可を得ていた水橋側は高田の許可を差し止めるよう訴え出る動きを見せ、後れを取ることになった高田が安政五年六月に、水橋側へ調停和解を願い出た書状が残っている(99)。その書状宛名二人のうちの一人が西水橋吉郎であった。「奉幣寄付姓名録」が大社神前に奉納された安政六年には、松江片原町の薬種商、野波屋が経営難に陥ったため越中売薬商への許可差し止めが願い出られており(100)、五年間の許可を得たはずの越中売薬商にとって松江藩領での権利は決して安定的なものではなかった。「奉幣寄付姓名録」には個人としての初穂とは別に、西水橋から金二両を毎年恒例のものとして供進していることがみえ、こうした高額奉納を取りまとめることによって売薬商と大社上官の間の関係が維持されていたことがわかる。

五、大社御師が配った御札

五―一、大社御師が配った御札の内容

近世の大社御師は、具体的にどのような御札を配ったか。この点に関しては、前に触れた大社御師、田中数馬が残した『嘉永八年　年々定格時々見合』が詳しい情報を与えてくれる。同史料は御札の仕様（形状・寸法・表書など）や数量、土産物など準備すべき物品を書き留めた備忘録であり、岡宏三氏が翻刻のうえ内容を紹介している(101)。

これを残した田中数馬は豊前国小倉藩内の三郡と、小倉城下を壇場としていた。同藩の地方機構は独特で、十数ヶ村をひとまとめにした「手永」という単位が設定され、さらにその下に二三七の村があった［図11］。村方では戸別に御札を配ることなど物理的に不可能なため、大庄屋と村毎の庄屋・方頭・組頭に村分の御札をまとめて渡し、初穂料の集金を併せて依頼した。この点で伊勢御師と同じである。また城下では東曲輪三六町と西曲輪一八町があり、同様に町年寄に依頼をした。

これを踏まえて『年々定格時々見合』を見ると、配布先によって渡す御札をどのように区別していたかが具体的に分かる。まず、表面に「大社御玉串　高浜大夫」と刷るのが御札の基本形で、これには箱形（玉串）と剣先の二種があり、さらにそれぞれ中・小（大・小とも）の区別があった［図12右上］。これを配札先によって使い分ける。旦勤帳によれば、一番格式の高い中（大）玉串の配り先は、寺社奉行や郡代、配札先を所轄する筋奉行など藩士役人層と、村方の配札を依頼する大庄屋などで、その数は四五体。小玉串はそれに準ずる相手用で八百体を準備した。村々の一般民衆に配る

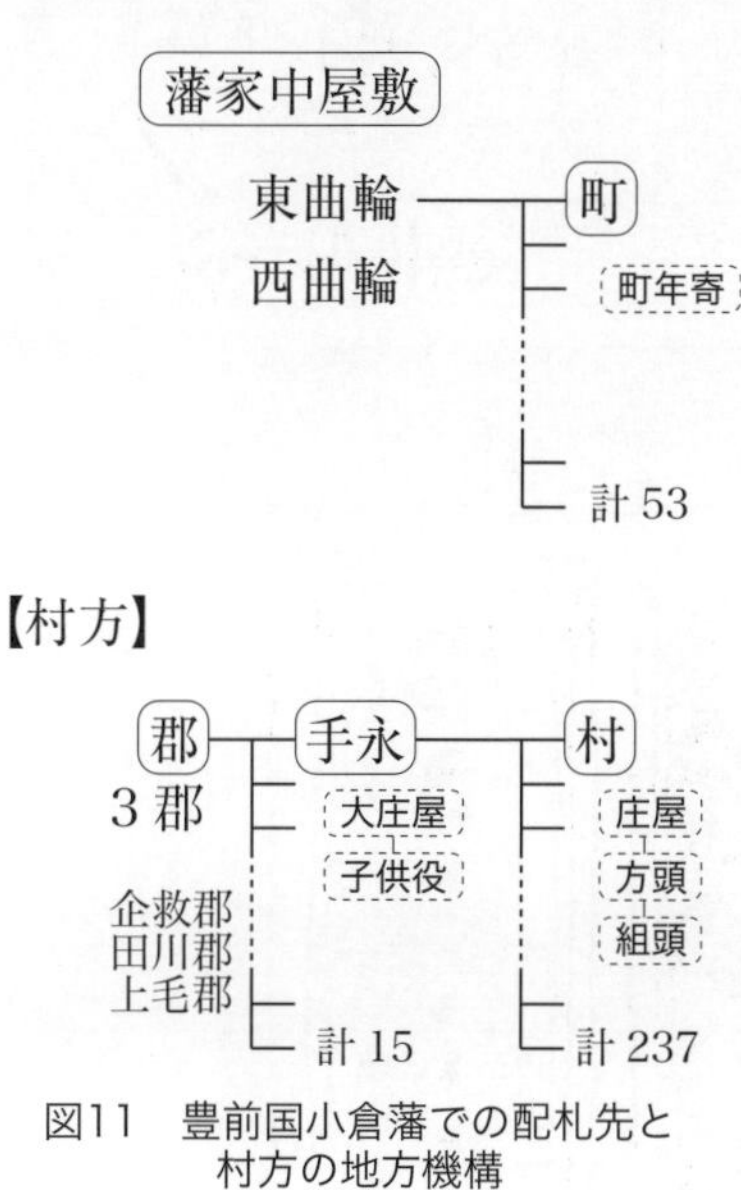

図11　豊前国小倉藩での配札先と村方の地方機構

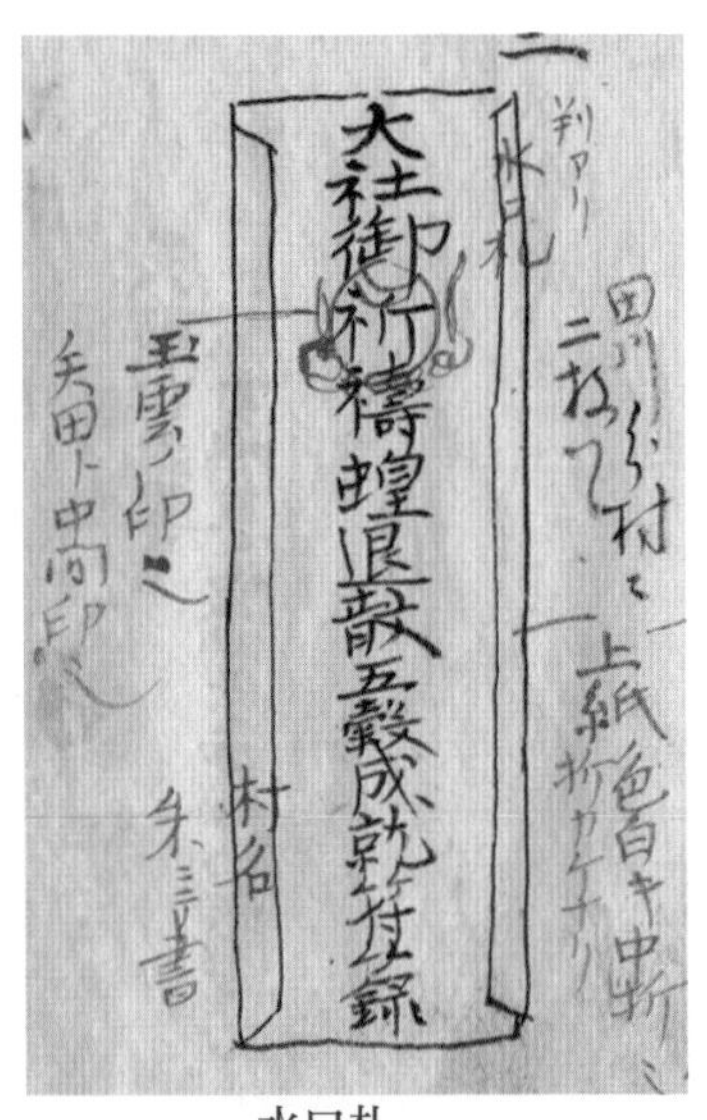
水口札

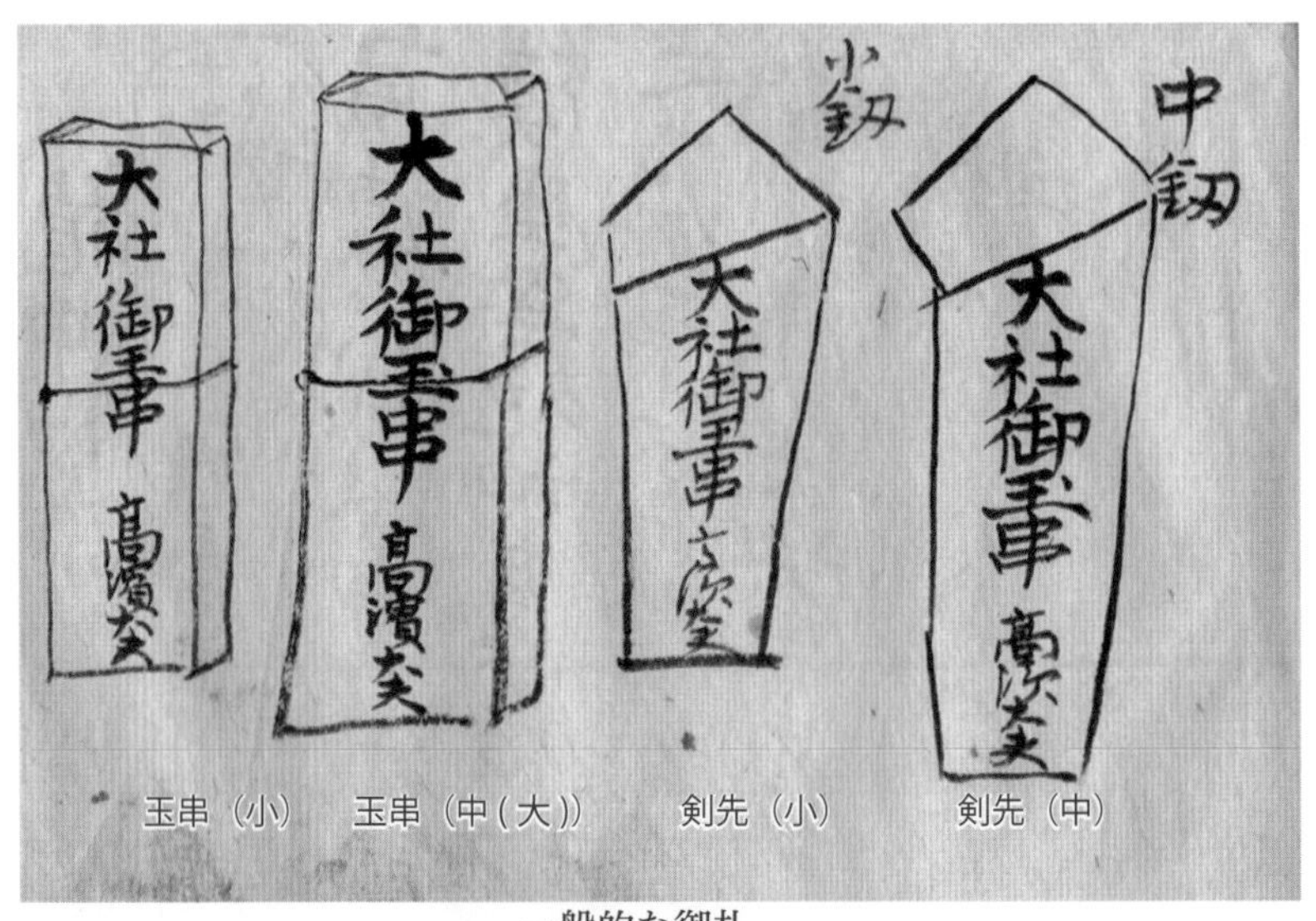

一般的な御札

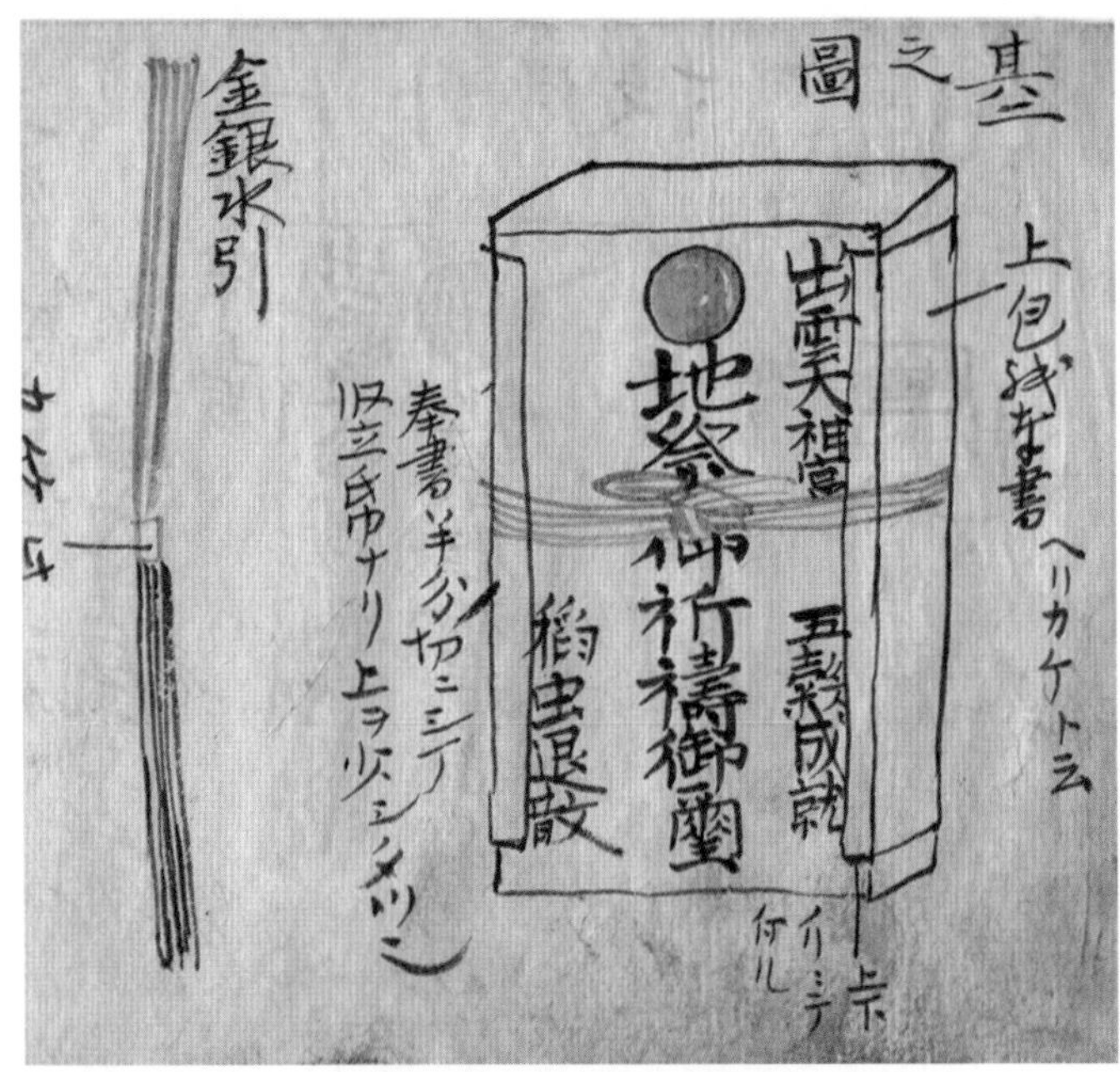

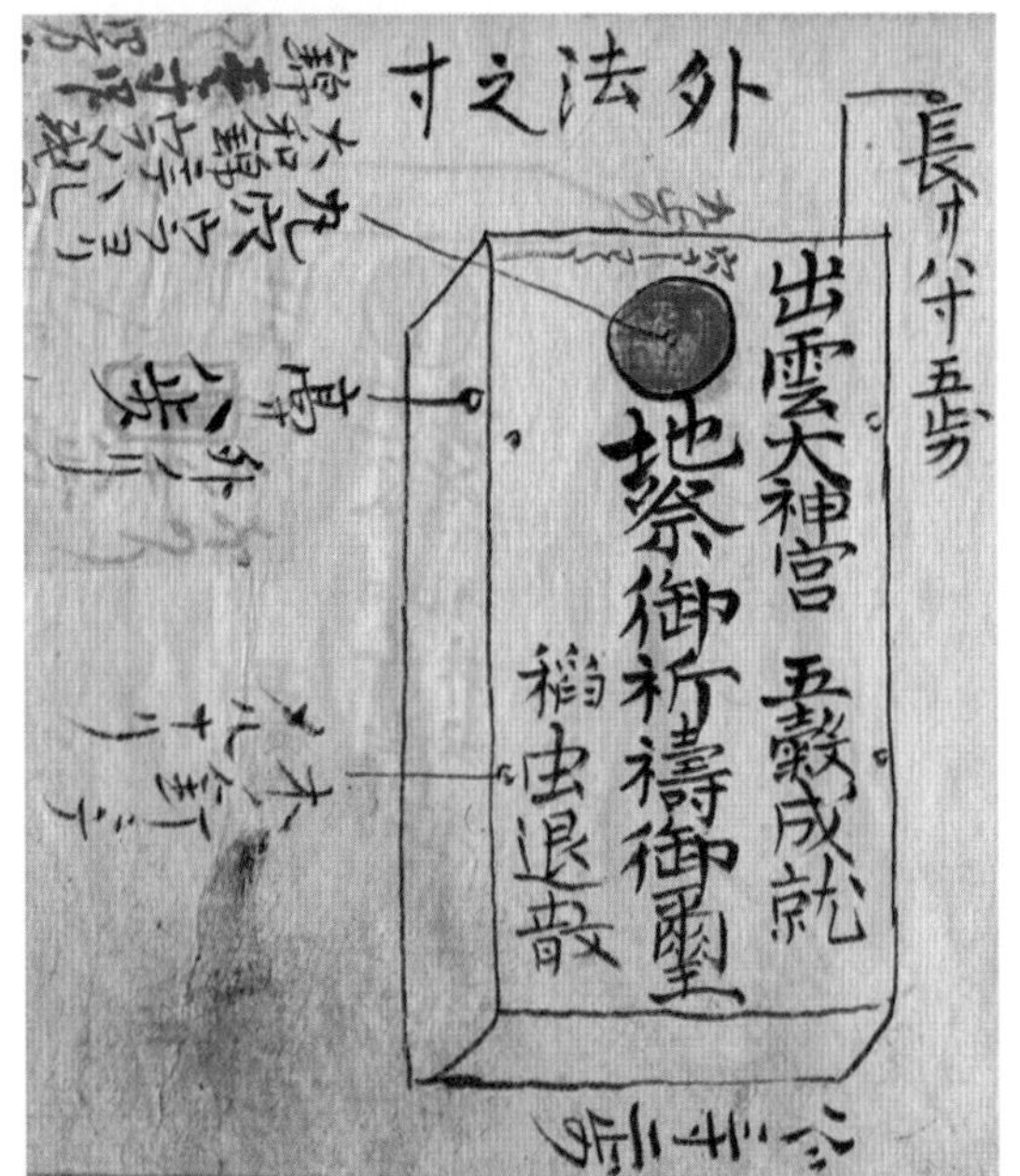

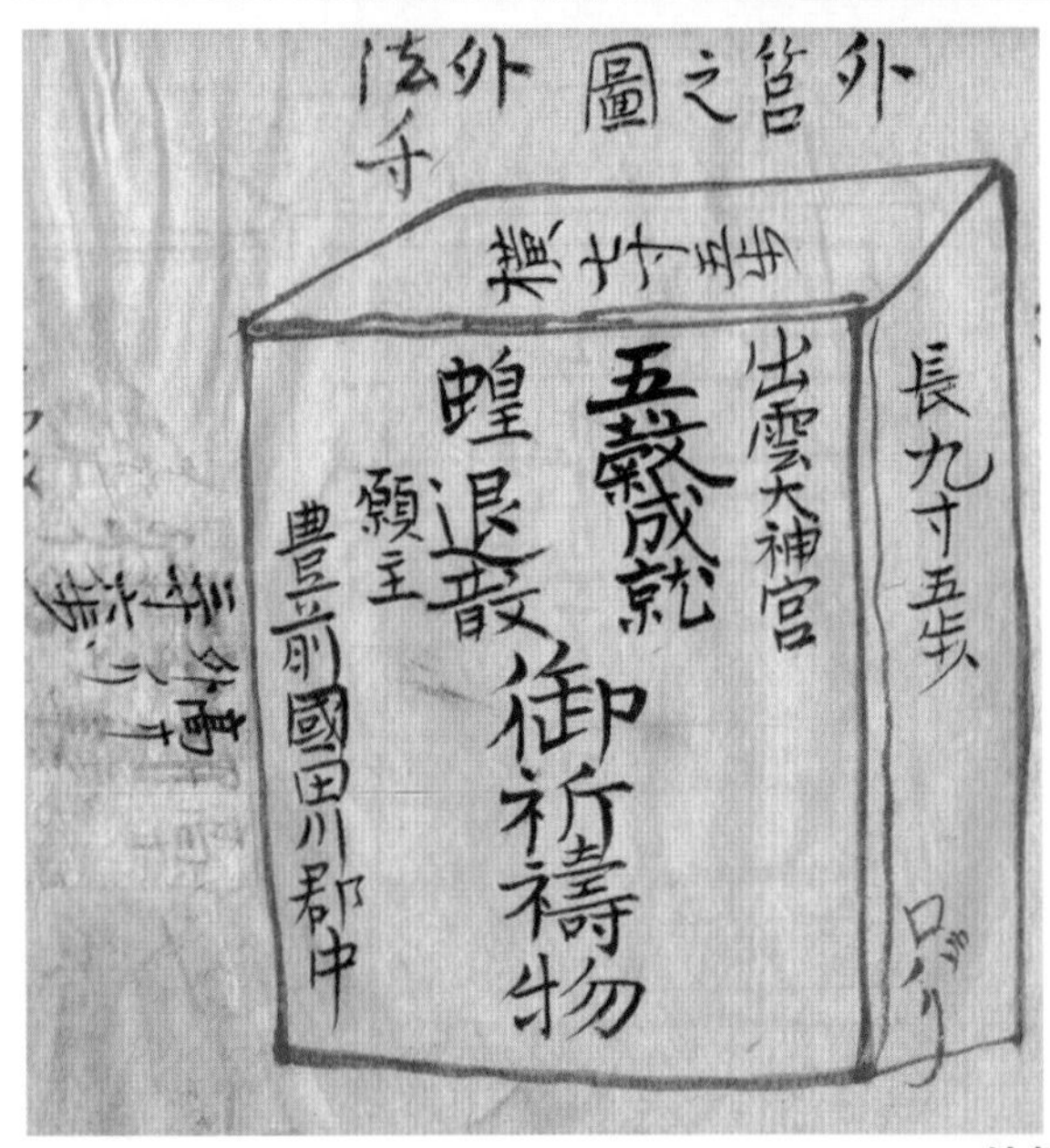

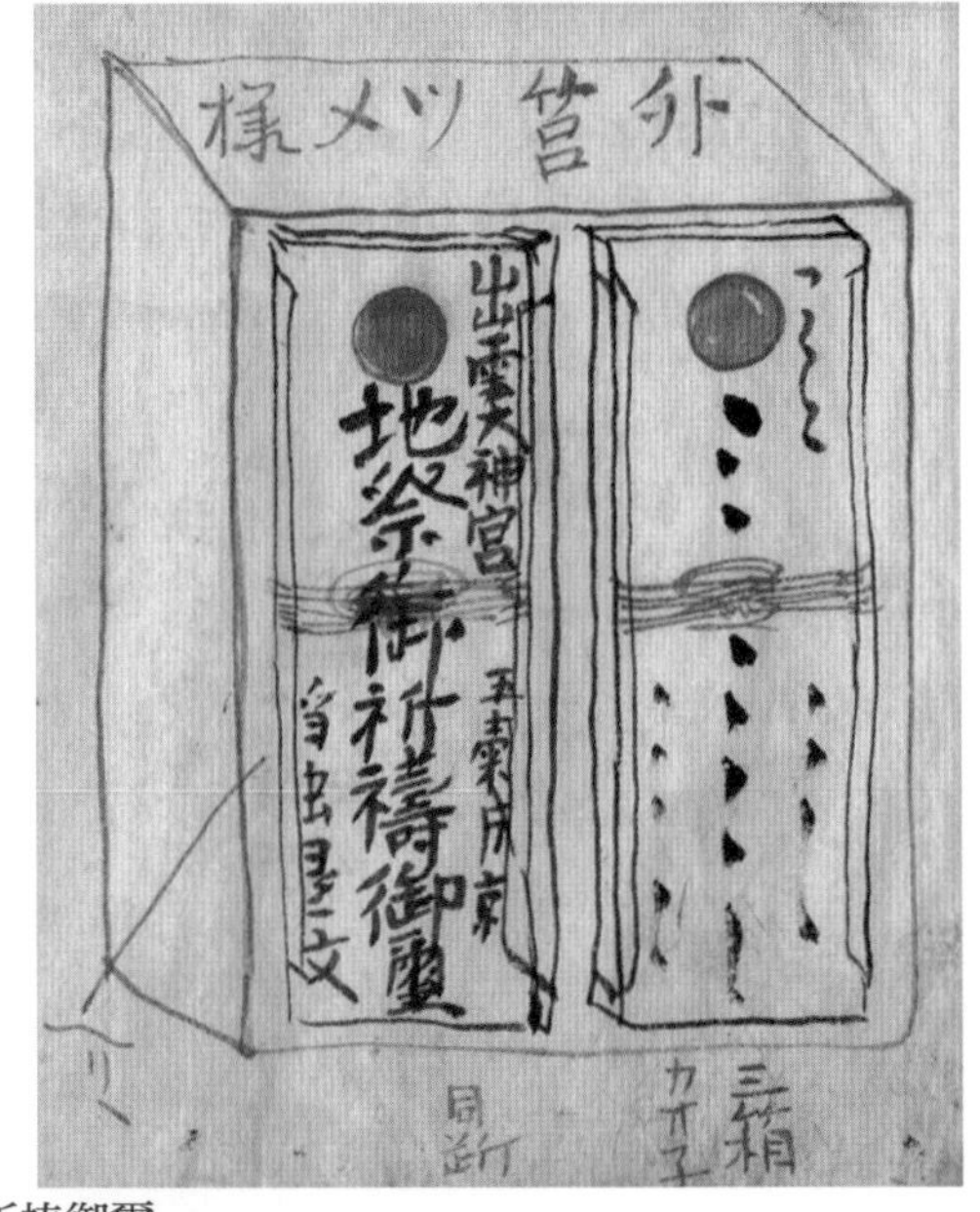
地祭御祈祷御璽

図12　大社御師が配布した御札の仕様（『年々定格時々見合』島根県立古代出雲歴史博物館所蔵　より）

のは専ら小剣先で、檀那の総軒数とほぼ等しい一万五千枚を準備した。六百枚を準備する中剣先の配布先は判然としないが、各村の世話役であった庄屋・方頭・組頭等を対象にしたものであろうか。以上の基本形「大社御玉串」の他に、村々では牛馬守護札を九千五百枚配った。図が無いが、これは半紙を七ツ切にした一枚ものの札であった。また、箱形の玉串を渡すような格の高い相手には、特別な「八雲立」の御札を添えた。その数は八百枚で、海苔（土産物）の包み用紙のへりから取る、とされていることから一枚ものの札だったことがわかる。内容は『古事記』須佐之男命の歌を万葉仮名で表したもので、厄除けを意図した御札であった［図13-018］。

以上が一軒ごとに配る御札で、その他に各村へ二枚ずつ配る「水口札」があった［図12左上］。これは「蝗退散五穀成就」を祈祷した符籙であり、小奉書を四ツ切にして折掛紙を付けたもの。これを手永ごとにまとめて中折紙で包み、その表に「〇〇御手永〇〇ヶ村　水口札壱ヶ村へ二枚づつ」と記して手永ごとに配った。さらに、各手永の大庄屋に宛てては、箱形の「地祭御祈祷御璽」を一体ずつ配った［図12中段・下段］。これも願意は蝗退散・五穀成就で水口札と同様であるが、赤い錦を丸く貼り、奉書にてへり掛け（上包み）を付け、さらに金銀水引で結んだ、たいへん手の込んだ立派なものであった。表書には「出雲大神宮」と記される。これも各手永分を郡ごとにまとめて外箱に収めた。

このように、大社御師が配る最も通有の御札には「大社御玉串　〇〇（御師名）」とだけ記してあり、特定の神徳や願意を表現したものではなかった。田中数馬の場合、これに添える形で、牛馬の守護や害虫退散・五穀成就、厄除け（八雲立）といった特別な御札を、状況に応じて渡していた。信者（檀那）が求める加護の内容は多様であり、御師たちはそれに対応できるよう様々な御札を用意する必要があったのである。

五―二、現存する大社御師の版木

そのような、信者の多様な要求に対応するために、大社御師たちが様々な御札を作り分けていたことを示す資料がある。御師が実際に使用した御札の版木である。本稿では、①出雲市所蔵の資料群と、②島根県立古代出雲歴史博物館所蔵の資料群の全体像を紹介したい。①は昭和四〇年前後に大社町教育委員会が収集したもので、複数の旧所蔵者からの寄贈品である。その内訳リストは岡宏三氏、品川知彦氏により過去に公刊されている(102)。一方、②は大社社家で御師でもあった矢田家より寄贈された一括資料で、一部を展示等で公開したことがあるのみで全体像は未公開であった。

写真17　現存する大社御師の版木（出雲市所蔵）

版木を使用した御師　版木の総数は、①出雲市所蔵が一三一点、②古代出雲歴博所蔵が八一点。①は複数の御師が所持していた版木が集合しているため、御玉串に刷り出される御師銘には加藤安大夫、中彦之進、法橋源大夫、佐々藤房大輔、坪内平大夫の五名が認められる。②の版木は最終的に矢田仲大夫家が所持していたものであるが、山根宗大夫銘のものが一定数含まれる。これは山根家が所持する檀那株が版木ごと矢田家に移ったか、御師廃業後に版木だけが矢田家に移ったかの二通りの可能性が考えられる。

版木の年代　版木自体に調製・入手の経緯を墨書したものがあり、おおよその年代を知ることができる。書き上げると天明七（一七八七）年（Y21）、文政二（一八一九）年（Y18）、安政二（一八五五）年（084）、明治八年（126）、大正五年（046）で、おおむね幕末（一八世紀末頃）～明治時代のものが中心だと判断される。版木に表現される表記もこれと矛盾しない。

御札の内容　御札の体裁は「大社御玉串　（御師銘）」という形が基本形である。明治四年に正式に社名を出雲大社とする前から、全国的に知られた出雲大社、あるいは出雲大神宮といった名称が用いられていた。御師銘は近世の場合「中官　○○大夫」であるが、明治に入って「神官　○○大夫」となる。また、やや時期が下って「出雲大社　守護」（071～075）が出てくるようである。

　願意を明記したものとしては、牛馬安全・五穀豊饒、悪病退散といった、他の神社でも一般的にみられるものが多い。その一方で大社に独特なものとして、火水難除けの龍蛇神札（058－1、Y73）や、厄除けの八雲立（018、Y20）がある。特に興味深いのは、矢田家が所持していた鷺大明神の一連の版木である［図18］。鷺大明神（現　伊奈西波岐神社、出雲市大社町鷺浦）は出雲大社の境外摂社で、疱瘡封じの御利益があるとして全国的に知られていた。感染症の予防・治療の術がない近世の人々にとって、たびたび蔓延する疱瘡の流行は命を落とすことも多い脅威であった。疱瘡除けには赤色が効果が高いと信じられており、「疱瘡安全」の御札は多くが赤色（ベンガラ）で刷られている。大社御師は玉串を配布する例年の廻壇の際に、檀那の希望、依頼に応じて様々な祈祷をしたり、特別な御札を発行したりしていた。中でも疱瘡安全は特に要望が多かったと考えられる。渡す御札には「出雲大社　中官　山根」ではなく「鷺大明神祭主　山根」と刷られており、立場をうまく使い分けながら需要にあわせた活動をしていたことがうかがえる。

版木の内容　版木を用いて大量生産する印刷物は御札に限らない。御札以外の版木の用途として、

①高額奉納者・配札の世話役など、特別な相手に対して贈る神像
②壇所廻りで配布するチラシ・案内
③廻壇先へ持参する土産品の包み紙や説明書き

などがある。

　①は神影掛幅に仕立てることを前提にしているため、基本的に版木のサイズが大きい。図像の内容は、定番の俵に座った玉持大国像があるほか、恵比須神、須勢理姫命（隠岐の由良比女神と同格視）がある。これらに類似する、贈り物（記念品）用の版木としては神宝（琵琶「谷風」）や大社八景を刷るためのものがある。

　②は目的・内容が様々である。大社参詣の際は自らの御師宿へ宿泊するよう呼びかけるものや、大社からの配札を騙る輩に注意喚起するビラ、大社への旅程交通を解説するチラシなどがある。面白いのは矢田仲大夫が提灯の寄付を呼びかけるもの（Y75 Y72）で、金額に応じて扱いが異なっており、最も上の姓名入で永代吊り下げの場合は金十両とかなり高額であった。

　③土産物は廻壇先で世話になるお得意先へ付け届けるもので、田中数馬の場合は元結、真綿、傷薬、袋入りの箸、フグの皮、盃などの他、海藻類を主に持参していた。矢田家の版木からも、海藻類が中心であったことがうかがえ、昆布（Y03）、あらめ（Y04）、神端草（ホンダワラ：Y07）、十六島海苔（Y15）などの包み紙の版木がある。「出雲名産　清地の筆草」（Y02）とは海岸砂浜に自生するコウボウムギのことで(103)、根茎の末節に旧葉鞘繊維が集まって筆の穂先のような形状をなし、実際に筆の代用品とすることができた。いずれにせよ、土産物には遠隔地にある壇所へ運ぶ際に重荷にならない軽いものが良く、さらには原価がそれほどかからず、出雲の地域ブランド的価値が付加されて珍しがられるものが選択されたのであった。また医療に関わる祭神の神徳に引きつけて薬を名産品として持参する場合もあった。坪内家の場合は、胎毒下しに効く、と謳った「安痘圓」を主力品としており（Y66～Y70）、御師の手土産という枠を超えて製薬本舗としての活動を展開していた。これは伊勢の名物として萬金丹が広く販売されたことと近い。

表11　大社御師の版木一覧表①(出雲市所蔵)

No.	内容・図像	法量（mm）		町教委No.	注　記　（備考）
		タテ	ヨコ		
1	出雲大社御玉串授布人名簿［名簿表紙］	229	122	御師3	昭43．3．10　寄贈者名　吉谷吉三郎
2	［図像：大国］	148	152	御師4	
3	［図像：大国と鼠］	149	244	御師5	
4	［玉串配布書状］	131	258	御師6	［墨書］文政十歳／丁亥四月吉日調之／西御屋鋪 寄贈　西橋忠正氏ヨリ　昭和38年7月24日
5	［罫紙］	237	332	御師7	寄贈　大谷従ニ氏ヨリ　昭和39年7月4日
6	［罫紙］	218	308	御師8	寄贈　大谷従ニ氏ヨリ　昭和39年7月4日
7	神道大社教本院受払簿［用紙］	252	376	御師9	［墨書］現行　受拂簿系 寄贈　高橋ハルエ氏　昭和39年□
8	大社　村中安全　五穀成就　御祈祷守護	342	61	御師34	寄贈　西橋忠正氏ヨリ　昭和□年11□□日
9	出雲大社御玉串	203	39	御師35	寄贈　西橋忠正氏ヨリ　昭和40年11月1日
10	［神像］	121	110	御師36	
11	出雲大社御玉串　神官加藤安大夫	255	55	御師37	寄贈　西橋忠正氏ヨリ　昭和40年11月1日
12	宅舎栄健符鎮護	247	42	御師38	寄贈　西橋忠正氏ヨリ　昭和40年11月1日
13	大社御祈祷昆虫退散守護千家	264	42	御師39	寄贈　西橋忠正氏ヨリ　昭和40年11月1日
14	五十度御祓大麻　神官　佐々藤房大輔	309	49	御師40	寄贈　西橋忠正ヨリ　昭和40年11月1日
15	［神像：恵比寿／大国］	162	180	御師41	寄贈　内藤滋氏ヨリ　昭和42年10月1日／御両神
16	大社悪病除　夜久毛多都…	212	33	御師42	寄贈　□
17	鷺大明神御禊	142	38	御師43	
18	大社　夜久毛多都…	236	35	御師44	寄贈　西橋忠正氏ヨリ　昭和40年11月1日
19	法橋源大夫［花押］	130	55	御師45	寄贈　西橋忠正氏ヨリ　昭和38年7月24日
20	大國主大神	67	17	御師46	寄贈　内藤滋氏ヨリ　昭和42年10月1日
21	［御幣］大社	115	75	御師47	寄贈　西橋忠正氏ヨリ　昭和40年11月1日
22	大社御玉串　神官　法橋源大夫	185	40	御師48	寄贈　西橋忠正氏ヨリ　昭和40年11月1日
23	中央	40	26	御師49	
24	大社　五穀成就稲虫　退散御祈祷　御札 ［背面］大社御祈祷　御□	229	43	御師50	
25	□［国ヵ］主神	58	31	御師51	寄贈　西橋忠正氏ヨリ　昭和40年11月1日
26	中　大国主命　須佐之男命　少名毘古那命　守護	128	27	御師52	寄贈　西橋□　昭和40年□
27	大社開運御祈祷御守	143	29	御師53	寄贈　西橋忠正氏ヨリ　昭和40年11月
28	［神籬］大穴牟遅神　御年神　宇賀魂神　安座	143	34	御師54	寄贈　西□　昭和40年11月□
29	新嘗会御守	107	27	御師55	寄贈　西橋忠正氏ヨリ　昭和40年11月1日
30	［神籬］大國主命	96	23	御師56	寄贈　西橋忠□　昭和40□
31	恵比須神	41	15	御師57	寄贈　西橋□□氏ヨリ　昭和40□□月1日
32	新嘗会御祈祷御玉串	160	38	御師58	寄贈　西橋忠正氏ヨリ　昭和40年11月1日
33	大社開運御祈祷御守	175	35	御師59	寄贈　西橋忠正氏ヨリ　昭和40年11□
34	大社御御祈祷御守	160	32	御師60	寄贈　西橋忠正氏ヨリ　昭和40年11月1日
35	大社御玉串　神官法橋源大夫	179	37	御師60	寄贈　西橋忠正氏ヨリ　昭和40年11月1日
36	大社御玉串　佐々藤房大輔	188	36	御師62	寄贈　□
37-1	大社御祈祷御守	132	29	御師63	寄贈　西橋忠正氏ヨリ　昭和40年□
37-2	大社御神供	88	23	御師64	寄贈　西□
37-3	法橋源大夫	68	25	御師65	寄贈　□□
38-1	大己貴命　素盞嗚命　少名毘古命…	77	36	御師66	寄贈　西橋忠正氏ヨリ
38-2	［朱印？］	50	37	御師67	
38-3	［神籬］幸魂奇魂神	112	22	御師68	
39-1	大社御玉串　加藤安大夫	178	38	御師69	寄贈　西橋忠正氏ヨリ　昭和40年11月1日
39-2	大社地鎮祭御守	177	34	御師70	寄贈　西橋忠正氏ヨリ　昭和40年11月1日
39-3	大社太々神楽御玉串	223	50	御師71	寄贈　西橋忠正氏ヨリ　昭和40年11月1日
40-1	出世長寿大黒天	135	182	御師72	寄贈　三原純氏ヨリ　昭和40年4月6日
40-2	［神像：玉持大国］	310	196	御師73	寄贈　□□均氏ヨリ　昭和39年5月16日　大谷従ニ氏旧蔵
40-3	［神像：玉持大国］	320	262	御師74	寄贈　高橋ハルエ氏ヨリ　昭和39年5月18日
41-1	［三神像］	402	277	御師75	寄贈　藤間健治氏ヨリ　昭和42年8月2日
41-2	［神像：恵比寿］［裏面神像：龍］	311	181	御師76	寄贈　藤間健治氏ヨリ　昭和42年8月2日
41-3	［神像：玉持大国］	307	234	御師77	寄贈　西橋忠正氏ヨリ　昭和38年7月24日
42	［神像］	205	147	御師78	寄贈　藤間健治氏ヨリ　昭和42年8月2日
43	［神像］	235	189	御師79	寄贈　藤間健治氏ヨリ　昭和42年8月2日
44	□神寶御琵琶之図	730	243	御師80	

表12　大社御師の版木一覧表②(出雲市所蔵)

No.	内容・図像	法量（mm）		町教委No.	注　記　(備考)
		タテ	ヨコ		
45	[女神像：由良比女？とイカ] [背面：男神像]	517	318	御師81	寄贈　藤間健治氏ヨリ
46	[神像：弁財天] [背面] 弁財天　大正五年 松原東雲彫　々雲峰下絵　父子合作	535	340	御師82	寄贈　松原雲鳳氏ヨリ　昭和46年10月11日
47	[大社／琴平経路図]	333	239	御師83	寄贈　大谷従ニ氏ヨリ　昭和39年7月4日
48	[神像　恵比寿]	445	234	御師84	寄贈　大谷従ニ氏ヨリ　昭和39年5月19日
49	奥津彦命　奥津姫命 [神像] [背面：雛図上部幔幕の画]	479	127	御師85	寄贈　藤間健治氏ヨリ　昭和42年8月2日
50	[由良比女縁起]	416	248	御師86	寄贈　藤間健治氏ヨリ　昭和42年8月2日
51	[大社八景] [背面：罫紙]	256	515	御師87	寄贈　昭和38年3月16日
52	[男女雛図]	227	461	御師88	寄贈　藤間健治氏ヨリ　昭和42年8月2日
53	[神像　恵比寿]	562	380	御師89	
54	[杵築までの里数]	130	344	御師92	寄贈　西橋忠正氏ヨリ　昭和38年7月24日
55	[神像　恵比寿・大国]	239	263		[大谷従ニ　住所印]
56	[木箱]				
57	大社人形 [人形]	115	62		寄贈　西橋忠正氏ヨリ　昭和40年11月1日
58-1	大社龍蛇神守護	222	67	坪は	寄贈　西橋忠正氏ヨリ　昭和38年7月24日
66	[効能書]	129	347	坪ホ	
67	[安瘡圓　袋書]	226	149	坪へ	
68	[安瘡圓　効能書]	208	296		
69	[安東圓　袋書]	137	78		
70	[安瘡圓] 諸國売捌所	164	290		
71	出雲大社守護	192	35		
72	出雲大社守護	178	35		
73	出雲大社守護	194	33		
74	出雲大社守護	238	41		
75	出雲大社守護 [背面] 改正剣先　三毘堂之ヲ製	209	48		
76	出雲大社御玉串	262	59		
77	出雲大社御玉串	269	48		
78	出雲大社御玉串	246	43		
79	出雲大社御玉串	229	39		
80	出雲大社御玉串	200	36		
81	出雲大社御玉串	131	23		
82	大社御玉串　坪内平大夫	234	44		
83	大社御玉串　坪内平大夫	251	64		
84	大社御玉串　上官　中彦之進 [背面] 安政弐卯五月　福田	293	60		
85	出雲大社地鎮祭守護	250	42		
86	出雲大社地鎮祭守護	251	42	坪ニ	
87	出雲大社地鎮祭守護	237	38		
88	出雲大社地鎮祭中央守護	274	37		
89	出雲大社地鎮祭「西」守護	274	36		
90	謝恩祭御祈祷守護　家内安全　家運長久	344	94		
91	大社浪切御祈祷守護	306	46		
92	蚕安全御祈祷守護	142	22		
93	若経津主命　大社御寳犂鍬	233	84	坪い	
94	出雲大社　御土	146	30		
95	出雲大社御守	150	28		
96	出雲大社御洗米	123	24		
97	出雲大社御神供	99	22		
98	出雲大社御神符	130	26		
99	大加美濃…	253	63	坪ろ	
100	大社太々　一千度御祓　坪内平大夫	308	88		※未使用
101	幸魂奇魂守給幸給 [4連]	243	183		
102	大社大夫元　坪内平大夫 [壇場国名]	123	190	坪ほ	
103	大社大夫元　坪内平大夫 [壇場国名]	125	190		

表13　大社御師の版木一覧表③(出雲市所蔵)

No.	内容・図像	法量 (mm)		町教委No.	注　記　(備考)
		タテ	ヨコ		
104	大食津比賣命	112	22		
105	官許　大社御参詣御定宿	242	97	坪に	
106	[印鑑送り]	266	198	坪イ	
107	出雲大社教会校舎参拝簿　明治…	268	155		
108	取引坪内好見	55	11		
109	直会	98	28		
110	直会	69	30		
111	※「初穂」現認できず				
112	東	42	37		
113	東	35	34		
114	西	33	33		
115	南	43	38		
116	南	32	33		
117	北	42	37		
118	北	34	34		
119	中央	52	30		
120	中	33	33		
121	[朱印] 天日隅宮御璽	63	57	印鑑40	
122	[朱印] 天日隅宮	48	44	印鑑41	
123	[朱印] 大社	41	42	印鑑42	
124	[懐中時計文字盤]	65	65		
126	[罫紙] [背面] 明治八年十月　坪内所持　同敏英	233	301		
127	[罫紙] [背面] 九年丙子四月六日 熊野清麻呂　同敏英　坪内忠臣所持	208	261		
130	籾種	40	21		「出雲大社の御師と神徳弘布」掲載無し

表14　大社御師の版木一覧表④(古代出雲歴史博物館所蔵)

No.	管理	内容	法量 (mm)	
			タテ	ヨコ
Y21	21	大社御祈祷御玉串 (背) 天明七丁未九月吉日来之此代百文　長谷氏	288	52
Y22	22	宅舎栄健符鎮護	250	53
Y23	23	大社御祈祷御玉串	228	38
Y24	24	鷺大明神永代御祈祷御玉串　中官山根宗大夫	258	54
Y25	25	日神祭御祈祷御禊 (背) 神宝日出　天照皇太神　天照大日霊女貴尊　大日霊女貴尊　安鎮所	296	43
Y26	26	大社御祈祷御禊	313	50
Y27	28	大社常夜燈　邪気退散家内安全御玉串	220	35
Y28	29	鷺社正遷宮玉串 (背) 山根氏	254	52
Y29	30	出雲大社御玉串	215	46
Y30	31	出雲大社御玉串 (背) 歳徳神御玉串	181	35
Y31	32	御祈祷家内安全悪病退散御玉串	246	40
Y32	34	※印	47	42
Y33	36	※印	50	49
Y34	38	※印	36	36
Y35	39	※印	49	49
Y36	40	鷺大明神子孫繁昌家運長久祭主山根大夫	290	59

No.	管理	内容	法量 (mm)	
			タテ	ヨコ
Y01	1	大社平安鎮護	107	28
Y02	2	出雲名産清地之筆草	135	41
Y03	3	進上　昆布	134	45
Y04	4	のしあわび (背) □神太神宮	133	38
Y05	5	直会	73	25
Y06	6	皇神乃吉日祭礼婆要壽餘利毛 千歳能伊農地延夫登云那理	131	31
Y07	7	雲州名産　神端草	203	80
Y08	8	杵那都岐大明神病疫除御守	118	23
Y09	9	悪病退散御祈祷御守	124	23
Y10	10	大国主大神	91	23
Y11	11	出雲大社平安鎮護	139	24
Y12	12	大社開運御祷御守 (背) 大国	150	25
Y13	13	大社講中安全祈所	146	26
Y14	14	悪病退散御祈祷守護	127	32
Y15	15	十六嶋海苔	118	26
Y16	16	大社御玉串中官	198	50
Y17	17	大社御玉串　中官山根宗大夫 (背) 歳徳神御玉串	184	34
Y18	18	出雲大社御玉串 (背) 文政二卯年三月吉日調之	180	36
Y19	19	【人体図】	106	58
Y20	20	八雲立つ…	225	42

表15　大社御師の版木一覧表⑤（古代出雲歴史博物館所蔵）

No.	管理	内容	法量（mm）	
			タテ	ヨコ
Y37	41	鷺大明神子孫繁昌家運長久祭主山根大夫	293	49
Y38	42	鷺大明神全瘡御守御神石御神笠	153	81
Y39	44	鷺大明神疱瘡安全御守御神石御神笠	167	73
Y40		鷺大明神疱瘡守護	129	22
Y41		鷺大明神疱瘡守護	129	22
Y42	47	鷺大明神疱瘡守護	133	18
Y43	48	鷺大明神安全疱瘡御守／御神石／御神笠	154	75
Y44	49	鷺大明神寿福繁昌子孫長久守護	130	36
Y45	50	鷺大明神御守護	148	31
Y46	51	鷺大明神御守護	146	31
Y47	52	御神石	63	24
Y48	53	御神石	62	22
Y49	54	御神笠	82	26
Y50	55	御神笠	71	21
Y51	56	大国主大神／稲背脛命／八上毘賣命	105	30
Y52	57	鷺社諸疫難除守護	84	19
Y53	58	鷺大明神	191	60
Y54	59	正遷宮御神供	96	22
Y55	60	鷺大明神疱瘡安全子孫長久／祭主山根大夫	233	76
Y56	61	山根大夫	95	23
Y57	62	※	55	32
Y58	63	鷺社御神供	100	25
Y59	64	三桂文大神	95	26
Y60	65	鷺大明神疱瘡安全祭主山根大夫	208	35
Y61	66	鷺大明神疱瘡安全御守	152	37
Y62	67	鷺大明神子孫長久五穀成就山根大夫 （背）御神供	213	34
Y63	68	鷺大明神疱瘡安全子孫男女守護	278	49
Y64	69	鷺大明神御祈祷御禊	240	43
Y65	70	鷺大明神　山根大夫	224	45
Y66	72	鷺大明神五穀成就諸疫難除　祭主山根大夫	220	75
Y67	73	鷺大明神疱瘡安全子孫長久祭主山根大夫	236	71
Y68	75	鷺大明神子孫長久祈所	272	100
Y69	78	山根想大夫	82	31
Y70	80	大社地祭五穀成就守護 （背）大社亥■大明神	269	82
Y71	81	大社教会おんやど矢田武次郎	239	84
Y72	82	（提灯寄附願）矢田仲大夫	196	122
Y73	83	大社龍蛇	275	106
Y74	84	出雲大社神札配布記名簿	253	126
Y75	19	提灯御寄附料定	177	149
Y76		大社御祈祷御玉串	249	51
Y77		大社牛馬繁昌厩御祈祷 （背）急急如律令	244	50
Y78		鷺大明神疱瘡安全子孫長久祭主山根大夫	239	80
Y79		鷺大明神疱瘡安全御守／御神石／御神笠	141	64
Y80		※	60	42
Y81		海上安全	37	13

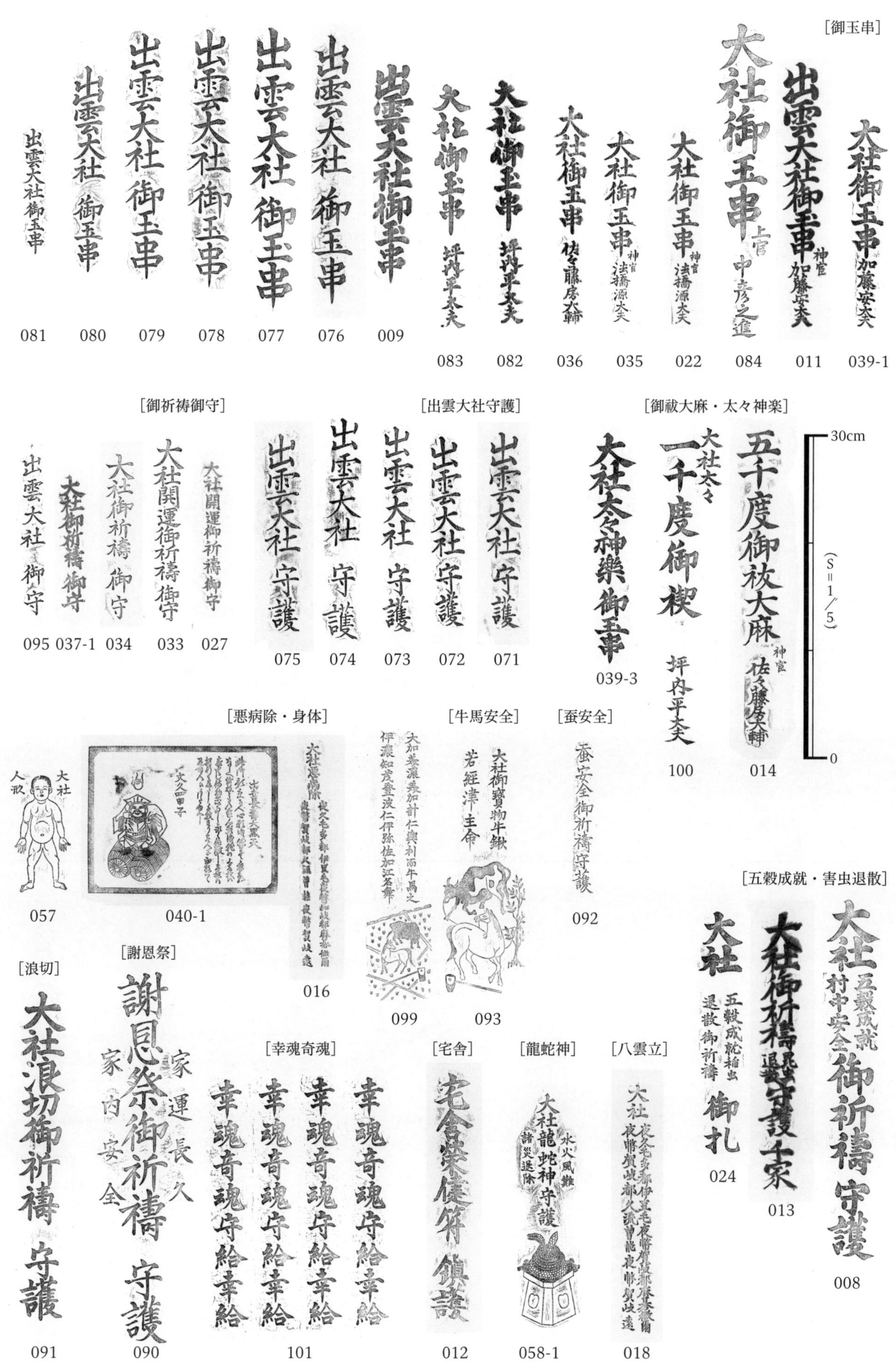

図13　出雲市所蔵　御師版木拓影①

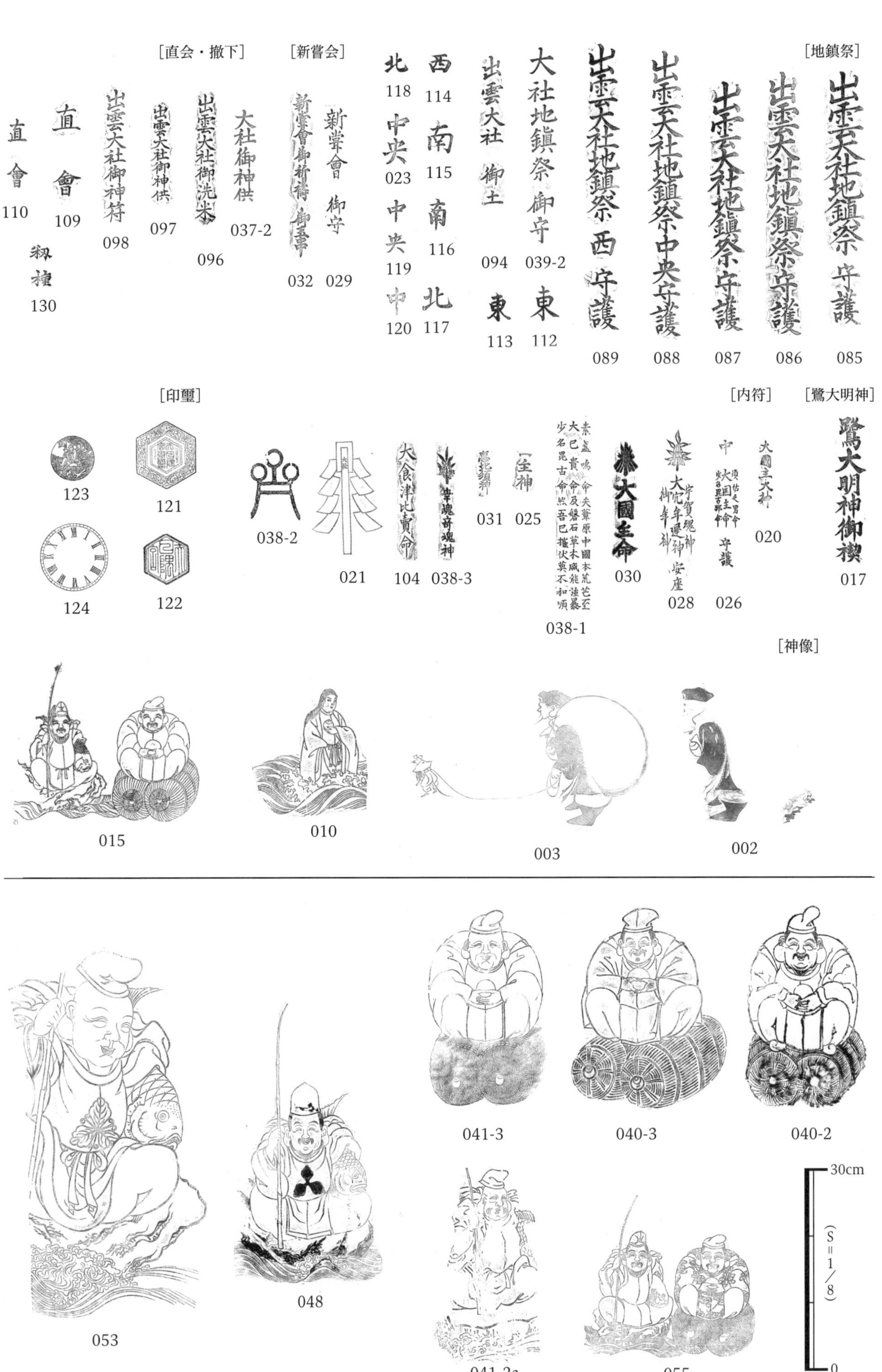

図14　出雲市所蔵　御師版木拓影②

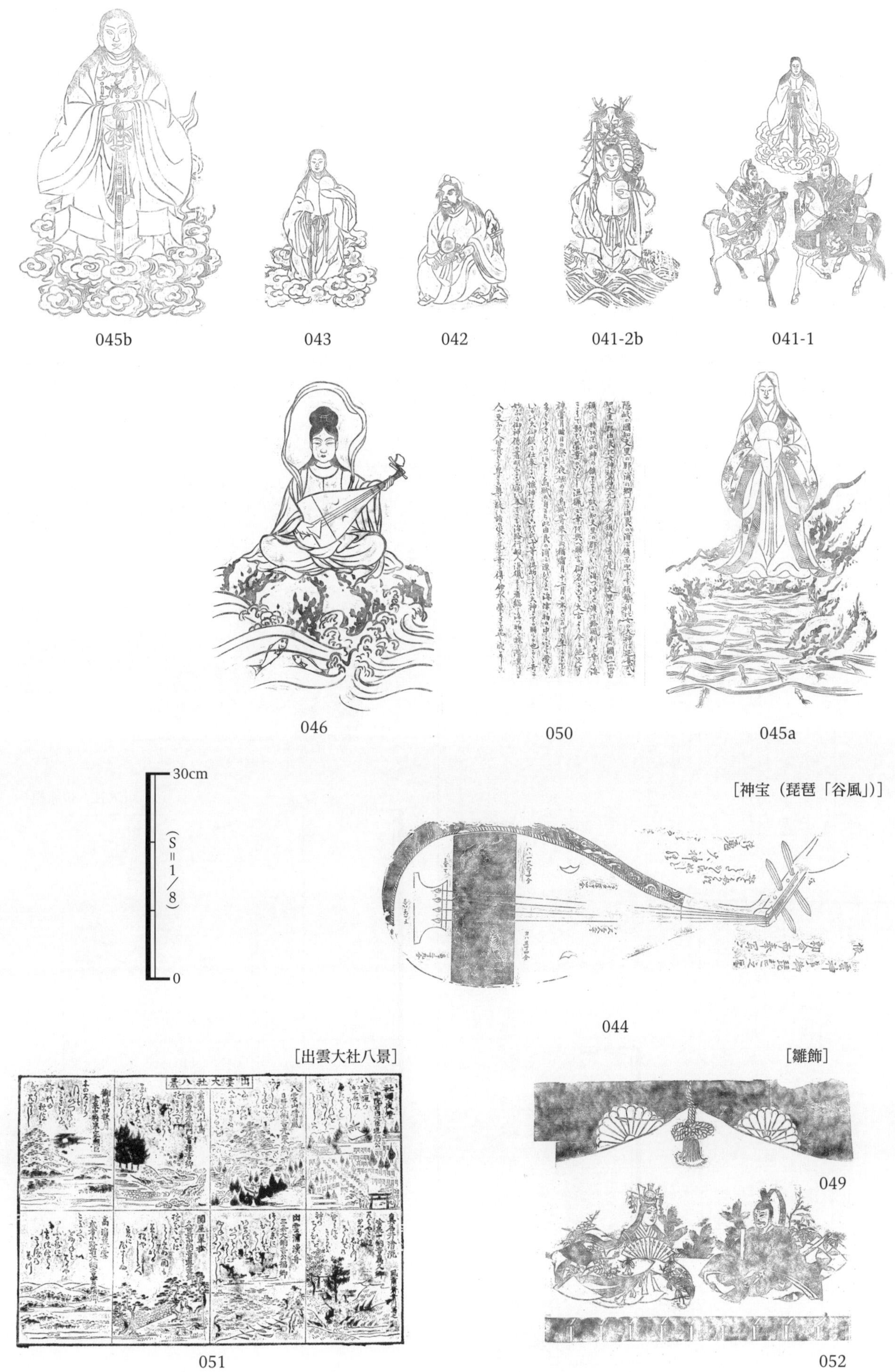

図15　出雲市所蔵　御師版木拓影③

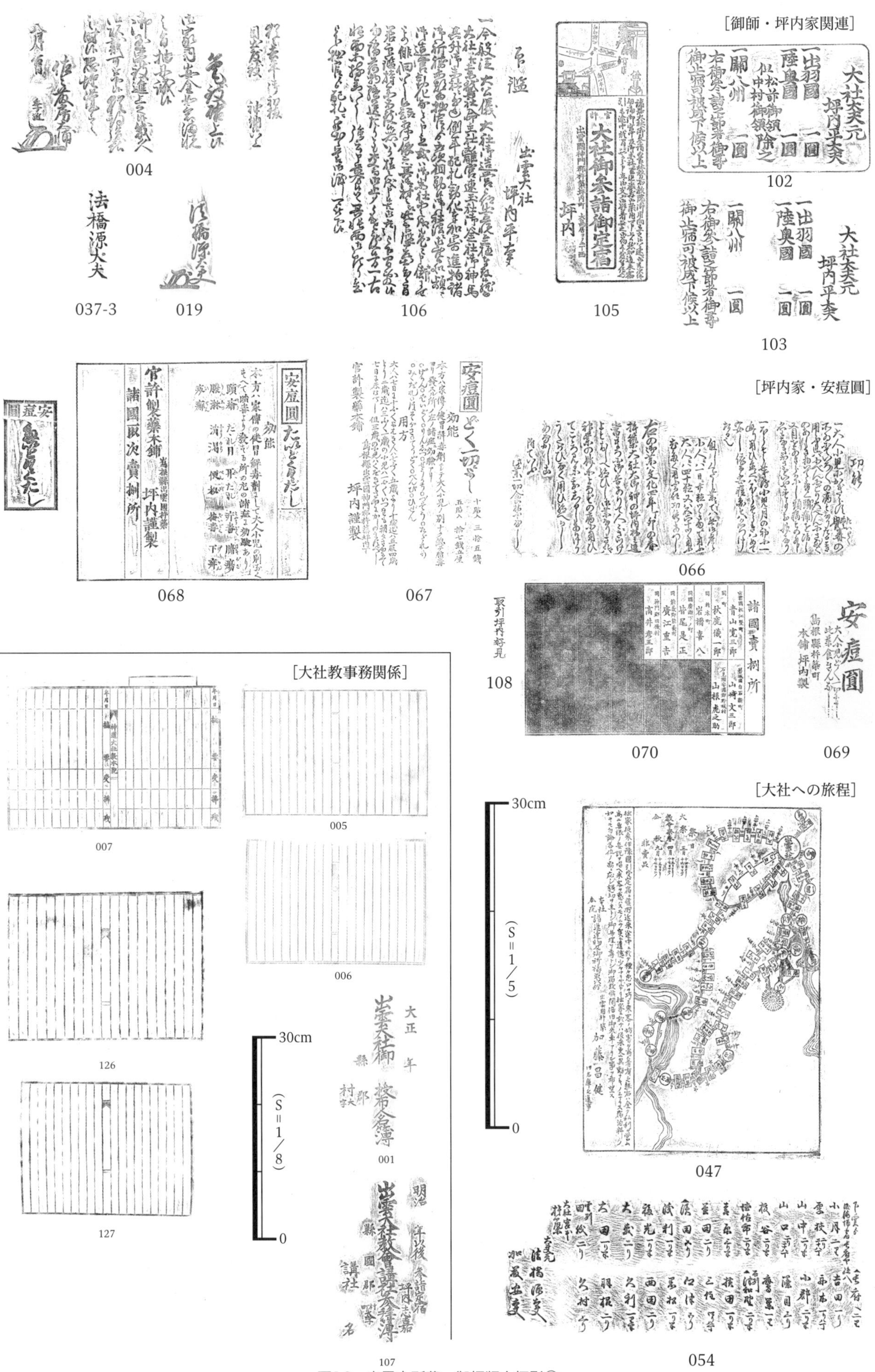

図16　出雲市所蔵　御師版木拓影④

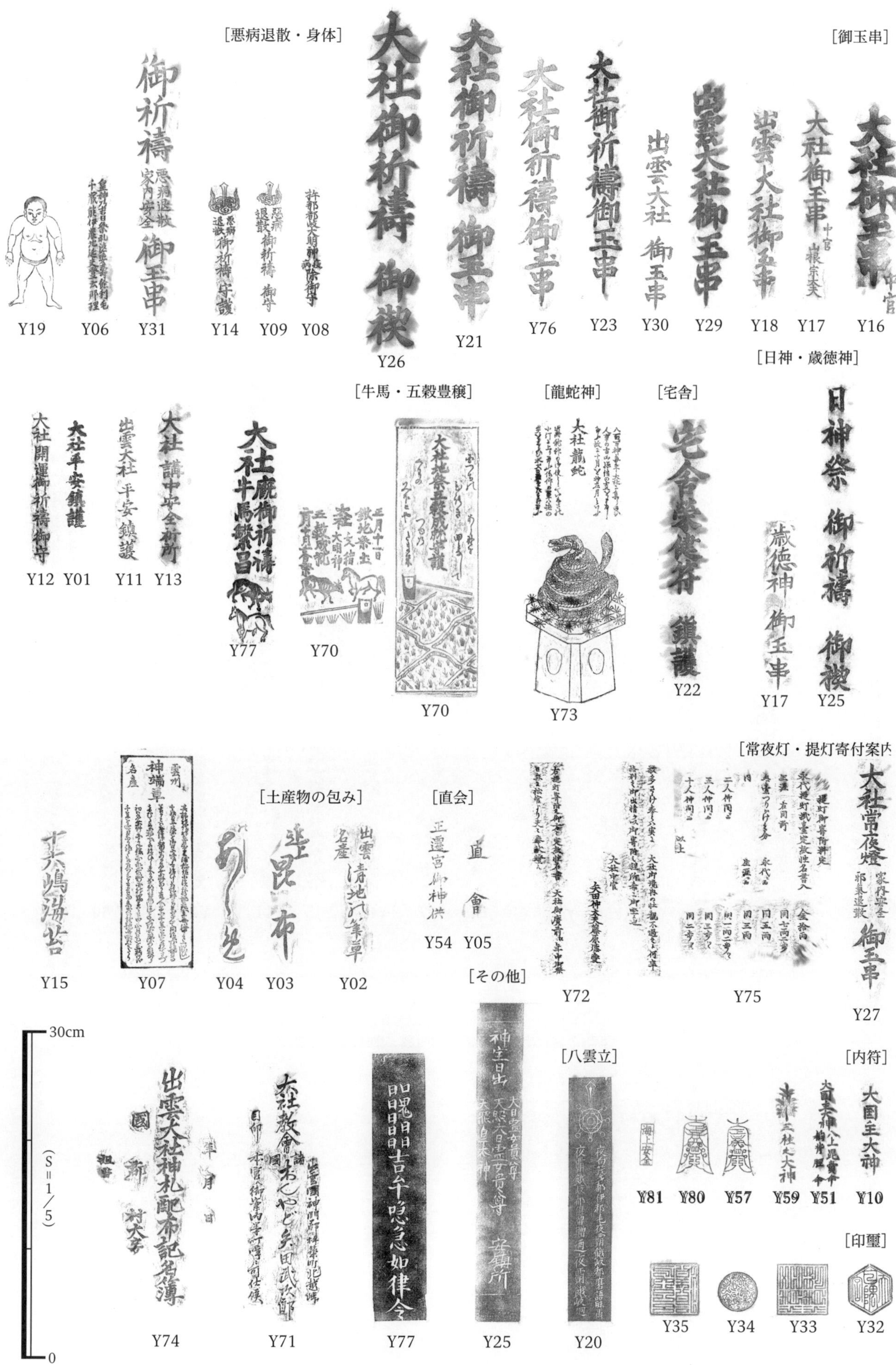

図17　古代出雲歴史博物館所蔵　御師版木拓影①

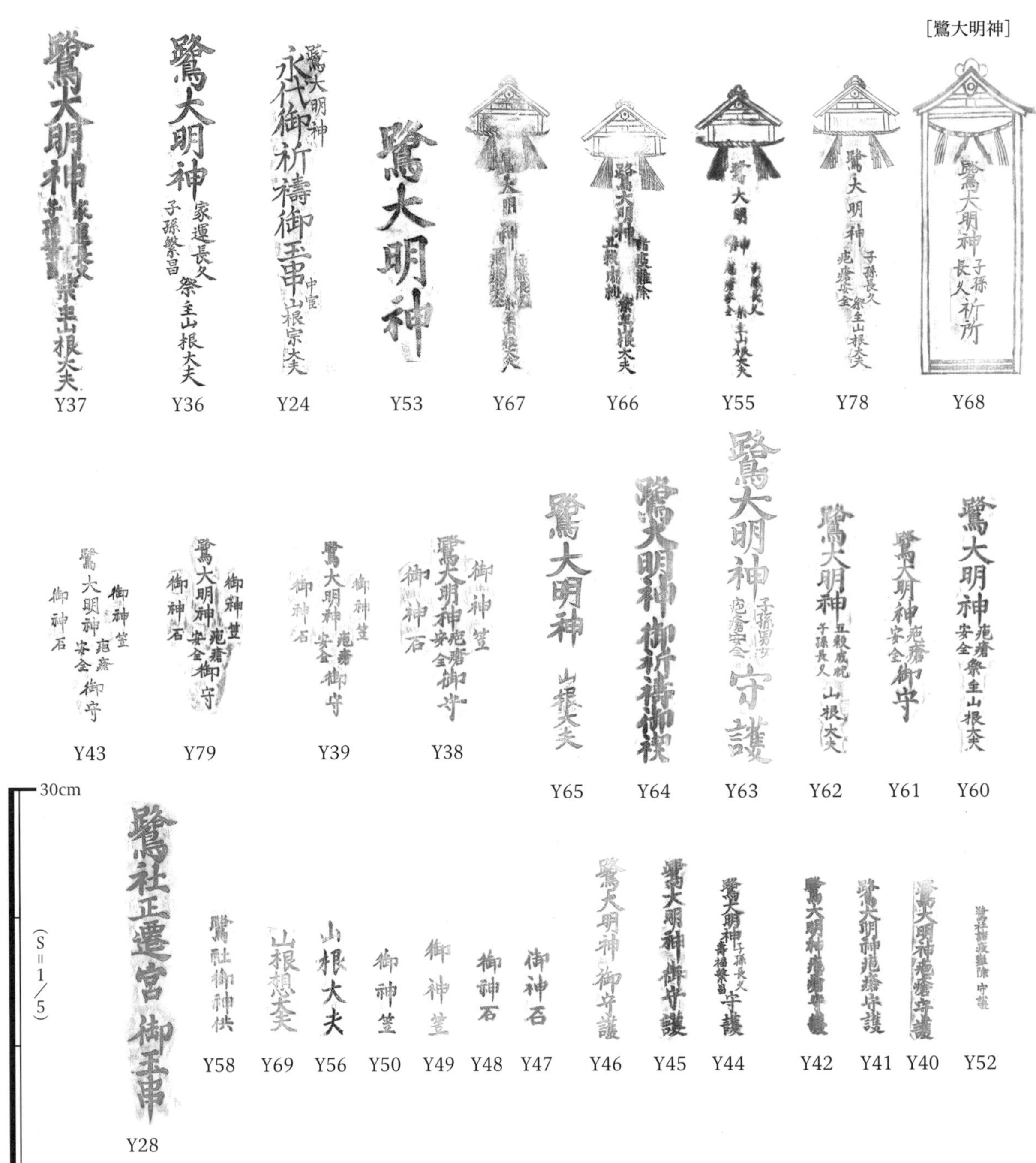

図18　古代出雲歴史博物館所蔵　御師版木拓影②

六、杵築門前町の構造

六―一、御師町としての杵築

参詣を主目的として出雲国外からやってきた旅行客が宿泊し、消費活動をおこなうことで、出雲大社の門前にあたる杵築は経済的に発展した。特に参詣者が増加する一八世紀後半からは、主要参道である大鳥居通り、馬場通りに町並みが形成され、宿（旅籠等）や置屋（遊郭）ができ、さらに芝居小屋があって富くじ興行がおこなわれるなど、遊興的空間が形成されていった。

山﨑裕二氏の研究(104)によれば、杵築門前町における宿泊施設の区分と軒数は以下のとおりであった。

①御師宿　42軒（ただし御師家の数で、全てが宿経営したかは不明）
②御師宿にあふれた客を泊めることが定められた宿　31軒
③宿　屋　34軒（ただし修理免村のみの軒数で、杵築町全体ではさらに多い）
④置屋　10軒

それでは、出雲大社および杵築町全体の空間構成の中で、御師宿はどのような立地・存在形態だっただろうか。これを考える上で、出雲大社社家の身分的秩序が重要となる。出雲大社では千家・北島両国造を頂点に、別火・上官・近習・中官・四職という順での職位秩序があった。両国造に属する別火を除き、上官以下は千家付き、北島付きのどちらかに明確に区分されていた。御師職の中心を担ったのは、近習・中官と呼ばれた階層の社家である。

天保四（一八三三）年の渡部彝『出雲神社巡拝記』によれば社家の総人数は三九一人に及んでいる。下層にあたる四職の職制は神輿舁・宮匠・神楽役・沓持というように複雑に分かれ、さらに多くを被官社人二〇〇人、神人六〇人が占めていた。つまるところ彼らは日常、百姓・町人であり、神事等にあたっての供奉や臨時の飛脚などを務める立場だったのである。出雲大社の周辺、杵築六ヶ村に居住する社家衆の土地と居屋敷は中世以来すべて国造家（一部は上官家）が所有する内から安堵されたものであり、国造家に統属される関係は強固であった。

このような、①社家には上官（神宮で言えば禰宜クラス）から町人まで様々な階層差があり、②全てどちらかの国造家付きとして区分して位置付けられた、という点は、近世出雲大社の固有のあり方と言えるだろう。最近になって、こうした様相を視覚的に示す、極めて貴重な資料の存在が知られるようになった。それが、上官を務めた島家に伝わり、現在は出雲大社禰宜、平岡邦彦氏所蔵の『出雲国大社神地略図面』（明治四（一八七一）年頃）である［写真18］。これは杵築町の絵地図上に社家邸の位置を表示したもので、千家方（白色）・北島方（青色）どちらに属するかが色紙で表示された上で、氏名が記される。公式な社中以外もすべて表示されていることから、幕末・明治初頭において両国造家抱えの社家屋敷がどのよう

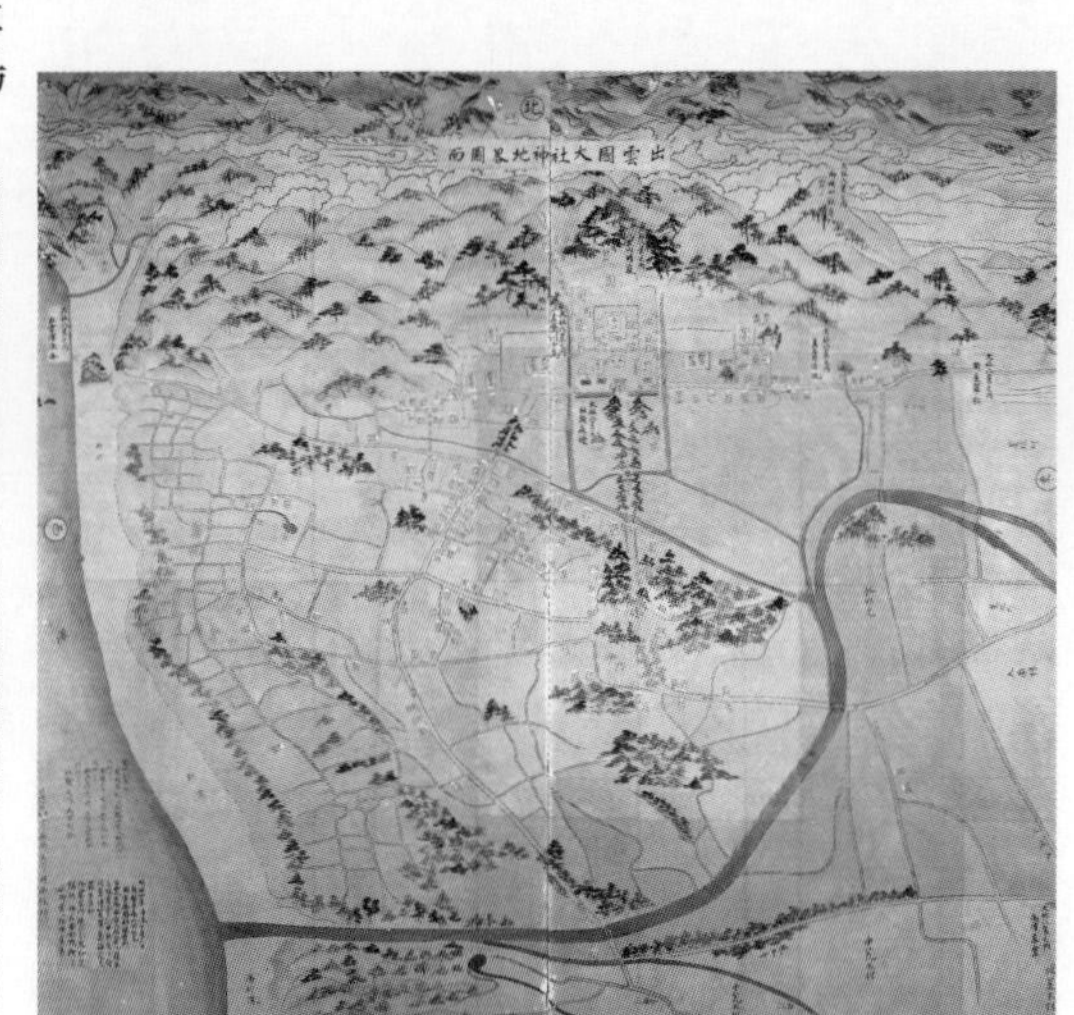

写真18　出雲国大社神地略図面（平岡邦彦氏所蔵）

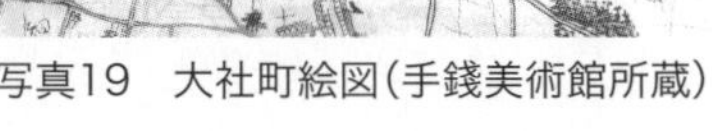

写真19　大社町絵図（手銭美術館所蔵）

に位置・分布していたかを詳細に読み取ることができる。

この図は社家の位置を表示することを目的に作られたものであるため、杵築町の家屋邸宅をすべて表示したものではない。そこで、参考になるのが、ほぼ同時期に作図されたと考えられる、手銭美術館所蔵の『大社町絵図』である［写真19］。大年寄として杵築町の運営管理を担った大商家である手銭家に伝わり、最近になって裏打装幀され公開・実見が可能になった。杵築町の建物・道を精細に表した、精度の高いものである。

以上の二図面を合成、すなわち手銭家の『大社町絵図』をベース図とし、島上官家の『出雲国大社神地略図面』に表示された社家の位置を重ね合わせたものが［図19］である。これにより、杵築門前町の中で社家屋敷がどのように立地・分布していたのか、具体的に把握できることとなった。

六―二、大社六ヶ村の構成

ここであらためて、図19を参照しながら、近世杵築町の空間領域を整理しておく。前述の山崎裕二氏の整理によれば、それは性格・機能が異なる大きく三つの区域に区分される。

①宗教的機能が強い区域…宮内村
②宗教的機能＋商工業的機能…杵築六ヶ村
③観光遊楽的機能が強い…修理面村

①宮内村は杵築大社境内を中心とし、現在の字名では宮内・真名井・奥谷が該当する。大社境内をはさんで西に千家国造館、東に北島国造館があり、佐草・長谷・島・中・富家など上官屋敷がそれぞれの国造側に明確に分離して連なる。商家はなく、前面の水田は祭田・社家の田地である。

②杵築六ヶ村（越峠村・中村・市場村・大土地村・仮宮村・赤塚村）には様々な商人、職人が居住した。特に商工業の中心は越峠村から市場村の付近。藤間・大村・手錢家など大商人の居宅もあった。このうち街道に面した越峠には、大社御師の中核を担った中級階層の社家（近習・中官）の多くが集中していた。上級社家町である宮内村と異なり、千家方、北島方は分かれることなく混在して立ち並んでいる。杵築大社では明確な「御師町」と呼べるほどの御師邸の集約が無いながら、越峠の通りは最もそれに近い景観を呈していた、

③修理免村　六ヶ村の南から東側にあたる広大な地域。近世初頭までは矢野村に含まれ、砂地・草木地・湿地・池などが広がる荒蕪地であったが、堀川掘削・菱根池干拓により開発された田畑が江戸中期に統合して一つの村となった。村名は杵築大社の修理料が賦課された「修理免」による。

杵築大社の参詣客が増加する一八世紀後半から、同村のうち主要参道である大鳥居通り、馬場通りに町並みが形成され、宿（旅籠等）や置屋（遊郭）ができた。芝居小屋があり、富くじ興行がおこなわれるなど、遊興的空間でもあった。

六―三、御師町、山田との比較

杵築門前町における社家町・御師邸（御師宿）のあり方について見てきたが、最後に、これを伊勢・山田（外宮門前町）の様相と比較しておく。山田における御師屋敷の分布は宮鳥居前周辺（宮後西河原町）が最も集中度が高く、ここには家格が最も高い神宮家二五家の半数が居住しており、いわば上級御師の集住地であった。御師屋敷はここを中核に同心円状に減少し、西は宮川右岸の中嶋町、東は勢田川左岸の岡本町まで分布していた。その空間規模はざっと東西二.五×南北一㎞と広大であり、その中に最大で六〇〇軒超の御師邸と、それを支える職能を担う人々が集中して居住していた。

このような、山田門前町と同一の縮尺で、今回検討した杵築門前町の範囲を図示したのが［図20］である。四〇～五〇家ほどあった大社御師邸は越峠村を中心に、ゆるやかな御師町を形成しながら商人・職人と混在する形で点在していた。新興の宿屋・置屋が多い修理免村（馬場通）とは区域を違えて、東西約四百×南北三百㍍程度の範囲が、杵築における御師町街であった。

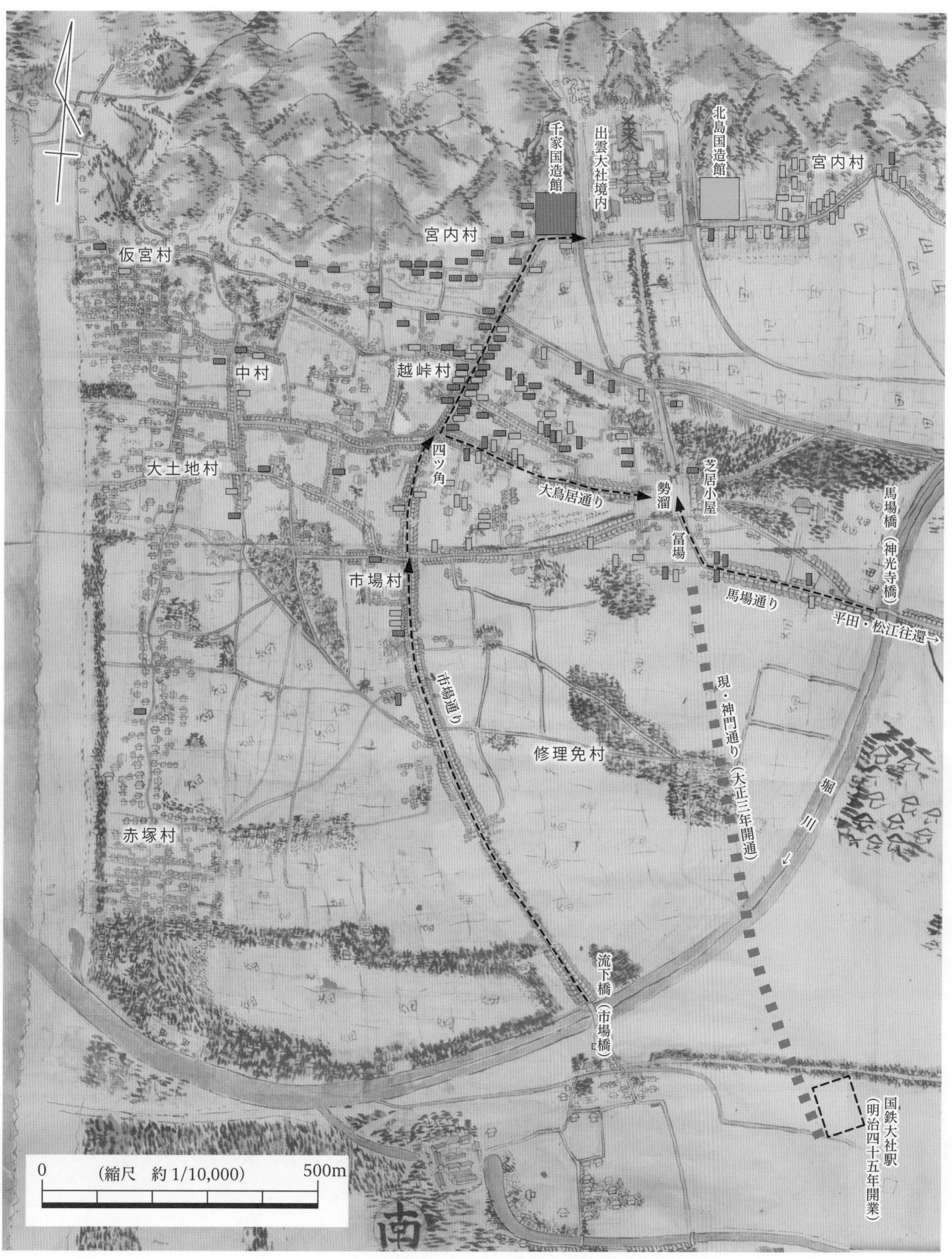

■ 千家国造に属する社家　■ 北島国造に属する社家

図19　幕末頃の大社門前町（杵築六ヶ村）と社家屋敷の位置

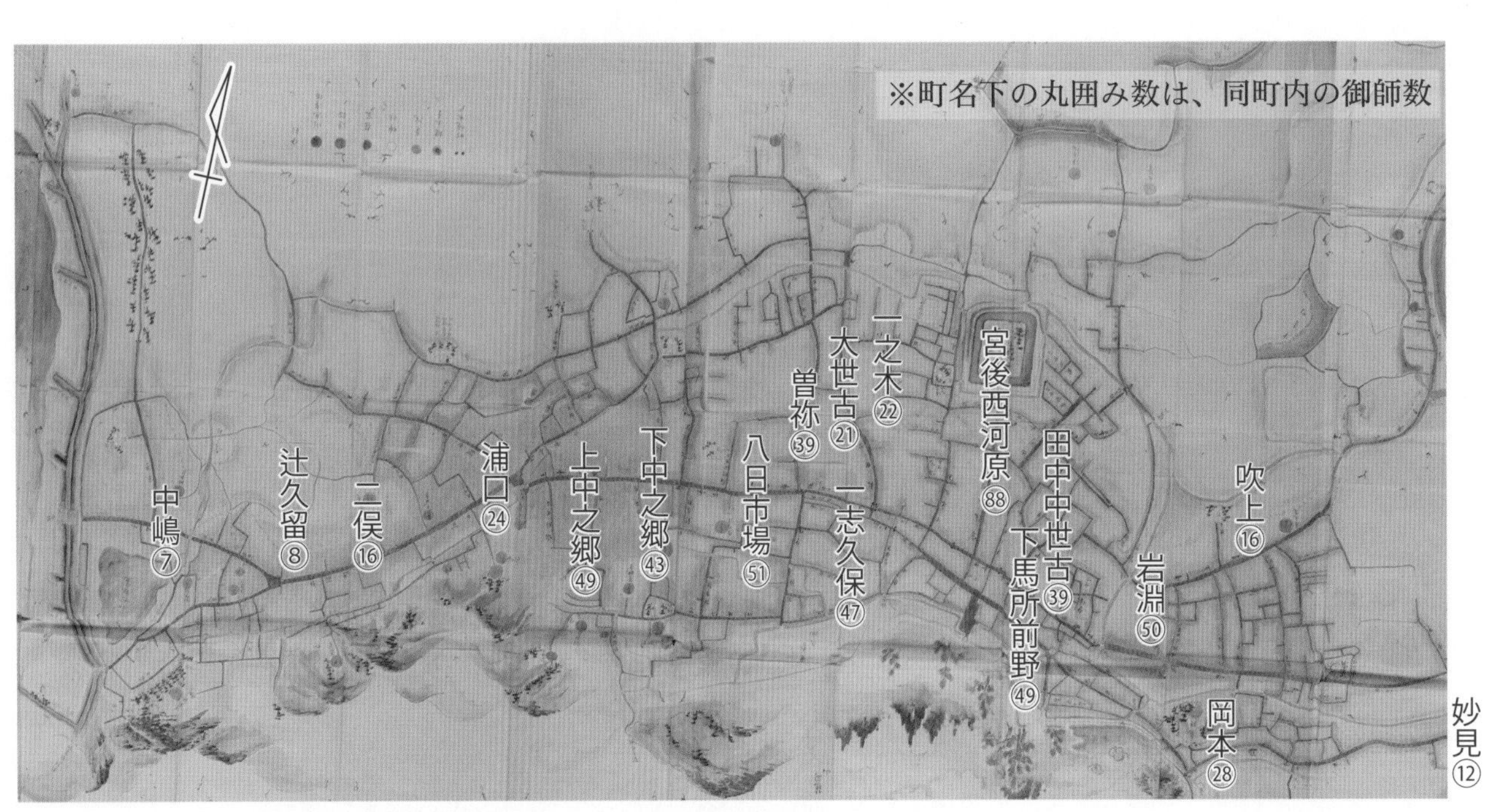

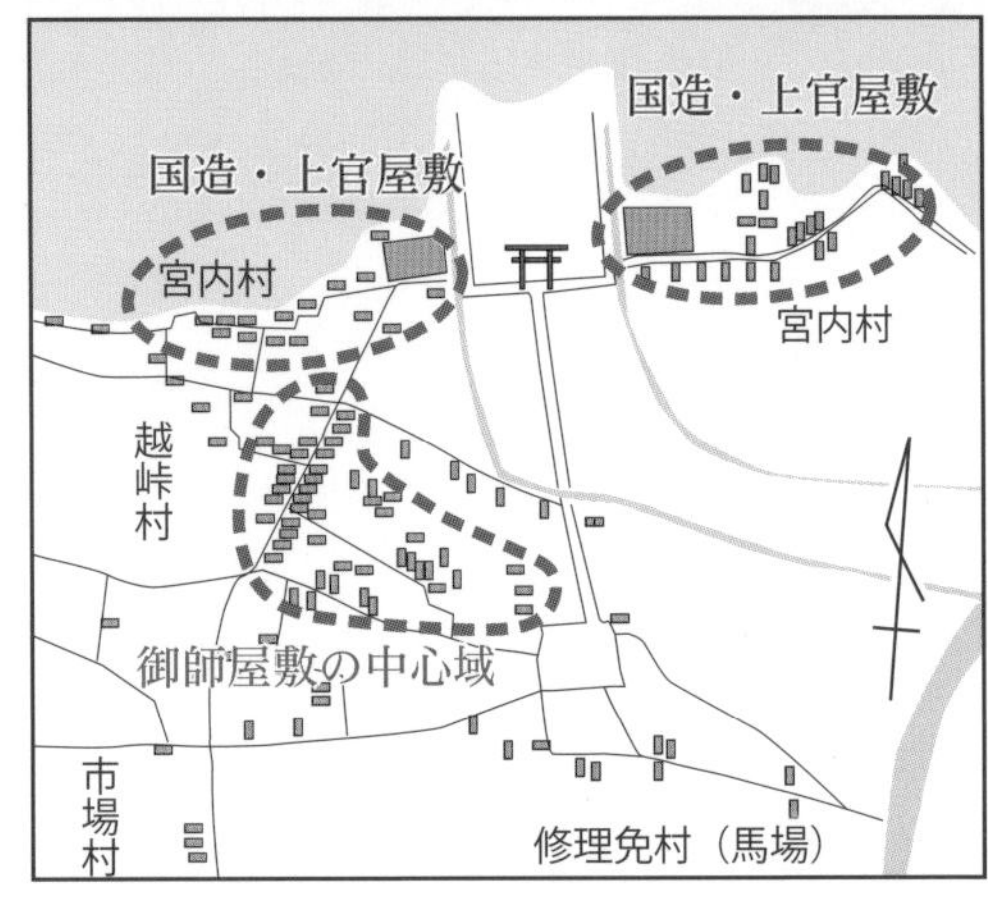

※下図：『宇治山田之図』（度会郡）
画像提供：三重県文化振興課歴史公文書班

0（縮尺　約1/20,000）500m

図20　同一縮尺図による門前・御師町規模の比較（上：伊勢・山田、下：出雲・杵築）

おわりに

以上、本稿では、伊勢と出雲の信仰を全国に広めた近世御師の活動を素材に検討してきた。出雲における伊勢信仰の広まり、御師の活動については、当地では資料が少なくこれまであまりまとまった研究がない。今回、出雲国内における伊勢御師の檀那獲得が他地域に比べて遅れる可能性を指摘したが、これについては伊勢に残される膨大な御師史料をふまえ、伊勢から出雲を見る視点で再度、検討が必要であろう。

また、大社御師の実態について、既知資料の全てを駆使して、あらためて全体像を描き出すことを試みた。出雲大社の知名度を全国区に押し上げ、伊勢に並ぶ神との民衆信仰を作り上げた点で大社御師の意義は以前から重要視されてきたものの、その具体的活動については研究が盛んであったとは言えない。新出史料を扱った岡宏三氏の研究成果などを引きながら、今回、謎の多い大社御師に迫ることを試みた。

近世の御師による活動規模の面において、伊勢と出雲は比べようもないほど差が大きい。そこには近代の祭神論争に具現化したような、神祇世界を代表する対抗軸としての「伊勢と出雲」像は描けない。それが事実だとはいえ、大社御師はあまりに零細だったという過小イメージが持たれてきた側面があるように思う。本稿で述べたように、地域によっては伊勢と出雲の檀那数はほぼ同数で、信仰は広く浸透していた。史料の制約があり、これまで大社御師の活動はあまりにマイナーな存在であった。冗長に紙面を費やしてしまったが、小論が、そうした御師を通じた伊勢と出雲の問題に光を当てるきっかけになればありがたく思う。

小文をなすにあたり、左記の機関・関係各位に格別のご協力、ご高配をいただきました。御芳名を記して、厚く御礼申し上げます。

出雲大社教／出雲市文化財課／出雲文化伝承館／島根県立図書館／松江市松江城・史料調査課／松江歴史館／三重県環境生活部文化振興課歴史公文書班／賣布神社

青戸崇年／吾郷和史／荒川英里／長田圭介／面坪紀久／佐々木杏里／千家隆比古／武田礼二／手錢白三郎／西村忠臣／波多野竹彦／平岡邦彦／藤原雄高／松尾和史／松尾澄美／村角紀子

註

(1) 宮家準「おし　御師」『国史大事典』第二巻（う〜お）吉川弘文館、一九八〇年などを参照した。

(2) 近世以前の正式社名は杵築大社であるが、御師が他国を廻る際には認知度の高い呼称「出雲大社」を用いていた。本論では出雲大社に表記を統一する。また出雲大社の御師を「大社御師」と表記する。

(3) 伊藤康晴「伊勢御師のなりたち」鳥取市歴史博物館特別展『鳥取と伊勢のつながり　参宮・遷宮・伊勢神宮』霞会館資料第三十一輯、二〇〇九年／岡村吉彦「中世の因幡・伯耆と伊勢神宮」第84回県史だより、二〇一三年https://www.pref.tottori.lg.jp/207586.htm

(4) 小林郁「総論　伊勢御師橋村氏とその家伝資料」『ある伊勢御師の軌跡-新発見・橋村家伝来資料から-』皇學館大学神道博物館、二〇二三年

(5) 近年調査が進んだ橋村氏家伝資料の中から、天明六（一七八六）年に亀井矩賢が橋村家宛て寄進奉納した弓と鏑矢が見つかっている（前掲註（4））

(6)『新鳥取県史資料編　古代中世1　古文書編』下巻、二〇一五年、三三〇頁／『三重県史　資料編　近世1』一九九三年

(7) 皇學館大學史料編纂所編『神宮御師資料—外宮編四—』皇學館大學出版部、一九八六年

(8) 出雲国は大半が松江藩領で、その他に松江藩支藩の広瀬藩と母里藩がある。庄内家が出雲国内に持っていた檀那（一六九四軒）が広瀬藩または母里藩領内に所在した可能性もあり、その場合は松江藩領を三村家が独占していたことも想定できるが、確認を取れていない。

(9) 新城常三「第六章第五節　御師・宿坊の発達」『新稿　社寺参詣の社会経済史的研究』塙書房、一九八二年、七六二頁

(10) 大御師が壇場とした甲信越・東北は少々事情が異なる。

(11) すべての山田御師の国別檀那計一一二五件中、[表二] に掲げた三〇件に限られる。

(12) 藤本利治「第9章　門前町と御師の活動」『門前町』古今書院、一九七〇年

(13) 前掲註（12）

(14) 中国・四国地方に位置する一六ヶ国の檀家率（前掲註（8））から平均をとると一八．五%で、あくまで目安値ではあるが、おおむね人口の九割程度が伊勢御師の檀那とな

っていたことが想定できる。

(15) 千枝大志「第二章第一節　数からみた近世宗教都市」『伊勢市史　第三巻　近世編』伊勢市、二〇一三年、一三四頁。

(16)『神宮御師資料』皇學館大學史料編纂所編資料叢書「第一輯　内宮篇」一九八〇年、「第二輯　外宮篇一」一九八二年、「第三輯　外宮篇二」一九八四年、「第四輯　外宮篇三」一九八五年、「第六輯　六」一九八八年

(17)『神宮御師資料』皇學館大學史料編纂所編資料叢書第一輯　内宮篇、一九八〇年

(18) 御祓銘が「三村権助大夫」となっており齟齬するが、町名と旧家格が一致し（下中之郷町の町年寄）、両宮あわせて他に三村を名乗る師職が無いことから、出雲の檀那は売買（銘譲渡）されることなく三村梶助大夫が持ち続けたとみて良い。なお三村家は、事情はわからないが明治五年に絶家していて、取調時には詳細な記録がない。庄門甚大夫についても明治九年に記録が焼失したため壇場内訳不詳。したがってこの資料からは出雲における壇場の具体を知ることができない。

(19) 千枝大志「第二章第二節　宗教都市の身分構造」『伊勢市史　第三巻　近世編』伊勢市、二〇一三年、一五二頁

(20) 中村和行氏作成図をトレース。明治初年の地籍図を基図とし、文化十五年町内絵図を照合したもの。（中村和行「近世伊勢国山田の御師町—下中之郷町—」『地理学報告』第四九号、愛知教育大学地理学会、一九七九年

(21) 安永六年時点で備前（七二九八軒）、紀伊（三一三六軒）、肥後（三四九六軒）、因幡（九七一軒）、伯耆（五六八軒）、長門（三七二軒）、石見（二〇八軒）

(22) 賣布神社文書「諸預届書奥書等控帳」（『松江市内寺社史料調査目録』二〇一四年／群番号1・仮番号4）／これについては小林准士氏が概要を紹介している。（小林准士「第七章　人々の暮らし　第三節　旅と娯楽　一　旅と寺社参詣」『松江市史　通史編4　近世Ⅱ』松江市、二〇二〇年）

(23) 本資料は、過去二度の展覧会で公開したことがある（島根県立古代出雲歴史博物館平成二十年度特別展「聖地★巡礼—自分探しの旅へ—」／令和五年度企画展「伊勢と出雲」）

(24) 出雲における内宮御師の活動については資料が無く十分に検討できていないが、外宮御師に比べて低調で、幕末のごく短い時期に限定される可能性が考えられる。次章で扱う大原郡幡屋村武田家の護符群中においても、三村梶助大夫の神札が三十点あるのに対し、内宮御師から受けたものは認められない。

(25) 他家へ配られたものを収集したような痕跡は無く、すべてが土江家に一年一体ずつ配札されたものとみてよい。

(26) 内宮の藤波神主については一点のみ「安政元年正月九日　御初穂四十五文」の年号札がある。

(27) 小林准士「第七章　人々の暮らし　第三節　旅と娯楽　1　旅と寺社参詣」『松江市史　通史編4　近世Ⅱ』松江市、二〇二〇年

(28) 品川知彦氏の整理・分類結果による。

(29) 西海賢二「守札にみる庶民信仰」『民具マンスリー』第二〇巻七号、神奈川大学日本常民文化研究所、一九八七年

(30) 時枝務「守札と信仰-農家における守札の存在形態-」『民具マンスリー』第二〇巻一二号、神奈川大学日本常民文化研究所、一九八八年

(31) 菅根幸裕「守札の分析にみる村落の信仰-兵庫県福崎町の事例を中心に-」『民具マンスリー』第二四巻五号、神奈川大学日本常民文化研究所、一九九一年

(32) 実際に神札群の分類を試みた研究で以下のような叙述がある。「それぞれ明確に分類できるとは限らず、①と③、③と④が重複したり、判別がつきにくいものがあり、括る事の難しさは否めない」小林裕美・木原律子「屋根裏のお札に見る信仰-佐倉市坂戸林重孝家の事例による-」『千葉中央博研究報告』第一五巻第一号、二〇二〇年

(33) 本件寄贈にあたっては幡屋神社宮司、波多野竹彦氏に仲介の労をとっていただき、様々にご教示をいただいた。厚く御礼申し上げる次第である。

(34) 整理の便宜上、B（現大東町内）とC（同町外）に分けたが、[図6上] から読み取れるように両者は地理的親縁度に差があるわけでなく、同一のカテゴリーで捉えるべきものである。

(35)『宮之谷誌』宮之谷自治会（雲南市大東町幡屋）、二〇〇七年

(36) 千家徳千代丸（尊昌）は第七七代国造千家尊之の子で分家を立てている。

(37) 小林准士「松江藩の国益政策と旅人」『たたら製鉄・石見銀山と地域社会』相良英輔先生退職記念論集刊行会編、清文堂、二〇〇八年

(38) 小林准士「第七章　人々の暮らし　第三節　旅と娯楽　一　旅と寺社参詣」『松江市史　通史編4　近世Ⅱ』松江市、二〇二〇年

(39) 小林准士「松江藩による他国寺社参詣の禁止」『宍道町史　通史編下巻』宍道町、二〇〇四年

(40) 川上廸彦「守札からみた伯耆の庶民信仰」『民具マンスリー』第二七巻七号、神奈川大学日本常民文化研究所、一九九四年

(41) 川上廸彦「幕末の因伯を歩いた宗教者たち」『山陰民俗』第五七号、山陰民俗学会、一九九二年

(42) 前掲註（38）

(43)『松江市史　史料編7　近世Ⅲ』松江市、二〇一五年

(44) 岡田荘司・加瀬直弥編『現代・神社の信仰分布　その歴史的経緯を考えるために』文部科学省21世紀COEプログラム國學院大學「神道と日本文化の国学的研究発信の拠点形成」二〇〇七年

(45) 倉田康夫『古代国家と神宮領の展開』東京堂出版、一九七三年

(46) 特に鉄が多い点が注目される。多量の鉄を年貢として納める荘園は中国地方に点在しており、山間部の鉄産地に置かれる場合（横田荘・備中神代野部御厨など）と、臨海部の集散地に置かれる場合（富田荘・佐陀荘など）があった。伯耆の三野・久永御厨はともに立地は海に近く、神税の積出口にあたる荘園といえる。山間部で産出された鉄は日本海上の水運で運ばれたと考えられる。

(47) 神宮古典籍影印叢刊編集委員会編『神宮古典籍影印叢刊6　神宮神領記』一九八三年

(48) 岡田登「伊勢の神宮と因伯二国」『鳥取と伊勢のつながり　参宮・遷宮・伊勢神宮』鳥取市歴史博物館特別展、霞会館資料展示委員会編、二〇〇九年

(49)『伯耆志　第一』因伯叢書発行所、一九一六年／国立国会図書館デジタルコレクションで公開

(50) 大日本地誌大系42『雲陽誌』雄山閣、一九七一年／雲陽誌を素材にして、勧請神社を総体的に扱った研究として石塚尊俊氏の論考がある。伊勢についても触れられているが断片的であるため、本稿であらためて総覧しておく。石塚尊俊「『雲陽誌』に見る勧請神社の研究」『出雲国神社史の研究』磐田署員、二〇〇〇年

(51) 島根県神社庁『島根の神々』一九八七年

(52) 松江市教育委員会「松江市内寺社史料調査目録-平成22年度～平成25年度-」二〇一四年、群番号27・仮番号29

(53) 前掲註（52）群番号1・仮番号4

(54) 島根県立図書館所蔵

(55) 岸賢一『雑賀の今昔』雑貨郷土史編纂実行委員会、一九九一年

(56) 前掲註（37）（38）（39）

(57) 柴田純「近世のパスポート体制―紀州藩田辺領を中心に―」『史窓』62号、京都女子大学史学会、二〇〇四年

(58) 新城常三『新稿　社寺参詣の社会経済史的研究』第6章第7節、塙書房、一九八二年

(59) 森廣祐造氏所蔵。稲積祐爾氏、量子氏のご協力により、令和五年度島根県立古代出雲歴史博物館企画展「伊勢と出雲」で展示。

(60) 石塚尊俊『出雲市大津町史』大津町史刊行委員会、一九九三年

(61)「赤山登翁著杵築旧懐談」『大社の史話』第四八号、特集杵築旧懐談、大社史話会、一九八三年

(62) 石塚尊俊編『出雲信仰』民衆宗教叢書第十五巻、雄山閣、一九八六年

(63) 島根県立大社中学校校友会誌『七生』第四九号、一九三六年三月／原題は「江戸時代大社町考察の一方面」

(64) 千家遂彦氏は出雲大社権宮司・出雲大社教東京分祠長。本論考は、昭和一六年に國學院大学国史学科の卒業論文として書かれた「御師の研究」の一部を、昭和二七年刊行の『出雲民俗』に「出雲信仰と御師の廻国」として発表したもの。

(65) 初出は神道学会編『神道学』第七号、一九六二年に掲載

(66) 藤岡大拙「出雲大社の御師―特にその成立期における「室」を中心に―」『島根地方史論攷』ぎょうせい、一九八七年

(67) 山崎裕二「御供宿と御師」『大社町史』上巻、大社町、七八五頁

(68) 長谷川博史「出雲国の宗教センター杵築」「一六世紀における杵築門前町の発展」『出雲大社門前町の発展と住人の生活』いづも財団叢書4、今井出版、二〇一八年

(69) 岡宏三「近世の出雲大社と御師の布教活動」『出雲大社の御師と神徳弘布』島根県古代文化センター調査研究報告書30、島根県古代文化センター、二〇〇五年

(70) 前掲註（62）

(71) 岡宏三「出雲御師・高浜左仲（定方）の奮闘」『大社の史話』第一七八号、大社史話会、二〇一四年　など

(72) 前掲註（71）所載、史料四、安政二（一八五五）年十月

(73) 前掲註（64）所載、慶応元（一八六五）年八月

(74)「出向ふ雲の花の旅」『堺屋弥蔵の旅日記』資料集（三）、徳島の古文書を読む会五班、二〇〇五年

(75) 石塚尊俊「出雲大社の成立と発展」前掲註（62）所収、一九八六年

(76) 前掲註（69）一九四頁

(77) ともに西岡健「出雲大社の御師」前掲註（62）書所収、一一六・一一七頁

(78) 前掲註（77）一一九頁に「『出雲大社目安簿』引用」として明治初年の大社御師活動範囲が旧国単位で書き上げられている。

(79) 前掲註（69）二〇〇頁に記述。同書の史料一五に翻刻掲載。

(80) 前掲註（77）一一九頁

(81) 岡本雅亨『千家尊福と出雲信仰』筑摩書房、二〇一九年、一二頁

(82) 岡宏三氏の集計で前掲註（69）一九五頁。同書史料七「小倉御領企救郡旦勤帳」（年不詳）、史料八「田川郡上毛郡一円旦勤帳」（嘉永八年）に基づく。

(83) 国立歴史民俗博物館データベースによる。https://www.rekihaku.ac.jp/up-cgi/login.pl?p=param/kyud/db_param

(84) 皇學館大學史料編纂所編『神宮御師資料―外宮編四―』皇學館大學出版部、一九八六年

(85) 前掲註（12）

(86) 前掲註（69）史料九～一三『草枕三省記』（嘉永三年十月～安政五年正月※欠落含む）岡宏三「出雲のダイコクさんと大社御師」『大社の史話』第一七四号、大社史話会、二〇一三年

(87) 岡宏三「出雲信仰の広がりと参詣客の増加」『出雲大社門前町の発展と住人の生活』いづも財団叢書4、公益財団法人いづも財団・出雲大社御遷宮奉賛会編、二〇一八年

(88) 岡宏三「出雲御師の活躍」『出雲大社の造営遷宮と地域社会（下）』いづも財団叢書2、公益財団法人いづも財団・出雲大社御遷宮奉賛会編、二〇一五年／前掲註(71)文献

(89)「出向ふ雲の花の旅」『堺屋弥蔵の旅日記』資料集（三）、徳島の古文書を読む会五班、二〇〇五年／前掲註(87)で岡宏三氏が概要を紹介する。

(90) この絵から出雲大社の特質である殿内祭祀、すなわち国造が神を体現し祀られる存在である要素を読み取ろうとする見方がある。正確に言えば、本絵画はそうした性格を帯びる国造に対面できるという、庶民にとって格別の信仰体験となる場面を絵解きしたものである。（黒田龍二『纒向から伊勢・出雲へ』学生社、二〇一二年、五五頁

など）

（91）齊藤智朗「出雲大社と教導職活動」『大社町史　中巻』大社町史編集委員会編、出雲市、二〇〇八年、六五九頁

（92）岡本雅享『千家尊福と出雲信仰』筑摩書房、二〇一九年、一二七頁

（93）前掲註　七〇頁「出雲大社分院長の先祖たち」

（94）『富山売薬業史史料集　上巻』高岡高等商業学校編、国書刊行会、一九七七年／原本一九三五年、第三集第五　出雲大社　第四号史料、一一八一頁

（95）前掲註（94）『下巻』補編　越中加賀領売薬業史史料第三一号、一九五〇頁

（96）小林准士「松江藩の国益政策と旅人」『たたら製鉄・石見銀山と地域社会』相良英輔先生退職記念論集刊行会編、清文堂、二〇〇八年

（97）前掲註（94）『下巻』補編　第二号史料

（98）前掲註（94）第三集第五出雲大社　第一六号史料、一一九九頁

（99）前掲註（94）『下巻』補編　第三五号史料、一九五八頁

（100）前掲註（94）『上巻』出雲大社　第四号史料、一一八〇頁

（101）前掲註（96）史料五

（102）『出雲大社の御師と神徳弘布』島根県古代文化センター調査研究報告書30、島根県古代文化センター、二〇〇五年、資料十八、出雲市教育委員会所蔵版木目録

（103）前島春雄「大社の筆草」『大社の史話』第一二号、一九七六年

（104）山﨑裕二「町域の拡大と近世杵築町の展開」『出雲大社門前町の発展と住人の生活』いづも財団叢書4、公益財団法人いづも財団・出雲大社御遷宮奉賛会、今井出版二〇一八年

伊勢と出雲　―浦田長民の宗教思想を中心に―

品川知彦

はじめに

伊勢と出雲は並び称されることが多い。おそらくそこには、出雲大社が鎮座する出雲と伊勢神宮が鎮座する伊勢とという理解が前提されているだろう。したがって両者（社）の比較のためには、それぞれの神話理解や他界観、さらに言えば安心（救済）論など、いわゆる宗教思想を一定程度理解しておく必要があるだろう。

ところで、本テーマ研究の検討会において、岡が報告しているように、出雲（大社）が伊勢（神宮）と一般に並び称されるようになるのは、近代初頭と考えられる[1]。おそらくそれを象徴的に示しているのは、明治五年（一八七二）に刊行された、大教院の布教活動の要点を記す『神教要旨略解』や神葬祭の方法を記す『葬祭畧式』などが、神道東部管長で伊勢神宮祭主であった近衛忠房と神道西部管長で出雲大社宮司であった千家尊福によって編纂されていることであろう。

ところで、伊勢と出雲に関連して、出雲大社の宮司であった千家尊福が、教化活動を行う大・中・小の教院、後には神道事務局の祭壇に造化三神・アマテラスとともに、オオクニヌシを表名合祀するよう求めた、いわゆる祭神論争が生じたことは周知の通りである。この論争は明治十三年（一八八〇）・十四年を中心に、千家尊福・本居豊穎・平田鉄胤などのいわゆる出雲派と、伊勢神宮の宮司であった田中頼庸などのいわゆる伊勢派[2]との間でなされたものであった。宗教思想の面から言えば、見えない世界としての「幽」を支配する神格は何か、オオクニヌシが支配するのか、その支配は死後の世界を含むのか、という点を中心に展開した。最終的には自由民権運動の広がりの中で政府もこの論争に関与せざるを得なくなり、宮中三殿に祀る天神地祇・賢所・皇霊を遙拝することが勅裁によって決定され、論争は終結している。

このような論争においては、それぞれの立場の主張が明確化されることが予想される。しかしながら、多くの史料を引用しながら祭神論争の過程を紐解き、この過程を通して近代的な学問の発生を読み取ろうとした、藤井貞文『明治国学発生史の研究』（吉川弘文館、昭和五十一年）においては、資料の制約があるのかもしれないが、千家尊福など出雲側の主張は明確である一方、伊勢派の主張は、出雲派の主張に反対する立脚点すら明確とは言えない[3]。また、祭神論争を含め明治初年の宗教と国家に係る基礎資料が収集された日本近代思想体系『宗教と国家』（岩波書店、昭和六十三年）においても、出雲側の主張が窺える千家尊福の「教信徒への示論書」（明治十三年）は掲載されている。しかしながら、表名合祀に反対した常世長胤の『神教組織物語』は掲載されているものの、田中頼庸などによる伊勢派の直接的な主張は掲載されていない。逆に、「浦田長民著『大道本義』批判」（明治十年、開知新聞）という出雲側から伊勢側への批判が掲載されるのみである。批判を通じて伊勢派の主張を読み取ることは可能とはいえ、やはり伊勢側の主張は明確とは言えないだろう[4]。

そこで近代初頭の伊勢派、すなわち伊勢神宮の宗教思想をまとめた著作であり、また出雲派との論争を巻き起こした著作であり、さらに言えば祭神論争における伊勢派の主張を類推できる著作でもある浦田長民『大道本義』

三巻を取り上げ、その思想をまとめた上で、千家尊福を中心とする出雲派のそれと比較することとしたい。またこの作業を通じて、後に激しくなる祭神論争を読み解く上での手がかりを得ることとしたい(5)。

なお小論においては煩雑を避けるために、神名表記は基本的に『古事記』に従って、カタカナ表記とし、尊称は割愛した。また『大道本義』などでは、オオクニヌシはオオナムチとして論が進められているが、後述する祭神論争との関係から、その異名を含めてオオクニヌシに表記を統一した。あらかじめ御了承いただきたい。

一、浦田長民の宗教思想

一―一、浦田長民および『大道本義』について

浦田長民（一八四〇―一八九三）は、大麻配布などを行っていた神宮御師の制度を廃止したことで著名である。浦田は内宮の御師（権禰宜家）の家に生まれ、儒者の鷹羽雲淙、斎藤拙堂らに学び、安政四年（一八五七）に家職を継ぐ。明治維新前に三条実美に引き立てられて、明治元年（一八六八）に度会府大属、同四年に神祇官・教部省に出仕となり、上述した御師大麻の廃止など一連の神宮改革を行った。同五年七月に神宮小宮司となるが、同十年（一八七七）、禰宜降格に伴い職を辞している(6)。ちなみに明治七年一月に田中頼庸が大宮司に就任している。

さて『大道本義』は、小宮司時代の明治十年一月に神宮教院から出版されている。神宮教院から出版されたことは、神宮の教化活動を基礎づけるものとして、いわば神宮の神道思想を著したものと捉えることができよう(7)。

本書は上中下の三巻からなる。上巻は神話の内容を解説しながら、人が尽くすべき道としての人倫の大道を説く。中巻は神勅や神典などに記された道が真であることを論じている(8)。下巻は道に奉じ、死後の安心を含め神徳に帰依する方法を示している。全体として三条教則などの倫理（人道）を遵守することによって、生前の安寧とともに、死後、高天原に帰宿して永楽を受けることができることを論じた書と位置づけることができるだろう。

一―二、浦田の基本的な立場

一神教としての皇教理解　まず、『大道本義』全体にわたる浦田の基本的な立場を記しておきたい。第一の、そして重要な点は、皇教（神道）を究極的にはアマテラス（天祖）を祀る一神教として理解しようとしたことである。浦田は「教有二二種一。一為二多神一。一為二一神一。多神則行二於野蠻及半開之國一。而一神即行二於開化之國一」（上二オ）と多神教が開化していない国の宗教であるとする当時の進化論的な宗教理解を認めた上で、皇教は八百神を祀るが故に多神とする。しかしながら、

且皇國多神。不レ異二於一神一。以二効用一言レ之。則有二八百萬神一。以二主宰一言レ之。則唯有二天祖一神一。一神分為二多神一。多神合為二一神一。（上二ウ）

として、この多神は一神に他ならないもので、働きから見れば多神であるが、主宰から言えば唯、アマテラス一神のみと捉えているのである。

新たな立場からの解釈　第二は、本居宣長や平田篤胤の思想は古いものとして、基本的にこれらに立脚しないことである。

及二「本居宣長」「平田篤胤」相繼而出一。皇國之教。始明二於天下一。二子之功。可レ謂レ偉矣。然當時人智未レ開。雖二二子之才一。而其説猶不レ免レ有二不レ通者一。今也聖主御レ世。（中略）進二於開明之域一。此二諸二子之時一。時勢之不レ同。（中略）則其言レ教。亦不レ得レ守二二子奮株一。而今之人猶或守二二子奮株一。而不レ知レ變。（下五六ウ―五七オ）

この二人によって皇国の教えが明確になった点では重要であるが、この二人に基づく教えは人智が開けた現在では通用しないと捉えている。浦田はこれをキリスト教に例えながら、宣長・篤胤の書を「旧教」、『大道本義』の立場を「新教」と捉えている。しかしながら多くの人は未だ宣長・篤胤の教えに固執しているとして、当時の国学の状況を批判している。

一—三、皇教と人道

以上の立場に立った上で、皇教（神道）は天神及びアマテラスが創立したものとし、人がよって立つ人道は天神の造化に始まり、アマテラスによって大成されたものとする。それ故に「宝祚之隆天壌無窮」と「宝鏡奉斎」の神勅が教の大本とされる。

また皇国固有の教えとして五倫の道を挙げ、それは神の定めた天理であり、人がなすべき道（人道）とする(9)。そして人道を具体的に示したものが三条教則と位置づけている。その上で、「苟能奉レ道。（中略）生必得ニ幸福一。死必蒙ニ神賞一。苟不レ奉レ道。（中略）生必罹ニ災禍一。死必受ニ神罰一。」（下二ウ）としている。浦田の安心論については後述するが、ここでは、人道に尽くすか否かが、死後の魂の救済を含めた幽の神の審判につながると捉えられていることに注意しておきたい。

一—四、神話の理解

それでは浦田は、皇教（神道）の前提をなしている神話をどのように理解しているのだろうか。浦田によれば、天尊（アメノミナカヌシ）が始めて高天原に生まれ、その後、産霊二神が化生、この二神をアメノミナカヌシが助けて天地は造化したという(10)。天神はイザナキ・イザナミにムスビの徳が備わるアメノヌボコを授け、二神は「修理固成」の神勅を奉じて、「国の中柱」・「地軸」とみなすオノコロ島に降りる。そしてこの国の中柱を巡って国魂・諸神を生み、彼らも修理固成の業を助けていく。こうして宇内万国が生じ、また衣食など人々にとって必要なものが備わっていく。その後、二神はアマテラスを生む。そしてアマテラスが宇宙を統御し、神・人の上に君臨することによって天地がはじめて天地たるものになったしている。浦田がアマテラスを祀る一神教を想定していたことからわかるように、アマテラスは「天地大主宰」（上五ウ）と位置づけられている。

なぜ、アマテラスは「天地大主宰」とみなされたのか。イザナキ・イザナミは、（書紀本文に従い）アマテラスを子の中でも霊異が優れているとして天上に送り、それ故、天上を治めることになった。一方、天石屋にアマテラスが籠もった際、世界は暗闇となり妖邪がはびこることとなった。この時、諸神は懼れ惑うばかりで、タカミムスヒといえども諸神に解決方法を議るばかりだった。アマテラスが天石屋から出ることで世界は明るさを取り戻し、邪神はアマテラスに伏することとなった。この点から、アマテラスが地も主宰しているとみなされるのである。

さて、天安河のウケイにおいて、アマテラスの玉にスサノヲが息を吹きかけることにより五男が化生する。これについて浦田は、アマテラスは父、スサノヲは母であるとする。また天孫降臨の際には、スサノヲが献じた天叢雲剣を神器の一つとして皇孫に授けている。このようなことからスサノヲは「皇胤の縁」（上八ウ）がある神格として位置づけられている。

ところでスサノヲはイザナキ・イザナミにより「下土之主」（上九オ）に命じられるが、この勅を奉ぜず底国に流される。しかしながら「悔悟」して功を立て、過ちを補うことによって(11)、最終的には根底国を主宰することになったとされている。とはいえ、浦田は書紀一書第六にもとづき、下土の主宰は本来的にはスサノヲであったと捉えているのである。

さてオオクニヌシ（オオナムチ）については以下のように記されている。

「素尊」所レ生「大己貴」。雖レ有下經ニ營國土一之功上。而負譴者之子。不レ可三以為ニ下土之眞主一。是天孫降臨之議所ニ由起一也」（上九オ）

今「己貴」之經レ國。唯出下於「素尊」汝為ニ大國主神一之一言上。而非レ有ニ天祖之勅一。夫「素尊」既獲ニ罪於「諸尊」一。謫ニ於根國ネノソコツクニ。則「諸尊」所ニ修理固成一之大八洲。「素尊」固不レ得レ與ニ之於「己貴」一。（中略）皆非ニ「諸尊」之心一。則其無ニ天祖之勅一。固矣既無ニ天祖之勅一。則其非ニ下土之眞主一。（上一三ウ—一四オ）

オオクニヌシのいわゆる国作り（国土経営）(12)は、イザナキ・イザナミ或いはアマテラスの勅によるものではなく、負譴者として根国に流されたスサノヲの命令によるものに過ぎないとみなされている。したがってオオクニヌシは下土の真主にはなることができない。そこで改めて天祖の神勅が天孫に下り、天孫はスサノヲの業を継いで下土の真主になったと捉えられている。この点は論理明快な解釈だろう。一方、オオクニヌシは天祖の神勅により、国作りに関するこれまでの労苦をいとわず、この国を天孫に譲ることになるが、この行為は「「己貴」經國之功雖レ大。而不レ如二其避國之功更大一也。」（上一四ウ）と、国土経営の功よりも大きく、それは天孫に対して忠であり、朝旨遵守の初例とみなされている（上一三オ）。そして、アマテラスにより天子が定められ、オオクニヌシはタカミムスヒの神勅により、幽を支配し、天孫による顕の政治を護することになったのである（上一五オ）。

一―五、世界の理解

それでは上記の神話理解を前提に、世界はどのように捉えられているのだろうか。浦田によれば、高天原は大虚の上際にあり、アマテラス・ツクヨミ（月尊）など天神の住む場所とされる。そしてアマテラスは宇宙・日月星辰を統御・主宰し、ツクヨミはこれを輔理している。一方、根底国は大虚の下際にあり、確かにスサノヲ・イザナミによって掌られてはいるが、その統御は高天原、すなわちアマテラスによってなされている（下五ウ）。この点については、幽顕の理解に触れる際に再度触れることとしたい。

一―六、人の理解

浦田によれば、人は神の子孫であるという。人は身体と霊魂から成立しているが、身体が知覚し、運動できるのは霊魂によるものとされる。その意味で霊魂は身体を掌っている。そして霊魂は幽に属しており、人の死後、幽に帰すという。したがって霊魂は不滅と捉えられている。

一―七、幽顕の理解

それでは幽顕はどのように理解されているのだろうか。浦田によれば、顕（界）とは、有形の世界であり、人の目で見ることができ、人が知り得る世界である。一方、幽（界）は（顕から見て）無形の神の世界であり、人の目では見ることができず、人が知り得ない世界である。オオクニヌシの国譲りによって幽顕が分かれて以後、神は身を隠し、人は幽を把握できなくなったとされる。それ故に人は神典を通してのみ、幽を垣間見ることができるのである。一方で幽、すなわち神からは人のなすことを把握できる。すでに触れたように、人の魂は死後、幽に属することになるが、幽に帰せば神と同様に有形なものとなる。

顕においては、犯した罪などに対して、天子（政府）による賞罰がなされるという。しかし心中で犯した罪などを人は把握することはできず、賞罰をなすことはできない。ここに幽の必要性が生じることとなる。幽について、浦田は次のように記している。

幽界在二何地一乎。曰。地球上無二處不一レ有二幽界一。各地産土神所レ鎮。皆神廳之所レ在也。而其總二管之一者為二出雲大社一。故地球萬國之神。皆以レ時會二議於此云。然是特幽界一小廷耳。若夫幽界之大廷則有レ二。第一大廷為二高天原一。天原則統二-轄大虚内無數地球之幽界一。不二止我一地球之幽界而已一也。第二大廷為二根底國一。「素尊」與二「栅尊」倶居二此地一。掌二其政一。施二刑於無數地球之罪魂一。罪固有二差等一。刑亦有二差等一。其處二-置之一。一遵二天原之勅。故底國亦屬二於天原之統轄一。所レ謂天祖主二-宰天地一以レ此也。（下五オ―五ウ）

幽は産土神の鎮座地にあり、それを出雲大社が総管しているとする。故に十月には地球上の神々が集うという。しかし出雲大社は幽の小廷に過ぎない。大廷は二つあり、一つは高天原で無数の地球の幽を統轄する。もう一つはスサノヲ・イザナミが掌る根底国である。根底国では罪を犯した魂に刑を施すものの、それは高天原の勅、つまりアマテラスの勅に従うとされている。ここにも浦田が、皇教（神道）をアマテラスを祀る一神教として理解しようとしたことを見て取ることができよう。また出雲大社については、その小廷としているとはいえ幽の支配は認めている。

一―八、幽の支配と霊魂の審判

それでは出雲大社に鎮座するオオクニヌシの幽の支配はどのように捉えられているのだろうか。

> 其治幽。又有一職。其職在簿録宇内人民生前之善悪。及予奪其生前之禍福。毎有死者。輙以善悪禍福奏之天神天祖。奉其賞罰之勅。然後使産土神送致其靈魂於天原與底國。是又「己貴」之掌握。（上一五オ―ウ）

このように、浦田はオオクニヌシの幽の支配と善悪の判断自体は認めるものの、後述する千家とは異なり、その支配と判断は基本的に人の生前に限定されているのである。また死後の霊魂の善悪の判断、それによる霊魂の帰結の場の審判がなされることは認めるものの、それは千家のようにオオクニヌシによるもではなく、天神およびアマテラスによるものとしている(13)。オオクニヌシは生前の善悪について天神およびアマテラスに報告し、霊魂の帰結の場所についての勅を受けるに過ぎないのである。そしてオオクニヌシはその勅を受け、支配下の産土神を通じて、霊魂を帰結の場（高天原もしくは根底国）に送致する、と捉えられているのである。

高天原は、「至高至美。至光明至榮華」（下五三ウ）の地であり、ここに帰結した霊魂には「無窮之永樂」（下五四オ）がもたらされる。根底国は「至卑至醜。至皆闇至臭穢」（下五三ウ）の地であり、ここに帰結した霊魂には「無窮之永苦」（下五四オ）がもたらされる。

一―九、死後の霊魂の安心

死後の霊魂の帰結の場について、浦田は「唯其所自取」（下五四オ）とし、自らの行為の善悪、神賜の良心を全うするがどうかによって決定されるという。己の本分を尽くして功徳を積んだ霊魂は高天原に帰結し、神となって人々の祭を享ける。そうでなければ、根底国で永苦を受けるのである。

人は死を懼れる。浦田によれば、それは死後に善悪の報いがあるが、その報いはすでに死の際に定まっているからである。それでは、死を懼れずに迎える方法、すなわち根底国への霊魂の帰結を回避する方法、いわば宗教的な救済論、安心論を浦田はどのように構築しているのだろうか。

これについて浦田は以下のように記している。

> 我安得不懼死乎。（中略）是以悔悟一發。終身不變。居恒誦讀。探究神典。外立其信。内盡其誠。敬神愛國。順理修道。奏上遵旨。及躬自省。勇猛精進。以盡人事。又且解除痛懺。勤祭祀。行祈禱。以能事神明。其所行無一不義。非獨其行。雖一念之微。亦皆清明潔白。無半點汚濁。方死候之至也。勤苦之日之既滿。功果之報既至。（中略）将見神以蒙其愛顧享天原永樂。（下五四ウ）

まず道に奉じるにあたり、これまでの慢心・敗倫を悔悟することが必要とされる。その上で皇恩に応えて神徳に帰仰するのである。悔悟の神典における例として、アマテラスが天石屋に隠れるに及び、スサノヲが悔悟して大蛇を斬り、下土の害を除き人を救い、宝剣を得てアマテラスに献じた。このことにより天下万世の利を興して、神に赦され根底国を掌ることになったことを挙げている。

次に神典を誦読することによって、神の秘蹟、人倫の大道に関する真伝を知り、また神の恩頼や来世の福の到来を信じ（立信）、嘘偽りなく誠を尽くして道に奉じる（盡誠）ことが必要だとする。具体的には「皇教之樞軸」（下三八オ）とみなす三条教憲(14)を遵守することである。その上で神の厳判を受けるように、心の邪正を反省し（自省）、道を奉じる上での様々な困難を取り除いていく（尚勇）。このように、死後の魂が高天原に帰結するためには、天理としての人道に奉じる必要があるとしている。そこでは人の倫理的側面が強調されている。しかしながらそれでも様々な困難が伴う。そこで最終的には「瞑目拍手。唱念天祖尊號」（下四三ウ）とアマテラスの力に託すことが必要とされているのである。

浦田は上記のように人道に奉じた上で、神に奉仕すること（解除〈禊祓〉、祭祀、祈祷）が必要だとする。禊は身体、祓は心の罪・穢れを清めることとするが、これらの実践により、神の愛顧を求め神の恩庇を蒙ることができるとする。

　さて浦田によれば祭祀とは、幸福などを願うのではなく、供物を施し恩恵に報謝することである。誠敬の心を尽くせば、神が感応して、結果的に幸福を授かることになるのである。そして庶民が祭祀すべき神格として浦田は基本的にアマテラス、産土神を想定している。

　一方、祈祷とは供物の有無にかかわらず願望することとしている。さらに

　夫人誰無二罪穢一。難下則受二解除一勤中祭祀上。仍宜下盡二誠敬之心一以祈中禱於神上。凡奉レ道者自レ始至レ終。唯頼二祈禱一以成レ徳。及二其没日一。得レ外二天原一者。尤不レ可レ不レ頼二祈禱一。（下五〇オ）

として、罪穢れなく、解除を受け祭祀を行ったとしても道を奉ずる上では祈祷が必要で、これによって徳を積みことができるとしている。とりわけ祈祷が死に臨む際の重要な宗教的実践と捉えられているのである。

　ところでこの祈祷は、ただ己のためのものだとすれば神罰を受けるとしている。祈祷は国家師友父母兄弟妻子のためのものなど、名利逸楽を離れた公正な願望でなければならないのである。この公正な願望の目的は二つある。すなわち生前の安寧と身後の永福である。これらは己の身のためでもあるが、名利逸楽のためではないが故に公正の願望と見なされているのである。そして

　凡祈禱唯レ主二天祖一而不レ主二他神一。（中略）既到二祈禱之地一。則先再拜。次拍レ手者二。唱二天祖尊號一者三。頓二主於地一。陳三述其所二願望一畢。（下五一ウ）

として祈祷を司るのはアマテラスのみであり、したがって祈祷にあたってはアマテラスの尊号を唱える必要があるという。これによって生前の安寧と身後の永福がもたらされるのである。そして死が迫りつつある状況においても

　雖二病既迫一。一息未レ斷之間。則瞑目鎮心。口唱二天祖尊號一。口已不レ能レ唱。則心中念レ之。至レ死不レ已。（中略）一心静定。泰然不レ動。唱二念天祖尊號一。以竢二其死一。（下五五ウ―五六オ）

として、アマテラスの尊号を唱念する必要性を挙げている。死が迫りつつある状況において、アマテラスに依頼すべきとすることは、解除においても同様である。そこでは、

　及二死候既迫一。乃始畏二永苦一望二永樂一者。滔滔皆是。吁。其亦晩矣。然當二是之時一受二解除一。猶得三以免二神之赫怒一。況於下及レ早囬レ頭。既發二痛懺一又受二解除一者上乎。蓋天祖之徳。至仁深愛。其憫二蒼生一之心至切也。（下四五オ―ウ）

と、死に臨んで始めて永苦を畏れたとしても、解除を受ければ天祖の徳により神（天祖）の怒を免れる、としているのである。

　このように、死後の永楽（霊魂の高天原への帰結）のためには、天理としての人道に盡くすとともに、罪穢れない生活を行いながら、アマテラスへの祈祷によって徳を積むこと、究極的には、アマテラスの尊号を唱念することが必要とされているのである。

一―十、少結

　以上、浦田の宗教思想について整理してきた。冒頭で浦田が皇教（神道）を究極的に天祖の一神教として理解しようとしたことに触れたが、実際、その思想はアマテラスを中心に展開していた。これを簡単に整理すれば次のようになるだろう。

　その宗教思想の基本にはアマテラス（或は天神）の神勅が置かれている。アマテラスは天地の主宰とされ、死後の世界を含めた幽を支配し、人の死後、その魂の善悪の審判を行う。審判にあたっては人道の遵守の是非など倫理的側面が重視されるが、究極的には天祖への敬神・祈祷といった宗教的行為によって生前死後の安寧・永福がもたらされる(15)。

　またここで浦田の宗教思想を祭神論争との関係で整理しておきたい。まずオオクニヌシの位置付けである。浦田においてオオクニヌシは第一に、負譴者の子であり、神勅に基づいて国土を支配しておらず、それ故に下土の真主ではない（従って天孫降臨が論理的に生じる）。第二に、国譲りにおい

て天祖の神勅に従った功により、地球上において人の生前における幽を支配し(16)（その点において鎮座する出雲大社は幽の小廷とされる）、産土神を統轄するが、死後の審判など死後については掌らない。ただアマテラスによる審判をもとに、その帰結の場所へ霊魂を送致する役割を持つ。後述するが、千家の宗教思想との大きな相違は、ここにあるといっても過言ではないだろう。浦田においては、死後の霊魂の審判の主体はアマテラスであり、さらに一神教を想定していることからすれば、さらに多神教化に向かうオオクニヌシの表名合祀は認めがたいと言えるだろう(17)。

なお浦田は、本居・平田の書を人智が開けた時代には通用しないものと批判していた。これに対して神典、神勅、幽界などについて、浦田が新たな解釈を試みているのが『大道本義』中巻と考えられる。とはいえ、本居・平田に対する批判の中心は、やはりオオクニヌシによる死後を含めた幽の支配と死後の審判に係る言説であったと思われる(18)。

ところで浦田は神勅を重視するために、オオクニヌシの幽界支配と、少なくとも生前における幽での賞罰の判断は認めることになる。伊勢神宮にこのような理解があったことを前提にすれば、（明治二年九月から同五年四月に教導職が置かれるまでの）宣教師のための教書である『神魂大旨』の衍義書である『神魂演義』(19)におけるオオクニヌシの幽界支配と死後の審判についての言説も一定程度理解できよう。さらに言えば、祭神論争において伊勢派の中心となる田中頼庸が、大宮司就任前においては幽顕分任とオオクニヌシの幽の支配を認めていること（死後の判断の主体については明瞭ではない）(20)についても理解できよう。

二、千家尊福の宗教思想と浦田長民

それではここで千家尊福を中心とした、出雲派の宗教思想を確認することとしたい。ただ、小論で取り上げた浦田の著作は、祭神論争が激しくなる明治十三年より前の刊行であるため、比較のために、出雲派においても明治十三年より前の著作を取り上げる。取り上げたものは以下の通りである。

（A）（明治五年八月）千家尊福「出雲大社大宮司千家尊福社格之儀ニ付願之件」（『社寺取調類纂』一八五冊所載、国立国会図書館蔵）(21)

（B）（明治六年九月）『出雲大社教会仮条約』（國學院大學日本文化研究所『社寺取調類纂』、平成二年）

（C）（明治九年五月）大社教院『出雲大社教會規約』（島根県立古代出雲歴史博物館蔵）

（D）（明治十年三月）千家尊福『教会撮要』（島根県立古代出雲歴史博物館蔵）

（E）（明治十二年八月）佐々木幸見・吉川賢筆録『出雲問答』（島根県立古代出雲歴史博物館蔵）

二―一、千家（出雲大社）の基本的立場

まず、天神の神勅を重視していることである。例えばAでは「大神ニ勅シテ宜領八十萬神永為皇孫奉護ト詔玉ヒシヨリ皇基護衛ノ元首トナリ玉（後略）」、Eでは「天神の勅にも少彦名命と兄弟となりて此國を造り堅むべしと仰せられたれば天下を經營して其主神となり給ふ」（三オ）と記されている。

また、Dでは「人の生る、ハ神のせしむる所にして人力に非す」（七オ）と、浦田と同様に、人は神より生じると捉えられている。

後の議論との関係でいえば、個人の信仰の自由、あえて言えば信教の自由を重視していることも基本的な立場として挙げられよう。例えば、Dでは出雲教会（後の出雲大社教）の教職者の心得として「其信すると信せさると結ふと結はさるとハ人々各自の志に存せり」（四オ）、「徒に神を拝崇せよと強誘するにあらず其信すると否とハ人々各其志にあれハなり」（八オ）などと記されているのである。

二―二、神話の理解

アメノミナカヌシは「萬生の元靈」（C・一オ）、タカミムスヒ・カミムスヒは「造化の神業を掌」（C・一オ）った神格であり、これら造化三神は「天地萬物の起源する所一つも其神徳に因らざるハ無」（C・一オ）いが故に、「天地万物ノ起元」（B・二頁）とされる。またアマテラスは「天皇ノ御祖先日球主宰ノ大神」とされ、造化三神とともに「無上至尊ノ大神」（B・二頁）と位置づけられている。スサノヲはイザナキの命により、本来的には天下を治める筈であった。しかし母イザナミが坐す根国に赴くことを希望し、このことについてイザナキの承諾を得る（E・二五オ）。その際、アマテラスへ別れを告げるために昇天、その後、ウケイとなりその結果、荒ぶるが、祓いにより「和み平らぎまして」、「御父の大神の事依し給へる天下の君たる職を治め」（E・二五ウ）ることになった、つまりスサノヲはイザナキの勅に従い天下を治めていた、と捉えられているのである。

オオクニヌシはスサノヲの「汝大國主神となり又顕國魂神となれと仰せられし御教命に違はず天下を經營」（E・三オ）したが、この天下経営は、『古事記』の記載に従って「天神の勅にも少彦名命と兄弟となりて此國を造り固めむべしと仰せ」（E・三オ）られたものとされている。つまりオオクニヌシの天下経営は、天神の勅により天下を治めたスサノヲの命令とともに、天神（カミムスヒ）の勅によってなされたと理解されているのである(22)。この点、浦田の理解と大きく異なっていよう。

ここでアマテラスの勅により、いわゆる国譲りとなる。例えばAには

天祖ノ勅ヲ以テ忍穂耳尊ヲ天下ノ主ト定メ給ヒ（中略）自ラ幽冥ノ大権ヲ執テ冥府ノ主宰ト立玉ヘハ（後略）

と記されており、オオクニヌシは国譲りの結果、幽（冥）の主宰となったとされているのである。さらに「宜領八十萬神永為皇孫奉護ト詔玉ヒシヨリ皇基護衛ノ元首トナリ」（A）としてタカミムスヒの勅に従い、八十神の長として幽を主宰し、皇基を守護するようになったと捉えられているのである。

二―三、幽顕の理解

アマテラスの勅を契機に幽顕は分かれることとなったが、顕とは「人力ノ及フ限ヲ治シ」（A）とあるように、人間が把握できる世界であり、この世界は皇孫が支配する。他方、幽（冥）は「隠れて見えぬ所」（E・一三ウ）、「耳目の視聴する事ならざる神界の事」（E・一四オ）「人力の及ばぬ限の事」（E・一三オ）などとされ、人力では把握できない神々の世界と捉えられている。そしてこの幽は「世ノ治乱吉凶人ノ生死禍福」（B・二頁）にも関するなど死後の世界を含んでいるとする。そしてこの「幽冥ノ大政府」（B・二頁）がオオクニヌシの鎮座する出雲大社なのである。

二―四、幽の支配と霊魂の審判

幽を支配するオオクニヌシは、「此国ニ祝祭スル神霊及幽界ニ帰向スル人魂」（A）・「國神は更なり天神も此國土に祭れる又世にあらゆる人の靈魂」（E・一三オ）を統轄する。それは、オオクニヌシ（オオトコヌシ〈大地主〉）が、『日本書紀』垂仁天皇二十五年に記される神託により、大地官を治める故とされている（E・六ウ、一三オ）(23)。ここではオオクニヌシが、大地官を治めるが故に、いわゆる国津神だけではなく、この地に祀られる天神もその統轄下にあると主張していることに注意しておきたい。

オオクニヌシが大地官を治めることを重視する千家の姿勢は、出雲大社の社格を官社の上に置くべきことを求めた（A）にもすでに見られる。

幽冥ニツキテハ八百萬神ノ大統領ナリ、殊に垂仁天皇ノ朝ノ神託ニ（中略）天照大神ハ高天原ヲ治メ坐セ、皇孫命ハ八十魂神ヲ治メ坐セ、吾ハ大地官ヲ治メントアルカ如クナレハ、天祖無双ノ大社ヲ築造ナサシメ給ヒシハ（中略）他ノ神社ノ比較スヘキニアラザル（後略）

ここでは、大地官を治めることが社格昇格の根拠の一つとして見なされているのである。

オオクニヌシは幽を支配し、天神を含むこの地に祀られるすべての神霊、死後を含む人の魂を統轄し、「世ノ治乱吉凶人ノ生死禍福」（B・二）に関

わり、「各地の産土神を率ゐ土地の利益を冥護し人民の幸福を保庇」（D・二ウ）するのである。そして幽から「顕世を伺い守り給」（E・一三ウ）、つまり天皇の政治を守護するのである。そしてこのようなことから、「幽冥の大政府」たる出雲大社に、十月に神々が集う（A）・（E・一〇ウ）ことになるのである。

浦田においてはオオクニヌシの幽の支配は、人の生前に限られていた。一方、千家においては、その支配はこの地に祀られる天神、そして人の死後にも及んでいる。しかしながら、ここで検討している明治十三年より前の資料では、例えば「十月ハ諸國ノ諸神出雲大社ニ参集スト云て（中略）冥府に参聚シテソノ判裁ヲ請給ふ」（A）、「死して靈魂の歡楽を受くるも幽冥主宰の仁愛に關る事」（E・十五オ）といった記載があり、神集いにおいてオオクニヌシによる審判があること、その審判により苦楽の有無があることには触れるものの、霊魂帰結の場所については明確には論じられていない。

横道にそれるが、千家において霊魂の帰結の場所を明確に論じるようになるのは、『大道要義』（明治十四年十月）、『大道問答』（明治十五年一月）、『教旨大要』（明治十七年二月、いずれも島根県立図書館蔵）など、祭神論争終結後、神道大社派設立前後の動向においてである。これらにおいては、死後の魂はオオクニヌシの審判により、アマテラスの主宰する天、地（土）・イザナミの主宰する根国のいずれかに帰すとされている。しかしながら、オオクニヌシの父とされるスサノヲが根国に帰したという神話と折り合いをつけなければならないためか、霊魂帰結の地よりも死後の苦楽の有無が重視されている(24)。

二―五、死後の霊魂の安心

それでは千家（出雲大社）はどのようにすれば死後の永苦を避け、永楽を受けられるとするのだろうか。

まず、「三條の教憲を本」（D・三オ）としながら「心直く」（E・十六オ）「修理固成の本分を全せん事を思ひ人倫の至誠を盡」（C・二オ）し、「賞を希ふにあらすして善をなし罪を恐るゝにあらすして悪をせさる」（D・五ウ）ことなどが必要とされている。倫理的側面が重視されていることは、三条教憲を基本とした教導職による教化の時代でもあり、ニュアンスの置き方は異なるものの、浦田とも共通しているといえよう。その上で、造化三神・アマテラス（既述のようにこれらの神格は「無上至尊ノ大神」と位置づけられている）、「生産ヨリ死後ニ至ルマテ」（B・二頁）その恩頼を受けるオオクニヌシ、「幽政ヲ分掌シテ各地ノ氏子ヲ愛育スル」（B・二頁）とされる「産上神（産土神カ）」（B・二頁）に毎朝礼拝（B・二頁）し、これらの神格に「神恩報謝生前死後の祈念」（C・三オ）を怠らず行う必要があるとする。一方、犯した心身の罪穢れ（これらにより禍災が生じるとされる）は「祓」によって「不浄を清浄に轉し災害を幸福となす」（E・二七ウ）ことができるとする。このように、三条教憲の遵守など人道を盡しながら、天神を初めとした各神格の恩に感謝・祈願し、心身の穢れを祓うことによって、生前死後の安楽が享けることができるとするのである。以上のことも全体的には浦田と共通していよう。

しかしながら根本的に異なるのは、千家（出雲大社〈教会〉）においては、葬祭など子孫の行為が死後の魂の安楽に影響を与えるとみなしている点である。Cの「出雲大社教會規約」では、葬祭にあたり「帰幽奏上式」を行うが、それは「幽冥の神護を仰きて靈魂を安定」（C・五ウ）させるためとされる。また祖霊社での「祖霊合祭」においては「靈魂の過犯し、罪穢れあらば祓清めて分涯相應に神位に列ね給はむ事」（E・一六ウ）が祈念されれるという。少なくとも『大道本義』では、浦田は死後の霊魂の帰結は本人の生前の行為によるものとしており、葬祭など子孫の行為が死後の霊魂に影響を与え得るといった点には言及していない。さらにまた、出雲大社（教会）では、オオクニヌシにより「生前に深く心を留めし事物又子孫の上には靈徳を施す」（E・十五オ）ことも可能だとしている。すなわち死後の霊魂が子孫に影響を及ぼす可能性をも認めているのである。これらの点は浦田が、たとえ死が永遠の別れであることの説明だとしても「父母兄弟妻子。一旦永訣。終無二再見之期一」（下五四オ）とするなど、血縁を通した相互の影響を考慮しない態度とは大きく異なるだろう。

但し、明治六年（一八七三）七月の近衛忠房による『神教綱領』（神宮教院）、明治七年一月のその衍義書である松田元修（雪柯）の『神教綱領演義』（浦田長民序、神宮教院）では、葬祭・追祭などによる死後の魂への子孫の影響を認めている[25]。浦田が『大道本義』においてこの点を主張しなかったのは不明であるが、やはり神宮教院においては出雲大社教会に比して、このような教説が十分に構築されていなかったと見なし得よう。

というのも、出雲大社において、死後の魂が子孫・家の永続によって神となり得るとの言説がすでに出雲大社の御師、佐々誠正による安永二年（一七七三）の『大社幽冥誌』に見られるからである[26]。

> 身体共に能穢をはらひ神前にむかハずんハかへつて罪となり咎となりて心願更に受け玉ふまし（中略）我慢専になさバ火災病災変難（中略）種〃の天災絶えずして終にハ家名も損失すべし（中略）世人寒暑をもいとはず身を困て汗水となり産業を産業とし転変のはからひをなきことハ皆子孫をたてむが為なるべし（中略）爰を以深く弁へ家名永に子孫に願ハ吾神宝の人に加りてさこそハ神慮も嬉しくやおぼさめ

佐々は、オオクニヌシ（オオナムチ）による幽の賞罰を認めており、幽の罪の最終段階として家の断絶を想定し、また人の諸活動の目的は子孫の永続にあると論じている。その上で家の永続を子孫に願えば、死後の霊魂が家およびその永続を守護する神となり得るとしている。明確ではないが、ここに子孫の行いが、祖先の霊魂に影響を与え得るという教説の端緒を見ることができる。

詳論は避けるが、このような教説は霊魂帰結の場と同様に、祭神論争の後に明確に主張されるようになる[27]。そこでは、霊魂は「祖孫其命脉を一貫」（『教旨大要』、五オ）、「祖孫の親は身体の存する顯世界のみならす永遠不朽なる靈魂の上に一貫する」（『大道要義』、二六オ）など、死後もその系譜が辿れるとされているのである。それ故に「顯世にて其の報なしといへども靈魂幽界に入りて後必賞罰あるなり況むや子孫に及んで其應報の明かなるものあるをや」（『大道問答』、一二オ）と、賞罰の判断が子孫に及ぶことも論じられている。このことは論理上、霊魂の命脉が一貫している子孫の行為が幽にある祖先の霊魂に影響を与え得ることにつながってくる。実際に、出雲大社教の『葬祭式』（明治十四年、千家家蔵）では葬祭は「生前ノ罪過ヲ祓除シ霊魂ヲシテ永遠ニ該家ノ守護神タルコトヲエサシムル」（上巻六頁）ために行うが、これは「死者の為ニ上なき善徳」（下巻五頁）とされている。したがって追祭もなされることになるのである（『大道要義』、二六オ）。

二—六、少結

以上、祭神論争が激しくなる明治十三年より前の著作等を通じて、千家尊福の宗教思想を浦田のそれと比較しながら論じてきた。千家においてオオクニヌシが天下経営を行ったのは、天神の神勅に基づき天下を経営したスサノヲの命とともに、天神の神勅に基づくものであった。これは、オオクニヌシを負譴者の子とみなし、その天下経営を天神の神勅に基づくものとはみなさない浦田とは相容れないこととなる。

そしてオオクニヌシは国譲りを契機に、天神の勅により幽を治め、幽から顕を守護することになった。幽は目に見えない世界、いわば神の世界であるが、千家においては死後の世界も含まれ、オオクニヌシは人の死後の霊魂の審判を行い、その帰結の場所を決定すると捉えられた。この幽の理解には本居宣長、とりわけ平田篤胤の影響が見られ、この点でも浦田とは立場が異なることになる。さらにオオクニヌシが大地官を治めるが故に、この地に祀られる天神・皇霊もオオクニヌシの支配下にあるとする。後述するが、この点が祭神論争の大きな論点になっていくのである。

一方で、両者とも人の魂は神に由来し、したがって永遠性を持つとされる。この点から死後の安心が論じられることになる。そこでは両者とも三条教憲の遵守など倫理的側面が重視されたが、幽の理解の相違から安心を依頼する神格は、浦田においてはアマテラス、千家においてはオオクニヌシと異なるのである。

三、祭神論争の理解に向けて

三―一、『大道本義』の毀版から見る伊勢派の立場

小論でその内容を紹介した『大道本義』は、浦田の小宮司辞職後の明治十一年（一八七八）八月、毀版となっている。その理由は明確ではないが(28)、前掲『宗教と国家』では「人の魂は死後幽界に属すとし、その幽界を総管するのが出雲大社としているため、出雲派祭神論の裏付けを提供するものとみなされ」（前掲『宗教と国家』、五六頁）、田中頼庸によって毀版されたのではないかと推測している。しかしながら上述のように、浦田を含め伊勢神宮（もしくは神宮教院）としては人の魂が死後幽界に属することは認めており、また少なくとも浦田は、オオクニヌシの幽の支配に死後の世界は含ませていない。田中自身も祭神論争以前の明治六年（一八七三）では、幽顕の分任とオオクニヌシの幽の支配、主体は不明であるものの死後の魂の審判自体は認めている（注（20）参照）。また、明治十三年（一八八〇）八月から九月にかけて、内務省社寺局長、桜井能監が出雲派と伊勢派の論争を調停する中で、田中はオオクニヌシの幽冥主宰については認め、その功徳から合祀することは異論がないとしている（藤井前掲書、二九三頁）(29)。その意味では、単純に出雲派に対するものとは言えず、死後の魂の問題など宗教的な課題に触れないとするならばそこには別のベクトル、ありきたりの推測となってしまうが、いわゆる神道非宗教論の台頭が考えられるだろう。

実際、すでに明治十年（一八七七）八月には神宮禰宜の落合直亮、神道事務局（神宮司長東京出張所長）芳村正秉は、信教の自由論の広がり（キリスト教の拡張）の中、「神道を尊信教とすべき旨建言」を提出している。

> 神道ヲ以テ　朝廷ノ尊信教ト名称定メサセラレ、其旨公明ニ告示シ玉ヒ、人民各自奉ズル所ノ信教ニ至リテハ之ヲ不問ニ置カセラレ、自由ノ権ヲ与ヘ玉ハゞ（後略、前掲『宗教と国家』、五四頁）

と、各自が信奉する宗教と神道は別のものと位置づけ、神道を諸宗教とは異なる「朝廷の尊信教」とすべきと建議している。ちなみにオオクニヌシの表名合祀に賛成の立場であった本居豊頴も祭神論争末期、明治十三年十一月には神道を「神國國體ノ命脈」と位置づけ、諸宗教合同で教化にあたった大教院時代の神道が「宗教ノ姿」と誤解されるなど「宗教ニ陥ンコトヲ痛歎」し、それ故に政教が一体であった神祇官の再興（大教官の設立）を建議している（藤井前掲書、三八八-三八九頁）。そして、神道は（神道以外の）諸宗教とは異なるもので、皇国における人が守るべき大道を示したものであり、この立場から最終的にオオクニヌシの表名合祀の可否を勅裁によって決定することに同意したのである。

ここで、諸宗教合同で教化にあたった大教院、さらにはそれが頓挫・解散した後の神道事務局の時代、神道が宗教（諸宗教の一つ）と意識されるようになったことに注意しておきたい。祭神論争末期、神道事務局が祭神の勅裁を奏請した際には、「大教院ヲ設ケ、尋テ神道事務局ヲ建ツルニ至リテ、天祖ノ大道、皇家ノ本教、遂ニ宗教ト比肩並列セシ以来」（藤井前掲書、六三〇-六三一頁）など、神道が諸宗教の一つになったことが批判的に記されている(30)。

浦田において神道はアマテラスを祀る一神教たるべきものと捉えられていた。開化した（すべき）日本において、未開な多神教的な神道は受け入れざるものだったのだ。推測に過ぎないが、大教院の時代以後、神道が諸宗教の一つと意識されるようになった中、少なくとも宣教師時代のように神道を国体の命脈として位置づけようとするならば、多神教である神道を、諸宗教とは異なる、人が守るべき大道・人道などと位置づけざるを得なかったのではないだろうか。浦田が展開した一神教的な神道理解を排除した伊勢派において、それでも神道の諸宗教に対する優位性を維持しようとした場合、それは論理的な帰結ではなかったろうか。

三—二、祭神論争における出雲派の立場

逆に、神道が諸宗教の一つと意識されるようになる中、死後の魂の安定など安心論などを強調することによって、宗教として意識された神道をより深化させようとしたのが、千家を中心とする、いわゆる出雲派であったと読み取ることができないだろうか。

すでに述べたように千家は、明治五年（一八七二）、仏教と合同で国民教化を行った大教院時代に刊行された『神教要旨略解』では、オオクニヌシの幽の支配は記すものの、その死後の霊魂の支配までは触れていない。しかしながら明治八年（一八七五）、大教院が解散し、神道事務局になった以後は、諸宗教の一つとして神道を捉えるようになったものと思われる。それ故に、勅裁によって祭神を決定するにあたっては「神道事務局ハ官立ニアラスシテ神道教導職ノ共有所タレハ、則祭神及事務組織等ハ、官命ヲ以テ定ムルヲ得ス」（藤井前掲書、六〇六頁）と信教の自由の観点(31)から反対の姿勢を見せたのである。そして宗教としての神道の振興(32)、及びその教化のために、諸教会・諸講社共通の教化内容として、死後の霊魂の安定、すなわち安心の問題を「教法ノ要旨」（藤井前掲書、五七頁）と位置づけ、「神道の大本」（藤井前掲書、六〇六頁）として、死後を含めたオオクニヌシの幽の支配と表名合祀を求めたのであろう(33)。

しかしながら、神道で奉じる神は「教導職而已奉ル神ニ非ス、天下挙テ恭敬」（芳村正秉）すべきものであり（藤井前掲書、三四九頁）、「惟神ノ大道ハ（中略）天下ヲ経綸シ、宇内ヲ統紀スルノ鴻範ナリ、彼ノ宗旨教義ノ謂ニ非ス」（藤井前掲書、六二〇頁）など、神道は諸宗教とは異なるものとされた上で、勅裁を受けることとなったのである。

冒頭で触れたが、祭神論争は、幽を支配する神格は何か、オオクニヌシが支配するのか、そしてその支配は死後の世界を含むのか、という点を論点としていた。それは一般に『日本書紀』第九段一書第二、幽顕の分任の解釈にかかる問題とされていた。しかしながら伊勢派の反対の立場を見てみると、幽顕の分任を前提としながら、とりわけ垂仁紀二十五年の「天照大神悉治天原。御御皇孫専治葦原中国之八十魂神。吾親治大地官者」との倭大神の託宣、とりわけ「吾親治大地官」の部分の解釈が問題とされていたのである。すでに述べたように、千家はこの託宣を、オオクニヌシが幽を治めること、さらに言えば、オオクニヌシがこの地に祀られる天神を含むすべての神霊を支配する根拠としていた。これに対し田中は、オオクニヌシの幽の支配は認めながらも、「唯大地官ト云ヒ、又、地球ノ事ハ何モカモ大神ノ主宰ナリト云フハ、服セス（後略）」（藤井前掲書、二九二）と、すべての地上の神霊がオオクニヌシの支配にあるという点に反対していたのである(34)。また芳村正秉も

> 尊福ノ説ノ如ク、大國主神地球幽政ノ大主宰ニシテ、地球鎮座ノ天神地祇ヲ統率シ、以テ天下人民死後ノ霊魂ヲ糾弾スル等ノ証跡、正史實録ニ於テ曽テ見聞セス、設強テ然リトセハ、今日宮中神殿鎮座ノ皇祖天神及伊勢神宮ヲ始奉リ、天下鎮座ノ諸神ハ、悉く彼大國主神ノ幕下タルヘシ（藤井前掲書、三四八頁）

と、大地官を巡って、オオクニヌシが天神や伊勢神宮を含め天神地祇を支配しているとの解釈に反対している。しかしながら、このような教説上の相違は伊勢派から積極的な問題提起がなされることはなく、勅裁によって祭神論争は終結することになるのである。

伊勢派では治国のため、いわば行政上の問題、あえていえばイデオロギーとして神道を捉えたのに対し、出雲では神道の安心上の問題、つまり宗教として神道を捉えようとしたのであった。異なるベクトルでの論争だったのだ。政治の問題としての顕と宗教の問題としての幽、この意味において祭神論争は幽顕の争いであったのかもしれない。

おわりに

冒頭で、出雲大社と伊勢神宮は並び称されるようになったのは近世初頭であるとした。ところで、出雲のイメージという観点では、現在、その真偽

はともかく、この両社に何らかの対立関係があると捉えられていることが多いようだ。例えば、平成二十六年一月のＮＨＫスペシャルでは、伊勢神宮と出雲大社の遷宮特集を放映したが、そのＷＥＢには、両社は「これまで対立するものとして捉えられてきた」とされている（https://www.nhk.or.jp/special/detail/20140104.html）。他にも講演会のタイトルを「伊勢神宮ＶＳ出雲大社」（https://www.maimai-kyoto.jp/event/ky20b048/）とするなど、両社が対立関係にあることがやはり前提されているようだ。

ところで仏教新聞であった『明教新誌』は、明治十三年十一月に祭神論争を捉えて、「神道にて出雲と伊勢の葛藤あるは、已に久しき事」（藤井前掲書、四〇二頁）と記している。また、後に伊勢神宮権禰宜や國學院大學教授をつとめた下田義輝の回顧によれば(35)

これは伊勢と出雲との争であるといふやうな容易ならぬ議論を唱へ出した者があつて、其の論が段々やかましくなつてきた。勿論これは（中略）伊勢と出雲との争といふやうな事は微塵もないのであるが（中略）千家派と伊勢派との二つに分かれたので、そんな誤解を招いだのであつた。（中略）出雲の神は曾て上代に於て天孫系のために壓迫されて讓國したので、其の數千年來の宿怨を霽すために、今度出雲が立つたのである。それなればこそ出雲派直系の子孫たる千家、北島が皇室を凌ぐのであると云ふような議論も出て（後略）

としている。出雲と伊勢が上代から対立してきたというイメージが祭神論争を通して一定程度形成されていたことが想定できよう。もちろん、十分な検討が必要ではあるが、伊勢と対立関係にあるという出雲のイメージの端緒は祭神論争にあったという可能性も、あながち否定できないだろう。

註

(1) 岡宏三「杵築門前町の構造」、テーマ研究第四回検討会（令和四年三月二十三日、於：島根県埋蔵文化財調査センター）における研究発表。また筆者も明治初期の出雲のイメージを論じる中で、出雲（大社）が、諸国の大社の筆頭であり、伊勢神宮に亞ぐ神社として一般に捉えられていたことを示している（拙稿「近代の「出雲」観の解明に向けた覚書」『日本書紀と出雲観』島根県古代文化センター、令和三年）。

ところで近世においても、少なくとも出雲（大社）側では、出雲と伊勢の対比的な認識を垣間見ることができる。例えば、安永二年（一七七七）の『大社幽冥誌』には、以下のような記載がある（筆者翻刻、『出雲大社の御師と神徳弘布』、古代文化センター、平成十七年、所載）。

伊弉諾伊弉冊ノ尊ハ（中略）陰陽の太祖とハ仰奉、此ゆへ伊勢におゐては伊弉諾尊を立て大日孁貴尊神道を受嗣陽を主り玉ひて御神徳ハ則日本の宗廟と崇め奉出雲におゐてハ伊弉冊尊を立て（中略）母の尊の根の国を従はむとの玉ひし素戔嗚尊の令嗣たる大己貴大神の神道を受嗣（中略）陰を主り給ひて御神徳ハ則チ日本の社稷と崇め奉（一四九‐一五〇頁）

参宮とハ伊勢出雲へ詣るを云、宮号有が故也、或曰ク伊勢両宮と出雲ノ宮へ参詣を三宮といへり、此ゆへに伊勢へ詣てハ日栖宮へ詣てなき事也、其謂ハ日輪出入によりて陰陽二柱の御神恩在坐バ也（一六三頁）

正月よりハ万物生々として六月まではめぐみさかむに陽気天に登る故に是を顕露の徳にして伊勢の太神主り給ふ、又中元の七月よりハ殺伐にしてめいり十二月まではハ陰気地に降り万物根に還る、かるがゆへに是を幽れたる徳として出雲の大神主り玉ふ（中略）日本の二柱と称スル者也（一六七頁）

これらでは、出雲と伊勢をそれぞれ陰陽を代表する神社として捉え、さらに幽顕論を背景に出雲大社と伊勢神宮を並び称している。

なお、明治五年（一八七二）、千家尊福による「出雲大社大宮司千家尊福社格之儀ニ付願之件」（『社寺取調類纂』一八五冊所載、国立国会図書館蔵）では、「大國主大神ハ（中略）御崇敬之程モ伊勢神宮ニ被為継候」と記され、千家の認識においても出雲大社がその崇敬においても伊勢神宮に継ぐものとしている。

(2) 実質的には田中頼庸の出身である薩摩（派）と出雲派との論争と見るむきもあるが、当時の報道においても伊勢派と出雲派という記載が見られるので、以下、伊勢派と出雲派と記す。

(3) 本文で触れるが、伊勢派の反論として、田中頼庸や常世長胤が、オオクニヌシが大地官を治めること、つまりすべての神霊がオオクニヌシの支配下にあるという理解を否定することなどが挙げられよう。

なお、小論の後半部、祭神論争を扱った部分においては、『明治国学発生史の研究』に示された多くの資料を引用させていただいた。

(4) 後の議論と重複するが、参考までに「浦田長民著『大道本義』批判」の論点は以下のようにまとめることができる。

・天祖（アマテラス）が天地の主宰（↓出雲派においては天の主宰）
・人道はアマテラスに基づく（↓出雲派においては天神、とりわけアメノミナカヌシを重視）
・オオクニヌシは負譴者の子であり、この地の真主ではない（↓出雲派においては、

オオクニヌシは天神の勅によりこの地を治めると理解）
・アマテラスによる幽界の支配（→出雲派において幽界はオオクニヌシの支配）
・祈祷の対象がアマテラス（→出雲派においては、幽と顕が分任されている故、産土神から幽の主神であるオオクニヌシを通じて天神に祈る）

（5）なお、小論と同様の意図から伊勢派の代表として浦田長民の『大道本義』の宗教思想を扱い、伊勢派・出雲派の宗教思想の対立点を検討することにより祭神論争の意義を求めようとした論考として、武田幸也「祭神論争における「伊勢」と「出雲」」（國學院大學研究開発推進機構紀要第七号、平成二十七年）がある。小論では伊勢派・出雲派の主張の背景にそれぞれの教化体制があった点など、武田論文を参考させていただいた。小論は武田論文と基本的な論点は共通するが、浦田の基本的な立場や神話解釈など、浦田の思想をより広範に扱い、その検討を通して祭神論争を読み解くための方向性を示し得たと考えている。

他にも『大道本義』を出雲派に対する伊勢派の教義を集大成したものと位置づけた上で祭神論争を扱った論考として、原武史『〈出雲〉という思想』（公人社、平成八年）がある。

（6）國學院大學日本文化研究所『神道事典』、弘文堂、平成六年、を参考にした。

（7）本書は明治十一年に毀版となり、翌十二年校正版として再版されている。小論では校正版を用いた（国立国会図書館デジタルコレクション　https://dl.ndl.go.jp/pid/815763/）。

（8）徴（証拠）があれば信ずべきものという理解が前提とされている。ここには神典あるいは教典の記載が、当時の科学的な認識に合致しているが故に真であるという捉え方が基本にあるが、この考え方は、例えば井上円了など明治期の宗教論に多く見られるものである（拙稿「能海寛の宗教観―井上円了との比較において―」、能海寛研究会二五周年記念『論集』、令和二年、所載、などを参照のこと）。

（9）浦田は上古には五倫（の道）という名称は存在していなかったが、道自体は実質的には存在していたとする（上一九オ）。

（10）この点で浦田は天神が天地を造化したと見なしている。そしてこの造化の功は、アメノミナカヌシ・産霊二神を首となすと記し、またスクナビコナの神話においても、カミムスヒに対して「天神」を用いていることなどから、天神はアメノミナカヌシを中心としながらも、少なくとも産霊二神を含んでいると考えられる。宮地正人は『宗教と国家』所収の「浦田長民著『大道本義』批判」の注釈において、「天神は天御中主（中略）の意味で用いられている」（五六頁）とするが、この理解は再検討が必要だろう。

（11）後述するように、浦田は「悔悟」などにより罪が贖われるとする。すなわち、スサノヲがオオナムチに国土経営を行うように命じたのは、「「素尊」之所下以命二「己貴」一繼二修理固之餘業一以償中己罪上也。」（上一〇オ）と記すように、己れの罪を購うためのもとと捉えられている。

（12）浦田によれば、オオクニヌシの国土経営は基本的に我が国（日本）のみとされている。常世とされる海外は基本的にスクナビコナによるものとみなされている。

（13）「天祖與二天神一。倶居二天原一。其賞二罰靈魂一也。公平嚴正。一擧二生前之行一。以判二之於身後一。」（下一〇オ）と、別の所でも死後の霊魂の賞罰は高天原の天神およびアマテラスによるものとされている。

（14）敬神愛国の旨を体すべきこと、天理人道を明らかにすべきこと、皇上を奉載し朝旨を遵守せしむべきことの三条からなる。浦田によれば、敬神の対象は正神（天神・アマテラス・ツクヨミ・スサノヲ・オオナムチ・産土神など）であり、邪神を祀ることは罪になるとする。神は自らの祖である故に、それを懐かしむかのように誠を尽くして敬い、恩徳に報謝することが敬神であるとする。また愛国とは、心力を尽くして国土を愛護・維持し、これを富強し、安寧に保つことをいう。

（15）武田によれば、明治八年（一八七五）には造化三神・アマテラスによる死後の懲罰、死後の安心が神宮教院の教説の中核になっていたとされる（武田前掲論文、六五頁）。また明治十三年（一八八〇）六月頃、神宮教院の説教において、浦田の主張のように、「天照大神ヲ信仰スレハ、大國主大神ハ頼ムニ及ハス」とする講師がいたという（藤井前掲書、二〇〇頁）。

（16）明治十三年、祭神論争の議論において、オオクニヌシの合祀に賛成の立場に立つ豈然堂毅彦は、「神宮教院諸氏モ、大國主神ハ必ス幽冥主宰ナリトノ定説也」（『開知新聞』四二七号、藤井前掲書二一九頁）と記しており、当時、オオクニヌシを幽冥主宰の神格とみなす教説は神宮教院側にもあったことがわかる。

（17）筆者はかつて三条教則衍義本で展開された教説内容を論じたことがあるが、そこではオオクニヌシの（死後の世界を含めた）幽の支配を認める教説は、衍義本全体からは多数派とは言えなかったことを示している（拙稿「近代の「出雲」観の解明に向けた覚書」、古代文化センター、令和三年）。一方で、祭神論争において、オオクニヌシの幽の支配を背景においたその表名合祀論は確かに多数派ではあったが、そのうちの多くは平田鉄胤によるイザナキ・イザナミ・スサノヲ・皇孫・オオクニヌシの合祀論であり、千家が求めたようなオオクニヌシのみの合祀論ではなかったのである（藤井前掲書、八四頁）。

（18）祭神論争において、オオクニヌシによる死後を含めた幽の支配と死後の魂の審判について浦田のような批判的な言説がやはり伊勢派に見られる。藤井によれば、北越の皇學書生と称する佐々木瑞樹は「大國主神を幽冥主宰神、幽界審判の神と為し、人魂の賞罰を掌ると言ふが、古典には片言隻字の明文もなく、本平二氏の作偭であり（中略）浮図氏に索合して為す説」（藤井前掲書、二一七頁）とし、アマテラスが「幽顕ニ号令ヲ下シ玉フ天地ノ主宰」（藤井前掲書、二一九頁）であると主張したという。

（19）・顕世にては　天皇朝廷の御治めを受け、幽にしては　大国主神の糺判を受けて其の賞罰に預る事
・顕政にては所々に政庁ありて　朝憲を分掌し、幽にては　産土神ありて幽政を分掌したまふ事
・天神の御教に違はず、世に功あるものは、朝廷の御褒賞を蒙り、死てハ大国主神の

御賞をうけ天に帰るべき事

・神の御教に違い、法令を犯し、諸の悪行をなしたる者は、大国主神の冥府にて其御罰を受けて夜見国に逐らるゝもあるへき事

（藤井貞文「宣教師に於ける教義確立の問題」『神道学』五一、神道學會、昭和四十一年）

（20）田中による明治六年四月の『三条演義』には以下のように記されている。

霊魂は神界に復命して無窮の福を受るなり。（中略）陰に悪を行ひ道に反く者は必ず死後には神明の法ありて其魂を罰し給ひ、或は夜見国に逐遣れて永世艱苦を受るなり。（中略）時に始て幽顕の分を定めて、皇孫尊には専ら顕世の人道を統治奉しめ給ひ、幽世の神事は大国主神に總掌しめ給ふことは、神典にも見たるが如し。幽世とは即ち神界を謂なり。（中略）大国主神は神界の幽事を總掌り給ひて、産土神にも各其職を分掌しめ、人民を蕃息し（中略）皇朝の大政を幽に助奉り給ふ所なり。（三宅守常編『三条教則衍義書資料集』、明治聖徳記念学会、平成十九年、上巻一三六－一三七頁）

（21）この資料は千家が、死後を含めた幽をオオクニヌシが主宰することに初めて言及した（藤井前掲書、一〇頁）ものである。ちなみに維新直後頃の出雲大社の「神葬祭式」では「此世、現世」を去りて「彼国」にみまかる、とされ「幽」への言及はない（拙稿「補論　千家尊福の幽冥観」『出雲大社の御師と神徳弘布』、古代文化センター、平成十七年、二二三頁）。

（22）『古事記』に従えば、オオクニヌシの天下経営・国作りはカミムスヒの勅に基づくものとなる。カミムスヒの勅による国土経営は、従来看過されてきた言説と思われる。なお『大社幽冥誌』では、スサノヲはイザナキの勅により天下を治めるべきものであったが、違勅の振る舞いがあったため、その御子であるオオクニヌシ（オオナムチ）が代わって天下経営することになったとされている。したがってオオクニヌシの天下経営は勅に叶うものと理解されている。このように出雲大社では伝統的にオオクニヌシの天下経営は天神の勅にもとづくものとされているのである。

（23）祭神論争において、オオクニヌシの表名合祀を求めた第四次提議書にも、大地官を治めるが故にオオクニヌシが幽を支配するという論点が見られる。

百神ノ分掌スル所（中略）萬化ノ元霊タル御中主神ニ帰セサル無シト雖モ、幽事ニ於テハ、大地官トマス大國主大神ノ専掌シ玉フ所、是則天神ノ勅シテ委任シ玉フ所ナリ（藤井前掲書、三一頁）

また、ここではすべてのことはアメノミナカヌシに帰すとするなど、千家においては天神とりわけアメノミナカヌシが重視されていることも読み取ることができよう。

なお、オオクニヌシが大地官を治める、という垂仁紀の記述をオオクニヌシが幽を治める根拠と捉える理解は、例えば六人部是香の『顕幽順考論』にすでに見える。そこではオオクニタマをオオクニヌシの荒魂とみなし、「御親は大地たる一地球の幽政の主宰として幽門政を治め知看むとの大御言なり」（『神道叢書』四、哲學書院、明治二十九年、一七－一八頁）と記されている。なお、元禄七年（一六九四）の佐草自清による『出雲水青随筆』において、幽顕の分任を記した『日本書紀』第九段一書第二とともに、この神託を引用した上で、大倭神がオオナムチ（オオクニヌシ）の別名と捉えられている。出雲大社において、垂仁紀の記述を重視する伝統があり、千家尊福らの主張もこの伝統の上に成立しているものと考えられる。

（24）この点については、前掲「補論　千家尊福の幽冥観」を参照のこと。なお、幽顕の分任はかつてオオクニヌシが主宰した世界、すなわちこの地においてなされたことから、論理上、幽も顕もこの地にあることとなる。幽がこの地にあるとみなすのは『霊の真柱』における平田篤胤と同様である。したがってオオクニヌシは「大地の守護に係れる幽事」（『大道要義』〈一〇ウ〉）、「大地に屬ける幽事」（『大道問答』〈二ウ〉）を主宰すると記されているのである。それはこの地に祀られる天神がオオクニヌシの支配下にある、という本文で指摘した千家の主張に通じていよう。ただし、幽がこの地にあるなら、オオクニヌシが天や根国に帰した魂を守護するといった点をどう捉えるか、といった点は、本文で触れた霊魂の帰結の場所の問題と同様に、理解しにくい部分があると思われる。

それではなぜ千家は明治十三年（一八八〇）より前の段階では霊魂の帰結の問題を明確にはしなかったのか。神道事務局では、明治八年十二月より神道（事務局）共通の教典編輯を企図している。そこにおいて千家は当時、一定の共通理解がなされていた宣教師時代の『神魂要義』・『神魂演義』を基本に議論を進めたという（藤井前掲書、二二頁）。（19）で記したように『神魂演義』ではオオクニヌシによる死後の魂の審判と天、あるいは夜見への霊魂の帰結については記されている。推測に過ぎないが、神道共通の教典編輯の動向の中で、すでに『神魂演義』に記されている以上、少なくとも祭神論争が終結し、個々の神道諸団体が宗教として活動を開始するまで、出雲大社教会として主張しなかったことが想定できよう。傍証に過ぎないが、明治十三年十一月に出雲派の本庄宗武は「神仏合併布教被差止ノ後ハ、宜ク旧宣教使の教旨ニ復」（藤井前掲書、三六五頁）すと、神道事務局時代は宣教師時代の教旨に復帰したものと捉えているのである。

（25）「雖二極死一若子孫代竭レ誠謝レ罪則　天神宥二恕之一不三復思二其奮悪一也」、「已に死したりとも其子孫なる者之に代て。天神に謝し奉り。善行を積て其罪悪を贖ふ時ハ。天神必す其至誠の篤を好し。更に愛顧を垂れて苦患を脱せしめ玉ふ」（『神教綱領演義』、二八オ－ウ、国立公文書館デジタルアーカイブを利用、https://www.digital.archives.go.jp/img/1230857）と記され、死後の魂への葬祭・追祭などによる子孫の影響は認めている。なおこれらの書では、天神による死後の魂の審判（天神の本界に復帰／帰する所なく永遠無量の患苦）は論じられているが、幽顕分任、オオクニヌシの幽の支配などには言及されていない。

（26）前掲「大社幽冥誌」（一四七－一四八頁）。あわせて拙稿「「大社幽冥誌」に見る神徳弘布」（前掲『出雲大社の御師と神徳弘布』所載）も参照していただきたい。

（27）詳しくは、前掲「補論　千家尊福の幽冥観」を参照していただきたい。

（28）推測に過ぎないが、浦田と田中の神道理解の相違もその原因として挙げることがで

きよう。本文で記したように、浦田は基本的にはアマテラスを祀る一神教として神道を理解しようとしていた。一方で田中はアマテラスではなく、造化神を主体とした神道を想定していたと思われる。例えば明治八年（一八七五）十二月になされた千家尊福によるオオクニヌシの表名合祀の建議に対して田中は「造化主ノ名ニヨリ新規の一宗教トナサント」することを目指して反対したとされている（藤井前掲書、二二頁）。明治十三年（一八八〇）七月の「大教正千家尊福ニ答テ本局神殿ヘ大國主神表名合祀ノ議ヲ弁明スル書」においても、田中は「造化ノ宗主」を中心とした神道理解を行っている（藤井前掲書、一〇〇頁）。またかつて板垣退助らによって官立の学校で拝すべき神をアマテラスに定めようとする動向があったが、これを「造化ノ神ヲ以テセサル」が故にこの動向を留めたことが記されている（藤井前掲書、四一〇頁）。

(29) 後述するが、この時、田中はすべての神霊が大地官を治めるオオクニヌシの統率下にあることには反対している（藤井前掲書、二九二頁）。なぜなら、このことによって、地上に祀られる天神や皇霊もオオクニヌシの統率下に入ることになるからである。
なお、垂仁二十五年の『日本書紀』の記述は、倭大神（倭大国魂神）が天皇の寿命の長短や国の安定を司るようになった由縁を記しているとも解釈することができ、その意味でも、伊勢派はこの託宣を是とはし難かったことが想定される。

ちなみに、祭神論争の際、日御碕神社宮司であった小野尊光が県下教導職三七〇名の総代として松方内務卿に提出した建白書には、オオクニヌシは「君上ノ霊魂ヲ愛護」（藤井前掲書、四四〇頁）するとしており、出雲派においてオオクニヌシが天皇の霊魂を統轄する、と意識されていたことがわかる。

(30) 祭神の勅裁などを発議したとされる丸山作楽も「神道ヲ宗教視スル政府モ誤ナリ」（藤井前掲書、六一〇頁）と、神道が諸宗教の一つとみなされている現状を批判し、大教官の設立を想定している。

(31) 原武史も、大教院の解散によって、信教の自由の立場から、神道の教義について自由な論争が可能になったと捉えている。（原前掲書、一二一頁）

(32) 千家は、死後の安定などを含むその教義が確定していないが故に、大教（神道）が諸宗教に比して振るわない状況にあると捉えていた（藤井前掲書、七六頁）。

(33) とはいえ、本文で触れたように、千家が霊魂の帰結の場所や子孫による追祭の意義など、安心論を詳細に論じるようになるのは神道大社派設立前後の動向においてである。ここにも信教の自由を重視する千家の立場を窺うことができよう。

(34) 田中は明治十三年四月の時点ですでに、オオクヌシが大地官を治めるという千家の説には疑義を戴いている（藤井前掲書、五七頁）。また常世長胤も「大國主ヲ以テ地球幽政ノ大主宰トシテ大地官ヲ知食ス神ナレハ、諸神ヲ始メ、天下ニ所在人民死後ノ霊魂ニ至迠、幽冥ニ係ル事ハ、悉ク此神ノ御治ニ従フト雖モ、是一家ノ考」（藤井前掲書、六四頁）としている。

(35)「祭神論の起因と其結末」『神道學雑誌』四、昭和三年、一〇五頁（復刻版、第一書房、昭和六十一年、を利用）。

あとがき

島根県古代文化センターがおこなうテーマ研究「出雲と伊勢」は、令和二〜四年度の三年間を研究推進期間、令和五年度をまとめ・成果の情報発信の年と位置付け、都合四年間をかけて進めてきた。今いよいよ、その締め括りを迎えようとしている。

近年の島根県がおこなうプロジェクトでは、「出雲と○○（地域名）」という二項式を掲げ、個性的な他地域と比較することで出雲を相対化しようとする試みが図られてきた。例えば「出雲と大和」（令和二年一月〜、東京国立博物館特別展）や「出雲と吉備」（令和元〜三年度テーマ研究／令和四年古代出雲歴史博物館企画展）である。それぞれ地域間の交渉、影響といった具体的諸相を掘り下げることで、新たな視点、理解が生み出されてきたように思う。ひるがえって、「出雲と伊勢」はどうだっただろうか。

本テーマ研究開始時の企画書には、「研究で明らかにしたい事柄」の項目に次のように書かれている。

「出雲と伊勢は、国家の形成に重要な位置を占める地域として対比的に捉えられてきた。本研究では出雲と伊勢それぞれの地域社会の様相を分析し、その比較を通して、両地域の特質と日本列島の歴史に与えた影響を明らかにする。また、古代から近現代に至るまで、相互に影響を与えた両地域の関係性を多面的に明らかにする。」

果たして出雲と伊勢は、国家形成期に対比的な役割を果たしたのか、古代から近現代に至るまで両地域は相互に影響を与えたのか。その問いに対して、本論集に収められた一三本の論文が答えを導き出している。それぞれ扱う時代、資料、分野は異なるけれども、いかに両地域の特質には差異があるのか、その位相差を描き出すことに主眼が置かれているように思う。つまるところ、研究開始期の課題設定は、歴史研究が目指す実相に近づくため「敢えて」掲げられた、逆説的なものではなかったか。

このテーマ研究は、まさにコロナ禍と併行して進めることとなった。したがって計六回の検討会のうち、二回はリモート開催とせざるを得なかった。そのような環境下であったが、四名の客員研究員の先生方とは活発に情報交換、意見交換を進めることができた。何より、担当者として伊勢へ足繁く通い、分厚い蓄積のある伊勢・神宮史研究の一端を学ばせていただいたことが大きな糧となった。

テーマ研究事業の最大の成果物が、本論集である。それに加えて、島根県立古代出雲歴史博物館で開催した企画展「伊勢と出雲」（令和五年十月一三日〜一二月一〇日）もまた、最も大きい情報発信の機会であった。目標とした入館者数を大きく超える二万人超の方に観覧いただき、両地域がいかに魅力を放っているかを再認識することとなった。

またこの間、三重県・島根県の連携も大きく展開した。斎宮歴史博物館と島根県古代文化センターのコラボ企画として開催された公開講座「伊勢と出雲の神・仏」（令和五年二月、松江）、さらには奈良県立万葉文化館・三重県斎宮歴史博物館・島根県立古代出雲歴史博物館の三館連携シンポジウム「語り継がれる記紀万葉」（令和五年一一月、出雲市）など、目白押しであった。個性的な地域色を、個性的な各機関の職員が熱く語る一般向けイベントであり、歴史文化がもつ魅力を十分に伝えることができた。

伊勢と出雲、それぞれに膨大な研究の蓄積があり、新しい着眼点を見いだすことは相当に難しい。しかしながら、相互を付き合わせることで、単独の地域史研究では決して見えてこない、ダイナミックな、新しい発見が生まれてくる。期間の短い本テーマ研究事業ではあったが、客員研究員、研究指導者、協力者皆様の温かいご支援、お導きと、島根県研究スタッフ各位の奮闘によって、大きな成果をあげることができたと思う。珠玉の論文一三本を納めた本論集が、今後、広く活用されることを願いたい。

（松尾充晶）

テーマ研究「出雲と伊勢」客員研究員・研究スタッフ
（令和5年3月12日／最終検討会の終了後に）

島根県古代文化センター研究論集第三三集

『伊勢と出雲』

令和六（二〇二四）年三月三一日　発行

刊行　島根県教育委員会
編集　島根県古代文化センター
印刷・製本　株式会社谷口印刷